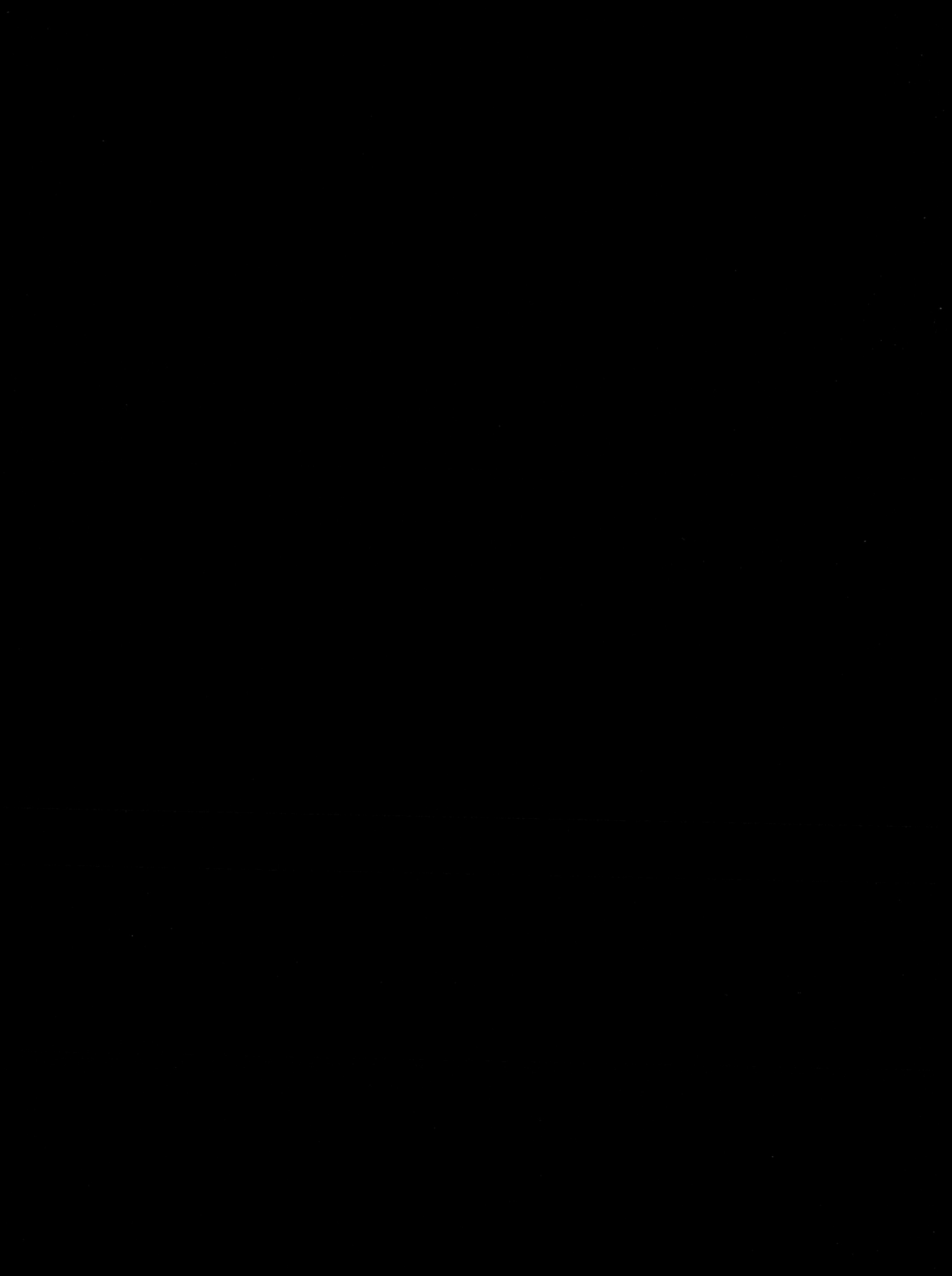

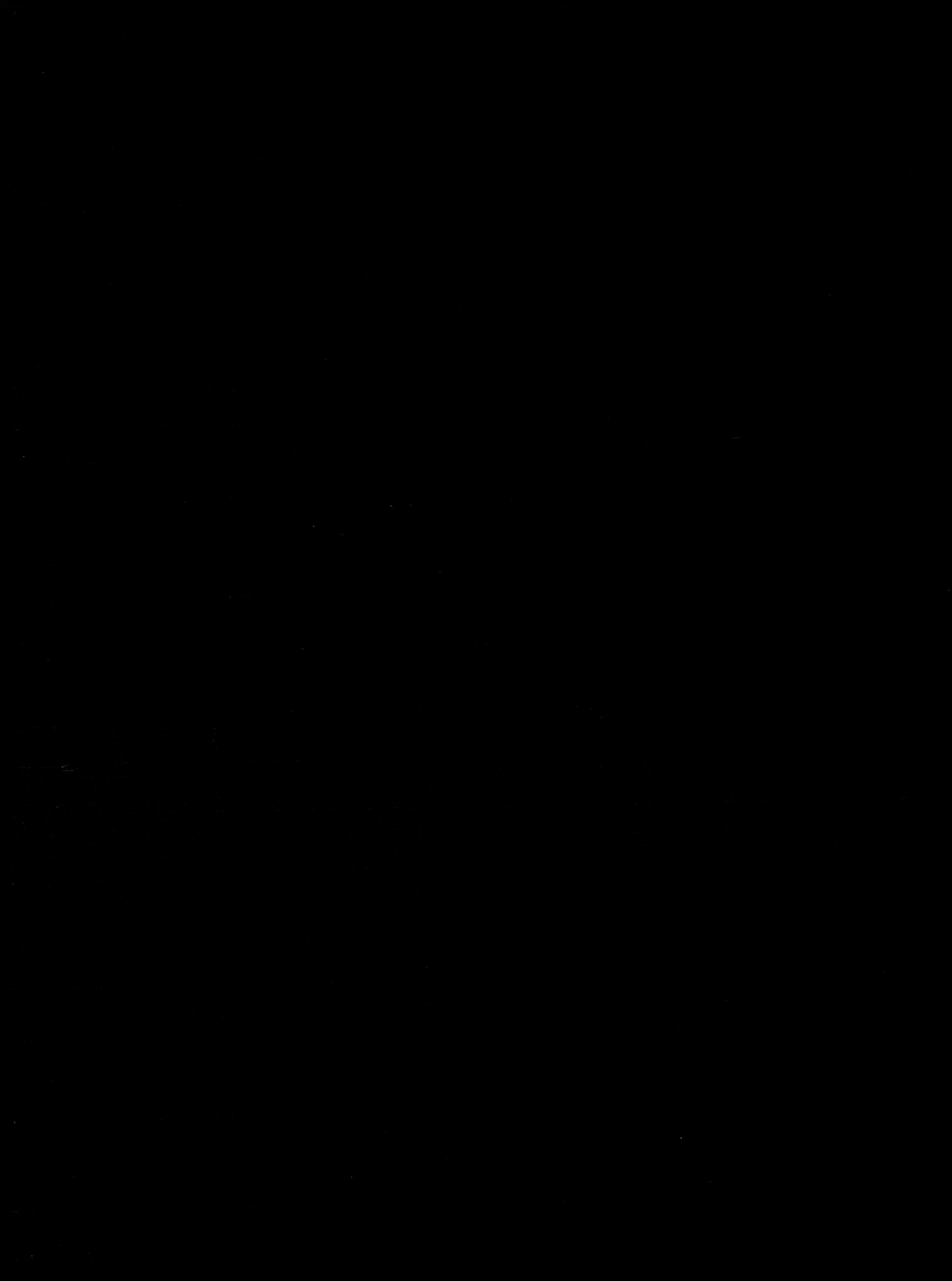

소프트웨어 테스팅
마이크로소프트에선 이렇게 한다

MS 최고의 현직 테스터들이 밝히는 베스트 프랙티스

KOREAN language edition published by ACORN PUBLISHING COMPANY, ⓒ 2009.

ⓒ 2009 by Microsoft Corporation. All right reserved.
All rights reserved. Published by arrangement with the original publisher,
Microsoft Corporation, Redmond, Washington, U.S.A.

이 책은 Microsoft Press와 에이콘출판주식회사가 정식계약하여 번역한 책이므로
이 책의 일부나 전체 내용을 무단으로 복사, 복제, 전재하는 것은 저작권법에 저촉됩니다.

소프트웨어 테스팅
마이크로소프트에선 이렇게 한다

MS 최고의 현직 테스터들이 밝히는 베스트 프랙티스

앨런 페이지 • 켄 존스톤 • 비제이 롤리슨 지음
권원일 • 이공선 • 김민영 • 김윤명 • 여용구 옮김

책을 쓸 수 있게 헌신해준 내 아내 크리스티나와 아이들 콜과 위노아,
나를 돌봐주시고 글을 쓸 터를 주신 나의 부모님 돈과 알린에게.

— 앨런 페이지

책을 쓰도록 용기를 준 내 아이들 데이비드와 그레이스,
컨퍼런스 발표 자료를 준비하는 내게
이 책의 제목을 제안해준 아내 카렌,
앨런의 지도와 가족의 지원이 없었다면
이 프로젝트를 시작할 수도 끝낼 수도 없었을 것이다.

— 켄 존스톤

끊임없는 사랑과 슬기로운 지혜, 인내심을 보여주신 부모님,
새로운 것을 배우는 데 끊임없는 호기심을 보이며 늘 도전을 결심하는
6살 난 딸 엘리자베스에게 감사한다.

— 비제이 롤리슨

고객에게 좋은 품질의 첨단 소프트웨어를 제공하기 위해
전통적인 장벽과 역할을 깨트리며 소프트웨어 프로세스가 성숙해지게 도전적으로
노력하는 마이크로소프트의 테스트 엔지니어에게 이 책을 바친다.
이 책을 쓸 때 마이크로소프트의 많은 전문 테스터에게 조언을 받으며 함께 일하는
특권을 누릴 수 있었고, 소프트웨어 테스팅에 대해 더 많은 것을 배웠다.

● 한국어판 서문

여러분이 한국어로 번역된 『How We Test Software at Microsoft』에 있는 이 글을 읽고 있다니 무척 놀랍습니다. 서울은 이미 세계적인 기술 중심지이고, 한국에서 소프트웨어와 기술의 발전은 계속해서 빠르게 진행될 것이라 생각합니다.

저의 첫 번째 업무는 한국어, 중국어, 일본어 버전 윈도우 95의 네트워크 컴포넌트 테스팅이었습니다(비제이와 저는 같은 장소에서 일했습니다). 한국 출신의 훌륭한 테스터와의 협업은 매우 즐거운 일이었고, 우리 작업이 한국어로 번역돼 출시되는 것은 경이로운 일이었습니다.

우리의 50년 테스팅 경험을 한국 독자와 공유할 수 있게 돼 무척 기쁩니다. 이 책에서 소개한 기법, 접근 방법, 사례는 마이크로소프트의 소프트웨어 테스팅 실무 중 일부입니다. 책을 통해 한국의 모든 독자가 실무에서 활용할 수 있는 조그만 아이디어를 발견할 수 있기 바랍니다. 한국에서 소프트웨어의 중요성이 커지고 있으므로, 독자 여러분 모두가 이 책에서 미래의 소프트웨어를 다듬고 개선할 수 있는 무언가를 발견하길 바랍니다.

— 앨런 페이지

이 프로젝트를 처음 시작했을 때는 책이 집필돼 출판되기만을 바랬습니다. 그런데 한국어로도 번역된다니 영광입니다. 전 세계적으로 소프트웨어는 중요한 위치를 차지하고 있으며, 테스팅은 이런 세계 소프트웨어 산업 생태계의 핵심에 위치한다고 생각합니다.

— 켄 존스톤

저는 1994년에 윈도우 95 국제화 테스트 팀에 소프트웨어 테스트 엔지니어로 합류하기 위해 일본에서 시애틀로 전근했습니다. 우리의 목표는 영어판 윈도우와 동아시아판 윈도우 버전 간의 격차를 줄이는 것이었고, 한국, 일본, 중국의 팀들과 즐겁게 일했습니다. 그 당시, 테스팅의 초점은 가능한 한 많은 버그를 발견하는 데 있었고, 많은 개발자가 2바이트 인코딩을 이해하지 못했기 때문에 파싱 에러와 같은 버그 리포팅은 어려운 일이 아니었습니다. 하지만 기술은 변하고, 개발자도 문제점들을 예방하는 방법을 알고 적용하게 돼 우리는 테스팅 접근 방법을 수정해야 했습니다. 저는 소프트웨어 테스팅 관련 책을 읽기 시작했습니다. 버그를 찾는 테스팅 프로세스를 이해했지만 소프트웨어 테스팅의 기술적 원리는 이해하지 못하고 있었고, 이런 원리를 업무에 적용해 문제를 예방하는 데까지는 이르지 못했습니다.

현재 저는 테스트 아키텍트로서 마이크로소프트에서 새로운 테스터에게 수많은 제품을 테스트하는 데 사용되는 기술적 원리와 그 원리를 실무에 적용하는 법을 가르치고 있습니다. 기술적인 원리가 실무에 적용되어 제품의 품질을 향상시키고, 제품에 포함될 수 있는 문제를 예방하며, 전체 비용을 절감시킵니다. 이와 같이 테스팅의 기술적인 원리와 이를 실무에 적용하는 방법을 가르치고 있지만 저도 계속해서 테스팅을 공부하는 중입니다. 제품의 품질을 향상시키기 위해서는 끊임없이 배워야 한다고 생각합니다. 고객들이 소프트웨어를 접하는 방법은 급격하게 변화하고 있으므로 테스팅 접근 방법을 계속 배워 적용해야 합니다. 이 책은 테스팅 관련 모든 해결책을 알려주지는 않습니다. 그러나 앨런과 켄, 그리고 제가 수년간 다양한 제품을 테스팅하면서 배웠던 경험을 담고 있습니다. 이 책은 어떤 독자에게는 새로운 지식을 제공하고, 이미 주제를 알고 있는 독자에게는 새로운 시각을 제시합니다. 우리의 책이 한국어로 번역돼 기쁘고, 한국의 테스팅 입문자나 소프트웨어 테스팅 경력자가 이 책을 통해 소프트웨어 테스터 역할 수행에 도움이 될 수 있는 지식을 많이 얻었으면 합니다.

— 비제이 롤리슨

저자 소개

앨런 페이지 Alan Page

1993년 소프트웨어 테스팅 분야 일을 시작해 1995년 마이크로소프트에 입사했다. 마이크로소프트에서 윈도우, 인터넷 익스플로러, 윈도우 CE 분야 등에서 다양한 작업을 했다. 윈도우 CE 팀에 재직할 때 2001년 마이크로소프트의 첫 번째 테스트 아키텍트가 됐다. 2005년 엔지니어링 우수 팀의 구성원이 됐고, 현재 마이크로소프트의 테스터에게 교육과 컨설팅을 하는 테스트 우수 팀의 관리자다.

켄 존스톤 Ken Johnston

마이크로소프트 오피스 인터넷 플랫폼과 운영 팀의 그룹 관리자다. 이 팀은 오피스 온라인, 오피스 라이브, CRM 온라인 등과 같은 서버 제품과 서비스를 위한 관리 기능을 개발한다. 1998년 입사 이후 사이트 서버와 MCIS의 테스트 리더, 익스체인지, 지식 노동자 서비스, Net Docs, 마이크로소프트 과금 및 가입자 플랫폼 서비스 등의 테스트 관리자로 일했다. 2004년부터 2006년까지는 마이크로소프트 테스트 우수 팀의 관리자로 근무했다.

비제이 롤리슨 Bj Rollison

엔지니어링 우수 팀의 테스트 아키텍트다. 1994년 마이크로소프트에 입사해 윈도우 95 팀에서 근무를 시작했다. 1999년 테스트 관리자가 되기 전까지 인터넷 익스플로러, 아웃룩 98 등을 포함한 작은 프로젝트에 참여했다. 마이크로소프트 입사 전 일본에서 중소기업용 솔루션을 개발하는 작은 회사에서 근무했다. 비제이는 국제 학술대회에 연사로 참가하고, 저널에 기고하며, 워싱턴 대학의 소프트웨어 테스팅과 테스트 자동화 공개강좌에서 강의한다.

● 감사의 글

이 책은 마이크로소프트의 테스터들이 도와주지 않았다면 만들어질 수 없었을 것이다. 테스터들은 내용을 리뷰하거나 자신들의 테스팅 경험을 알려주는 등 직접적인 도움을 줬다. 또한 마이크로소프트의 소프트웨어 테스팅 유산을 만들거나 끊임없이 소프트웨어를 테스트하는 방법을 개발하는 등 도움을 준 사람도 많았다.

마이크로소프트의 테스터 9,000명의 이름(특히 다른 부문의 퇴직자와 이 책을 마치도록 도움을 준 외부 리뷰어들)을 모두 나열할 수는 없다. 모두에게 감사하지만, 이 책을 만드는 데 실질적인 공헌을 하신 분들께 특히 더 감사를 전한다.

이 책은 마이크로소프트의 전·현직 직원의 의견, 제안, 피드백으로 만들어졌다. 마이클 코닝, 에드 트리우, 아몰 커, 스코드 워드워스, 지오프 스태네프, 댄 트래비슨, 브라이언 로저, 존 램버트, 산지브 베르마, 션 맥파랜드, 그랜트 조지, 타라 로스, 카렌 카터-슈웰들러, 진 하트만, 제임스 위태커, 이라다 사디코바, 알렉스 킴, 다린 하타케다, 마티 라일리, 벤캣 나라야난, 카렌 존스톤, 짐 피어슨, 이브라힘 엘 파, 칼 토스테빈, 나치 나가판, 키스 스토비, 마크 데이브스, 마이크 블래이록, 웨인 로스베리, 캐롤 캔클레어, 앤디 티스채퍼, 로리 에이다-킬티, 매트 허셔, 제프 라익스, 마이크로소프트 연구팀(특히 에이미 스티븐슨), 마이크로소프트 테스트 엑셀런스 팀, 마이크로소프트 테스트 리더십 팀, 마이크로소프트 테스트 아키텍트 그룹.

또한 이 책의 프로젝트 편집자이며, 집필하는 동안 용기를 북돋아주고 지원해준 린 피넬에게 감사한다.

● 추천의 글

올해 초 나의 멘토이자 절친한 친구이며 나와 같은 윈도우 인터내셔널 팀원인 팀과 나는 우리의 기술 역량을 높이는 방법에 대해 토론 중이었다. 그때 팀이 아주 좋은 책을 읽고 있다며 내게 이 책의 원서 『How we test Software at Microsoft』를 내밀었다. 이 책에서 저자들은 단순한 테스팅 이론을 다룬 기존 테스팅 책들과 달리 자신들의 수많은 경험과 시행착오를 통해 체득된 내용을 다룬다. 실제로 마이크로소프트의 테스트 리더들은 실무자 관리와 테스트의 진행 상황 보고 업무는 물론 축적된 경험과 기술을 바탕으로 상당한 전문성을 확보하고 있다. 그리고 구체적으로 더 나은 테스트를 하기 위해 개선해야 할 점뿐만 아니라 실무자들에게 구체적으로 도움을 줄 수 있는 부분이 무엇인지 치열하게 고민한다. 따라서 유능한 리더들인 저자진의 생생한 경험이 녹아있는 이 책은 마이크로소프트 내의 테스터들에게도 널리 추천되고 있다.

최근 국내 회사들 또한 테스트에 대한 인식이 높아지고 있으며 상당히 실력 있는 테스터들을 보유하고 있다. 다만 한 조직이 소프트웨어의 품질과 테스팅을 내재화하는 과정은 많은 시간이 걸리며 수많은 시행착오와 끊임없는 개선 작업을 요구한다. 다만 다양한 소프트웨어 제품을 출시하는 마이크로소프트는 남들보다 앞서 이런 과정을 거침으로써 역량 있는 내부 인력과 최적의 프로세스와 다양한 툴들을 보유하게 됐다.

이 책에서 독자들은 구체적으로 어떻게 소프트웨어 테스트가 한 조직에 녹아 들고 어떤 방식으로 활용되면서 내재화되는지에 대한 노하우를 익히게 된다. 소프트웨어 테스팅에는 정답도 은총알도 없다. 조직과 제품 성격에 맞는 소프트웨어 테스팅과 품질문화가 정착되기까지는 우리 테스터들의 열정과 노력 그리고 조직의 지원이 절실하다. 이 책에서 밝혀지는 여러 가지 방법과 노하우가 독자들이 속한 조직에 맞게 응용되고 실천되어 여러분의 테스팅에 일조하기를 기원하며 이 책을 국내 독자들에게 추천한다.

마이크로소프트 윤석원

● 옮긴이의 말

실무에서 확실히 입증된 소프트웨어 테스팅 기법 및 방법을 알고 현재의 테스팅 업무에 활용하고자 한다면 지금 최적의 책을 보고 있다. 역자들도 번역 후 업무에 이 책의 내용을 참고하며 "업무 활용도 높은 책을 번역했다"면서 뿌듯해 하고 있다. 세계 최대 규모의 소프트웨어 회사가 전사적으로 활용하는 테스팅 방법, 자동화 툴, 테스팅 프로세스로 인정받으려면 수많은 부서에서 오랫동안 적용해 효과를 입증해야 한다. 이렇게 입증돼 손에 잡히듯 적용할 수 있는 내용이 이 책을 가득 채우고 있다.

개발자 1명에 테스터 1~2명, '테스팅 엑설런스 센터(Testing Center for Excellence)' 등으로 개발 및 테스팅 분야에서 잘 알려진 마이크로소프트에서 어떻게 테스팅하는지 알려면 해외 컨퍼런스에 고가의 비용을 지불하고 참석했어야 했다. 그러고도 짧은 시간 발표를 듣고 발표가 끝난 후 못내 궁금한 사항을 잘 안되는 영어로 묻고 이해하느라 고생했던 생각이 아련하다. 이 책의 원서인 『How We Test Software at Microsoft』가 나오기 전까지는 말이다. 오랫동안 궁금했던 세계 최대 소프트웨어 기업의 테스팅 프랙티스를 전부는 아니지만 구체적인 단면을 책으로 볼 수 있게 되어 소프트웨어 테스팅을 업으로 살아가는 한 사람으로서 기쁘게 생각한다.

특정한 회사에서 자사 이름으로 자사의 테스팅 프랙티스 책을 쓴다는 것이 매우 당돌하다는 생각을 해본다. 어떤 독자가 특정 기업을 홍보하는 성격이 강한 책을 사서 볼 것인가? 마이크로소프트이니 이런 책을 쓰는 것이 가능하고, 나조차도 같은 이유로 다시는 번역서를 쓰지 않겠다는 결심을 깨고 이 책을 번역하겠다고 나섰다.

국내에 이런 책을 쓸 수 있는 회사가 없음이 아쉽다. 그런 한국 회사가 있어 그 기업 내 테스팅 전문가가 책을 쓰고 그 책을 영문으로 번역하는 일을 했었다면 더 보람찼을 텐데… 현재 국내 소프트웨어 테스팅 수준은 전반적으로

낮고 그 중요성에 대한 인식도 아직은 부족하다. 소프트웨어 테스팅이 전체 개발 계획에서 고려되지 않는 경우도 존재하고, 고려되어도 개발에 밀려 허겁지겁 적당히 야근해가면서 과거의 습성대로 수행하기도 다반사다. 어느 정도 테스팅 시간이 확보되고 여력이 되는 회사도 많이 고민하고 배워가면서 테스팅을 지적이고 현명하게 수행하고 체계화하는 노력에는 인색하다. 완성도 높은 자사 고유의 테스팅 방식과 기술을 개발해 수준 높은 테스팅을 수행하고 있다기보다는 선진국을 허겁지겁 쫓아가고 있는 수준에 머물고 있다.

어차피 완벽한 테스팅은 존재하지 않는다. 테스팅에는 만병통치약이 있다기보다는 기본적인 이론으로 무장하고 경험으로 보완된 어느 정도 탄탄한 업계의 모범 사례(Best Practice)만이 존재할 뿐이다. 이 책에서 다루는 테스팅 관련 내용도 같은 맥락에 있다. 이는 쉬운 것 같지만 실제로는 무척 도전적이다. 그렇다고 그렇게 어려운 것만도 아니다. 테스팅에 참여하는 개발 관련자의 의지와 경영층의 적절한 지원이 뒷받침되면 해볼 만하다.

마이크로소프트처럼 경영층이 테스팅의 중요성을 인식하고 어느 정도는 충분한 리소스가 제공되는 환경에서 테스팅이 일정 수준 이상 완성도 높게 진행되는 것은 당연할 수 있다. 우리에게 이런 지원과 환경이 갖춰진 후 테스팅하라고 한다면 오히려 마이크로소프트보다 더 잘할 수 있다고 생각한다. 부럽지만 특정 회사의 지원과 투자 및 일하는 환경이 좋을 뿐이지 우리라고 못할 대단한 것은 아니라고 본다. 이 책에는 이런 지원과 환경이 갖춰져 '실제로 활용'되고 있는 '입증된' 프랙티스가 많다. 그런 과정에서 오랫동안 축적하고 경험해온 그들의 테스팅에 대한 인사이트를 독자 여러분의 것으로 만들었으면 한다.

테스팅에 대한 인식이 열악한 대한민국에서 테스팅을 전업으로 하는 과정은 어려움 투성이다. 또한 개발하면서 테스팅하는 개발자가 체계적인 테스팅을 통해 품질을 확보하는 것은 더더욱 쉽지 않다. 이 책의 내용에서 보는 바와 같이 표준적인 테스팅 이론을 적절히 활용하는 수준이 현재의 세계적인 수준이다. 결국 여러분도 마음 '독하게' 먹고, 열악한 상황에서도 국제 및 업계 표준을 적절히 공부하고 이를 적극적이고 지속적으로 업무에 활용한다면 동일한 수준에 오를 수 있다고 본다. 어렵게 했기 때문에 오히려 더 뼈가 되고 살이 될 수 있다.

　이 책은 기본적인 테스팅 이론을 실무에 적절히 적용하고 있는 사례를 담고 있다. 또한 적용하는 과정에서 체득한 다각적인 활동 경험을 진솔하게 기록한 부분이 많아 마치 현장에서 테스팅에 참여했다는 착각을 일으키기도 한다. 예를 들어, 특정한 테스트 설계 기법을 어떻게 적용했고 그 과정에서 어떤 어려움이 있었는지, 자동화 툴을 어떻게 개발해 도입했고 실제적으로 어떤 효과를 봐서 전사에 어떤 방식으로 확산했는지 등 다양한 실 사례를 해당 프로젝트를 진행한 다양한 매니저나 담당자가 에피소드 형태로 서술해 경험을 공유한다.

　이 책을 통해 세계 최고의 모범 사례 테스팅을 간접 경험하기 바란다. 그리고 이를 소화하고 한 단계 발전시켜 자사의 테스팅 체계를 구축하고 활용한다면 단기간에 세계적 수준의 테스팅을 수행할 수 있다고 본다(물론, 쉽지는 않을 테니 강한 의지와 적극적인 노력이 반드시 필요하다). 마침 국내에서 ISO 소프트웨어 테스팅 표준을 비롯한 안정화된 높은 수준의 테스팅 프로세스 및 프랙티스가 빠른 속도로 확산되고 있어 우리가 테스팅을 잘할 수 있는 환경이 구축되고 있다. 중소기업을 대상으로는 정부의 테스팅 관련 교육 지원과 컨설팅 제공도 줄을 잇고 있다. 이런 기회를 잘 활용해 해외 테스팅 전문가 들이 존중하고 벤치마킹하는 테스팅 분야의 전문가 또는 개발 과정에서 수준 높게 테스팅하는 차별화된 개발 전문가가 많이 탄생하기 바란다.

2009년 10월

대표 역자 권원일 / STA컨설팅

옮긴이 소개

권원일 wonil@sta.co.kr

현재 STA컨설팅에서 테스팅에 대한 사명감을 갖고 테스트 컨설턴트 겸 경영자로 일하고 있다. 테스팅 프로세스 심사 및 방법론, 테스팅 국제 표준화(ISO/IEC29119), 유지보수 테스팅, 테스트 메트릭, 테스팅 컨셉의 시각화를 통한 경영층 인식 전환, 한국적 테스팅 접근법 개발 등에 관심이 많다. 국내 테스팅 분야의 롤모델이 되는 꿈을 갖고 있다. 그리고 대한민국의 테스팅 수준을 높여 전 세계에 퍼뜨리는 글로벌 비즈니스 성공 목표에 한발씩 다가가고 있다.

> 이 책이 완성도 높게 번역되도록 열심으로 번역 스킬을 지도해준 에이콘 출판사 임직원 분들께 감사 드린다. 그리고 야간과 주말의 개인 시간을 모두 반납하고 번역 및 관련 토론에 열정을 실어준 모든 역자에게 진심으로 감사한다. 이런 역자의 수고를 1대1로 지원하며 번역 검토에 몰입해준 진석준, 송형기, 조현길, 송홍진 님의 노고도 잊지 못할 것이다. 번역 마지막 순간에 인연이 닿아 마이크로소프트 직원 시각에서 검토를 진행해준 윤석원 님이 이 책의 완성도를 높여 줬다. 테스팅 전문가인 모든 역자는 이 번역을 통해 한층 전문성을 키우고 성장해 자사 또는 국내 테스팅의 발전에 일익을 담당하고자 한다. 모쪼록 모든 독자도 본 책을 읽고 역자와 같은 마음 자세로 현업 테스팅에 임해 주변의 테스터와 개발자, 회사, 사회, 국가에 테스팅으로 큰 도움 주기 바란다. 그리고 더 나아가 테스팅 및 개발 분야에서 세계 최고의 경지에 오르기를 기원한다.

이공선 kongseon@gmail.com

현재 TTA의 SW시험인증 팀에서 일하고 있다. 관심분야는 소프트웨어 테스트이며, 특히 IT 관련 신기술과 신제품에 관심이 많다.

> 소프트웨어 테스팅이란 분야의 특수성 때문인지 다른 소프트웨어 분야에 비하면 책이 많지 않고, 번역되어 출간된 책은 거의 없다. 하지만 개발 없이 소프트웨어가 만들어질 수 없듯이 테스팅이 포함되지 않은 개발은 있을 수 없다. 1979년 마이어의 『The Art of Software Testing』 이후로 여러 책이 나오고 있지만 이 책처럼 전반적인 것을 다루는 책도 드물다.

소프트웨어 테스팅이란 분야가 기존의 이론을 능가하는 획기적인 이론이 나오는 분야가 아니기 때문에 이론적인 것만 본다면 이 책에 특별한 기법이나 방법이 기술된 것은 아니다. 다만 세계 최대의 소프트웨어 회사인 마이크로소프트에 근무하는 3명의 저자가 각자의 경험을 중심으로 마이크로소프트 내의 테스팅 관련 조직, 기법, 도구 등 많은 내용을 광범위하게 기술하고 있다.

기술이 발전하면서 하드웨어도 중요하지만 소프트웨어의 중요성은 더욱 높아지고 있다. 예전에는 대부분 하드웨어로 구현하던 것도 연결 단자와 간단 회로만 하드웨어로 구현하고 대부분은 소프트웨어로 처리한다. 따라서 기업에서는 소프트웨어 테스팅이나 QA 관련 부서가 신설되고, 소프트웨어 테스팅이 개발의 중요한 부분이 되고 있다.

이 책의 각 부분은 서로 연관된 내용도 있지만 서로 독립적이어서, 책을 읽는 데 많은 시간을 투자하기 어려운 독자는 필요한 부분만 읽어도 실무에 많은 도움이 될 것으로 생각한다.

역자들이 번역 전문가가 아닌 소프트웨어 테스트 전문가여서 번역 과정에 여러 가지 문제가 있었지만 서로 협력해 책을 마무리했다. 이 책이 국내 소프트웨어 테스터에게 작게나마 도움이 되었으면 한다.

김민영 nyung2.kim@samsung.com

현재 삼성전자 DMC 연구소 SE Lab에서 책임 연구원으로 재직 중이다. 주요 관심분야는 테스트 메니지먼트, 컨버전스(Convergence) 테스팅, 사용성(Usability) 테스팅이다. 대한민국의 후배 테스트 엔지니어 양성을 위해 일조하자는 목표를 가지고 있다.

> 새로운 과제를 기획하거나 이슈를 해결하는 데 있어 빠지지 않는 중요한 활동 가운데 하나는 경쟁사, 선진사에 대한 분석이다. 이런 점에서 이 책은 나의 관심을 끌기에 충분했다. 다양한 제품을 테스트해야 하고 늘 다양한 문제에 봉착해 해결 방법을 찾아야 할 때면 과연 남들은 어떻게 할지 궁금해지곤 했다. 이런 시점에 책을 번역한다는 사실을 알고 독자가 아닌 역자로서 좀 더 철저한 분석과 학습을 위해 과감한 도전을 하게 되었다. 예상은 틀리지 않았다. 기존의 테스트 관련 책들이 테스팅 관련 기본기를 제공하고 실무의 적용에 대해서는 독자의 역량에 맡겼다면 이 책은 마이크로소프트 내부에서의 다양한 과제에 대한 적용 사례들을 다루고 있다. 특히 성공 사례와 더불어 실패 사례와 그 원인에 대해 함께 기술했고, 해당 기술을 적용하고자 하는 경우 주의 사항에 대한 언급도 잊지 않았다.

이번 번역 작업은 마이크로소프트의 테스트 프랙티스에 대한 학습과 한 번쯤 『소프트웨어 테스팅, 삼성에선 이렇게 한다』라는 국내판 테스팅 실용 서적을 집필하고픈 욕심을 심어주는 좋은 기회가 됐다.

김윤명 ashleykim@gtone.co.kr

소프트웨어 개발자로 커리어를 시작해 현재 GTOne 에서 테스트 엔지니어로 일하고 있다. 테스팅 방법론에 관심이 많고, 여러 조직의 베스트 프랙티스를 공유할 수 있는 방법을 찾고 있다.

"
번역자로서 이 책의 번역에 지원하게 된 주된 이유는 이 책의 제목 때문이었다. 『How We Test Software at Microsoft』라는 원서 제목은 테스트 엔지니어라면 한 번쯤은 궁금해 했을 만한 내용일 것이다. 제목처럼 이 책은 마이크로소프트에서 제품을 테스팅하는 방법론과 테스트 기법을 어떻게 적용해 사용하는지 그리고 테스트를 위해 어떤 툴을 사용하며 어떤 프로세스로 진행되는지에 대해 사례를 들어 자세하게 설명하고 있다.

번역을 맡았던 부분 중에서 9장의 경우, 마이크로소프트에서 사용하는 버그와 테스트케이스를 관리하는 프로세스와 툴에 대한 설명과 사례를 담고 있다. 버그 리포트와 테스트케이스가 가져야 하는 항목들에 대한 상세한 설명이 인상적이고, 버그 처리를 위한 '버그 바' 개념이나, 버그 관리 프로세스의 '선별' 개념 같이 실무에 적용하기 좋은 내용을 자세히 담고 있다. 또한 10장에서는 테스트 자동화 방법에 대해 사례와 더불어 설명하는데, 특히 마이크로소프트에서 많이 사용하는 SEARCH라는 단계별 테스트 자동화 접근법은 체계적인 테스트 자동화를 이루려는 사람이라면 눈여겨볼 만하다.

여타 이론적인 내용만을 담은 책들과 달리, 마이크로소프트에서 실제 업무에 적용하고 있는 베스트 프랙티스가 있기 때문에 테스팅 조직을 시작하는 단계나 테스팅 방법론을 고민하고 있는 조직의 실무자들이라면 실제 업무에 적용할 수 있는 여러 가지 팁을 얻을 수 있을 것이다.

여용구 yeoyg98@gmail.com

현재 NHN 비즈니스 플랫폼(Business Platform)의 QA 팀에서 일하고 있다. 끝까지 '테스터의 야성'을 잃지 않고 조금이나마 QA 분야에 기여하는 것이 바람이다. QA 분야 전문가가 되기 위해 관련 책 100권 읽기를 목표로 하고 있으며, 테스트 자동화 부분에 관심을 갖고 있다.

> "마이크로소프트에서는 과연 어떻게 테스팅하고 있을까"라는 질문은 QA 및 테스팅 직종에 있는 사람이라면 누구든지 궁금할 것이다. 13장에서는 고객의 피드백을 적극적으로 활용하는 노력을 볼 수 있었으며 이런 고객의 소리를 테스팅 과정에 적극적으로 반영하는 모습이 인상적이었다. 14장은 S+S(소프트웨어+서비스)라는 개념에 대한 간단한 이해와 S+S를 테스트하는 방법을 설명해준다. 새로운 환경과 변화에 있어 테스팅 접근방법을 적극적으로 고민하고 적용하고 있었다. 많은 관련자끼리 공유해 사용하는 통합 테스팅 환경뿐만 아니라 각 단위 소프트웨어(서비스)별로 테스터가 자유롭게 테스팅을 수행할 수 있는 테스트 클러스터를 구성해 진행하는 것도 부러웠고 그들의 전문성을 느낄 수 있었다. 그리고 지금도 머리속에 강하게 각인되어 있는 것은 "야성을 지닌 테스터의 DNA가 변화되어 온순한 버그 기록자가 되어가는 것을 주의하라"는 외침이다. 점점 절차, 협업, 일정의 압박으로 인해 나도 원치 않게 점점 단순한 버그 기록자가 되는 것은 아닌지 되돌아보게 된다. 테스터의 숨길 수 없는 그 야성이 나에게 그리고 이 책을 보는 모든 사람에게 변함없기를 바란다. 15장은 결함 분석, 코드리뷰, 가상머신의 사용 등을 통해 잠재된 리스크를 빠르게 발견하고 해결하기 위한 마이크로소프트의 노력을 담고 있다. 16장에서는 테스팅에 대한 미래의 도전에 대해 마이크로소프트가 테스트 리더쉽을 중심으로 지식과 사례 공유를 통해 적극적으로 대처하는 모습을 보았다. 품질 향상을 위한 프로세스 정의와 자동화 및 성공 사례를 공유해 테스팅 관련 문제를 해결해 나가는 테스트 아키텍트라는 새로운 커리어 패스를 두고 테스팅에 대한 전문 역량을 전사적으로 키워나가는 모습도 인상적이었다. 테스팅의 커리어 패스로 고민하는 많은 QA 및 테스트 엔지니어에게 이는 새로운 안목을 열어주는 계기가 될 듯하다.

목차

추천의 글 5   한국어판 서문 6   감사의 글 8
저자 소개 9   옮긴이의 말 10   옮긴이 소개 13

1부 마이크로소프트에 대해 35

01장 마이크로소프트의 소프트웨어 엔지니어링 37
마이크로소프트의 비전, 기업 가치, 높은 선호도의 비결 37
대규모 소프트웨어 엔지니어링 기업 42
효율적인 대규모 비즈니스 개발 44
    공유 팀 모델 44
대기업의 소규모 비즈니스 47
다양한 엔지니어 고용 50
    엔지니어링 분야 51
세계적 소프트웨어 개발사를 향해 55
정리 58

02장 마이크로소프트의 소프트웨어 테스트 엔지니어 61
이름을 붙여볼까? 63
마이크로소프트의 테스터가 항상 SDET는 아니다 65
테스터가 더 많아야 한다 68
    학교 방문 채용 70
    업계 경력직 채용 72
마이크로소프트 SDET 되기 73
마이크로소프트 엔지니어링 커리어 74
테스트 부문의 커리어 패스 76
    테스트 아키텍트 76

　　　　IC 테스터 *77*

　　　　관리자가 되는 것이 승진은 아니다 *79*

　　　　테스트 관리자 *81*

　　정리 *81*

03장　엔지니어링 생명주기 *83*

　　마이크로소프트의 소프트웨어 공학 *84*

　　　　전통적 소프트웨어 공학 모델 *84*

　　　　마일스톤 *88*

　　　　마이크로소프트에서의 애자일 *91*

　　　　기능 통합 *94*

　　프로세스 개선 *95*

　　　　마이크로소프트의 정형적 프로세스 개선 시스템 *97*

　　전시상황실에서 소프트웨어 출시 *98*

　　　　의무 실행 *101*

　　정리: 음식을 다 만들고 *102*

2부　테스팅 *103*

04장　테스트 케이스 작성을 위한 실용적 접근 *105*

　　좋은 소프트웨어 설계와 테스트 설계 *106*

　　테스트 패턴 사용 *107*

　　테스트 시간 추정 *109*

　　테스트 시작 *110*

　　　　질문하기 *111*

　　　　테스트 전략 수립 *112*

　　테스트 용이성 *113*

　　　　테스트 설계 명세서 *115*

　　정상 동작 테스트와 오동작 테스트 *116*

　　테스트 케이스 설계 시 고려해야 할 기타 항목 *118*

　　　　블랙박스, 화이트박스, 그레이박스 *118*

마이크로소프트의 탐색적 테스팅 *119*

정리 *120*

05장 기능 테스팅 기법 *123*

기능 테스팅의 필요성 *125*

동등 클래스 분할 *130*

  변수 데이터 분할 *132*

  동등 클래스 분할 동작 *135*

  파라미터의 서브셋 분석 *137*

  ECP 테스트 *139*

  동등 클래스 분할 요약 *142*

경계 값 분석 *144*

  경계 값 테스트의 정의 *146*

  경계 값 분석을 위한 새로운 공식 *147*

  숨겨진 경계 값 *153*

  경계 값 분석 요약 *156*

조합 분석 *156*

  조합 테스팅 접근 방법 *158*

  조합 분석의 적용 *161*

  조합 분석의 효과 *171*

  조합 분석 요약 *173*

정리 *174*

06장 구조적 테스팅 기법 *175*

블록 테스팅 *179*

  블록 테스팅 요약 *188*

결정 테스팅 *188*

  결정 테스팅 요약 *191*

조건 테스팅 *192*

  조건 테스팅 요약 *196*

기본 경로 테스팅 *196*

  기본 경로 테스팅 요약 *209*

정리 209

07장 코드 복잡도에 따른 리스크 분석 211

비지니스 리스크 212
복잡한 문제 213
    코드 라인 수 측정 215
사이클로매틱 복잡도 측정 216
    할스테드 메트릭 220
    객체지향 메트릭 222
    사이클로매틱 복잡도가 높다고 반드시 버그가 많은 것은 아니다 224
복잡도 메트릭 제대로 다루기 226
정리 228

08장 모델 기반 테스팅 229

    모델링 기초 230
모델 테스팅 232
    모델 설계 232
    소프트웨어 모델링 234
    유한 상태 모델 만들기 238
    모델 자동화 238
테스팅을 지원하는 모델링 246
    베이시안 노해 보넬 246
    페트리 넷 247
마이크로소프트의 모델 기반 테스팅 툴 248
    스펙 익스플로러 249
    언어와 엔진 255
    모델링 팁 259
정리 260
추천 도서와 툴 261

3부 테스트 툴과 시스템 263

09장 버그와 테스트 케이스 관리 265

버그 워크플로우 266
버그 추적 267
    버그의 일생 268
    버그 추적 시스템의 속성 270
    버그 리포트를 작성하는 이유 271
    버그 리포트의 구조 272
    버그 선별 277
    버그 리포트의 일반적인 실수 279
    데이터 사용 282
    데이터 오용: 성과 측정으로서의 버그 285
    버그 바 288
테스트 케이스 관리 292
    테스트 케이스란? 292
    테스트 케이스의 가치 294
    테스트 케이스 구조 296
    테스트 케이스 작성 시의 실수 297
테스트 케이스 관리하기 300
    케이스와 포인트: 테스트 케이스 수 세기 300
    테스트 결과 추적과 해석 302
정리 304

10장 테스트 자동화 305

자동화의 가치 306
    자동화냐 아니냐, 그것이 문제로다 306
UI 자동화 311
테스트 자동화 구성 요소 316
마이크로스프트에서의 SEARCH 321
    설정 321
    실행 324

분석 332
보고 335
초기화 337
도움말 337

실행, 자동화, 실행! 338
    모두 연동하기 339
    대규모의 테스트 자동화 340
    일반적인 자동화 실수 341

정리 343

11장 비기능 테스팅 345

기능성을 넘어 346

'~성' 테스트하기 347

성능 테스팅 349
    성능 측정 방법 351

스트레스 테스팅 354
    분산 스트레스 테스팅 357
    분산 스트레스 아키텍처 358
    멀티 클라이언트 스트레스 테스트 속성 361

호환성 테스팅 362
    애플리케이션 라이브러리 363
    애플리케이션 검증기 365

자기 개밥 먹기 366

접근성 테스팅 368
    접근성 페르소나 370
    접근성 테스트하기 372
    MS 액티브 액세서빌리티를 위한 테스팅 툴 373

사용성 테스팅 373

보안성 테스팅 376
    보안 위협 모델링 376
    퍼지 테스팅 377

정리 379

12장 다양한 툴 활용 381

코드 변경 382
통제하기 384
    변경 추적 384
    무엇이 변경됐나? 385
    왜 변경됐나? 388
    소스 관리를 위한 공간 390
빌드 391
    일일 빌드 392
정적 분석 401
    네이티브 코드 분석 401
    매니지드 코드 분석 403
    단지 또 다른 툴 405
    테스트 코드 분석 405
    테스트 코드가 제품 코드다 408
더 많은 툴 409
    특수한 문제를 위한 툴 409
    모든 사람을 위한 툴 410
정리 411

13장 고객 피드백 시스템 413

테스팅과 품질 413
    정보를 제공하는 테스팅 414
    품질에 대한 이해 415
해결책은 고객 417
    게임에서의 사례 422
윈도우 오류 보고 423
    WER 사용 사례 424
    버킷 활용하기 427
    버킷에 쌓인 문제 처리하기 427
    테스트와 WER 429

　　　　　스마일 전송 프로그램 *430*
　　　　　　　　스마일 전송 프로그램 효과 *432*
　　　　　고객과의 연결(커넥트) *433*
　　　　　정리 *437*

14장 소프트웨어 플러스 서비스 테스팅 *439*

　　　　　두 가지 부문: 서비스와 테스트 기법 *440*
　　　　1절: 서비스 *441*
　　　　　마이크로소프트 서비스 전략 *441*
　　　　　인터넷 서비스로의 관심 이동 *441*
　　　　　라지 스케일에서 메가 스케일로의 성장 *444*
　　　　　성장의 발목을 잡는 전력 *447*
　　　　　서비스와 패키지 제품 *449*
　　　　　독립형에서 계층형 서비스로 이동 *452*
　　　　2절: S+S 테스팅 *455*
　　　　　혁신의 물결 *455*
　　　　　S+S와 서비스에 대한 테스트 접근 방법 설계 *457*
　　　　　S+S 테스팅 기법 *465*
　　　　　통합 테스팅, 테스트 플래그, 에뮬레이션 *477*
　　　　S+S에 대한 몇 가지 중요한 생각 *491*
　　　　　지속적인 품질 개선 프로그램 *491*
　　　　　내가 본 일반적인 버그 *496*
　　　　정리 *498*

4부 앞으로의 전망 *501*

15장 문제의 조기 해결 *503*

　　　　결함 분석 자동화 *504*
　　　　　분석 마비 상황의 극복 *504*
　　　　　결함 비교 *506*
　　　　　좋은 로깅 사례 *508*
　　　　　로그 파일의 구조 *509*

결함 분석 자동화 통합 511

머신 가상화 512
가상화의 장점 512
가상 머신 테스트 시나리오 516
테스트 도중 발생하는 오류 519
추천하지 않는 테스트 시나리오 521

코드 리뷰와 인스펙션 522
코드 리뷰의 유형 522
체크 리스트 524
리뷰 시 고려 사항 525
리뷰의 두 얼굴 529

툴이 너무 많아도 문제 530
간소화, 재사용, 재활용 530
무엇이 문제인가? 531
공개 개발 532

정리 533

16장 테스팅의 미래 535

전향적 사고의 필요성 536
한걸음 물러서서 앞을 내다보기 536
품질 문화를 위한 노력 537
테스팅과 품질 보증 538
누가 품질의 주인인가? 539
품질 비용 540
테스트의 새로운 역할 542

테스트 리더십 543
마이크로소프트 테스트 리더십 팀 543
테스트 리더십 의장 544
테스트 리더십 활동 545
테스트 아키텍트 그룹 546

테스트 엑셀런스 팀 549
공유 550
도움 551

　　　　소통 552
　　　　미래 주목하기 554
　　　　마이크로소프트 테스트 엑설런스 팀의 감독 554
　　　　리더십 3원소 555
　　미래를 위한 혁신 556

찾아보기 557

들어가며

2007년 늦가을 아침, 관리자 켄 존스톤이 내게 "꼭 책을 한 권 써보세요"라고 말을 건넸다.

그는 테스트 컨퍼런스에서 발표를 마치고 돌아왔는데, 청중의 반응에 몹시 흥분한 상태였다(당시 제목이 『How we test software at Microsoft』는 아니었다). 켄은 발표를 좋아했지만 책의 저자는 나여야 한다고 생각한 것 같다.

나는 농담으로 "좋죠, 안 될 거 뭐 있나요?"라고 말했다. 책은 마이크로소프트에서 사용하는 일반적인 테스트 접근 방법에 대한 피상적 지식과 소프트웨어 테스팅 과정 교육 내용을 담을 수 있을 것이라고 말했다. 흥미는 있었지만 테스팅을 다룬 책은 이미 수도 없이 많았고, 내가 읽은 것도 수십 권에 달하며, 매우 훌륭한 책도 몇 권 있었다. 지금 이 시점에서 테스팅 책을 또 낸다면 테스팅 커뮤니티에 어떤 가치가 있을까?

켄에게 무의미함을 얘기하려고 할 때 중요한 점을 깨달았다. 마이크로소프트에는 세계 최고의 소프트웨어 테스트 교육 과정이 있다. 교육 과정의 교재와 구성은 좋지만 그게 전부는 아니다. 학생들에게 인상을 남기고 영향을 주는 건 과정 전반에서 소개되는 강사의 일화, 성공 사례, 소소한 얘기라고 생각했다. 마이크로소프트가 테스트 접근 방법을 어떻게 사용하는지에 대한 정보와 사례를 담으면 책이 더욱 재미있어질 거라고 생각했다. 교육 과정에서 가르쳤던 내용을 뛰어넘어 테스터에게 재미있을 테스트 개념과 사례를 생각하기 시작했다. 내가 좋아하는 프로그래밍 책은 기술적인 내용은 물론 다양한 사례로 가득 차 있음을 깨달았다.

곧바로 나는 기획안을 쓰기 시작했다. 윤곽이 드러나기 시작했고, 4가지 주제를 갖춘 책의 형태가 만들어졌다. 1부는 마이크로소프트의 사람과 엔지니어링에 대해 일반적인 접근 방법을 사용해 합리적으로 서술했다. 2부와 3부는 마이크로소프트에서 테스팅하는 방법과 사용 툴에 초점을 맞췄고, 4부는 마이크로소프트 내부의 테스팅 미래를 기술했다. 마이크로소프트 출판사에 저서 기획안을 보낸 나는 책의 가능성에 흥분한 상태였지만 한편으론 출판사가 내 제안을 거절하면 그냥 포기하려는 생각도 했다. 다행히 우려한 일은 일어나지 않았고, 얼마 후 나는 컴퓨터 앞에 앉아 첫 문장을 어떻게 시작할까 고민하고 있었다.

시작할 때부터 켄이 처음 2개 장을 써주기를 바랬다. 켄은 마이크로소프트의 관리자로 수년 동안 일했으며, 인사 관련 부문의 전문가였다. 제안서를 제출할 때 켄은 우리 그룹에서 오피스 온라인 그룹 관리자로 자리를 옮겼다. 얼마 지나지 않아 켄은 소프트웨어 플러스 서비스를 어떻게 테스트하는지에 대한 장도 써야 했다. 켄은 웹서비스를 어떻게 테스트하는지 정의하는 회사의 리더가 됐으므로 직접 14장 '소프트웨어 플러스 서비스 테스팅'을 꼭 집필해야 했다. 나중에 마이크로소프트에서 가장 유명한 테스터인 비제이 롤리슨에게 기능적, 구조적 테스트 기법 부분을 써달라고 부탁했다. 비제이 롤리슨은 핵심 소프트웨어 테스팅 과정을 설계했고, 그 누구보다도 테스팅 분야를 잘 알고 있으며, 나보다 테스팅 관련 서적을 많이 읽은 유일한 사람이다. 켄과 비제이, 나 이렇게 세 명으로 구성한 저자진은 꽤 괜찮은 편이었다. 우리가 작업한 결과물은 저마다 달랐고, 마무리 시점에는 마이크로소프트 테스터의 다양함을 반영하는 자료와 서작 스타일을 혼합해야 했다. 비제이는 교수이고, 켄은 역사학자나 이야기꾼이 되려 하고, 나는 정보를 모아서 사실만을 기술한다고 농담을 하곤 했다. 몇 장을 쓰고 나서 우리는 서로의 작업을 편집하고 조언을 했고, 그 결과 책 전체가 하나의 스타일로 모아졌.

책을 써야 한다는 숙제가 앞에 놓여있을 때 삶의 모든 작은 방해물은 점점 커진다. 이 책을 시작하고 나서 켄은 이전 직무인 마이크로소프트 테스트 엑셀런스 팀의 감독직을 맡게 됐다. 책을 쓰기 시작해서 새로운 직무에 도전했는지는 나도 모르겠다. 그렇지만 그의 도전으로 이 책에 많은 도움이 된 마이크로소프트의 테스트 리더십을 좀 더 깊이 알게 됐다.

이 책을 쓰면서 가장 염려스러웠던 점은 마이크로소프트 테스팅의 많은 부분을 모두 다루지는 못했다는 점이다. 마이크로소프트에는 9,000명 이상의 테스터가 있다. 이 책에서 다룬 테스트 접근 방법은 마이크로소프트의 테스터가 가장 많이 사용하는 방법이지만 미처 다루지 않은 다른 훌륭한 방법도 마이크로소프트에는 무척 많다. 그 중에는 이 책에서 다룬 주제를 변형한 방법도 있다. 우리가 가장 중요하다고 생각하는 테스팅에 관련해 가능한 한 많은 개념을 기술하려고 노력했다. 사실 이 책의 제목이 약간 두렵긴 하다. 『소프트웨어 테스팅 마이크로소프트에선 이렇게 한다』는 마이크로소프트의 모든 테스터가 작업하는 내용을 이 책에 담았음을 의미하지만 사실 그렇지는 않다. 테스터도 무척 많고, 포트폴리오도 많으므로 마이크로소프트의 모든 테스터가 하는 테스팅을 기술할 수는 없다. 그래서 우리는 절충안을 찾았다. 이 책은 마이크로소프트 테스터가 가장 일반적으로 사용하는 테스팅 작업, 툴, 기법 등을 기술한다. 모든 팀이 책에 나오는 모든 작업을 하지는 않지만 대부분은 이렇게 작업한다. 이 책에 쓰기 위해 고른 내용은 모두 마이크로소프트 제품 테스팅에 성공적으로 적용된 것이고, 이 책의 주제는 우리가 알고 있는 작업의 일부분이다.

마지막으로 책 집필은 끝냈지만 테스터로서 더 잘할 수 있다는 것을 알고 있다. 아직 부족하지만 출판 시점이 다가왔고, 우리는 고객 지원도 열심히 할 계획이다. 책 내용 중 무엇이든 저자와 토론하고 싶다면 웹사이트(www.hwtsam.com)를 방문하라. 집필진은 독자의 의견을 듣고 싶다.

— 앨런 페이지

:: 대상 독자

마이크로소프트의 테스터에 관심 있거나 마이크로소프트에서 테스트에 어떻게 접근하는지 알고 싶은 사람을 위한 책이다. 소프트웨어 테스팅을 다룬 많은 책을 대체할 수는 없지만 마이크로소프트가 소프트웨어를 개선하기 위해 테스팅 기법과 방법론을 어떻게 적용하는지는 알 수 있을 것이다.

마이크로소프트 테스터에겐 자신이 몸담은 회사에서 사용 중인 기법과 접근 방법을 담고 있으므로 관심이 있을 것이다. 테스터가 아닌 분들도 마이크로소프트에서 테스터의 역할을 알게 돼 흥미로울 것이다.

:: 이 책의 구성

이 책은 독자가 마이크로소프트 제품, 마이크로소프트 엔지니어, 마이크로소프트 테스터, 테스트 역할, 엔지니어링 소프트웨어에 대한 일반적인 접근 방법에 익숙해지게 하는 것으로 시작한다. 2부에서는 마이크로소프트에서 일반적으로 사용하는 테스트 접근 방법과 툴을 다룬다. 3부에서는 테스팅에 사용하는 툴과 시스템을 소개한다. 마지막 4부에서는 마이크로소프트의 테스팅과 품질에 대한 미래의 방향과 미래를 만들기 위한 방법을 설명한다.

1부 마이크로소프트에 대해
    1장 마이크로소프트의 소프트웨어 엔지니어링
    2장 마이크로소프트의 소프트웨어 테스트 엔지니어
    3장 엔지니어링 생명주기

2부 테스팅
    4장 테스트 케이스 작성을 위한 실용적 접근
    5장 기능 테스팅 기법
    6장 구조적 테스팅 기법
    7장 코드 복잡도에 따른 리스크 분석
    8장 모델 기반 테스팅

3부 테스트 툴과 시스템
    9장 버그와 테스트 케이스 관리
    10장 테스트 자동화
    11장 비기능 테스팅
    12장 다양한 툴 활용
    13장 고객 피드백 시스템
    14장 소프트웨어 플러스 서비스 테스팅

4부 앞으로의 전망
  15장 문제의 조기 해결
  16장 테스팅의 미래

:: 온라인 지원

이 책을 보충하는 신규 자료와 수정된 자료는 마이크로소프트 프레스 온라인 개발자 툴 웹사이트에서 찾을 수 있다. 자료는 보완된 책 내용, 기사, 동료들의 내용물 링크, 예제 등이다. 웹사이트는 microsoftpressdev.libredigital.com/developertools/이며, 주기적으로 변경된다. 또한 에이콘 출판사의 도서 정보 페이지 www.acornpub.co.kr/book/microsoft-test에서도 제공한다.

마이크로소프트의 테스팅에 대한 많은 이야기와 토막 뉴스는 www.hwtsam.com에서 찾아보자.

:: 소프트웨어 테스팅과 관련된 웹 정보

역자진이 소개하는 소프트웨어 테스팅과 관련해 유용한 정보를 제공하는 웹 페이지 링크입니다.

STEN
- 소프트웨어 테스트 엔지니어 커뮤니티   http://www.sten.or.kr

SW 테스팅 맵
- STA SW 테스팅 어드벤쳐(가이드맵), 테스팅 지식 체계도, 테스팅 보물지도
  www.yummytesting.com(http://sites.google.com/site/swtestingmap)

SW 테스팅 관련 잡지
- 테스팅 전문 국내 잡지(Testers Insight)
  http://www.sten.or.kr/bbs/tb.php/market/320

- 테스팅 전문 외국 잡지(Testing Experience)

  http://www.testingexperience.com/

SW 테스팅 온라인 교육

- 소프트웨어 테스팅 실무(고용보험 환급 과정)

  http://sten.or.kr/demo/00/

  http://www.sten.or.kr/bbs/tb.php/market/250

- 개발자도 알아야 할 소프트웨어 테스팅 실무(동영상 강좌)

  http://www.sta.co.kr/index.php?category=3

- 런 테스팅 (영문) 온라인 교육   http://STA.learntesting.com

ISTQB 테스팅 자격 시험 정보

- ISTQB 영문 실러버스(지식 체계)

  http://www.istqb.org/downloads/syllabi/SyllabusFoundation.pdf

- ISTQB 한글 실러버스

  http://www.sta.co.kr 좌측 메뉴 'ISTQB 지식 체계 스터디'

- ISTQB 한글 샘플 문제

  http://www.sta.co.kr 좌측 메뉴 'ISTQB 샘플 문제'

- ISTQB 영문 샘플 문제

  http://www.onestopsoftwaretesting.com/2008/09/istqb-sample-paper-5.html

SW 테스팅 용어 사전

- ISTQB 영문 용어   http://www.istqb.org/downloads/glossary-current.pdf
- 테스팅 용어 한글/영어 사전(웹 기반)

  http://www.sta.co.kr 우측 아이콘 '용어사전'

SW 테스팅 기법 관련 정보

- 페어와이즈 기법 소개   www.pairwise.org
- 탐색적 테스팅(Exploratory Testing)

  http://www.satisfice.com

  http://www.sten.or.kr/bbs/tb.php/test_story/2102

- 분류 트리 기법(Classification Tree Method)
  http://www.systematic-testing.com

SW 테스팅 툴

- 오픈 소스 테스팅 툴 www.opensourcetesting.com
- TPMS^{TM}(테스트 관리 시스템, 리스크 기반 테스팅 전략 수립 기능)
  http://demo.sten.kr
- Allpairs 조합 생성 툴 http://www.satisfice.com/tools.shtml
- Case Maker
  http://www.diazhilterscheid.de/index.php?option=com_content&task=view&id=36&Itemid=52
  http://www.sten.or.kr/bbs/tb.php/testing_tools/3
- 페어와이즈 툴 http://www.pairwise.org/tools.asp

테스트 성숙도 (자가) 진단 서비스

- TMMi 자가 진단 서비스
  http://www.sta.co.kr 좌측 메뉴 'TMM 자가 진단'
- TMMi(Test Maturity Model Integration) http://www.tmmifoundation.org
- 품질 평가 자가진단 서비스
  http://www.sta.co.kr 좌측 메뉴 하단 'GS 인증 자가 진단'

SW 테스팅 컨퍼런스

- STAR EAST, STAR WEST www.sqe.com
- ICS Test www.sqs.com

1부

마이크로소프트에 대해

CONTENTS

- 01장_ 마이크로소프트의 소프트웨어 엔지니어링 37
- 02장_ 마이크로소프트의 소프트웨어 테스트 엔지니어 61
- 03장_ 엔지니어링 생명주기 83

01 마이크로소프트의 소프트웨어 엔지니어링

켄 존스톤

1부의 1장부터 3장까지는 마이크로소프트의 목표, 제품 생산을 위한 조직 구성 방법, 제품 출하 방법을 기술한다. 1장에 기술된 정보는 이전에 대부분 공개된 정보지만 사내의 자세한 내부 정보를 일부 추가했다.

수많은 책과 기사, 웹사이트에서 마이크로소프트의 역사를 다뤘지만 기술적인 측면을 살펴봄으로써 마이크로소프트에서 소프트웨어를 테스트하는 방법을 쉽게 이해할 수 있을 것이다. 마이크로소프트의 역사와 비전, 사업 목적은 이 책에 기술된 모든 방법과 툴에 영향을 끼쳤다.

:: 마이크로소프트의 비전, 기업 가치, 높은 선호도의 비결

일반 회사에서는 축구나 크리켓 세계선수권대회 결승전 같이 특별한 때가 아니면 얼마나 많은 개발자가 근무하는지 알기 힘들다. 특별한 이벤트를 제외하고는 마이크로소프트 개발자도 마찬가지다.

올해 10월초 마이크로소프트 직원들은 연례 행사에 참석했다. 약 2만 명의 직원이 행사에 참석했고, 수만 명이 온라인으로 행사를 지켜봤다.

마지막 연사는 항상 스티브 발머 회장이었다. 영화 '록키3'의 주제가 '아이

오브 더 타이거'에 맞춰 열띤 환호와 함께 무대 위로 등장했다. 스티브 발머는 무대 계단을 내려가 내야를 돌아다니기도 하고, 무대 위를 돌아다니며 청중에게 열정을 불어넣었다. 청중 사이를 지나갈 때는 의기양양하게 하이파이브를 하며 직원들의 진심 어린 격려를 받았다. 그리고 마지막으로 숨을 고른 다음, 내가 가장 좋아하는 문구 "나는 회사를 사랑합니다"를 따라 외치게 했다. www.live.com 사이트에서 '스티브 발머 회사 행사'로 검색하면 쉽게 찾을 수 있다.

사실 마이크로소프트는 정말 훌륭한 회사고, 이 책은 세계 최고의 소프트웨어 테스터가 되는 법을 기술한다. 오랜 역사와 좋은 제품, CEO의 열정적인 특이한 행동 덕분에 마이크로소프트는 기술자가 가장 선호하는 회사 중 하나가 됐다.

내가 마이크로소프트에 근무하면서 24년간 회사의 비전은 '모든 사무실과 가정에 PC를'이었다. 마이크로소프트는 비전을 다양한 방법으로 달성했다. 하지만 인터넷의 빠른 성장과 Xbox 같은 장비의 필요성, 서비스에 초점을 맞추다 보니 비전은 수정됐다. 1992년부터 2002년까지 비전은 '어떤 시간, 어떤 장소, 어떤 디바이스든 좋은 소프트웨어를 통한 사람의 능력 향상'이었다. 단순히 PC에 초점을 맞췄던 초기 비전보다는 크고 대담하지만 아직 부족했다. 따라서 2002년에 새로운 사명 '사람과 조직이 자신들의 능력을 인식하게'를 발표했다. 그림 1-1은 이런 비전을 반영한 2008년 마이크로소프트의 회사 로고다.

Microsoft
Your potential. Our passion.

그림 1-1 2008년 비전을 반영한 회사 로고

2008년 가을에 개최된 회사 행사에서 스티브 발머 회장은 새로운 사명 "다양한 디바이스를 통해 소프트웨어의 마법과 인터넷 서비스의 힘을 합쳐 새로운 경험을 만들자"를 발표했다. 발표 화면에 표시되는 것은 PC와 서버, 인터넷 브라우저, 핸드폰이나 게임 콘솔 같은 디바이스 등의 이미지였다. 사명은 강력한 인터넷 접속 디바이스를 통해 소프트웨어 플러스 서비스를 제공하는 것이다. 사명은 2002년에 발표된 비전에 추가돼 마이크로소프트는 비전과 사명을 동시에 갖게 됐다. 흥미롭게도 새로운 사명이 발표되는 동안 스티브 발머 회장은 내 자신에게 묻곤 하던 질문에 대답했다. '당신의 가능성이 우리의 열정'이라는 비전 이전에 몇 년 동안 회사의 비전이자 사명이었던 '모든 직장과 가정에 PC를(A PC on every desk and in every home)'이라는 비전은 어떻게 되는 것일까? 스티브 발머 회장이 말하고자 한 것은 단순한 하나의 문장이 전체 회사를 이끌어갈 수는 없지만 세계적인 우리의 성공과 파급효과를 반영한다고 말을 이었다. 다른 사람이 자신의 가능성을 깨닫는 데 도움을 주자는 비전도 좋지만 나는 엔지니어로서 소프트웨어와 인터넷, 디바이스 등과 같은 현실적인 것을 더 좋아한다. 나는 테스터이므로 내 작업이 더 늘어나겠다는 생각을 했다.

이런 사명을 실현하기 위해 회사는 6가지 가치를 표방한다. '성실과 정직', '개방과 존중', '도전', '열정', '책임', '자기 비평'이 그것이다. 엔지니어는 다음번 대규모 작업에 대해 얘기하고 우리가 왜 그것을 지금 해야 하는지 설명할 때에 여섯 개의 가치 중에서 '도전'을 가장 많이 언급한다. '도전'이란 격한 위험을 무릅쓰고 늘 꾸준하되 경직되지 않고 용감하되 무모하지 않음을 의미한다.

사명을 지지하고 도전을 받아들이는 것은 마이크로소프트 엔지니어들의 공통적인 유대 관계다. 이런 가치들로 인해 마이크로소프트의 테스터는 열심히 결함을 찾음으로써 고객들은 좋은 제품을 사용할 수 있다.

은퇴한 비즈니스 사업부 부서장 제프 라익스(Jeff Raikes) 후임인 스티븐 엘롭(Stephen Elop)은 입사를 결정하게 된 몇 가지 이유를 다음과 같은 문장으로 요약했다. "마이크로소프트에 합류는 전 세계 수백만의 사람들의 삶과 일에 영향을 끼칠 수 있는 긍정적인 기회다. 공항에서 모르는 사람이 내게 다가와서 '당신이 만든 소프트웨어로 제가 이런 일을 하고 있답니다'라고 말을 건네는 것보다 즐거운 일은 없다."

소프트웨어로 세상을 변화시키려면 좋은 제품이 있어야 하고, 좋은 제품을 만드는 조직이 있어야 한다. 마이크로소프트는 엔지니어 인력 재배치로 악명이 높다. 몇 번의 악명 높은 구조 조정 끝에 다음과 같은 세 개의 사업부로 정착됐다.

- **플랫폼 제품 및 서비스 사업부**(PSD, Platform Products and Service Division) 클라이언트 그룹, 서버와 툴 그룹, 온라인 서비스 그룹 등

- **비즈니스 사업부**(MBD, Business Division) 정보 근로자 그룹, 마이크로소프트 비즈니스 솔루션 그룹, 통합 커뮤니케이션 그룹 등

- **엔터테인먼트 및 디바이스 사업부**(E&D, Entertainment and devices Division) 홈 및 엔터테인먼트 그룹, 모바일 및 임베디드 디바이스 그룹 등

팁

> 내부적으로 비즈니스 사업부(Business Division)는 MBD(Microsoft Business Division)라 부른다. BD는 세 글자 약어(TLA, Three-letter Acronym)의 법칙에 위배되고, TLA는 관습적으로 모든 제품과 팀 명칭에 적용된다.

기본적으로 모든 소프트웨어 개발 부서는 세 개 사업부에 각기 속해 있다. 각 사업부는 스티브 발머 회장에게 보고한다. 회장에게는 다양한 보고 채널이 있다. 이 책이 나올 때쯤 빌 게이츠(Bill Gates)는 일선에서 물러난 후겠지만 조직도에는 계속 남아있을 것이다. 그림 1-2는 마이크로소프트의 조직도다.

그림 1-2 회사 내의 3개 개발 사업부

각 사업부는 총수입이 100억에서 200억 달러이며, 포춘(Fortune)지 선정 500대 기업보다 큰 경우가 많다. 각 사업부는 수십 개의 제품을 갖고 있다. 많은 수입과 이익을 내는 제품도 있지만 투자 중이거나 몇 년 동안 이익을 내지 못하는 제품도 부지기수다.

각 사업부의 공통 관심사는 시장 분할과 고객이다. E&D는 엔터테인먼트

관련이고, MBD는 비즈니스 소프트웨어 관련이며, PSD는 마이크로소프트의 타 부서나 협력업체와 함께 솔루션을 개발한다.

수석 소프트웨어 아키텍트 레이 오지(Ray Ozzie), 수석 업무 책임자 케빈 터너(Kevin Turner), 법률 및 업무 담당 브래드 스미스(Brad Smith) 부회장 등은 스티브 발머 회장에게 직접 업무 보고를 한다. 소프트웨어 엔지니어는 인사 부서 등 회사 내 다양한 부서에서 일하지만 대부분 엔지니어와 테스터는 3개 사업부에 집중돼 있다.

또다시 새로운 티셔츠를 주문할 시간

1998년 여름은 무척 더웠다. 당시 마이크로소프트의 회장은 아니었던 스티브 발머는 아틀라스(Atlas) 프로젝트 엔지니어들을 큰 강의실에 모이게 했다. 모임 하루 전에 아틀라스 프로젝트 티셔츠가 지급됐고 나도 하나를 받았다. 한 사람이 지구를 떠받들고 있는 티셔츠를 받았을 때 우리에게 뭔가 변화가 닥쳤다는 점을 알아 차렸어야 했다. 아틀라스 프로젝트는 시간, 장소, 디바이스에 구애받지 않고 소프트웨어 플러스 서비스를 제공하는 것이다. 그룹은 약 200명의 엔지니어로 구성됐었다. 이 프로젝트 비전은 결국 마이크로소프트의 사명이 됐지만, 당시에는 재원이 충분하지 않았다.

사무실에서 회의장으로 이동하는 중간에 테스터 한 명이 내게로 와서 "새로운 셔츠를 주문할 시간이 된 거야"라고 말하고는 앞으로 달려갔다.

나는 "무슨 소리야?"라고 물었다.

그는 사람들 속에서 내 쪽으로 얼굴을 돌리고 뒤로 걸으면서 "간단한 거야"라고 말했다. "우린 프로젝트 티셔츠를 받았고, 스티브 발머와 회의하러 가고 있잖아. 그래도 모르겠어? 우리는 또 부서가 바뀌는 거야"

"올해 들어 3번째 티셔츠야. 재조직이 또 있을 리가 없어"

그 친구의 말이 맞았고, 내가 틀렸다. 우리 팀은 재배치됐고, "새로운 티셔츠를 주문할 때"라는 말은 항상 내게 교차되는 감응을 이끌어 낸다. 한편으로 모든 것을 버리고 새로운 것을 시작할 때라는 점이지만 또 다른 한편으로는 가끔 사무실에 티셔츠를 입고 있으면 "나 그 프로젝트 기억해"라는 대화를 이끌어 낼 수 있기 때문이다. 나는 이런 티셔츠를 두 개나 갖고 있다.

한 번은 사업부 테스터 전체가 둔스베리(Doonesbury)[1] 만화가 그려진 티셔츠를 받았다. 그 만화는 1996년 3월 19일에 발행된 것으로, 테스터들이 좋아하는 문구가 써있다.

---

1. Doonesbury.com 참조

> "버그 검사는 굉장히 멋진 작업이야" 만화 둔스베리를 만든 게리 트루더(Garry Trudeau)는 티셔츠 하나에 사인을 했고, 그 티셔츠는 빌딩 로비에 몇 년 동안 전시돼 있었다.
>
> 실제로 새로 시작한다는 것은 매우 좋은 경험이었다. 그 후에 몇 년 동안, 여러 서버 제품과 서비스를 관리자나 팀의 변경 없이 테스트했다. 프로젝트를 종료하고 열리는 파티는 정말 즐거웠다.

:: 대규모 소프트웨어 엔지니어링 기업

마이크로소프트가 대기업이라는 점은 누구나 다 아는 사실이다. 2008년 1월 현재 마이크로소프트 직원은 9만 명이 넘는다. 규모는 마이크로소프트에서 어떻게 일이 진행되는지 이해하는 데 중요한 요소다.

크다는 것은 다양성을 의미한다. 매년 시장에 출시되는 제품 포트폴리오의 다양성, 마이크로소프트가 판매하고 경쟁하는 시장의 다양성, 모든 요구를 수용해야 하는 회사에 대한 엔지니어링 도전의 다양성 등이 이에 속한다.

예를 들어 마이크로소프트는 매우 다양한 소프트웨어를 제공한다. 2007 회계연도(7월 1일에서 다음해 6월 30일까지)에 마이크로소프트는 오피스, 윈도우, 게임, 게임 콘솔, 가정용 엔터테인먼트 제품, 고객관리 시스템 같은 비즈니스 솔루션, 모바일 임베디드 디바이스, 라이브 메일과 라이브 검색 웹서비스, 중소기업 웹서비스 등 100개 이상의 제품을 출시했다. 마이크로소프트는 B2B 분야 서비스에 투자를 시작했고, 새로운 소프트웨어 시장으로 영역을 확대하고 있다. 마이크로소프트는 로보틱스, 인터넷 기반 IPTV, 자동차용 PC 등의 분야에 투자를 계속하고 있다.

마이크로소프트는 다양한 시장에 제품을 출시한다. 마이크로소프트는 새로운 소프트웨어 제품이나 서비스를 전 세계 시장에 동시에 내놓으며, 각 제품을 80개 이상의 언어로 출시한다. 표 1-1은 마이크로소프트의 다양한 포트폴리오다.

제품	현황
윈도우 운영체제	마이크로소프트 윈도우는 전체 PC 운영체제 시장의 90%를 점유하고 있으며, 2008년 중반까지 10억대의 PC에 설치될 것으로 예상된다.
마이크로소프트 오피스	오피스 95는 27개 언어를 지원한다. 오피스 2007은 108개 이상의 언어를 지원하며, 세계 소프트웨어 시장이 성장함에 따라 계속 추가하고 있다.
윈도우 모바일	윈도우 모바일은 PDA폰용 운영체제 중 1위이며, 2007년 2천만 개 이상 판매됐다.
Xbox 360	2007년말 현재 1,400만 개 이상 판매됐다.
헤일로 3	Xbox 360 전용인 '헤일로 3' 게임은 출시 하루만에 1억 7천만 달러 판매를 기록한 역사상 가장 빨리 팔린 비디오 게임이다.
윈도우 라이브 메일	4억 2500만 계정이 있는 전 세계에서 가장 큰 메일 서비스다.
버추얼 어스[2]	버추얼 어스는 하루에 6억 개 이상의 지도 영역[3]을 제공한다.

표 1-1 마이크로소프트 제품 현황

   기업 규모와 포트폴리오의 다양성으로 인해 마이크로소프트는 다양한 방법으로 제품을 개발하고 출시한다. 마이크로소프트는 직원들의 혁신으로 움직이는 소프트웨어 회사다. 다양한 제품과 프로세스에 걸쳐 제품 그룹은 성공 사례와 소프트웨어 테스팅 툴을 공유한다. 1부는 마이크로소프트의 인력에 초점을 맞췄다. 팀을 구성하는 방법과 각 팀이 다양한 제품을 테스트하는 방법은 무엇일까? 2부부터 4부까지는 성공 사례와 툴의 기능을 설명하고 시연한다.

---

2. http://www.microsoft.com/virtualearth/ 참조
3. 지도 영역(Map tile)은 사용자가 확대/축소할 수 있는 지도 영역을 뜻함

:: 효율적인 대규모 비즈니스 개발

마이크로소프트에는 엔지니어를 위한 두 가지 조직 모델이 있다. 하나의 비즈니스가 보육 단계에서 성숙 단계로 이전하면 두 가지 모델 중 하나로 발전한다. 오피스를 처음 시작했을 때는 오피스가 아니었다. 그저 각기 워드, 엑셀, 파워포인트, 액세스에 불과했다. 각 제품은 여러 번 독자적으로 출시됐다. 이런 독자적인 출시 모델이 PUM(Product Unit Manager, 제품 단위 관리자) 모델이며, 마이크로소프트에서 가장 일반적이다.

PUM 모델은 팀 관리자가 단일 조직의 모든 엔지니어를 관리한다. 다른 팀이 곧 출시할 어떤 기술 때문이 아니라면 다른 팀과는 독자적인 관계를 유지한다. PUM 모델은 빠른 출시와 경쟁 제품 대응에는 이상적이지만 개발 툴이나 테스트 자동화 툴 같은 공통 기능을 중앙 집중화할 수 없다. 이 접근 방법에서는 업무가 중복될 확률이 높고, 정보 교환에 노력이 많이 든다. 성숙도에 관계없이 모든 제품은 이렇게 작은 팀에서 개발된다. 마이크로소프트 오피스와 윈도우의 정식 버전에 추가될 기능은 PUM 모델로 개발한다.

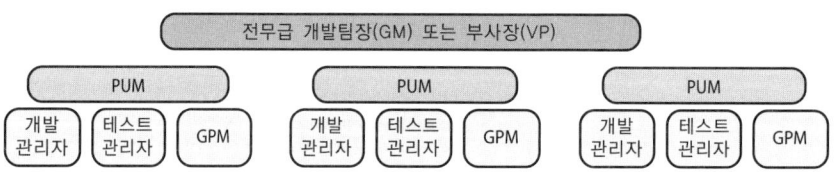

그림 1-3 일반적인 엔지니어링 팀의 PUM 모델

● 공유 팀 모델

제품과 제품 분야가 성숙해지면 일반적으로 팀 규모가 커지게 되며, 효율성을 높이고 비용 절감을 위해 중앙 집중식으로 변화된다. 이 모델은 여러 가지 이름이 있지만 공유 팀 접근 방법(Shared Team Approach)이라는 이름이 가장 적절하다. 공통 기능과 작업은 중앙 공유 팀에서 작업하고, 다른 제품 팀은 이 팀에 의존하며 적정 기능을 갖춘 제품을 독자 출시할 수 없다.

마이크로소프트 오피스가 좋은 예다. 누군가 업무 효율 증대를 위한 애플리케이션을 묶어서 판매하자는 아이디어를 냈을 때부터 오피스 팀은 공유 팀 구조를 갖추게 됐다. 오피스 팀의 공식 명칭은 오피스 공유 서비스(OSS, Office Shared Service) 팀이다.

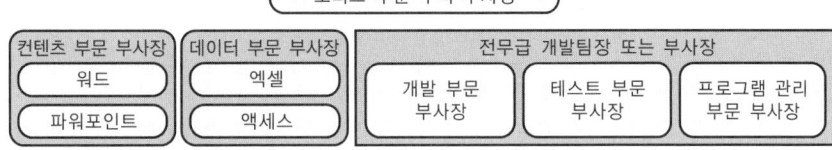

그림 1-4 오피스 부문 조직도

오피스 부문에는 애플리케이션과 사용자에 초점을 맞춘 제품별 팀이 있고, 공유 기술과 시나리오(사용자 인터페이스, 빌드, 문서화)에 초점을 맞춘 공유 팀이 있다. 제품 팀은 특정 사용자 중심이지만(예를 들어 엑셀 팀은 스프레드시트 사용자에 최선인지 고려한다) 공유된 제안(예를 들어 누군가 오피스를 처음 배울 때 한 가지만 배우면 될 수 있게 사용자 인터페이스 일관성을 유지하는 방법) 범위 내에서 작업한다. 따라서 각 제품의 독창성은 일관성을 유지할 수 있다. 이런 작업 방식이 각 팀에게 이상할 수 있지만 팀들이 일관성 있게 작업함으로써 오피스 제품 릴리스의 설계, 개발, 테스팅에 대해 포괄적인 시각을 공유할 수 있다.

마이크로소프트 엔지니어링은 이렇게 작업이 진행되며, 특히 테스트 시에도 마찬가지다. 각 제품 팀은 제품 기능을 검증하는 혁신적인 방법에 집중하지만 언제든지 사용 가능한 테스트 툴이나 방법을 개선하며 이를 통해 얻는 것도 많다. 이렇게 함으로써 3장에 설명할 기능 요원(Feature Crews)이나 자동화 테스트용 OASYS(Office Automation System), 사전 점검 테스트용 빅 버튼(Big Button) 등의 특정 제품에 대한 혁신적인 접근 방법을 개발했다.

공유 모델은 효율성을 높일 뿐만 아니라 생산적인 경쟁에도 초점을 맞춘다. 공유 팀은 일반적인 시각과 느낌에 대한 통찰력을 지녀야 하지만 초기 설계가 특정 사용자의 요구를 만족시키지 못하기도 한다. 능력 없는 공유 조직은 다른 팀의 작업을 지연시키며, 공유 팀의 능력이 향상되지 않으면 다른 팀들은 공유 팀을 회피하게 된다.

전형적인 PUM 모델과 전형적인 공유 팀 모델의 사이에는 다양한 변형 모델이 있다. 실제 마이크로소프트에는 제품을 개발하기 위한 조직과 접근 방법이 같은 팀은 없다. 내 친구를 위시해 대부분 사람들은 피상적으로 마이크로소프트가 전함 같다고 생각하지만 내부에서 보면 수많은 쾌속정이 자신만의 경로를 따라 공동의 결승점을 향해 달려가고 있는 셈이다.

> **공연 예술 제작과 같은 소프트웨어 제품 출시**
>
> 마이크로소프트에 입사해서 내 주변에서 진행되는 프로세스, 사례, 엔지니어링 역할 등을 이론적으로 해석하기는 어려웠다. 한편으로 창의성과 혁신성이 요구되지만 다른 한편으로 마이크로소프트는 대기업이다. 대기업의 성공 요소와 최하위 레벨의 혁신성은 공존할 수 없다. 공연 예술 조직이 이런 환경을 이해하는 데 도움이 됐다. 극장에는 감독, 제작자, 배우(엔지니어), A급 스타와 B급 스타, 무대 감독, 스탭 등이 있다. 공연 예술은 창의적이지만 실수가 있어서는 안되고, 제작자는 고객을 찾아 입장권을 판매해야 한다. 유행을 앞서 나가면서 최신 유행을 파악하는 통찰력은 경험 중심적인 분야인 소프트웨어 개발에서처럼 중요하다.
>
> 마케팅, 영업, 민감한 주제에 대한 법률 팀 등은 제 역할을 감당한다. 마이크로소프트와 연결시켜보면 임원과 재정 담당은 제작자이고, 전무급 개발팀장은 감독, 엔지니어는 배우다. 모든 사람은 극장에서의 역할처럼 각자 역할을 지닌다. 혁신은 극장에서의 창작성과 유사하게 제품의 추진력이다. 유행을 앞서 나간다는 것은 혁신적인 제품을 소개하는 것이다. 내가 좋아하는 키로프(Kirov) 발레단의 무대 옆에 서서 친한 친구와 동료 무용수들을 지켜보면서 이런 유대감을 느껴본 적이 있다. 보물로 가득 찬 마이크로소프트라는 이상한 나라에 처음 왔을 때에도 좀 이상하지만 매력을 느꼈다. 나는 이상한 나라의 앨리스가 토끼 굴의 바닥에 닿았을 때 느낀 감정을 비슷하게 느꼈다.
>
> 전체 유사성의 핵심은 높은 수익을 내면서 동시에 역동적이며 창의적이어야 하는 대규모 소프트웨어 회사의 딜레마 간 균형을 잡는 것이다. 대량 생산과 창의성은 필연적으로 충돌을 일으킨다. 이들 사이의 성공적인 균형이 마이크로소프트의 핵심이다. 구글, 애플, 썬마이크로시스템즈는 아직 실험 중이다. 태양의 서커스(Cirque du Soleil)와 마이크로소프트만이 할 수 있다는 사실을 증명했다.
>
> — 이라다 사디코바(Irada Sadykhova)
> 엔지니어 학습과 엑셀런스 엔지니어링 효과 조직 관리자

:: 대기업의 소규모 비즈니스

마이크로소프트에는 대규모 사업은 물론 차세대 제품을 찾기 위한 소규모 비즈니스도 있다.

예전에 빌 게이츠가 마이크로소프트 제품 개발과 영화 산업을 비교한 적이 있다. 대규모 스튜디오는 다양한 분야에 투자를 한다. 한 분야는 <킹콩>의 리메이크와 같은 블록버스터다. 이런 영화는 제작비가 많이 들고 위험성이 높다. 2002년 제작된 에디 머피 주연의 <플루토 내쉬>는 거의 1억 달러가 투자됐지만 수입은 겨우 440만 달러로 최대 실패작 중 하나였다. 반면에 18억 달러를 벌어들인 <타이타닉>, 40만 달러가 투자돼 4600만 달러(DVD 등 기타 수입은 제외)를 벌어들인 <나폴레옹 다이너마이트> 같은 영화도 있다. 또 다른 분야로 <스파이더맨 2>, <스파이더맨 3>, <스타워즈> 시리즈 속편 등을 들 수 있다. 이들 시리즈 영화는 많은 수익이 예상된다.

모든 영화의 목표는 수익을 내는 것이지만 위험성으로 인해 투자액이 줄어들기도 한다. 빌 게이츠의 요점은 예상치 못한 흥행과 성공적인 시리즈물이 있지만 위험을 많은 포트폴리오로 나눠 차세대 시리즈 영화를 찾는 것이 장기적 성공을 위한 핵심이다. 시리즈물의 예상되는 장기 수익은 차세대 시리즈물이 될 가능성이 있는 영화에 사용된다. 피터 잭슨 감독의 <반지의 제왕> 시리즈나 조앤 K 롤링의 원작을 여러 명이 감독한 <해리포터>는 대규모 투자에 따라 높은 수익을 올린 예다. 이런 시리즈물은 많이 있다. 피터 잭슨 감독은 <호빗>을 두 편의 영화로 제작 중이고, 3편 이상의 해리포터가 영화화될 예정이다.

마이크로소프트 제품 전략은 영화 산업 전략과 같다. 마이크로소프트 오피스, 윈도우, 비주얼 스튜디오, 익스체인지, SQL 서버, 핫메일, MSN 메신저 등 성공적인 비즈니스에서 발생하는 수익은 차세대 비즈니스가 될 가능성이 있는 보육 프로젝트에 투자된다. 소프트웨어 산업에서 보육은 일반적이다. '보육'이란 용어는 제품을 출시하지 않았지만 아이디어가 명확하고 목표하는 시장이 가치가 있는 소규모 신규 창업 소프트웨어 회사에 적용된다. 마이크로소프트의 신규 팀은 많은 노력이 필요한 경우에는 전무급 개발팀장(GM, General

Manager)이 관리하고, 작은 노력이 필요한 경우에는 제품 단위 관리자(PUM, Product Unit Manager)가 관리한다. 이들 팀은 필요한 엔지니어링 자원 대부분을 자체 보유하고 있으며, 자신의 운명은 자신의 손에 거머쥐고 있다.

> ### BUM으로 일한 경험
>
> 1997년 MSN에서 분리된 인터넷 서비스 비즈니스 부문(ISBU, Internet Services Business Unit)의 한 그룹에서 일했다. 원래 MSN 팀에서는 MSN을 출시하기 위한 신규 기술을 개발했다. 예를 들면 컴퓨서브와 컴캐스트, AOL 같은 ISP(Internet Service Provider)가 필요로 하는 익스체인지 서버보다 큰 규모의 메일 서비스, 액티브 디렉토리 서비스보다 큰 로그인 서버, 컨텐츠 관리 서버를 개발했다.
>
> "이 제품들을 패키지로 묶어서 작은 ISP나 전화회사에 팔자"라고 누군가 말해서 ISBU가 만들어졌을 것이다. 따라서 MSN의 많은 엔지니어가 ISBU로 옮겨왔고, 사이트 서버, 커머스 서버, MCIS(Microsoft Commercial Internet Server) 개발을 위한 작은 회사도 인수했을 것이다. PUM이나 GM은 각 제품을 관리하지 않고 BUM(Business Unit Manager)이 각 제품을 책임진다. 결국 ISBU의 엔지니어 대부분은 BUM으로 일하게 된다.

마이크로소프트는 IPTV, 자동차 PC, 로보틱스, 자체 연구 과제(http://research.microsoft.com) 등 자체 내부 프로젝트는 물론, 소프트웨어 산업을 변화시킬 프로젝트에도 투자하고 있다. 2007년 4월에는 10개의 협력사와 SaaS(Software as a Service) 보육 센터를 설립했다.

마이크로소프트에는 여러 가지 보육 모델이 있다. 대규모 조직은 기존 제품의 기능을 보육하기도 한다. 예를 들어 오피스의 사용자 인터페이스를 바꾼 오피스 12(오피스 2007)의 리본 기능과 윈도우 비스타의 셔플 기능은 보육된 기능이다. 비주얼 스튜디오에 포함된 코드 커버리지 툴은 연구소와 윈도우 프로젝트의 내부 툴로 개발된 툴이다.

또 다른 신기술 보육 방법은 사내 벤처 투자 팀을 활용하는 것이다. 직원이 아이디어를 제출하면 사내 벤처 투자 팀은 벤처 투자기업에서 하듯이 아이디어의 타당성을 조사한다. 일반 산업계에서처럼 이런 과정을 거쳐 소수의 아이디어만 투자를 받는다.

빌 게이츠 ThinkWeek는 보육될 수 있는 또 다른 아이디어의 원천이다. 마이크로소프트 직원은 새로운 아이디어와 혁신에 대한 백서를 연 2회의 ThinkWeek 기간 중에 제출할 수 있고, 빌 게이츠는 백서를 읽고 점수를 매긴다. ThinkWeek가 끝나면 빌 게이트의 수기 노트는 회사에서 공유된다. 2005년 월 스트리트 저널은 ThinkWeek를 다음과 같이 평했다.

연 2회의 행사가 마이크로소프트와 기술 산업의 미래에 상당한 영향을 주고 있다. ThinkWeek 개념은 미래에 수백만 명이 사용하거나 마이크로소프트를 새로운 시장으로 진입시키는 신기술에 청신호다. 1995년 빌 게이츠의 논문 <The Internet Tidal Wave(인터넷 해일)> 영향으로 인터넷 익스플로러가 개발됐고, 넷스케이프를 눌러버렸다. 타블렛 PC 제작, 보안성 높은 소프트웨어 개발, 온라인 비디오 게임 사업 등의 계획이 ThinkWeek 기간 중에 나왔다.[4]

2008년 가을 ThinkWeek 기간 중 375개의 논문이 제출됐고, 빌 게이츠는 그 중 125개만 검토할 수 있었다. 이로써 직원들이 혁신과 앞선 아이디어를 제출할 수 있게 장려하는 프로그램이 정착됐으며, 장래성 있는 아이디어가 지원을 받는다. 빌 게이츠는 회사에 추천할 만한 검토 리스트를 제출한다. 최근 소프트웨어 서비스 테스팅 향상을 주제로 한 내 논문은 빌 게이츠의 추천 리스트에 실렸고, 이로써 이론이었던 것이 검증을 받은 셈이다.

직원들의 아이디어에서 구한다

마이크로소프트 서피스(http://www.microsoft.com/surface/) 개념은 몇 명의 직원이 백서로 작성한 내용이다. 빌 게이츠가 논문을 읽고 난 뒤 PUM이 팀에 합류해 아이디어를 실제 제품으로 개발했다. 그 결과 테이블 상판이 컴퓨터 스크린인 테이블 컴퓨터를 개발했다. 내가 1990년에 처음 봤을 땐 탁상용 비디오 게임이라고 생각했다. 사용자는 테이블 위에 명함이나 준(Zune) mp3 플레이어를 올려놓는 듯한 손동작으로 서피스를 사용한다.

---

4. 로버트 A. 구스, <In Secret Hideaway, Bill Gates Ponders Microsoft's Future(빌 게이츠 비밀 은신처에서 마이크로소프트의 미래를 깊이 생각하다)>, 월스트리트 저널 2005년 3월 28일, http://online.wsj.com/article_email/SB111196625830690477-IZjgYNkla B4o52sbHmIa62Im4.html.

마이크로소프트는 최근 새로운 아이디어를 시작하는 퀘스트(Quest) 프로세스를 채택했다. 퀘스트는 마이크로소프트의 장기적인 이상과 목표에 부합된다. 퀘스트 프로세스에는 마이크로소프트의 향후 5년에서 10년간 기술 혁신에 대한 비전을 만들어 나갈 선임 기술 선구자들이 참여한다.

퀘스트 프로세스를 이용해 마이크로소프트의 최고 기술진들이 전사적으로 협력해 일하고 있다. 직장과 가정에서 사람들의 삶을 변화시키는 잠재력을 제공하는 앞선 기술을 만들며, 마이크로소프트와 고객, 파트너에게 새로운 비즈니스 기회를 만드는 비즈니스 리더들과 제품 그룹과도 협력할 수 있다.

퀘스트는 쉽게 해답을 찾을 수 있는 단순한 문제를 제기하는 것이 아니다. 새로운 연구와 프로토타입 제작, 신규 시장을 만들어가는 데 앞설 수 있는 통찰력과 같이 몇 년이 소요되는 퀘스트도 있다. 성공적인 퀘스트는 고객 중심적이고 비전을 제시하며, 방향성이 있고 치밀하다. 치밀함은 정직, 성실, 개방, 존중이 교차되는 지점에 위치한다. 스티브 발머 등 최고 경영진의 지도와 동료들의 폭넓은 검토가 결합돼 퀘스트는 정확해진다.

퀘스트는 제품의 새로운 버전을 만드는 것이 아니다. 퀘스트는 전체 그룹이 협력해 생성되며 시너지가 필요한 오래된 기술적 문제의 포트폴리오를 관리하는 것이다. 퀘스트는 기존 것이 종료되고 새로운 것이 추가되므로 추진 중인 퀘스트의 핵심 분야와 개수는 매년 다르다. 현재 마이크로소프트 비즈니스와 일반 소비자, IT 전문가 등 모든 고객이 관련된 50개 이상의 퀘스트가 진행 중이다.

:: 다양한 엔지니어 고용

마이크로소프트는 제품과 플랫폼을 동시에 갖고 있으므로, 마이크로소프트가 출시한 제품 기반으로 작업하는 수많은 소프트웨어 엔지니어를 고용하고 있는 다양한 파트너가 있다. 마이크로소프트와 작업하는 판매사나 파트너가 존재하므로 마이크로소프트 엔지니어는 전 세계적으로 10만 명 이상이다. 애플,

IBM, 썬마이크로시스템즈, 오픈소스 커뮤니티를 아우르는 전체 IT 인력과 비교하면 상대적으로 적은 숫자이긴 하지만 오늘날 시장에서 가장 강한 영향력을 갖고 있다.

> 전 세계 40개가 넘는 국가에서 근무하는 마이크로소프트의 정규 직원은 35,000명이 넘는다. 매년 5,000명의 소프트웨어 엔지니어를 고용하고, 그 중 1,000명이 테스트를 담당한다.

마이크로소프트의 엔지니어링 프로세스와 소프트웨어 엔지니어 관리는 다른 회사와 비교하면 차이가 있다. 어떤 사람은 소프트웨어 업계에서 마이크로소프트의 성공을 보면서 이와 같은 독특한 차이점이 경쟁력의 핵심이라고 지적한다. 물론 일부 제품의 실패를 지적하며, 이런 차이가 약점이라고 여기는 이들도 있다.

● 엔지니어링 분야

마이크로소프트에서 근무하는 전 세계 80,000명 직원의 역할을 나눈다면 35,000명은 영업과 판매 분야이고, 제품을 개발하고 지원하는 제품 엔지니어도 2008년 현재 거의 35,000명이다. 나머지 10,000명은 총무나 법무지원 팀 등에서 근무한다. 마이크로소프트가 빠르게 성장하고 있지만 영업과 판매 분야와 제품 엔지니어 분야의 비율은 몇 년 동안 비슷했다.

제품 엔지니어는 마이크로소프트가 고객에게 판매하는 하드웨어와 소프트웨어, 서비스 등을 개발하고 출시하는 작업을 한다. 마이크로소프트 엔지니어는 다음과 같은 10개의 분야로 나뉜다.

- **테스트** 테스트 분야 소프트웨어 개발 엔지니어(SDET, Software Development Engineer in Test)는 테스트나 소프트웨어 테스팅이라고 불린다. SDET는 마이크로소프트 전 제품을 테스트하고 QA(Quality-Assurance) 표준을 관리한다.

- **개발** 소프트웨어 개발 엔지니어(SDE, Software Development Engineer)는 소프트웨어 개발이라고 불린다. SDE는 마이크로소프트 제품과 업그레이드용 코드를 작성한다.

- **PM**(Program Management) PM은 프로젝트 관리와 제품 기획, 설계 등의 작업을 한다. PM은 새로운 제품의 기술적 측면을 정의하고 개발 팀에 전달하는 역할을 한다.

- **Op**(Operations) Op는 마이크로소프트 IT의 한 부분이다. Op 분야는 네트워크와 서버 등 마이크로소프트의 IT 기반을 관리하고 유지 보수하는 역할을 한다. Op는 제품 개발 비용을 절감하며, 신뢰할 수 있는 서비스 구조에 대해 제품 팀과 밀접하게 작업한다.

- **사용성과 설계** 사용성 경험과 설계는 제품 설계와 사용성을 홍보하는 역할이다. 설계는 제품 사용자의 시각적, 기능적 경험에 초점이 맞춰져 있다. 사용성은 사용자의 경험뿐만 아니라 사용자가 기존 제품과 새로운 시제품으로 어떻게 작업하는지 연구하고 분석해 개발 중인 제품을 개선한다.

- **컨텐츠** 컨텐츠는 회사 외부의 사용자 지원과 교육이라 불린다. 이 분야는 사용자가 마이크로소프트 제품에서 많은 것을 얻을 수 있게 다양한 지원(UI 문서, 웹기사, 훈련, 템플릿, 칼럼, 서적, 퀴즈, 도움말 파일)을 계획하고 실행하는 역할을 한다. 컨텐츠란 용어는 마이크로소프트가 다양한 내용에 초점을 맞춰야 하는 필요성을 강조한다.

- **창의성** 창의적인 직무는 게임 그룹에서 일반적이다. 이 분야의 엔지니어는 마이크로소프트의 PC와 Xbox용 게임 콘솔을 위한 최첨단 게임을 개발하고 향상시킨다. 창의성 분야는 예술가와 같은 게임 개발자를 아우른다.

- **연구** 연구는 개발자와 테스터의 보조 역할을 의미한다. 연구 개발자는 연구와 논문을 발표하고 일정에 따라 출시될 제품의 새로운 기술을 보육

한다는 점에서 제품 개발과 다르다.

- **현지화** IPE(International Project Engineering)는 현지화를 의미한다. 이 분야는 마이크로소프트 소프트웨어를 다양한 언어와 문화에 맞게 변형하는 역할을 한다. IPE는 특정 시장의 요구에 따라 마이크로소프트 소프트웨어의 개조를 담당한다.

- **엔지니어링 관리** 관리자는 여러 엔지니어링 부분을 포괄하는 팀을 운영한다. 관리자는 PUM이나 전무급 개발팀장, 그룹 관리자라고도 한다.

> 하드웨어는 특수 분야로 하드웨어 개발, 하드웨어 테스트, 하드웨어 프로그램 관리로 구성된다. 이 분야는 소프트웨어나 서비스 부분과 유사하지만 독자적인 경력과 훈련이 보장된다.

제품 엔지니어는 분야에 따라 나뉘는데, 작은 분야의 엔지니어는 수백 명이고, 제일 큰 분야는 10,000명을 넘는다. 규모로 봤을 때 상위 3개 분야는 SDE, PM, SDET이다. 크기로는 네 번째이지만 가장 빠르게 성장하고 있는 분야가 Op다.

마이크로소프트가 이렇게 10개의 분야를 처음부터 유지한 것은 아니다. 초기 몇 년 동안 모든 직원의 직함은 '기술자(technician)'였다. 1979년에 역할의 특화가 시작돼 1980년대 초반부터 엔지니어는 표준화된 직함을 사용하기 시작했다.

그림 1-5처럼 테스트와 개발, 프로그램 관리를 '3자 관계(triad)'라고 한다. 이들은 마이크로소프트에서 가장 큰 3개의 엔지니어링 분야이며, 각 분야의 엔지니어는 제품 팀에 소속돼 있다. 소프트웨어에서 서비스로 중심이 이동되면서 IT 운영이 빠르게 성장하고 있다.

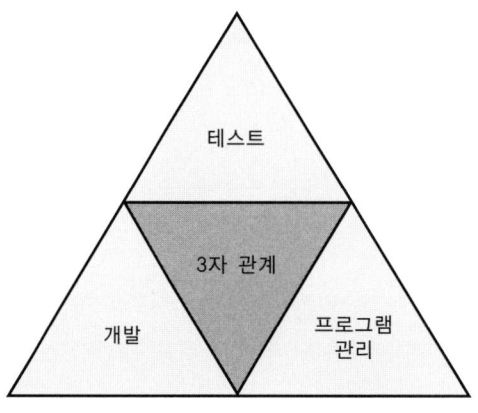

그림 1-5 테스트, 개발, 프로그램 관리 3자 관계

대규모 소프트웨어 회사에서 엔지니어 분야는 대부분 비슷한데, 마이크로소프트에는 보안 개발자를 위한 DEFCON(http://www.defcon.org)이나 테스터를 위한 소프트웨어 테스팅 분석 리뷰(STAR, Software Testing Analysis and Review) 등과 같이 분야별로 컨퍼런스 형태의 이벤트가 있다. 컨퍼런스는 기술을 개발하고 직업 분야를 알리는 역할을 한다.

소프트웨어 테스팅은 마이크로소프트나 전체 소프트웨어 산업에서 매우 큰 분야다. 이 책을 통해 마이크로소프트 테스터의 요점을 독자들에게 설명하고, 마이크로소프트 테스터가 해당 분야 산업의 테스터와 유사한 점과 차이점을 기술한다.

128KB 메모리 한계를 극복한 테스터

1985년에는 테스터를 위한 장비 예산이 매우 적었다. 매킨토시용 엑셀은 128KB에서 실행할 수 있으므로 누구에게나 최적의 테스트 컴퓨터였다. 엑셀 차기 버전 팀이 꾸려지고, 메모리 요구량은 512KB로 증가했다. 하지만 테스터는 한동안 새로운 장비를 갖지 못했다. 테스터가 작업을 할 수 없다는 게 명백해지자 그제서야 추가 메모리를 지급받았다.

– 캐롤 캔클러, 전 마이크로소프트 테스터

:: 세계적 소프트웨어 개발사를 향해

마이크로소프트가 만든 전 제품을 워싱턴주 레드먼드에서 개발했는지 사람들이 묻곤 한다. 대부분은 레드먼드에서 개발했지만 전부는 아니다. 마이크로소프트는 1986년 2월에 본사를 레드먼드로 이전하기 이전에도 세계적인 기업이었다. 마이크로소프트의 첫 번째 국제 사무실은 1979년에 개설한 일본 사무실이다. 1998년 현재 마이크로소프트는 레드먼드를 중심으로 제품 개발 작업의 90%를 레드먼드에서 작업한다.

오늘날 빠르게 성장하는 대규모 마이크로소프트 개발 센터가 미국과 전 세계에 흩어져 있다. 가장 큰 미국 사이트는 캘리포니아, 북 다코타, 매사추세츠, 뉴욕, 남 캐롤라이나, 텍사스, 콜로라도 등에 있다. 국제적으로 중국과 인도의 다국적 개발 센터는 각 1,200명의 직원이 근무한다. 윈도우 비스타 운영체제 릴리스의 주요 컴포넌트는 북미, 유럽, 아시아에서 개발했다. 차기 버전 윈도우 운영체제와 오피스 릴리스에는 좀 더 많은 국제적인 협력이 있을 것이다.

그림 1-6에서 보듯이 2004년에 레드먼드 인력은 전체 인력 대비 90%에서 81%로 감소했다.

여러 개발 센터로 엔지니어 인력이 확산되는 추세는 더욱 빨라지고 있다. 최근 마이크로소프트가 기업을 인수하면 기존 인력은 원래 지역에서 근무하게 한다. 중국과 인도에서 직원 증가율은 몇 년간 레드먼드의 증가율을 앞서고 있다. 그림 1-7에서 보듯이 2008년 레드먼드의 엔지니어 인력은 73%다.

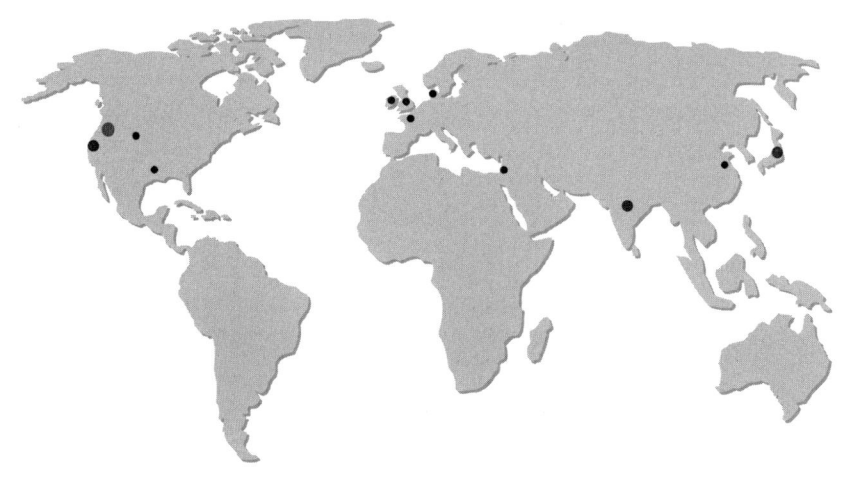

지역	엔지니어 인력 비율
미국(워싱톤주 레드먼드)	81%
미국(캘리포니아)	4%
아일랜드	2%
일본	2%
인도	2%
미국(텍사스)	1%
미국(북 다코타)	1%
영국	1%
덴마크	1%
중국	1%
이스라엘	0.5%
프랑스	0.3%

그림 1-6 2004년 상위 12개 마이크로소프트 개발 센터

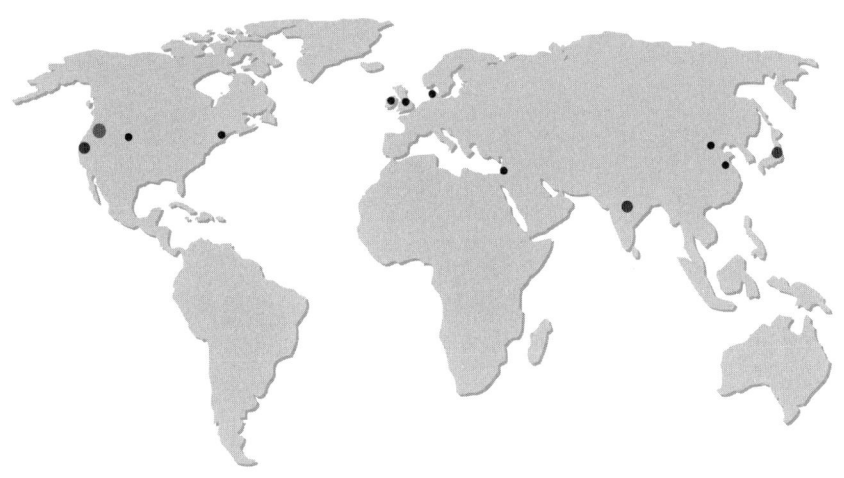

지역	엔지니어 인력 비율
미국(워싱톤주 레드먼드)	73%
인도(하이드라바드)	7%
미국(캘리포니아)	4%
중국(북경)	2.3%
아일랜드	1.6%
영국	1.6%
덴마크	1.3%
미국(묵 다코타)	1%
일본	1%
중국(상해)	1%
이스라엘	0.9%
미국(매사추세츠)	0.5%

그림 1-7 2008년 상위 12개 마이크로소프트 개발 센터

세계화 추세는 계획됐지만 다른 다국적 회사들처럼 저렴한 노동력만을 노린 것은 아니다. 마이크로소프트는 엔지니어링 인력을 세계화해 능력 있는 인재를 고용하고, 시장에 접근하며 신기술을 얻고자 한다. 미국 내 전산학 전공자는 계속 줄어들고 미국 입국을 위한 취업 비자 대기는 길어지고 있으므로 마이크로소프트에 근무하기 위해 워싱턴주 레드먼드로 오려하지 않는 능력 있는 인재가 있는 곳으로 마이크로소프트가 찾아가야 한다. 또한 특정 지역의 엔지니어들을 고용함으로써 그 지역의 시장을 개척하고 안정화할 수 있다. 예를 들어 빠르게 성장하는 기술 분야에서 중국 내 마이크로소프트 직원이 많아지면 자국민이 영향을 받을 수도 있으므로 중국 정부는 소프트웨어 불법 복제를 줄이기 위해 노력한다. 더불어 마이크로소프트 개발 기술을 전 세계 엔지니어가 공유한다. 몇 년 전보다 소규모 팀을 쉽게 연결할 수 있다. 현재 추세라면 10년 내 레드먼드의 인력은 전체 대비 50% 이하로 내려갈 것이다.

2008년 초 마이크로소프트 인도 개발 센터 직원은 2,400명이 넘는다. 상해와 북경 사무실 직원도 1,400명이 넘는다.

:: 정리

마이크로소프트는 세계에서 가장 큰 소프트웨어 기업이고, 소프트웨어 테스트 엔지니어에게 최고의 직장이다. 전 세계를 대상으로 큰 수입과 이익을 내고 있다. 마이크로소프트의 역사, 세계인에게 힘을 실어준다는 비전, 도움을 주는 가치 등을 바탕으로 마이크로소프트 테스트 엔지니어는 세계적 품질의 소프트웨어를 출시한다.

비즈니스가 발전함에 따라 성공적인 대규모 비즈니스 그룹은 PUM 기반의 조직 구조에서 규모를 변경할 수 있고, 좀 더 효율적인 공유팀 구조로 바뀌고 있다. 마이크로소프트는 기존 제품과 새로운 영역의 제품 보육에 투자하고 있다.

마이크로소프트에서는 35,000명 이상의 엔지니어가 10개의 엔지니어링 분야에서 일하고 있다. 마이크로소프트 엔지니어는 하드웨어, 데스크탑 애플리케이션, 서버, 서비스 제품을 개발하며, 제품 개발은 전 세계에 걸쳐 진행된다. 2008년 제품 개발의 28%가 레드먼드 밖에서 개발됐고 이 비율은 점점 더 늘고 있다.

02 마이크로소프트의 소프트웨어 테스트 엔지니어

켄 존스톤

사업 초기에 마이크로소프트에는 테스터나 현지화 엔지니어, 프로그램 관리자, 사용성 엔지니어(usability engineer)도 없었다. 단지 엔지니어와 영업 및 판매 직원만 있었다.

현재 마이크로소프트는 1장에서 소개한 10개의 엔지니어링 분야로 구성돼 있다. 이전에는 출시된 제품 지원 같은 몇 개의 엔지니어링 분야만 있었다. 이 같은 직위는 별다른 커리어 패스(career path)라기보다는 엔지니어링 역할이었다. 초기에 모든 엔지니어는 직함이 같았고, 하나의 커리어 패스만 있었다. 이때는 마이크로소프트의 직원이 50명이 안됐으며, 소프트웨어 산업은 없던 시점이며, 마이크로소프트도 기업을 공개하기 이전이었다.

각 분야가 별도의 커리어 패스를 갖는 지원 분야가 되는 데 꽤 오랜 시간이 걸렸다. 프로그램 관리와 사용성 분야는 마이크로소프트에서 가장 오래된 분야다. 실제 사용자가 소프트웨어를 편리하게 사용하도록 작업하는 분야인 사용성 분야는 1990년경에 정식 임무가 됐으며, 새로운 분야가 됐다. 예를 들어 마이크로소프트 오피스 워드 메일 병합(우편물과 편지지 출력 양식이나 스티커 라벨 출력을 고려한) 같이 일반인을 위한 기능이 아닌 것도 고려해야 하므로 사용성 분야는 매우 넓다. 일부 고객은 메일 병합을 쉽게 하기 위해 마이크로소프트가 아직도 작업 중인 것에 대해 항의하지만 이런 항의는 이 책보다는 '마이크로소프트에서는 소프트웨어 설계를 어떻게 하는지'에 대한 책에 더 적합하다.

소프트웨어 개발직 자리가 생기면 소프트웨어 테스터직도 따라서 생긴다. 소문에 의하면 첫 번째 테스터는 로이드 프린크(Lloyd Frink)로, 1979년에 입사한 고등학생 인턴이었다. 마이크로소프트 기록팀에 의하면 1983년 정규직 테스터를 고용했고, 그림 2-1에서 보듯이 1985년부터 많은 테스터를 고용했다. 테스트는 1980년대 말까지 독립된 커리어 패스가 아니었다.

그림 2-1 1985년 시애틀 타임즈의 소프트웨어 테스터 광고

제품 출시 전에 코드를 테스트할 누군가가 필요하다

나는 입사하기 전에 빌 게이츠를 몇 번 만났다(내가 직업을 얻게 된 계기다). 나의 어머니와 빌의 어머니 메리는 아는 사이였다. 나는 레이크사이드(Lakeside)에 있는 학교로 진학했고, 학교 기금 마련 경매 행사에서 두 분은 아들이 컴퓨터에 관심이 많음을 알게 됐다. 빌과 나는 경매장에 있었고, 두 분은 우리를 소개시켜줬다. 나는 14살이었고, 빌은 24살이었다. 우린 점심을 같이 하기로 약속했다. 몇 주 뒤에 어머니와 나는 마이크로소프트에서 빌, 나보다 한 학년 위인 빌의 여동생 립비, 빌의 어머니 메리와 점심 식사

> 를 했다. 나는 내가 만들어서 판매한 컴퓨터 게임을 빌에게 보여줬고, 빌은 내게 여름방학 인턴십을 제안했다. 이렇게 모든 것이 시작됐다.
>
> 첫 번째 여름에 나는 그렉 휘튼(Greg Whitten) 아래서 베이식(Basic) 컴파일러를 테스트했다. 컴파일러가 잘 동작하는지 확인하는 데 필요한 베이식 프로그램 소스코드를 충분히 확보해 테스트에 활용했다.
>
> – 로이드 프린크, 전 마이크로소프트 직원, zillow.com 공동 설립자

:: 이름을 붙여볼까?

'장미'라는 이름은 다른 이름보다 향기로울 것 같지 않은가? 하지만 사람들 특히 엔지니어에게 직함은 자신들의 세계를 바라보는 시선에 중대한 영향을 끼친다. 마이크로소프트의 개발자 직함은 모두 소프트웨어 개발 엔지니어(SDE, Software Development Engineer)다. 개발자는 코드를 작성해서 기능을 개발한다. 마이크로소프트에서 소프트웨어 테스터의 공식 직함은 테스트 분야 소프트웨어 개발 엔지니어(SDET, Software Development Engineer in Test)다. 마이크로소프트에서는 테스터도 개발자이므로 두 분야의 명칭이 비슷하다. 테스터는 테스트를 설계하고, 제품 설계에 참여하고, 근본 원인을 분석하고, 코드 리뷰에 참여하며, 자동화 모듈을 만든다. 테스터는 버그 수정을 확인하거나 작은 기능을 개발하기도 하지만 일반적으로 기능을 명세하지는 않는다.

테스트에 대한 마이크로소프트의 접근 방법이 일반 산업계의 접근 방법과 다른 점은 테스트를 하고 싶어 하는 소프트웨어 엔지니어를 고용한다는 점이다. 마이크로소프트는 수작업 테스팅을 없애고 모든 작업을 자동화하기 위해 테스트 개발자를 고용한다. 테스터는 효율적인 자동화 모듈을 작성하는 능력을 갖추는 것은 기본이고, 프로그래밍 개념과 컴퓨터 구조를 이해하며 테스팅에 필요한 분석 기술을 갖춰야 한다. 초기에 버그를 찾고 근본 원인을 이해하고 비슷한 버그를 빨리 찾거나 초기에 탐지할 수 있어야 한다. 개발자도 마찬가지지만 이런 전산학의 기초 지식을 갖춤으로써 테스터의 기술은 향상되고, 마이크로소프트는 좀 더 역동적이고 유연한 테스트 인력을 확보하게 된다.

산업계 이벤트에 매번 등장하는 질문은 "왜 마이크로소프트는 직무 전문가(SME, Subject Matter Experts)를 테스터로 채용하지 않느냐?"다. 예를 들어 국제 회계 규칙은 매우 복잡해 엔지니어링 경력을 갖고 있는 테스터가 숨은 뜻을 알 수 없다. 고객 관계 관리 솔루션(CRM) 같은 수직적 제품도 마찬가지다. 이론적으로는 직무 전문가를 고용해 테스터를 위한 전산학과 엔지니어링 기술을 교육하는 것이 좋다. 회사가 CPA를 고용해 세계적인 개발자로 교육시켜 회계 솔루션을 만드는 것이다. 좋은 개발자가 되려면 기술에 대한 열정과 수년 동안의 훈련이 필요하므로 이런 접근법이 실용적이지는 않다.

모든 소프트웨어 회사는 개발자가 모여서 시작하며 개발할 제품에 관련된 문제 영역과 고객 시나리오를 개발자에게 교육한다. 운영체제를 개발하는 회사나 전력망의 흐름을 제어하는 소프트웨어를 개발하는 회사에게도 마찬가지다. 엔지니어를 작업 중인 제품 영역의 직무 전문가로 교육시켜야 하고, 테스트할 수 있도록 가르쳐야 한다.

경험의 법칙에 따르면 초급 개발자로 코딩을 할 수 있고 좋은 테스터가 될 수 있는 확실한 엔지니어링 기술을 보유한 사람을 고용하는 것이 최선이다. 이와 같은 특성을 테스터 DNA라고 하며, 2장의 뒷부분에서 설명한다.

경험의 법칙에도 예외는 있다. 마이크로소프트의 테스터 대부분은 테스트 단계 개발자이지만 어떤 분야에서는 직무 전문가로 이루어진 팀이 필요하다. 세계 회계 규칙 전문가나 음성 인식 알고리즘 연구자를 테스터로 고용한 분야가 대표적인 예다. 대량 생산이 필요한 일반 소비자용 제품을 개발함에 따라 제조 프로세스 전문가를 고용해 설계가 대량 비용제어 제조(high-volume cost-controlled manufacturing)의 효율성에 부합하는지 테스트했다. 이런 경우 직무 전문 테스트 엔지니어의 직함에는 SDET보다 언어학 테스트 엔지니어나 제조 테스트 엔지니어가 더 적합하다.

:: 마이크로소프트의 테스터가 항상 SDET는 아니다

2005년까지 마이크로소프트는 STE(Software Test Engineer)와 SDE/T(Software Development Engineer in Test)라는 두 개의 테스터 직함이 있었다. 이 두 직함은 매우 혼동된다. 어떤 그룹에서 SDE/T는 테스트 툴을 사용하는 직원을 의미하고, 다른 그룹에서는 전산학 학위를 갖고 테스트 모듈을 작성하는 직원을 의미했다. 이때는 SDE/T를 위한 커리어 패스는 없었다. 표 2-1은 SDE/T와 STE의 직무를 비교한다.

> 2004년 SDET 직위 레벨 가이드에 예외가 있었다. SDE/T는 테스트 직위 레벨 가이드나 개발 직위 레벨 가이드 중 적절한 것을 사용해야 했었다.

일반 SDE/T 직무	일반 STE 직무
테스트 실행을 위한 테스트 하네스 개발	테스트 계획 작성
보안과 성능 테스팅 툴 개발	테스트 케이스 문서화
자동 API나 프로토콜 테스트	수동 테스트
버그 배쉬(Bash)[1]	핵심 테스트 자동화 작업
버그 탐색, 디버그, 기록, 리그레션 테스트	버그 탐색, 기록, 리그레션 테스트
설계 리뷰 참가	설계 리뷰 참가
코드 리뷰 참가	

표 2-1 SDE/T와 STE 직무

명확한 커리어 패스가 없다면 한 발은 테스터 쪽에 다른 한 발은 개발자 쪽에 걸치는 것도 괜찮다. SDE/T 직함을 갖고 있는 직원 수는 두 분야의 합병이 결정될 때까지 증가했다.

---

1. 내부 직원들에게 출시 전 제품을 사용하게 해 제품을 테스트하는 것을 의미한다.

2002년 직원들에게 혼란스럽다는 이유로 SDE/T 직함을 없애려고 했었다. 2005년에는 SDE/T가 SDET로 바뀌었고, STE와 SDET 커리어 패스를 그림 2-2처럼 합치려 했었다. 테스트 아키텍트 직함을 2003년에 처음 도입했고, SDET 숫자에 포함했다.

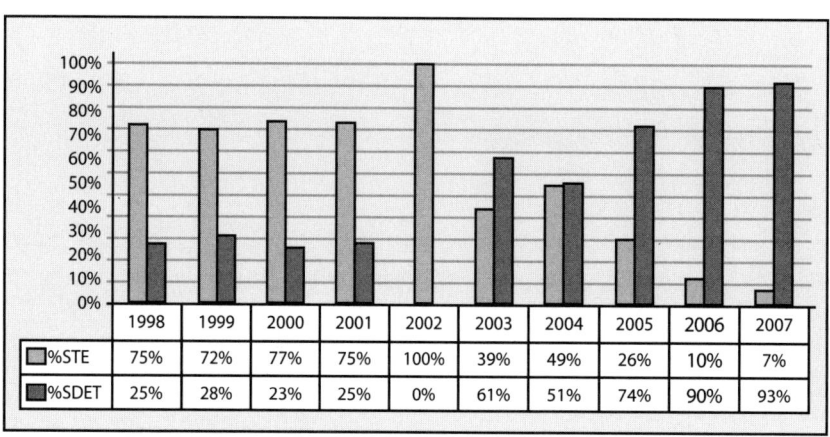

	1998	1999	2000	2001	2002	2003	2004	2005	2006	2007
%STE	75%	72%	77%	75%	100%	39%	49%	26%	10%	7%
%SDET	25%	28%	23%	25%	0%	61%	51%	74%	90%	93%

그림 2-2 STE에서 SDET로 이동 1998-2007년

SQE라고 부를 수 없었다

"지금부터 그들을 얼룩말이라 부르자"라고 그란트 조지(Grant George)가 말했다. 우리는 합의점 없이 몇 시간 동안 테스트 엔지니어의 직함을 무엇으로 할지 토론하고 있었다.

"소프트웨어 테스팅이 엔지니어링 문제에 기반하고 있음에는 모두들 동의한다. 훌륭한 테스트 엔지니어는 엔지니어링과 전산학 기술을 필요로 한다는 것에도 동의한다. 또한 훌륭한 테스터는 개발자와 다르다는 것에도 동의한다. 그들은 테스터 DNA를 갖고 있다." 그란트는 마커를 쥐고 화이트보드로 가고 있었다.

나는 테스트 관리자가 모여 있는 회의실을 둘러봤다. 회의실에 모인 관리자들의 테스트 관리 경험을 다 합치면 200년 이상이었다. 몇 명은 마이크로소프트 윈도우에 소속돼 있었고, 마이크로소프트 비주얼 스튜디오와 웹서비스에 소속된 사람도 있었다. 그란트는 마이크로소프트 오피스 부문에서 일했었다. 그란트는 회의실 내에 있는 사람 중 가장 연장자였으며, 그 당시 마이크로소프트의 유일한 테스트 부회장이었다.

그란트가 화이트보드에 리스트를 써 내려 가기 시작했다. 테스터 DNA라는 것은 시스템 레벨로 생각하고, 문제 분해 기술을 갖추고, 품질에 대한 열정이 높으며, 동작 원리와 해결하는 방법을 찾는 일을 좋아하는 것이다." 그란트는 마커를 내려놓고 회의실을

> 돌아봤다. "이런 것이 개발자와 테스터의 차이다. 이런 DNA와 엔지니어링 기술을 합친 것이 소프트웨어 테스팅이다. 이런 모든 것을 반영하는 직함을 찾아야 하지만 엔지니어에게도 매력적이어야 한다. 즉, 우리가 테스트 개발 기술을 사용한다는 것도 나타내야 한다.
>
> 어떤 사람이 "우리에겐 이미 있는 거예요, 그란트"라고 말했지만 곧바로 조용해졌다. 그래그가 말했다. "나도 SDE/T가 좋겠습니다. 지금 얘기된 것을 설명하기 위해 사용됐지만 내가 모르는 과거부터 사용된 것입니다."
>
> 데이비드 화이트(David White)가 제안했다. "그럼 슬래시 없이 SDET는 어떨까요?" 데이비드는 테스트 엔지니어의 단일 커리어 패스를 정의하는 테스트 리더십 팀과 작업하는 인사과의 경력 모델 프로젝트 리더였다. "이렇게 하면 다른 직원과 소프트웨어 테스팅 분야의 개발 지원자에게도 얘기하기 쉽고, 테스팅에 초점이 맞춰져 있습니다."
>
> 늦게 도착해서 회의실 구석에 앉아있는 누군가가 소리쳤다. "SQE보다 좋군요." "SQE는 교통신호 대기 때 자동차 유리창을 닦고 돈을 요구하는 사람을 연상시켰거든요."
>
> 윈도우 테스트 GM 다린 뮈어(Darrin Muir)가 말했다. "좋습니다. 슬래시를 빼니 간결하네요."
>
> 한 시간 더 회의를 진행했지만 결국 마이크로소프트의 테스터 직함은 SDET로 결정됐다. SDE와 SDET의 차이점은 엔지니어가 개발보다는 문제를 테스팅하는 데 흥미로워하는 핵심 DNA를 갖고 있는 점이다.

개발 분야와 비슷하게 강하고 인상적인 직함을 사용하는 것은 제품 품질과 테스팅의 효율을 향상시키려는 전략에 필수적이다. 2부부터는 마이크로소프트에서 사용하는 소프트웨어 테스트 기법을 자세히 소개한다. 이런 접근 방법은 테스트 엔지니어 인력을 채용할 때 기술과 개발 능력을 요구하기 때문에 가능하다.

초기에는 대학에서 직원으로 모집할 때 SDE/T라는 직함이 편해서 사용했다. 많은 지원자가 전산학 학위를 받아 졸업해 직장에서 코딩을 하고 싶어 했으므로, SDE/T 직함과 테스트 툴 개발자는 STE 직함보다 인기가 있었다.

모든 STE는 필요할 때는 자동화 툴을 개발할 수 있어야 하지만 많은 제품은 지금처럼 자동화 수준이 높지 않았다. 그래서 STE는 전체 테스트 시간 중 적은 시간을 코딩에 사용했었다.

2001년 마이크로소프트 제품 지원 정책의 큰 변화가 있었고, 다른 부문보다

소프트웨어 테스팅 부문이 영향을 받았다. 변경 내용은 제품의 지원 기간에 관한 것으로, 윈도우 운영체제 같은 주요 제품의 지원을 10년으로 조정했다. 기업 내 소프트웨어의 위험성이 높아지고 기존 운영체제나 개발용 제품군에서 다른 제품으로 업그레이드하는 프로세스가 길어지면서 현재와 이전의 제품 지원 정책이 충돌했다. 소프트웨어 출시 주기가 점점 짧아져 동시에 지원해야 하는 윈도우가 늘어났다. 지원 버전의 숫자에 기반한 정책 대신 모델 기반으로 소프트웨어를 출시했다. 일반 소비자용 제품은 3년 지원 주기로 출시하고, 서버, 운영체제, 중요한 개발용 애플리케이션은 10년 지원 주기로 출시했다.

윈도우 95를 개발했을 때 2005년까지 지원해야 한다고는 생각하지 않았었다. 윈도우 95의 주요 기능을 검증할 자동화 세트와 사용자 시나리오가 있었지만 많은 부분은 수작업으로 테스트했다. 수동 탐색적 테스팅(4장에서 다룬다)은 1990년 말까지 제품을 출시하기 위해 사용된 일반적인 기법이었다. 판매사 직원과 정규 직원을 이와 같은 버튼을 누르는 테스트를 위해 고용했다.

지원 기간의 변화는 테스트 자동화가 몇 년간 사용될 것을 의미했으며, 제품 개발 연구 단계에서 당연시 됐다. 따라서 더 많은 SDE/T를 고용했다. 많은 전산학 전공자가 배출됨에 따라 설계 능력이 높아지고, 테스트 용이성도 높아졌다.

통합성, 복잡성, 보안성 테스팅, 퍼지 테스팅, 결점 삽입 등으로 인해 전산학 지식과 코딩 기술이 필요했다. 서비스 이전과 빠른 제품 출시로 인해 자동화 테스팅에 대한 새로운 모델이 필요했다. 온라인 서비스가 테스팅 전략에 미친 영향은 15장에서 다룬다.

∷ 테스터가 더 많아야 한다

마이크로소프트의 엔지니어링 직원 수는 수년간 계속 증가해왔다. 테스트 분야만도 한 해에 500명을 신규 채용했다. 미국과 세계 유수 대학을 졸업하는 전산학 관련자와 경력자를 반반씩 테스터로 고용했다.

훌륭한 SDET 후보는 2장 앞부분에서 얘기한 테스트 DNA를 갖추고 있다.

또한 우리는 인사부서 용어로 '능력'이나 특정 기술을 갖춘 인력을 찾고 있다. 이 절에서는 인사부서 매뉴얼과 차별화하기 위해 테스팅 관점의 능력이 무엇이며, 테스트 DNA와 어떻게 연관되는지 간략히 소개한다.

능력은 장점과 구분되며, 전형적인 결과보다는 뛰어난 결과를 만드는 행동이다. 대부분의 성공적인 후보자도 처음에는 엔지니어링 능력에서 제한된 장점만을 갖고 있었을 것이다. 테스트도 10가지 엔지니어링 분야의 능력을 공유하지만 분석적 문제 해결 같은 능력은 다른 부분보다 테스터를 판단하는데 사용한다.

모든 엔지니어에게 핵심적인 10가지 능력을 생각해보자. 물론 화술, 관리, 재정, 판매, 마케팅 등 추가적인 능력이 있을 수도 있다. 다음은 10가지 엔지니어링 능력이다.

- **분석적 문제 해결** 문제를 파악하고 근본 원인을 분석하는 능력은 품질 원인을 추적하는 중요한 능력이므로 테스터에게 필수적이다.

- **고객 중심 혁신** 고객을 생각하고, 어떻게 소프트웨어가 문제를 해결하고, 고객이 즐거운 경험을 하는지 관찰한다.

- **기술적 우수함** 네트워크와 운영체제를 이해하며, 그냥 코딩을 하는 게 아니라 코드를 최적화시키는 능력이다.

- **프로젝트 관리** 테스터는 개인 시간 관리뿐만 아니라 정해진 시간에 완료돼야 하는 작업 계획을 구체화한다.

- **품질에 대한 열정** 이 열정이 없다면 테스터라는 직업에 지원해서는 안된다.

- **전략적 통찰력** 신입사원은 갖기 힘든 능력이지만 경쟁에서 앞서나가고 주주의 가치를 높이려는 직원이라면 고용되는 초기부터 나타내야 하는 능력이다.

- **자신감** 마이크로소프트의 테스터는 버그를 줄여야 한다. 테스터는 필요 시 버그를 줄일 수 있다는 자신감을 지녀야 한다.

- **효과와 영향력** 영향력은 자신감과 경험에서 나온다. 효과는 어떻게 변화가 일어나는지 알았을 때 생긴다. 이런 능력을 보여주는 대부분의 지원자는 대학시절 초기부터 몸담을 회사에 변화를 주는 방법과 프로젝트 팀을 고무시킬 방법에 대해 고민해온 사람들이다.

- **경계를 넘는 협력** 혁신은 조직 간 경계에서 발생한다. 자신의 업무만을 생각하는 소극적 직원은 성공할 수 없다.

- **대인 관계 의식** 이 능력은 자각을 의미한다. 많은 지원자는 자신에게 자기 비판적이면서 기술을 향상시키기 위한 방법을 찾는 능력을 보여야 한다. 연속적 개인 향상 계획이라고도 한다.

● 학교 방문 채용

마이크로소프트는 학생 채용으로 많은 직원을 고용한다. 학생 채용이란 대학이나 대학원 졸업 1년 전에 이뤄지는 고용이다. 수백 명의 모집자가 학교 및 교수와의 유대감을 높이고, 마이크로소프트의 정보를 제공하며, 여러 가지 엔지니어링 직무 정보를 제공하는 대학 프로그램을 연중 내내 진행한다.

지원자가 정해지면 마이크로소프트는 인터뷰 일정을 정한다. 첫 번째 인터뷰는 일반적으로 해당 지역이나 학교 내에서 진행되지만 지원자가 마이크로소프트를 방문하기도 한다. SDET나 SDE 관리자가 일대일 인터뷰를 한다. 학교 내 인터뷰는 최고 면담자가 진행한다. 인터뷰는 매우 중요하므로 마이크로소프트의 모든 인터뷰는 기록되고, 면담자의 인터뷰 기술을 평가한다.

지원자가 인터넷에서 떠도는 기출 사례를 갖고 마이크로소프트의 인터뷰를 공부하는 것은 흔히 있는 일이다. 물론 마이크로소프트도 같은 사이트를 보고 매번 질문을 개선한다.

여러 명의 면담자가 인터뷰한 다음에 고용 여부를 결정한다. 정규직 제안과 관계없이 우리의 목표는 인터뷰 과정이 모든 지원자에게 좋은 경험이 됐으면 하는 것이다. 지원자가 똑똑하지 않거나 동기가 없었다면 이런 긴 채용 과정에 참여하지 않았을 것이다.

우리는 제안을 하고 자세한 설명을 시작한다. 마이크로소프트의 테스트가 다른 회사와 어떻게 다른가를 설명한다. 몇 년 동안 지원자에게 켐 카너와 잭 포크, 홍 쿠오 응구엔의 『Testing Computer Software(컴퓨터 소프트웨어 테스팅)』 (와일리, 1999) 같은 책을 읽어보라고 권한다. 하지만 이런 책이 마이크로소프트 테스트의 기술적인 측면을 다루지는 않는다.

다행히도 우리 테스트 아키텍트 키스 스토비(Keith Stobie)가 『Testing Object-Oriented System: Models, Patterns, and Tools(객체 지향 시스템 테스팅: 모델, 패턴, 툴)』(애드슨 웨슬리, 1999년)의 저자 로버트 바인더(Robert Binder)에게 책의 3장 '테스팅: 개략적 소개'를 지원자들에게 설명할 수 있게 허락을 받았다. 이 장은 마이크로소프트의 테스팅에 대한 접근 방법과 일치하는 테스팅을 간략하게 설명한다. 이 책에서도 테스팅을 소개하지만 바인더의 책 3장을 읽어보라고 권하고 싶다.

> **현업에 근무하는 분과 얘기해볼 수 있나요?**
>
> 마이크로소프트에서 테스트 관리자를 하는 것은 내겐 즐거운 일이다. 학교를 졸업하고 다른 회사에서 개발자로 근무했었고, 마이크로소프트에서 12년간 테스터로 근무했다. 마이크로소프트의 테스터는 다른 회사와 비교하면 독특하다.
>
> 지원자 모집 팀은 지원자들에게 마이크로소프트에서의 다양한 직무와 기회를 설명하기 위해 자료를 제공하고 면담을 하는 등 놀라운 작업을 하지만 지원자들은 항상 현업에서 근무하는 사람들과 얘기하고 싶어 한다. 대부분 대학에서 테스팅은 코딩이 끝난 뒤의 작업이라고 배운다. 나도 교수님이 원하는 코드를 작성하고 잘 동작하는지 확인했었다. 테스팅은 부가적인 활동이지 어렵게 가르치는 과정이 아니었다.
>
> 마이크로소프트의 SDET는 제품 출시 때 막중한 책임을 지는 중요한 역할 중 하나다. 지원자에게 설명을 시작하면 코드를 작성하고 알고리즘을 이해하는 것만큼 테스팅이 중요한 것이라고 이해시키고 싶다. 지원자에게 테스터가 할 수 있어야 하는 넓은 영역부터 얘기한다.
>
> 지원자 대부분은 제품을 테스트하기 위해 필요한 자동화 개발에 좋은 설계자가 필요함을 이해하지 못한다. 개발자는 제품을 좀 더 견고하고 빠르게 만드는 자동화 개발에 도전할 수 있다. 테스트를 하기 위해 짧은 시간 동안 시스템에 들어오는 일 년치 데이터를 시뮬레이션할 수 있어야 한다. 여러 브라우저에서 작동하는 것을 자동화 테스트하는 시스템이나 출시한 제품의 다양한 언어를 테스트하는 시스템을 개발할 필요가 있다.

> 이렇게 설명하면 지원자는 우리의 작업을 잘 몰랐다는 것을 인정한다(자동화에만 국한된 것이 아니다).
>
> 테스터는 자기가 맡은 기능뿐만 아니라 모든 기능에 도전해야 한다. 클라이언트/서버 소프트웨어 상호 연동과 최종 사용자의 경험도 알아야 한다. 방화벽, 라우터, 백엔드 서버 등과 같은 많은 시스템의 동작을 잘 이해해야 한다. 또한 사용성, 접근성, 보안성 등 모든 분야의 사용자를 이해하고 대표할 수 있어야 한다. 배움에 끝은 없고, 직무에서 필요하고 알아야 할 것은 끝없이 많다.
>
> 많은 지원자는 테스터가 설계에 참여하거나 기능 설계에 영향을 줄 필요는 없다고 생각한다. 마이크로소프트의 장점 중 하나는 명백한 이유가 있다면 누구나 설계에 영향을 줄 수 있다는 것이고, 특히 고객과 시스템 동작을 이해하는 테스터가 그렇다. 마이크로소프트에서는 한 사람이 아닌 많은 사람이 소프트웨어를 설계한다. 테스터는 기능고하 해당 기능의 근간 원리를 설명하고 필요한 기능을 추천하는 책임과 권한을 갖고 있다. 나는 테스터가 설계를 하도록 했었다.
>
> 테스팅은 최종 시험으로 학점이 결정되는 과목을 수강하는 것과 같다. 나는 최종 시험을 치르고 결과를 기다릴 때가 기억난다. 교수님이 학점을 주면 나는 학점에 따라 행복하기도 하고 우울하기도 했다. 마이크로소프트의 테스터로 제품이 요구되는 품질을 갖추도록 몇 년간 일해 왔으며, 수백만의 사람들에게 제품을 출시했다. 수백만의 사람들이 내게 평점을 주는 것이고, 그것은 놀라운 경험이다.
>
> – 패트릭 패터슨, 마이크로소프트 오피스 테스트 관리자

● 업계 경력직 채용

'업계 경력직 채용'이란 용어는 최소 1년 이상 경력이 있는 직원을 고용할 때 사용하는 용어다. 소프트웨어 업계에는 학교에서 잠재력 있는 학생을 채용하는 것보다는 숙련된 엔지니어를 고용하는 것이 더 많다고 알려져 있다. 마이크로소프트는 업계에서 초급 레벨 직원을 고용하며, 단지 경력 때문은 아니다.

SDET로 고용된 직원의 절반은 학교 내 모집을 통해 채용했고, 또 절반은 업계에서 채용했다. 일부 업계 지원자가 다른 회사에서 테스터였어도 이 책의 저자를 포함한 많은 사람은 테스터로 근무하지는 않는다. 업계에서 고용할 때는 테스트 작업을 할 수 있는 개발자나 일반적인 품질 관리자였던 개발자를

찾는다. 일반적으로 테스트 직무에 지원한 사람들의 이력서를 몇 년 동안 살펴본 바에 따르면 지원자가 우리가 찾는 전산학이나 프로그래밍 기술이 없는 경우가 있다. 이상적인 업계 지원자는 회사에서 제품 개발자와 소프트웨어 테스터의 역할을 했던 사람이다.

대부분의 업계 지원자는 테스트 부문의 지원이 적은 반면 휘두를 수 있는 권력이 많다는 점에 놀란다. 마이크로소프트의 개발자와 테스터의 비율은 거의 1대 1이다. 일반적인 산업계는 거의 5대 1이고, 심한 경우 10대 1까지도 있다. 비율이 낮으면 테스트 조직은 자신의 엔지니어링 기술과 실무 능력을 발전시키기보다 생존에 초점을 맞춘다.

:: 마이크로소프트 SDET 되기

새로운 직원이 마이크로소프트에서 근무를 시작하면 합숙 훈련을 한다. 합숙 훈련은 며칠짜리 신입사원 오리엔테이션(NEO, New Employee Orientation)이다. 신입사원 오리엔테이션은 모든 직원을 부서와 관련 없이 하나의 클래스로 묶는다. 신입사원 오리엔테이션이 끝나면 신입 SDET는 근무할 사무실을 배정받기 위해 팀 관리자를 만난다. 그런 다음 직속 관리자를 만나고 멘토를 만난다.

마이크로소프트의 엔지니어링 엑셀런스 그룹(Engineering Excellence Group)에는 직원들에게 기술 훈련을 하기 위한 차트가 있다. 첫 번째 테스트 코스는 'SDET를 위한 마이크로소프트에서의 테스트' 과목이나. 이 과정은 보통 12개월이 소요되며, 이 책의 일부는 24시간 과정을 근간으로 한다. 기술적 과목과 강좌가 대부분 온라인 강좌이지만 그림 2-3의 'SDET 훈련 추진 계획'에 있는 주요 과목은 강의실에서 숙련된 테스터가 가르친다. 이렇게 함으로써 학생들은 폭넓은 토론과 깊이 있는 실습을 할 수 있다.

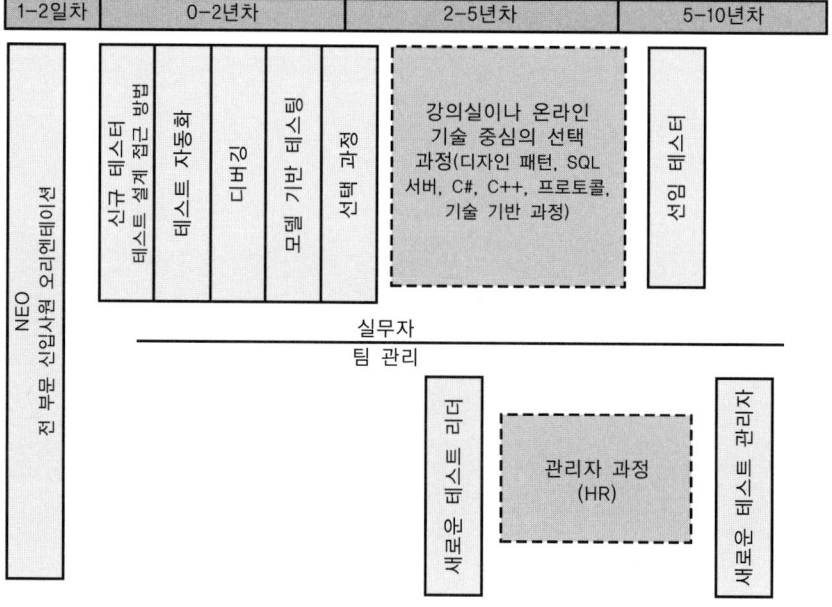

그림 2-3 2008년 SDET 훈련 추진 계획

:: 마이크로소프트 엔지니어링 커리어

모든 직원은 자신의 분야를 변경할 수 있고, 매년 많은 직원이 변경한다. 각 엔지니어링 분야에는 두 옵션이 있다. 실무자(IC, Individual Contributor)가 되거나 관리자가 되는 것이다. 모든 젊은 엔지니어는 IC부터 시작한다. 각자 커리어 패스는 주요 시점이 있다. 관리자는 IC 팀을 관리하기 시작해 점차 다른 리더를 관리한다. IC는 한 제품에 영향을 주는 데서부터 한 제품군에 영향을 주는 것으로 확대한다. 이와 같은 시점을 커리어 단계라고 한다. 마이크로소프트의 스티븐 드로터(Stephen Drotter)[2]가 제너럴 일렉트릭(General Electric) 사에 근무할 때 작성한 커리어 패스에 기초한다. 각 커리어 단계의 직원에게는 다음 커리어 단계에서 요구되는 결과를 볼 수 있게 전체 커리어 단계 개요가 제시된다.

---

2. 램 차란, 스티븐 드로터, 제임스 노엘, 『리더십 파이프라인 - 강한 조직을 만드는 GE식 인재 양성 프로그램』, 샌프란시스코: 조지-바스 2000(한국어판: 미래의 창, 2001)

직원이 관리 커리어 패스를 시도했다가 다시 IC가 되는 것은 일반적이다. 선임 IC가 개발을 계속하면 그림 2-4처럼 선임 엔지니어링 관리자의 리더십 기술과 비즈니스 통찰력 기술이 요구된다. 어떤 경우에는 고참 선임 엔지니어가 IC와 관리자를 오가기도 한다.

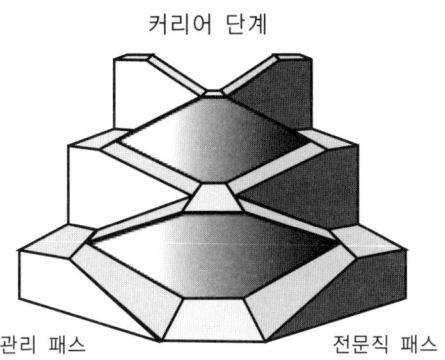

그림 2-4 혼합된 관리와 전문직 커리어 패스

예를 들어 데이비드 커틀러(David Cutler)는 1988년에 현재 대부분 윈도우 운영체제의 핵심인 윈도우 NT 개발을 위해 마이크로소프트에 입사했다. 팀 관리자를 한 적도 있지만 데이비드는 아키텍트이고, 마이크로소프트의 최고 IC로까지 승진했다. 그는 개발자를 관리하고 양성하는 기술보다는 기술력과 시스템 구조 관련 지식, 산업계 영향력으로 잘 알려져 있다.

또 다른 예로 에릭 루더(Eric Rudder, 기술전략 선임 부사장)와 존 데반(Jon DeVaan, 윈도우 핵심 운영체제 부문 수석 부사장)을 들 수 있다. 두 사람은 작은 팀 전략 리더였으나 지금은 수천 명의 엔지니어가 근무하는 부서를 관리한다.

IC의 최고 레벨은 기술적 특별 회원이다. 이 직함은 관리 커리어 패스의 수석 부사장과 동급이다. 특별 회원과 저명한 엔지니어(회사 부사장과 동급)는 표준 기관에 참여하며 해당 분야의 최고 전문가다. 이들 선임 엔지니어는 실제 제품 출시와 관련된 업무를 하며, 동시에 빌 게이츠의 씽크위크(ThinkWeek) 프로세스에 백서와 의견서를 제출하면서 전사적인 영향력을 발휘한다.

:: 테스트 부문의 커리어 패스

어떤 회사에서는 테스트를 개발자가 잠재적으로 성장하기 위한 개발의 초급 업무로 간주하기도 한다. 마이크로소프트에서 테스터와 개발자의 커리어 가능성은 완전히 똑같다.

● 테스트 아키텍트

1999년, 제품 전반에 영향을 주는 선임 IC를 위해 테스트 아키텍트 직함을 도입했다. 선임, 수석, 파트너 SDET 직함이 개별 제품에 관련된다면 테스트 아키텍트는 SDET가 작업하는 많은 제품에 영향을 주는 역할이다. 여기서 테스트 아키텍트는 역할이지 지위가 아니라는 점이 중요하다. 선임 테스터는 테스트 아키텍트가 될 수 있지만 모든 선임 테스터가 테스트 아키텍트가 되지는 않는다. 비즈니스적이거나 전략적인 필요가 있을 때 테스트 아키텍트를 선발한다. 테스트 아키텍트 직함이 없는 선임 테스터의 역할도 테스트 아키텍트와 비슷하다고 생각할 수 있다. 여기서는 테스트 아키텍트의 직함이 아닌 역할을 설명한다.

전형적인 테스트 아키텍트의 역할은 없다. 테스트 아키텍트는 여러 가지 목표에 초점을 맞춰 다양한 작업을 한다. 테스팅 기반 구조를 개발하고, 개발한 프레임워크를 테스팅하거나 복잡한 테스트를 위해 기능을 평가하기도 한다. 소속된 그룹의 특정 기술을 책임지기도 하고 테스트 효율성을 높이기 위한 컨설팅을 하기도 한다. 모든 테스트 아키텍트 역할의 공통 특성과 주요 책임은 테스팅 조직을 위한 전략적 방향과 기술적 리더십의 제시다. 테스트 아키텍트의 레벨은 업무 범위가 기능, 제품군, 전 부서인지에 따라 결정된다. 현재 제품의 선임 테스트 아키텍트는 릴리스 이후와 특정 제품 릴리스에 얽매이지 않은 차기 버전을 고려해야 한다.

테스트 아키텍트는 모든 테스팅 커뮤니티와 개발 및 프로그램 관리에 변화를 줄 수 있어야 한다. 테스트 아키텍트는 모든 엔지니어링 팀의 규제와 방향 제시, 피드백, 품질 작업을 향상시키는 제안의 품질을 유지해야 한다.

테스트 아키텍트는 경험을 기준으로 부여되는 직함이 아니다. 변화를 불러올 수 있는 사람이 필요할 때 테스트 아키텍트 직함이 생겨난다. 테스트 아키텍트는 커리어 패스가 아니므로 계속 반복할 수 있다. 테스트 아키텍트의 기술은 부서 간 정보 교환과 조직의 변화를 줄 수 있는 능력에 중점을 둔 비슷한 단계의 커리어 단계 개요 기준과 같다.

노트 2008년 전 세계에 9,000명이 넘는 테스트 엔지니어 중 테스트 아키텍트는 40명을 약간 넘는 수준이다.

● IC 테스터

테스트 분야의 IC 커리어 패스는 표 2-2처럼 SDET1(IC1)부터 시작되며 파트너 SDET(IC5)까지 있다.

커리어 단계명	SDET1	SDET2	Senior Software Development in Test	Principal Senior Software Development Engineer in Test	Partner Software Development Engineer in Test
고객 영향력	기능을 명확히 하고 테스트 케이스를 작성하기 위해 PSS와 다른 채널을 통해 고객 피드백 확보	기능에 대한 중요한 피드백을 주고 테스트 케이스를 작성하기 위해 고객과 직접 의견 교환	관심 제품 통합과 특성 시나리오나 역할을 만들어 고객의 기대치 제시	조직과 고객 간의 의견 교환을 향상시킬 고객 관련 기술 구현	설계를 향상시키기 위해 제품군 전반의 고객 심층 이해를 선도
테스트 영향력	불확실한 요구 사항을 제거하기 위해 기능의 동작을 명확하게 함	명세와 기술적 설계를 향상시킬 비판적 피드백 제공	미래에 오류를 발생시킬 위험한 설계 패턴을 식별	주요 제품의 테스트 방법과 기술 혁신을 선도	제품군의 테스트 방법과 기술 혁신을 선도

표 2-2 SDET IC 커리어 단계 프로파일 예

레벨을 구분하는 기준으로 기술적 깊이, 기술적 넓이, 영향력 등이 중요하다. SDET1은 마이크로소프트의 테스트를 배우며, 소프트웨어 개발 방법과 정의된 기능에서 버그를 찾는 방법을 배운다. 선임 SDET는 성능 테스팅이나 보안 테스팅 같은 분야에 전문화된다. SDET가 파트너 레벨이 되면 자신의 역할에 많은 시간을 보내게 되며, 테스트 아키텍트로 몇 년간 근무하기도 한다.

작은 기능에서부터 모든 기능까지, 마이크로소프트 오피스 워드나 윈도우 미디어 플레이어 같은 단일 제품에서부터 오피스나 윈도우 같은 최종 제품군까지 IC 테스터가 미치는 영향력의 범위는 넓다. 테스트 아키텍트 역할처럼 테스팅의 모든 면에 영향을 주거나 프로토콜 보안 같은 깊이 있는 기술 분야의 핵심 역할을 한다.

엔지니어의 IC 커리어 패스는 파트너 SDET로 끝나지 않지만 테스터 커리어 패스는 끝난다. 파트너 SDET는 저명한 엔지니어(부사장급 IC)보다 한 단계 아래다. 마이크로소프트가 테스트 분야에 저명한 엔지니어가 필요하지 않음을 의미하지는 않는다. 엔지니어 발전은 경력 방향보다 더 나아갈 수 있으므로 분야 구분 없이 서로 비슷하게 보여야 한다. 어떤 의미에선 10개 엔지니어링 부문의 모든 IC는 다른 엔지니어를 지원한다는 공통의 방향으로 나아간다.

유명 블로그를 운영하거나 컨퍼런스에 자주 참여하고 책을 집필하는 산업계 유명 인사 중에는 마이크로소프트 테스터 출신이 많다. 『How to Break Software(소프트웨어를 깨는 방법)』 시리즈의 작가 제임스 휘태커(James Whittaker)는 소프트웨어 신뢰성에 대해 작업하는 신뢰성 컴퓨팅 팀 구성원으로 2005년에 합류했다. 키스 스토비(Keith Stobie)는 live.com에 'TestMuse' 블로그를 운영하고, 오레곤주 포틀랜드에서 개최되는 북서 태평양 소프트웨어 품질 컨퍼런스(PNSQC, Pacific Northwest Software Quality Conference)를 계획하고 지원한다. 톰 볼(Tom Ball)이 이끄는 테스트 베리피케이션과 메트릭 팀은 제품의 품질을 향상하기 위한 새롭고 특이한 결과를 만드는 소규모 팀이다.[3] 팀의 모든 구성원은

---

3. 마이크로소프트 연구소 소프트웨어 신뢰성 연구 그룹 http://research.microsoft.com/research/srr

테스트 메트릭 연구 분야에서 잘 알려진 사람들이다.

소개한 예는 마이크로소프트에서 세계적 수준의 테스트 전문가를 개발하고 지원하는 데 투자하는 일부 예다.

● 관리자가 되는 것이 승진은 아니다

테스트 관리는 SDET의 또 다른 주요 커리어 패스다. 테스트 관리자는 승진할 수도 있고, 더 큰 팀이나 분야를 관리할 수도 있다. 관리 커리어 패스가 피라미드 구조의 하나는 아니며 많은 테스트 관리자가 부사장이 되기 전까지 안정적인 상태를 유지한다. 표 2-3처럼 테스트 관리 커리어 패스에는 전환점이 있고, 일반 관리자가 될 수 있다. 1장에서 설명했듯이 일반 엔지니어링 관리자는 개발, 테스트, 프로그램 관리 팀으로 이뤄진 조직을 운영한다.

커리어 단계명	Lead Software Development Engineer in Test	Software Development Engineer in Test Manager	Director, Software Development Engineer in Test
커리어 단계	관리자	관리자의 관리자	기능적 리더
제품 범위	한 제품의 작은 서브시스템을 형성하고 있는 매우 복잡한 기능 영역이나 컴포넌트 같은 기능 작업. 기능 영역이란 음성 인식 서버, C# 컴파일러, 마이크로소프트 오피스 파워포인트용 그래픽 엔진, IP 스택 등이다.	단일 제품군이나 큰 서브시스템을 형성하고 있는 매우 복잡한 기능 영역이나 컴포넌트와 같은 기능 작업. SDET 관리자는 제품군의 최고 기여자다. 제품의 예로 워드, 마이크로소프트 머니, 윈도우 쉘 등이 있다.	P&L(Profit & Loss) 센터를 대표하는 제품이나 한 제품의 기반이 되는 구조, 매우 복잡한 시스템 작업. 예를 들어 윈도우, 오피스, MSN, 마이크로소프트 익스체인지 등이다.
채용	팀을 위한 채용 과정 선도	그룹의 채용 과정과 작업을 선행적으로 최적화	제품군을 위한 포괄적이고 효율적인 채용 계획 선도

표 2-3 SDET 관리 커리어 패스의 커리어 단계 프로파일 예

일반 소프트웨어 업계와 마찬가지로 마이크로소프트에서 가장 일반적인 질문은 뭘 해야 테스트 관리자로 승진하느냐이다. 관리자가 되면 봉급이 오르고 IC보다 좋은 사무실에서 근무할 수 있다는 사실을 의미하므로 꽤 저의가 있는 질문이다. 사실 엔지니어에서 관리직으로 이동은 승진이 아닌 수평적 이동이다. 승진은 엔지니어링 팀을 이끌어가는 기술과 개인적 결과에 따라 이뤄진다. 대부분의 회사처럼 직무에 따라 봉급 기준이 다르고, 관리직이 비관리직보다 더 많이 받는 모델과는 다르다.

SDET 리드는 테스트 분야의 첫 번째 관리 업무다. SDET 리드란 2명에서 10명 정도의 직원을 관리한다. 팀 크기는 인쇄, 그래픽, 공유 기능 등의 특정 기능이나 컴포넌트를 출시하는 데 필요한 작업량에 따라 달라진다. 팀은 성능, 확장성, 보안성 등의 특정 테스트 영역을 위해 만들어지기도 한다. 모든 직원은 SDET 리드에게 직접 보고한다. SDET 리드와 직원 사이에 중간 관리 단계는 없다.

SDET 리드의 기술적 복잡성 이해 및 해결 능력은 관리하는 팀 규모보다 승진과 포상을 결정하는 데 중요한 요소다. 보안 분야는 작지만 높은 기술력을 갖고 있는 팀이 제품 품질에 중대한 영향력을 미칠 수 있고, 선임 SDET 리드가 맡기에 적합한 분야다.

작은 팀일수록 SDET 리드는 테스팅, 코딩, 분석, 버그 등록 등의 작업을 해야 한다. 최고 기술자나 신입사원 모두는 버그를 발견하면 제품 버그로 등록한다. 팀이 커지면 리드에게 관리적인 업무가 부과되므로 엔지니어링 작업을 할 시간이 줄어든다. 팀 크기와 관계없이 SDET 리드는 기술적 전문성과 팀의 기술적 리더로서의 역할이 요구된다. SDET 리드는 자신이 속한 분야의 팀 내에서 가장 지식이 많은 엔지니어이며, 팀 내 최고의 테스터이며 개발자다.

리드가 실천적이고 기술적이어야 한다는 점은 모든 엔지니어링 부문에서 마찬가지다. 개발 리드는 팀의 멤버만큼 개발에 참여해야 한다. 프로그램 관리 리드는 가장 복잡한 기능을 설계하거나 가장 복잡하고 조정이 필요한 문제를 다뤄야 한다. 관리직이든 기술직이든 엔지니어는 기술적이고 유능해야 한다는 점이 마이크로소프트 DNA의 핵심이다. 이런 문화는 빌 게이츠가 밤에 코드를 읽고 재작성하던 마이크로소프트 초기부터 시작됐다.

● **테스트 관리자**

테스트 관리자는 여러 가지 직함이 있고 SDET 리드보다 다양한 역할을 한다. 1장의 설명처럼 마이크로소프트는 큰 회사이고, 모든 규칙에는 예외가 있다. 관리직 직함도 여러 가지 규칙과 변형이 있다. 표 2-4는 팀의 규모와 역할에 따른 가장 일반적인 직함이다.

직함	팀 규모(명)	조직 단계
SDET Lead, Senior SDET Lead	2~10	1
Test Manager, Senior SDET Manager, SDET Manager	15~50	2
Group Test Manager, Principal Test Manager, Director of Test	30~100	3~4
전무급 개발팀장 또는 테스트 분야 부사장	200 이상	4~5

표 2-4 테스트 관리 직함

테스트 관리자는 테스트를 작성하고 실행하지는 않지만 모든 레벨의 테스터처럼 제품 단계별 버그를 등록해야 한다. 테스트 관리자는 기술적이어야 하지만 특정 테스트를 자동화하는 방법보다는 테스팅의 프로세스와 툴에 초점을 맞춰야 한다.

테스트 관리자는 테스트 팀의 기술 개발과 향상 방안, 제품 품질 평가와 출시 준비 등의 제품 관리에 많은 시간을 사용해야 한다.

∷ 정리

마이크로소프트는 일반적인 업계에 비해 소프트웨어 테스팅에 대한 접근 방식이 다소 독특하다. 개발자보다 테스트 엔지니어가 더 많고, 모든 테스터에게 소프트웨어 엔지니어링 기술을 강조한다. 이에 따라 테스터는 테스트 분야 소프트웨어 개발 엔지니어(SDET) 직함을 갖고 있다. 이 직함은 개발자에게 부여된 소프트웨어 개발 엔지니어(SDE) 직함과 같다.

매년 500명의 신규 테스터를 채용하며, 전산학 관련 분야의 졸업생뿐만 아니라 다른 회사의 숙련된 엔지니어를 채용하는 프로그램이 있다. 신입 테스터는 테스팅을 잘 알지 못한다. 따라서 마이크로소프트는 이들에게 소프트웨어 테스팅 기법을 가르치는 강력한 훈련 프로그램을 갖췄다.

소프트웨어 테스팅에 대한 기술적 접근을 중요시하므로 테스터에게는 관리와 실무자(IC)의 두 가지 커리어 패스가 있다. IC는 개발 부문에서처럼 최고 선임 엔지니어가 될 수 있다.

마이크로소프트에는 9,000명의 테스트 엔지니어가 제품 개발과 고품질 제품 출시를 위해 중요한 역할을 한다. 활발히 움직이는 엔지니어 커뮤니티는 폭넓고 다양한 엔지니어링 기법을 활용해 엔지니어링 기량과 제품을 향상시키는 데 일조한다.

03 엔지니어링 생명주기

앨런 페이지

나는 요리를 좋아한다. 음식을 만들고 식탁을 꾸미는 일은 참 재미있는 일이다. 요리에 재능 있던 어머니에게 배운 내 요리 방법의 특징은 내 방식대로 만든다는 점이다. 다시 말해 즉흥적으로 요리하는 것을 좋아한다. 음식을 많이 만들어봐서 어떤 양념이 적합한지 찬장을 둘러보는 데도 익숙하다. 레시피는 내게 그저 참고일 뿐이다. 어떤 재료를 사용해야 하며 얼마나 익혀야 하는지 아이디어를 얻거나 새로운 영감을 주는 정도랄까. 내 방식은 융통성이 많지만 위험하기도 하다. 때로 대용품을 잘못 선택하기도 한다(예를 들면 스트라타(Strata)를 만들 때 우유 대신 두유를 넣는 실수를 한 적도 있다).

내 요리 방법은 베스닝저넘 상황에 따라 다르다. 저녁에 손님이 온다면 보통보다 좀 더 많이 만들거나 가족을 위해 요리할 때보다 대용품을 조금만 사용한다. 리조또 맛이 별로라는 '위험'을 미연에 방지하기 위해 리조또 요리는 규정에 따라 한다. 수백 명의 사람을 위한 연회를 준비하는 주방장을 상상하곤 한다. 대규모 인원을 위해 요리를 할 때에는 계량과 비율이 매우 중요하다. 더구나 만족시켜야 할 입맛이 다양한 경우 주방장은 모든 손님이 맛있다고 생각하는 맛의 조합을 제시해야 한다. 마시막으로 모든 음식은 미리 준비되고, 음식은 신선하고 따뜻하며 정확한 시간에 테이블에 놓여야 한다. 이 경우에도 '약속 시간'은 변경할 수 없다.

소프트웨어를 만드는 작업도 요리와 많은 유사점이 있다. 엄격한 계획을 따름으로써 생기는 이점과 유연하게 접근함으로써 생기는 또 다른 이점이 있고, 대중을 위해 만들 때는 도전할 과제가 많다. 3장에서는 마이크로소프트에서 소프트웨어를 만들 때 사용하는 방법들을 소개한다.

:: 마이크로소프트의 소프트웨어 공학

마이크로소프트에서 소프트웨어를 개발할 때 모든 팀이 사용하는 단일 모델은 없다. 각 팀은 제품의 크기와 범위, 시장 조건, 팀 크기, 이전 경험 등의 주어진 환경에서 자신의 목적에 맞는 모델을 결정한다. 새로운 제품은 해당 분야를 선점하는 제품이 생기기 전에 시장에 출시돼야 한다. 출시된 제품은 앞선 경쟁자를 밀어내거나 앞서가지 못하게 혁신적이어야 한다. 상황별로 제품의 범위를 정하고 개발해 출시하는 데 서로 다른 접근 방법이 필요하다. 변경이 필요할 때도 엔지니어링 프로세스에 실험과 혁신을 허용하며, 많은 사례와 접근 방법을 도입해야 한다.

테스터는 일반적인 엔지니어링 모델들의 차이점은 물론이고 팀이 사용하는 모델, 팀이 작업 중인 모델의 어떤 부분이 계획(앞으로 일어날 것을 아는 것)과 실행(모델의 현재 단계 목표를 아는 것)에 도움이 될지 이해해야 한다. 프로세스와 프로세스에서의 역할을 이해하는 것이 성공을 위한 기본이다.

● 전통적 소프트웨어 공학 모델

소프트웨어 개발 모델은 많다. 어떤 모델은 수십 년 동안 사용됐으며, 어떤 모델은 매달 새로 생기기도 한다. 어떤 모델은 형식적이고 구조적이며, 반면에 어떤 모델은 매우 유연하다. 하나의 모델을 모든 소프트웨어 개발 팀에 적용할 수는 없지만 몇 개의 검증된 모델은 좋은 제품을 개발하려는 엔지니어링 팀에 도움이 된다. 제품 사이클의 단계별로 개발과 테스팅 작업을 이해하면 릴리스에 영향을 주는 설계나 품질 문제가 발생했을 때 팀은 문제의 유형을 예상하고 문제를 빨리 이해할 수 있다.

■ 폭포수 모델

가장 잘 알려진(일반적으로 악용되는) 소프트웨어 개발 모델은 폭포수 모델이다. 그림 3-1처럼 폭포수 모델에서 각 단계의 끝은 다음 단계의 시작과 연결된 소프트웨어 개발 접근 방법이다. 작업 단계는 정해진 순서에 따른다. 작업은 단계별로 진행한다(폭포수는 아래 방향으로 진행).

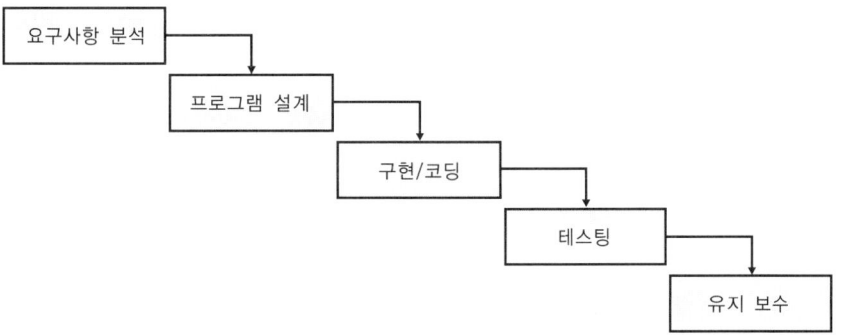

그림 3-1 폭포수 모델

이 모델의 장점은 한 단계를 시작할 때 이전 단계가 완료된다는 점이다. 예를 들어 설계 단계는 요구사항 분석 단계가 끝나기 전에는 시작되지 않는다. 또 다른 장점은 코드를 작성하기 전에 생각하고 설계한다는 점이다. 용어의 의미대로 폭포수 모델은 단계를 반복할 수 없으므로 유연하지 않다. 예를 들어 테스팅에서 설계 오류로 인한 버그를 발견하면 어떻게 될까? 설계 단계는 '종료' 상태다. 이런 명백한 불변성으로 폭포수 모델은 비난을 받아왔다. 각 단계는 전체 제품 주기를 지연시킬 가능성을 갖고 있으며, 제품 주기가 긴 경우에 초기 설계의 일부분은 구현할 때 의미가 없는 부분이 될 확률이 높다.

폭포수 모델의 흥미로운 점은 모델 개발자 윈스톤 로이스(Winston Royce)가 반복적인 프로세스로 만들었다는 점이다. 모델에 대한 로이스의 논문[1]은 최소한 2회 이상 반복하며 초기 반복이 이후 반복에 영향을 주는 학습된 정보 사용

---

1. 윈스톤 로이스, <Manageing the Development of Large Software Systems(대규모 소프트웨어 시스템의 개발 관리)>, Proceeding of IEEE WESCON 26(August 1970)

의 필요성을 기술한다. 폭포수 모델은 단계 간 피드백 루프를 인식하며 재작업의 영향을 최소화하는 지침을 제공해 수십 년 동안 사용된 단계 기반의 모델로 개선돼 왔다. 그렇지만 폭포수 모델은 애자일 제안자 같은 많은 엔지니어에게는 터무니없는 것이다. 소프트웨어 공학의 많은 논리 중에서 '폭포수'는 엄격한 프로세스를 갖고 있는 엔지니어링 시스템을 기술하는 데 사용되는 용어다.

■ 나선형 모델

1988년 배리 보엠(Barry Boehm)은 소프트웨어 개발의 나선 모델을 제시했다.[2] 나선형 모델은 그림 3-2처럼 목표 설정, 위험 평가, 엔지니어링, 계획의 4개 주요 단계가 반복되는 프로세스다.

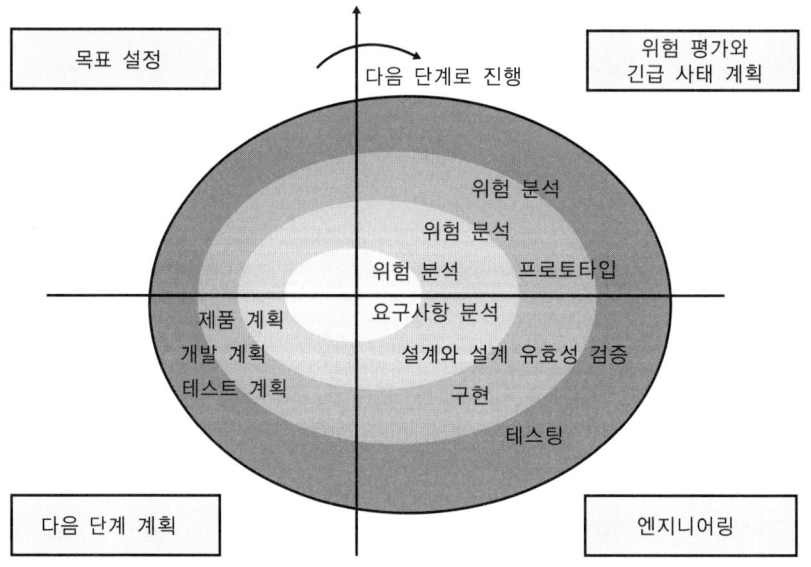

그림 3-2 단순화한 나선형 모델

- **목표 설정** 프로젝트의 현재 단계에서 목표를 식별하고 결정

---

2. 배리 보엠, ⟨A Spiral Model of Software Development(소프트웨어 개발의 나선형 모델)⟩, IEEE 21, no. 5(May 1988):61-72

- **위험 평가** 주요 위험을 식별하고 위험 최소화와 긴급 사태 대응책을 확립
- **엔지니어링** 작업 실행(요구사항 분석, 설계, 개발, 테스팅 등)
- **계획** 프로젝트를 검토하고 다음 반복 단계의 계획 시작

나선형 모델의 중요 개념은 위험을 최소화하기 위해 프로토타입을 반복적으로 사용한다는 점이다. 초기 프로토타입은 사전 설계와 제품의 성격에 비슷하게 만들어진다. 다음 반복부터 프로토타입은 강점, 약점, 위험을 평가하는 데 도움이 된다.

소프트웨어 개발 팀은 초기 계획, 설계, 제품의 프로타입 버전 제작으로 나선을 구성할 수도 있다. 팀은 작업에 대한 고객의 피드백을 수집하고 위험 평가 자료를 분석해 다음 반복 시 어떤 작업을 할지 결정한다. 이런 과정은 제품이 완전히 개발되거나 프로젝트를 중단하는 것이 좋다는 위험 분석 결과가 나올 때까지 계속한다.

■ 애자일 방법론

나선형 모델을 사용하면 팀은 이전 반복의 연속으로 소프트웨어를 반복적으로 만들 수 있다. 나선형 모델의 계획과 위험 평가 측면은 큰 소프트웨어 제품을 위해서는 필수적이지만 소프트웨어 프로젝트가 요구하는 과정이 많아진다. 폭포수 모델과 같은 엄격한 모델과 비교하면 애자일 접근 방법은 가볍고 점진적 개발 방법에 초점을 맞추고 있다.

애자일 방법론은 최근 소프트웨어 공학 분야에서 매우 인기 있다. 여러 가지 접근 방법이 애자일에 포함되지만 애자일 방법론은 다음과 같은 특성이 있다.

- **여러 번의 짧은 반복** 애자일 팀은 동작하는 소프트웨어를 자주 전달하려고 노력하며 완료된 것을 기록한다.
- **일대일 면담과 협력을 중시** 애자일 팀은 팀원 간의 대화와 고객과의 대화를 높이 평가한다.

- **요구사항 변경 적응력** 애자일 팀은 개발 생명주기의 어느 지점에서나 고객의 요구사항을 수용하는 데 유연하고 민첩하다. 짧게 반복되므로 자주 변경하거나 우선순위를 설정할 수 있다.
- **제품 사이클에서 품질 책임감** 애자일 팀의 개발자는 일반적으로 단위 테스팅을 하고, 테스트 주도 개발을 사용한다. 테스트 주도 개발이란 기능을 구현하기 전에 통과해야 할 단위 테스팅 방법을 먼저 작성하는 것이다.

소프트웨어 개발에서 애자일하다는 말은 팀이 필요할 때 방향을 기민하게 바꿀 수 있다는 의미다. 정해진 시간에 최소한의 작업으로 동작하는 소프트웨어를 얻는다는 목표는 좋은 결과를 달성할 수 있고, 엔지니어링 팀은 제품의 상태를 알 수 있다. 한편 적어도 석달 동안 작업해 95%를 완성한 프로젝트를 진행한 적이 있다. 모든 것을 한 번에 하려 했고, 동작하는 소프트웨어 없이 몇 달을 소비했으므로 얼마만큼의 작업이 남아있는지 알 수 없었다. 애자일의 목표는 한 번에 모든 것을 하는 게 아니라 한 순간에 작은 일을 하는 것이다.

■ 기타 모델

수많은 소프트웨어 개발 모델이 있고, 수많은 모델과 변형 모델이 인기를 얻을 것이다. 단 하나의 최고 모델은 없으며, 선택한 모델을 이해하고 모델의 영역 내에서 소프트웨어를 만들면 좋은 품질의 제품을 만들 확률이 높아진다.

● 마일스톤

의도하진 않았지만 내가 작업했던 마이크로소프트 제품은 나선형 모델이나 변형 모델을 사용했다.[3] 내가 윈도우 95 팀에 합류했을 때 '마일스톤 8'(M8) 단계였다. M8은 M6와 비슷했고 공개 베타 버전으로 끝났다. 각 마일스톤은 제품 기능 및 품질 목표를 갖는다. 내가 마이크로소프트에서 직·간접적으로

---

3. 2005년 제품 개발 팀에서 엔지니어링 우수 팀으로 옮긴 이후 많은 팀들이 애자일 접근 방법을 사용하기 시작했다.

작업했던 모든 제품은 마일스톤 모델을 사용했다.

마일스톤 일정은 프로젝트 종료를 위한 일정을 정하고, 주요 중간 프로젝트 릴리스와 중간 사이클 릴리스(예를 들어 베타 릴리스, 협력사 릴리스)로 구성된다. 마일스톤 일정은 개별 팀이 전체 프로젝트를 예상하고 프로젝트 상태를 점검하는 데 도움이 된다. 마일스톤 접근 방법의 예는 그림 3-3과 같다.

그림 3-3 마일스톤 모델 예

마일스톤 모델의 강점은 마일스톤 모델이 달력에 날짜만 적는 것이 아니라는 점이다. 하나의 마일스톤이 완료되려면 구체적이고 미리 정의된 조건이 만족돼야 한다. 조건은 다음과 같다.

- **주요 기능의 코드 완전성** 완벽하게 테스트되지 않더라도 기능이 구현돼야 한다.

- **중간 테스트 목표 달성** 코드 커버리지 목표나 테스트 완전 목표가 달성돼야 한다.

- **버그 목표 달성** 심각도 1 버그나 시스템을 다운시키는 버그가 없어야 한다.

- **비기능 목표 달성** 성능 테스팅, 스트레스 테스팅, 로드 테스팅 등이 큰 문제없이 완료돼야 한다.

최종 릴리스에서 요구되는 목표를 만족시킬 때까지 각 마일스톤의 기준은 엄격해진다. 표 3-1은 마일스톤 프로젝트에서 사용되는 다양한 마일스톤의 예다.

마일스톤 모델(반복적 접근 방법)의 장점으로 팀은 릴리스 단계를 지날 때마다 경험을 얻을 수 있다. 팀은 돌발 상황의 처리 방법, 달성하지 못한 기준에 대한 질문 방법, 버그 발생 비율을 예상하고 처리하는 방법 등을 배운다. 추가적으로 각 마일스톤은 대규모의 테스팅에 사용될 완전한 제품 같은 기능을 릴리스하고자 한다. (마일스톤 릴리스가 외부 베타 릴리스가 아닌 경우에도) 마일스톤 릴리스는 제품 팀과 마이크로소프트의 다른 팀이 '가지고 놀기(kick the tires)' 위해 사용하는 제품의 완전한 버전이다(타이어가 판자로 만들어졌어도).

분야	마일스톤1	마일스톤2	마일스톤3	릴리스
테스트 케이스 실행		모든 1순위 테스트 케이스를 실행	모든 1순위와 2순위 테스트 케이스를 실행	모든 테스트 케이스를 실행
코드 커버리지	가능한 코드 커버리지 측정과 보고	65% 코드 커버리지	75% 코드 커버리지	80% 코드 커버리지
신뢰성	1순위 스트레스 테스팅을 밤새 실행	전체 스트레스 테스팅을 200대 이상의 컴퓨터에서 밤새 실행	조사 안된 문제없이 전체 스트레스 테스팅을 500대 이상의 컴퓨터에 밤새 실행	조사 안된 문제없이 전체 스트레스 테스팅을 500대 이상의 컴퓨터에 밤새 실행
신뢰성		M1에서 보고된 충돌의 상위 50%를 수정	M2에서 보고된 충돌의 상위 60%를 수정	M3에서 보고된 충돌의 상위 70%를 수정
기능		제품 20%에 새로운 UI 쉘 적용	제품 50%에 새로운 UI 쉘 적용하고 사용성 테스트 완료	제품 100%에 새로운 UI 쉘 적용하고 사용성 피드백 구현
성능	확장성 목표를 포함한 성능 계획 완료	고객 시나리오 기반 성능 기준 작성	출시 목표에 진척도 추적을 포함한 성능 테스트 실행	모든 성능 테스트를 통과하고 목표에 맞춤

표 3-1 마일스톤 종료 기준의 일부 예

> **품질 마일스톤**
>
> 몇 년 전에 나는 출시 중간 단계에 있는 제품 팀에서 일했었다. 나는 버그를 분류하는 팀에서 일했다. 우리는 버그를 리뷰하고 할당하며, 일부 버그는 다음 릴리스로 연기시켰다. 출시 몇 달 전 회의 시간이 좀 남아서 제품의 다음 버전에 할당된 버그를 한번 보면 어떠냐고 물었다. 놀라운 숫자였다. 너무 많아서 우리는 '파도'(wave)라고 부르기 시작했다. '파도'는 출시 후에 많은 잔여 버그가 있어 다음 릴리스를 작업한다는 의미다.
>
> 불완전하게 문서화된 잔여 버그와 언젠가는 수정해야 할 일부 테스트는 기술적 부담[4]을 더한다. 소프트웨어를 개발할 때, 타협을 해야만 하고, 이런 타협 결과가 기술적 부담이다. 기술적 부담은 처리하기 힘들지만, 그냥 무시해버릴 수는 없으므로 어떻게든 처리해야 한다. 때때로 다른 작업의 일정에 여유가 있을 때, 동시에 작업한다. 구멍 난 배에서 구멍 난 물통으로 물을 퍼내는 것과 같다.
>
> 기술적 부담을 처리하는 마이크로소프트 팀의 방법은 품질 마일스톤(MQ, Milestone Quality)이다. 이 마일스톤은 제품 릴리스 후 제품 개발의 다음 단계가 시작하기 전에 발생한다. 이 마일스톤은 팀이 버그를 수정하고, 기반을 재구축하며, 이전 릴리스에서 미뤄진 작업을 할 기회를 제공한다. MQ는 엔지니어링 시스템을 개선하거나 작업의 초기 프로토타입을 개발하고, 새로운 아이디어를 만드는 기회이다.
>
> 잔여 버그를 제거하고 테스트 기반 구조를 설치하고, 개선 정책을 실행하고, 이전 버전의 문제를 해결한 제품 사이클에서 좀 더 성숙된 제품의 새로운 버전을 작업하는 것이 좋다.

● 마이크로소프트에서의 애자일

애자일 방법론은 마이크로소프트에서 인기 있다. 애자일 방법론 토론을 위한 내부 이메일 배포 리스트는 1,500명이 넘는다. 마이크로소프트 내 3,000명의 테스터와 개발자에게 설문한 결과, 응답자의 1/3이 애자일 소프트웨어 개발 방법을 사용한다고 했다.[5]

---

4. 매튜 허셔가 블로그에 기술적 부담에 대해 작성하고 있다(xndev.blogspot.com). 매튜는 마이크로소프트에서 일하지는 않는다.
5. 나치압판 나갑판, 앤드류 베젤, <Usage and Perceptions of Agile Software Development in an Industrial Context: An Exploratory Study(산업 환경에서 애자일 소프트웨어 개발에 대한 사용과 인식)>, 2007, http://csdl2.computer.org/persagen/DLAbsToc.jsp?resourcePath=/dl/proceedings/&toc=comp/proceedings/esem/2007/2886/00/2886toc.xml&DOI=10.1109/ESEM.2007.85.

■ 기능 요원

대부분의 애자일 전문가는 10명 이하로 구성된 팀이 이상적이라 말한다. 수천 명 이상의 개발자로 이루어진 대규모의 팀에게는 도전이다. 마이크로소프트에서는 큰 팀으로 애자일을 실행하기 위해 '기능 요원(Feature Crews)'을 사용한다.

기능 요원이란 소규모 기능 협업(cross-functional) 그룹으로, 전체 시스템의 최종 기능을 작업하는 각 부문에서(대부분 개발, 테스트, 프로젝트 관리) 뽑은 3명에서 10명으로 구성한다. 전형적인 팀 구조는 프로그램 관리자 1명, 테스터 3~5명, 개발자 3~5명이다. 팀은 그림 3-4처럼 설계, 구현, 테스트, 기능 통합을 단기간 동안 반복하며 일한다.

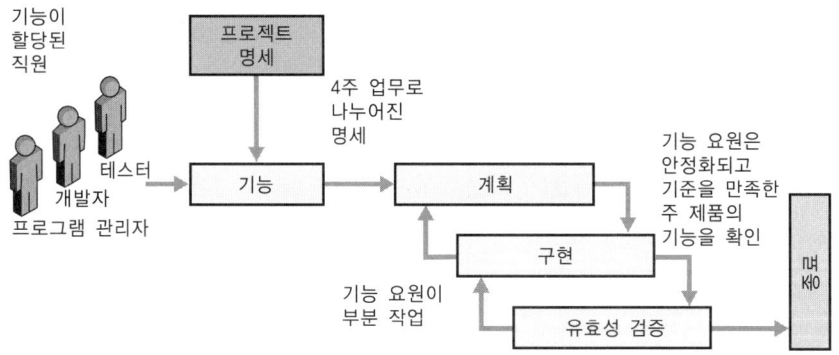

그림 3-4 기능 요원 모델

팀의 주요 요소는 다음과 같다.

- 자체 접근 방법과 방법론을 정의할 수 있게 독립적이어야 한다.

- 정의, 개발, 테스팅, 통합 등의 요소에서 고객에게 가치 있는 핵심을 뽑아내야 한다.

오피스와 윈도우 팀이 전체 출시 일정에 맞추면서 주인 의식과 독립성을 높이기 위해 이 접근 방법을 사용했다. 오피스 2007 프로젝트에는 기능 요원이 3,000명 이상이었다.

■ **완료**

각 반복이 종료되고 높은 품질의 기능이 완성되려면 기능 요원은 완료 상태를 정의하고, 정의된 명세에 따른 개발에 집중해야 한다. 팀이 기능의 완성과 통합 시 문제가 없다는 보장은 '품질 게이트'를 정의함으로써 가능해진다. 품질 게이트(Quality Gate)는 마일스톤 종료 조건과 유사하다. 이것은 매우 중요하며, 기준을 만족시키기 위한 많은 작업이 필요하다. 표 3-2는 기능 요원이 관여하는 품질 게이트 예를 보여준다.[6]

품질 게이트	설명
테스팅	모든 계획된 자동화 테스트와 수동 테스트를 완료하고 기준을 통과함
기능 버그 종료	기능에서 발견된 알려진 버그를 수정하고 종료
성능	새로운 기능으로 제품의 성능 목표를 만족
테스트 계획	계획된 자동화 테스트와 수동 테스트를 기록한 문서
코드 리뷰	새로운 코드가 코드 설계 지침에 맞는지 확인
기능 명세	작업자가 완성하고 승인해야 할 기능 명세
문서 계획	기능에 대한 문서 계획
보안	기능 위협 모델을 만들고, 가능한 보안 문제를 완화
코드 커버리지	새로운 코드 대상으로 유닛 테스트를 실행하고 새로운 기능에 대해 80% 코드 커버리지를 보장
지역화	다양한 언어에서 기능이 동작하는지 확인

표 3-2 기능 요원이 관여하는 품질 게이트 예

기능 요원은 문제가 없어질 때까지 필요한 코드를 작성하고, 비정규 릴리스를 하며, 테스트하는 작업을 반복한다. 팀이 품질 게이트의 목표를 달성하면 코드를 제품의 소스코드에 넣고 다음 기능을 작업한다. 에릭 브레히너(Eric Brechner)의 저서 『Hard Code』(2008, 마이크로소프트 프레스)(한국어판: 『나잘난 박사의

---

6. 이 표는 에이드 밀러와 에릭 카터의 <Agile and the Inconceivably Large(애자일과 상상할 수 없는 대규모)>, IEEE(2007).

IT 정글 서바이벌 가이드』, 2009, 에이콘출판사)는 마이크로소프트의 기능 요원을 자세히 설명한다.

■ 반복과 마일스톤

애자일 반복은 마이크로소프트에서 일반적인 마일스톤 모델을 완전히 대치하지는 않는다. 애자일 실행은 마일스톤과 밀접하게 연관돼 있다. 대규모 제품 팀에서 마일스톤은 모든 팀이 기능을 통합해 하나의 제품을 만드는 것을 보증하는 극히 훌륭한 수단이다. 애자일 팀의 목표가 출시할 수 있는 제품을 만드는 것은 아니지만 마이크로소프트 팀들은 베타 사용자와 얼리 어답터에게 제품을 몇 달 동안 릴리스한다.

● 기능 통합

작게 보면 개발 결과의 최소 단위는 코드다. 코드는 기능이 되고, 기능은 특징이 된다(이 과정에서 테스트는 기능과 가능군에 품질을 추가하는 것이다).

대부분 많은 기능군이 하나로 모여 시작과 끝이 뚜렷한 프로젝트를 구성한다. 최종적으로 관련된 프로젝트가 모여 제품군을 형성한다. 예를 들어 마이크로소프트 윈도우는 제품군이고, 윈도우 비스타는 제품군의 프로젝트이며, 프로젝트를 위해 수백 개의 기능을 개발한다.

그림 3-5처럼 산출물이 나올 때마다 다른 내용의 일정과 계획이 나온다. 제품 단계의 계획은 장기적 전략과 비즈니스에 기반한다. 하지만 기능 단계의 계획은 효과적이며 효율적인 작업을 목표로 하는 전술이다. 프로젝트 단계의 계획은 전략적이며 전술적이다. 예를 들어 기능을 시나리오로 통합하는 것은 마일스톤의 기간을 결정하는 전술적 작업이지만 어떤 작업을 언제 하는가는 전략적인 것이다. 작업을 두 종류로 분류하는 것은 중요하지 않지만 전략과 실행을 대규모 계획으로 통합하는 것은 매우 중요하다.

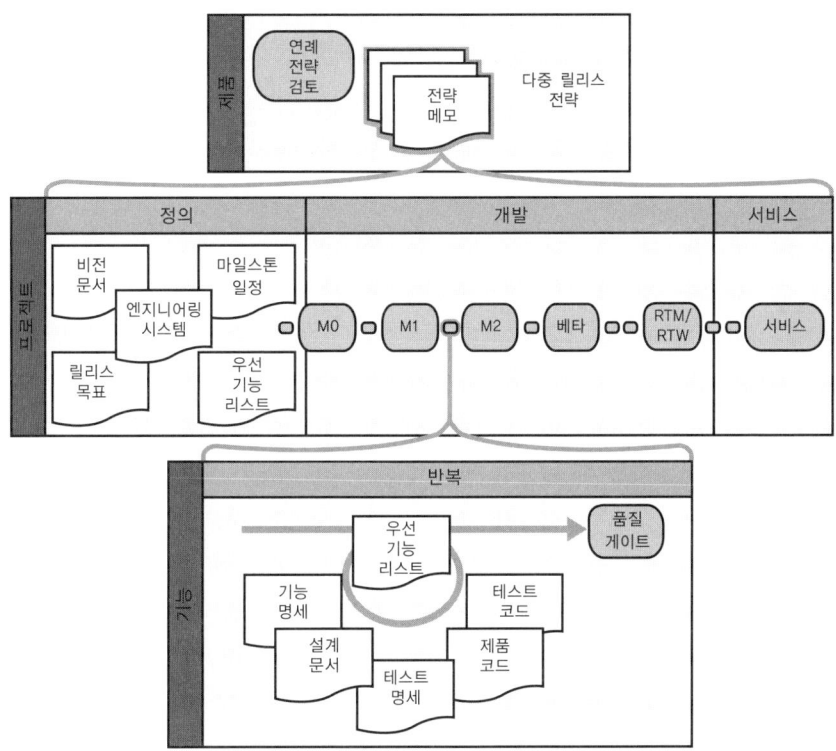

그림 3-5 소프트웨어 생명주기 작업 흐름

:: 프로세스 개선

내가 늘 진지하게 생각하는 것은 끊임없는 개선이다. 음식을 준비할 때나 축구를 할 때, 클라리넷 소나타를 연습할 때도 나는 더 잘하고 싶다. 훌륭한 소프트웨어 팀들의 목표는 대부분 같다. 자신들이 하는 일을 숙고해서 개선점을 찾아가는 데 집중한다.

에드워드 데밍 박사(Dr. W. Edwards Deming)는 품질과 프로세스 개선 연구로 잘 알려져 있다. 품질 개선에 대한 가장 큰 기여는 계획-실행-확인-조치 사이클이다(슈하트(Shewhart) 사이클이나 PDCA 사이클이라고도 한다). PDCA 사이클은 그림 3-6과 같다.

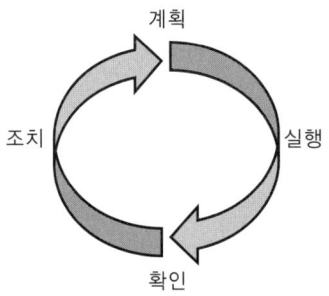

그림 3-6 데밍의 PDCA 사이클

- **계획** 계획을 세우고, 분석하며, 프로세스를 확립하고 결과를 예상

- **실행** 계획과 프로세스를 실행

- **확인** 결과를 분석(데밍은 이 단계의 이름을 좀 더 분명하게 연구(Study)로 변경)

- **조치** 모든 단계를 리뷰하고 프로세스를 개선하기 위한 활동을 실시

대부분 사람은 사이클이 너무 단순해서 상식 수준으로밖에는 생각하지 않는다. 그렇지만 이 모델은 단순하므로 더욱 강력하다. 6시그마 DMAIC(Define, Measure, Analyze, Improve, Control) 모델과 ADDIE(Analyze, Design, Develop, Implement, Evaluate) 지침 설계 모델 등 산업계의 수많은 개선 모델이 이 모델을 기반으로 한다.

소프트웨어에 이 모델을 적용한 예는 쉽게 찾을 수 있다. 예를 들어 지난번 마일스톤에서 테스터가 발견한 많은 버그를 코드 리뷰에서 찾을 수 있음을 알게 된 팀을 생각해보자.

1. 먼저 팀은 모든 변경된 코드에 대한 동료 코드 리뷰가 필요하므로 코드 리뷰 프로세스를 계획한다.

2. 다음 마일스톤에서 코드 리뷰를 실행한다.

3. 다음 마일스톤 동안 관련된 버그 메트릭을 감시한다.

4. 전체 프로세스, 메트릭 등을 리뷰하고 전반적인 프로세스 향상을 위한 변경 필요성을 결론짓고 결정을 내린다.

● 마이크로소프트의 정형적 프로세스 개선 시스템

프로세스 개선 프로그램은 소프트웨어 업계에서 일반적이다. ISO 9000, 6시그마, CMMI(Capability Maturity Model Integrated), 린(Lean) 등은 조직이 프로세스를 개선하고 새로운 목적과 목표를 달성하게 도움을 준다. 이 프로그램들은 프로세스 개선에 초점을 맞추고 있지만 세부 내역과 이의 실행은 매우 다양한 형태를 갖는다. 표 3-3은 다양한 프로그램의 간략한 소개다.

프로세스	개념
ISO 9000	품질 요구사항 만족, 프로세스 감시, 지속적 개선을 통한 고객 만족에 초점을 맞추고 있는 시스템
6시그마	모토로라에서 개발. 프로세스를 측정하고 개선하기 위해 통계 툴과 DMAIC 프로세스를 사용
CMMI	프로젝트 관리, 소프트웨어 공학, 프로세스 관리 실시에 초점을 맞추고 있는 5단계 성숙도 모델. 프로젝트보다는 조직에 초점을 맞추고 있음
린(Lean)	엔지니어링 프로세스에서 필요 없는 것을 제거하는 데 초점을 맞추고 있음 (예를 들어 결함, 지연, 불필요한 작업)

표 3-3 정형적 프로세스 개선 프로그램

마이크로소프트는 이들 프로그램을 도입하지는 않았지만 프로세스 개선(정형적이든 임의적이든)은 평범하다. 마이크로소프트는 프로세스 개선 프로그램을 계속 도입하고 있으며, 프로세스가 마이크로소프트 제품에 어떻게 영향을 미치는지 알기 위해 자주 프로그램을 시험적으로 적용한다. 예를 들어 마이크로소프트는 지난 몇 년 동안 6시그마와 린에 기반한 접근 방법을 시범적으로 적용했다. 빠른 결과 요구와 린과 6시그마의 엄격함 사이에서 최상의 균형을 찾기 위해 전략적으로 이와 같은 접근 방법을 사용한다.

■ 마이크로소프트와 ISO 9000

ISO 9000 인증을 받은 기업은 감사에게 자사의 프로세스와 이를 유지하는 것이 ISO 표준에 적합함을 증명한다. 인증은 품질 프로세스가 제품 개발에 필수적이고 이를 조직이 인식하고 있음을 보증하거나 자신한다는 느낌을 고객에게 준다.

일반적으로 고객은 마이크로소프트 제품의 개발 시 ISO 요구사항에 따라 ISO 품질 표준을 지지하는지 알고 싶어 하므로 ISO 품질 표준 적합성 여부를 물어보는 고객이 있다.

개발 프로세스, 단계별 문서화, 관리팀 지원 등은 품질 프로세스를 따른다고 답할 수 있다. 문서화된 개발 프로세스와 반복적인 프로세스의 규정은 모두 ISO 표준의 핵심 요소이고, 관련 기준을 만족시킨다.

물론 마이크로소프트가 ISO 9000에 가치를 두지 않거나 마이크로소프트가 ISO 9000 인증 제품을 갖고 있다는 사실을 의미하지는 않는다. 이 책을 쓰고 있는 시점에서 말한다면 마이크로소프트의 엔지니어와 고객의 요구사항을 만족시키는 프로세스와 기준은 ISO 9000과 동일하다. 물론 다음 주에 변경될 수도 있다.

∷ 전시상황실에서 소프트웨어 출시

웹서비스의 짧은 제품 사이클이든 윈도우나 오피스 같은 몇 년의 제품 사이클이든, 소프트웨어는 출시돼 고객이 사용할 수 있어야 한다. 제품이 올바른 궤도에 있는 것을 보장하는 결정이나 분석과 마찬가지로 제품이 릴리스 준비가 됐는지는 전시상황실이나 출시실에서 결정한다. 전시상황 팀은 제품 주기 전반에 대해 회의를 하며 출시 품질 감독 위원회의 역할을 한다. '전시상황 팀(war team)'이란 이름은 '원칙과 반대 세력 간의 분쟁' 회의를 기술하는 용어로 몇 년째 사용되고 있다.

제품에 대해 매일 결정을 내리므로 전사상황 팀은 제품의 모든 컴포넌트와 시스템에 대한 포괄적인 시각을 갖춰야 한다. 어떤 버그는 수정돼야 하고,

어떤 기능은 제거돼야 하며, 어떤 팀에게 자원이 필요한지, 출시일을 변경할지 등은 전시상황 팀이 책임지는 매우 영향력 있는 중요한 결정이다.

일반적으로 전시상황 팀은 제품의 분야별 대표자로 구성된다. 대표자가 참석할 수 없다면 대표자는 팀에서 참석할 대리인을 지명하며, 이를 통해 프로젝트 계획에서 고려된 항목에 대해 일관성 있는 결정이 내려지며 이해관계가 조정된다.

전시상황실 회의는 출시 사이클 초기에는 일주일에 한 번이지만 출시일이 가까워지면 하루에 두 번에서 세 번까지 개최한다.

■ 전시상황, 어디에 좋은가?

전시상황실은 제품 팀의 맥박이다. 전시상황 팀이 효과적이면 팀의 모든 사람들이 작업을 완성하는 데만 집중하며, 어떻게 또는 어떤 이유로 결정이 내려졌는지 이해하게 된다. 전시상황 팀이 유기적이지 않거나 비효율적이라면 방향 상실과 리더십 부족에 따른 많은 문제가 생기며 팀의 맥박도 약해진다.

성공적인 전시상황 팀과 전시상황실 회의를 이끌어내기 위한 고려 사항은 다음과 같다.

- 적임자가 회의에 참석해야 한다. 대표가 없으면 안되며, 너무 많은 사람이 있어도 안 좋다.

- 회의에서 모든 문제를 해결하려고 하지 마라. 문제에 대한 추가 조사가 필요하면 사후 점검과 진행을 누군가에게 할당하라.

- 작업, 작업자, 마감일을 명확하게 확인하라.

- 문제를 추적하고, 일관되게 문제를 처리하라. 시간이 지나면 사람들은 흐름을 예상하고 준비할 것이다.

- 원하는 것을 분명히 하라. 출시실은 집중적이며 활발하다. 누군가는 좀 더 협력적이고 싶어 한다. 모든 사람이 같은 페이지를 보게 하라. 회의를 짧고 기분 좋게 하려면 설계 문제를 토론하지 못하게 하고, 형식을 조절하며 사람들을 고립시키지 마라.

- 추측보다 사실에 주목하라. '내 생각에', '아마도', '할 수도' 등과 같은 단어는 금지하라. 당신이 있거나 없거나 차이가 없게 내용에 충실하라.
- 모든 사람의 의견은 중요하다. 'HiPPO의 의견에 얽매이지 말라'는 문구가 모든 전시상황실에 걸려 있다(HiPPO는 Highest-Paid Person's Opinion의 약자).
- 마일스톤을 시작하기 전에 종료 조건을 정하라. 지켜야 할 품질 목표의 기대치를 설정하라.
- 한 명이 회의를 주재하며, 순서를 정해 진행하라.
- 재미있게 노는 것도 좋다.

■ 릴리스 결정 - 마이크로스피크[7]

출시실에서 사용하는 용어는 회의 참석자를 당황하게 한다. 임의 문구와 세 글자 약어가 대화 중에 섞여 있다. 다음은 일반적으로 많이 사용되는 용어다.

- **LKG** 'Last Known Good' 특정 품질 기준을 만족하는 릴리스. '셀프 호스트(self-host)'와 비슷하다.
- **셀프 호스트(Self-host)** 일일 작업에 사용해도 좋은 품질을 갖고 있는 빌드. 예를 들어 윈도우 팀에게 셀프 호스트 중 하나는 제품 사이클에서 내부 사전 릴리스 버전 윈도우다.
- **셀프 토스트(Self-toast)** 일일 작업을 완전히 망친 빌드나 '태운 것'. 셀프 호스드(self-hosed)라고도 함
- **셀프 테스트(Self-test)** 테스트하기에 충분하지만 셀프 호스트 상태에 도달하는 데 방해하는 이슈가 있는 제품의 빌드
- **비주얼 프리즈(Visual freeze)** 제품 개발 사이클에서 비주얼/UI가 확정되고, 릴리스 전에는 변경이 없을 시점이나 마일스톤

---

7. microspeak: 어떤 단어를 말하거나 읽을 때 사람들이 생각하기를 원하는 마이크로소프트의 표현

- **디버그/확인 빌드**   디버깅과 테스팅을 위해 여러 기능을 빌드
- **릴리스/자유 빌드**   릴리스를 위해 최적화된 빌드
- **알파 릴리스**   사용성과 기능에 대해 피드백을 받기위한 제품 초기 릴리스
- **베타 릴리스**   평가와 피드백을 받기 위해 고객과 협력사에게 보내는 제품 사전 릴리스

● 의무 실행

마이크로소프트 경영진은 사업부, 그룹, 팀 등의 소프트웨어 개발과 테스트를 지시하지는 않는다. 팀은 자유롭게 실험도 하고 유효성이 증명된 기법을 사용하기도 한다. 또한 팀이나 사업부 레벨에서 정의한 의무 실행을 만들기도 한다. 예를 들어 오피스 부문에는 오피스의 모든 부분을 출시에 맞춰줘야 한다는 조건이 있지만, 이 조건은 웹서비스를 출시하는 작은 팀에게는 맞지 않다. 개발 프로세스가 자유로우므로 팀은 제품 개발을 혁신할 수 있고 자신만의 프로세스를 선택할 수 있다. 하지만 마이크로소프트 내 모든 팀이 지켜야 하는 몇 가지 요구사항과 정책도 있다.

이와 같은 의무 요구사항은 소프트웨어 출시의 자세한 사항을 포함한다. 정책은 제품을 출시하기 전에 출시에 중요한 단계가 완전함을 확인하는 데 필요하다.

의무적인 엔지니어링 정책에는 몇 가지가 있지만 이들 정책을 만족하지 못한 제품도 출시가 가능하다. 의무 정책에 포함된 분야의 예를 들면 사적 문제에 대한 계획, 써드파티 컴포넌트를 위한 라이선스, 지정학적 리뷰, 바이러스 탐색, 보안 리뷰 등이다.

■ 기대 실행과 의무 실행

일관되고 시스템적인 방법으로 실행되지 않으면 의무 실행은 고객과 마이크로소프트에 큰 위험을 발생시킨다.

기대 실행은 모든 제품 그룹이 사용해야 하는 효과적인 실행이다(기술적인

제한이 없다면). 가장 좋은 예로 정적 분석 툴 사용을 들 수 있다(11장 '비기능 테스팅' 참조). 처음 C#을 개발했을 때 정적 코드 분석 툴이 없었다. 하지만 프로그래밍 언어가 출시되고 얼마 되지 않아서 팀은 C#용 정적 분석 툴을 개발했다.

■ 한곳에서 끝낸다

일반적으로 제품 팀의 한 사람이 릴리스 관리를 책임진다. 담당자의 임무는 의무 조건이 만족됐다고 보장하는 것이다. 모든 사람이 의무 정책을 이해하고 일관되게 적용하는 것을 보장하기 위해 관련 툴과 자세한 설명이 포함된 모든 정책은 내부 웹 포털에 올려져 있다. 마이크로소프트는 최소한의 의무 정책을 유지하며, 적은 노력으로 요구사항을 만족시킬 수 있게 일관성 있는 툴을 팀에 제공한다.

:: 정리: 음식을 다 만들고

크고 복잡한 음식(소프트웨어)을 만드는 것처럼 소프트웨어를 만들 때도 많은 것을 고려해야 한다. 일주일 식단을 만들며(소프트웨어 프로그램의 다중 릴리스) 생각해야 할 요소들을 나열하는 것은 엄청난 일이다.

  소프트웨어를 어떻게 만드는 것인가 생각하면 소프트웨어 엔지니어링 팀을 함께 묶는 애플리케이션 수프에 추가할 소프트웨어 '재료'에 대한 대상, 장소, 시간에 대한 통찰력을 갖게 된다. 계획, 조리법, 메뉴는 많은 상황에서 도움이 되지만 아이젠하워가 말한 것처럼 "전투를 준비할 때마다 계획은 쓸모없다는 생각이 들지만 한편으론 필수 불가결한 것이다." 기억할 점은 작은 구현부터 제품의 비전까지 모든 것을 고려하느라 들인 노력은 결과를 얻는 데 도움이 된다는 점이다. 소프트웨어를 만드는 유일한 최고의 방법은 없지만 좋은 방법은 여러 가지가 있다. 내가 일해 본 좋은 팀은 실제 프로세스에 대해 걱정하지 않았고, 어떤 프로세스를 사용하든지 성공적으로 수행했다.

2부 테스팅

CONTENTS

- 04장_ 테스트 케이스 작성을 위한 실용적 접근 *105*
- 05장_ 기능 테스팅 기법 *123*
- 06장_ 구조적 테스팅 기법 *175*
- 07장_ 코드 복잡도에 따른 리스크 분석 *211*
- 08장_ 모델 기반 테스팅 *229*

04 테스트 케이스 작성을 위한 실용적 접근

앨런 페이지

소프트웨어 초기 버전 출시 이후에도 오랫동안 사용할 수 있는 테스트를 설계하려면 효율적이고 오랫동안 재사용이 가능한 테스트 케이스를 설계하는 데 상당한 노력을 기울여야 한다. 마이크로소프트는 애플리케이션 지원 계획 수립 시 최소 10년 이상을 계획한다. 따라서 한 번 작성된 테스트 케이스는 제품 릴리스 단계뿐만 아니라 그 이후 유지보수 단계에서도 지속적으로 사용된다. 애플리케이션 릴리스 이후 소스코드, 문서, 테스트 툴, 테스트 자동화 유지보수는 변경 관리를 전담하는 팀이나 제품 팀의 다른 하부 조직에서 담당한다. 보안 수정, 제품 패치(QFE, Quick Fix Engineering), 서비스팩 개발 등의 변경 작업 시 기존에 작성된 테스트 케이스를 재사용한다. 따라서 설계 시점부터 테스트 케이스 재사용을 고려해야 한다.

마이크로소프트에서는 장기적인 유지보수 정책이 강조됨에 따라 테스트 자동화를 적극 활용한다. 물론 자동화 테스트를 중요시 하지만 수동적인 테스트 접근 방법을 사용하지 않거나 저평가하지는 않는다. 테스트 전략 수립 시부터 자동화가 가능한 부분을 명시하고 적절한 테스트 접근법을 기술한다. 테스트 자동화에 대한 좀 더 상세한 설명은 10장에서 한다.

설계는 해결 방법을 찾기 위해 구현 단계 전에 생각을 체계적으로 정리하거나 계획하는 활동이다. 신중한 계획과 설계를 통해 고객이 원하는 제품을 만들어낼 수 있다. 따라서 신중한 테스트 계획과 설계를 통해 테스트 수행을 위한 전 단계의 가치를 증대시킬 수 있다. 이제부터 테스트 설계의 기본을 설명한다.

마이크로소프트 오피스 2007용 테스트 케이스는 만 개가 넘는다.

:: 좋은 소프트웨어 설계와 테스트 설계

소프트웨어 개발에서 가장 중요한 단계는 계획과 사용자가 맞닥치는 문제의 해결을 포함하는 소프트웨어 설계다. 설계는 해결책과 대안에 대한 심도 있는 분석과 사용자 경험을 미리 고려한다. 발생할 수 있는 다양한 문제를 사전에 고려해 설계하면 사용자의 요구대로 소프트웨어가 잘 동작한다. 개발 앞단에서의 규모 있는 설계가 항상 최고의 설계는 아니다. 설계 단계를 코딩으로 대체하는 애자일(agile) 방법론을 적용하는 프로젝트에서도 개발 전반을 적절히 계획하고 미리 고려한다면 좋은 설계가 가능하다. 소프트웨어 프로그램은 물론이고 주방용품 같은 제품도 사용자의 실수와 혼란을 막기 위해 좋은 설계가 필요하다. 설계 단계에서 충분한 주의를 기울이지 않으면 사용자는 문제에 봉착한다.

테스트 설계는 일반적인 개념의 설계나 소프트웨어 설계와 많은 부분 일치한다. 테스트 설계는 어떤 종류의 테스트가 수행 돼야 하는지, 기능성 검증과 실패 경로(failure path)의 적절한 처리 여부 확인에 어떤 테스트가 가장 효과적인지 결정하는 계획과 문제 해결 방안을 다룬다. 그리고 테스트 설계의 핵심 중 하나는 사용자의 필요와 기대를 예상해 반영하는 것이다. 좋은 테스트 설계는 소프트웨어 설계 리뷰나 분석으로부터 시작한다. 설계 리뷰는 코드 리뷰와 같이 설계자가 직접 설계한 내용을 설명하고 참석자가 질문하고 관련 피드백을 제공하는 형태로 진행한다. 좋은 설계는 주요 항목의 최종 결정을 위한 선택 사항은 무엇이고 고려 사항은 무엇인지 기술한다. 더불어 설계 후 구현에 필요한 내용과 구현 후 테스트 방법을 다룬다. 일반적으로 좋은 설계와 수행은 성공적인 소프트웨어 개발 프로젝트를 위한 핵심 사항이다.

:: 테스트 패턴 사용

소프트웨어 개발에 있어 설계 패턴은 설계를 위한 하나의 접근 방법이다. 설계 패턴은 다양한 경우에 대한 가이드나 전략을 제시하고 개발자에게 공통 언어를 제공한다.

테스트 패턴에 대한 개념은 오랫동안 활용됐다. 로버트 바인더(Robert Binder)[1]의 저서, 『Testing Object-Oriented System: Models, Patterns, and Tools(객체지향 시스템 테스팅: 모델, 패턴과 툴)』에는 37가지 테스트 설계 패턴과 17가지 테스트 자동화를 소개한다. 『The Craft of Software Testing(소프트웨어 테스팅 기술)』의 저자 브라이언 매릭(Brian Marick)은 2001년 여러 차례 소프트웨어 테스팅 패턴(PoST, Patterns of Software Testing) 워크샵을 실시해 진보된 패턴 타입을 정의하고 해당 패턴들을 활용했다.

일반적인 설계 패턴처럼 테스트 패턴은 문제 해결과 테스트 설계를 위한 가이드와 전략을 제시한다. 테스트 패턴은 주로 구조적인 테스팅이나 휴리스틱(heuristic) 테스팅을 통한 접근 시 사용한다. 일부 아이디어의 조합을 위해서도 테스트 패턴을 사용한다. 그리고 테스터는 테스트 전략 수립 시 의사소통을 위한 수단이나 설계 기법에 대한 이해와 적용을 위한 수단으로 설계 패턴을 사용힐 수 있다.

테스트 패턴은 템플릿을 사용해 공유한다. 로버트 바인더의 테스트 설계 패턴 템플릿은 10가지 항목으로 구성된다. 마이크로소프트의 테스터는 바인더의 테스트 패턴을 근거로 다음과 같이 간소화된 템플릿을 사용한다.

- **이름** 대화 시 사용할 수 있게 기억하기 쉬운 이름 짓기

- **문제** 패턴이 해결할 수 있는 문제에 한 문장의 설명 붙이기

---

1. 로버트 V. 바인더, 객체 지향 시스템 테스팅: 모델, 패턴과 툴 (인디아나폴리스, 인디아나 : 애디슨 웨슬리, 1999

- **분석** 문제 영역에 대한 설명(문제 영역에 대한 한 문단 정도의 설명 제공)과 "이 기법이 단순히 헤집는 것에 비해 어떤 면에서 좋은지"라는 질문에 정곡을 찌르는 답

- **설계** 패턴이 어떻게 수행될지에 대한 설명(패턴이 설계에서 테스트 케이스까지 어떻게 적용되는가?)

- **오라클** 예상 결과에 대한 설명(설계 섹션에 포함될 수 있음)

- **예제** 해당 패턴으로 버그를 찾는 방법에 대한 예제 나열

- **함정과 제약** 패턴 적용 시 피하거나 고려해야 할 환경과 정황 설명

- **관련 패턴** 관련된 패턴 나열(알 수 있는 경우)

이와 같은 패턴 템플릿은 또 다른 패턴을 만들 수 있는 유연함을 제공한다. 설계를 위한 패턴 사용은 테스터에게 충분한 정보를 제공함으로써 커뮤니케이션을 용이하게 한다. 표 4-1은 템플릿을 활용한 테스트 설계 접근법이다.

이름	경계 값 분석(BVA, Boundary-Value Analysis)
문제	많은 오류는 데이터 경계 값에서 주로 발생한다. 예를 들어)= 대신)를 사용하는 오류나 인덱싱을 0에서 시작해야 하지만 1에서 시작하거나, 반대로 인덱싱을 1에서 시작해야 하지만 0에서 시작하는 오류(Off-by- one indexing errors) 등이 있다.
분석	많은 결함이 경계 값 근처에 집중되는 경향이 있다는 이론에 근거해 테스트 케이스를 작성할 때 입력 변수를 경계 값과 그 근처에서 선택한다. 보안 테스팅에 적용되는 경계 값 분석의 예를 들면 입력 값의 길이를 길게 해 버퍼 오버플로우를 검사하는 방법이 있다. 일반적으로 개발자는 정상적인 케이스에 초점을 맞춰 개발함으로써 경계 값에서의 불안정한 상황을 예측하지 못한다.

표 4-1 경계 값 분석 테스트 패턴(이어짐)

이름	경계 값 분석(BVA, Boundary-Value Analysis)
설계	각 입력 값에 대해 최소값과 최대값을 결정한 후 최소값, 최대값, 최소값 -1, 최대값 +1을 테스트하는 테스트 케이스를 설계한다(BVA는 최대값 +1, 최소값 -1로 정의한다). 테스트 케이스는 다음을 포함한다. • 컴포넌트 입력 값 • 수행될 경계 구분 • 테스트 케이스 기대 결과
오라클	테스트가 성공하기 위한 최소값과 최대값. 해당 범위를 벗어나는 값은 실패로 간주한다.
예제	입력 필드 값이 1에서 10 사이라면 0, 1, 10, 11을 테스트한다.
함정과 제약	경계 값을 항상 알 수는 없다. 유용한 경계 값 분석은 도메인 지식이나 소스 코드 검토가 필요할 수 있다. 애플리케이션에 따라 달리 처리되는 특별한 값이 입력 값의 범위에 포함되면, 경계 값 분석 시 해당 값이 누락될 수도 있다.
관련된 패턴	동등 클래스 분할

표 4-1 경계 값 분석 테스트 패턴

패턴 기반 테스트 설계는 테스트 아이디어 공유나 테스트 설계 작업을 원활하게 진행할 수 있게 한다. 초보 테스터가 팀 내의 다른 숙련된 테스터로부터 경험을 학습하거나 다른 테스트 팀과 설계에 대한 지식 체계를 공유하기에도 좋은 방법이다.

:: 테스트 시간 추정

"테스트 하는 데 어느 정도의 시간이 필요할까?" 이런 질문은 누구에게나 대답하기 어려운 것으로 정확히 답을 하려면 많은 생각과 계획이 필요하다. 제품 주기의 마지막 단계에 제품의 안정화와 완충(buffer)에 필요한 시간을 단지 몇 주만 할당해 실패한 팀들도 있다. 이런 방법으로 계획된 프로젝트는 사용자의 기대를 거의 만족시킬 수 없다. 정확한 테스트 수행을 위한 측정은 소프트웨어 기능을 작성하는 작업만큼이나 중요한 작업으로 그와 똑같은 노력을 기울여야 한다.

기능이나 애플리케이션을 테스트하는 데 필요한 시간을 어떻게 추정할 수 있을까? 나의 경험에 의하면 개발 시간과 똑같은 시간을 할당하는 것이다. 예를 들어 특정 개발 작업이 1인 2주(2 man-weeks)가 계획되면 테스트 자동화나 수동 테스트 케이스 작성을 위해 1인 2주가 필요하다고 추정한다. 일반적으로 이런 측정 방법은 정확할 수 있지만 실제로 그 외에 많은 요소들이 테스팅 작업에 영향을 미칠 수 있어, 이는 아주 단순한 측정 방법에 지나지 않는다. 개발팀의 목적, 사용자 기대 수준, 테스트 팀의 기술적 능력, 프로젝트의 복잡성 등은 테스팅 프로세스에 영향을 미치는 요소로 테스트 시간 추정 시 함께 고려해야 한다. 표 4-2는 테스트 시간 추정 시 고려해야 할 사항이다.

항목	적용 방법
과거 데이터	과거 프로젝트를 기반으로 테스트 설계를 추정할 수 있다.
복잡성	복잡성은 테스트 용이성(testability)과 직접 연관된다. 간단한 애플리케이션은 복잡한 애플리케이션보다 빠르게 테스트할 수 있다
사업 목적	애플리케이션이 프로토타입인지, 데모를 위한 것인지, 우주 비행을 위한 비행 제어인지 등의 목적에 따라 테스트에 필요한 노력과 수준이 달라진다.
적합성/준수성	테스트 작업 추정 시에는 반드시 애플리케이션이 표준에 부합해야 할 필요성이 있는지를 함께 고려해야 한다.[2]

표 4-2 테스트 시간 추정 시 고려사항

:: 테스트 시작

15년 전 소프트웨어 테스터로 일을 시작할 때 프로젝트 관리자로부터 종종 "개발도 덜 끝났는데 왜 더 많은 테스터를 투입해야 하나요?"라는 질문을 받았다. 이제 더 이상 그런 질문을 받지 않지만 아직도 일부 테스터 사이에서는

---

2. 일반적으로 표준에 부합해야 하는 요구 사항이 있다면 추가적인 시간이 소요된다 - 옮긴이

제품 개발 초기 단계에서의 테스트 투입에 대해 논쟁이 있다.

테스트 설계는 요구사항이나 소프트웨어 기능 명세서를 리뷰하는 단계에서 시작한다. 요구사항을 잘 작성했다면 요구사항을 기반으로 테스팅을 시작하는 것이 가장 적절하다. 요구사항이 없거나 충분하지 않다면 테스트 설계는 질문하는 것부터 시작할 수 있다. 질문에는 어떻게 소프트웨어가 동작할지, 어떻게 데이터를 관리하는지, 어떻게 오류를 처리하는지 등이 있다. 이런 질문은 개발이 완료되기 전에 테스트 설계를 시작할 수 있게 한다.

● 질문하기

요구사항이나 기능 명세서가 불충분한 상태로 개발이 완료된 경우 테스트 설계는 애플리케이션을 직접 동작하면서 시작한다. 프로그램이 어떻게 동작해야 하는지를 스스로에게 질문하며 테스트 설계를 작성한다. 간혹 답을 알 수 없을 때 개발팀에 직접 질문해 답을 얻는다. 소스코드 분석이 가능하다면 소스코드를 참고해 좀 더 깊이 있는 테스트 설계를 한다. 탐색적 테스팅(exploratory testing)은 테스트 실행과 설계를 동시에 진행하는 방식으로, 테스트 실행을 통해 애플리케이션을 학습하고 정보를 얻음으로써 테스트 설계를 효과적으로 할 수 있다.

테스트를 한 번도 해본 적이 없는 기능이나 애플리케이션을 테스트할 때는 유사한 테스트를 수행했던 경험자에게 물어 보는 편이 좋다. 테스터가 충분한 의문을 가지지 않거나 올바른 질문을 하지 않으면 소프트웨어 테스트 시 많은 버그를 놓칠 수 있다. 테스트 설계는 소프트웨어의 충분한 이해와 주의 깊은 관찰이 요구된다. 관찰과 질문은 지식을 얻을 수 있는 가장 좋은 접근법이다.

> **디버거로 탐색적 테스팅하기**
>
> 나는 최초 릴리스 후 소스코드 사용이 가능한 경우 디버거를 사용해 컴포넌트나 기능을 테스트한다. 디버거를 사용해 컴포넌트가 초기화되는 부분에 브레이크포인트(breakpoint)를 설정한 후 코드가 어떻게 실행되는지 이해한다. 실행 경로에 대한 분석은 테스트 수행 시 경계 조건이 필요한 곳과 외부 데이터가 필요한 부분을 찾아 준다. 이런 테스트는 본격적인 테스트 케이스 작성 전에 기본적인 아이디어를 제공하거나 추후 테스트 자동화에 활용된다. 때론 컴포넌트의 충분한 이해를 위해 몇 시간이나 하루를 소비하기도 하지만 디버거를 사용한 테스트는 컴포넌트 테스트 케이스를 설계하고 수행하는 데 효율적이고 효과적인 접근 방법이다.

● 테스트 전략 수립

테스트 전략은 테스트 방향과 테스트 케이스 설계를 위한 가이드를 제시한다. 좋은 테스트 전략은 팀원에게 비전을 제시한다. 또한 중요한 테스팅 활동이 무엇인지를 찾아내고 때와 장소에 따른 적절한 테스팅 방법을 선택하는 데 도움이 된다.

테스트 전략은 테스팅 종류와 테스트 수행을 위한 프로세스와 관계된다. 그리고 결함 발견 가능성을 분석해 중요도가 높은 특정 컴포넌트를 결정하는 것 같은 리스크 평가 활동과 직접적으로 연계돼 있다.

테스트 전략은 테스트 팀 내 교육 계획도 다룬다. 교육 계획은 컨퍼런스, 워크샵, 컨설팅, 컨설턴트 주도 교육, 팀 내 동료 간의 공유를 대상으로 수립한다. 그리고 테스트 팀의 역량과 지식을 향상시키기 위한 계획은 교육 전략의 일부다. 표 4-3은 테스트 전략 수립 시 고려할 항목이다.

항목	적용 방법
개요	테스트 전략의 개요와 적용에 대해 기술한다. 전략은 프로젝트의 특징과 품질 목표를 기반으로 한다.
문서 요구사항	테스트 팀과 관련 팀에서 작성할 문서 목록을 기술한다.

표 4-3 테스트 전략 수립 시 고려 사항(이어짐)

항목	적용 방법
중점 추진 사항	테스트 수행 시 가장 중요하게 추진할 사항을 기술한다.
테스트 방법론	테스트 수행 시 사용할 방법론을 기술한다. 테스트 방법론은 코드 커버리지, 테스트 자동화, 테스트 케이스 관리, 그 외 다른 접근법이나 관련 툴을 다룬다.
테스트 산출물	테스트 산출물을 기술한다. 산출물은 다음을 포함한다. • 테스트 결과 • 코드 커버리지 • 스펙 종료(signoff) 상태 • 결함율 추이 • 성능 테스트 결과
교육	테스트 전략의 성공적 구현이 교육을 필요로 한다면, 관련 교육이 어떻게 전략을 지원하는지에 대한 분석과 함께 교육의 필요성을 기술한다.

표 4-3 테스트 전략 수립 시 고려 사항

테스트 용이성

제품의 품질과 테스트 설계를 위해 개발 초기 단계에서부터 테스트 용이성을 고민할 필요가 있다. 테스트 용이성은 소프트웨어를 효율적이고 완전하게 테스트할 수 있는 정도를 말한다. 설계를 상세하게 하고, 간단한 알고리즘을 사용하며, 테스트 훅(Hook, 테스팅을 용이하게 하기 위해 추가적으로 작성된 기능)을 구현하고, 내부 변수를 테스트 시 사용할 수 있도록 하는 것은 테스트 용이성을 높이기 위한 방법이다.

테스터가 테스트 용이성 향상에 쓸 수 있는 가장 흔한 방법은 요구사항이나 설계 리뷰 시 "테스트를 어떻게 할까?"에 대한 질문을 반복하는 것이다. 이런 방법은 애매모호한 문장을 명확하게 해줄 뿐만 아니라 개발팀이 테스트가 용이한 소프트웨어를 개발해야 한다는 의식을 점진적으로 갖게 하는 좋은 방법이다. 개발 팀에서 유닛 테스트를 수행하면 테스트 케이스 작성 시 테스트 용이성을 고민하게 된다. 그리고 테스트 용이성은 제품 개발의 전 단계에서 고려해야 함을 이해하게 된다. 표 4-4는 소프트웨어의 테스트 용이성을 높이기 위한 SOCK(Simple, Observable, Control, Knowledge) 모델이다.

용어	정의
단순성(Simple)	단순한 컴포넌트나 애플리케이션은 테스트하기 쉽고 비용이 적게 든다.
가시성(Observable)	내부 구조와 데이터의 가시성은 테스트의 성공과 실패(Pass or Fail)를 명확하게 한다.
제어 가능성(Control)	애플리케이션이 제약 조건을 가진 경우 해당 조건 설정이 가능하다면 테스팅이 더 쉬워진다.
이해도(Knowledge)	명세서, 도움말 등의 참고 가능한 문서를 통해 테스터는 결과의 판단을 명확히 할 수 있다.

표 4-4 SOCK 테스트 용이성 모델

수백 개의 모뎀을 어떻게 테스트할 수 있을까?

우리는 제한된 하드웨어 리소스를 갖고 마이크로소프트 윈도우 NT 리모트 액세스 서버(RAS, Remote Access Server)의 모뎀 확장성(scalability)을 테스트해야 했다. 비용과 시험실 환경은 10개의 모뎀만 가능했지만 우리는 정확한 실사용자 환경 구축을 위해 수백 개의 모뎀이 필요했다.

이를 위해 래시더(RASETHER)라는 이더넷을 활용한 모뎀 시뮬레이션 방법을 생각해 냈다. 래시더는 네트워크 내에서 개인 연결(사설망)을 가능하게 해주는 툴로 오늘날의 가상 사설망(VPN, Virtual Private Network)에 해당한다. 래시더로 가상 사설망을 구축해 수행한 테스트는 성공적이었다. 초기 윈도우 NT 모뎀 서버 확장성 테스트용으로 개발된 래시더는 이후 상업적으로도 성공해 기업 네트워크 구축에 활용되고 있다.

— 데이비드 캐틀렛(David Catlett), 테스트 아키텍트

● 테스트 설계 명세서

테스트 설계 명세서는 테스트 담당자에게 테스트 용이성과 테스트 케이스 설계를 어떻게 할지 고민하게 한다. 테스트 설계 작업은 최종 사용자용 소프트웨어를 설계하는 작업만큼이나 중요하다. 공식적인 테스트 설계 명세서에는 테스트 전략과 접근 방법을 기술한다. 테스트 설계 명세서(TDS, Test Design Specification)는 수동 테스트나 자동 테스트에 모두 적용 가능한 문서로 소프트웨어 개발 프로세스에서 작성하는 요구사항 명세서나 설계 문서와 동일한 리뷰 프로세스를 거친다. 테스트 설계 명세서에는 테스트 프로세스에 대한 접근 전략이 기술되므로 제품 개발 프로세스의 중요한 부분을 차지한다. 특히 제품 릴리스 후 유지보수를 담당하는 팀에 있어서는 중요한 참고 문서다.

■ 테스트 설계 명세서 항목 예제

다음은 일반적인 테스트 설계 명세서에 포함돼야 할 항목이다.

- 개요/목적/용도
- 전략
- 기능 테스팅
- 컴포넌트 테스팅
- 통합/시스템 테스팅
- 상호운용성 테스팅
- 준수성(compliance)/확인 테스팅
- 현지화와 국제화
- 성능 테스팅
- 보안 테스팅
- 설치 테스팅

- 의존성

- 메트릭

정상 동작 테스트와 오동작 테스트

2 더하기 2는 4다. 하지만 2를 0으로 나누면 어떻게 될까? 마이크로소프트 윈도우에 내장돼 있는 계산기를 이용해 2를 0으로 나누면 "0으로 나눌 수 없다"는 문구가 나온다.

다른 프로그램을 이용해 0으로 나누기를 시도하면 아마 비슷한 오류 메시지가 나오거나 프로그램이 죽는 현상(crash)이 발생할 것이다. 테스트 케이스는 예상 결과를 바탕으로 기능이 정상 동작하는지 확인하는 유효성 검증 테스트(Verification Test)와 예상치 못한 입력 값을 이용해 프로그램이 적절히 대응하는지 확인하는 오류 검증 테스트(Falsification Test)를 모두 포함한다. 검증 테스트는 프로그램이 의도한 대로 동작하는지 검증하기 위해 필요하지만 프로그램이 강건하고 오류 없이 잘못된 입력을 처리해야 하는 측면에서는 오류 검증 테스트가 더 중요할 수 있다.

잘못된 데이터 입력으로 인한 프로그램 오류나 크래시 현상에 대해 개발자는 "사용자는 절대 그렇게 하지 않는다"라고 대답해 왔다. 한번은 프로그램의 이름을 문서 양식의 확장자로 파일명을 잘못 변경한 적이 있다. 그리고 나서 해당 파일을 열자 프로그램이 크래시됐다. 그러나 개발자는 '사용자 시나리오가 아님'이라는 이유로 '수정 예정 없음'으로 처리했다.

이 버그는 여러 해 동안 남아 있었으나 2002년도 마이크로소프트의 대대적인 보안 강화 정책과 함께 결국 수정했다. 마이크로소프트의 보안 정책 강조로 인해 오류 검증 테스트로 발견되는 버그가 "사용자는 절대 이런 짓을 하지 않는다"라고 처리되는 경우가 훨씬 줄어들었다.

성공 경로(Happy Path)는 항상 성공해야 한다

어느 날 아침, 우리 팀의 개발자 중 하나인 아담에게서 온 이메일을 확인하려고 회사에 왔다. 주말 동안 작업해 새로운 컴포넌트용 코드를 체크인(check in)했으니 빌드(build)가 되면 바로 에드혹 테스트(ad-hoc test)를 해달라는 내용이었다. 일정은 매우 빠듯했으나 마침내 컴포넌트 테스트(component test)를 들뜬 마음으로 할 수 있었다. 사실, 설계 리뷰를 통해 논의된 내용을 바탕으로 테스트하고자 하는 테스트 케이스는 이미 작성해 놓은 상태였다.

그날 오전 테스트 팀으로 빌드가 릴리스됐고 나는 해당 빌드를 나의 테스트 컴퓨터에 설치했다. 나는 즉시 아담이 작성한 새로운 기능을 실행해 몇 가지 데이터를 입력한 후 버튼 하나를 클릭했다. 그러나 그것은 동작하지 않았다. 더불어 잘못된 데이터에 대해 해당 기능이 어떻게 반응하는지는 확인조차 해볼 수 없었다. 나는 단지 성공 경로에서 항상 동작해야 하는 간단한 입력 값을 참고해 테스트했을 뿐이었다.

성공 경로는 항상 제대로 동작을 해야 하므로 나는 실수를 했음이 틀림없다고 생각했다(사실 설치를 너무 빨리 진행했고 그 와중에 옵션 선택을 누락했을 가능성이 있었다). 나는 사무실에 있는 여분의 깨끗한 컴퓨터(clean PC)에 프로그램을 조심스럽게 천천히 다시 설치했다. 그러나 해당 기능에 영향을 줄 수 있는 어떤 것도 찾을 수 없었다. 그러므로 내 컴퓨터에 문제가 있는 파일이 있어 그로 인해 해당 기능이 동작하는 데 영향을 받은 것으로 추측했다. 그러나 불행하게도 프로그램을 다시 실행한 뒤 똑같은 결과가 나타났다. 내가 뭔가를 잘못한 것이다.

나는 의자에서 일어나 복도로 내려갔다. 동료 테스터들이 있는 사무실로 가서 잠시 동안 컴퓨터를 빌려 내가 했던 작업을 동일하게 수행했다. 하지만 새로운 기능이 동작하는 컴퓨터는 한 대도 없었다. 결국 사무실로 돌아와 아담에게 슬픈 소식을 전달했다. 내가 이전에 했던 일들을 설명해 주니 그가 대답했다. "음, 체크인하기 직전에 파일 하나를 변경했는데 그것이 영향을 줄 것이라고는 미처 생각하지 못했네요." 이미 힌 시간이나 소비하고 난 후였다. 나는 살짝 짜증이 나서 "아담, 성공 경로는 항상 성공해야 한다구요"라고 대답했다.

요즘은 성공 경로에서 실패가 발생하는 경우는 매우 드물다. 그러나 나는 뭔가 돼야 하는데 안 되는 경우 항상 이 문구를 기억하고 반복한다.

:: 테스트 케이스 설계 시 고려해야 할 기타 항목

일정, 리소스(비용), 품질은 소프트웨어 개발과 테스트 모두에 영향을 준다. 예를 들어 시간과 비용이 문제되지 않는다면 테스트를 끊임없이 수행하고 필요한 모든 테스터를 프로젝트에 할당할 수 있다. 그러나 소프트웨어는 고객이 사용할 수 있게 출시돼야 하고, 대부분의 경우 추가적인 인원 할당은 현실적으로 불가능하다. 따라서 테스트 케이스 명세서에는 주어진 일정을 고려해 제품을 충분히 테스트할 수 있게 테스트 케이스의 중요도와 범위가 기술돼야 한다. 완벽한 테스트는 불가능하므로 주어진 일정 내에 테스트를 효율적으로 수행할 수 있게 적절한 테스트 셋을 구성해야 한다.

테스트 케이스 설계 시 테스트해야 할 제품의 규모와 고객 정보, 테스트 팀의 규모와 능력을 함께 고려해야 한다. 해당 사항은 기능 검증이나 오류를 찾기 위한 테스트 셋을 구성하는 데 중요한 근거가 되며, 고객의 이슈를 처리하는 데도 효율적인 정보를 제공한다.

● 블랙박스, 화이트박스, 그레이박스

테스트 케이스 설계를 위한 접근 방법을 결정할 때 테스터의 지식 정도나 테스트할 애플리케이션의 테스트 레벨을 고려한다. 일반적으로 이해하기 쉬운 시스템은 블랙박스 테스팅(Black Box Testing)이나 화이트박스 테스팅(White Box Testing)을 적용한다. 블랙박스 테스팅은 코드 레벨의 이해 없이 애플리케이션을 테스트하는 방법이다. 즉, 애플리케이션이 요구사항을 만족시키는지에만 집중하고 애플리케이션이 어떻게 설계되고 구현됐는지는 고려하지 않는다. 이런 블랙박스 테스팅은 제품 사용을 시뮬레이션하거나 예측하는 데 유용하다. 종종 단순 블랙박스 테스팅은 애플리케이션의 일부분만을 검증하는 데 그치기도 한다. 이에 반해 화이트박스 테스팅은 최종 사용자에게는 보여지지 않는 소스코드를 기반으로 테스트를 설계하는 접근 방법이다. 일반적으로 화이트박스적 접근법은 테스트 케이스를 상세하게 설계하지만 최종 사용자 시나리오는 고려되지 않는 경우가 많다.

위 두 가지 방식의 문제를 해결하기 위한 테스트 접근법이 그레이 박스(gray box, 글래스 박스(glass box)라고도 한다) 접근법이다. 테스트 설계 시 사용자 관점, 즉 블랙박스 접근법으로 테스트 케이스를 설계한 후 테스트 커버리지와 효율성에 대해서는 화이트박스 접근법을 함께 고려한다. 테스터는 사용자 관점과 애플리케이션의 정확성을 함께 고려해야 한다. 두 가지를 모두 만족시키려면 블랙박스 접근법과 화이트박스 접근법을 효율적으로 병행해야 한다. 이를 위해 마이크로소프트의 테스터는 테스팅을 전체적인 관점으로 볼 수 있어야 하고, 테스트 설계 시 이런 모든 관점을 포괄적으로 고려해야 한다.

● 마이크로소프트의 탐색적 테스팅

최근 마이크로소프트의 테스트 자동화 강조 정책으로 인해 탐색적 테스팅의 가치가 약화되고 있기는 하지만 여전히 중요한 테스팅 방법이다. 일반적으로 탐색적 테스팅은 수동적(manual) 접근 방법으로 각 단계는 서로 연관돼 있다. 탐색적 테스팅은 테스터가 가지고 있는 테스트 방법론에 대한 지식을 기반으로 빠르게 버그를 발견하게 한다. 예를 들어 애플리케이션 호환성 테스트 팀은 새롭게 출시되는 운영체제 개발 시 수백 개가 넘는 애플리케이션의 기능들을 검증하기 위해 탐색적 테스팅을 활용한다.

자동화 테스트를 강조하는 팀의 경우 탐색적 테스팅은 자동화 테스트를 위한 테스트 설계 단계의 구조 분석이나 자동화 목표 설정을 위해 활용할 수 있다. 그리고 '버그 배쉬(bug bashes)'하는 날을 정해 테스터들로 하여금 하루 동안 탐색적 테스팅 접근법을 통해 테스트를 수행하게 하기도 한다. 이런 방법은 사용자 경험을 바탕으로 시뮬레이션하므로 놓치기 쉬운 결함들을 발견할 수 있다. 버그 배쉬에서 발견된 결함은 분석을 통해 테스트 자동화 설계 시 중요한 참고 사항이 된다.

높은 수준의 테스트 자동화가 필요한 경우에도 테스터는 탐색적 기법으로 명세서와 관련된 정보를 참고해 테스트 케이스를 설계한다. 시스템의 기능성과 정확성을 검증할 목적으로 빠르게 테스트를 설계하고 수행해 중요한 버그를 가능한 한 빨리 발견하는 것은 테스팅에 있어 중요하다.

마이크로소프트에서 활용하는 참신한 탐색적 테스팅의 활용 방법 중 하나는 페어 테스팅(pair testing)이다. 페어 프로그래밍에서 영감을 얻은 방법으로 한 세션 동안 두 명의 테스터가 그룹이 돼 탐색적 테스팅을 수행한다. 한 명의 테스터가 애플리케이션을 조작해보며 기능을 숙지해 나가면서 테스트를 수행하는 동안 다른 테스터는 옆에 앉아 테스팅을 도와준다. 두 명의 테스터가 모두 탐색적 테스팅을 수행하지만 한 명은 주로 기능 수행에 집중한다면 다른 한 명의 테스터는 좀 더 상위 레벨의 애플리케이션 동작에 대해 고민한다. 두 명은 일정 시간을 두고 역할을 바꿔가며 테스팅을 수행한다. 8시간으로 이뤄진 하나의 세션 동안 15명의 페어 테스터는 총 166개의 버그를 발견했으며, 이중 40개는 심각도가 아주 높은 버그로 바로 수정이 돼야 하는 버그였다. 참석한 30명의 테스터들에게 설문을 해본 결과 단지 3명의 테스터가 기존 테스팅 방법(각기 수행하는 테스팅)보다 덜 재미있다고 하고, 4명의 테스터가 효율성이 떨어진다고 대답했다.

:: 정리

10년 이상 지속될 테스트 케이스를 설계하려면 추후 테스트에 영향을 미칠 정보를 습득하고 필요로 하는 다양한 기법과 방법론을 학습해야 한다. 테스트에 정답과 오답은 없으며 항상 훌륭한 테스팅을 보장하는 묘책도 없다. 컴포넌트, 기능, 애플리케이션의 이해에 충분한 시간을 들이고, 이런 이해를 바탕으로 다양한 기법을 활용한 테스트 설계가 중요하다. 그리고 테스트 설계 시 제한된 설계 기법의 적용보다는 다양한 기법을 적용하는 전략 수립이 훨씬 효과적이다.

테스트로 커리어를 시작하는 대부분의 엔지니어는 테스트 설계에 많은 경험을 가지고 있지 않다. 테스터는 주로 업무를 수행하면서 좋은 테스트 설계에 대한 아이디어를 구하거나 동료와의 상호작용을 통해 설계에 대한 기술을 익혀 간다. 그러나 테스터로서 업무를 수행하는 초기부터 테스트 설계를 학습하고 익히면 좀 더 효과적으로 테스트 설계 작업을 수행할 수 있다.

5장에서는 마이크로소프트 기술 교육센터에서 참고하는 테스트 설계 기법을 다룬다. 해당 기법은 마이크로소프트에서 테스트 케이스 설계 시 참고하는 중요한 기법이다.

05 기능 테스팅 기법

비제이 롤리슨

어렸을 적 나는 사물이 어떻게 동작하는지에 대해 무척이나 호기심이 많았다. 어느 크리스마스에 나는 산타클로스로부터 데몰리션 더비 슬롯 카(Demolition Derby Slot Car) 세트를 선물 받았다. 아버지와 나는 저녁 식사를 하던 중 식탁에 바로 세트를 설치하고, 서로의 자동차를 부딪치면서 트랙에서 자동차 경주를 벌이며 크리스마스의 대부분을 보냈다. 사실 아버지와 나 둘 중 누가 더 이 선물에 열광했는지는 모르겠다. 특히 스펙타클한 충돌이 있은 뒤 날아가는 다양한 자동차 부품들은 내겐 무척이나 흥미로웠다. 무엇이든지 분해하는 내 성향은 아마 이렇게 어릴 때부터 발달했던 것 같다. 결국 어머니는 장난감을 치워버리라고 화를 내셨다. 식사가 끝나자마자 아버지와 나는 다시 슬롯 카에 달라붙었고, 잠자리에 들기 전까지 서로의 허를 찔러 보면서 이겨보려고 애를 썼다. 정말 즐거운 하루였다.

그 이후로 아버지가 바쁘실 땐 여동생들을 구워삶아 같이 놀고는 했는데, 여동생들은 나의 노련하고 탁월한 슬롯 카 조작법을 따라올 수 없었다. 장난감은 나의 신나는 놀잇감이었지만 몇 주가 지나자 나는 호기심을 참을 수가 없었다. 이 자동차가 어떻게 작동하는지를 알아보고 싶었다(아니 알아볼 필요가 있었다). 그래서 침실에 혼자 있던 어느 밤, 나는 어떻게 전기 모터가 여러 개의 작은 기어를 통해 바퀴를 굴리는지 알고 싶어 자동차 하나를 완전히 분해해

버렸다. 그런데 전기 모터는 어떻게 작동할까? 이런 궁금증을 갖던 나는 플라스틱 축 주변을 감싸고 있는 조그마한 동선 코일과 자석을 발견했다. 그리고 트랙에 이것을 갖다 댈 때마다 전기 모터가 돌아가는 것을 신기하게 바라봤다. 나는 동선 아래에 무엇이 있는지 궁금해서, 광택이 나는 표면을 하나하나 벗기고 코일 하나를 풀기 시작했다. 돌이켜보면 다시는 그 자동차를 가지고 놀 수 없었으므로 그리 좋은 행동은 아니었던 것 같다. 아버지는 내가 새 장난감을 분해해 버린 것을 그리 기뻐하지는 않으셨지만 다시 장난감 가게로 나를 데려가 다른 슬롯 카를 사주셨기에 우리는 경기를 계속할 수 있었다.

나는 그날 전기 모터와 기어에 대해 많은 것을 배울 수 있었다. 또한 어떤 것을 분해하고 그것들을 다시 하나하나 결합함으로써 각각의 부분들이 어떻게 동작하는지 이해할 수 있다는 점을 그 때의 경험을 통해 배울 수 있었다. 사물이 어떻게 동작하는지 알고자 하는 욕구는 오늘날 내가 가진 기질에까지 이어지고 있다. 끊임없는 호기심이야말로 대부분의 테스터들이 가지고 있는 본질적인 특성이라고 할 수 있다. 유저 인터페이스를 통해 소프트웨어를 관찰하는 것이 중요하긴 하지만 테스터들이 소프트웨어가 어떻게 동작하고 무엇을 할 수 있는지를 진심으로 알고자 한다면 유저 인터페이스의 이면을 관찰하고, 테스트 중인 시스템의 내부를 들여다봐야만 한다. 훌륭한 테스터는 호기심을 제품 관찰에 사용할 뿐만 아니라 테스트 중인 소프트웨어의 성능과 속성을 심도 있게 분석하기 위해 좀 더 자세히 조사할 때도 활용한다.

좀 더 심도 있는 정보를 수집하는 방법 중 하나는 제품의 기능들을 분해하고 다양한 컴포넌트의 기능적 속성과 성능을 테스트하는 것이다. 기능적 기법(functional techniques)은 테스터가 개별적인 기능과 컴포넌트에 대해 좀 더 포괄적인 조사를 할 수 있게 도와주는 구조적 접근 방법이다. 다양한 기능 테스팅 기법이 존재하지만 5장에서는 일반적으로 마이크로소프트에서 광범위하게 사용되는 핵심적인 기능 테스팅 기법 중 일부를 소개하려 한다.

:: 기능 테스팅의 필요성

소프트웨어는 점점 더 복잡해지고 있고 이런 소프트웨어를 테스트하는 것은 도전적인 업무가 되고 있다. 테스터는 프로젝트 리더에게 소프트웨어의 잠재적인 위험 요소를 부각시키고 중요한 속성과 성능 검증에 적절한 정보를 제공하는 테스트를 설계하고 수행할 수 있어야 한다. 또한 많은 테스트 방법 중에서 제품의 중요한 기능을 적절히 평가하고 심각한 이슈를 발견해 냄으로써 높은 수준의 신뢰감을 조직에 부여할 수 있는 최적의 테스트를 선정해야 한다. 아울러 테스팅은 한정된 시간 안에 완료돼야만 한다. 따라서 소프트웨어 테스트를 위해 선택한 기법은 구조적(systematic)이거나 방법론적(methodic)이어야 하며, 상대적으로 적은 숫자의 효율적인 테스트 서브 셋을 가지고 미리 결정된 가설을 입증하거나 반증할 수 있어야 한다.

소프트웨어 테스팅 방법 중 하나는 탐색적 테스팅(ET, Exploratory Testing)[1]이다. 탐색적 테스팅은 일반적으로 행위적 테스팅(behavioral testing)에 우선적으로 초점이 맞춰져 사용되며, 새로운 소프트웨어의 기능에 익숙해지는 데 효과적으로 사용된다. 특히 탐색적 테스팅은 소프트웨어의 초기 평가가 이루어지는 동안과 테스터가 소프트웨어에 대한 감각을 얻는 데 매우 유용하게 사용될 수 있다. 또한 소프트웨어의 운영 성능(operational capabilities)과 일반적인 사용성(usability)에 대한 개념을 빠르게 파악하는 데 유용하다. 그리고 탐색적 테스팅은 소규모 소프트웨어 프로젝트, 배포에 제한이 있거나 제한된 수명을 가진 소프트웨어 등의 테스팅에 적합하다.

그러나 탐색적 테스팅은 일반적으로 대규모의 복잡한 프로젝트나 중요한(mission-critical) 소프트웨어에는 적합하지 않다. 마이크로소프트에서는 탐색적 테스팅이 소프트웨어 릴리스의 장기간 유지보수에 필요한 유지보수(sustained) 엔지니어링에 가장 적합한 기법은 아니라는 점을 깨달았다. 우리는 단순히 테스터와 그 분야의 전문가들이 유저 인터페이스를 통해 제품의 성능을 탐색하고 의문을 가지는 것만으로는 제품의 품질과 리스크에 대한 합리적인 결정

---

1. 탐색적 테스팅은 12장, '기타 툴'에서 자세히 설명한다.

을 내리는 데 필요한 검증된 정보를 얻지 못한다는 점을 깨달았다. 수에 둔감한 사람에게는 엄청나게 많은 버그를 발견했다는 사실이 무척이나 인상적일 것이다. 그러나 단순한 버그 수의 카운트나 특정 기능 영역을 테스트하는 데 소요된 시간 같은 데이터는 특정 이슈를 조사하는 데 걸린 시간과 발견되거나 발견되지 못한 버그의 총합을 나타낼 뿐 그 이상의 정보를 전달해 주진 못한다. 따라서 관리 부서에서 잠재적인 위험을 최소화하고 합리적인 결정을 내리기 위해 소프트웨어에 대한 더 많은 정보를 요구할 때는 테스트 대상 소프트웨어의 기능적 컴포넌트를 더욱 철저히 분석해야 한다.

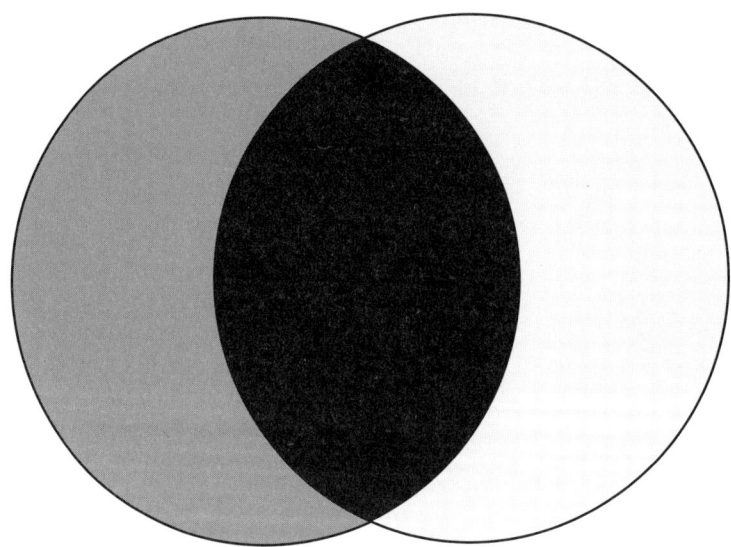

■ 일반적인 블랙박스 관점에서의 전체적인 테스팅 효과
☐ 잠재적으로 감소할 것이 예상되는 테스팅 비용
▨ 테스트되지 않은 영역 – 해당 영역에는 위험(리스크)이 100%라고 가정한다.

그림 5-1 블랙박스 테스팅의 효과를 나타내는 벤다이어그램

보리스 바이저(Boris Beizer)에 따르면 블랙박스 접근 방법을 통한 행위적 테스팅은 전체 테스팅에서 약 35~65%의 비율을 차지한다고 한다.[2] 유저 인터페

---

2. 보리스 바이저(Boris Beizer), 『Black-Box Testing: Techniques for Functional Testing of Software and Systems(블랙박스 테스팅: 소프트웨어와 시스템의 기능 테스팅을 위한 기법)』, 뉴욕: 존 와일리, 1995

이스 기반의 행위적 테스팅이 중요하긴 하지만 행위적 테스팅이 제일 기본적인 테스팅 접근 방법으로 사용되면 그림 5-1처럼 비효율적인 테스팅이나 제품에서 제일 중요한 부분을 놓치는 경우가 발생함으로써 시간 낭비를 초래할 수 있다. 마이크로소프트의 내부 조사와 다른 업계에서 조사한 경험적인 데이터도 행위적 테스팅의 한계를 나타내고 있다('와인버그의 삼각형' 참조). 따라서 테스터는 테스트의 효과를 높이고 쓸데없는 낭비를 줄이는 방법과 테스팅 팀이 노출돼 있는 위험을 줄이는 방안을 함께 고려해야 한다.

와인버그의 삼각형(Weinberg's triangle revisited)

새로 온 테스트 분야 소프트웨어 개발 엔지니어(SDET, Software Development Engineer in Test)의 기본적인 역량을 평가하기 위해 마이크로소프트에서는 제럴드 와인버그(Gerald Weinberg)의 오리지널 삼각형 문제(Original Triangle Problem)에 기반을 둔 삼각형 모의 실험을 5년 넘게 사용했다. 새로 입사하는 SDET는 자신이 보유한 기술과 지식을 이용해 15분 이내에 애플리케이션을 습득해 주어진 기능 요구사항을 만족하기 위해 필요한 테스트 셋을 정의해야 한다. 기능 요구사항은 삼각형 각 변의 길이를 나타내는 3개의 상수 값을 읽어내는 프로그램이다. 해당 프로그램은 삼각형이 부등변인지, 이등변인지, 정삼각형인지의 상태를 메시지로 보여준다. 종종 시간 제한에 불평을 하는 SDET도 있지만 이런 모의 실험은 일정 압박에 대한 현실과 정해진 시간 동안에 가치 있는 정보를 제공할 수 있는 중요한 테스트를 개발하는 능력이 있는가를 파악하게 한다.

5,000가지 이상의 샘플을 검토한 결과 우리는 대다수의 SDET가 조건별로 한 가지씩의 테스트를 수행하는 것을 알 수 있었다 즉, 한 개의 정수 값으로 유효한 입력 값을 테스트하고 또 다른 하나씩의 입력을 통해 부적절한 삼각형을 위한 테스트, 이등변 삼각형을 위한 테스트, 부등변 삼각형을 위한 테스트, 정삼각형을 위한 테스트 결과를 도출해내는 것이다. 이런 4가지 테스트는 소프트웨어의 50%에 해당하는 가장 치명적인 경로를 검증한다. 입력 값에 대한 분석은 정수 입력 값의 유효성에 따라 삼각형의 결과가 제대로 표기되는지를 테스트한다. 해당 분석은 전체 테스트에서 10% 미만의 임의의 샘플링으로 복합적인 조건에 대해 검증이 가능함을 보여준다. 나는 워싱턴대학에서 강의할 때나 컨퍼런스나 워크샵 발표 시에는 지금과 같은 모의 테스트를 사용해 거의 같은 결과를 얻는다. 내부적으로 적용해 본 결과 테스팅 기술을 훈련하는 몇 시간의 교육을 통해 테스트 케이스의 효율성이 60~75% 정도 높아지고 효과적인 테스트 우선순위 결정에 도움이 되는 것을 알 수 있었다.

테스트 효과를 높이고 제품에 대해 중요한 정보를 얻을 수 있는 한 가지 방법은 기능 테스팅 기법을 적용하는 것이다. 기능 테스팅 기법은 소프트웨어의 기능적인 특성과 성능에 대해 포괄적으로 이해할 수 있게 하는 체계적인 방법이다. 기능 테스팅 기법은 주로 유저 인터페이스에 적용하기 위해 활용되지만 블랙박스나 화이트박스 관점에서 테스트 설계를 할 때도 적용할 수 있다. 기능 테스팅 기법을 적절한 상황에서 올바르게 사용하면 시스템에 대한 좀 더 철저한 분석을 통해 살충제 패러독스(Pesticide Paradox)[3]에 대처할 수 있는 방안을 찾을 수 있다.

> **살충제 패러독스**
>
> 내가 좋아하는 취미 활동 중 하나는 정원 가꾸기다. 이른 봄, 딸과 함께 온실에 씨를 뿌리고 늦은 4월이나 이른 5월, 어린 모종이 나오기를 기다린다. 식물은 다양한 곤충과 해충에 민감하므로 채소 재배가 실패하지 않게 토끼, 민달팽이, 곤충에 대비해 자연적인 방어책을 준비해야 한다. 사실 토끼는 채소를 많이 먹을 수 없을 뿐만 아니라 딸이 토끼를 보면 좋아하므로 그리 문제가 되지 않는다. 그래서 뒷마당의 가장 골치덩이는 민달팽이다.
>
> 믿지 못하겠지만 민달팽이는 맥주를 좋아한다. 정원에서 민달팽이가 다니는 길에 맥주 덫을 놓음으로써 민달팽이를 효과적으로 제거할 수 있다. 나는 민달팽이가 싸구려 맥주와 북태평양의 마이크로브루(microbrews) 맥주를 구분할 수 있다고 생각하지 않으므로 주로 덫을 놓을 때는 싸구려 맥주를 사용한다. 정원 주위로 구리줄을 둘러 민달팽이가 들어오지 못하게 장벽을 만든다. 그리고 주기적으로 가든베드의 바깥쪽에 소금, 재(나무로 된), 달걀 껍데기를 뿌림으로써 민달팽이의 침입을 막는다. 내가 민달팽이를 죽이거나 방어하기 위해 여러 가지 노력을 들이는 것과 상관없이 몇 마리의 민달팽이는 여전히 가든베드를 통과해 들어온다.
>
> 내가 민달팽이의 침입을 방지하기 위해 시도하는 다양한 활동은 테스팅을 할 때 잠재된 버그를 찾기 위한 활동과 유사하다. 경험 있는 테스터라면 다양한 종류의 결함을 찾아내거나 소프트웨어를 평가하기 위한 효과적인 접근 방법이 단지 하나가 아니라는 사실을 알고 있다. 이런 딜레마를 살충제 패러독스라고 한다. 살충제 패러독스는 바이저의 첫 번째 법칙(Beizer's First Law)에서 유도된 것이다. "결함을 발견하거나 예방하기 위해 사용하는 모든 방법은 결함이 해당 방법에 내성을 갖게 돼 발견하기 어려운 잔재

---

3. 보리스 바이저, 『Software Testing Techniques(소프트웨어 테스팅 기법) 2nd ed.』(뉴욕, 밴 노스트랜드 레인홀드, 1990)

> 결함을 남기고, 이로 인해 그 효과가 떨어진다." 본질적으로 소프트웨어 테스팅에서 완벽한 한 가지 기법은 없다. 테스팅 기법의 다양성을 함께 고려해 다양한 관점에서 테스팅에 접근함으로써 잠재적인 이슈에 대한 발견과 효과적인 테스팅을 가능하게 할 수 있다.
>
> 정원 가꾸기는 일거리가 많고 번거로운 일이다. 그러나 노력의 결실을 수확하며 6살짜리 딸이 바나나와 체리 토마토를 따서 먹는 것을 보면 정원 가꾸기는 가치 있는 일이다. 이처럼 소프트웨어 테스팅은 힘들고 어려운 일이지만 다양한 접근 방법을 활용해 성공적으로 제품이 릴리스된다면 팀 전체에 가장 큰 보상으로 돌아온다.

기능 테스팅 기법의 또 다른 이점은 특정 기능 영역에 대해 적은 노력으로 테스트 커버리지를 높일 수 있다는 점이다. 그러나 앞서 언급한 바와 같이 테스트 기법의 가치와 효과는 궁극적으로 도메인에 대한 지식과 상황에 따른 테스터 각자의 적절한 기법 적용 능력에 달려있다. 즉, 기능 테스팅 기법은 전문 테스터가 소프트웨어의 속성과 성능에 대한 중요한 정보를 수집하거나 잠재적인 이슈를 발견하기 위한 툴일 뿐이다. 따라서 테스터는 상황에 따라 효과적으로 적용할 수 있는 기법들을 숙지해야 한다.

> ### 테스트 기법은 속임수인가?
>
> 일부는 기법이 속임수이거나 너무 전형적인 수법이라고 한다. 나는 기법이 미숙한 관찰자에게는 속임수(착각)와 같다고 생각한다. 그러나 일반적으로 기법은 복잡한 문제나 발견법에 의존적인 문제를 간단히 해결할 수 있는 체계적인 절차를 제공한다. 수많은 선분가가 기법을 사용하고 적절히 잘 사용된 기법은 효과적인 툴로 작용한다. 테스트 기법은 소프트웨어 기능에 대한 특성과 성능에 대한 철저한 분석 방법을 제공하고 테스트 커버리지를 높이는 데 유용하다.
>
> 애플리케이션 테스트를 위한 적절한 기법의 활용이 쓸모없거나 틀에 박힌 활동이 아니라는 사실을 깨닫는 것은 중요하다. 기법은 만병통치약도 아니고 소프트웨어 테스팅을 위한 유일한 해결책도 아니다. 애플리케이션을 기능적이고 구조적으로 테스트하기 위한 체계적인 소프트웨어 테스팅 기법은 광범위한 도메인(domain) 지식과 시스템에 대한 이해, 논리적인 분석력과 추론 능력, 비평적 사고 능력을 필요로 한다. 그리고 테스터는 경험에 근거해 테스트 결과를 검토할 수 있는 능력이 있어야 하고 주어진 상황에 대한 가정을 세우고 해당 예측이 맞는지 검증할 수 있어야 한다. 여러 가지 기법은 결함이 존재하는지 존재하지 않는지를 증명하거나 제품의 기능 검증을 위해 매우 유용하다.

경계 값 분석(BVA, Boundary Value Analysis), 동등 클래스 분할(ECP, Equivalence Class Partitioning), 조합 분석(Combinatorial Analysis), 상태 전이 테스팅(State Transition Testing) 같은 기능 테스팅 기법은 다양한 목적에 따라 각기 용도가 다른 툴 박스의 툴들과 같다. 상황에 따라 적절하게 적용하는 테스트 기법은 테스터가 체계적으로 소프트웨어의 특정 기능 항목을 평가하기 위한 효과적인 방법을 제공한다. 체계적인 테스팅 기법은 전문 테스터가 툴 박스에 넣어 둔 툴이 되고 작업이 많아지면 훨씬 유용하게 활용된다. 그러나 툴 박스의 툴을 효과적으로 사용하려면 상황에 따라 적재적소에 툴을 사용할 수 있는 현명하고 경험 있는 사람이 필요하다는 사실에 유념해야 한다.

:: 동등 클래스 분할

테스터가 반드시 익혀야만 하는 첫 번째 기능 테스팅 기법은 동등 클래스 분할이다. 이 기법의 사용 방법을 이해하는 것은 매우 중요하다. 이 기법은 여러 소프트웨어 테스팅 접근 방법과 기법의 기초다. 그리고 ECP 기법은 테스터가 기능의 각 파라미터 대해 입력 변수와 출력 변수를 평가하는 간단한 툴이다. 좀 더 효과적인 동등 클래스 분할을 적용하려면 특정 시스템의 상황에 맞게 각 파라미터 변수 데이터에 대한 분석을 수행해야 한다. 따라서 ECP 테스트를 설계하기 전 각 입력/출력에 대한 변수 데이터를 각기 유효한 클래스와 유효하지 않은 클래스로 분할하고 모델링하는 작업을 반드시 수행해야 한다. 모든 유효한 클래스의 서브셋이 테스트에서 모두 사용될 때까지 유효한 클래스 서브셋을 생성하고, 그 후 유효하지 않은 클래스 서브셋을 구함으로써 ECP 테스트를 도출한다.

ECP 기법은 2가지 장점이 있다. 첫째는, 가능한 모든 테스트 경우의 수에서 테스트의 수를 줄여준다. 그리고 같은 서브셋의 다른 변수와 변수 조합에 있어서도 동일한 결과를 리턴하는 것을 보장한다. 예를 들어 텍스트 박스 컨트롤을 테스트한다고 가정해보자. 텍스트 박스는 유니코드 대문자 A부터 Z를 허용하며, 최소 문자열 길이는 1자이고 최대 문자열 길이는 25자이다. 완벽한 테스트는 각 문자 한 번(26^1)과 각 문자에 대해 가능한 모든 문자열 길이 조합을 포함한다. 지금과 같은 경우 테스트하기 위한 모든 가능한 입력과 테스트 수는 $26^{25} + 26^{24} + 26^{23} + \ldots + 26^1$이다. 이는 실로 너무나 큰 수다. 그러나 문자열 'BCD'에 대한 테스팅은 문자열 'WXY'에 대한 테스팅과 유사하다. 특정 파라미터에 대한 유효한 클래스 서브셋은 다음을 포함한다.

- 대문자 A~Z 사이의 유니코드 대문자

- 길이가 1~25자 사이인 문자열

예제의 입력 파라미터에 따른 유효 데이터 모델에 근거하면 'ABCDEF' 문자열의 결과는 'ZYXWVUTSRQPONM' 문자열의 결과와 같고, 문자열 조합인 'KUGVDSFHKIFSDFJKOLNBF'의 결과와 같다.

ECP 기법의 두 번째 장점은, 테스트 데이터로 사용되는 서브셋에서 임의로 데이터를 선택함으로써 효과적으로 데이터 커버리지(data coverage)를 확보할 수 있다는 점이다. 이는 같은 서브셋에 속한 테스트 데이터는 유효하거나 유효하지 않은 클래스 서브셋에 속하는 어떤 것이든 같은 테스트 결과를 도출하기 때문이다. 단, 데이터가 올바르게 각 서브셋으로 분할돼 있고 예외적인 상황을 발생시키는 부분이 없다는 전제가 있다. 앞의 예제를 사용하면 이름을 파라미터로 갖는 테스트는 'Bob', 'Nandu', 'Elizabeth', 'Ling' 같은 테스트 데이터를 포함한다. 그러나 정적 테스트 데이터는 새로운 정보나 첫 번째 반복 후 알고리즘의 강건성을 확인하기 위한 관점에서 (알고리즘에 변화가 없는 한) 상당한 가치가 있다. 그리고 정적 데이터는 임의의 변수 조합을 고려하지 않는다. 유효하거나 유효하지 않은 서브셋에서의 임의의 데이터 선정은 연속된 테스트 케이스에 대해 다양성을 제공하고 일반적인 정적 데이터로는 찾을 수 없는 예외 상황을 발견할 수 있게 한다. 이런 확률에 근거한 테스트 데이터 선정은 테스트를 더욱 풍성하게 한다.

ECP의 전반적인 효과는 변수 데이터의 파라미터를 정확히 서브셋으로 분할하는 테스터의 능력에 좌우된다. 각 서브셋은 논리적으로 같은 기대 결과를 도출해야 한다. 이를 위해 SDET 교육 과정에 많은 시간을 투자한다. 물론 변수 데이터를 동등 클래스 분할 서브셋으로 모델링하는 것은 주어진 시스템에 대한 이해를 바탕으로 한다. 테스터가 시스템이나 도메인에 대한 지식이 제한적일수록 이 기법을 적용하는 것이 정확하지 않을 확률이 커지며, 치명적인 결함을 놓치고 불필요한 테스트를 수행하게 될 확률이 커진다.

● 변수 데이터 분할

동등 분할의 가장 어려운 점은 데이터를 동등한 특질을 갖는 유효 서브셋과 유효하지 않은 서브셋으로 분할하는 것이다. 따라서 테스터는 다양한 데이터 형식에 익숙해져야 하고, 프로그램과 시스템이 데이터를 처리하고 변경하고 전달하고 저장하는 방법을 이해해야 한다. 또한 일반적인 입력 변수를 이해하고 기존에 문제가 있던 변수, 즉 실패 식별자(failure indicator)를 검토해야 한다. 또한 사용자 프로파일, 명세서, 요구사항 등 외부 요소도 함께 고려해야 한다.

지나치게 일반화되고 불충분한 분할은 특정 클래스의 서브셋을 제외할 수 있으며, 이로 인해 오류를 놓치기 쉽다. 변수 데이터가 동등한 특질을 갖지 않는 서브셋으로 과도하게 분할되는 것은 불필요한 테스트의 수를 증가시킨다. 이런 테스트는 추가적인 오류를 찾지 못하고 필요한 정보를 제공할 확률을 낮춘다. 테스터는 불필요한 테스트를 작성하게 될 수도 있으므로 신중을 기해야 한다. 그러나 지나치게 테스트 데이터를 일반화해 중요한 문제를 놓친다면 이에 대한 비용은 더 커진다. 동등 분할이라는 데이터 분할 기법을 효과적으로 수행하려면 시스템과 도메인에 대한 충분한 이해가 있어야 한다.

> **동등 클래스 분할 기법의 데이터 분할 이론**
>
> 지나치게 일반화된 데이터는 동등 클래스 분할 테스트에서 수행할 기본 테스트 개수를 감소시키고, 오류를 놓칠 확률이나 상황을 오판할 확률을 증가시킨다. 그러나 지나친 세분화는 데이터가 중복될 확률을 증가시키고 테스트의 전체적인 효율을 떨어뜨린다.

먼저 데이터를 두 클래스로 분류한다. 유효한 클래스 데이터는 일반적인 상황에 대해 적절한 값을 반환하는 값의 집합이다. 즉, 데이터는 오류를 생성하거나 예측하지 못한 실패를 일으키지 않는다. 유효하지 않는 클래스 데이터는 오류 상황을 유발할 수 있는 값의 집합이다. 대부분의 오류 상황은 오류 처리기에 의해 처리되지만 종종 부적절한 클래스 데이터는 잘못된 동작이나 장애를 유발하기도 한다.

데이터를 유효한 클래스와 유효하지 않은 클래스로 분류하고 나면 테스터는 각 클래스에 대한 데이터를 주의 깊게 분석해야 한다. 그리고 클래스가 더 작은 서브셋으로 분리될 수 있는지도 분석해야 한다. 본질적으로 클래스의 유효성 여부와는 관계없이 같은 서브셋에 속한 데이터는 테스트 시 같은 결과를 도출해야 한다. 이런 이유로 이전 예제에서 A부터 Z까지 모든 대문자를 테스트하지 않고 모든 가능한 문자 조합을 테스트하지도 않는다.

ECP와 모호한 오류 메시지

내부 교육을 준비하던 중 나는 윈도우 XP에서 파일 이름과 관련해 이상한 오류를 발견했다. 내가 출제한 문제는 동등 분할에 대한 것이었다. 학생들이 윈도우 XP 메모장에서 저장 대화상자의 파일 이름으로 사용하는 아스키 문자를 동등 클래스 서브셋으로 나누는 문제였다. 이 문제는 하드웨어 플랫폼, 운영체제 환경, 캐릭터 셋(character set)에 대한 깊은 이해를 필요로 하므로 쉬운 문제는 아니다.

과거 나는 마더보드와 다양한 소프트웨어 구성을 통해 사용자 PC 시스템을 구축했다. 이것은 소싯적 바이오스 업데이트를 위한 플래쉬 EPROM과 다른 제조사의 IRQ와 DMA 채널을 효율적으로 조율할 수 있는 기본적인 지식을 갖추고 있었기에 가능했던 일이다. 또한 나는 LPT의 확보된 메모리 영역과 PC/AT 바이오스에 의한 COM 포트 1~9에 대한 상세한 내용도 파악하고 있었다. 해당 사항에 따르면 기본적인 파일 이름은 LPT1이나 COM6 문자열로 구성돼 있으므로 파일 이름에 윈도우 플랫폼의 예약된 디바이스 이름을 지정할 경우 오류 메시지를 띄우거나 그에 준하는 반응을 나타내게 돼 있다. 이를 활용해 나는 교육 시 LPT1에서부터 LPT9까지와 COM1에서부터 COM9까지의 문자열에 대한 동등 분할 값을 활용해 기본적인 파일 이름을 부여하게 했다.

그러나 출제한 연습 문제의 입력 값을 테스트했을 때 몇 가지 비정상적인 동작을 확인할 수 있었다. 기본 파일 이름의 파라미터로 LPT2를 입력했을 때 시스템은 "해당 파일 이름은 디바이스 이름을 위해 예약된 이름입니다."라는 예정된 오류 메시지를 띄웠다. 그러나 동등 값에 대한 가정이 맞는지 테스트하기 위해 기본 파일 이름을 COM7으로 입력한 경우 "해당 파일 이름은 잘못됐습니다."라는 전혀 다른 메시지를 띄웠다.

> 해당 현상을 분석해보니 LPT1~LPT4, COM1~COM4는 코드에서 같은 경로를 수행하므로 예상한 것과 같이 예약된 디바이스 이름 오류 메시지를 띄운다. 그러나 LPT5~LPT9, COM5~COM9는 다른 오류 경로를 실행해 모호한 메시지를 띄우고 있음을 확인할 수 있었다. 다행히도 해당 오류는 추후 출시된 윈도우 비스타 시스템에서는 해결됐다. 나는 동등 클래스 분할을 위한 데이터 셋 구성을 교육할 때 커버리지를 높이고 기능의 오류를 줄일 필요가 있다는 사실을 뒷받침하기 위해 지금도 위의 예제를 활용한다.

글렌포드 마이어스[4]는 『The Art of Software Testing(소프트웨어 테스팅의 기술)』이라는 책에서 데이터를 각 클래스의 서브셋으로 나누는 방법에 대한 4가지 탐색적인 접근 방법을 제시한다. 4가지 탐색적 방법은 의사 결정, 분쟁의 조정, 문제 해결을 위해 경험에 근거한 가이드와 원칙, 룰을 제공한다. 그리고 유효한 클래스와 유효하지 않은 클래스의 테스트 데이터를 서브셋으로 나누기 위해 값의 범위, 유사한 값의 그룹, 특이(unique) 값, 특정 값을 사용할 수 있게 한다.

- **범위** 같은 결과를 가져오는 최소 경계 값과 최대 경계 값을 나타내는 인접한 데이터 셋. 예를 들어 숫자 필드에는 1~999의 정수 값을 입력할 수 있다. 이때 유효한 동등 클래스는 1 이상 999 이하이고 유효하지 않은 클래스는 1보다 작거나 999보다 큰 범위의 정수 값을 포함한다.

- **그룹** 동일하게 처리되는 아이템의 그룹이나 집합. 예를 들어 세금 부과 시 트럭, 승용차, 오토바이, 모터 홈(motor home),[5] 트레일러 같이 운송 수단의 종류에 따라 세금을 부가할 수 있게 참조하는 목록 등이 있다. 트럭, 승용차, 모터 홈이 동일한 세금으로 분류되면 해당 아이템 그룹은 동등한 것으로 간주한다.

- **특이 값** 하나의 클래스 데이터나 서브셋은 다른 클래스 데이터나 서브

---

4. 글렌포드 마이어스(Glenford Myers), 『The Art of Software Testing(소프트웨어 테스팅의 기술)』, 뉴욕: 존 와일리, 1979
5. 여행, 캠프용 주거 기능을 가진 자동차

셋과는 달리 처리해야 하는 경우가 있다. 예를 들어 2038년 1월 19일 3시 14분 7초는 바이오스 클록에서 생성하는 애플리케이션의 유일한 날짜이다. 따라서 해당 데이터는 다른 서브셋과 구분돼야 한다.

- **특정 값** 특정 값은 반드시 고려돼야 한다. 예를 들어 단순 메일 전송 프로토콜(SMTP, Simple Mail Transfer Protocol)에서 @는 특별한 문자로 이메일 이름이나 도메인 이름으로 사용될 수 없다.

● 동등 클래스 분할 동작

간단한 예제를 통해 파라미터 변수를 어떻게 유효한 서브셋과 유효하지 않은 서브셋으로 나눌 수 있는지 살펴보자. 그림 5-2와 같은 '넥스트 데이트(Next Date)' 프로그램은 특정 월/일/연도 3개의 입력을 받아 다음 날의 월/일/연도 값을 출력한다. 다음 날짜를 계산하는 알고리즘은 오늘날 세계적으로 사용되고 있는 그레고리력(Gregorian Calendar)에 근거한다. 프로그램은 C#으로 구현돼 있고 출력 값은 사용자의 날짜 표기 형식에 상관없이 월/일/연도의 형식을 따른다.

그림 5-2 C#으로 구현된 넥스트 데이트(Next Date) 프로그램

얼핏 보기에 해당 프로그램의 입력과 출력 데이터는 간단해 보인다. 지금과 같은 경우 테스터는 그레고리력에 대한 지식, 페이펄 불 인터 그레비시머스 (papal bull inter gravissimas),[6] 영국의 역사를 간단히 알 필요가 있다. 잠재적인 서

---

6. 페이펄 불(papal bull)은 로마 교황에 의해 발행된 편지나 헌장을 말한다. 페이펄 불 인터 그레비시머스는 오래된 율리우스력의 문제를 완화하기 위해 그레고리력을 제정한다. 더 상세한 정보는 http://en.wikipedia.org/wiki/Inter_gravissimas에서 확인할 수 있다.

브셋을 구하려면 시스템에 대한 이해도 필요하다. 예를 들어 시스템이 하드웨어 틱(tick)을 측정할 수 있는 바이오스 클록을 포함하고 해당 프로그램을 개발하기 위해 특정 프로그래밍 언어가 사용됐다면 이 두 가지에 대한 지식은 유효한 클래스와 유효하지 않은 클래스 서브셋을 구하기 위해 중요한 필요 정보다. 표 5-1은 넥스트 데이트(Next Date) 프로그램의 데이터 셋을 구하기 위한 효과적인 방법을 기술한다.

입력/출력	유효한 클래스 서브셋	유효하지 않은 클래스 서브셋
월	v1—30일 달 v2—31일 달 v3—2월	i1—>= 13 i2— <= 0 i3—정수가 아닌 임의의 값 i4—공백 i5—>= 3자리수 정수
일	v4—1-30 v5—1-31 v6—1-28 v7—1-29	i6—>=32 i7—<= 0 i8—정수가 아닌 임의의 값 i9—공백 i10—>= 3자리수 정수
년	v8—1582-3000 v9—윤년 아님 v10—윤년 v11—세기 윤년 아님 v12—세기 윤년	i11—<= 1581 i12—>= 3001 i13—정수가 아닌 임의의 값 i14—공백 i15—>= 5자리수 정수
출력	v13—1/2/1582-1/1/3001	i16—<= 1/1/1582 i17—>= 1/2/3001
유일하거나 특별한 날	v14—9/3/1752-9/13/1752 v15—1/19/2038	i18—10/5/1582-10/14/1582

표 5-1 넥스트 데이트(Next Date) 프로그램 입력 값과 출력 값의 ECP 테이블

● 파라미터의 서브셋 분석

입력 값의 첫 번째 파라미터는 월이다. 해당 파라미터는 정수 값으로 1에서부터 12까지 허용한다. 내부적으로 30일까지 있는 달과 31일까지 있는 달, 윤달이 끼어있는 2월과 그렇지 않는 2월을 고려해야 한다. 이에 근거해 월에 대한 파라미터 값을 30일까지 있는 달, 31일까지 있는 달, 2월과 같은 3개의 유효한 클래스 서브셋으로 구분할 수 있다. 그리고 네 번째로 최소, 최대 경계 값에 해당하는 입력 변수로 1에서부터 12까지의 유효한 클래스 서브셋을 구할 수 있다. 이때 단순히 1에서부터 12까지의 월에 해당하는 변수에 대해서만 데이터 서브셋을 구할 경우 중요한 테스트를 놓치게 된다. 유효하지 않은 클래스 서브셋인 12보다 큰 정수와 1보다 작은 정수, 정수가 아닌 값, 공백, 3개 이상의 문자 입력도 함께 고려해야 한다.

일자에 해당하는 변수 데이터는 한 달이 30일인 경우와 31일인 경우, 2월이 윤달인 경우와 윤달이 아닌 경우를 고려해 4개의 서브셋으로 구분한다. 각 월의 특성에 따라 일자의 변수 값을 구분하는 것은 1에서부터 31까지의 범위에서 특정한 경계 값을 결정하게 한다. 그리고 동등 클래스 서브셋으로 구분하면 쉽게 특정 경계 값을 얻을 수 있다. 예를 들어 일자 변수는 1, 28, 29, 30, 31과 같은 명확한 5개의 경계 값을 별다른 어려움이나 실수 없이 구할 수 있다. 그러나 지나치게 일반화해 월에 해당하는 값으로 1에서부터 12까지 데이터 값을 설정하고, 일자에 해당하는 값으로 1에서부터 31일까지 설정해 자동으로 임의의 테스트 데이터를 생성할 경우 월에 해당하는 값으로 2를, 일에 해당 하는 값으로 30을 할당해 2/31/xxxx와 같은 잘못된 결과를 만들어 낼 수 있다.

연도 파라미터는 유효한 연도 값과 윤년에 해당하는 연도, 윤년에 해당하지 않는 연도 값(century leap years, non-century leap years)의 서브셋을 포함한다. 윤년, 세기 윤년(Century Leap Year),[7] 세기 윤년이 아닌 연도 값은 다음과 같은 알고리즘과 유사한 수학적 공식에 따라 간단하게 구할 수 있다.

---

7. 세기 윤년(Century Leap Year)은 400으로 나눠지는 연도를 말한다.

```
//윤년을 계산하는 간단한 알고리즘 예제
public static bool IsLeapYear(int year)
{
    return (year % 4 == 0 && year % 100 != 0 || year % 400 == 0);
}
```

1582에서부터 3000 사이의 윤년과 세기 윤년을 테스트하는 파라미터는 수학적 공식에 의해 얻어지므로 항상 같은 결과 값을 얻는다. 그리고 윤년과 세기 윤년과 관련해서는 특정한 경계 값이 존재하지 않는다. 해당 파라미터의 입력에 해당하는 최소 경계 값과 최대 경계 값은 각기 1582와 3000이다. 3000에 해당하는 입력 값은 예제 프로그램을 위해 임의로 선택된 값이다.

마지막으로 다른 입력 값과 구별되는 두 가지 경우의 특별한 범위에 해당하는 날짜 값이 있다. 첫 번째 특별한 범위의 날짜 값은 유효하지 않은 클래스 서브셋으로 10/5/1582와 10/14/1582 사이의 값이다. 해당 날짜는 페이퍼 불 인터 그레비시머스(papal bull inter gravissimus)에 해당하는 그레고리력에서 제외된 값으로 기능 요구 사항에 해당 값에 대해 오류 메시지를 띄우거나 유효하지 않는 값이라는 점을 명시하게 한다. 두 번째 특별한 범위의 날짜 값은 유효한 클래스 서브셋으로 9/3/1752와 9/13/1752 사이의 값이다. 영국과 영국의 식민지에서는 1752년까지 그레고리력을 수용하지 않았다. 그러므로 태음력 주기의 달력과 통합 시 10일을 제외했다. 하지만 해당 프로그램은 교황에 의해 제정된 그레고리력에 기초하므로 이런 범위의 날짜는 다른 날짜보다도 특별하다. 그러나 영국과 미국의 역사를 알고 있는 개발자가 의도적으로 특정 날짜를 제외하면 결함이 발생할 가능성이 있다.

날짜 1/19/2038은 다른 유효한 값보다 특별한 값이다. 바이오스 클록은 틱 카운트(tick count)로 시간을 측정할 수 있다. 개발자는 프로그램 구현 시 틱 카운트를 고려하지 않는 반면, 테스터는 프로그램 구현 검증 작업을 수행하는 동안 다른 정보와 함께 특별한 입력 값으로 활용할 수 있다.

> **13일의 금요일 버그**
>
> Y2K 문제가 중요하게 부각돼 금융계의 공황 상태를 일으킨 적이 있다. 그러나 좀 더 심각한 문제의 조짐이 나타났다. PC/AT 컴퓨터의 바이오스 클록은 1970년 1월 1일 0시 0분 0초에 시작됐다. 바이오스 클록은 시간 추적용 틱 카운트를 측정하기 위해 32비트 정수를 사용한다. 따라서 바이오스 클록의 틱 카운트 최대값이나 32비트 정수 값의 경계 값은 2038년 1월 19일 3시 14분 7초다. 그러므로 정확히 2038년 1월 19일 3시 14분 08초가 되면 바이오스는 컴퓨터의 날짜와 시간을 1901년 12월 13일 0시 0분 0초로 재설정한다. 흥미롭게도 12월 13일은 금요일이다. 다행히 나는 그 때쯤이면 남태평양을 항해하고 있을 것이다.

구현에 사용된 프로그래밍 언어를 이해하면 데이터를 서브셋으로 분해하는데 도움이 될 수 있다. C# 언어를 사용하는 앞의 예에서 모든 입력 값은 문자형식을 갖는다. 따라서 개발자는 반드시 Int32.Part나 Convert.ToIn32 메소드를 사용해 문자를 상수 값으로 바꿔야 한다. 즉, 부호화된 32비트 정수 값의 범위를 벗어나는 입력 값이나 정수 값으로 변환되지 않는 입력 값은 예외 형식으로 처리해야 한다. 지금과 같이 구현된 경우 입력 값 A라는 문자를 표의 문자인 金이나 소수점, 천 단위 구분 문자 등과 같이 유효하지 않은 동등 서브셋으로 간주할 수 있다. 임의의 문자를 입력한 경우 정수로 변환하지 않고 예외 형식으로 처리하기 때문이다. 그리고 공백문자도 예외 처리를 한다. 그러나 테스트 시에는 입력 파라미터에 대한 특별한 서브셋으로 공백문자를 포함하는 것이 좋다.

● ECP 테스트

넥스트 데이트 프로그램의 모든 유효한 날짜 값은 1/1/1582에서부터 12/31/3000 사이의 값을 포함한다. 이런 경우 총 테스트는 대략 500,000개가 된다. 하나의 테스트에 데이터를 입력하고 결과 값을 확인하기까지 5초씩 걸린다고 하면 테스트를 위해 대략 29일이 소요된다. 지금과 같은 경우 단순한 입력 값의 확인만으로도 시간 소모가 크므로 이전 테스트의 결과에서 정보를 얻어 추가적인 테스트를 고려하거나 입력 값의 조합에 대한 테스트를 추가하는 작업은 상상할 수조차 없다. ECP 테스팅은 9/29/1899에서부터 4/3/2999 사이의 대표 값으로 하나의 유효한 입력 값 6/12/2001을 취함으로써 문제를 해결할 수 있다.

앞서 언급한 바와 같이 ECP는 테스트해야 할 경우의 수를 줄여준다. ECP 기법에서는 데이터가 각 서브셋으로 나눠지면 어떻게 그것들을 테스트에 사용할 것인지 정의한다.

모든 파라미터의 유효한 클래스 서브셋을 조합하는 일반적인 접근 방법은 테스트 시 적어도 한 번은 해당 조합을 포함하는 것이다. 그리고 각 파라미터의 유효하지 않는 클래스 서브셋도 테스트한다. 예를 들어 유효한 데이터 값으로 v1, v4(혹은 v6, v7), v8을 선택하면 선택된 3개의 조합은 한 달이 30일인 달과 1에서부터 30일에 해당하는 날짜, 1582에서부터 3000까지의 연도 값 조합을 대표한다. 표 5-2는 넥스트 데이트 프로그램용 테스트 데이터 목록이다.

ECP 테스트	월	일	년	기타	기대 결과
1	v1∪v2∪v3	v6	v8		다음 날짜
2	v1	v4	v9∩v8		다음 날짜
3	v2		v10∩v8		다음 날짜
4	v3		v11∩v8		다음 날짜
5			v12∩v8		다음 날짜
6				v13	다음 날짜
7				v14	다음 날짜
8				v15	1/20/2038
9	i1	v4	v8		오류 메시지
10	i2	v4	v8		오류 메시지
11	i3	v4	v8		오류 메시지
12	i4	v4	v8		오류 메시지

표 5-2 ECP 테스트 설계 매트릭스(이어짐)

ECP 테스트	월	일	년	기타	기대 결과
13	i5	v4	v8		오류 메시지
14	v1∪v2∪v3	i6	v8		오류 메시지
15	v1∪v2∪v3	i7	v8		오류 메시지
16	v1∪v2∪v3	i8	v8		오류 메시지
17	v1∪v2∪v3	i9	v8		오류 메시지
18	v1∪v2∪v3	i10	v8		오류 메시지
19	v1∪v2∪v3	v6	i11		오류 메시지
20	v1∪v2∪v3	v6	i12		오류 메시지
21	v1∪v2∪v3	v6	i13		오류 메시지
22	v1∪v2∪v3	v6	i14		오류 메시지
23	v1∪v2∪v3	v6	i15		오류 메시지
24				i16	오류 메시지
25				i18	오류 메시지

표 5-2 ECP 테스트 설계 매트릭스

위의 표는 ECP 기법이 500,000개 이상의 테스트 케이스를 8개의 포지티브 (positive) 테스트와 17개의 네거티브(negative) 테스트로 줄여줄 수 있음을 보여준다. 유효하지 않은 서브셋 i17은 유효하지 않은 시브셋 i11을 갖는 ECP 테스트 19와 공존할 수 없으므로 불필요하다. 이런 이유로 네거티브 테스트가 17개만 존재한다. 그리고 유효한 클래스 서브셋 v13을 갖는 테스트 6은 ECP 테스트 1, 2, 3, 4, 5와 겹치므로 제거될 수 있다. 해당 서브셋은 ECP 표에 함께 나타내 추후 경계 값 분석을 위한 경계 조건을 식별하는 데 활용할 수 있다.

단지 유효한 8개의 테스트만을 수행하는 것은 위험이 따르므로 다른 입력을 고려해 추가적인 포지티브 테스트를 수행하는 것이 좋다. 추가적인 테스트는 주어진 서브셋에서 통계적인 방법을 사용하거나 임의로 데이터를 선정한다. 테스트 1의 입력을 설계하려면 월 입력으로 1에서부터 12 사이의 값을, 일자 입력으로 1에서부터 28 사이의 값을, 연도 입력으로 1528에서부터 3000

사이의 값을 하나씩 선택한다. 테스트를 여러 번 수행해 특정 서브셋에서 임의로 값을 선정함으로써 테스트 충분성을 높이고 수동 테스트나 자동 테스트를 위한 유연함을 제공하게 설계할 수 있다. ECP 테스트 1의 반복적인 테스트를 위해 메모리나 파일, 데이터베이스에서 임의의 월, 일, 연도 값을 선택하게 하면 테스트 결과 값을 자동으로 검증할 수 있는 프로토 알고리즘(Proto-algorithm)을 활용할 수 있다.

> **ECP 테스트가 경계 조건을 포함하지 않는 이유**
>
> ECP 테스트는 경계 조건을 고려하지 않는다. ECP 테스트는 특정 오류를 발견하기 위해 설계하고 경계 테스팅은 그것과는 다른 범주의 오류를 발견하기 위해 설계한다. ECP 테이블의 데이터 서브셋은 물리적인 값의 범위에 해당하는 최대 경계 값과 최소 경계 값을 나타내는 것으로, 특정 케이스에 해당하는 값을 찾는 데 사용할 수 있다. 그러나 ECP 기법은 일반적인 데이터 값을 도출하는 데는 문제가 있다. ECP 테스팅은 경계 조건을 고려한 최대값과 최소값이 아니며 경계 값 분석이나 경계 테스팅을 포함하지 않는다.
>
> 초보 테스터는 종종 테스트 케이스나 시간을 줄이기 위해 ECP 기법과 경계 테스팅을 조합한다. ECP 기법이 경계 값 테스팅과 결합해 경계 값 분석을 위한 임의의 경계 조건을 찾는 데 기초적인 프레임워크를 제공할 수 있더라도 두 개의 기법을 결합하는 것은 테스트의 다양한 경우를 고려하지 못하거나 잘못된 가정을 할 수 있는 위험이 있다. 일반적으로 기법을 적용할 경우 한 번에 하나의 기법에 집중하는 것이 효과적이다.

● 동등 클래스 분할 요약

ECP는 입력과 출력 파라미터를 검증하기 위한 블랙박스나 화이트박스 테스트 셋을 설계하는 기능 테스팅 기법이다. 이 기법은 경계 조건이나 상호 참조 파라미터 조합, 순차적인 입력을 검증하는 체계적인 절차를 제공하지는 않는다. 입력과 출력 조건은 포지티브 결과를 돌려주고 오류 상황을 발생하지 않는 유효한 클래스 데이터와 오류 메시지를 띄우는 유효하지 않는 클래스 데이터 두 가지로 나눌 수 있다. 각 클래스의 데이터는 또 다른 서브셋으로 나눌 수 있다. 주어진 클래스의 특정 서브셋 내에 있는 데이터는 어떤 데이터를 선정해도 같은 결과 값을 리턴한다. 서브셋으로 구분하는 방법은 범위 값, 유사한 그룹 변수, 특이 값, 특정 변수 등 4가지가 있다. 동등 클래스 분할은 테스트를 위한 경우의 수를 줄이기 위해 유용하다. 데이터 생성의 조합 시 ECP를 적용하면 테스트 커버리지를 높이고 강건성 테스트를 위한 확신을 얻을 수 있다. ECP 기법을 응용하려면 더 많은 시간이 필요한 경우도 있다. 그러나 ECP 기법을 잘 적용하면 다음과 같은 장점이 있다.

- 테스터로 하여금 기능 셋과 입력, 출력 파라미터를 더 자세하게 분석하게 한다.
- 테스터가 간과할 수 있는 부분을 인식할 수 있게 한다.
- 어떤 데이터 셋이 어떻게 테스트됐는지에 대해 명확한 증거를 제공한다.
- 위험 요소를 줄임으로써 테스트 효과를 체계적으로 증가시킨다.
- 불필요한 테스트를 줄임으로써 테스트 효율을 증가시킨다.

그러나 동등 클래스 분할이 만능 해결책은 아니므로 효과적인 적용을 위해 ECP 적용의 예외 상황을 인지해야 하고, 테스트 커버리지를 높이려면 테스터의 능력, 도메인과 전체 시스템에 대한 지식이 필요하다. ECP 기법을 잘 적용하면 다른 접근 방법에서는 발견할 수 없는 예외 상황 테스트를 고려할 수 있다. ECP 기법은 테스트 툴 박스의 가치 있는 툴 중 하나가 될 수 있다.

단일 결함 가정

신뢰성과 관련한 단일 결함 가정은 두 가지 이상의 결함이 동시에 발생할 가능성이 적다는 사실을 전제로 한다. ECP 테스팅과 경계 값 테스팅의 기본 목적은 애플리케이션이 다른 방식으로 동작하게 하는 변수의 선형(linear) 경계나 동등 데이터의 코너 케이스에 대한 단일 결함을 발견하는 것이다. ECP와 BVA(Boundary Value Analysis, 경계 값 분석) 기법은 입력과 출력 파라미터에 대한 정확한 조사와 체계적인 검증이 가능하게 설계한다. 물론 ECP와 BVA가 결함 모델을 위한 유일한 방법은 아니지만 각 파라미터의 성능에 대해 확신을 제공하며 파라미터 간의 상호작용을 검증하고, 다양한 결함 모델이 허용하는 범위에서의 추가적인 접근을 용이하게 한다.

:: 경계 값 분석

경계 값 분석(BVA, Boundary Value Analysis)은 기능 테스팅 기법 중 가장 잘 알려져 있다. 그러나 대부분의 테스터가 해당 기법이 상대적으로 쉽고 하찮다고 생각해 잘못 사용하는 경우가 많고, 이로 인해 많은 문제가 발생한다. 선형 변수 데이터를 주의 깊게 분석해 경계 값 클래스 결함을 놓치는 실수를 피해야 한다. BVA와 동등 클래스 분할을 결합할 경우, BVA 기법은 각 선형 변수의 입력과 출력 파라미터 경계 값을 체계적으로 분석하는 데 효과적이다. BVA나 경계 값 테스팅은 다음과 같은 종류의 오류를 발견하는 데 유용하다.

- 데이터 타입의 잘못된 제약 사항
- 잘못 할당된 관계 연산자
- 데이터 타입의 래핑(wrapping)
- 반복(looping) 구조의 문제
- 오프 바이 원(Off-by-one) 오류[8]

소프트웨어의 경계 값은 무엇인가?

소프트웨어 프로그램에서 경계 값은 각 선형 변수나 경계에서의 최고 끝단 값이다.
경계 값은 선형 값의 경계 범위를 가리키는 특정한 값이다. 예를 들어 넥스트 데이트 프로그램의 최소 입력 값은 1/1/1582이고, 최대 입력 값은 12/31/3000이다. 해당 값은 경계의 최소값과 최대값으로 다른 입력 값을 대표한다. 최소값 1과 최대값 12는 월 입력 값의 끝단 선형 범위에 해당하는 경계 조건이다.
많은 나라가 주나 지방의 경계를 갖는 것처럼 선형 변수는 최소, 최대 범위의 서브 경계 값을 가질 수 있다. 서브 경계는 동등 클래스 분할에 의한 범위의 서브셋이나 변수의 유일한 서브셋이 될 수 있다. 예를 들어 표 5-1의 ECP 데이터의 서브셋은

---

8. 반복문에서 인덱싱을 0에서부터 시작해야 하는데 1에서부터 시작하거나 >= 대신 >를 사용하는 등의 오류다.

> 10/5/1582에서부터 10/14/1582 사이의 단일 범위를 나타낸다. 또한 ECP 범위는 입력 날짜가 허용하는 경계 범위에 대해 두 가지 추가적인 서브 경계 값을 찾게 한다.
>
> 많은 나라가 물리적인 대륙 공간을 확보하고 있는 것 같지만 실제적으로는 그렇지 않다. 이와 유사하게 연도에 해당하는 입력 값은 1582에서부터 3000까지로 제한돼 있고 개발자는 애플리케이션 작성 시 해당 데이터 타입을 선언해야 한다. 툴을 사용함으로써 테스터는 메소드나 기능에서 사용되는 변수의 데이터 타입을 결정할 수는 있지만 이는 개발자가 C# 코드에서 연도에 해당하는 정수로 16비트 정수를 선언했다는 점을 전제로 한다. 따라서 연도 파라미터가 16비트 정수 데이터 타입으로 된 어떤 최소값과 최대값이든 받아들일 수 있더라도 수용할 수 있는 선형 범위 변수는 1582에서부터 3000 사이로 제한된다.

BVA는 특히 두 종류의 경계 값인 고정 상수 값과 고정 변수 값을 분석하는 데 유용하다. 고정 상수 경계는 수학적 상수 값이나 수행 중에도 변하지 않고 사용자에 의해서도 변경되지 않는 실제 값이다. 예를 들어 넥스트 데이트 프로그램에서 1582와 3000은 연도 입력 변수에 대한 예약된 고정 값이다. 넥스트 데이트 프로그램의 또 다른 예약된 고정 변수는 연도 텍스트 박스에 입력할 수 있는 문자의 최대수가 된다. 연도 입력을 위한 텍스트 박스는 최대 4개의 문자만 입력할 수 있는 제한된 속성을 가진다.

고정 변수 경계의 두 번째 형식은 특정 시점에 고정 값으로 지정돼 변경될 수 없는 값을 말한다. 예를 들어 윈도우의 가로와 세로는 x와 y축의 사이즈에 따라 다양할 수 있다. 그러나 특정 시점에서는 픽셀, 밀리미터, 인치로 측정될 수 있는 고정 선형 변수가 된다. 고정 변수 경계 값은 선형 측정에서 사용자에게 쉽게 인식되지 않으므로 찾기가 어렵다. 그림 5-3은 마이크로소프트 그림판의 가로와 세로에 해당하는 고정 변수 경계를 보여준다.

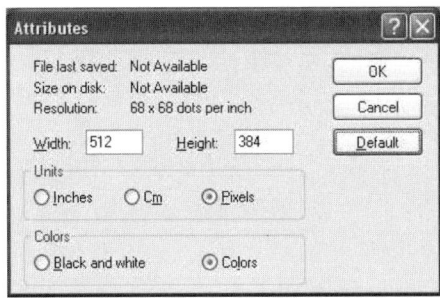

그림 5-3 수행 중 사용자에 의해 변경될 수 있는 고정 변수 경계 값의 예, 가로와 세로 변수

● 경계 값 테스트의 정의

폴 C. 요르겐센(Paul C. Jorgensen)[9]은 기본적인 경계 값 분석을 위한 테스트 개수를 계산하기 위해 4n+1(또는 견고한 경계 테스팅을 위해 최소값-1과 최대값+1을 포함한 6n+1) 공식을 제안한다. 이때 n은 각 파라미터 수에 해당한다. 요르겐센 공식은 일반적인 값에 대한 테스트도 포함한다. 이 공식은 선형 변수의 끝단 값을 분석해 단순한 변수를 구할 수 있게 하지만 한편으로는 복잡한 상황을 너무 단순화하는 경향이 있다.

예를 들어 요르겐센 공식에서 제안하는 좀 더 철저한 데이터 분석도 동등 클래스 서브셋에서 명시하는 최대값과 최소값에 해당하는 범위의 중요한 경계 조건을 간과할 수 있다. 또한 동등 클래스 서브셋의 유일한 변수가 선형 변수의 끝단 범위 값이 아니거나, 다른 특정 동등 클래스 범위 값이 더 의미가 있을 수 있다. 그림 5-4는 마이크로소프트 윈도우 ANSI 코드 페이지를 보여준다. 해당 예에서 보면 문자 코드의 끝단 선형 범위의 문자는 ANSI 874 캐릭터 셋의 0x00에서부터 0xFF까지로 확장될 수 있다.

그러나 입력 파라미터가 부호화되지 않은 문자 코드 포인트를 제외하면 많은 유효하거나 유효하지 않은 동등 클래스 서브셋은 표 5-3에서 명시한 할당되거나 할당되지 않은 범위에 해당하는 문자 코드를 필요로 한다. 전체적인 물리적 범위가 0x00에서부터 0xFF로 확장된 경우 할당된 문자 코드 포인트와

---

9. 폴 C. 요르겐센(Paul C. Jorgensen), 『Software Testing: A Craftsman's Approach(소프트웨어 테스팅: 장인의 접근)』(보카 라톤, 플로리다: CRC 출판, 1995)

할당되지 않은 문자 코드 포인트에 대한 경계 분석을 주의 깊게 하지 않으면 잠재적인 문제를 간과할 수 있다.

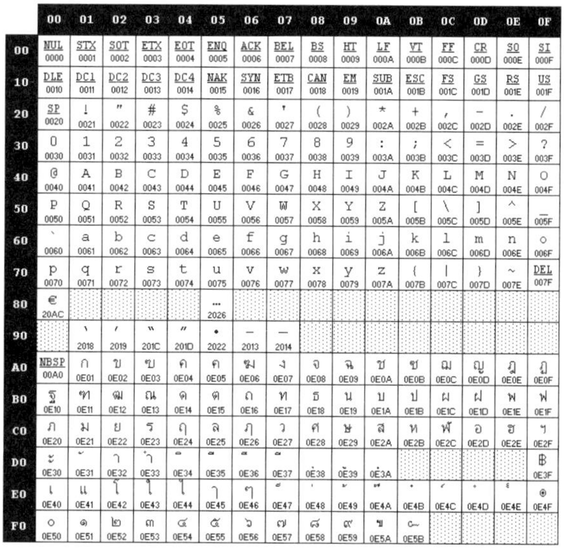

그림 5-4 윈도우 ANSI 코드 페이지 874

할당된 문자 코드 포인트	할당되지 않은 문자 코드 포인트
0x00-0x80	0x81-0x84
0x85	0x86-0x90
0x91-0x97	0x98-0x9F
0xA0-0xDA	0xDB-0xDE
0xDF-0XFB	0xFC-0xFF

표 5-3 윈도우 ANSI 코드 페이지 874의 할당되거나 할당되지 않은 문자 코드 포인트의 ECP 서브셋

● 경계 값 분석을 위한 새로운 공식

각 파라미터에 대한 끝단 범위를 찾기 위한 좀 더 향상된 경계 값 분석은 기본적인 경계 값 분석의 테스트 데이터 셋을 최소화하기 위한 반복적인 접근과는

다른 공식을 필요로 한다. 효과적인 경계 값 분석은 주어진 독립적인 변수에 대해 정확하게 유일한 경계 조건을 찾는 테스터의 능력에 좌우된다. 동등 클래스 서브셋은 잠재적인 경계 조건을 알 수 있게 한다. ECP 서브셋은 변수의 끝단 선형 범위를 찾을 뿐만 아니라 변수 데이터가 정확하게 나눠지면 추가적인 중요한 경계 조건도 찾을 수 있게 한다.

테스트 데이터의 최소 셋에 해당하는 독립적인 입력과 출력 파라미터의 모든 경계 조건은 간단한 공식, 3(BC)에 의해 계산될 수 있다. BC는 특정한 경계 조건의 개수와 같다. 넥스트 데이트 프로그램을 사용해 요르겐센의 견고한 공식과 3(BC) 공식 사이의 접근 방법 차이를 알 수 있다.

월, 일, 연도에 해당하는 물리적인 끝단 입력 값은 각기 1과 12, 1과 31, 1582와 3000이다. 강건한 경계 테스팅을 위해 요르겐센의 6n+1 공식을 사용하면 입력 값의 경계 테스트 수는 (6*3)+1이나 표 5-4의 BVA 테스트 매트릭스 리스트처럼 19가 된다.

테스트	월	일	년	기대 결과	비고
1	0	1-28	1582-3000	오류	월 최소값-1, 일, 년
2	1	1-28	1582-3000	다음 날짜	월 최소값, 일, 년
3	2	1-28	1582-3000	다음 날짜	월 최소값+1, 일, 년
4	11	1-28	1582-3000	다음 날짜	월 최대값-1, 일, 년
5	12	1-28	1582-3000	다음 날짜	월 최대값, 일, 년
6	13	1-28	1582-3000	오류	월 최대값+1, 일, 년
7	1-12	0	1582-3000	오류	일 최소값-1, 월, 년
8	1-12	1	1582-3000	다음 날짜	일 최소값, 월, 년
9	1-12	2	1582-3000	다음 날짜	일 최소값+1, 월, 년
10	1-12	30	1582-3000	다음 날짜	일 최대값-1, 월, 년
11	1-12	31	1582-3000	다음 날짜	일 최대값, 월, 년
12	1-12	32	1582-3000	오류	일 최대값+1, 월, 년

표 5-4 요르겐센의 강건한 6n+1 공식에 의한 간단한 BVA 테스트 매트릭스(이어짐)

테스트	월	일	년	기대 결과	비고
13	1-12	1-28	1581	오류	년 최소값-1, 일, 월
14	1-12	1-28	1582	다음 날짜	년 최소값, 일, 월
15	1-12	1-28	1583	다음 날짜	년 최소값+1, 일, 월
16	1-12	1-28	2999	다음 날짜	년 최대값-1, 일, 월
17	1-12	1-28	3000	다음 날짜	년 최대값, 일, 월
18	1-12	1-28	3001	오류	년 최대값+1, 일, 월
19	1-12	1-28	1582-3000	다음 날짜	모든 조건

표 5-4 요르겐센의 강건한 6n+1 공식에 의한 간단한 BVA 테스트 매트릭스

그러나 표 5-1을 따라 동등 클래스 기법을 사용해 데이터를 상세하게 구분해보면 추가적인 경계 값들을 찾을 수 있다. 예를 들어 날짜 입력 파라미터는 최대 범위 31에서 3개의 추가적인 경계 조건을 찾을 수 있다. 그리고 유효하거나 유효하지 않은 날짜 범위에서 4개의 추가적인 조건과 출력 파라미터의 경계 조건에서 2개를 더 찾을 수 있다. 경계 테스팅을 위해 3(BC) 공식을 적용하면 경계 조건을 분석하기 위한 적절한 테스트 셋은 표 5-5의 BVA의 매트릭스에 따라 3×18개, 즉 54개가 필요하다.

BVA 테스트	경계 조건	월	일	년	기대 결과	비고
1	1	0	1-28	1582-3000	오류 메시지	월 최소값 -1
2		1	1-28	1582-3000	다음 날짜	월 최소값
3		2	1-28	1582-3000	다음 날짜	월 최소값+1
4	2	11	1-28	1582-3000	다음 날짜	월 최대값-1
5		12	1-28	1582-3000	다음 날짜	월 최대값
6		13	1-28	1582-3000	오류 메시지	월 최대값+1

표 5-5 3(BC) 공식을 사용한 넥스트 데이트 프로그램의 BVA 테스트 매트릭스(이어짐)

BVA 테스트	경계 조건	월	일	년	기대 결과	비고
7	3	31일 달	0	1582–3000	오류 메시지	일 최소값-1 (31일 달)
8		31일 달	1	1582–3000	다음 날짜	일 최소값 (31일 달)
9		31일 달	2	1582–3000	다음 날짜	일 최소값+1 (31일 달)
10	4	31일 달	30	1582–3000	다음 날짜	일 최대값-1 (31일 달)
11		31일 달	31	1582–3000	다음 날짜	일 최대값 (31일 달)
12		31일 달	32	1582–3000	오류 메시지	일 최대값+1 (31일 달)
13	5	30일 달	0	1582–3000	오류 메시지	일 최소값-1 (30일 달)
14		30일 달	1	1582–3000	다음 날짜	일 최소값 (30일 달)
15		30일 달	2	1582–3000	다음 날짜	일 최소값+1 (30일 달)
16	6	30일 달	29	1582–3000	다음 날짜	일 최대값-1 (30일 달)
17		30일 달	30	1582–3000	다음 날짜	일 최대값 (30일 달)
18		30일 달	31	1582–3000	오류 메시지	일 최대값+1 (30일 달)
19	7	2	0	윤년	오류 메시지	일 최소값-1 (범위에 윤년)
20		2	1	윤년	다음 날짜	일 최소값 (범위에 윤년)

표 5-5 3(BC) 공식을 사용한 넥스트 데이트 프로그램의 BVA 테스트 매트릭스(이어짐)

BVA 테스트	경계 조건	월	일	년	기대 결과	비고
21		2	2	윤년	다음 날짜	일 최소값+1 (범위에 윤년)
22	8	2	28	윤년	다음 날짜	일 최대값-1 (범위에 윤년)
23		2	29	윤년	다음 날짜	일 최대값 (범위에 윤년)
24		2	30	윤년	오류 메시지	일 최대값+1 (범위에 윤년)
25	9	2	0	윤년 아님	오류 메시지	일 최소값-11 (윤년 아님)
26		2	1	윤년 아님	다음 날짜	일 최소값 (윤년 아님)
27		2	2	윤년 아님	다음 날짜	일 최소값+11 (윤년 아님)
28	10	2	27	윤년 아님	다음 날짜	일 최대값-11 (윤년 아님)
29		2	28	윤년 아님	다음 날짜	일 최대값 (윤년 아님)
30		2	29	윤년 아님	오류 메시지	일 최대값+11 (윤년 아님)
31	11	1-12	1-28	1581	오류 메시지	년 최소값-1
32		1-12	1-28	1582	다음 날짜	년 최소값
33		1-12	1-28	1583	다음 날짜	년 최소값+1
34	12	1-12	1-28	2999	다음 날짜	년 최대값-1
35		1-12	1-28	3000	다음 날짜	년 최대값
36		1-12	1-28	3001	오류 메시지	년 최대값+1

표 5-5 3(BC) 공식을 사용한 넥스트 데이트 프로그램의 BVA 테스트 매트릭스(이어짐)

BVA 테스트	경계 조건	월	일	년	기대 결과	비고
37	13	12	31	1581	오류 메시지	출력 최소값-1
38		1	1	1582	1/2/1582	출력 최소값
39		3	2	1582	3/3/1582	출력 최소값+1
40	14	12	30	3000	12/31/1582	출력 최대값-1
41		12	31	3000	1/1/3001	출력 최대값
42		1	1	3001	오류 메시지	출력 최대값+1
43	15	9	2	1752	9/3/1752	단일 날짜 범위 최소값-1
44		9	3	1752	9/4/1752	단일 날짜 범위 최소값
45		9	4	1752	9/5/1752	단일 날짜 범위 최소값+1
46	16	9	12	1752	9/13/1752	단일 날짜 범위 최대값-1
47		9	13	1752	9/14/1752	단일 날짜 범위 최대값
48		9	14	1752	9/15/1752	단일 날짜 범위 최대값+1
49	17	10	4	1582	10/15/1582	단일 날짜 범위 최소값-1
50		10	5	1582	오류 메시지	단일 날짜 범위 최소값
51		10	6	1582	오류 메시지	단일 날짜 범위 최소값+1
52	18	10	13	1582	오류 메시지	단일 날짜 범위 최대값-1

표 5-5 3(BC) 공식을 사용한 넥스트 데이트 프로그램의 BVA 테스트 매트릭스(이어짐)

BVA 테스트	경계 조건	월	일	년	기대 결과	비고
53		10	14	1582	오류 메시지	단일 날짜 범위 최대값
54		10	15	1582	10/16/1582	단일 날짜 범위 최대값+1

표 5-5 3(BC) 공식을 사용한 넥스트 데이트 프로그램의 BVA 테스트 매트릭스

두 가지 예에서 모두 각 파라미터에 대해 경계 값과 경계 값 바로 위의 값과 바로 아래 값을 검사했다. 그 외의 파라미터는 일반 값으로 설정했다. 이 파라미터에 대한 ECP 테스트는 일반 값이 각기 독립적인 파라미터에 대해 예측한 것과 동일하게 동작했다. 일반 값 대신 유효 범위에서의 확률 값(probabilistic stochastic value)을 사용한 BVA 테스트 설계는 테스트 시 유용성을 높이고 하드 코딩된(hard-coded) 데이터나 고정 데이터의 사용을 줄인다. 어떤 경우 경계 테스트는 특정 경계를 평가하기 위해 특정 변수의 조합을 사용해야 한다. 일반 파라미터의 변수로 확률 테스트 데이터를 사용할 수 있는 경우 테스터는 테스트 결과를 결정하기 위해 자신의 지식을 활용할 수 있다. 그리고 자동화 테스트를 작성할 때는 예상 결과와 실제 결과를 비교하기 위한 오라클(oracle)로 프로토 알고리즘(proto-algorithm)을 사용할 수 있다.

● 숨겨진 경계 값

모든 경계 값이 숫자로 된 입력과 출력 값은 아니며, 또한 사용자에게 직접 보여지는 선형 측정에 의해서만 찾을 수는 없다. 창(window)이나 컨트롤의 가로와 세로 값은 픽셀이나 그 밖의 선형 측정법으로 측정될 수 있다. 또한 코드에는 무수한 반복 알고리즘이 존재하는 경우가 많고, 반복 구조는 경계 조건에 문제를 일으킬 소지가 많다. 예를 들어 다음 메소드는 스트링 내의 문자 수를 계산한다. 실제로는 스트링 내의 유니코드(Unicode) 문자 코드 포인트의 수를 계산한다. 해당 메소드에 대한 경계 테스팅은 빈 스트링(최소-1)을 인수

(Argument)로 전달한 후 반복문을 그냥 한 번 지나친다. 그리고 한 문자 스트링(최소)과 두 문자 스트링(최소+1)을 전달한다. 최대 범위 분석을 위한 테스트는 2,147,483,646(최대-1), 2,147,483,647(최대), 2,147,483,648(최대+1)개의 문자 스트링을 필요로 한다. ToCharArray 메소드는 스트링에서 부호화된 32비트 상수 데이터 타입과 동일한 문자 배열(array)까지 유니코드 문자의 최대 개수를 복사한다. 따라서 실제 애플리케이션 동작 시에는 발생할 가능성이 적지만 cArary는 각 써로게이트 페어 문자(surrogate pair character)에 대해 1,073,741,824 문자열의 유니코드 써로게이트 페어 문자를 전달한다. 그리고 인덱스는 범위 초과 예외(out-of-range exception)를 발생시키는 2,147,483,648까지 증가한다.

```
private static int GetCharacterCount(string myString)
{
    try
    {
        char[] cArray = myString.ToCharArray();
        int index = 0;
        while (index < cArray.Length)
        {
            index++;
        }
        return index;
    }
    catch (ArgumentOutOfRangeException)
    {
        throw;
    }
}
```

그러나 반복문 구조의 경계를 찾기 어려운 경우가 많다. 테스터가 프로그래밍 언어, 데이터 타입, 알고리즘 구조에 익숙하면 숨겨진 경계를 발견하는 데 통찰력을 가질 수 있다. 앞의 예제에서 테스터가 다른 유니코드 인코딩 패턴(특히 써로게이트 페어 인코딩)을 알지 못하면 간단한 유니코드 문자를 사용한 경계 테스트만을 수행할 수 있다. 이런 방법은 하나의 문자열을 구성하는 올바른 문자 개수를 리턴하고 최대 2,147,483,647개의 문자를 포함할 수 있다. 그러나 2,147,483,647 문자열 중 하나의 문자라도 써로게이트 페어에 해당하는 문자열이 있으면 범위 초과 예외(Out-of-range Exception) 오류를 발생시키는 원인이 된다.

경계 테스팅 루프와 데자뷰 발견법

반복문은 소프트웨어에서 일반적인 구조로 경계 결함이 존재할 가능성이 높다. 반복문 구조의 경계 값 분석은 바이패싱(bypassing), 1회(one time) 반복, 2회 반복, 최대 반복, 최대 반복 횟수보다 한 번 적은 반복, 최대 반복 횟수를 초과한 반복을 포함한다. 테스트 설계 시 블랙박스 테스트 설계 접근 방법만을 취할 경우 반복문 구조를 찾기 어려울 수 있다.

윈도우 XP의 파일명 편집 컨트롤 박스에서 파일 이름 입력 시 사용자가 파일 이름을 예약된 디바이스 이름 LPT1, COM을 사용해 저장하려고 하면 시스템은 이미 파일이 존재한다는 오류 메시지와 함께 "이미 존재하는 파일을 바꾸시겠습니까?"라고 묻는다. 물론 윈도우 운영체제 시스템에서는 파일 이름을 예약된 디바이스 이름으로 저장할 수 없다. 그러나 테스트를 위해 대화상자에서 '예'를 클릭했을 때 문서 윈도우의 제목은 LPT1으로 바뀌었다. 물론 파일은 저장되지 않았으며 파일을 닫았을 때 파일 내용은 사라졌다. 윈도우 XP 업데이트에서 해당 오류를 수정하기 위해 노력했으나 부분적으로만 수정 됐다.

수정 후 동일한 절차를 반복 테스트했다. 그러나 이번에는 '예'를 클릭 했을 때 "[lpt1] 파일을 생성할 수 없습니다. 파일 경로와 이름이 정확한지 확인하세요" 같은 새로운 오류 메시지가 떴다. 해당 메시지에서 '예'를 클릭하고 난 후 나는 다시 메모장을 사용할 수 있었다. 오류 메시지를 만날 때면 언제나 나는 동일한 절차를 반복해 동일한 오류 메시지가 나타나는지 확인한다. 오류 메시지가 나타나는 절차를 두 번째 반복하면 오류를 수정하기 전에는 대부분 같은 문제를 만난다.

저장 대화상자의 반복문 테스트를 어떻게 할까? 간단한 방법으로 오류를 만날 때마다 데자뷰 발견법을 활용하는 것이다(발견법은 어떠한 문제를 해결하기 위한 가능성을 높이는 상식적인 규칙이다. 발견법은 일반적으로 가치가 있지만 종종 틀리는 경우도 있다). 데자뷰 발견법은 특별히 최소 경계 값과 경계 값의 바로 위 값과 바로 아래 값을 분석한다. 지금과 같은 경우 최소값-1 값은 오류 경로를 실행하지 않는다. 최소 경계 조건은 오류 메시지를 생성하는 경로를 실행하고 최소값+1 값은 원칙적으로 최소값과 코드상의 같은 경로를 수행한다.

● **경계 값 분석 요약**

경계 값 분석은 특정 경계 조건에서 경계 값의 바로 위 값과 바로 아래 값을 구하는 기능적 기법이다. 결함 원인을 분석해보거나 경험에 비춰 보면 예외 상황은 입력과 출력의 경계 조건 근처에서 발생한다. 경계와 경계 근처의 체계적인 분석을 통해 테스트 효과를 높이고 더 나은 품질을 얻을 수 있다. 그리고 테스트 주기의 초반에 특정 클래스의 결함을 발견할 확률을 높일 수 있다.

3(BC) 공식을 사용해 필요로 하는 경계 테스트의 수를 예측하고 경계 값을 기초로 해 좀 더 포괄적인 테스트 셋을 구할 수 있다. 추가적인 경계 조건을 찾는 유일한 방법은 데이터를 세밀하게 조사하는 것이다. 단지 초과 범위에만 집중하거나 정상적인 경우의 임의의 입력 값만을 고려할 경우 경계 조건을 찾을 수 없다. 경계 테스팅은 각 파라미터 값의 검증을 위한 명확하고 체계적인 기법을 제공한다. 그러나 완벽한 접근 방법은 있을 수 없다는 사실을 유념해야 한다. 즉, 경계 값 분석의 효과는 값을 각기 동등한 서브셋으로 나누거나 중요한 경계 조건을 찾아낼 수 있는 테스터의 능력에 좌우됨을 명심해야 한다. 또한 기본적인 경계 테스팅은 단일 결함 가정(single-fault assumption)에 근거한다. 이런 가정에 의해 BVA 테스팅은, 일반적으로 서로 의존적이거나 부분적으로 조합돼 있는 파라미터들의 복합적인 조합에 대한 검증 방법으로는 일반적으로 효과가 없다.

:: 조합 분석

지금까지는 정상적인 조건을 검증하기 위해 다른 파라미터의 값을 고정한 후 입력과 출력 파라미터를 각기 검증했다. 그러나 일부 파라미터의 변수 상태는 다른 파라미터의 변수 상태에 의존적이거나 부분적으로 조합돼 있다. 이것은 파라미터의 출력 상태는 다양한 조합의 입력 파라미터 값 상태에 의존적이라는 사실을 의미한다. 다른 파라미터의 다양한 상태 간의 상호작용을 테스트하는 데는 조합 분석(Combinatorial Analysis) 방법이 가장 유용하다.

이해를 위해 마이크로소프트 인터넷 익스플로러의 보안 설정 대화상자를 생각해 보자. 대화상자는 24개의 파라미터를 가지고 있고 각기 두 가지에서 다섯 가지 사이의 상태를 나타내기 위한 또 다른 파라미터가 많이 있다. 해당 파라미터들이 부분적으로 조합돼 있다고 가정하면 테스팅하는 데 필요한 상태는 각 파라미터의 개수를 모두 곱한 데카르트의 곱(cartesian product)과 같다. 앞의 예에서는 총 조합은 50만조 개이고 하나의 조합에 대해 1/1000초가 걸린다고 가정하면 테스트 수행을 위해 대략 3300년이 걸린다. 일반적으로 소모적인 조합 테스팅은 간단한 프로그램에만 가능하다고 생각할 수 있다. 그러나 기능적 조합 테스트는 실제 업무 적용을 통해 복잡한 상태의 조합에도 효과적인 방법임이 증명됐다.

조합 분석은 마이크로소프트의 SDET에 의해 널리 사용되는 기능 테스팅 기법으로, 모든 가능한 조합에서 효율적인 테스트 셋을 체계적으로 찾아내기 위해 복잡한 기능 집합에서 부분적으로 결합된 파라미터의 의존성과 상호작용을 분석하는 기법이다. 조합 분석 기법은 상황에 적절하게 사용될 경우 여러 가지 장점이 있다.

- 변수 간의 상호작용에 의해 발생하는 결함 대부분을 찾을 수 있다.

- 대부분의 구조를 커버할 수 있다.

- (적절하게 사용된 경우) 전체적인 테스팅 비용을 줄일 수 있다.

기능 테스트를 할 때 파라미터가 상호 의존적이거나 부분적으로 결합된 경우나 파라미터의 입력 순서가 정해지지 않은 경우에는 앞서 언급한 장점들을 이해하고 해당 기법을 적용하는 것이 중요하다. 신입 테스터는 종종 기능에 대한 충분한 분석을 수행하지 않고 파라미터의 셋이나 입력을 구하기 위해 조합 분석 기법을 적용하려고 시도한다. 그러나 해당 기법은 여러 개의 입력을 가진 프로그램이나 기능에 모두 적용할 수 있는 것은 아니다. 일반적으로 조합 분석은 직접적으로나 간접적인 상호작용이 없는 독립적인 파라미터의 경우나 수학적 계산, 파라미터 입력의 순서가 정해진 경우, 순차적인 조작을 요하는 입력에는 효과적인 기법이 아니다.

● 조합 테스팅 접근 방법

파라미터 간의 상호작용 테스팅을 위한 두 가지 일반적인 접근 방법이 있다. 첫 번째 접근 방법은 전형적으로 임의의 메소드나 애드혹(ad hoc) 메소드를 포함하고, 두 번째 접근 방법은 좀 더 체계적인 절차를 포함한다. 체계적인 검증 접근 방법은 각 변수에 대해 각기 한 번의 선택(choice once), 기초 선택(BC, base choice), 직교 배열(OA, orthogonal array), 조합 테스트(페어 와이즈, pair-wise), 철저한 테스팅(ET, exhaustive testing)을 포함한다.

최상의 추측이나 애드혹 메소드는 테스터의 직관이나 운에 달려있다. 일반적으로 조합 테스팅 접근 방법은 조합이나 성공 경로(happy path) 테스팅에 유용하고 예외적인 조합 시나리오에서 발생되는 포착하기 어려운 결함을 발견할 수 있다. 그러나 제한된 환경에서의 경험은 테스터들이 빠르게 한계 상황에 도달해 동일한 경로를 반복적으로 테스트하게 함으로써 전체적인 테스트 노력 대비 효과가 크지 않게 만들 수 있다. 모든 가능한 조합으로부터의 테스트 셋의 선택은 임의의 선택 기법을 따르고 있다. 슈로더와 동료들의 최근 연구에[10] 따르면 n 와이즈 테스팅과 모든 가능한 조합으로부터 도출된 임의의 조합 테스트 사이에 실패 발견 효과성에 대한 별다른 차이가 없다는 사실이 밝혀졌다. 모든 가능한 조합으로부터의 임의의 선택은 상호배타적인 다양한 상태나 서로 다른 특정 파라미터에 대해 동일한 조건을 포함하는 테스트가 있을 수 있다. 지금과 같은 기법은 학문적인 관점에서는 흥미로울 수 있지만 이미 효율적이고 효과적인 툴을 사용할 수 있는 상용 소프트웨어의 테스트에 적용하기에는 적절하지 않을 수 있다.

각 선택법(EC, Each Choice)은 각 변수를 적어도 한 번은 간단히 테스트한다. EC는 다른 어떤 조합 분석 접근 방법보다도 최소량의 테스트를 제공한다. 그러나 일반적으로 복잡한 시스템에는 효과적이지 않다. 기초 선택법(BC, Base

---

10. 패트릭 J. 슈로더(Patrick J. Schroeder), 판카즈 볼라키(Pankaj Bolaki), 비자람 고푸(Vijayram Gopu), <Comparing the Fault Detection Effectiveness of N-Way and Random Test Suites(N 웨이 랜덤 테스트 스위트의 실패 감지 효과성)>, 2004 경험 기반(Empirical) 소프트웨어 공학 국제 심포지엄

Choice)은 기본적인 테스트에 대한 변수 조합을 찾아낸다. 이 방법은 성공 경로나 일반적으로 사용되는 변수 상태의 조합에 유용하다. 추가적인 테스트는 기본 테스트 상태로 다른 파라미터 변수를 고정한 상태에서 다른 하나의 파라미터에 대한 변수 상태를 변경한다. BC 테스팅은 t=1이나 1 와이즈 커버리지(1-wise coverage)를 만족하고 단일 조합 오류를 발견하는 데 효과적이다. 그러나 BC 테스팅은 n 와이즈 조합 테스팅과 결합해 사용할 때 유용하다는 연구 결과도 있다.

직교 배열(OA, orthogonal arrays)은 제조업에서 채택하는 기법으로 소프트웨어 테스팅에 직교 배열을 사용하는 것은 매우 유용하다. 간단한 직교 배열 방식은 각기 독립적인 파라미터를 위해 동일한 수의 변수 상태를 필요로 하고 해당 상태들이 배열에 매핑돼야 한다. 독립적인 파라미터 사이의 변수 상태 수가 상이한 좀 더 복잡한 기능에서는 직교 배열이 아주 복잡해진다. 직교 배열의 출력 값은 페어 와이즈 커버리지와 같다. 또한 직교 배열의 출력 값은 각 튜플(tuple)이 여러 차례 포함되거나 페어 와이즈 테스트로 조합을 줄이므로 최적 출력 값보다는 적다. 직교 배열은 실험이나 성능 분석, 최적화에 유용하다. 그러나 직교 배열은 어려운 문제에 있어서는 사용하기 어려운 해결 방법이다. 따라서 상호 의존적인 파라미터의 기능 테스팅을 위해 조합 테스팅을 대체하기 위한 효율적인 해결 방법으로 직교 배열을 사용하는 것은 적합하지 않다.

상호 의존적인 파라미터의 변수 조합을 위한 가장 효율적이고 효과적인 해결법은 조합 분석이나 커버리지 배열을 사용한 n 와이즈 테스팅이다. 조합 분석 툴은 다양하며 조합 테스트 매트릭스를 구하기 위해 복합적인 알고리즘을 사용한다. 페어 와이즈 분석을 위한 일반적인 커버리지 배열 알고리즘의 기본적인 이해를 위해 볼드, 이탤릭, 취소선, 밑줄을 지정할 수 있는 간단한 폰트 스타일 기능을 생각해보자. 해당 예제는 볼드, 이탤릭, 취소선, 밑줄과 같은 네 가지 인수를 갖고, 각 파라미터는 체크된 상태와 체크되지 않는 상태라는 두 개의 변수 상태를 갖는다.

단순한 페어 와이즈나 2 와이즈 분석을 위해 가장 먼저 모든 가능한 조합에서 볼드와 이탤릭 파라미터 페어의 유일한 변수 상태 조합을 구한다. 다음 표에서 c는 체크된 상태를 나타내고 u는 체크되지 않는 상태를 나타낸다.

	1	2	3	4	5	6	7	8	9	10	11	12	13	14	15	16
볼드	c	c	c	c	u	u	u	c	u	u	c	c	u	c	u	u
이탤릭	u	c	c	c	c	c	c	c	u	u	u	u	u	u	c	u
밑줄	u	u	c	c	u	c	c	u	c	c	c	c	u	u	u	u
취소선	u	u	u	c	u	u	c	c	u	c	u	c	c	c	c	u

다음으로 모든 가능한 조합에서 파라미터의 그 다음 페어에 해당하는 각 변수 상태 조합을 찾는다. 그리고 테이블의 다음 순서를 참고해 다른 파라미터 페어를 위한 조합의 이전 셋으로부터 테스트 조합과 변수 상태 조합 셋을 조합한다.

	1	2	3	4	5	6	7	8	9	10	11	12	13	14	15	16
볼드	c	c	c	c	u	u	u	c	u	u	c	c	u	c	u	u
이탤릭	u	c	c	c	c	c	c	c	u	u	u	u	u	u	c	u
밑줄	u	u	c	c	u	c	c	u	c	c	c	c	u	u	u	u
취소선	u	u	u	c	u	u	c	c	u	c	u	c	c	c	c	u

	1	2	3	4	5	6	7	8	9	10	11	12	13	14	15	16
볼드	c	c	c	c	u	u	u	c	u	u	c	c	u	c	u	u
이탤릭	u	c	c	c	c	c	c	c	u	u	u	u	u	u	c	u
밑줄	u	u	c	c	u	c	c	u	c	c	c	c	u	u	u	u
취소선	u	u	u	c	u	u	c	c	u	c	u	c	c	c	c	u

	1	2	3	4	5	6	7	8	9	10	11	12	13	14	15	16
볼드	c	c	c	c	u	u	u	c	u	u	c	c	u	c	u	u
이탤릭	u	c	c	c	c	c	c	c	u	u	u	u	u	u	c	u
밑줄	u	u	c	c	u	c	c	u	c	c	c	c	u	u	u	u
취소선	u	u	u	c	u	u	c	c	u	c	u	c	c	c	c	u

	1	2	3	4	5	6	7	8	9	10	11	12	13	14	15	16
볼드	c	c	c	c	u	u	u	c	u	u	c	c	u	c	u	u
이탤릭	u	c	c	c	c	c	c	c	u	u	u	u	u	u	c	u
밑줄	u	u	c	c	c	c	c	u	c	c	c	c	u	u	u	u
취소선	u	u	u	c	u	u	c	c	u	c	u	c	c	c	c	u

	1	2	3	4	5	6	7	8	9	10	11	12	13	14	15	16
볼드	c	c	c	c	u	u	u	c	u	u	c	u	c	u	u	u
이탤릭	u	c	c	c	c	c	c	u	u	u	u	u	u	u	c	u
밑줄	u	u	c	c	u	c	c	u	c	c	c	u	u	u	u	u
취소선	u	u	u	c	u	u	c	c	u	c	u	c	c	c	c	u

각 표에서 2, 7, 11, 14, 16에 대한 다섯 가지 테스트의 테스트 매트릭스를 조합한다. 해당 조합은 모든 파라미터 페어 조합에 대해 적어도 한 번은 효과적으로 테스트한다. 그러나 해당 테스트 셋은 모든 폰트 스타일이 체크되는 것을 포함하지는 않는다. 그리고 테스터가 중요한 테스트를 결정하면 해당 셋을 출력 매트릭스에 반드시 추가해야 한다.

● 조합 분석의 적용

파라미터 간 상호작용의 n 와이즈 조합 분석에 사용되는 툴을 효과적으로 사용하려면 전체 시스템에 대한 종합적인 지식이 필요하다. 즉, 툴 적용의 결과는 툴의 성능과 그것을 사용하는 테스터의 능력과 지식에 따라 제한된다. 툴에 대한 교육을 받지 못했거나 해당 툴을 사용할 줄 모르는 사람이 툴을 사용하면 효과적이지 않은 쓸모없는 툴이 된다. 마이크로소프트 SDET는 상호 의존적인 파라미터의 조합 테스팅을 위해 주로 PICT(Pair-wise Independent Combinatorial Testing) 툴을 사용한다. PICT는 다른 툴이 가진 제약사항을 극복할 수 있게 커스터마이징할 수 있다. 그리고 테스터가 수동으로 테스트 조합을 도출해 내는 것보다 효과적으로 테스트를 설계할 수 있게 도와준다.

그러나 PICT나 조합 분석 기법용 애플리케이션을 사용하는 것은 입력 파라미터나 변수 상태를 찾아서 툴에 데이터를 입력만 하면 되는 단순한 문제가 아니다. 테스터는 직접적인 의존성을 갖거나 부분적으로 조합된 파라미터를 찾아내기 위해 테스트할 기능을 자세히 분석해야 한다. 그리고 독립적인 각 파라미터를 위한 적절한 변수 상태를 정의하기 위해 파라미터를 나눠줘야 한다. 기능의 전체적인 분석과 각 파라미터의 변수 상태 정의가 끝나면 조합 분석을 통해 테스트 셋을 결정하는 체계적인 절차를 적용할 준비가 된 것이다.

1. BC 테스트의 입력 매트릭스를 만든다.
2. 일반적이거나 가능한 시나리오와 과거 실패 지표의 입력 매트릭스를 만든다.
3. 각 파라미터를 위한 변수 상태의 입력 모델 파일을 만든다.
4. 서로 모순되는 변수 상태나 고정 파라미터를 제거하기 위해 모델 파일을 커스터마이징한다.
5. 모든 입력 파일을 PICT 툴에 적용한다.
6. 툴의 출력 값을 검토한다.
7. 필요한 경우 모델 파일을 재정의하고 커스터마이징한다.
8. 모든 입력 파일을 PICT 툴에 다시 적용한다.
9. 출력을 다시 검증한다.
10. 테스트를 실행한다.

이 기법을 올바르게 적용하는 방법을 이해하기 위해 간단한 시뮬레이션을 통해 각 단계를 순차적으로 살펴보자. 그림 5-5와 같은 간단한 폰트 대화상자를 테스트한다고 가정하자. 사용자는 네 가지 가능한 폰트 중에서 한 가지를 선택한다. 폰트 스타일은 볼드, 이탤릭이고, 폰트 효과는 취소선, 밑줄이다. 폰트 색은 검은색, 흰색, 빨간색, 녹색, 파란색, 노란색이 있고, 크기는 1에서부터 1,638까지이며 1/2 크기로 지정이 가능하다. 모든 폰트 크기 값을 테스트한다고 가정할 때 철저한 테스팅(exhaustive testing)을 위한 모든 조합은 1,257,600이다. 모든 조합을 테스팅하는 것은 불가능하므로 전체적인 리스크를 줄일 수 있는 테스트를 위한 적절한 셋을 선택해야 한다.

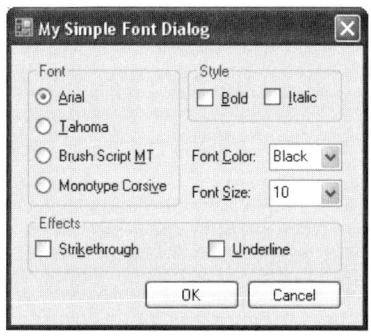

그림 5-5 직접적인 의존성을 가지거나 부분적으로 조합된 파라미터를 보여주는 간단한 폰트 대화상자

먼저 상호 의존적인 파라미터를 찾아낸다. 해당 예제에서 직접적인 의존성을 가진 파라미터는 폰트 타입과 폰트 스타일이다. 폰트 타입은 볼드나 이탤릭으로 지정할 수 없는 경우도 있고, 볼드이면서 이탤릭, 볼드나 이탤릭으로 지정하거나 아예 스타일을 사용하지 않을 수도 있다. 폰트 크기, 색상, 효과는 모든 폰트 타입에 적용되고 출력에 영향을 미치므로 부분적으로 조합된 파라미터다. 상호 의존적인 파라미터를 찾은 후에는 각 파라미터에 대한 변수 상태를 정의해야 한다. 폰트 타입의 변수 상태는 Arial, Tahoma, BrushScript MT, Monotye Corsive다. 폰트 스타일과 폰트 효과는 각기 두 개의 파라미터, 볼드와 이탤릭, 취소선과 밑줄을 가지고 각 파라미터는 두 개의 변수 상태인 '선택됨'과 '선택되지 않음'을 가진다. 폰트 색은 6가지 색, 즉 검은색, 흰색, 빨간색, 녹색, 파란색, 노란색을 사용한다. 폰트 크기는 3,275개의 가능한 값이 있다. 모든 값을 테스트하는 것은 합리적이지 않다. 따라서 값의 동등(equivalence) 범위를 설정하고 범위 내의 ECP 서브셋에서 임의의 값을 하나 선택한다.

폰트 크기 파라미터는 정수 값이 아닌 폰트 크기의 테스트 조합으로 동등 클래스 서브셋을 이용해 폰트 크기 1에서부터 9.5까지의 소, 10에서부터 12까지의 중, 12.5에서부터 72까지의 대, 72.5에서부터 1638까지의 특대, 1.5에서부터 1637.5까지의 1/2 크기에 해당하는 다섯 개의 변수 상태를 정의할 수 있다. 폰트 크기 범위의 동등 클래스 서브셋을 생성해 테스터나 테스트 자동화 툴에 주어진 조합의 특정 범위 내에서 테스트 값을 선택하기 위한 유연함을 부여한다. 해당 예에서 폰트 크기 범위를 동등 클래스 서브셋으로 분할할 때에 하드 코딩된 테스트 값, 불필요하게 아주 작은 테스트 값의 셋 등 테스트와 관계가 없는 값은 제거한다.

기능을 분석해 상호 의존적인 파라미터를 파악하고, 테스트에 적절한 변수를 선택하기 위해 파라미터별로 변수 상태를 분해한 후에는 그림 5-6과 같은 BC 매트릭스를 생성할 수 있다. 일반적으로 n 와이즈 조합 테스트는 BC 조합을 포함하지 않는다. 그러나 조사에 따르면 상위 레벨에서의 n 와이즈 테스트와 BC 매트릭스 조합은 파라미터 간의 상호작용에서 발생할 수 있는 많은 잠재적 결함의 발견 가능성을 높여 준다고 한다. 그렇기 때문에 BC 매트릭스는 중요하며 가장 일반적인 변수 상태 조합을 정의한다. 그리고 모든 변수가 적어도 한 번씩은 테스트될 때까지 각 파라미터에 대해 한 번에 하나씩 변수 상태를 변경하고 그 동안 다른 파라미터의 변수 상태는 원래의 값을 유지하게 한다.

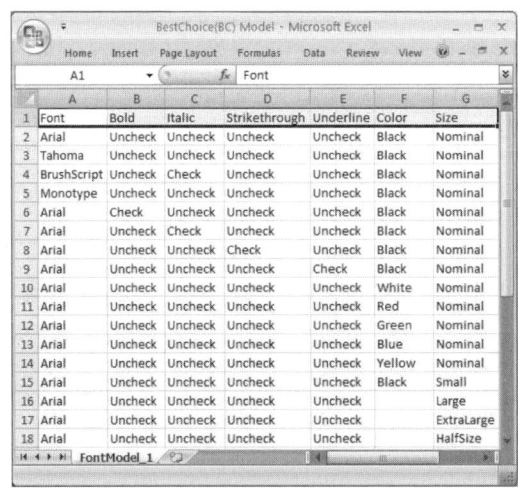

그림 5-6 MyFontDialog에 대한 BC 조합 테스트 매트릭스

조합 테스팅 툴의 일반적인 문제는 테스터가 발생 가능성이 높은 출력 값을 정의하지 못하는 것이다. PICT는 테스터가 입력으로 기초적인(seed) 조합과 함께 탭(tab)을 구분자로 사용하는 파일을 정의해 이런 제약을 극복한다. 기초적인 조합과 함께 탭 구분자 입력 파일은 툴이 완전한 n 와이즈 커버리지를 위해 테스트 변수의 완전한 셋을 결정하는 것뿐만 아니라 테스터에게 특정한 조합을 테스트할 수 있게 한다.

BC 테스트 매트릭스를 완료한 후 다음 절차는 일반적인 사용자 조합이나 BC 매트릭스에서는 정의하지 않은 실패 식별자에 근거해 문제가 있는 조합을 찾는 것이다. 이런 조합은 탭 구분자 씨드 파일(tab-delimited seed file)에 넣어 PICT 툴에 전달한 후 그림 5-7에서 보여주는 것과 같이 테스트 조합 출력의 일부로 사용할 수 있다. 예를 들어 Arial 폰트와 함께 볼드, 밑줄 효과, 큰 폰트 크기의 조합을 많은 사용자가 사용한다는 사실을 알면 그것들을 씨드 파일에 포함할 수 있다. 기존 테스트 시 실패했던 Tahoma 폰트와 볼드, 이탤릭, 취소선, 밑줄, 노란색, 작은 폰트 크기의 조합도 씨드 파일에 포함할 수 있다. 씨드 파일은 PICT 툴이 이런 조합을 결과에 포함하게 하고 발생 가능성이 높은 문제 조합을 항상 테스트하도록 보장한다.

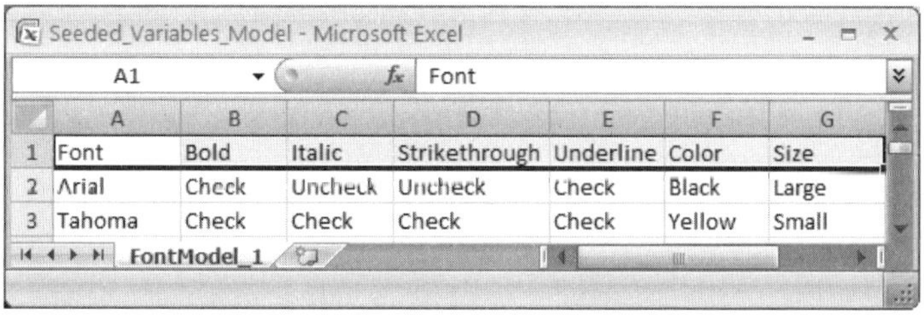

Font	Bold	Italic	Strikethrough	Underline	Color	Size
Arial	Check	Uncheck	Uncheck	Check	Black	Large
Tahoma	Check	Check	Check	Check	Yellow	Small

그림 5-7 사용자 정보나 실패 식별자에 근거해 PICT 툴에 입력 가능한 조합으로 정의된 탭 구분자 씨드 파일

다음으로 각 파라미터의 적절한 변수 상태의 모델이 될 입력 파일을 생성한다. 메모장과 같은 간단한 텍스트 에디터를 사용해 다음에 올 파라미터의 변수 상태를 나열한 간단한 텍스트 파일을 생성할 수 있다.

```
Font: Arial, Tahoma, BrushScript, Monotype
Bold: Check, Uncheck
Italic: Check, Uncheck
Strikethrough: Check, Uncheck
Underline: Check, Uncheck
Color: Black, White, Red, Green, Blue, Yellow
Size: Small, Nominal, Large, ExtraLarge, HalfSize
```

이제 PICT 툴을 사용해 페어 와이즈 테스트 조합의 초기 디폴트 출력을 생성할 준비가 됐다. PICT는 n 와이즈 커버리지를 위한 테스트 조합의 탭 구분자 출력 파일을 생성하는 커맨드라인 툴이다. 씨드 파일과 모델 파일을 근거로 한 테스트 조합의 출력을 생성하는 커맨드 라인의 명령어는 다음과 같다.

```
pict.exe myModelFile.txt /e:mySeededInput.txt > output.xls
```

그리고 탭 구분자 출력에서 테스터가 제공하는 모델 파라미터와 씨드 입력의 페어 와이즈 출력을 찾는다. 탭 구분자 출력은 마이크로소프트 오피스 엑셀을 사용해 정확성을 쉽게 검토할 수 있다. 초기에 정의된 씨드 입력 파일과 모델 파일을 사용해 총 218개의 변수 상태 조합을 도출한다. PICT 툴을 사용하면 변수 상태의 페어 와이즈 분석을 총 30개로 더 줄일 수 있다. 이때 변수 상태의 출력 조합을 검증하기 위해 결과를 주의 깊게 분석해야 한다. 그림 5-8은 툴의 출력을 검증하는 것과 입력 모델을 교정하는 것이 거짓 음성(False Negative) 결과를 피하기 위해 왜 중요한지를 보여준다.

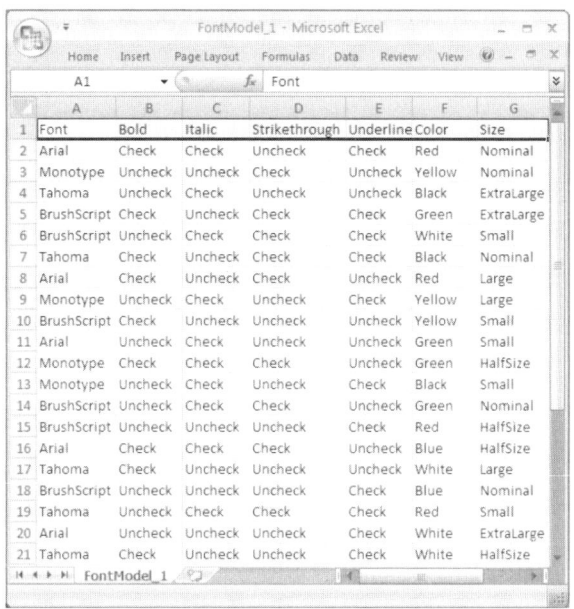

그림 5-8 서로 배타적인 변수 조합 테스트를 나타내는 초기 페어 와이즈 테스트 매트릭스

네거티브 테스팅은 어떤가?

이 예에서는 각 조합의 결과가 오류 상태의 결과를 가져오지 않는 포지티브(positive) 테스팅을 위한 모델 파일을 생성한다. 대화상자에서 '확인' 버튼을 클릭하면 가상의 테스트 데이터는 사용자가 선택한 타입에 따라 폰트, 스타일, 효과, 색, 크기를 변경한다. 그리고 그 결과는 수동으로 테스트한 경우 눈으로 직접 검증할 수 있으며, 자동화 테스트의 경우 GetFont API(Application Programming Interface)를 오라클로 사용해 프로그램적으로 검증할 수 있다.

그러나 오류 상태나 오류 조건을 예상하는 네거티브 테스팅은 어떠할까? PICT 툴은 모델 파일에 유효하지 않은 변수 상태 정의를 포함한다. 유효하지 않은 변수 상태를 테스트할 때 각 테스트는 인풋 매스킹(input masking)을 피하기 위해서 오직 하나의 유효하지 않은 파라미터 값을 갖고 있어야 한다. 인풋 매스킹은 첫 번째 유효하지 않은 변수나 테스트되지 않은 다음 값에 대해 프로그램이 오류 조건을 던졌을 때 발생한다.

자동화 테스트를 설계할 때는 포지티브 테스팅을 위한 모델과 네거티브 테스팅을 위한 모델을 분리하는 것을 선호한다. 이것은 테스트 코드를 단순화하고 테스트의 특정 목적에 맞게 적절한 오라클을 유지함으로써 거짓 음성 결과의 가능성을 줄여준다.

폰트 스타일은 특정 폰트 타입에 의존적이다. 예를 들어 BrushScript 폰트는 단지 이탤릭이나 볼드 이탤릭 폰트 스타일만을 지정할 수 있다. 그림 5-8에서 보는 것과 같이 가로 5, 15, 18행은 이에 대한 거짓 음성 결과이다. 또한 Monotype Corsive 폰트는 일반이나 볼드 이탤릭만을 지정할 수 있다. 그림 5-8의 가로 9와 13행은 이런 의존 관계 규칙을 위반해 거짓 음성 결과를 가져온다. 상호 배타적인 특정 이벤트나 액션을 제한하거나 강제하기 위해 파라미터 사이의 상호 배타적인 변수 상태에 의존적인 기능이 있는 경우도 많다. 또 다른 파라미터 변수 상태가 n 와이즈 조합을 결정하기 위해 사용되고 있는지를 알 수 없으므로 수동적으로 이런 출력 값을 바꾸는 것은 어리석은 시도다. 이런 문제를 해결하기 위해 PICT는 모델 파일에서 기본적인 if-then 문법을 사용해 특정 변수 상태의 조건과 변하지 않는 제약 사항을 정의할 수 있도록 한다.

모델 파일에 폰트 변수가 BrushScript일 때 볼드 파라미터 변수 상태는 체크되지 않고, 이탤릭 파라미터 변수 상태가 체크 상태이거나 볼드와 이탤릭 파라미터 변수 상태가 모두 체크된 상태인 조건부 제약(conditional constraint)을 추가해보자. 또한 폰트 변수가 Monotype Corsive일 때 스타일 파라미터 모두의 변수 상태를 체크 상태나 체크하지 않은 상태로 조건부 제약을 추가할 수 있다. 다음은 변경된 모델 파일이다.

```
Font: Arial, Tahoma, BrushScript, Monotype
Bold: Check, Uncheck
Italic: Check, Uncheck
Strikethrough: Check, Uncheck
Underline: Check, Uncheck
Color: Black, White, Red, Green, Blue, Yellow
Size: Small, Nominal, Large, ExtraLarge, HalfSize
#
# BrushScript와 Monotype을 위한 조건부 제약
#
IF [Font] = "BrushScript" AND [Italic] = "Uncheck" THEN [Bold] <> "Check";
IF [Bold] = "Uncheck" AND [Italic] = "Uncheck" THEN NOT [Font] = "BrushScript";
IF [Font] = "Monotype" THEN [Bold] = [Italic];
```

지금과 같이 적절한 제약으로 명확하게 모델 파일을 변경한 후 테스트를 위한 출력을 다시 생성할 수 있다. 툴이 생성한 n 와이즈 출력 조합을 검증하기 위해 개정된 모델과 씨드 입력 파일의 결과는 매번 검토해야 한다. 모델 파일이 업데이트된 상태를 보여주는 그림 5-9를 보면 볼드 스타일만 적용되거나 스타일이 전혀 적용되지 않은 BrushScript의 폰트 스타일의 경우는 빠져 있다.

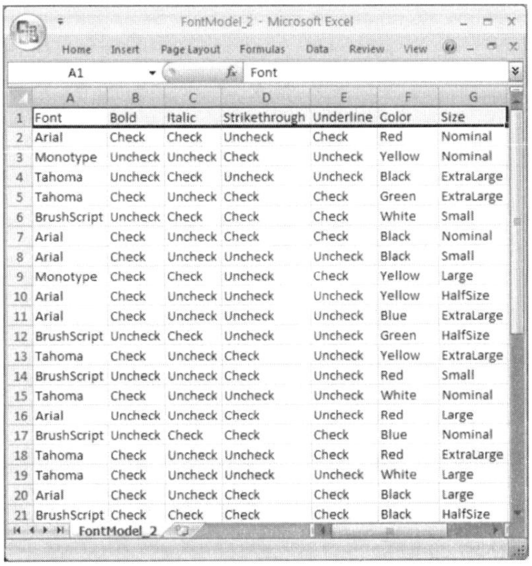

그림 5-9 상호 배타적인 변수를 제거하기 위해 개정된 모델 파일을
사용해 업데이트한 페어 와이즈 테스트 매트릭스

앨리어싱(aliasing)하거나 일부 변수 상태를 동등하게 함으로써 PICT 모델 파일을 한층 더 커스터마이징할 수 있다. 예를 들어 Arial 폰트와 Tahoma 폰트는 아주 간단한 폰트 타입이다. 따라서 다른 파라미터의 변수 상태와 조합 테스트를 할 때 Arial을 Tahoma와 동일하게 취급할 수 있다. 다음 예제 코드에서 보여주는 것과 같이 PICT 모델 파일에서 콤마를 제거하고 Arial과 Tahoma 변수 상태 사이에 파이프 문자(|)를 삽입함으로써 Arial과 Tahoma 폰트를 앨리어스할 수 있다. PICT 툴의 다른 기능을 사용해 가능한 조합의 경우나 테스트 조합에서의 출력 변수 상태를 잠정적으로 증가시킬 수도 있다. 예

를 들어 가장 일반적인 폰트 색을 검정, 가장 일반적인 폰트 크기를 중이라고 간주할 수 있다. 이 경우 다음 코드에서 보여주는 것과 같이 해당 변수 상태에 가중치를 부여함으로써 PICT 입력 모델 파일을 수정할 수 있다. 가중치를 부여한 변수 상태는 모든 n 와이즈 조건이 변수 상태를 만족하게 우선권을 주는 데 유용하다.

```
Font: Arial | Tahoma, BrushScript, Monotype
Bold: Check, Uncheck
Italic: Check, Uncheck
Strikethrough: Check, Uncheck
Underline: Check, Uncheck
Color: Black (10), White, Red, Green, Blue, Yellow
Size: Small, Nominal (10), Large, ExtraLarge, HalfSize
#
# BrushScript와 Monotype을 위한 조건부 제약
#
IF [Font] = "BrushScript" AND [Italic] = "Uncheck" THEN [Bold] <> "Check";
IF [Bold] = "Uncheck" AND [Italic] = "Uncheck" THEN NOT [Font] = "BrushScript";
IF [Font] = "Monotype" THEN [Bold] = [Italic];
```

사용자가 설정할 가능성이 높은 출력 조합을 철저히 도출하고, 거짓 음성 결과를 가져올 수 있는 상호 배타적인 조합을 제거한다. 이로써 테스트를 수행할 준비가 된 것이다. 테스트는 수동으로 수행하거나 PICT 툴의 출력이 데이터 주도 자동화 테스트(data-driven automated test)의 입력이 될 수 있다. 그러나 매번 같은 변수 셋에 대한 단순한 재사용은 제공되는 값이 적거나 실질적으로 변수 조합의 출력을 변경하기 위해 필요한 새로운 정보를 제공하지 못한다. 수동으로 출력을 변경하려는 시도는 아주 복잡한 출력과 같이 인지하지 못한 n 와이즈 조합을 누락시킬 수 있어 좋지 않다. 따라서 PICT는 모든 변수 상태의 n 와이즈 커버리지를 유지하면서 출력을 임의로 추출하는 훌륭한 기능을 가지고 있다. PICT 툴에 /r:[seed] 인수를 전달해 출력을 임의로 추출함으로써 커버리지의 폭을 효과적으로 증가시키고 이전 조합에서 누락된 결함을 찾아낸다.

> **BC와 페어 와이즈 커버리지면 충분한가?**
>
> 기존 이력을 보면 결함의 대부분(50% 이상)은 단순한 페어 조합 사이의 파라미터 간 상호작용에 의해 발생된다고 한다. 그러나 최근 연구들은 BC 매트릭스에 PICT 툴로부터 도출한 임의의 페어 와이즈 결과를 추가해 테스트를 수행하면 n 와이즈 조합 테스트는 발견하지 못한 포착하기 어려운 결함을 발견할 수 있음을 보여준다. 현재 제안되는 6와이즈 커버리지는 결함 제거 효과성과 구조적인 코드 커버리지 측정과 관련해 철저한 커버리지(Exhaustive Coverage)와 공통점이 있다. 그러나 테스트 수가 각 n 와이즈 커버리지의 순차적인 증가에 대해 대략 2차식으로 증가해 궁극적으로 전체적인 테스팅 비용을 증가시킨다.
>
> 커버리지의 폭을 확장하기 위해 페어 와이즈 조합인 PICT 툴의 출력 값 매트릭스를 무작위로 추출하는 기능을 사용할 것을 권장한다. 이 분야의 마이크로소프트 전문가 야책(Jacek Czerwonka)은 BC와 페어 와이즈 조합 테스트로 시작해 3 와이즈, 4 와이즈 조합을 함께 테스트할 것을 제안한다. 이것은 커버리지의 합리적인 깊이를 제공한다. 야책은 또한 5 와이즈와 6 와이즈는 몇 가지 포착하기 어려운 문제를 발견하거나 수행 비용이 상태적으로 적을 때 사용할 것을 제안한다. 현 연구에 따르면 7 와이즈나 그 이상은 결함 발견을 증가시키거나 커버리지를 확장할 가능성이 적다. 야책은 페어 와이즈 테스팅 웹사이트(http://www.pairwise.org)를 관리하며 이 주제와 관련한 가치 있는 정보를 제공한다.

● 조합 분석의 효과

테스팅 기법이나 접근 방법에 대한 효과를 검증하는 방법은 여러 가지가 있다. DDE(Defect Detection Effectiveness)는 테스트 효과의 가장 일반적인 측정법이다. 그러나 DDE는 총 결함 수를 이미 알고 있는 통제된 환경이나 결함 밀도율과 다른 측정치를 사용해 결함 수를 예측할 수 있는 환경에서만 적용이 가능하다. 테스팅의 명백한 결과물은 결함을 드러내는 것이므로 테스터는 n 와이즈 테스팅의 DDE를 분석할 수 있다. 많은 연구 결과가 결함의 많은 수가 상호 의존적인 인수의 변수 상태 조합에서 발생하고, 50% 이상의 상호 의존적인 실패 결함이 단순한 페어 상호작용이나 페어 와이즈 조합에 의해 발생한다는 것을 보여준다. 임의의 선택에 의한 조합 테스트 스위트가 가능한 모든 조합 매트릭스로부터 체계적으로 선정된 경우 n 와이즈의 DDE와 별다른 차이가 없다고 주장하는 학술 연구[11]도 있다. 업계의 다른 연구[12]는 BC 조합과 페어 와이즈 테스팅을 사용하면 모든 검출 가능한 조합적 결함의 98%를 발견한다고 제안한다. 최근 업계의 연구는 포착하기 어려운 조합 결함은 6 와이즈 커버리지의 수를 순차적으로 증가함으로써 드러낼 수 있다고 결론을 내린다. 따라서 BC와 페어 와이즈 테스팅으로 시작한 후 임의의 페어 와이즈 출력과 n 와이즈 조합의 수를 최고 6 와이즈 커버리지로 순차적으로 증가시킨 테스트를 권고한다.

테스팅의 효과를 측정하는 다른 방법은 테스트가 제공할 수 있는 정보를 주시하는 것이다. 많은 경험적인 데이터에 의하면 블랙박스 테스팅으로 설계되고 수행되는 대부분의 테스트는 복잡한 프로그램에서 65% 이하의 구조 커버리지를 제공한다. 복잡한 알고리즘의 구조적 테스팅을 증가시킴으로써 테스트는 추가적인 정보를 제공하고 전체적인 리스크를 줄일 수 있다. 한 조사는 페어 와이즈 테스팅이 임의의 입력 테스트와 비교해 더 적은 수의 테스트로 블록(block)과 결정(decision)의 구조적 테스팅을 25% 이상 증가시키는 것을 발견했다. 마이크로소프트는 표 5-6에서 나타낸 블랙박스 설계 테스트와 비교해 페어 와이즈 커버리지를 사용한 경우 블록과 제품 코드의 아크(arc) 커버리지가 증가함을 입증하는 실험 데이터를 수집해왔다. 또한 실험 데이터에 의하면 n 와이즈 커버리지의 순차적인 증가가 블록과 아크 커버리지를 추가적으로 증가시킨다. 그러나 구조적 테스팅이 전체적인 리스크를 줄이는 데 도움이 된다고 해도 이런 결과를 확보하기 위해서는 추가적인 비용이 든다.

---

11. 패트릭 J. 슈로더, 판카즈 보라키(Pankaj Bolaki), 바이제이람 고푸(Vijayram Gopu), <Comparing the Fault Detection Effectiveness of N-Way and Random Test Suites(N웨이 램덤 테스트 스위트의 실패 감지 효과성)>, 2004 경험 기반 소프트웨어 공학 국제 심포지엄
12. 매트 그린딜(Mats Grindal), 비르지다 린드스톰(Birgitta Lindstrom), 제프 오퍼트(Jeff Offutt), 스텐 F. 앤들러(Sten F. Andler), <An Evaluation of Combination Testing Strategies(조합 테스팅 전략의 평가)>, 경험 기반 소프트웨어 공학 11, no. 4(2006년 12월): 583-611

총 블록 = 1,317	수동 테스트	페어 와이즈 테스트	n-3 커버리지	n-4 커버리지
테스트 수	236	136	800	3,533
블록 커버	960	979	994	1,006
코드 커버리지	73%	74%	75%	76%
커버하지 못하는 기능	11	11	10	10

표 5-6 증가된 코드 커버리지에 의한 조합 테스팅의 테스팅 효과

테스팅 효과의 또 다른 지표는 운영 비용의 감소다. 마이크로소프트에서는 몇 개의 팀이 다양한 방법으로 운영 비용을 크게 줄였다. 예를 들면 PICT 툴의 출력은 탭 구분자 파일이므로 데이터 주도 테스트 자동화와 결합하는 것이 상대적으로 쉽다. 많은 팀에서 사용할 테스트 변수를 임의로 추출함으로써 자동화 테스트의 수와 커버리지 폭의 큰 증가를 실감했다. 또 다른 팀은 테스트 환경 구성 조합의 수를 크게 줄여 전체적인 효과를 유지하면서 테스트는 줄일 수 있었다. PICT를 채택함으로써 이전 소프트웨어 릴리스 시에는 발견하지 못한 많은 결함을 발견했다.

● 조합 분석 요약

조합 분석은 모든 테스팅을 위한 만병통치약은 아니다. 신입 테스터의 경우 툴에만 의존하거나 상호 의존석인 파라미터가 없는 기능 영역을 테스트하기 위해 조합 분석 기법을 잘못 사용하는 경우도 있다. 테스터는 의존적이거나 부분 조합된 파라미터를 찾아내고, 변수 상태를 나누고, 조건과 고정된 제약을 찾아내기 위해 기능 파라미터를 정확히 분석할 수 있어야 한다. 다른 조합 테스팅의 접근 방법과 비교해볼 때 이 기법은 고도로 숙련된 테스터에 의해 적절히 잘 적용되면 구조 커버리지를 증가시키고 운영 비용을 줄임으로써 결함을 초기에 발견하기에 아주 효과적인 방법이다. 실제로 이 기법은 마이크로소프트에 잘 정착된 베스트 프랙티스다.

:: 정리

5장에서는 마이크로소프트에서 기능 속성과 소프트웨어 프로그램 성능을 효과적으로 검증하기 위해 사용하는 기능 테스팅 기법을 실제 예로 설명했다. 이런 기법은 테스트 커버리지를 증가시키고, 불필요한 비용을 줄이고, 전체 리스크를 효과적으로 평가하고, 의사 결정권자의 현명한 비즈니스 결정을 지원하는 양질의 정보를 제공하기 위해 프로그램의 기능 컴포넌트를 체계적으로 분석한다. 이런 기법의 응용은 종종 테스트하려는 소프트웨어를 다양한 방법으로 면밀히 검사할 것을 요구한다. 추가적인 기능 기법은 원인 결과 그래핑(cause-effect graphing)과 결정 테이블, 상태 전이 테스팅 등이 있다. 이런 추가적인 기법은 테스터가 프로그램의 입력과 출력의 상호작용과 순차적인 동작이나 처리 흐름을 수학적으로 조사하게 하는 동등 클래스 분할, 경계 값 분석, 조합 분석을 바탕으로 한다.

 기법이 잘 적용되면 발견하고자 하는 결함의 특정 범주를 드러내기에 아주 좋다. 그러나 기법이 모든 문제를 발견하지는 못하므로 테스터는 다양한 방법과 기법을 배우고 적절한 상황에 따라 기법을 사용하는 방법을 익혀야 한다. 기능 테스팅 기법은 탐색적 테스팅 같은 다른 접근 방법과 결합돼 사용될 경우 아주 유용하며, 특히 의사 결정자가 소프트웨어 프로젝트를 좀 더 체계적으로 분석하기를 요구할 때 유용하다. 기법은 휴리스틱(heuristic), 실패 모델(fault model), 복잡한 시스템 테스팅에서 어려운 문제를 풀 수 있게 돕는 경험적 증거에 기반한 수학적 절차다. 따라서 최대의 효과를 위해 기능 기법은 광범위한 도메인과 시스템에 대한 지식을 필요로 한다. 이런 기법은 소프트웨어 테스팅의 다른 접근 방법을 대체하지는 않지만 테스팅의 효과를 증가시키고 불필요한 테스트를 찾아 줄이고, 테스팅의 노력이 살충제 패러독스에 감염되는 경우를 줄여준다.

06 구조적 테스팅 기법

비제이 롤리슨

유치원 선생님이 학생들에게 "사과의 색깔을 아는 사람?"이라고 질문했다. 한 학생이 손을 들자 선생님이 물었다. "그래 애던, 사과의 색깔이 뭐지?" 어린 애던은 자랑스럽게 일어서서 "빨강이요"라고 대답했다. 그러자 일부 학생이 손을 들었고 선생님은 다른 아이들에게 대답할 기회를 줬다. "이번엔 엠마가 말해볼까?" 엠마가 대답했다. "녹색 사과도 있어요." "맞아" 선생님이 외쳤다. 그러자 더 많은 학생들이 손을 들었고 선생님은 힘차게 손을 흔들고 있는 한 학생을 지목했다. 하지만 참을성이 부족한 어린 카롤린은 선생님이 지목하기 전에 대답을 해버렸다. "노란색 사과도 있어요." "그래 맞아! 사과는 빨강, 녹색, 노란색이 있단다." 선생님이 정리를 했다. 수업을 계속 진행하려던 선생님은 교실 구석에서 조그만 여자아이가 아직도 손을 들고 있는 것을 발견했다. 선생님이 그 아이를 지목했고, 여자아이는 다음과 같이 대답했다. "사과는 하얗기도 해요." 혼란스러웠지만 선생님은 친절하게 대답했다. "엘리자베스, 세상에는 빨간 사과, 녹색 사과, 노란 사과는 있지만 하얀 사과는 선생님이 본적이 없단다." 이 말에 다른 학생들은 웃기 시작했다. 엘리자베스는 반 학생들 너머로 선생님을 응시하면서 또박또박 말했다. "모든 사과의 속은 하얀색이예요!"

우리는 종종 유저 인터페이스 아래 숨겨진 컴퓨터의 속성을 고려하지 않고

소프트웨어를 기능적인 측면에서만 단순하게 접근하는 경향이 있다. 의사가 환자를 돌볼 때 겉으로 보이는 증상뿐만 아니라 어떤 상황에서는 환자 내부에 대한 다양한 검사까지도 고려해야 한다. 혈액 검사나 CT 촬영 같은 검사로 종종 병의 원인이 되는 중요한 문제들을 일찍 발견할 수도 있다. 유사하게 복잡하고 높은 신뢰성을 요하는 시스템은 시스템의 외관뿐만 아니라 내부 요소를 좀 더 완벽하게 조사해야 한다. 구조적 테스팅 기법은 기능 내부의 제어 흐름에 대한 철저하고 완벽한 분석을 통해 전반적인 리스크를 낮춘다. 구조적 테스팅은 특히 블랙박스 설계 기법을 이용한 기능이나 동작 테스팅 수행만으로 커버되지 않았던 프로그램의 내부를 조사할 때 효과적이다.

기능적 테스팅과 달리 구조적 테스팅은 블랙박스와 화이트박스 두 가지 측면으로 테스트 설계에 적용할 수 있다. 구조적 테스팅 기법은 화이트박스 테스트 설계 기법 중 하나다. 화이트박스 측면에서의 테스트 설계는 프로그램의 구현이나 내부 구조에 기반을 두고 있다. 따라서 테스터가 화이트박스 테스트를 설계할 때는 더 많은 정보를 얻고 전반적인 리스크를 감소시키기 위해 반드시 구현에 사용된 프로그래밍 언어와 친숙해야 한다. 하지만 화이트박스 테스트 접근법으로 설계된 테스트는 유저 인터페이스를 통해 실행이 가능하거나, 유저 인터페이스가 기능과 분리돼 있을 경우 스텁(stub)이나 가상 객체(mock object)를 이용해 유저 인터페이스의 하위 레이어인 컴포넌트 레벨에서 명확하게 실행될 수 있어야 한다.

화이트박스 테스트 접근법에 대한 일반적인 오해는 테스터가 프로그램 코드에만 집중해 함수가 원래 동작하는 부분에 대해서만 테스트를 설계한다는 점이다. 나는 이런 생각에 동의하지 않는다. 훌륭한 테스터는 기대하는 동작에 대해서만 코드를 검증하는 것으로 그치지 않는다. 데이터 타입, 함수 호출, 프로그램 구조에 대한 통찰력을 가진 훌륭한 테스터는 다른 테스트 접근법을 사용했을 때보다 화이트박스 테스트 접근법을 사용해 여러 종류의 문제를 효과적으로 발견한다. 이것이 화이트박스 테스팅이 다른 접근법보다 낫다는 것을 의미하지는 않는다. 그러나 구조적 테스팅 기법을 이용한 화이트박스 테스트 설계는 행위/기능 테스팅 기법과 접근법을 보완할 수는 있지만 대체할 수는 없다. 따라서 단순히 화이트박스 접근법으로만 설계하거나 프로그램의 구조적인 무결성에만 집중해 테스트를 설계하는 것은 맞지 않다. 일반적으로 구조적 테스팅과 관련된 응용 기법은 코드 커버리지 분석과 함께 사용되며, 해당 기법은 코드 커버리지를 높이는 추가 테스트를 설계하는 데 매우 효과적이다. 구조적인 테스팅은 전반적인 리스크를 낮추기 위해 깊이 있는 분석이나 프로그램에 대한 철저한 검사가 필요할 때도 가치 있는 추가 정보를 제공한다.

> ### 구조적 테스팅이 필요한가?
>
> 행위적 테스팅(behavioral testing)이나 탐색적 테스팅이 가치 있다는 사실은 의심의 여지가 없다. 행위적 테스팅이나 탐색적 테스팅은 일반적으로 프로젝트의 '룩앤필(look and feel)'을 검증하는 데 효과적이다. 하지만 최근 연구는 소프트웨어의 행위 기반 테스팅과 탐색적 테스팅의 효과성과 효율성에 대해 중요한 질문을 제기하고 있다. 핼싱키 대학의 한 연구 결과[1]에 따르면 테스트 케이스 기반 테스팅과 탐색적 테스팅을 비교했을 때 결함 발견의 효율성이나 발견된 결함의 종류나 중요도에서 큰 차이점을 발견하지 못했다고 한다. 앞서 수행한 연구[2]에서도 탐색적 테스팅이 생산성을 향상시킨다는 것을 반증하는 실험 데이터를 도출했다. 마린 허치슨의 또 다른 케이스 스터디[3]에서는 탐색적 테스팅이 특정 문제를 발견하는 데 있어 정식 교육 후의 요구사항 기반 테스팅보다 효과적이지 못하다고 지적했다. 그리고 아직 발간되지 않은 마이크로소프트의 내부 스터디에서도 스크립트 테스트와 탐색적 테스트 사이에 코드 커버리지의 수준이 크게 다르지 않음을 발견했다.
>
> 마이크로소프트에서의 지난 5년간의 연구를 통해 스크립트 테스트와 비교해 탐색적 테스팅이나 행위 기반 테스팅의 코드 커버리지 효율성이 큰 차이가 없다는 것을 발견했

---

1. 주하 잇코넨(Juha Itkonen), 미카 V. 맨타일라(Mika V. Mantyla), 캐스퍼 레세니어스(Casper Lassenius), <Defect Detection Efficiency: Test Case Based vs. Exploratory Testing(결함 발견 효율성: 테스트 케이스 기반과 탐색적 테스팅)>, ESEM, 2007, 61-0, First International Symposium on Empirical Software Engineering and Measurement.
2. 주하 잇코넨, 크리스티앙 러태니언(Kristian Rautiainen), <Exploratory Testing: A Multiple Case Study(탐색적 테스팅: 다중 케이스 스터디)>, International Symposium on Empirical Software Engineering, November 2005.
3. 마니 L. 후치선(Marnie L. Hutcheson), <Exploratory Testing versus Requirements-Based Testing: A Comparative Study(탐색적 테스팅과 요구사항 기반 테스팅: 비교 연구)>, paper presented at Practical Software Quality and Testing Conference, 2007.

다. 3천명 이상의 테스터가 실험에 참가했고 25명씩 참가한 모든 그룹에서 동일한 결과를 얻었다. 이 연구에서 요구사항에 기반해 설계한 스크립트 테스트는 일반적으로 83%의 코드 커버리지를 달성했다. 참가자들은 추가적으로 15분간 탐색적 테스팅을 수행해 전체적으로 5시간 동안 테스팅을 수행했다. 놀랍게도 코드 커버리지는 평균 3% 정도만 증가했지만 참가자들이 구조적인 테스팅 기법을 적용하자 코드 커버리지는 91%로 증가했다. 또한 테스터들은 남아있는 9%의 커버되지 않은 코드를 테스트하지 않는 것이 비용 대비 효과 측면에서 좋다는 것을 설명할 수 있었다. 그림 6-1은 테스팅 기법에 따른 코드 커버리지의 효과성을 보여준다.

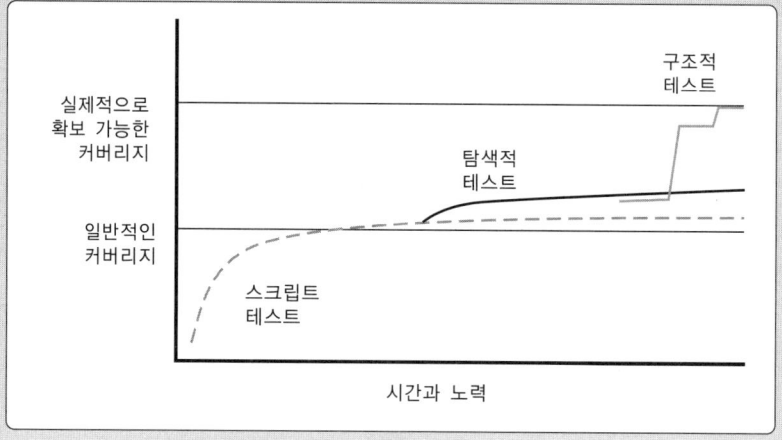

그림 6-1 테스팅 접근 방법별 코드 커버리지 효과

이런 연구 결과들이 탐색적 테스팅이나 다른 행위 기반 테스팅 접근법이 효과적이지 않다고 주장하는 것은 아니다. 사실 탐색적 테스팅은 특정 상황이나 특정한 종류의 결함을 빠르게 찾는 데는 효과적이지만 해당 접근법의 효과는 전반적으로 테스터가 가지고 있는 경험이나 도메인 지식, 시스템에 대한 이해 수준에 따라 크게 달라질 수 있다. 간단히 테스터의 수를 늘리거나 다양한 측면에서 행위 기반 테스팅이나 탐색적 테스팅을 수행하는 것이 리스크를 확실히 낮추지 못하거나 제품의 중요한 부분을 테스트하지 못할 수 있다는 사실을 경험적으로 알고 있다. 더불어 테스트 기법의 효과성은 급격하게 높아지거나 낮아지지 않으므로 테스터는 더 나은 테스팅을 위해 여러 가지 접근법을 적용해봐야 한다. 이 연구 결과가 우리에게 말하는 것은 경영층이 복잡하고 높은 신뢰성을 요구하는 영역에서 리스크를 낮추기 위해 품질과 관련한 더 많은 정보를 필요로 할 때 시스템적 테스팅 기법으로 프로그램의 구조를 검증할 필요가 있다는 것이다.

:: 블록 테스팅

구문 테스팅(statement testing)과 블록 테스팅(block testing) 등 함수 구조를 테스팅하는 몇 가지 간단한 기법들이 있다. 구문 테스팅의 목적은 함수의 모든 구문을 실행해보는 것이다. 이와 달리 블록 테스팅은 분기나 함수 호출을 제외한 구문의 블록이나 순차적인 구문의 묶음을 실행한다. 블록 테스팅이 함수의 제어 흐름을 검증하는 데 효과적이므로 근래 많은 커버리지 툴들이 블록 커버리지를 지원한다. 일반적으로 구조적 테스팅의 최소 묶음으로 블록 테스팅을 테스트 설계에 사용한다.

블록 커버리지와 구문 커버리지

구문 커버리지는 테스트하는 동안 실행된 구문의 개수로 계산한다. 블록 커버리지(block coverage)는 테스트 실행 시 분기되지 않은 연속적인 구문의 묶음 개수로 계산한다. 조건문은 여러 블록을 포함하는 분기를 만들어내는 원인이 된다. 이 차이는 작게 보인다. 그러나 블록 테스팅이 구문 테스팅에 비해 제어 흐름에 더 민감하므로 구문 테스팅과 블록 테스팅을 구분하는 것은 매우 중요하다.

Example1 함수

```
public static void BlockExample1 (bool condition)
{
    int x = 0, y = 0, z = 0;       ⎫ 1블록
    if (condition)                  ⎭
    {
        x = 1;                      ⎫
        y = 2;                      ⎬ 1블록      ⎫ 1블록
        z = 3;                      ⎭
    }
    return x + y + z;               ⎬ 1블록
}
```

Example1 함수는 블록과 구문 커버리지의 기본적인 차이를 보여준다. Example1 함수는 5개의 구문과 4개의 블록으로 구분된다. 조건(condition) 파라미터를 거짓으로 테스트하는 경우 2개의 구문만 실행했으므로 구문 커버리지는 40%가 되지만 블록 커버리지

는 4개 블록 중 3개를 실행해 75%가 된다. 물론 조건 파라미터가 참(true)인 경우를 테스트하면 구문 커버리지와 블록 커버리지 모두 100%가 된다.

구문 커버리지 대비 블록 커버리지의 장점은 좀 더 복잡한 코드에서 명확해진다. 예를 들어 Example2 함수의 경우 조건 1과 2 모두 참일 때 구문 커버리지는 100%가 되지만 블록 커버리지는 85.71%가 된다. Example2 함수의 블록 커버리지를 100%로 만들려면 조건 1은 거짓이고 조건 2가 참인 경우를 추가로 테스트해야 한다.

Example2 함수

```
public static void BlockExample2 (bool condition1, bool condition2)
{
    int x = 0, y = 0, z = 0;       ⎫
    if (condition1 && condition2)  ⎭ 4블록
    {
        x = 1;      ⎫
        y = 2;      ⎬ 1블록         1블록
        z = 3;      ⎭
    }
    return x + y + z;              } 1블록
}
```

물론 두 개의 예제를 통해 구문 커버리지와 블록 커버리지의 약점도 알 수 있다. 간단한 코드에서는 상대적으로 적은 테스트로 높은 커버리지를 쉽게 달성할 수 있다. 이것은 코드 커버리지와 테스트 효과성 사이에 직접적이기보다는 간접적인 연관 관계가 있기 때문에 중요하다. 구조적인 테스팅의 가치는 다양한 경로를 적어도 한 번씩 실행하도록 테스트 설계를 도와주는 데 있다.

다음 SimpleSearch 함수에서 문자열 'AB'와 문자 'B'를 입력 파라미터로 전달함으로써 함수의 모든 구문을 테스트했다. 조건문은 인덱스 변수의 값이 배열의 길이보다 작고 MyCharacter 파라미터에서 함수로 전달되는 문자 변수(character variable)의 값이 현재 인덱스 값에 의해 지정된 배열의 요소(element)와 같지 않으므로 while문을 실행한다. while문에서는 인덱스 변수의 값을 1 증가시킨 후 다시 while문의 처음으로 돌아와 두 개의 조건문을 검사한다. 이때 인덱스 변수의 값은 아직 배열의 길이보다 작지만 배열의 두 번째 요소는 myCharacter 값과 같은 문자 B다. 따라서 두 번째 조건문이 참이 돼.해당

블록을 실행해 인덱스 변수의 값을 1 증가시킨 후 retVal 변수 값에 할당한다. 첫 번째 반복에서 index 값은 0이고 strArry[0]의 값은 A로 myCharacter의 값인 B와 같지 않으므로 index는 1이 된다. 두 번째 반복에서 strArry[0]의 값은 B로 myCharacter의 값인 B와 같으므로 while 블록에서 빠져 나와 조건문 구문으로 넘어가고, index 값 1이 배열의 길이보다 작으므로 retVal 변수에 1을 설정하고 마지막 구문인 retVal 값을 리턴함으로써 함수의 모든 구문을 실행한다. 마지막으로 조건문은 결정 블록(decision bock)을 빠져 나와 함수 호출을 위한 retVal 변수의 값을 리턴한다. 이처럼 간단한 한 번의 테스트로 우리는 함수의 모든 구문을 실행할 수 있다. 그러나 어떤 테스트 전문가도 해당 함수에 대해 단 하나의 테스트만으로는 만족하지 못할 것이다.

SimpleSearch 함수

```
// 문자열에서 문자의 첫 번째 인스턴스를 찾아
// 해당 위치를 리턴하거나
// -1을 리턴하는 SimpleSearch 함수
public static int SimpleSearch (string myString, char myCharacter)
{
    int index = 0, retVal = -1;
    char[] strArray = s.ToCharArray();
    while ( index < strArray.Length && strArray[index] != c)
    {
        index++;
    }
    if (index < strArray.Length)
    {
        retVal = index++;
    }
    return retVal;
}
```

위와 비교해 함수에 블록 테스팅을 적용할 경우 최소 2번의 테스트가 필요하다. 첫 번째 블록 테스트는 첫 번째와 두 번째 파라미터로 문자열 A와 문자

A를 각기 전달함으로써 그림 6-2와 같이 11개 중 9개의 블록을 실행한다.

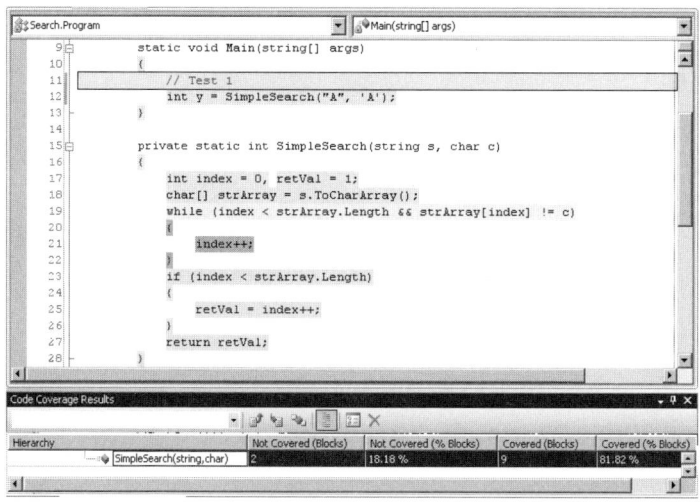

그림 6-2 첫 번째 테스트의 블록 커버리지 결과

두 번째 블록 테스트는 문자열 인수로 A와 문자 인수로 B를 전달함으로써 그림 6-3과 같이 11개 중 10개의 블록을 실행한다.

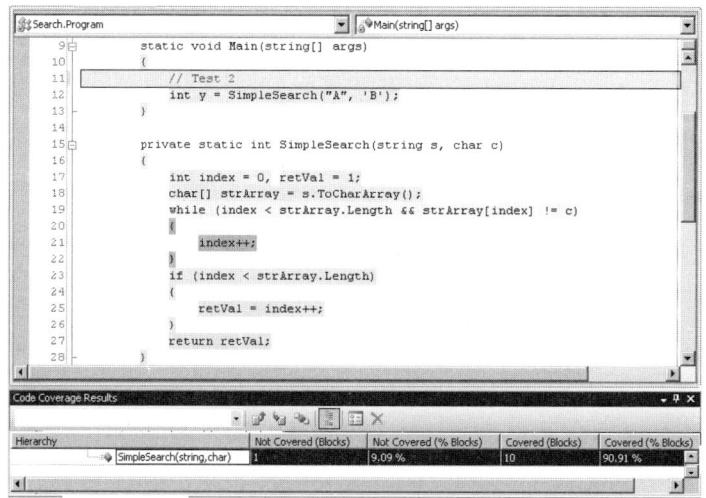

그림 6-3 두 번째 테스트의 블록 커버리지 결과

여기서 두 번째 테스트는 첫 번째 테스트에서 커버되지 않은 새로운 블록을 테스트하긴 하지만 첫 번째에서 커버했던 블록 중 하나는 테스트하지 못한다는 점에 주의해야 한다. 따라서 두 번의 블록 테스트를 모두 수행한 후에야 블록 커버리지는 100%가 된다.

> ### 제어 흐름 모델링
>
> 제어 흐름도(CFD, Control Flow Diagram)는 함수나 클래스의 간단한 모델이다. 제어 흐름도는 반드시 하나의 시작 지점과 종료 지점을 가지고 있어야 한다. 그리고 테스터가 복잡한 함수 내의 다양한 경우에 대한 제어 흐름을 추적하기 쉽게 시작 지점과 종료 지점 사이의 코드는 추상화된 표기나 모델로 나타낸다. 제어 흐름도는 그림 6-4와 같이 2가지의 기본 타입이 있다.
>
>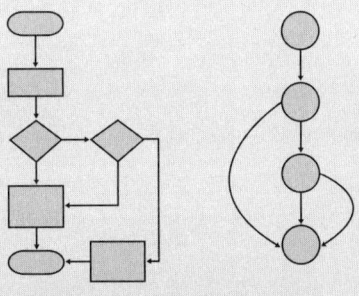
>
> 그림 6-4 제어 흐름도의 예
>
> 기본 제어 흐름도는 모델링 시 전형적인 순서도 표기(symbol) 방법을 사용한다. 사각형은 구문이나 블록을 나타내고 마름모는 결정문이나 조건문을 나타낸다. 따라서 기본 제어 흐름도는 함수나 프로세스 블록과 조건문을 통한 순차적인 제어 흐름 모델에 익숙하지 않는 사람이 읽고 이해하기 쉽다. 간편화된 제어 흐름도는 연관된 조건의 출력 값에 의해 제어 흐름이 변경될 수 있는 함수의 결정 지점을 원으로 표기한다. 그리고 구문의 블록을 명시적으로 모델링하지 않음으로써 좀 더 추상화해 표현한다. 이런 추상화는 처음에는 혼란스러울 수 있지만 익숙해지면 모델링하는 효율성이 높아진다.

블록 테스팅은 일반적으로 단위 테스팅(unit testing) 목적으로는 충분하지만 다른 구조적 테스팅에 비해서는 구조적 커버리지 충분성이 미약할 수 있다. 그러나 블록 테스트만으로 충분한 몇 가지 프로그래밍 구조가 있다. 그 중 하나로 스위치/케이스(switch/case)문이 있다. 스위치문은 하나의 파라미터로 여러 개를 선택하는 함수의 제어 흐름을 조절하는 데 효과적인 방법이다. 디버거를 사용해 스위치/케이스문을 순서대로 따라가 보면 제어 흐름에서 케이스문으로의 전이는 스위치문에서의 파라미터 전달과 매치되는 것을 알 수 있다.

예를 들어 프로그래매틱(programmatic) 플랫폼 프로파일링은 일반적인 자동화 테스트 방법으로 마이크로소프트 윈도우 운영체제의 특정 버전에 따라 다른 수행 절차와 결과를 가져오는 경우에 사용한다. `SimpleGetNT5ClientVersion` 함수는 자동화 테스트 수행 시 사용자 운영체제 환경이 윈도우 2000인지 윈도우 XP인지 알아낸다. 그림 6-5는 커널이 NT5 계열이 아닌 운영체제, 즉 윈도우 서버 2003, 윈도우 서버 2000, 윈도우 XP에 대한 `SimpleGetNT5ClientVersion` 함수의 제어 흐름도를 나타내고 있다.

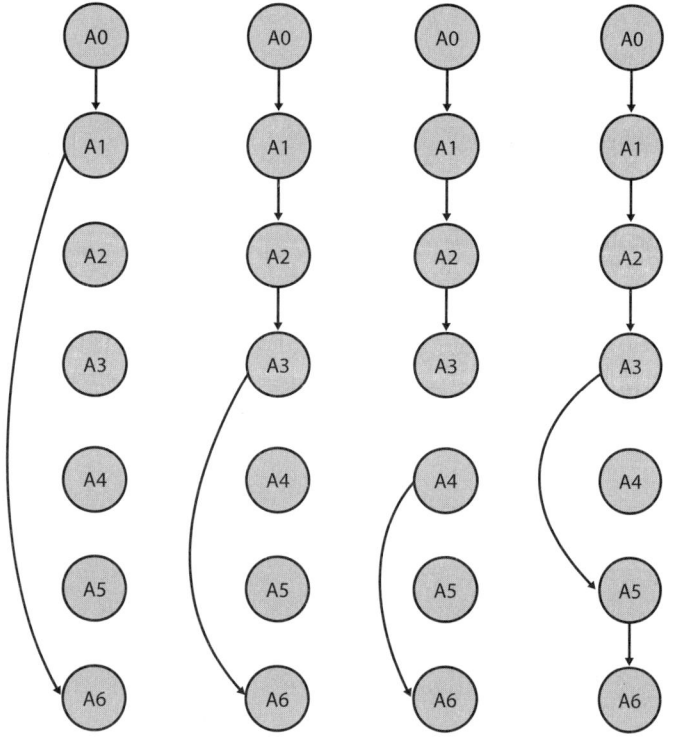

그림 6-5 `SimpleGetNT5ClientVersion` 함수의 순차적인 제어 흐름 다이어그램

SimpleGetNT5ClientVersion 함수

```
//************************************************************
// SimpleGetNT5ClientVersion.cs ⓒ 2008 by 비제이 롤리슨
// 윈도우 NT 운영체제 환경 리턴
//************************************************************
private const int WINDOWS_NT5_KERNEL = 5;
private const int WINDOWS_2000 = 0;
private const int WINDOWS_XP = 1;

A0    private static string SimpleGetNT5ClientVersion()
      {
          OperatingSystem osVersionInfo = Environment.OSVersion;
          string osVersion = string.Empty;

A1        switch(osVersionInfo.Version.Major)
          {
A2            case WINDOWS_NT5_KERNEL:
A3                switch(osVersionInfo.Version.Minor)
                  {
A4                    case WINDOWS_2000:
                          osVersion = "Win2K";
                          break;
A5                    case WINDOWS_XP:
                          osVersion = "WinXp";
                          break;
                  }
                  break;
          }
          return osVersion;
A6    }
```

첫 번째 제어 흐름도는 운영체제의 메이저 버전 번호가 상수 값 5와 같지 않은 경우 케이스문을 간단히 우회해 빈 문자열을 리턴하는 것을 보여준다. 두 번째 제어 흐름도는 운영체제 환경이 윈도우 서버 2003인 경우 제어 흐름이 A3에서 A6으로 점프한 후 빈 문자열을 리턴하는 것을 보여준다. 세 번째

제어 흐름도는 운영체제 환경이 윈도우 2000인 경우 A4에서 A6의 케이스문으로 점프한 후 Win2K 문자열을 리턴하는 것을 보여 준다. 그리고 네 번째 제어 흐름도는 운영체제 환경이 윈도우 XP인 경우 A3에서 A5의 케이스문으로 점프한 후 WinXP 문자열을 리턴하는 것을 보여준다.

　네 가지의 제어 흐름도와 더불어 블록 테스팅이 중요한 부분은 예외 처리다. 흥미롭게도 행위적 테스팅에서는 일반적으로 프로그램의 예외 처리를 많은 부분 실행하지 않는다. 따라서 리스크를 감소시키고 예외 처리가 잘 됐는지 확인하는 구조적 테스트 설계가 중요하다. 애플리케이션이 예외를 처리하게 돼 있는 경우 수행 도중 예외가 발생하면 시스템은 적절한 예외 처리 핸들러를 찾고, 제어 흐름은 해당 예외 처리 핸들러로 전이된다.

ConvertToPositiveIntValue 함수

```
A0    private static int ConvertToPositiveIntValue(string s)
      {
          try
          {
A1            return (int)Convert.ToUInt32(s);
          }
A2        catch(FormatException)
          {
              return -1;
          }
A3        catch(OverflowException)
          {
              return -1;
          }
A4    }
```

ConvertToPositiveIntValue 함수는 이런 예외 처리에 대한 간단한 예제다. 그림 6-6의 순차적인 제어 흐름도는 ConvertToPositiveIntValue 함수에 대해 적절한 예외 처리 핸들러로 제어 흐름이 점프하는 것을 보여준다.

0에서 2147483647 사이의 문자열을 인수로 전달하는 블록 테스트는 그림 6-6의 첫 번째 제어 흐름도에서 보여주는 것처럼 number 파라미터로 넘어온 문자열을 정수로 변환한 후 함수를 끝낸다. 그리고 예외 처리를 테스트하려면 최소 2개의 추가적인 테스트가 필요하다. 두 번째 테스트는 number 파라미터에 문자열, 공백 문자열, 문자 등과 같은 정수가 아닌 값을 전달한다. 해당 값이 정수가 아닌 경우 형식 예외 오류(format exception)가 발생해 제어가 A1에서 A2로 점프한다. 그리고 리턴 값을 -1로 바꿔준 후 제어 흐름을 빠져 나와 호출된 함수로 리턴한다. 세 번째 테스트는 오버플로우 예외 처리를 테스트한다. 2147483647보다 크거나 음수 값을 가지는 문자열 인수를 전달해 제어 흐름을 A1 try 블록에서 오버플로우 예외가 발생하게 한 후 해당 흐름을 오버플로우 예외 처리로 점프하게 한다.

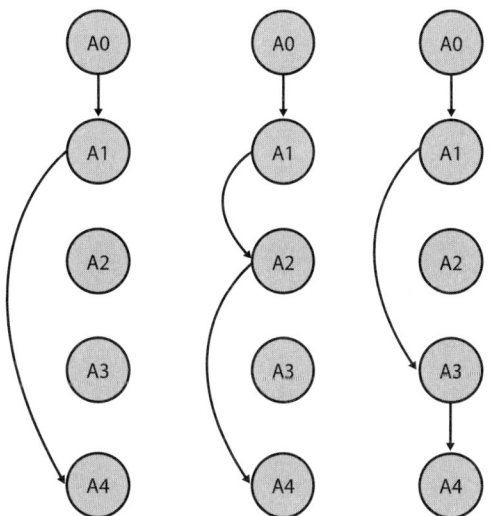

그림 6-6 ConvertToPositiveIntValue 함수의 순차적인 제어 흐름 다이어그램

제어 흐름도에서 int.Parse()와 (int)Convert.ToUInt32() 두 개의 구문으로 구분하는 것이 블록 테스팅에서는 큰 의미가 없으므로 A1 하나로 표시했다. 그러나 테스터는 number 파라미터의 최소 경계 조건과 최대 경계 조건에 해당하는 특정 입력 값을 설정하기 위해 앞의 두 개 구문을 알고 있어야 한다. int.Parse() 함수는 문자열을 2,147,483,648부터 2,147,483,647 사이의

부호 있는 정수 값(signed integer value)으로 변환한다. `Convert.ToUInt32` 함수는 `System.String`을 0에서 4,294,967,296 사이의 정수 값으로 변환한다. 오버플로우 예외 처리에 대한 제어 흐름을 검증하기 위해 단지 하나의 블록 테스트만을 사용했지만 테스트 전문가라면 함수의 적절한 검증을 위해 추가적인 경계 값 테스트의 필요성을 알 수 있다.

● 블록 테스팅 요약

블록 테스팅은 단위 테스팅을 위한 일반적인 테스트 접근법으로 함수의 기본 기능을 빠르게 검증하기에 효과적이다. 또한 블록 테스팅은 스위치/케이스 문이나 예외 처리 제어 흐름의 테스트 설계에도 효과적인 기법이다. 그러나 블록 테스팅은 철저한 구조적 테스팅을 하기에는 미약하고 제어 흐름의 중요한 분기를 놓칠 가능성이 있다. 또한 코드 커버리지를 확보하는 것에만 집착해 코드 내부 동작의 세밀한 분석으로만 발견 가능한 잠재적인 문제를 간과할 수 있다.

결정 테스팅

결정 테스팅(Decision Testing)은 조건이 참인지 거짓인지에 따라 제어 흐름이 분기되는 간단한 불린 표현식(Boolean expression)의 조건문을 평가한다. 결정 테스팅은 불린 표현식의 참과 거짓 결과 모두를 평가하는 테스트 설계를 주요 목적으로 한다. 이런 구조적 테스트 설계 접근법은 블록 테스팅과 유사해 보이지만 블록 테스팅과 달리 인접한 블록이 아닌 함수의 조건문에 집중한다. 블록 테스팅에 비해 결정 테스팅은 제어 흐름에 더 민감한 테스팅을 하게 해준다. `CreateNewFile` 함수는 블록 테스팅과 비교해 결정 테스팅이 얼마나 효과적인지를 보여준다.

CreateNewFile 함수

```
    // 파일이 존재하는지를 검사해 해당 파일이 존재하면 삭제한 후
    // 새로운 파일을 생성하는 간단한 함수

A0  private static void CreateNewFile (string myFilename)
    {
A1      if (File.Exists (myFilename))
        {
            File.Delete (myFilename);
        }
        File.Create (myFilename);
A2  }
```

앞의 예에서 우리는 한 번의 테스트로 CreateNewFile 함수에 대한 블록 커버리지를 100% 달성할 수 있다. myFilename 파라미터에 시스템의 특정 위치에 이미 존재하는 유효한 파일 이름을 전달하면 해당 함수는 모든 블록을 실행한다. 그러나 지금과 같은 경우 그림 6-7의 제어 흐름도에서 보여주는 것 같이 함수의 조건문이 참인 결과만 검증한다. 즉, 그림 6-7에서 점선으로 표시된 조건문이 거짓인 A1 흐름은 실행되지 않는다. 이것은 블록 커버리지 측정 방식의 또 하나의 취약점이다.

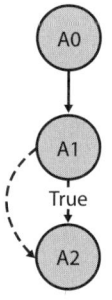

그림 6-7 CreateNewFile 함수의 순차적인 제어 흐름 다이어그램

CreateNewFile 함수의 결정 테스팅은 두 번의 테스트가 필요하다. 첫 번째 테스트는 조건문이 참으로 평가될 수 있게 함수의 인수로 시스템에 존재하는

파일 이름을 전달한다. 두 번째 결정 테스트나 분기 테스트는 조건문이 거짓으로 평가될 수 있게 함수의 인수로 시스템에 존재하지 않는 유효한 파일명을 전달한다. 이것은 간단한 예이긴 하지만 결정 테스팅이 블록 테스팅에 비해 조건문의 제어 흐름을 더 절절하게 테스트한다는 사실을 보여준다.

여기서 주목할 점은 다양한 오류 조건을 확인하기 위해 myFilename 파라미터에 유효하지 않은 파일명을 입력하지 않았다는 점이다. 구조적 테스팅의 목적은 가능한 모든 입력과 출력의 테스트보다는 함수의 제어 흐름에 대한 테스트를 수행하는 것이기 때문이다. 이런 목적에 따라 해당 예제에서는 myFilename 문자열 자체의 검증은 다른 부분에서 이뤄진다는 것을 가정해 유효한 파라미터만을 전달한다. 그러나 테스터는 반복 구조를 효과적으로 테스트하는 방법을 고민하지 않고 단순히 조건문이 참인 경우와 거짓인 경우에 대해서만 검증하는 비효과적인 설계를 하기 쉬우므로 반복 구조를 테스트할 때는 주의해야 한다. 예를 들어 GetCharacterCount 함수에서 for문 안의 조건문이 참인 경우를 검증하려면 myString 파라미터에 A라는 인수를, myCharacter 파라미터에 A라는 인수를 전달하는 하나의 테스트를 설계할 수 있다. 그리고 다음번 반복 시에는 인덱스 값이 myStringArray 변수의 길이와 같게 돼 조건문이 거짓인 경우를 검증한다.

GetCharacterCount.cs

```csharp
// 다음 함수는 문자열 내에서 주어진 특정 문자의 수를 센다.
private static int GetCharaacterCount (string myString, char myCharacter)
{
    char[] myStringArray = myString.ToCharArray();
    int result = 0;

    for (int i = 0; i < myStringArray.Length; i++)
    {
        if (myStringArray[i] == myCharacter)
        {
            result++;
        }
    }
```

```
    return result;
}
```

좀 더 효과적인 결정 테스팅을 위해서는 좀 더 포괄적인 구조적 테스팅을 위해 최소 세 번의 테스트를 실행해야 한다. 나중에 나올 최소 경로 테스팅 기법은 간단한 조건문을 포함한 함수의 구조적 테스팅을 위해 좀 더 완전한 테스트 셋을 제공해 준다. 또한 해당 함수를 좀 더 완벽하게 테스트하려면 결정 테스팅에서 단지 두 번의 테스트를 필요로 했던 것과는 달리 추가적인 테스트가 필요하다는 것에 유념해야 한다.

● 결정 테스팅 요약

일반적으로 결정 테스팅은 블록 테스팅에 비해 제어 흐름에 좀 더 민감하게 반응한다. 결정 테스팅은 if문이나 반복(looping) 구조와 같은 하나의 불린 표현식이 있는 간단한 조건문을 검증하는 데 효과적이다. 그러나 결정 테스팅은 블록 테스팅과 마찬가지로 조건문 내부의 관계 연산자(relational operator)를 검증하는 데는 적절하지 않다.

다음과 같은 코드의 조건문에 대한 결정 테스팅은 조건을 참으로 평가하는 x가 5인 경우를 포함한다.

```
if ( x <= 5)
```

두 번째 테스트는 조건을 거짓으로 평가하는 x가 5보다 큰 경우를 포함한다. 그러나 두 번의 테스트로 조건문이 참인 경우와 거짓인 경우는 검증할 수 있지만 관계 연산자에 대한 테스트로는 충분하지 않다. 관계 연산자를 테스트하려면 추가적으로 x가 5보다 적은 경우도 테스트해야 한다. 세 번째 테스트가 단순 확인용으로 보일지도 모르지만 경계 클래스 결함의 주요한 원인 중 하나가 관계 연산자의 잘못된 사용이라는 측면에서는 의미가 있다.

결정 테스팅은 복잡한 조건문의 제어 흐름을 검증할 때는 효과적이지 않다. 예를 들어 SimpleSearch 함수의 반복 구조는 두 개의 조건문과 하위식(subexpression)을 갖는다. 결정 테스트는 조건식(conditional expression)의 수와는 상관없이 참과 거짓 두 경우만 검증할 수 있게 설계한다. 즉, SimpleSearch 함수에서 문자열 ABC와 문자 B를 myString 파라미터로 전달하면 반복 구조의 참과 거짓 두 경우를 검증할 수 있다. 그러나 문자열 배열의 길이에 대한 주소를 검증하는 조건문 하위식이 거짓인 경우에 대한 적절한 테스트는 수행하지 않는다. 여러 하위식을 포함한 복잡한 조건문을 적절하게 테스트하려면 조건 테스팅(condition testing)이라는 조금 다른 구조적 기법을 사용해야 한다.

:: 조건 테스팅

때로 함수의 제어 흐름은 여러 조건문의 출력에 의존하기도 한다. 그러나 개발자는 이런 여러 조건문을 중첩해서 쓰기보다는 논리 연산자 AND나 OR로 구분된 불린 하위식으로 된 하나의 조건문으로 간략화하기도 한다. 예를 들어 IsNumberBetweenMinAndMax 함수는 number가 최소값과 최대값 사이에 있는지 검사한다. 해당 구현은 참이나 거짓 결과를 리턴하기 위해 간단한 조건문 두 개를 사용한다.

IsNumberBetweenMinAndMax() 함수

```
private static bool IsNumberBetweenMinAndMax (int number)
{
    int minValue = 1;
    int maxvalue = 10;

    if !(number < minValue)
    {
        if !(number > maxValue)
        {
            return true;
        }
    }
    return false;
}
```

해당 함수에서 2개의 불린 표현식을 분리하려면 논리 AND 연산자를 이용해 2개의 간단한 조건문으로 다시 작성할 수 있다. 다음 예에서 보는 것과 같이 코드를 리팩토링함으로써 얻을 수 있는 장점은 코드 라인 수의 감소, 주소 값에 대한 유지 보수성 증가, 블록 수의 감소를 포함한다. 이전 함수에서 결정 테스팅의 수는 3이고, 리팩토링된 코드에서도 숏서키팅(short-circuiting)을 고려한다면 결정 테스팅의 수는 3이다

RefactoredIsNumberBetweenMinAndMax 함수

```
private static bool IsNumberBetweenMinAndMax (int number)
{
    int minValue = 1;
    int maxvalue = 10;

    if (!(number < minValue) && !(number > maxValue))
    {
        return true;
    }
    return false;
}
```

조건문이 두 개 이상의 불린 하위식으로 구성된 경우 조건 테스팅을 하는데 구조적 테스팅 방법을 사용할 수 있다. 조건 테스팅과 결정 테스팅은 비슷하지만 소선 테스팅은 복잡한 조건문에 포함된 각 하위식의 참과 거짓 결과를 평가하려고 설계됐다는 점이 다르다. 조건 테스팅은 내부 조건들을 가진 조건문을 테스트할 때 결정 테스팅보다 유용하다. 조건 테스팅은 결정 테스팅과 비교해 복잡한 조건문을 테스트하는 경우 제어 흐름에 있어 더 민감하게 반응한다.

5장에서 다룬 넥스트 데이트 프로그램의 IsInvalidGregorianCalendarDate 함수는 표 5-1에 있는 유효한 동등 클래스 서브셋을 참고해 입력 변수가 주어진 날짜 범위에 해당하는지 검사한다. IsInvalidGregorianCalendarDate 함수는 인수로 전달되는 년, 월, 일 3개의 파라미터가 유효한지(변수가 명시된 날짜

범위에 있지 않음), 유효하지 않은지(변수가 명시된 날짜 범위에 있음)를 결정하기 위해 복잡한 조건문을 사용한다. IsInvalidGregorianCalendarDate 함수의 결정 테스팅은 조건문의 결과가 참과 거짓이 되는 단지 두 가지의 테스트만을 필요로 한다. 그러나 이런 간단한 결정 테스팅은 함수의 구조와 제어 흐름을 효과적으로 테스트하는 데는 적절하지 않다.

IsInvalidGregorianCalendarDate() 함수

```
// 다음 함수는 주어진 날짜가 그레고리력에서 제외된 10/5/1582와
// 10/15/1582 사이에 해당하는지 여부를 검사한다.
private static bool IsInvalidGregorianCalendarDate (int year, int month,
                                                    int day)
{
    if (year == 1582 && month == 10 && !(day < 5) && !(day > 14)
    {
        return true;
    }
    return false;
}
```

IsInvalidGregorianCalendarDate 함수에 대한 적절한 조건 테스팅을 하려면 각 조건문에 불린 하위식의 참과 거짓 결과를 효과적으로 검증할 수 있는 다섯 가지 테스트 케이스가 필요하다. 그림 6-8에 있는 제어 흐름도는 함수 내의 각 조건문에 대한 제어 흐름 모델을 보여주고 있다. 각 조건문을 테스트한 결과는 표 6-1의 '진리표'에서 보여주고 있다.

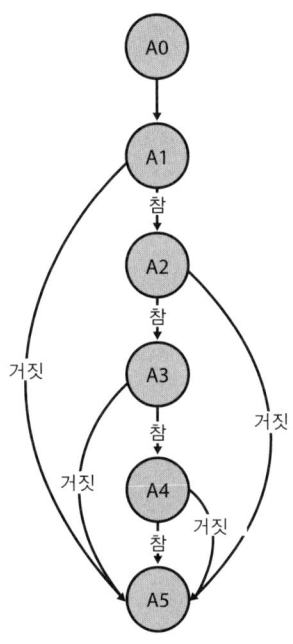

그림 6-8 IsInvalidGregorianCalendarDate 함수의 순차적인 제어 흐름 다이어그램

테스트	파라미터			조건문				기대 값
	월	일	년	년	월	!(일 < 5)	!(일 > 14)	
1	10	11	1582	참	참	참	참	참
2	10	21	1582	참	참	참	거짓	거짓
3	10	3	1582	참	참	거짓		거짓
4	5	7	1582	참	거짓			거짓
5	10	5	1994	거짓				거짓

표 6-1 IsInvalidGregorianCalendarDate 함수의 진리표

표 5-1에서 년, 월, 일 파라미터의 인수로 전달되는 변수 값은 유효한 동등 클래스 서브셋으로부터 도출된 대표적인 값이다. 표 6-1에서 회색으로 표시된 불린 테스트 3, 4, 5의 불린 결과 값은 숏서키팅을 가정한다면 프로그램을 수행하는 동안 검증되지 않는 영역을 의미한다. 첫 번째 조건이 거짓이면 제

어 흐름은 거짓 프로세스 문장을 리턴하기 위해 점프한다. 또한 제어 흐름에 대해 숏서키팅을 가정했으므로 표 6-1은 각 조건문에 대한 가능한 결과 값의 모든 조합을 포함하지는 않는다. 그러나 숏서키팅이 일반적이지 않거나 그러한 가정을 할 수 없다면 `IsInvalidGregorianCalendarDate` 함수의 각 조건문에 대한 결과 값의 모든 조합을 테스트하려면 16번의 테스트를 수행해야 한다.

● **조건 테스팅 요약**

조건 테스팅은 논리 연산자에 의해 구분되는 다양한 불린 하위식을 가진 복잡한 조건문을 테스트하는 경우 다른 종류의 구조적 테스팅보다는 제어 흐름에 민감하다. 그래서 조건 테스팅은 복잡한 조건문으로 구성된 함수를 테스트할 때 블록 테스팅과 결정 테스팅을 모두 포괄한다. 조건 테스팅은 복잡한 조건문의 각 하위식에 대한 모든 참과 거짓에 따른 출력 값을 검증한다. 그러나 마이크로소프트에서는 일반적으로 숏서키팅을 전제로 하므로 조건 테스팅은 복잡한 조건문의 참과 거짓에 대한 모든 조합을 수행하지는 않는다. 일반적으로 숏서키팅을 사용하는 것에 대한 예외는 없다. 그러나 복잡한 조건문의 참과 거짓에 대한 모든 조합을 테스트하지 않는 제약 사항으로 인해 숏서키팅을 테스트용 표준 프랙티스로 하는 것에 대해서는 개발자와 협의해야 한다.

:: 기본 경로 테스팅

경로 테스팅은 프로그램의 가능한 모든 경로를 테스트하는 기법이다. 반복 구조는 반복할 때마다 다른 경로로 인식하므로 경로 테스팅 기법으로 테스팅하기 쉽지 않다. 따라서 현실적으로 모든 경로 테스팅은 불가능하다. 그림 6-9에서 표현하는 함수는 4개의 조건문과 최대 20번을 반복하는 반복문을 갖는다. 각 반복을 하나의 독립적인 경로로 생각한다면 테스트 시 5^{20}개, 즉 약 100조 개의 경로를 고려해야 한다. 가능한 모든 경로를 테스트하는 철저한 테스팅을 시도해 1밀리초에 하나의 테스트를 실행한다면 3000년 이상이 걸린다.

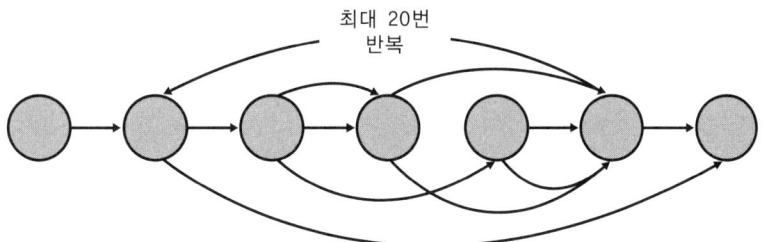

그림 6-9 20번의 제어가 반복될 수 있는 함수의 제어 흐름 다이어그램

가능한 모든 경로를 테스트하는 것은 수학적으로는 가능할지 몰라도 현실적으로는 불가능하다. 토마스 맥케이브(Thomas McCabe)는 이런 테스팅 딜레마의 해결책을 제시했다. 그는 특정 함수의 사이클로매틱 복잡도(Cyclomatic Complexity)와 경로 테스팅에 필요한 테스트 개수 간에 직접적인 상관관계가 있다고 가정했다. 이 가정에 대한 예외는 동일한 조건문을 두 번 검증할 때 발생한다. 동일한 조건문을 검증할 때 가능한 기본 경로의 수와 그에 관련된 기본 경로 테스트 수는 사이클로매틱 복잡도보다 적게 나온다. 이에 관해서는 `IsValidMod10Number` 함수를 통해 자세히 다룬다.

> **사이클로매틱 복잡도란?**
>
> 사이클로매틱 복잡도는 개발자가 작성한 함수의 복잡도를 측정하는 지표 중 하나다. 일반적으로 모듈의 신뢰성이나 테스트 용이성, 유지 보수성을 검사하는 목적으로 소프트웨어 개발 생명주기에서 쓰인다. 테스터가 블록 테스팅이나 결정 테스팅과 비교해 함수의 제어 흐름을 좀 더 철저하게 테스트하기 위한 최소의 테스트 케이스를 도출하는 데도 사용될 수 있다. 사이클로매틱 복잡도는 함수나 모듈의 제어 흐름을 이용해 결정 지점들을 측정한다. 사이클로매틱 복잡도 공식은 v(G) = Edges − Nodes + 2다. 그러나 손으로 직접 계산해야 한다면 조건문의 개수에 1을 더하는 방식인 v(G) = p + 1이 계산하기 쉽다.

기본 경로는 함수에서 선형적으로 독립된 경로로 정의된다. 선형적으로 독립된다는 의미를 설명하는 것은 이 책의 범위를 벗어난다. 하지만 간단히 말하면 선형적으로 독립된 기본 경로는 함수의 독립된 경로의 유한 집합이 된다. 예를 들어 그림 6-10에서처럼 하나의 조건문을 가진 함수라면 두 개의 선형적으로 독립된 경로를 갖는다. 선형적으로 독립된 기본 경로 조합은 기본 경로 셋의 슈퍼셋과 다른 경로를 표현함으로써 함수의 가능한 모든 경로를 커버한다. 따라서 기본 경로 테스팅이라는 구조적 테스팅 기법은 완벽한 경로 테스팅이 불가능한 문제에 대해 가능한 모든 의미 있는 경로를 커버함으로써 효과적인 해결책을 제시한다.

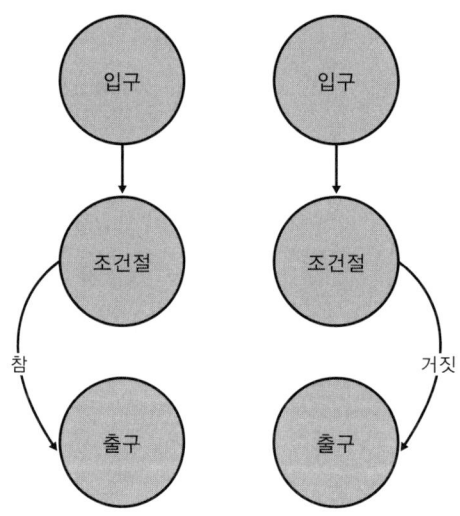

그림 6-10 선형적으로 독립적인 제어 흐름 그래프

맥케이브와 왓슨은 주어진 함수를 통해 선형적으로 독립된 기본 경로를 찾기 위해 베이스라인 경로 기법을 제안했다. 기본 경로 셋을 찾는 접근법에는 두 가지 방법이 있다. 간편 베이스라인 경로 기법(simplified baseline path technique)은 함수의 기본 경로 집합을 찾기 위해 가장 잘 알려진 시스템적 접근 방법이다. 간편 베이스라인 경로 기법은 다음과 같은 절차로 이뤄진다.

1. 테스트할 함수의 시작 지점부터 종료 지점까지 가장 짧은 경로(조건문의

가장 짧은 경로)를 파악한다.

2. 함수의 시작 지점으로 돌아간다.

3. 함수의 시작 지점에서 결과가 참과 거짓 모두로 평가되지 않은 첫 번째 조건문까지 제어 흐름을 추적한다.

4. 조건문 결과를 참인 경우 거짓으로, 거짓인 경우 참으로 변경한다.

5. 조건문에서 종료 지점까지 최단 경로를 따라간다.

6. 사이클로매틱 복잡도와 동일한 모든 기본 경로를 얻을 때까지 2번과 6번 사이를 반복한다.

간편 베이스라인 기법이 빠르게 기본 경로를 찾는 데 효과적이긴 하지만 너무 제한적이거나 함수 내에서 실행할 수 없는 기본 경로셋을 동반할 수 있다. 그래서 맥케이브와 왓슨은 기본 경로를 파악하는 좀 더 창의적인 방법인 실용 베이스라인 경로 기법(practical baseline path technique)을 만들었다. 실용 베이스라인 경로 기법은 함수의 최단 경로를 실행하기보다는 체계적인 절차를 따르고 있다.

1. 함수의 실행 시 가장 많이 수행되거나, 가장 중요하거나, 핵심적인 경로의 제어 흐름을 대표할 수 있는 기본 흐름을 파악한다.

2. 함수의 시작 지점으로 리턴한다.

3. 함수의 시작 지점에서 결과가 참과 거짓 모두로 평가되지 않은 첫 번째 조건문까지 제어 흐름을 추적한다.

4. 조건문 결과를 참인 경우 거짓으로, 거짓인 경우 참으로 변경한다.

5. 베이스라인 경로에 의해 최대 조건문을 거치는 종료 지점까지의 경로를 따라간다.

6. 모든 조건문이 참과 거짓 모두로 판정되고 모든 기본 경로가 정의될 때까지 2번과 6번 사이를 반복한다.

기본 경로 테스팅의 효과성은 미국 국립표준기술연구소(NIST, National Institute of Standards and Technology)의 특별판 500-235[4]에서 발표한 다음 예제를 통해 명확하게 알 수 있다.

CountC 함수

```
    // 이 함수는 문자 A로 시작하는 문자열 안에서
    // 문자 C의 개수를 센다.
A0  private static int CountC (string myString)
    {
        int index = 0, i = 0, j = 0, k = 0;
        char A = 'A', B = 'B', C = 'C';
        char[] strArray = myString.ToCharArray();
A1      if (strArray[index] == A
        {
A2          while (++index < strArray.Length)
            {
A3              if (strArray[index] == B)
                {
                    j = j + 1;
                }
A4              else if (strArray[index] == C)
                {
                    i = i + j;
                    k = k + 1;
                    j = 0;
                }
            }
            i = i + j;
        }
        return i;
A5  }
```

---

4. 아서 H. 왓슨(Arthur H. Watson), 토마스 J. 맥케이브(Thomas J. McCabe), 『Structured Testing: A Testing Methodology Using the Cyclomatic Complexity Metric(구조적 테스팅 : 사이클로매틱 복잡도를 활용한 테스트 방법론, NIST 특별판)』, 500-235(Gaithersburg, MD: National Institute of Standards and Technology, 1996).

CountC 함수는 4개의 조건문을 가진다. 각 조건문의 참과 거짓을 적어도 한 번은 테스트하고자 한다면 두 개의 테스트만 있으면 된다. 표 6-2는 CountC 함수에 인수로 'D' 값을 전달하는 첫 번째 테스트와 인수로 'ABCD' 값을 전달하는 두 번째 테스트에 대한 두 가지 테스트 결과를 보여주는 진리표다.

테스트	파라미터	조건문				결과	
		A1	A2	A3	A4	기대 값	실제 값
1	D	거짓				0	0
2	ABCD	참	참/거짓	참/거짓	참/거짓	1	1

표 6-2 CountC 함수의 결정 테스팅을 위한 진리표

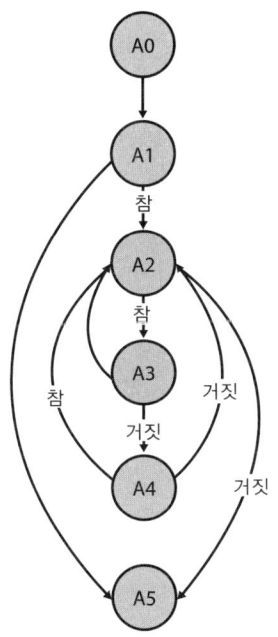

그림 6-11 CountC 제어 흐름 다이어그램

그림 6-11의 제어 흐름도는 표 6-2의 결정 테스트 2를 위한 CountC 함수의 각 조건문에서 참과 거짓 결과를 표현한다. 결정 테스트 2는 A0 → A1(T) → A2(T) → A3(T) → A2(T) → A3(F) → A4(T) → A2(T) → A3(F) → A4(F) → A2(F) → A5 경로를 거친다.

하지만 기본 경로 집합과 각 경로에서 예상되는 기대 결과를 찾는 데 간편 베이스라인 경로 기법을 적용하면 두 개의 오류를 쉽게 찾아낼 수 있다. CountC 함수는 4개의 조건문이 있고 사이클로매틱 복잡도는 5다. 따라서 해당 함수에는 5개의 기본 경로가 있다. 표 6-3에서는 기본 경로와 이를 테스트하는 데 필요한 입력 값과 기대 결과를, 그림 6-12에서는 선형적으로 독립된 경로를 보여준다.

기본 경로	경로	입력 값	기대 값
1	A0 → A1(F) → A5	D	0
2	A0 → A1(T) → A2(F) → A5	A	0
3	A0 → A1(T) → A2(T) → A3(T) → A2(F) → A5	AB	0
4	A0 → A1(T) → A2(T) → A3(F) → A4(T) → A2(F) → A5	AC	1
5	A0 → A1(T) → A2(T) → A3(F) → A4(F) → A2(F) → A5	AD	0

표 6-3 CountC 함수의 기본 경로 테이블

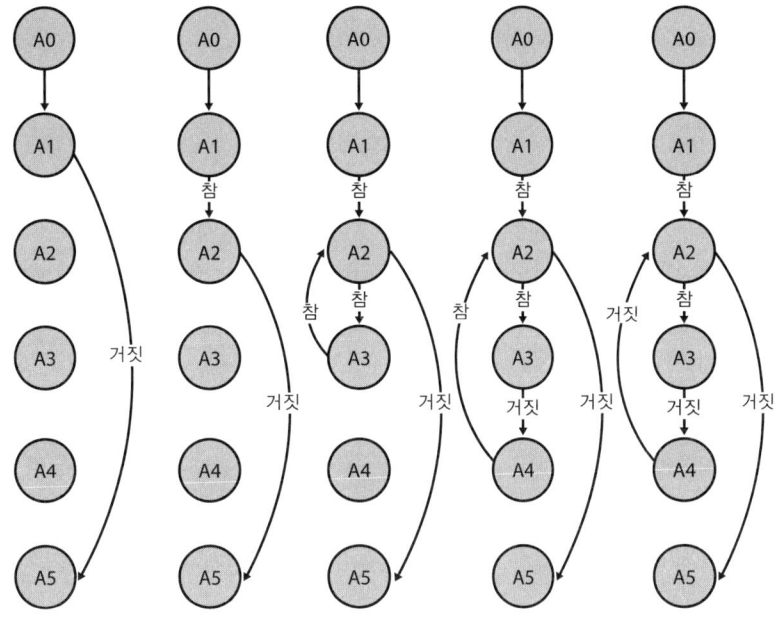

그림 6-12 CountC 함수의 선형적으로 독립된 경로

표 6-4에는 CountC 함수에 있는 각 조건의 참과 거짓을 적어도 한 번 실행하게 하고 있다. 그러나 기본 경로 테스트를 수행하고 시스템적으로 독립된 경로를 각기 추적함으로써 이 간단한 함수에도 두 개의 결함이 있음을 발견했다. 첫 번째 오류는 기본 경로 테스트 3에서 발견됐다. 기대 값은 0이었지만 실제로 1의 값을 얻었다. 두 번째 오류는 기본 경로 테스트 4에서 발견된 것으로 기대 값은 1이었지만 실제로는 0을 리턴했다.

테스트	파라미터	조건문				기대 값	실제 값
		A1	A2	A3	A4		
1	D	거짓				0	0
2	A	참	거짓			0	0
3	AB	참	참/거짓	참		0	1

표 6-4 CountC 함수의 진리표(이어짐)

테스트	파라미터	조건문				기대 값	실제 값
		A1	A2	A3	A4		
4	AC	참	참/거짓	거짓	참	1	0
5	AD	참	참/거짓	거짓	거짓	0	0

표 6-4 CountC 함수의 진리표

　　이것은 기본 경로 테스팅으로 어떻게 함수를 조리 있게 분석하는지 보여주는 간단한 예다. 어떤 사람은 CountC 함수의 낮은 코드 품질을 지적할 것이다. 예를 들어 왜 문자 B까지 체크해야 하는지와 왜 변수 k가 어디에서도 쓰이지 않는지 반문한다. 흥미롭게도 가끔씩 제품 코드에서도 이런 경우를 보곤 한다. 조건문은 제거된 기능이거나 나중에 사용될 용도로 있을 수 있다. 변수 k는 필요 없는 코드의 예다. 사람들은 가끔 어설프게 작성된 코드에 집중하지만 테스트 전문가라면 테스트하기에 복잡한 함수나 구조적인 설계에 집중해야 한다.

　　물론 이런 결함들은 동작 테스팅에서 발견될 수 있다. 하지만 불필요한 코드는 유저 인터페이스상에서 수행하는 행위적 테스트나 탐색적 테스트로는 발견하지 못한다. 그리고 문자 B를 세는 것에 오류가 발견됐다고 해도 10만 개 이상의 다른 유니코드 문자에서 리턴되는 값을 하나하나 확인할 수 있는 별다른 방법이 없다. 10만 개가 넘는 유니코드 문자 중 어떤 것을 선택할 것인가? 모두 시도할 것인가? 구조적 테스트를 수행해 테스트의 수를 줄이면서 효율성과 테스트 커버리지를 높이고, 고품질의 정보를 제공하고, 다른 종류의 오류를 찾아내고, 그것들이 발생한 이유를 찾아내어 전체적인 리스크를 낮추는 것은 어떨까?

　　IsValidMod10Number 함수는 실제 사례를 통해 블록 테스팅이나 결정 테스팅과 비교해 기본 경로 테스팅이 제어 흐름에 얼마나 민감하게 반응하는지를 보여준다.

IsValidMod10Number.cs

```
     // 이 함수는 하나의 문자열을 받아 그것을 숫자 배열로 변환하고
     // 올바른 mod 10 숫자인지 검사하는 수학 공식을 적용해
     // 참이나 거짓 결과를 리턴한다.
A0   public static bool IsValidMod10Number (string number)
     {
         int[] numberArray = new int[number.Length];
         bool checkBit = false;
         int sumTotal = 0;

A1       for (int i = 0; i < number.Length; i++)
         {
             numberArray[i] = int.Parse(number.Substring(i, 1));
         }

A2       for (int index = numberArray.Length - 1; index >= 0; index--)
         {
A3           if (checkBit)
             {
                 numberArray[index] *= 2;
A4               if (numberArray[index] > 9)
                 {
                     numberArray[index] = 9; // 올바른 구문은 number -= 9;
                 }
             }
             sumTotal += numberArray[index];
             checkBit = !checkBit;
         }
         return sumTotal % 10 == 0;
A5   }
```

> **mod 10이란 무엇인가?**
>
> 한스 P. 룬(Hans P. Luhn)은 일반적으로 '모듈러 10(modulus 10)'이나 '룬 공식(Luhn formula)'으로 알려진 숫자로 된 특정 ID를 확인하는 간단한 체크섬(checksum) 알고리즘을 발명했다. 기본적으로 알고리즘은 왼쪽에서 오른쪽으로 각 자릿수에 1이나 2를 곱한다. 이때 해당 자릿수의 곱셈 결과가 10을 초과하면 10의 경우 1 + 0 = 1, 12의 경우 1 + 2 =3과 같이 자릿수의 합으로 계산한다. 그리고 각 자릿수의 계산 결과를 모두 합해 10으로 나눈다. 나머지가 0이면 이 알고리즘을 통과하고 아니면 실패한다. 해당 알고리즘은 일반적으로 신용카드 번호나 캐나다 사회보장 번호와 같은 ID를 확인하는 데 사용한다.

단 하나의 입력 값으로 `IsValidMod10Number` 함수에 대해 100% 블록 커버리지와 결정 커버리지를 달성할 수 있다. 4291이라는 테스트 입력 값은 각 조건문의 참과 거짓을 모두 테스트하고 최종적으로 예상되는 값인 참을 리턴할 것이다. 두 번째 테스트로 1 값을 입력하면 결과로 거짓을 리턴할 것이다. 표 6-5에서 보듯 4291을 입력하면 각 조건문의 참과 거짓이 모두 커버되고, 1을 입력하면 결과의 참과 거짓이 커버된다. 하지만 이런 두 개의 테스트만 수행할 경우 `IsValidMod10Number` 함수의 중대한 오류를 놓치게 된다.

테스트	파라미터 숫자	조건문				결과	
		A1	A2	A3	A4	기대 값	실제 값
1	4291	참/거짓	참/거짓	거짓/참	참/거짓	참	참
2	1	참/거짓	참/거짓	거짓		거짓	거짓

표 6-5 IsValidMod10Number 함수의 결정 테스팅을 위한 진리표

`IsValidMod10Number` 함수는 4개의 조건문을 갖고 있다. 조건문 4 + 1 = 5로 `IsValidMod10Number`에 대한 사이클로매틱 복잡도를 간단하게 계산할 수 있다. 그러나 이 함수에 대한 기본 경로는 4개만 찾을 수 있다. 출력 값이

상충돼 결정 지점을 중복할 수 없기 때문이다. 두 개의 조건문이 같은 불린 표현식을 가지고 있다면 결과도 같다. IsValidMod10Number 함수의 조건문 A1과 A2는 동일하다. 두 함수는 문자열을 배열로 변환한 후에 증가하는 인덱스 값과 배열 내부 요소의 개수를 검증하기 때문이다. 이 경우 문자의 개수는 배열 내부 요소의 개수와 동일하다. 따라서 조건문 A1과 A2는 동일하고 그림 6-13처럼 4개의 기본 경로만 얻을 수 있다.

표 6-6에 나타난 기본 경로 테스팅에서는 5개의 중요한 결함 중 3개를 찾을 수 있다(나머지 2개 오류, 즉 인수로 음수나 정수가 아닌(noninteger) 문자를 입력한 경우 예외 형식 오류나 2,147,483,647과 같이 유효하지 않은 입력 값을 넣었을 때 오버플로우 예외가 발생하는 것은 예제에 있는 기본 경로 테스팅으로는 발견할 수 없다).

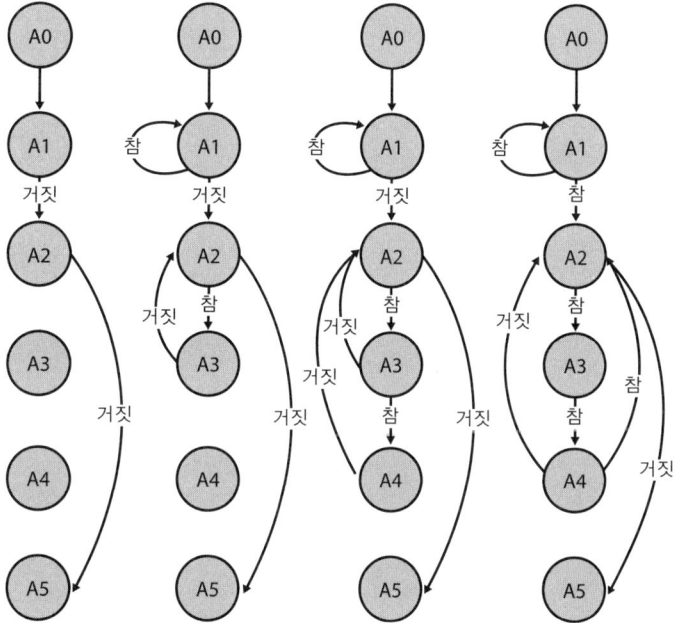

그림 6-13 IsValidMod10Number 함수의 기본 경로 셋

테스트 번호	파라미터 숫자	조건문				결과	
		A1	A2	A3	A4	기대 값	실제 값
1	공백	거짓	거짓			거짓	참
2	0	참/거짓	참/거짓	거짓		거짓	참
3	10	참/거짓	참/거짓	거짓/참	거짓	거짓	거짓
4	59	참/거짓	참/거짓	거짓/참	참	참	거짓

표 6-6 IsValidMod10Number 함수의 기본 경로 테스팅을 위한 진리표

처음 두 개의 심각한 오류는 기본 경로 테스팅이나 잘못된 입력에 대한 검증 결과로 찾을 수 있다. 입력 파라미터가 공백 문자열이나 0이면 불린 값은 거짓 대신 참을 리턴한다. 세 번째 심각한 오류는 A4 조건문을 참이 되게 하고 mod 10 알고리즘의 수학적 공식을 만족하는 최소 유효 값을 사용한 4번 테스트의 기본 경로 테스팅을 통해 찾을 수 있다.

물론 여기서 숫자 파라미터에 문자열 50을 입력했을 때 발생하는 중요한 오류를 놓쳤을 수도 있다. 이것은 테스트 4와 동일한 구조적 경로를 실행하고, A4 조건문을 참이 되게 하는 최소 입력 값이다. 이 경우 기대 값과 실제 값이 모두 거짓이 될 것이다. 이 예에서 알 수 있듯이 효과적인 테스팅을 하려면 하나의 기법이나 접근법에 의존하지 말아야 살충제 패러독스(pesticide paradox)를 피할 수 있다.

이 예는 코드를 살펴봄으로써 숨겨진 경계 값을 찾을 수 있다는 것을 보여 준다. 예를 들어 경계 값 분석 원칙을 적용함으로써 몇 개의 하위 경계 조건을 발견할 수 있다. 예를 들어 개발자가 `IsValid10Number` 함수에 전달하기 전 인수를 0보다 큰 숫자라고 가정한다고 해보자. 이때 최소 경계 조건 값 중 극한 값은 1이 되고, 이것은 유효하지 않은 값이다. 그리고 유효한 최소값은 18이다. 따라서 18은 mod 10 알고리즘에 따라 유효한 최소값을 분할하는 경계 조건이다. 불완전한 함수에 18을 입력하면 기대하는 대로 참을 리턴할 것

이다. 그러나 A4 조건문을 만족하는 유효한 최솟값은 59다. 그러므로 59는 추가적인 하위 경계이자 유효 값 내부의 유일한 값이다. 59는 다른 유효한 값들과 다르게 처리되기 때문이다. 이 예제를 통해 조건의 경계를 파악하고 해당 경계를 구조적 테스팅의 입력 값으로 이용함으로써 특정 종류의 오류를 좀 더 효율적으로 찾을 수 있음을 알 수 있다.

● **기본 경로 테스팅 요약**

기본 경로 테스팅은 블록 테스팅이나 결정 테스팅과 달리 각 조건문의 출력별로 독립적인 테스트가 수행돼야 한다. 예를 들어 while이나 for 등의 반복문 안의 조건문을 검증할 때 블록 테스팅이나 결정 테스팅의 경우 한 번의 테스팅만으로 커버된다. 그러나 기본 경로 테스팅은 조건문이 반복문을 지나치는 한 번의 테스트와 반복 구조를 수행하는 또 한 번의 테스트를 필요로 한다. 따라서 조건 테스팅과 비슷하게 기본 경로 테스팅은 블록 테스팅과 결정 테스팅을 포함한다.

　기본 경로 테스팅은 간단한 조건문이나 반복문을 가진 함수 분석 시 블록 테스팅이나 결정 테스팅보다 제어 흐름에 더 민감하다. 그러나 기본 경로 테스팅은 복잡한 조건문을 검증하는 경우 조건 테스팅과 비슷한 결과를 만들어 낸다.

:: 정리

구조적 테스팅 기법은 코드 커버리지를 향상시키기 위해 프로그램 코드 분석 시 테스터가 효과적이고 효율적으로 테스트를 설계하게 돕는 체계적인 절차다. 그러나 구조적 테스팅은 테스트를 위한 초기 개발 과정에서의 한 가지 테스팅 접근법이지만 소프트웨어를 테스트하는 유일한 방법은 아니다. 구조적 테스팅 기법은 다른 접근법이나 기법을 지원하고 향상시키는 목적을 갖는다. 구조적 테스팅은 다른 테스팅 접근법에서 다뤄지지 않는 코드 경로 검증 테스트를 설계하거나 실행함으로써 좀 더 자세한 정보를 제공하고 리스크를 낮추는 데 기여한다. 이것은 논리 오류와 실행 경로가 상반되는 연관 관계를 가지고 있으므로 중요하다. 코드 분석을 통한 경로를 테스트하지 않는다면 리스크는 100이라고 할 수 있다. 하지만 경로를 테스트한다면 리스크는 줄어들 것이고, 특히 다른 데이터를 통해 코드의 경로를 성공적으로 실행한다면 전반적인 리스크를 낮출 수 있다.

행위적 테스팅 접근법과 체계적인 기능 테스팅 기법, 구조적 테스팅 기법은 서로 다른 정보를 이용해 서로 다른 측면에서 소프트웨어를 검증한다. 경영층이 복잡한 문제에 대해 리스크를 잘 평가하고 올바른 경영 의사 결정을 할 수 있게 다양한 각도에서 가치 있는 정보를 제공해야 한다. 구조적 테스팅은 복잡한 문제에 대해 간단하게 다른 관점을 제공할 수 있다. 그러나 구조적 테스팅은 조직적 투자가 필요하다. 구조적 테스트를 하려면 시간 투자와 화이트박스 구조 테스트를 설계할 수 있는 능력 있는 테스터가 필요하기 때문이다. 그러나 높은 신뢰성을 요구하는 복잡한 시스템의 장기적인 비용을 줄이고 리스크를 최소화하기 위해 구조적 테스팅은 충분한 가치가 있다.

07 코드 복잡도에 따른 리스크 분석

앨런 페이지

내 삼촌 프랭크는 평생 몬타나 강에서 낚시를 해왔다. 지금 그는 유명한 어부가 됐다. 그는 항상 고기를 잡을 수 있는 최적의 낚시대와 줄, 미끼에 대한 조합을 알고 있었고, 친구들은 그를 전문가로 인정했다. 그는 훌륭한 낚시꾼이지만 강의 모든 지점에서 고기를 낚을 수는 없었다. 삼촌은 훌륭한 장비와 미끼만으론 부족하다는 걸 알았다. 그래서 강의 흐름과 깊이를 읽는 법을 알아내서 고기가 어디에 있는지 예측하는 데 이용했다. 무엇을 해야 할지를 파악하고, 고기가 있는 지점을 분석해 전략을 수립함으로써 그는 성공적인 낚시꾼이 될 수 있었다.

경계 값 분석(Boundary-value analysis)과 페어 와이즈(Pair-wise) 테스팅과 같은 기법은 리스크를 최소화하면서 테스트 케이스를 줄이는 데 효과적이다. 일반적으로 버그는 소스 전체에 고르게 분포돼 있지 않다. 소프트웨어 프로젝트의 경우, 특정 컴포넌트가 그 외의 컴포넌트에 비해 많은 버그를 가지고 있는 경우가 많다. 삼촌은 물고기가 어디 있는지 예측하기 위해 다양한 기법을 사용했다. 비슷하게 소프트웨어 테스팅에서도 버그가 집중돼 있는 위치에 대한 예측이 필요하다. 그리고 해당 영역에 중점을 둬 테스트 케이스를 작성한다.

:: 비지니스 리스크

테스팅은 가끔 리스크를 관리하는 프로세스가 된다. 리스크 기반 테스팅은 제품의 잠정적 리스크를 완화시키는 데 기반을 둔 테스팅 접근법이다. 이 접근법은 가능한 테스팅 자원을 가장 적절한 영역에 집중하게 한다. 사실 모든 테스팅은 리스크 기반이다. 모든 것을 테스팅하기는 불가능하므로 테스터는 어디에 테스팅 노력을 집중해야 하는지를 다양한 조건에 의거해 결정한다.

이탈리아 경제학자 빌프레도 파레토(Vilfredo Pareto)[1]는 부의 80%가 인구의 20%에 해당하는 사람들에게 편중돼 있다는 것을 파악하고 이런 부의 불균등을 설명하는 법칙을 만들었다. 이런 파레토 법칙(80:20 법칙)은 소프트웨어 프로젝트에도 적용할 수 있다. 일반적인 경우, 파레토 법칙은 80%의 결과가 20%의 원인에서 나온다는 의미다. 이를 소프트웨어에 적용하면 80%의 사용자가 기능의 20%를 사용한다거나, 80% 버그가 제품의 20%에 존재하거나, 프로그램 실행 시간의 전체 중 80%는 20%의 코드에서 발생한다는 의미가 된다.

리스크 기반 테스팅의 한 측면은 사용 빈도가 높은 사용자 시나리오에 속한 제품의 기능을 분석해 그 곳에 좀 더 많은 테스트를 집중하게 유도하는 것이다. 리스크 기반 접근법의 다른 측면은 테스트를 집중할 주요 기능과 20% 정도의 소수 사용자에 의해 사용될 중요하지 않은 기능을 정확히 구분하는 것이다.

리스크 기반 테스팅의 또 다른 측면은 좀 더 중요한 버그를 내포하는 제품의 기능에 테스트를 집중하는 것이다.

삼촌이 고기를 잡을 수 있는 최적의 위치를 예측할 수 있는 것처럼 리스크 기반 테스팅을 통해 심각한 버그를 찾을 수 있는 가장 적합한 테스팅을 알 수 있다.

---

1. 위키피디아, 『파레토 법칙』, http://en.wikipedia.org/wiki/Pareto_principle

:: 복잡한 문제

복잡성은 어디에나 있다. 내가 오븐 손잡이를 잡을 수 있을 만큼 자랐을 때 초콜릿 칩 과자를 만들었던 적이 있다. 나는 할머니의 레시피를 이용했는데, 거기에는 오로지 몇 가지의 재료만 나와 있다. 나는 그 레시피를 거의 참고하지 않고서도 완벽한 쿠키를 만들 수 있었다. 재료는 버터 2개, 밀가루 2컵, 백설탕과 흑설탕 각 1컵, 초콜릿 칩 한 봉지가 전부였고 요리시간은 10분 정도였다. 내가 성공했던 주된 이유는 레시피가 간단했기 때문이다. 상한 버터나 오븐 고장과 같은 참사가 아니라면 나는 초콜릿 칩 과자를 만드는 데 실패했던 적이 없다.

어른이 돼서도 나는 여전히 요리를 여전히 좋아한다. 하지만 좋아하는 요리를 다시 만들거나 요리책에 있는 요리 사진을 보고 새로운 요리의 레시피를 만들려고 할 때는 여러 가지 문제에 부딪치는 경우가 많다. 수십 가지 재료와 복잡한 순서를 가진 레시피는 실수를 내포한다.

나의 경우, 순서 하나를 빼먹거나 레시피를 잘못 읽어 고추 가루를 티스푼이 아니라 테이블 스푼으로 넣고서는 정신을 차려보면 스토브에는 3개의 냄비가 이미 끓고 있는 경우가 허다하다. 복잡한 레시피와 한 번에 여러 개의 레시피를 참조하면 실패할 확률이 높아진다.

마찬가지로 복잡한 코드나 코드의 복잡한 부분을 사용하는 코드는 일반적으로 실패할 확률이 높다.

버그의 위치를 예측하기 위한 하나의 방법으로 코드의 복잡도가 높은 부분을 찾는 방법이 있다. 일반적으로 복잡한 코드는 많은 버그를 내포하고, 간단한 코드는 적은 버그를 내포하는 경향이 있다. 그리고 복잡한 코드는 유지보수가 힘든 단점도 있다. 코드 복잡도(Code Complexity)는 코드 난이도를 결정하는 중요한 기준이 된다. 또한 코드가 복잡해질수록 코드를 테스트하기가 어려워진다.

복잡도는 코드 리뷰를 통한 직감이나 주관적인 측정을 통해 상당부분 알 수 있다. 코드 악취(Code Smell)는 함수의 크기가 크거나 연관 관계가 많아서 너무 복잡해진 코드를 가리키는 용어로 일반적으로 애자일(Agile) 프로그래밍에서 많이 쓰인다. 악취는 일반적으로 프로그래밍 언어나 환경에 따른 주관적 측정치로 리팩토링(refactoring)하거나 재작성해야 하는 대상 코드를 찾아내는 데 유용하다.

> **그건 건드리지 마!**
>
> 나는 마이크로소프트 윈도우 95 팀에서 일했을 때 네트워크 컴포넌트를 테스트했었다. 당시 테스트한 특정 컴포넌트에서 발생 빈도가 매우 적은 사소한 버그를 우연히 발견했다. 한 베타 사용자도 같은 문제를 제기했었다. 해당 버그는 이번 릴리스나 다음 릴리스에서 관련 컴포넌트에 대해 해결할 계획이 없다는 의미인, '수정 예정 없음'으로 해서 사소한 문제로 처리됐다. 이렇게 해결한 이유는 간단했다. 그 코드를 건드리기가 무서워서였다. 코드의 초기 개발자는 수년 전에 회사를 그만뒀다. 다른 개발자들은 코드가 너무 복잡하고 어려워 코드 수정이 또 다른 장애를 일으킬까 두려웠고 따라서 버그 수정을 달가워하지 않았다.
>
> 다행히도 다음 번 윈도우 운영체제 릴리스에서 그 코드는 완전히 재작성됐지만 가끔씩 나는 여전히 모두가 건드리기 두려워하는 코드로 인해 수정될 수 없는 버그에 대한 이야기를 듣곤 한다.

소프트웨어의 초기 설계나 구현 시 복잡성을 고려하지 않는다면 유지 보수가 어려운 코드가 늘어날 수 있다는 점을 유념해야 한다. 영감이나 직감과 같은 주관적인 방법도 복잡한 코드를 판별하는 효과적인 방법이 될 수 있지만, 버그가 숨겨진 곳을 찾게 도와주는 객관적인 측정 방법도 있다.

가장 간단한 측정 방법으로 코드 라인 수(LOC, Lines of Code)가 있다.

1,000라인의 코드를 가진 애플리케이션은 일반적으로 10,000라인의 코드를 가진 애플리케이션보다 덜 복잡하다. 수학적으로만 따지면 10,000라인의 코드를 가진 프로젝트는 1,000라인의 프로젝트보다 10배 더 많은 버그를 가지고 있다고 예상하지만 현실적으로는 10배보다 훨씬 더 많은 버그를 가지는 경우가 많다. 하지만 라인 수를 세는 방법의 문제(다음 절 참조)와 그 밖의 수많은 외부 요소로 인해 일반적으로 코드 라인 수는 정확한 복잡도 메트릭으로는 사용되지 않는다. 이 외에도 버그의 위치를 예측하는 데 사용될 수 있는 수많은 복잡도 측정 방법이 있고, 이 중 몇 가지는 다음 절에서 다룬다.

● 코드 라인 수 측정

코드의 라인 수를 어떻게 측정할까? 간단한 이 질문은 대답하기가 쉽지 않다. 다음의 간단한 예제를 살펴보자.

```
if (x < 0)
    i = 1;
else
    i = 2;
```

위 코드의 라인 수는 4가 된다. 다음과 같은 형식으로 구현하면 어떻게 될까?

```
if (x < 0) i = 1;
else i = 2;
```

코드의 라인 수는 더 이상 4라고 할 수 없다. 위의 코드 라인 수는 2가 된다. 아니면 적어도 2개의 라인에 맞춰 작성한 코드라고 할 수 있다. 개인적으로 나는 위의 두 가지 코딩 스타일을 좋아하지 않는다. 내가 좋아하는 형태로 코드를 바꿔보면 다음과 같다.

```
if (x < 0)
{
    i = 1;
}
else
{
    i = 2;
}
```

자, 이제 코드의 라인 수는 몇일까? 2? 4? 8? 이 질문에 대한 답은 사람에 따라 달라진다.

라인 수 측정 방식에는 오로지 문장(statement, 예를 들어 C 언어에서 세미콜론으로 끝나는 라인)의 개수만 계산하는 방식이 있다. 공백 라인과 주석을 제외한 모든 라인 수를 측정하는 방식도 있다. 또한 생성된 어셈블리 명령어 라인 수를 계산하는 측정 방식도 있다.

라인 수를 측정하는 방법은 많지만 마음에 드는 방법을 하나 골라 그것을 계속 사용하면 된다. 코드의 라인 수로 프로그램의 길이를 측정하는 방식은 계산하기가 쉬워 드물지만 두 버전의 제품을 비교하거나 프로젝트의 컴포넌트를 비교할 때 사용한다.

∷ 사이클로매틱 복잡도 측정

컴퓨터 프로그램은 '이런 일이 생기면 이렇게 하라, 그렇지 않으면 다른 것을 하고 이것을 먼저 하라' 등의 수많은 결정을 내포한다. 수많은 선택과 결정을 가지고 있는 프로그램은 일반적으로 장애가 많거나 테스트하기 어려운 경우가 많다. 이런 결정의 수를 측정하는 가장 일반적인 방법 중 하나가 사이클로매틱 복잡도(cyclomatic complexity) 측정 방법이다. 사이클로매틱 복잡도는 함수 내부의 선형적으로 독립적인 경로(혹은 결정)의 개수를 파악하기 위한 목적으로 토마스 맥케이브(Thomas McCabe)[2]에 의해 개발됐다. 조건문이나 반복문 같은 조건 연산자를 가지고 있지 않은 함수는 오직 하나의 선형적으로 독립된 경로를 갖는다. 조건문은 프로그램 흐름의 분기를 만들어 추가적인 경로를 생성한다.

사이클로매틱 복잡도 수치가 증가하면 프로그램 유지 보수가 어려워진다. 심리학자들은 인간이 단기적으로 한 번에 기억할 수 있는 정보는 평균적으로 5개에서 9개 사이라고 한다. 그러므로 개발자가 한 번에 5개에서 9개 사이를 넘어서는 조건을 가진 코드를 수정하게 되면 실수할 확률이 높아진다. 그리고 코드의 결정 지점들이 많아지면 유지 보수성이 떨어지고 테스트도 어려워진다.

맥케이브 복잡도 측정은 일반적으로 먼저 소스코드에 대한 순서도를 그리고 이를 바탕으로 계산한다. 예를 들어 리스트 7-1의 코드를 살펴보자.

---

2. 토마스 맥케이브, <A Complexity Measure(복잡도 측정)>, IEEE Transactions on Software Engineering SE-2, no. 4(December 1996): 308-320.

리스트 7-1 간단한 사이클로매틱 복잡도

```
int CycloSampleOne(int input)
{
    int result;
    if (a < 10)
        result = 1;
    else
        result = 2;
    return result;
}
```

이 코드는 그림 7-1과 같은 순서도로 표현할 수 있다.

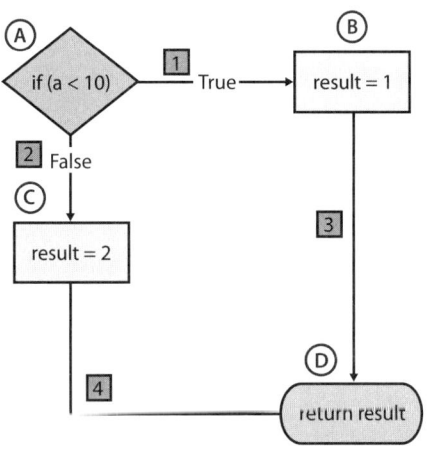

그림 7-1 리스트 7-1의 간단한 사이클로매틱 복잡도 예제를 위한 순서도

순서도에 기반해 맥케이브는 코드의 복잡도를 선(edge)의 개수 − 노드(node)의 개수 + 2로 계산했다. 그림 7-1에서 노드(node)는 도형으로, 선(edge)은 도형들의 연결선으로 표시했고, 노드는 A, B, C, D로 선은 1, 2, 3, 4로 각기 명명했다. 공식을 적용하면 선(4) − 노드(4) + 2 = 2이므로 이 함수의 사이클로매틱 복잡도는 2가 된다. 사이클로매틱 복잡도를 계산하는 더 간단한 방법은 조건문의 개수에 1을 더하는 것이다. 앞의 예제에서는 조건문이 A 하나뿐이므로 1+1로 2가 된다.

리스트 7-2의 코드 샘플은 간단하긴 하지만 앞의 예제보다 조금 더 복잡하다. 이에 대한 순서도는 그림 7-2와 같다.

리스트 7-2 좀 더 복잡한 사이클로매틱 복잡도

```
void CycloSampleTwo(int value)
{
    if (value !=0)
    {
        if (value < 0)
            value += 1;
        else
        {
            if (value == 999) //특정 값
                value = 0;
            else //다른 모든 양수 처리
                value -= 1;
        }
    }
}
```

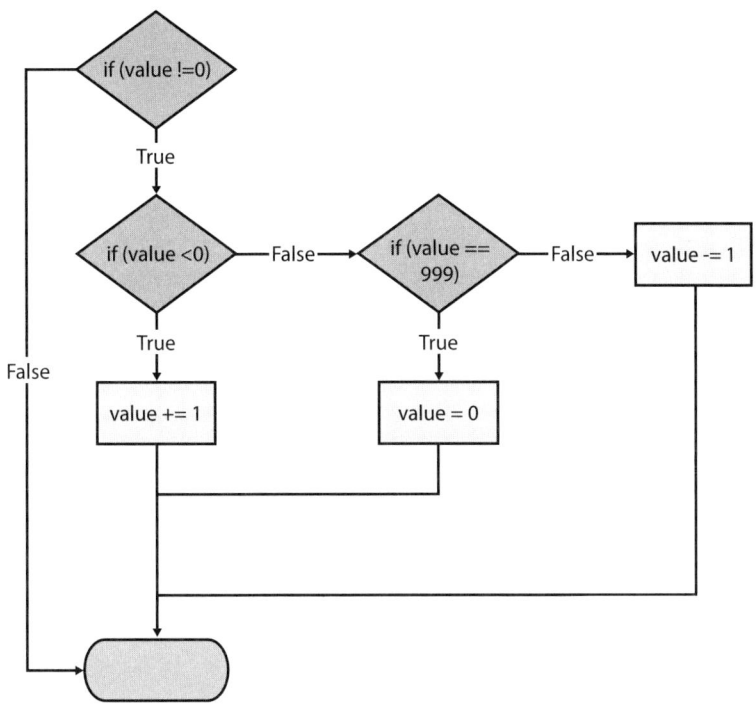

그림 7-2 리스트 7-2의 좀 더 복잡한 사이클로매틱 복잡도 예제를 위한 순서도

앞의 두 예제는 실제 프로젝트에서 사용되는 코드보다 훨씬 간단하고 테스트 케이스를 생성하는 것도 쉬운 일일 것이다. 간단한 함수의 사이클로매틱 복잡도를 계산은 수작업으로도 간단히 할 수 있다. 많은 결정 지점을 가지는 대규모 함수나 대규모 코드 베이스는 사이클로매틱 복집도를 자동으로 계산하기 위해 툴을 사용한다(맥케이브(McCabe) 사의 McCabe IQ3[3] 같은 상용 툴이나 CCCC, NDepend, Code Analyzer 등의 무료 툴이 있다). 매니지드 코드(Managed Code) 개발을 위해 사이클로매틱 복잡도를 계산하는 Sourcemonitor, Reflector, FxCop 같은 무료 툴도 있다.

사이클로매틱 복잡도의 주요 용도는 함수의 테스트 용이성을 측정하는 것이다. 표 7-1은 사이클로매틱 복잡도를 사용하는 데 필요한 맥케이브의 가이드라인이다.

---

3. 맥케이브 IQ, http://www.mccabe.com/iq.htm

사이클로매틱	관련된 리스크
1–10	리스크가 거의 없는 간단한 프로그램
11–20	중간의 복잡도와 리스크를 가짐
21–50	높은 복잡도와 리스크를 가짐
50+	최고의 리스크를 가지며 테스트 불가능

표 7-1 사이클로매틱 복잡도 리스크 분석

위의 표는 가이드라인일 뿐이다. 사이클로매틱 복잡도는 낮지만 버그로 가득한 코드도 있고, 사이클로매틱 복잡도는 50 이상이지만 테스트하기가 용이하고 결함이 거의 없는 코드도 있다.

● 할스테드 메트릭

할스테드 메트릭(halstead metrics)은 다음 4가지 프로그램 문법 요소의 측정에 기반한 완전히 다른 형태의 복잡도 측정 방식이다.

- 독립적인 연산자(operator)의 개수(n1)
- 독립적인 피연산자(operand)의 개수(n2)
- 총 연산자 개수(N1)
- 총 피연산자 개수(N2)

해당 척도는 복잡도 메트릭 계산에 활용한다. 예를 들어 코드 길이는 N1과 N2를 더해 계산한다. 난이도 메트릭(difficulty metric)은 (n1 / 2) * (N2 / n2) 같은 공식을 사용한다. 다음 예제 코드에서는 표 7-2에서 보여주는 6개의 독립적인 연산자와 4개의 독립적인 피연산자를 각기 총 6번과 12번 사용했다.

```
void HalsteadSample(int value)
{
    if (value !=0)
    {
```

```
        if (value < 0)
            value += 1;
        else
        {
            if (value == 999) //특정 값
                value = 0;
            else //다른 모든 양수 처리
                value -= 1;
        }
    }
}
```

	연산자들		피연산자들	
	연산자	개수	피연산자	개수
1	!=	1	value	6
2	<	1	999	1
3	+=	1	0	3
4	==	1	1	2
5	=	1		
6	-=	1		
합계	6(n1)	6(N1)	4(n2)	12(N2)

표 7-2 할스테드 메트릭의 예

- n1 = 6

- n2 = 4

- N1 = 8

- N2 = 12

할스테드 메트릭을 이용하면 코드 길이는 6 + 12 = 18이고, 난이도는 ((6 / 2) * (12 / 4)) = 9가 된다.

사이클로매틱 복잡도처럼 할스테드 메트릭도 프로그램의 유지 보수성(maintainability)을 결정하기 위해 필요하다. 그러나 해당 메트릭의 가치를 보는 시각은 "신뢰할 수 없다"[4]부터 "유지 보수성 측정을 위한 대표 지표다"[5]에 이르기까지 다양하다. 따라서 재작업이 필요할 가능성이 있거나 분석이 필요한 코드를 찾는 경우 사이클로매틱 복잡도와 함께 기본 지표로 적절하게 활용하길 바란다.

● 객체지향 메트릭

객체지향 메트릭(object-oriented metrics)은 C++, 자바, C# 같은 객체지향 언어의 클래스나 클래스 구조와 관련된 메트릭이다. 객체지향 메트릭 중 가장 많이 쓰는 것은 치댐버(Chidamber)와 케머러(Kemerer)[6]의 CK 메트릭이다. CK 메트릭은 다음을 포함한다.

- **클래스당 가중치가 부여된 메소드**(WMC) 클래스당 메소드의 개수

- **상속 깊이**(DIT) 부모 클래스의 개수

- **객체 클래스 간의 결합**(CBO) 클래스가 다른 클래스의 메소드나 인스턴스 변수를 사용한 횟수

객체지향 메트릭의 지지자들은 수많은 메소드를 가진 클래스, 상속의 깊이가 깊은 클래스, 결합(Coupling)의 정도가 과도한 클래스 등은 유지 보수가 어렵고 테스트하기도 어려울 뿐만 아니라 결함을 내포할 가능성이 높다고 말한다.

---

4. 케이퍼 존스(Capers Jones), <Software Metrics: Good, Bad, and Missing(소프트웨어 메트릭: 장점, 단점, 누락)>, Computer 27, no. 9(September 1994): 98-100.
5. P. 오만(P. Oman), <HP-MAS: A Tool for Software Maintainability, Software Engineering(HP-MAS: 소프트웨어 유지보수 툴, 소프트웨어 엔지니어링 툴)>, Software Engineering (#91-08-TR) (Moscow, ID: Test Laboratory, University of Idaho, 1991).
6. R. 치댐버(S. R. Chidamber), C. F. 케머러(C. F. Kemerer), <A Metrics Suite for Object Oriented Design(객체지향 디자인을 위한 메트릭 스위트)>, IEEE Transactions in Software Engineering 20, no. 6(1994): 476-493.

객체지향 프로그래밍에서는 얼마나 많은 클래스가 자신을 호출했는지, 자신이 얼마나 많은 클래스를 호출했는지를 나타내는 지표로 각기 팬인(fan-in) 메트릭과 팬아웃(fan-out) 메트릭이 있다. 예를 들어 어떤 클래스의 메소드가 5개의 다른 클래스에 의해 호출됐고 10개의 다른 클래스를 호출했다면 팬인은 5이고, 팬아웃은 10이 된다. 이 지표는 유지 보수성을 측정하는 데도 효과적이지만 추가적인 테스팅이 필요한 곳을 찾아내는 데도 사용할 수 있다. 예를 들어 어떤 클래스가 12개의 다른 클래스에서 호출되는 높은 팬인 메트릭을 가진 클래스라면 코드 변경으로 인해 새로운 장애가 생길 확률이 높을 것이다.

팬인과 팬아웃 지표는 비객체지향 프로그래밍 언어에서도 함수와 모듈 레벨에서 사용할 만한 충분한 가치가 있다. 다른 함수에 의해 호출되는 횟수가 많은 함수는 유지 보수나 테스트가 힘들고 간단하게 변경하기 어려운 경우가 많다. 내 경험 중 가장 큰 팬인과 팬아웃 지표 관련 사례는 윈도우 애플리케이션 프로그래밍 인터페이스(API, Application Programming Interface)였다. 많은 핵심 윈도우 함수는 수천 개의 다른 애플리케이션에 의해 호출된다. 이 함수에서는 아주 사소한 변경도 함수의 호출을 실패하게 만드는 중요한 원인이 될 수 있다. 팬인이 높은 함수나 모듈은 유지 보수에 특별히 신경 써야 한다. 테스팅 측면에서도 이는 중요하다. 가능한 빨리 팬인 지표가 높은 함수와 모듈, 클래스를 식별하고 이 부분에 테스팅을 집중해야 한다.

반대로 팬아웃 지표는 종속성을 측정할 수 있다. 어떤 함수나 클래스가 10개나 20개의 함수를 호출한다면 그 함수가 10개나 20개의 함수 변경에 영향을 받는다는 것을 의미한다. 호출되는 함수의 유지 보수 책임을 다른 개발자나 다른 팀이 가지고 있을 때는 문제가 더욱 심각해지기도 한다.

> **윈도우 유지 보수 팀에서의 복잡도 사용 사례**
>
> 윈도우 유지 보수 팀(SE, Sustained Engineering)은 윈도우 릴리스 버전에 대한 유지 보수 관련 모든 책임을 지고 있다. 유지 보수는 핫픽스(hotfix), 보안 패치, 업데이트, 보안 팩, 기능 팩, 서비스 팩을 포함한다.
>
> 핫픽스가 릴리스될 때마다 SE 팀은 윈도우를 구성하는 4000개 이상의 바이너리 중 몇 개의 바이너리를 테스트할지 결정해야 한다. 핫픽스는 짧은 기간에 이뤄지므로 한 바이너리가 다른 바이너리에 영향을 끼치지 않는다는 것을 보증하기 힘들고 매번 윈도우의 모든 바이너리를 테스트하는 것도 시간상 불가능하다. 그래서 SE 팀은 바이너리의 장애 이력을 참조하는 것은 물론 복잡도 메트릭을 조합해 각 바이너리의 리스크 우선순위를 결정한다. 이때 리스크 우선순위는 특정 핫픽스에 일어난 변경을 근거로 한다. 우선순위가 정해지면 리스크가 낮은 하위 30%를 리그레션 테스트에서 제외한다. 이것은 리스크가 낮은 1000개의 바이너리에 대한 테스트 수행에 시간을 투자하기보다 리스크가 높은 바이너리에 테스팅을 집중한다는 의미다. 이런 방식을 더 발전시키면 더 많은 바이너리를 제외함으로써 변경과 관련 없는 리그레션 테스트를 최소화해 테스트의 효율성을 높일 수 있다.
>
> — 쿠쉭 래자람(Koushik Rajaram)

● 사이클로매틱 복잡도가 높다고 반드시 버그가 많은 것은 아니다

주어진 소프트웨어의 복잡도 정량화는 반드시 테스트 팀이 해야 할 일은 아니다. 높은 복잡도를 가진 코드일지라도 적은 수의 버그만을 내포할 수도 있다. 나는 종종 메트릭을 화재경보기로 비유한다. 화재경보기가 울린다면 반드시 불이 났다는 것은 아니지만 불이 났을 가능성이 있으니 살펴보고 적절한 대응을 해야 한다는 것을 의미한다. 유사하게 복잡도 메트릭이 높다면 반드시 버그가 많고 유지 보수하기 어렵다는 것은 아니지만 코드를 살펴볼 필요가 있다.

예를 들어 윈도우 프로그래밍에서 사용되는 메시지 처리 부분처럼 긴 switch문을 사용하는 코드의 경우, switch문 내의 각 case문이 독립된 경로를 만들어내므로 사이클로매틱 복잡도는 높지만 그 기능을 테스트하는 것은 어렵지 않다. 마이크로소프트의 그림판을 생각해보자. 그림판은 다른 그래픽 프로그램과 비교하면 매우 단순한 편이지만 40개의 메뉴와 16개의 그리기 툴, 28개의 색깔을 선택할 수 있다. 나는 그림판의 소스코드를 본적은 없지만 각 선택이 하나의 case문으로 작성돼 있다고 하더라도 놀라지는 않을 것이다. 여기에 그리기(그리고 크기)와 관련된 메시지까지 고려한다면 분명 매우 복잡도가 높은 함수가 존재하고, 복잡도 메트릭에 따르면 이 함수의 테스트는 거의 불가능하다.

다음은 윈도우 메시지 처리 부분의 전형적인 예다. 메시지 처리 부분은 설계상 12개나 그 이상의 case문을 가지므로 높은 사이클로매틱 복잡도를 가진다. 메시지 처리 부분이 버그를 가지고 있긴 하지만 사이클로매틱 복잡도에서 이야기하는 만큼 많은 양은 아니다.

```
int HandleMessage(message)
{
    switch(message)
    {
        case Move:
            // 코드 생략
            break;
        case Size:
            // 코드 생략
            break;
        ...
        //여러 줄 줄임
    }
}
```

하지만 많은 경우 높은 복잡도를 가진 소스코드에서 더 많은 버그가 발견된다. 수많은 연구 결과가 복잡도와 버그의 높은 상관 관계를 보여준다. 또한 복잡도는 소스코드의 유지 보수성과도 관련이 있다. 복잡도가 높은 코드는 유지 보수 개발자가 작업하기 힘들고, 코드에 익숙해지기 위해 많은 시간이 필요하다. 또한 복잡도를 증가시키지 않는 상태에서의 버그 수정과 새로운 기능 구현은 상당히 어렵다.

:: 복잡도 메트릭 제대로 다루기

코드의 복잡도를 측정하는 몇 가지 다른 방법이 있다. 잘 알려진 대로 복잡도 측정은 버그가 많을 수 있거나 유지 보수하기 어려울 수 있는 코드 영역을 찾아주는 장점이 있다. 그러나 복잡도는 거짓 양성(false positive) 결과를 보여줄 수도 있다. 즉, 코드 분석 결과, 코드의 복잡도는 높지만 버그가 몇 개 없거나 유지 보수가 간단할 수도 있다. 거짓 양성 결과를 막기 위해 여러 가지 복잡도 측정 방식을 조합하고 가중치를 두어 분석하는 방법을 사용할 수 있다. 여러 개의 복잡도 메트릭에서 해당 함수나 모듈의 복잡도가 동일하게 높게 나왔다면 그 부분에 좀 더 많은 버그가 있을 수 있고, 유지 보수하기 좀 더 어려울 수 있다. 반대로 일부 지표에서는 복잡도가 높고 다른 일부 지표에서는 복잡도가 낮게 나왔다면 그 부분은 실제로 생각보다 복잡하지 않고 유지 보수가 용이할 수도 있다.

코드의 복잡도가 높다면 어떻게 해야 할까? 새로운 코드의 복잡도가 높게 나왔다면 그 부분은 리팩토링이 필요한 코드일 가능성이 높다. 마이크로소프트에서는 새로운 기능을 개발할 때 사이클로매틱 복잡도로 제약을 가하려는 시도를 한 팀도 있었다. 그러나 시도했던 대부분의 팀은 사이클로매틱 복잡도가 리팩토링이 필요하다는 사실을 알려주는 정확한 지표는 아니라는 사실을 깨닫게 됐다. 윈도우 팀을 비롯한 다른 팀은 여러 개의 복잡도 메트릭을 조합해 사용했고, 데이터는 제품 생명주기 후반부에 컴포넌트의 변경에 따른 리스크를 결정하는 데 도움이 됐다.

예를 들어 표 7-3의 함수 목록을 살펴보자. `OpenAccount` 함수는 사이클로매틱 복잡도가 높지만 호출하는 함수가 거의 없고 코드 라인 수가 적다. 해당 함수는 사이클로매틱 복잡도를 줄이는 추가적인 재작업이 필요할 수 있다. 또는 리뷰를 통해 코드가 유지 보수 가능하고 모든 분기에 대한 테스트 생성이 용이함을 파악할 수도 있다. `CloseAccount` 함수는 많은 함수에 의해 호출되지만 복잡도는 낮다. 해당 함수에 대한 추가적인 인스펙션을 통해 호출하는 함수의 수도 있지만 그리 심각한 리스크는 없을 것이다. 마지막으로 `UpdatePassword` 함수의 경우에 사이클로매틱 복잡도는 중간이고, 호출하는 함수가 20개이며 라인 수도 다른 함수의 3배에 달하므로 가장 리스크가 높을 수 있다. 물론 모든 함수의 변경에 대해 테스트를 해야 하지만 UpdatePassword 함수의 경우 특별히 신경을 써야 할 것이다.

함수명	사이클로매틱 복잡도	해당 함수를 호출하는 함수의 개수	코드 라인 수
OpenAccount	21	3	42
CloseAccount	9	24	35
UpdatePassword	17	20	113

표 7-3 복잡도 예

최신 마이크로소프트 비주얼 스튜디오(Visual Studio) 툴은 그림 7-3처럼 사이클로매틱 복잡도와 할스테드 메트릭을 추가해 유지 보수 메트릭을 위한 복잡도 측정 기능을 제공한다.

Hierarchy	Maintainability Index	Cyclomatic Complexity	Depth of Inheritance	Class Coupling	Lines of Code
DesignPatterns (Debug)	93	37	2	12	43
<Module>	100	0	0	0	0
IteratorPattern	93	19	2	6	22
Aggregate	100	2	1	1	1
ConcreteAggregate	91	5	2	5	6
ConcreteIterator	82	7	2	2	14
Iterator	100	5	1	0	1
ObserverPattern	94	15	2	7	16
ConcreteObserver	91	4	2	3	7
ConcreteSubject	95	3	2	1	3
Observer	100	2	1	0	1
Subject	90	6	1	4	5
SingletonPattern	85	3	1	0	5

그림 7-3 비주얼 스튜디오 2008에서의 복잡도 메트릭

:: 정리

코드 복잡도는 버그가 존재할 가능성이 있는 부분이나 유지 보수에 문제가 생길 가능성이 있는 부분을 찾기 위해 사용되는 중요한 메트릭이다. 조직에서 복잡도를 측정하지 않고 있다면 먼저 핵심 기능이나 함수부터 코드 복잡도 측정을 시작하자. 그리고 점차 복잡도 측정의 영역을 확장해가고 컴포넌트나 기능 영역 간의 복잡도를 비교해보자.

그러나 복잡도는 오용되기 쉬운 메트릭이므로 의도했던 것에 적합한지를 관찰해 현명하게 사용해야 한다. 높은 복잡도는 더 많은 버그 존재의 가능성만을 알려주므로 이를 확신하려면 추가적인 조사가 필요하다는 것에 유념해야 한다.

08 모델 기반 테스팅

앨런 페이지

보잉사에서 787 같은 새로운 제트기를 설계할 당시 소프트웨어로 항공기를 설계해 수백만 번 이상의 시뮬레이션을 수행했다. 이를 통해 최적의 양력과 효율을 얻을 수 있는 동체의 모양, 컴포넌트의 무게, 조정석의 위치 등을 결정할 수 있었다.

수동 변속기 자동차 운전을 배울 당시 나는 거의 패닉 상태였다. 특히 클러치를 떼는 순간과 액셀을 밟는 순간 사이의 타이밍을 잡을 수 없었기 때문이었다. 그러던 중 어떤 분에게서 클러치를 밟을 경우 자동차 내부에서 어떤 일이 일어나는지, 어떤 절차로 자동차가 연료를 얻는지에 대해 간단한 그림을 통해 설녕을 들었다. 놀랍게도 그분의 설명을 들은 후로는 수동 변속기 자동차를 아무 문제없이 운전하게 됐다.

모델(model)은 복잡하게 돌아가는 문제를 이해하는 데 도움을 준다. 학교에서 기초 수학을 배울 때도 모델을 이용했다. 선생님은 '9-4=5'라는 개념부터 바로 시작하는 것이 아니라 그림 8-1 같은 모델을 먼저 설명했다.

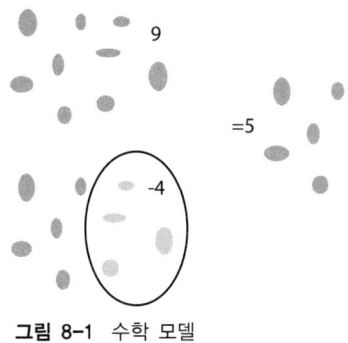

그림 8-1 수학 모델

9개를 가지고 있고 그 중 4개를 없앤다면 5개가 남는다. 모델은 이렇게 쉽고 효과적으로 설명한다. 모델은 6살 아이에게 복잡한 문제를 설명하는 완벽한 방법이다. 그리고 모델은 완전히 이해하지 못하는 내용을 설명하는 데도 도움을 준다. 모델은 문제를 추상화시키는 방법이고 "만약에 이렇다면?"이라는 질문에 답을 줄 수 있을 뿐만 아니라 설계를 이끌어내기도 한다. 모델링 작업을 통해 복잡한 이슈를 이해하기 쉽고 잘 정의된 단위 조각들로 나누고 결국에는 문제 전체를 한층 자세히 이해할 수 있게 된다.

모델 기반 테스팅(MBT, Model-based testing)은 문제 해결을 위한 아주 자연스러운 방법이다. 8장에서는 마이크로소프트의 테스터들이 머릿속에 있는 모델을 수행 가능한 형태로 변환하는 데 주로 사용하는 기본적인 방법을 소개하고자 한다. 이는 봉투 뒷면에 끄적거리거나 화이트보드에 낙서한 그림이 될 수 있다. 마이크로소프트 비지오나 일반적인 모델링 툴을 사용할 수도 있다. 물론 모델 하나만으로는 테스터에게 충분하지 않다. 당연히 테스트 케이스도 필요하다. 테스터들이 선호하는 모델링 기술은 모델을 통해 테스트 케이스를 생성하는 것이다.

● 모델링 기초

그림 8-2는 마이크로소프트의 테스터가 사용하는 모델링 접근 방법을 설명한다. 이는 모델에 대한 모델, 즉 메타 모델이다. 테스터는 점심 식사를 하는 도중 냅킨에 모델을 끄적거린 다음 이를 화이트보드나 명세서 뒷장에 옮겨

그리기도 한다. 때로는 비지오 등의 툴을 이용해 모델 기반 테스트를 설계하기도 한다.

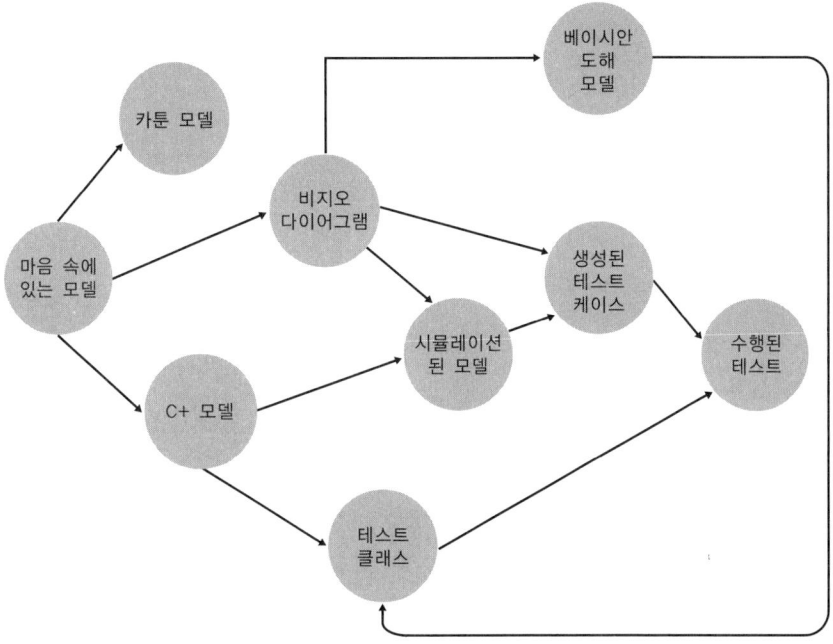

그림 8-2 모델링의 모델

   모델은 시스템을 표현하는 하나의 형태다. 행위 모델은 일반적으로 시작 상태, 전이 상태, 종료 상태를 포함한다. 그림 8-1과 같은 수학 모델의 경우 시작 상태는 9이고, 액션은 '4를 제거하라'이며, 종료 상태는 5다.

   유한 상태 머신(FSM, finite state machine)은 상태와 이에 관계된 전이를 표현한 용어다. 따라서 FSM은 상태와 전이로 표현할 수 있는 기능을 묘사하기에 적절한 방법이다. 그림 8-3은 '9-4=5'의 수학적 표현을 FSM으로 옮겨놓은 것이다.

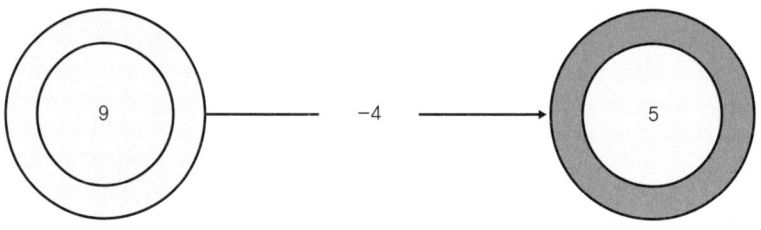

그림 8-3 9-4=5를 표현하는 유한 상태 머신

:: 모델 테스팅

많은 테스터는 여러 모델을 활용해 테스팅을 수행하지만 자신이 모델을 이용한다는 사실을 인식하지 못한다. 나는 테스터가 다이어그램을 이용해 테스팅 대상이 되는 기능을 화이트보드에 그리고, 이를 이용해 프로그램을 추적해가며 해당 기능이 어떻게 동작하는지 이해해나가는 모습을 많이 목격했다. 이들을 보면서 모델 기반 테스팅의 이점을 명확하게 이해한다면 훨씬 더 효과적일 수 있을 것이라 직감했었다.

● 모델 설계

모델을 만든다는 것은 그렇게 어렵지 않다. 그러나 모델링 작업을 끝내야 하는 시점의 결정은 어려운 일이다. 나의 첫 번째 차는 1962년형 AMC 램블러였다. 자동차 운전은 재미있는 일이지만 정말 단순하다. 차에는 주행, 1단, 2단, 후진으로 구성된 버튼식 기어가 장착돼 있고, 시동장치가 중립 기어 역할을 같이 했다. 어딘가 가려고 차를 타면 운행 중이 아닌 여느 때와 마찬가지로 '주차 & 정지(PARK & OFF)' 상태다. 승차 후 녹색 시동 버튼을 누르면 차는 새로운 상태인 '주행 중(RUNNING)' 상태로 변경되고, 목적지에 도착할 때까지는 그 상태가 유지된다. 때로 집에 무언가를 놓고 와 다시 이전 상태인 '주차 & 정지' 상태로 변경하기도 한다. 기술적으로 자동차는 후진 기어 상태로 있을 수도 있지만 단순하게 하려고 그림 8-4처럼 시작 상태를 중립으로 했다.

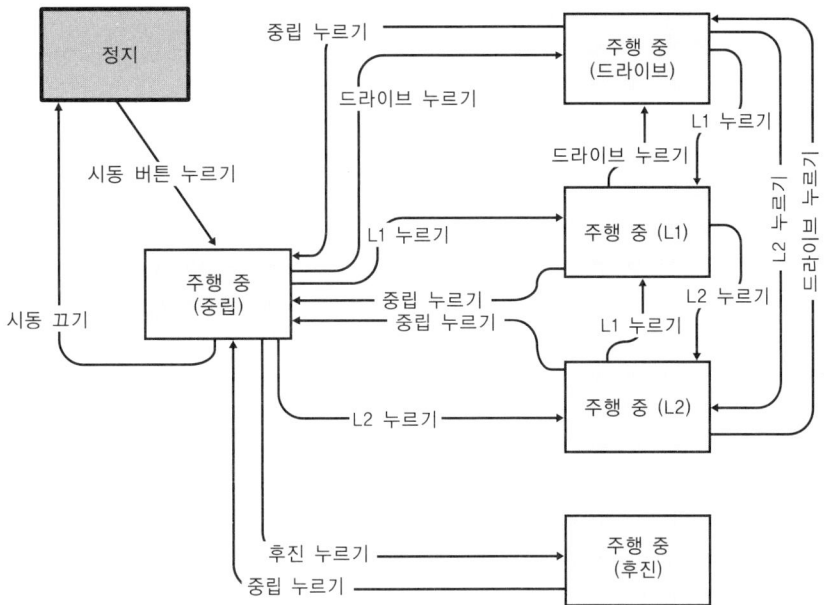

그림 8-4 램블러 모델

이 모델은 내 램블러처럼 단순하다. 문제는 자동차 조작 시 내가 선택할 수 있는 것이 더욱 많다는 점이다. 그림 8-4에서는 브레이크나 액셀 페달을 밟는 것은 고려하지 않았으나 이 또한 고려 대상이 될 수 있다. 그리고 창문이 열린 정도에 따라 다양한 상태를 갖고, 헤드라이트도 꺼짐, 켜짐, 밝음의 세 가지 상태를 가진다. 히터, 와이퍼, 라디오 모두 상호 연관성을 가진 개별 모델로 표현될 수 있다. 이처럼 모델 그리기는 쉽게 증가한다. 나는 모델이 점차 커질 때마다 수년 전에 들었던 "아주 작은 것이 좋은 모델의 크기로는 적합하다"라는 충고를 되뇌고는 한다. 작은 모델로 시작하면 서로 다른 시스템이 어떻게 상호 연관돼 동작하는지를 파악하는 과정에서 시스템의 내부 서브파트를 완전히 이해할 수 있다. 내가 처음 운전을 배웠을 당시에 어떻게 출발하는지, 어떻게 방향을 바꾸는지, 어떻게 멈추는지 등과 같은 기본적이면서 단편적인 것을 먼저 배웠다. 경험이 쌓이고 자동차의 각 부분에 대해 숙달돼 가면서 운전에 자신감을 가질 수 있었다. 이 당시 운전하는 것을 종이에 모델링하지는 않았지만 자동차 시스템의 각기 서로 다른 부분을 모델로 생각했었음에 틀림없다.

● 소프트웨어 모델링

많은 소프트웨어가 상태를 기반으로 하고 있어 상태 기반 테스팅 접근법을 통해 효과적으로 테스트할 수 있다. 그림 8-5는 세 개의 버튼을 갖는 단순한 애플리케이션이다. 상단 버튼을 클릭하면 'Hello', 중간 버튼을 클릭하면 'World'가 출력되고, 하단 버튼을 클릭하면 텍스트가 지워진다. 애플리케이션이 구동되면 두 개의 텍스트 박스는 애플리케이션 종료 당시의 상태와 무관하게 백지 상태가 된다.

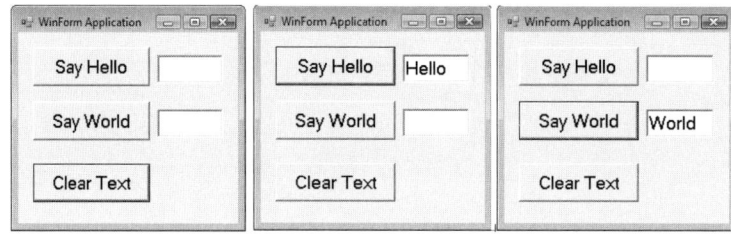

그림 8-5 모델링을 위한 간단한 애플리케이션

아마도 여러분이 본 다른 애플리케이션과는 비교도 안 될 정도로 단순하고 작은 애플리케이션이다. 애플리케이션을 갖고 테스터가 처음 하는 시도는 그림 8-6과 같이 순차적인 테스트 케이스를 만들어내는 일이다.

그림 8-6 간단한 애플리케이션 모델

단순히 들여다보면 테스트가 필요한 부분은 각 버튼에 대해 하나씩, 즉 세 개의 액션에 대한 테스트다. 그러나 경험이 많다면 'Say Hello' 버튼을 연속해서 두 번 또는 50번을 반복해서 누른다면 어떻게 되는지 의문을 가질 수 있다 (역량 있는 테스터는 연속해서 같은 버튼을 50번 클릭하는 이와 같은 터무니없는 행동이 언젠가는 고객에 의해 행해질 수 있음을 알고 있다). 스크립트 테스트는 표 8-1과 같이 4개의 테스트 케이스를 가진다. 해당 애플리케이션의 테스트는 이 정도로 충분할지 모르지만 이것은 몇 가지 약점을 지니고 있다. 첫째, 테스트 케이스의 유지보수를 위해 수작업이 필요하다. 버튼을 클릭하지 않고도 애플리케이션을 종료시키는 테스트를 추가하려면 스크립트를 보완해야 한다. 더욱 중요한 것은 지금과 같은 테스트는 정적이므로 수행할 때마다 동일한 경로만을 테스트한다. 이는 회귀 지점을 쉽게 찾을 수 있는 장점이 있지만 대부분의 스크립트 테스트는 한 번 테스트 케이스를 수행하고 나면 더 이상의 버그를 찾지 못한다. 따라서 테스트 케이스는 지속적으로 업데이트돼야 한다. 그림 8-7은 애플리케이션에 대한 상태 모델을 보여준다. 굵은 선은 표 8-1의 테스트에서 커버하는 상태와 전이를 나타낸다.

테스트 1	테스트 2	테스트 3	테스트 4
1. 시작	1. 시작	1. 시작	1. 시작
2. Hello	2. Hello	2. 삭제	2. World
3. 삭제	3. World	3. World	3. 종료
4. Hello	4. Hello	4. 삭제	
5. Hello	5. World	5. World	
6. 종료	6. 삭제	6. World	
	7. 종료	7. Hello	
		8. 종료	

표 8-1 샘플 테스트

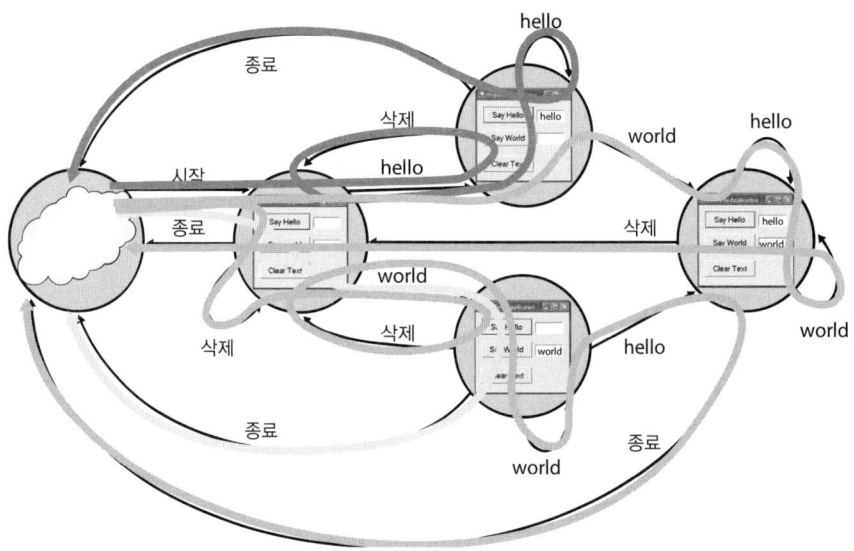

그림 8-7 정적 테스팅 모델링

상태 모델을 보면 애플리케이션이 어떻게 동작하는지, 어떤 변화된 테스트가 가능한지 명확하게 이해할 수 있다. 그림 8-8은 애플리케이션의 상태 모델이다. 4개의 원은 애플리케이션이 가질 수 있는 상태를 나타내고 원을 잇는 선들은 각 상태에서 취할 수 있는 액션을 의미한다.

1. 모든 텍스트 박스가 공백인 상태(S1)

2. 첫 번째 텍스트 박스에 'Hello'가 출력되고, 두 번째 텍스트 박스는 공백인 상태(S2)

3. 첫 번째 텍스트 박스는 공백 상태이고, 두 번째 텍스트 박스는 'World'가 출력된 상태(S3)

4. 첫 번째 텍스트 박스에 'Hello'가 출력되고, 두 번째 텍스트 박스에 'World'가 출력된 상태(S4)

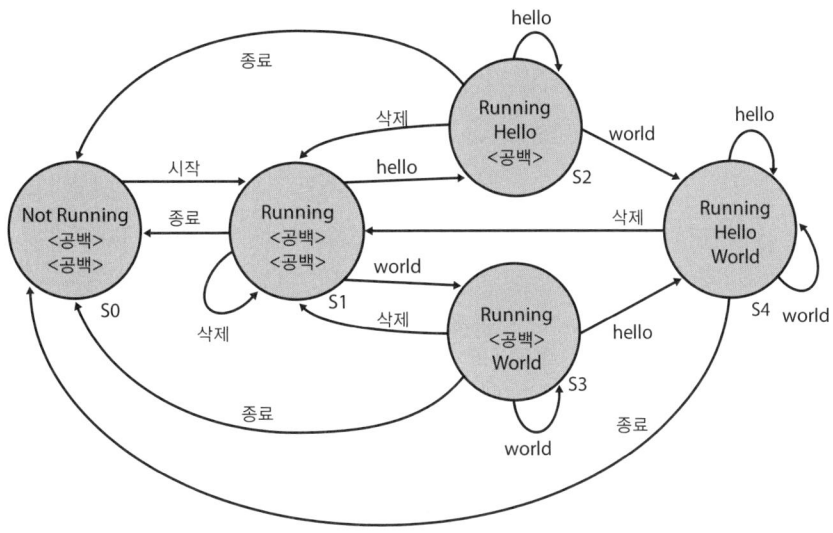

그림 8-8 상태 기반 모델(FSM)

연결선은 상태와 상태 간의 전이를 유발하는 액션을 의미한다. 예를 들어 시작 상태(두 개의 텍스트 박스가 공백인 상태)는 세 가지 액션을 갖는다. '삭제' 버튼을 클릭하면 애플리케이션은 동일 상태(보는 시각에 따라 다르지만 여기서는 아무것도 수행하지 않음)로 유지된다. 'Say Hello'나 'Say World' 버튼을 클릭하면 새로운 상태로 변한다.

전이와 이에 따른 기대 상태 사이의 무작위적인 전이는 표 8-2와 같다.

테스트 단계	액션	텍스트 박스 1	텍스트 박스 2
0	애플리케이션 시작	공백	공백
1	Say World	공백	World
2	삭제	공백	공백
3	Say Hello	Hello	공백
4	Say Hello	Hello	공백
5	삭제	공백	공백

표 8-2 상태 기반 모델의 무작위 순회(이어짐)

테스트 단계	액션	텍스트 박스 1	텍스트 박스 2
6	Say World	공백	World
7	Say Hello	Hello	World
8	Say World	Hello	World
9	삭제	공백	공백
10	애플리케이션 종료	공백	공백

표 8-2 상태 기반 모델의 무작위 순회

● 유한 상태 모델 만들기

처음에는 모델을 만든다는 것이 조금 힘겨울 수 있다. 그러나 익숙해지면 거의 무의식적인 작업이 된다. 나는 애플리케이션이나 명세서를 분석하며 모델링 작업을 할 때 다음 세 가지 의문을 되뇌인다.

- **지금 어디에 있는가?** 현재 애플리케이션이 어느 상태에 있는지 찾을 수 있고 해당 상태를 기술할 수 있어야 한다.
- **가능한 액션이 무엇인가?** 어떤 액션을 현재 상태에서 취할 수 있는가?
- **해당 액션을 수행하면 어떤 일이 일어나는가?** 액션을 수행하면 어떤 상태로 전이되는가?

모델이 점차 커질수록 시나리오와 예상 결과에 대해 지속적으로 고민해야 한다. 종종 상태 간의 연동을 모델링해봄으로써 테스트 수행 전 버그를 발견하기도 한다.

● 모델 자동화

상태 기반 모델의 자동화는 기존 방법과는 다소 다를 수 있다. 처음 시작부터 종료까지 전체 시나리오를 자동화하기보다는 전이나 상태를 검증하는 작업을 자동화하기 때문이다.

그림 8-8의 애플리케이션은 4개의 상태와 3개('Say Hello', 'Say World', 'Clear Text')의 액션(action)을 갖고, 각 액션은 모든 상태에서 유효하다.

해당 애플리케이션에 대해 모델 기반의 자동화를 하려면 각 버튼에 해당하는 3개의 함수와 상태를 검증하는 4개의 함수가 필요하다.

이렇게 할 경우 가능한 모든 액션을 수행할 수 있고 예상한 상태로 전이되는지를 검증할 수 있다. MBT 기반의 툴이나 프레임워크(툴에 대해서는 뒤에서 좀 더 상세히 다룬다)는 다양한 경로를 갖는 미로를 이용한 전이와 상태를 표현하고 이들을 수정함으로써 새로운 수준의 테스팅을 할 수 있도록 한다.

■ 기하학 이론과 MBT

1737년, 론허드 오일러(Leonhard Euler)는 '코니그스버그(Königsberg)의 7개 다리' 문제를 풀어냈다. 코니그스버그 시는 강 위에 건축됐고 7개의 다리로 주요 도시와 두 개의 섬이 연결돼 있다. 당시 많은 사람들이 한 번 지난 다리는 사용하지 않고 하나의 길을 만들 수 있는가 없는가에 대한 답을 찾기 위해 고심하고 있었다.

오일러는 답이 존재하지 않음을, 즉 그러한 길을 만들 수 없음을 밝혀냈다. 이를 위해 노드(주요 도시, 섬, 코니그스버그 시)와 에지(다리) 사이의 관계를 정의하고 길을 만들어낼 수 있는 조건(필요 다리 수)에 대한 원리를 만들어냈다.

수학적으로 그래프는 노드와 에지(또는 링크)의 집합으로 정의한다. MBT에서 에지와 노드는 전이와 상태로 표현한다. 상태 모델을 테스팅하는 데 있어 그래프 순회에 내재된 수학 원리는 매우 흥미로우며, MBT의 핵심은 순회 알고리즘이다. 각 상태를 무작위로 순회하는 테스트도 흥미로운 이슈이며, 이를 통해 많은 버그를 발견할 수 있지만 상태 모델을 순회하는 데 그래프 이론을 적용한다면 한층 더 효과적 수 있다.

무작위 순회(random walk)의 경우 전이를 무작위로 선정하므로 계획이 있을 수 없다. 단지 상태 모델에 정의된 상태 사이에서 움직일 뿐이다. 이런 방식으로 테스트를 수행해 종종 버그를 찾기도 하므로 어떤 이들은 스마트한 방식의 몽키 테스트(Smart Monkey Test)로 간주하기도 한다. 그러나 문제는 모델의 크기가 큰 경우 엄청나게 긴 시간이 필요하다는 점이다.

가중치 순회(weighted traversal) 방식은 좀 더 나은 방법으로, 유도된 무작위 순회 방식이라 할 수도 있다. 한 상태에서 다음 전이 선정은 여전히 무작위로 수행되지만 적합한 선정이라고 여겨지는 전이에 가중치가 부가돼 이들이 좀 더 자주 선정되게 한다는 점이 다르다.

최단 경로(shortest path) 순회 방식은 가장 적은 수의 전이를 거쳐 두 개의 노드를 수행한다.

그래프 이론(graph theory) 기반의 알고리즘을 이용해 상태 모델을 다양한 방식으로 순회할 수 있다. 모든 전이 경로(all transition path)는 그 이름에서 알 수 있듯 모든 전이를 방문한다. 일반적으로 모든 전이를 방문하면 모든 상태도 방문한다고 할 수 있지만 모든 상태를 방문한다고 해서 모든 전이를 방문했다고 보장할 수는 없다. 그림 8-8을 기반으로 그림 8-9는 모든 상태를 방문하는 순회의 한 예를 보여주고, 그림 8-10은 모든 전이를 방문한 순회의 한 예를 보여준다.

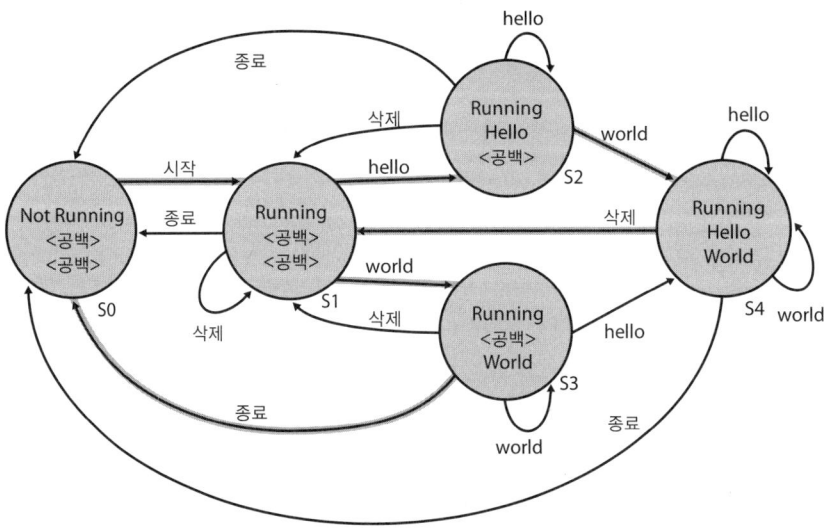

그림 8-9 모든 상태 방문

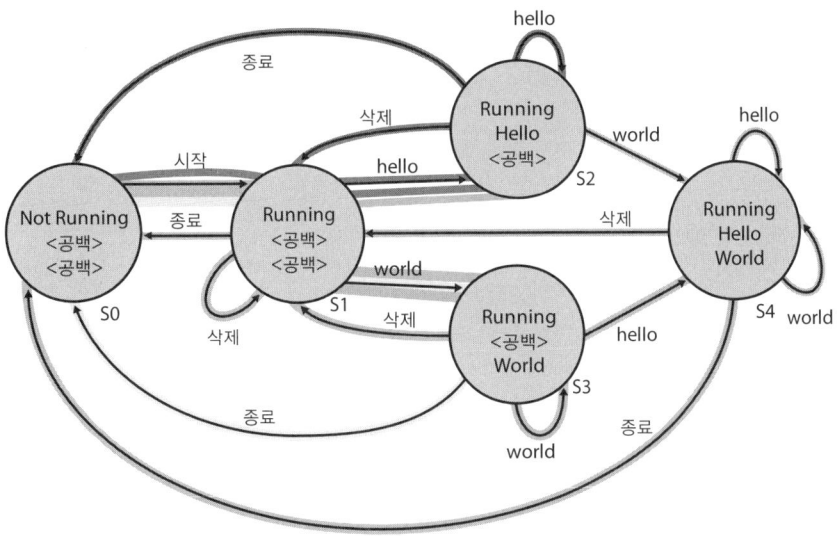

그림 8-10 모든 전이 방문

■ API 테스팅 모델

즉, 운영체제나 플랫폼과 같은 하위 레벨에서도 상태 기반의 테스트 접근법을 적용할 수 있다. 파일 읽기와 쓰기 기능이 하나의 예다. 파일 API는 파일 생성, 열기, 수정, 닫기 등을 통해 파일 시스템의 상태를 변화시킨다.

그림 8-11은 간단하지만 파일 기능 테스트의 시작점이 될 수 있다. 모델이 커지면 파일을 열거나 새로운 파일을 생성하거나 이미 열려진 파일을 다시 열려고 시도하는 액션을 서로 다르게 표현할 수 있다. 테스팅을 수행하면서 파일 읽기, 동일 파일에 여러 번 쓰기, 이미 닫혀진 파일 닫기 등의 액션을 추가한다. 파일의 커서 위치를 설정하는 등의 기타 기능들도 이 모델에 추가할 수 있다. 모델 크기는 기하급수적으로 증가하므로 작은 모델에서 시작해 기능을 이해해가면서 점차적으로 크기를 키우는 것이 중요하다.

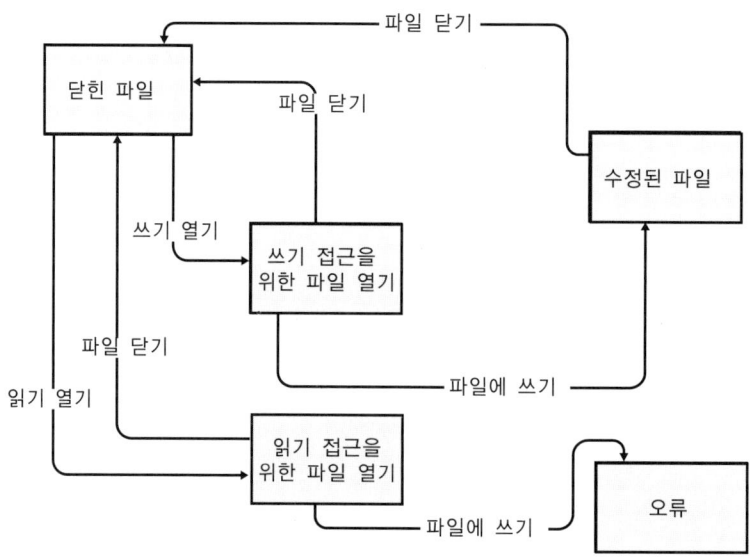

그림 8-11 파일 API의 부분 모델

■ 랜덤 모델

MBT의 또 다른 유형은 '몽키 테스트(monkey test)'[1]다. 몽키 테스트는 버그를 찾겠다는 단순한 희망으로 무작위적인 입력 값을 생성해낸다. 몽키 테스트는 그리 어렵지 않은 방법으로 스트레스 테스트에서 흔히 사용한다. 나는 수년 전 리스트 8-1의 슈도 코드(psedo code) 같은 매우 간단한 테스트를 수행한 적이 있다.

리스트 8-1 몽키 테스트 샘플

Launch Text Editor

// 타이핑 시뮬레이트
Repeat 1000 times //무한대보다는 조금 적지만 예제에 충분할 정도로 반복한다.
{

---

1. 몽키 테스트에 대한 용어는 수천마리의 몽키가 수천 번의 타이핑을 통해 윌리엄 세익스피어의 완벽한 작품을 기록할 수 있다는 무한 몽키 이론으로부터 유래한다.

```
    Repeat 500
    {
        Press Random Key
    }
    Select some portion of text
    Select Random Font, Font Size, and Font Color
    Press one of ToolBar Buttons [Cut | Copy | Paste | ]
}
Close Text Editor
```

해당 테스트는 재미있어 보여도 이 방법으로는 매우 간단한(임베디드 시스템에서는 매우 치명적이지만) 메모리 누수 버그만을 발견할 수 있었다. 몽키 테스트의 최대 단점은 디버그가 매우 어렵다는 점이다. 메모리 누수를 발생시키는 명령어의 조합을 찾기 위해서는 할 수 없이 추가적인 테스트를 수행해야만 했다. 잘라내기, 복사하기, 붙여 넣기에 대한 집중적인 테스트를 수행한 결과 클립보드 기능에 문제가 있다는 사실을 발견할 수 있었다.

■ 문법 모델

MBT의 또 다른 일반적인 형태는 문법 모델(grammar model)을 이용한 테스트다. 이메일 주소, 이름과 같은 데이터 구조의 특징을 문법 모델로 기술할 수 있다.

정규 표현식은 문법 모델을 발전시킨 하나의 예이며, 흔히 텍스트 찾기에 많이 사용한다. 여러 문서에서 내 이름(Alan)이 있는 위치를 찾고 싶다면 검색 툴을 사용할 수 있다. Allen과 Allan을 동시에 찾고 싶은 경우 정규 표현식을 사용해 세 가지 이름을 한 번에 찾을 수도 있다. 예를 들어 Alan|Allan|Allen(모델)을 이용해 이름의 모든 철자를 검색할 수 있다. 정규 표현식이라는 모델링 언어를 이용해 $(Al Al)l(a|e)n^2$으로 모델을 좀 더 간단히 표현할 수도 있다. 이 패턴에 대한 모델은 리스트 8-2와 같다.

---

2. 정규 표현식은 또한 Alen도 찾아낸다. 이 문제는 고치기는 쉽지만 이 책에서는 고려하지 않는다.

리스트 8-2 정규 표현식 모델

```
<Name> ::= Alan | Allan | Allen
```

문법 모델은 테스트 데이터를 생성하는 데도 훌륭한 툴이다. 마이크로소프트 윈도우 라이브 핫메일을 테스트한다고 하자. 다양한 입력 범위를 커버하기 위해 10,000개의 이메일 메시지를 보내고 싶다면(물론 이를 수행할 충분한 계정을 갖고 있다고 가정하자) 송신 메시지에 대한 데이터 모델 생성이 최우선이다. 데이터 모델은 리스트 8-3과 같으며, 여기서 생성된 데이터는 표 8-3과 같은 형태가 된다.

리스트 8-3 이메일 필드의 문법 모델

```
<받는 사람>   ::= <유효한 주소 | 유효하지 않은 주소>
<참조>        ::= <유효한 주소 | 유효하지 않은 주소>
<숨은 참조>   ::= <유효한 주소 | 유효하지 않은 주소>
<제목>        ::= <공백 | 공백 아님>
<본문>        ::= <공백 | 공백 아님>
```

유효한 주소	유효하지 않은 주소	공백	공백 아님
testacc1@hotmail.com	〈공백〉	길이 == 0	길이 > 0
testacc2@hotmail.com	nobodythere1@hotmail.com		
testacc3@hotmail.com	nobodythere2@hotmail.com		
...	...		

표 8-3 문법 모델의 부분 데이터

테스트 생성 툴은 유효하거나 유효하지 않은 이메일 주소, 무작위 생성 제목, 메시지 본문을 포함하는 서로 다른 10,000개의 메시지를 저장한 모델의 데이터베이스를 활용할 수 있다. 물론 다른 테스터는 이와 다른 문법 모델을 이용해 제목과 메시지 본문에 대한 임의의 문자열을 생성할 수도 있다.

성공적인 모델링

우리 팀은 윈도우 비스타 운영체제의 시스템 시간 프레임의 새로운 기능을 테스트하는 데 모델 기반의 테스트 방식을 적용함으로써 적은 노력으로 상당히 큰 커버리지를 달성했다. 가장 큰 문제는 시스템을 정확히 기술할 수 있는 모델의 생성이었다. 이를 위해서는 모든 가능한 입력 값, 전이, 출력 값에 대해 정확히 정의하고 그에 따른 기대 결과를 정의하면 된다. 단순히 파라미터 집합에서 부분 집합을 만들어내기만 하면 되기 때문이다. 모델링의 핵심은 테스트 대상 시스템을 이상적으로 표현하는 것이며, 변경이 용이해야 한다.

모델 기반 테스트 방법은 API뿐만 아니라 UI까지의 영역에 모두 적용시킬 수 있으므로 매우 견고하다는 사실을 알게 됐다. 모델이 생성된 경우 이를 통해 별도의 수동 테스팅이 필요 없을 수 있다. 특히 UI 테스팅 시 버튼 클릭이나 텍스트 입력 같은 수작업을 필요로 하는 검증 작업에 소모되는 시간을 모델 기반 테스트를 통해 줄일 수 있다. 영역을 잘 정의하면 모델 기반 테스트는 간단한 검증 테스트에서부터 세밀한 기능 테스트까지 다양한 커버리지를 제공할 수 있다. 이는 추상화를 통해 입력, 전이, 출력 목록을 관심 영역으로 축소시키는 것이 가능하기 때문이다. 그러나 관심 영역별로 별도의 테스트 케이스를 작성했다면 이와 같이 다양한 범위의 커버리지를 달성하는 것이 어려울 수도 있다.

모델링을 통해 가장 성공을 거뒀던 것은 윈도우 비스타 개발자들에게 전달된 새로운 API 테스팅이었다. API를 사용하는 테스트 애플리케이션을 만들거나 가능한 시나리오들에 대해 스크립트를 작성하는 방식을 대신해 개발자들이 이용할 수 있는 모든 가능한 함수에 대해 상태 머신을 만들었다. 즉, 함수 하나가 호출됐을 때 다른 모든 후속 함수 호출이 어떻게 반응하는지 정의했다. 각기 다른 옵션, 파라미터, 완료 조건에 대해 API가 올바르게 동작하는지 테스팅하는 프레임워크의 진정한 가치는 각기 관심 시나리오별로 애플리케이션을 제작하는 작업 없이도 테스팅을 수행할 수 있디는 점이다. 기존의 접근 방식에 비교해서 모델을 사용해 더 많은 커버리지를 달성한 반면, 모델링을 작업 기간은 그리 길지 않았다.

— 짐 리우(Jim Liu), 윈도우 네트워킹 부서의 SDET

:: 테스팅을 지원하는 모델링

모델링이 흥분되는 일처럼 들릴지는 모르겠지만 모델 기반 테스팅은 모델링과는 다른 이야기다. 그럼에도 불구하고 많은 테스터가 이를 구분하지 못한다. 모델링은 테스트 케이스를 생성해주지는 않지만 개발자나 설계자에게는 매우 강력한 툴이다. 여기에서는 테스팅과 직접적인 관계는 없지만 모델링의 강력함을 느낄 수 있는 두 가지 예를 소개한다. 불확실성이나 리스크를 모델링하는 사례와 작성한 모델이 의도한 대로 동작하는지 검증하는 데 사용할 수 있는 방법을 살펴보자.

● 베이시안 도해 모델

베이시안 도해 모델(BGM, Bayesian Graphical Modeling)[3]은 마이크로소프트에서 사용하는 모델링[4]과는 전혀 다른 방법이다. BGM은 테스팅의 불확실성 측정과 이의 감소를 목적으로 한다. 그리고 리스크를 분석하는 모델링 방법이기도 하다. 테스터는 대상 코드에 대한 확신 정도를 측정하는데, 이는 개발자의 평판, 코드의 복잡도, 다른 바이너리와의 의존도, 테스팅에 주어진 시간과 비용과 같은 요소로 알 수 있다. 모든 테스터와 애플리케이션이 동일한 가정에서 출발한다면 불확실성을 측정하고 줄이는 좋은 지점이 있다.

코드의 품질이 높다고 가정하면(특히 내부적인 개발 관리 활동이 이뤄지는 경우) 테스터에게 있어서 적절한 테스트는 "이 코드에 결함이 없다고 얼마나 장담할 수 있는가?"에 답하는 것에서부터 출발한다. BGM은 테스터가 대상 컴포넌트에 대해 얼마나 확신을 갖고 있는지와 그 사유를 자세히 기술하게 한다. 또한 불확실성과 리스크는 연관된 컴포넌트에도 영향을 미친다고 설명한다. 테스트가 시작돼 결함이 발견되면 테스터는 BGM을 갱신한다. 이로써 모델과 테

---

3. 베이시안 베리프 네트워크(BBN, Bayesian Belif Network)로도 알려져 있다.
4. 해커만(Heckerman), 데이비드(David), <A Tutorial on Learning with Bayesian Networks(베이시안 네트워크 러닝 투토리얼)>, 테크니컬 리포트, MSR-TR-95-06(Redmond, WA: Microsoft Corporation, March 1995).

스트 사이에 피드백 루프가 형성되고 제품 생명주기 동안 지속적으로 유지돼야 한다. 그림 8-12는 BGM의 한 예를 보여준다.

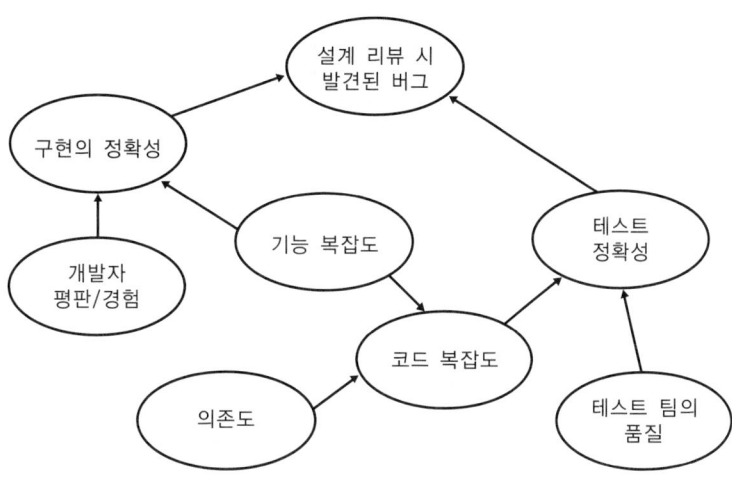

그림 8-12 베이시안 도해 모델을 사용한 양산 품질 평가

테스터가 완벽한 확실성에 즐거워 할 날은 오지 않을 것이다. 대신 업무에 대한 불확실성을 측정하고 이를 줄이기 위한 작업을 수행한다. 언젠가는 출시를 해야 하므로 승산 있는 출시 시기를 아는 것은 괜찮은 일이다.

● 페트리 넷

페트리 넷(Petri Net)은 플레이스(place), 전이, 전이와 플레이스를 연결하는 아크(arc)로 구성된 모델링 툴이다. 플레이스는 토큰을 가질 수 있고 토큰의 개수는 시스템의 현재 상태를 제공한다. 전이는 시스템의 상태를 변경시키는 행위에 대한 모델이다. 전이는 사전 조건을 만족했을 경우에만 일어난다. 전이가 발생하면 입력 플레이스에서 토큰을 제거하고 출력 플레이스에 추가한다. 페트리 넷을 이용한 시스템 분석은 흡사 컴퓨터 보드 게임과 유사하다. 테스터는 토큰을 이동시키고 시스템을 이해하기 위해 상태를 관찰한다.

페트리 넷은 소프트웨어 행위 모델과 상호 작용할 수 있는 시각적인 방법을 제공한다. 페트리 넷은 다양한 목적에 유용하지만 특히 자원을 공유하는 병렬 시스템을 모델링하는 경우 매우 강력한 툴이다.

> **모델링의 효과**
>
> 많은 경우 모델을 만드는 단순한 작업만으로도 효과를 얻는다. 마이크로소프트에서 테스트에 대한 강의를 할 때 학생들에게 본인이 테스팅하는 시스템을 모델링하게 했다. 15분 정도 지났을 때 한 학생이 일어서더니 "출시 예정인 제품을 모델링해봤는데, 이전에는 미처 생각하지 못했던 시나리오가 있음을 알아차렸습니다. 저는 방금 이를 테스트해봤고 버그를 발견할 수 있었습니다"라고 말했다. 나도 이전에는 모델을 단순히 명세를 이해했다는 확신을 얻기 위한 수단으로만 이용했다. 그러나 때로 그림은 수천 단어 이상의 가치를 갖는다.

:: 마이크로소프트의 모델 기반 테스팅 툴

마이크로소프트에서 모델 기반 테스팅 적용 시 경험한 낭패는 모델링에 대한 충분한 이해 없이 모델 기반 테스트 툴에의 몰입에서 비롯됐다. 모델링 툴은 테스터에게 친숙한 프로그래밍 언어와 유사하게 동작한다. 그러나 모델을 테스트로 생각하는 테스터의 경우 새로운 툴을 익힌다는 것에 대한 어려움으로 인해 적용하는 것이 쉽지 않았다. 많은 경우 단순히 모델 생성은 성공적이었다. 그리고 테스트 대상 소프트웨어를 표현한 그림은 가볍게 여길 수 없는 가치를 제공한다.

모델이 복잡하거나, 다양한 모델 순회를 원하거나, 모델링 범위 결정에 어려움을 느끼는 경우 모델 기반 테스터 툴의 도움이 필요하다.

마이크로소프트의 첫 번째 모델 기반 테스트 툴은 2001년경 출시됐다. 이는 몇 개의 툴만이 성공적으로 사용되고 있는 현 상황에서 사업부와 연구소의 합작으로 이뤄졌다. 다양한 툴은 테스터가 갖는 여러 가지 문제를 해결한다. 그리고 서로 다른 기술 분야에서의 모델링 이슈를 해결하면서 더 많은 팀에서 모델링 기법을 성공적으로 사용할 수 있었다.

● 스펙 익스플로러

마이크로소프트의 여러 유용한 툴 중 하나가 2002년 제작해 2003년부터 제품 팀에서 사용 중인 스펙 익스플로러(Spec Explorer)다. 하이퍼바이저 팀은 스펙 익스플로러를 이용해 제품 전체 기능에 대한 모델을 만들었고 이는 10,000라인 정도에 달했다. 이 모델을 가지고 하이퍼바이저 팀은 제품의 핵심 기술을 테스트했으며(하이퍼바이저에 대한 자세한 설명은 15장, '문제 조기 해결'을 참조하기 바란다), 제품 팀 20개 이상에서도 이 툴을 사용했다.

3세대 툴인 비주얼 스튜디오 2008용 스펙 익스플로러는 마이크로소프트 연구소에서 서버용 툴을 개발하는 제품 팀으로 이전돼 상호 운영성을 위한 엄청난 수의 프로토콜을 테스트하는 데 사용한다. 비주얼 스튜디오용 스펙 익스플로러는 마이크로소프트의 개발 환경에 탑재돼 C#을 이용해 모델을 만들 수 있다. 시나리오 기반이나 상태 기반 모델링을 모두 지원함은 물론 이벤트 기반의 테스팅과 비결정성(non-determinism, 반응에 대한 다중 선택)을 지원한다.

스펙 익스플로러는 조만간 비주얼 스튜디오용으로 출시될 예정이며, 이 책이 출간되기 이전에 여러분이 사용할 수 있을 것이다. 스펙 익스플로러를 자세히 알아보기 전에 먼저 전체적인 설계를 살펴보자. 즉, 스펙 익스플로러의 목적은 무엇이고, 이를 통해 어떤 문제를 어떻게 풀 수 있는지 살펴보자.

■ 스펙 익스플로러를 통한 모델링

스펙 익스플로러는 상세한 분석 기능과 모델 프로그램에서 FSM(Finite State Machine, 유한 상태 머신)을 생성하는 변환 기능을 제공한다. FSM은 복잡도가 빨리 커져버리는 문제가 있는데, 스펙 익스플로러는 구별되는 확실한 상태만을 출력함으로써 이 문제를 해결했다.

모델 프로그램은 발전된 형태의 모델 기반 테스트 애플리케이션에서 가장 핵심적인 요소다. 모델 프로그램은 특정 모델링 속성에 대해 실행 시 모델 로직을 운영할 방법에 대한 정보를 제공한다. 테스터는 사전 조건, 사후 조건, 불변 조건을 모델로 만드는 규약이나 규칙을 모델 프로그램에 명시할 수 있다.

모델 프로그램이 완료됐다면 이제 매우 복잡한 상태 공간을 손에 쥐고 있는 것이나 마찬가지다. 모델 단계를 상세화하려면 실제 테스트에서 주로 사용될 특정 시나리오나 일련의 액션만을 추출한 별도의 파일이 필요하다. 모델의 효과성에 대한 평가는 잘 알려진 시나리오가 포함돼 있는지 체크함으로써 가능하다. 구현 후 정합성을 테스트하는 경우는 모델과 이로부터 도출되는 테스트 케이스를 대상 바이너리와 함께 묶는 작업이 필요하다.

■ 비주얼 스튜디오의 스펙 익스플로러

그림 8-13은 스펙 익스플로러가 비주얼 스튜디오 2008에서 동작하는 모습을 보여준다. 좌측상단 영역은 일반적인 C# 언어로 모델 프로그램을 작성하는 곳이다. 좌측 하단 영역은 스펙 익스플로러의 제어 센터로 파라미터를 설정하거나 탐색 목표를 설정하는 곳이다. 우측상단 영역에서는 모델의 탐색 결과를 시각적으로 보여준다. 우측하단 영역에는 모델에서 생성된 테스트 케이스가 제공되고 비주얼 스튜디오 테스트 툴(Visual Studio Test Tools)에서 관리되고 실행된다.

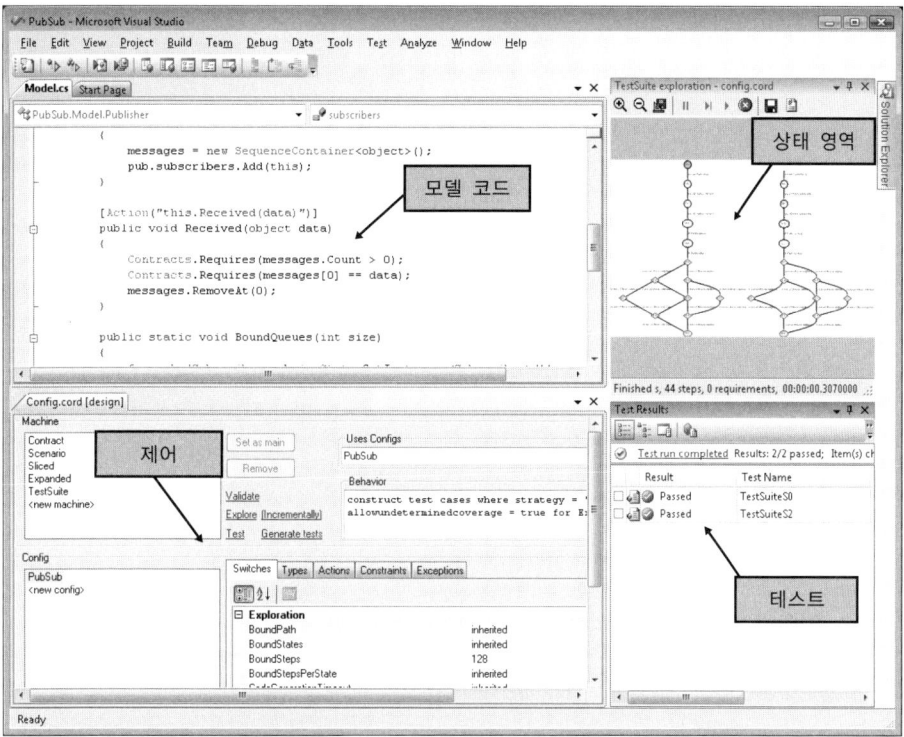

그림 8-13 마이크로소프트 비주얼 스튜디오 2008에서 실행 중인 스펙 익스플로러

모델 기반 테스팅용 스펙 익스플로러의 사용법을 좀 더 자세히 이해하기 위해 다음 속성들을 갖는 간단한 스톱워치 애플리케이션을 고려해보자.

- 스톱워치에는 두 가지 표시 모드가 있다.
  - 현재 시간 표시 모드
  - 스토퍼 표시 모드
- 시계는 세 가지 버튼을 갖고 있다.
  - 변환 모드 버튼(항상 가능)
  - 리셋 스토퍼 버튼(스토퍼 표시 모드에서 스토퍼가 동작할 경우에만 가능)
  - 시작/정지 버튼(스토퍼 표시 모드에서만 가능)

모델 기반 테스팅 | 251

스톱워치의 각 버튼은 액션을 의미하며 스토퍼가 동작하는지 애플리케이션에 질의할 수 있다. 테스터는 액션을 생성하고 스톱워치 애플리케이션을 리스트 8-4와 같이 모델링할 수 있다.

리스트 8-4 스톱워치 모델

```
using System; using Microsoft.Modeling;

namespace Model
{
    static class Stopwatch
    {
        static bool modeTime = true;
        static bool stopperRunning = false;

        [Action]
        static void ModeButton()
        {
            modeTime = !modeTime;
        }

        [Action]
        static void StartStopButton()
        {
            Contracts.Requires(!modeTime);
            stopperRunning = !stopperRunning;
        }

        [Action]
        static void ResetButton()
        {
            Contracts.Requires(!modeTime);
            Contracts.Requires(stopperRunning);
            stopperRunning = false;
        }

        [Action]
        static bool IsStopping()
```

```
            {
                return stopperRunning;
            }
        }
    }
```

리스트 8-4에 있는 두 개의 아이템이 대부분의 독자에게 친숙하지 않을 것이다. [Action] 속성은 스펙 익스플로러 라이브러리에서 제공돼 C# 언어의 메소드와 모델의 액션을 구분해 주는 역할을 한다. Contract 클래스(특히 Contract.Require 메소드)는 사전 조건을 실행하기 위해 사용한다. 이 모델에서 FSM을 생성할 때 스펙 익스플로러는 모델의 상태를 찾아 활성화돼 있는 임의의 액션을 실행한다.

설정 파일은 스펙 익스플로러의 핵심이다. 이를 통해 탐색(순회)을 제어하는 파라미터나 스위치, 상태 그래프의 표시 형태, 테스트와 관련된 설정을 할 수 있다. 그림 8-14는 디자인 뷰의 설정 파일을 보여준다.

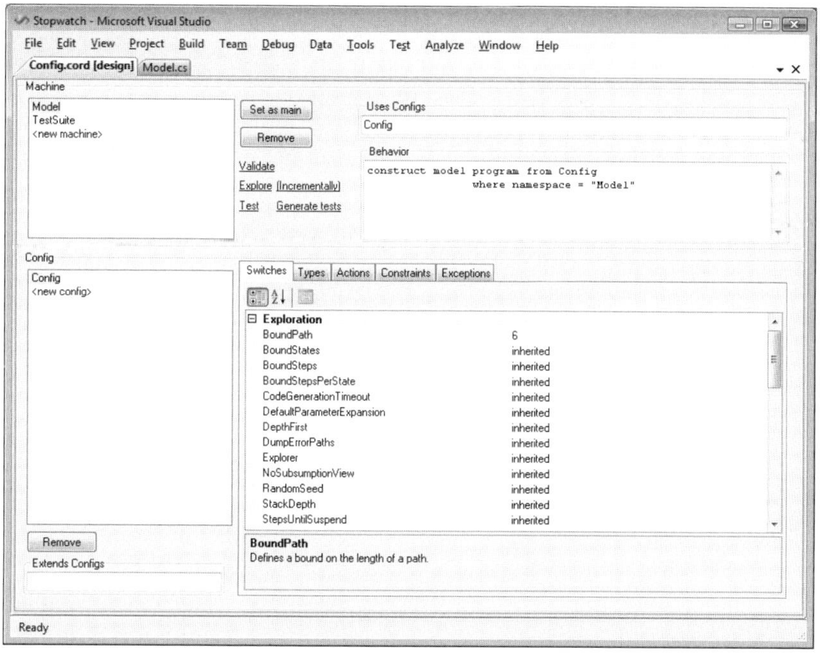

그림 8-14 스펙 익스플로러 설정

테스터는 그림 8-15와 같이 시각화된 모델을 생성하거나 이 모델을 순회하는 테스트 코드를 생성할 수 있다.

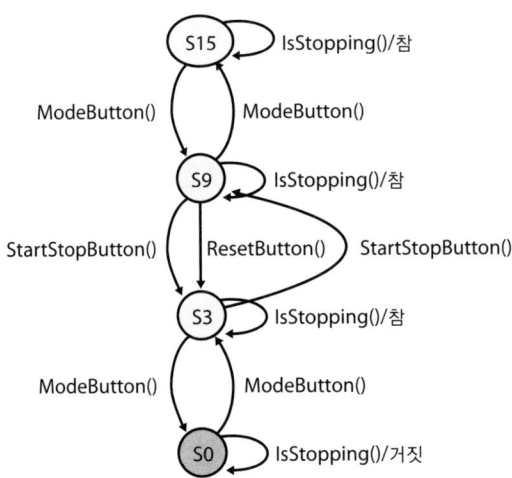

그림 8-15 스펙 익스플로러에 의해 생성된 스탑워치 모델

테스터는 직접 모델을 순회하며 테스트를 수행하거나 전체 모델에서 일부를 추출해 시나리오를 생성하거나 계속해서 모델을 변경할 수 있다. 시각적으로 표현된 모델이 직관적으로 명백한 경우 모델을 이용해 테스트 전략이나 주 시나리오를 개발할 수도 있다.

스펙 익스플로러의 설정 파일에는 테스트 스위트에 대한 전략을 설정할 수 있고, 그 예는 리스트 8-5와 같다.

리스트 8-5 간략한 스톱워치 테스트 전략

```
machine TestSuite() : Config
{
    construct test cases where strategy = "horttests"
    for Model
}
```

테스터는 이제 모델에서 테스트를 생성해 수행하고, 제약사항이나 설정사항을 추가할 수 있다. 모델 기반 테스팅과 스펙 익스플로러는 많은 테스터가 사용하는 방법과는 다르지만 적어도 마이크로소프트에서는 주목할 만한 성과를 봤다. 그림 8-16은 스펙 익스플로러를 이용해 스톱워치 모델에서 생성한 테스트의 예를 보여준다.

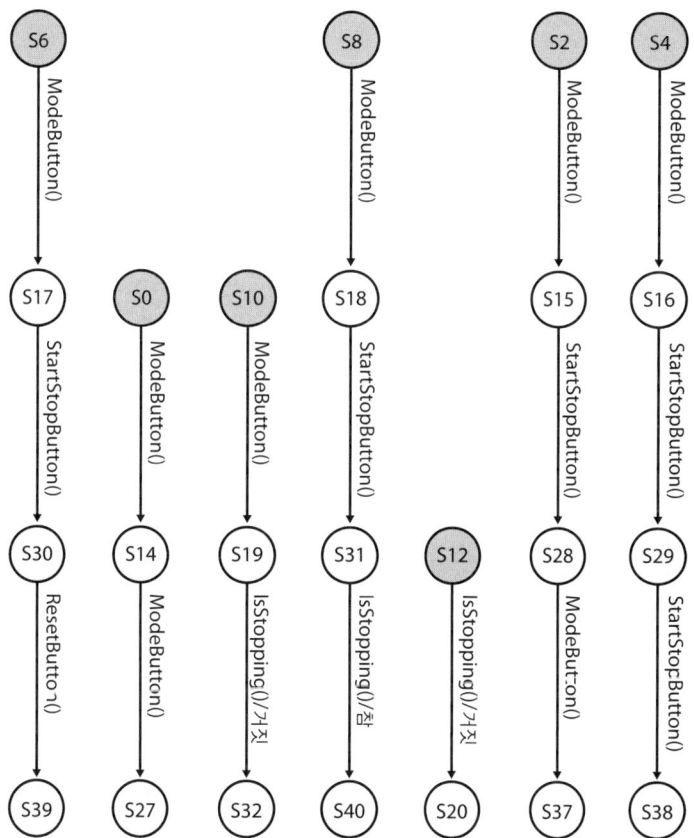

그림 8-16 스톱워치 모델에서 생성된 테스트

● 언어와 엔진

마이크로소프트에서 또 하나의 성공적인 사례는 실행시 전체 모델 그래프를 수행하기 위한 언어와 엔진의 CLR(Common Language Runtime) 사용이다. 즉,

스펙 익스플로러와 다른 점은 실행 엔진이 CLR을 이용한다는 점이다.

   간단하지만 강력한 이 방법을 통해 테스터는 모델을 빠르게 제작할 수 있다. 스펙 익스플로러에서와 마찬가지로 모델 생성은 객체지향 프로그래밍과 유사하다. 테스터는 여러 개의 모델로 작업을 할 수도 있고, 하나의 모델이 다른 모델을 상속할 수도 있으며, 다른 모델을 호출할 수도 있다. 모델 작성은 프로그래밍 언어 작업과 같아 사용 시 자연스러움을 느낄 수 있다. 또한 별도의 컴파일러나 툴이 필요 없다. 테스터는 단지 C# 속성을 이용해 모델의 행위를 정의하고 해당 주석(annotation)을 해석할 수 있는 엔진을 실행시키기만 하면 된다. 모델은 주석을 기반으로 하기 때문에 모델을 사용하지 않는 테스트와의 통합이 용이하다. 이 모델링 툴을 사용하면 작은 규모의 모델을 재빠르게 만들어 필요한 경우 다른 순차적인 테스트와 통합해가면서 모델을 확장할 수 있다. 리스트 8-6은 모델을 기술하기 위해 C# 속성을 사용해 작성된 모델을 보여주고, 리스트 8-7은 이 모델을 수행하기 위한 테스트 코드를 보여준다.

리스트 8-6 C# 속성 모델링

```csharp
[Model]
public class AppModel : Model
{
    [ModelVariable]
    public bool _running = false;
    public bool _hello = false;
    public bool _world = false;

    [ModelAction]
    [ModelRequirement(Variable = "running" value = false)]
    public void StartApp()
    {
        //애플리케이션 시작
        _running = true;
    }

    [ModelAction]
    [ModelRequirement(_running = true)]
```

```
    public void SayHello()
    {
        buttonHello.Press();
        _hello = true;
    }

    [ModelAction]
    [ModelRequirement(_running = true)]
    public void SayWorld()
    {
        buttonWorld.Press();
        _world = true;
    }

    [ModelAction]
    [ModelRequirement(_running = true)]
    public void Clear()
    {
        buttonClear.Press();
        _hello = false;
        _world = false;
    }
}
```

리스트 8-7 모델 수행

```
class ApplicationTest
{
    class ApplicationTest
    {
        static void Main()
        {
            ApplicationTest test = new ApplicationTest();
            test.MainTest();
        }
        public void MainTest()
        {
```

```
            ApplicationModel app = new ApplicationModel();
            ModelEngine engine = new ModelEngine(app);
            engine.Run();
        }
    }
}
```

> ### 스펙 익스플로러와 윈도우 7
>
> 곧 출시 예정인 윈도우 7에서 자동화된 비밀번호 관리를 위한 액티브 디렉토리 서비스로 간편화된 서비스 이름 관리(SPN, Service Principal Name)의 새로운 서비스 계정 관리 클래스를 테스트하는 문제가 있었다.
>
>   새로운 서비스 계정 관리를 위해 많은 API를 구현했다. 그리고 계정 로그인 같은 시스템의 보안과 관련된 기능도 제공했다. API들과 호출 순서, 파라미터 순서의 테스트 조합 결과는 매우 복잡해서 전통적인 자동화 방법으로는 특정 조합에 대한 테스트 케이스를 놓치기가 쉬웠다. 이와 같은 경우 계정 상태와 API 호출은 쉽게 상태 모델로 표현할 수 있으므로 모델 기반 테스팅은 좋은 해결책이 됐다.
>
>   모델 기반 테스트를 지원하는 많은 툴이 있는데, 그 중 우리는 C# 기반 모델 개발, 비주얼 스튜디오와의 통합, 시나리오를 이용한 모델 분할 기능 지원 등의 이유로 스펙 익스플로러를 선택했다. 스펙 익스플로러에 내장된 샘플을 이용한 첫 모델이 만들어졌고, 그 후 추가적으로 파라미터 순서를 이용해 새로운 상태나 전이를 추가함으로써 모델을 확장했다. 스펙 익스플로러에서는 실행 가능한 코드를 상태 전이의 구현으로 추가할 수 있다. 그리고 다른 테스트 실행 엔진에서도 사용할 수 있게 모델을 XML 형태의 테스트 케이스 파일로 생성한다.
>
>   서비스 계정에 대한 모델 기반 테스팅 도입은 매우 성공적이었다. 모델 기반 테스팅을 통해 생성된 테스트는 적은 테스팅 노력으로 높은 커버리지를 제공했고 모델은 쉽게 확장이 가능했다. 또한 개발 생명주기에서 통합 설계 이슈를 매우 이른 시기에 찾을 수 있도록 했다.
>
>   좋은 모델링에 대한 사례로 우리가 중요하게 배운 한 가지는 가장 기본적인 기능부터 모델링을 시작하고 그것을 점진적으로 확장해야 한다는 점이다. 이를 통해 좀 더 쉽게 모델링 에러를 고쳐나갈 수 있다. 전통적인 테스트 설계와 비교했을 때 모델 기반 테스팅은 다음과 같은 장점이 있다.
>
> - 모델 기반 테스팅은 기능 설계를 다른 관점에서 바라보게 해준다.

> - 모델 내에서 최소의 경로로 전체 커버리지를 보장해주는 테스트를 자동으로 생성한다.
> - 모델을 쉽게 확장할 수 있고, 이전에 생성된 테스트의 장점을 취할 수 있다.
>
> 나에게 있어 모델 기반 테스팅은 재미있고 매우 유익한 경험이었다. 모델은 이해하기 쉬웠고 테스트 커버리지 확장에 대한 확신을 줬다. 또한 설계 버그나 입력 값 확인 버그, 시나리오 버그를 포함한 재미있는 버그를 찾게 해줬다. 나는 다음 프로젝트에서도 꼭 모델 기반 테스팅을 사용하려고 한다.
>
> – 샤샤 한가누(Sasha Hanganu), 윈도우 보안 부서의 SDET

● 모델링 팁

모델 기반의 테스팅 기술을 확보하려는 테스팅 팀을 많이 봤다. 모델 기반 테스팅을 성공적으로 도입한 팀도 있었고, 그렇지 못한 팀도 있었다. 일부 팀이 모델 기반 테스팅을 도입할 때 흔히 범하는 오류는 다음과 같다.

- **너무 상세한 모델링은 지양한다** 모든 것을 모델링하고자 한 팀은 결국에는 아무것도 테스팅할 수 없다. 모델링을 시작할 때 간단한 기능에 대해 작은 규모의 모델을 만드는 것부터 시작해야 한다는 점을 반드시 염두에 둬야 한다. 모든 것이 모델링의 대상이 아니라는 점과 큰 모델은 유지하기가 어렵다는 점을 명심하기 바란다.

- **모델링이 테스팅을 대신하지는 못한다** MBT는 테스트에 사용하는 툴 중 하나일 뿐이다. MBT를 마치 특효약인 것처럼 생각하는 팀에서는 그것이 옳지 않다는 사실을 곧바로 알아차린다. MBT뿐만 아니라 다른 유용한 툴을 모두 사용하는 테스트 전략을 구상하길 바란다.

- **검증 가능한 것만을 모델링한다** 임의의 몽키 테스트가 흥미로울 수 있지만 이를 통해 발견한 버그의 디버깅과 분석은 매우 어렵다. 좋은 모델은 기대 상태가 현재 상태와 일치하는지에 대한 검증 작업을 매 단계마다 포함한다.

- **유심히 설계하라** 테스트 자동화 작업 시 한두 개의 사소한 실수는 결국 한두 개의 잘못된 테스트 결과를 초래한다. 그러나 모델을 만들 경우에는 하나의 실수로 인해 전체 테스트 스위트가 엉망이 될 수도 있다. 모델 설계 시에는 극도로 세심한 주의와 철저한 리뷰가 절실히 필요하다. 특히 팀이 모델링을 배우는 단계라면 더욱 그렇다.

정리

모델링은 어떤 유형이든 유용하지만 테스트를 생성해낼 수 있는 모델은 더욱 강력하다. 모델은 테스터가 복잡한 시스템을 이해하고 리스크를 관리하고 버그를 찾는 데 도움을 준다.

모델에서 생성된 테스트 케이스는 테스터가 미처 생각지 못했거나 수동으로 수행하기에는 많은 시간을 필요로 하는 테스트를 대신한다. 모델에서 예기치 못한 행위들은 실제 애플리케이션에서도 예기치 못한 결과를 가져온다(이는 테스터에게는 좋은 일이다). 예를 들어 무작위로 생성된 100개의 테스트 실행을 통해 애플리케이션 깊숙이 박혀 있는 버그를 찾을 수도 있고 그렇지 못할 수도 있다. 적절한 명령으로 컴퓨터가 주야로 크래시를 찾을 때까지 무작위로 테스트를 수행하게 할 수 있음에도 왜 모델 기반 테스팅 등으로 스스로를 괴롭히고 있는가?

모델 기반 테스팅이 무작위적인 테스트 수행 이상의 뭔가를 제공하기 때문이다. 마이크로소프트 팀에서는 기존의 테스트 자동화 기법과 모델 기반 테스트 기법을 적절히 조합해 기능과 애플리케이션을 효과적으로 테스트했다. 모델링 도입에 성공적이었던 팀에서는, 모델링은 단지 테스터가 선택할 수 있는 하나의 툴일 뿐이라는 사실을 잘 알고 있었다.

:: 추천 도서와 툴

- 조나단 젝키(Jonathan Jacky), 매지스 빈스(Margus Veanes), 콜린 캠밸(Colin Campbell), 볼프람 슐테(Wolfram Schulte), 『Model-Based Software Testing and Analysis with C#(C#을 활용한 모델 기반 소프트웨어 테스팅과 분석)』,

- 마크 어팅(Mark Utting), 브루노 레지드(Bruno Legeard), 『Practical Model-Based Testing: A Tools Approach(모델 기반 테스팅의 적용: 툴 접근법)』

- 로버트 바인더(Robert Binder), 『Testing Object Oriented Systems(객체지향 시스템 테스팅)』

- 스펙 익스플로러
  http://research.microsoft.com/projects/specexplorer/

- N모델 모델링 툴 http://www.codeplex.com/NModel

3부 테스트 툴과 시스템

CONTENTS

- 09장_ 버그와 테스트 케이스 관리 *265*
- 10장_ 테스트 자동화 *305*
- 11장_ 비기능 테스팅 *345*
- 12장_ 다양한 툴 활용 *381*
- 13장_ 고객 피드백 시스템 *413*
- 14장_ 소프트웨어 플러스 서비스 테스팅 *439*

09 버그와 테스트 케이스 관리

앨런 페이지

마이크로소프트에 입사하기 전 나는 작은 소프트웨어 회사의 17번 사원이었다. 그곳에서 처음으로 소프트웨어 테스팅의 어려움을 절감했고 그 도전이 내 열정과 강점에 들어맞음을 발견했다. 그곳에서 처음 접한 버그 추적 시스템은 많은 문제를 해결했지만 자체의 문제점도 있었다. 내가 개발한 시스템이었지만 몇 해가 지난 지금 돌아보면 1994년 당시에는 버그를 관리하는 방법을 잘 몰랐던 것 같다.

당시에 내가 기억하기로는 버그를 추적하기 위해 화이트보드와 여러 색상의 포스트잇과 이메일을 이용했다. 물론 이런 방법이 데이터를 한곳에 모아두기에는 좋지만 그것만으로는 부족했다. 우리는 버그를 특정 사람들에게 할당해야만 했다. 그리고 버그 재연 단계나 버그가 발생한 소프트웨어의 버전 등 추가 정보를 제공할 방법도 필요했다. 또한 나를 포함한 팀원들이 수정된 부분이 정상적으로 동작하는지 확인할 수 있게 버그가 언제 어떻게 수정됐는지를 알아야 했다. 게다가 등록되고 수정된 버그의 유형과 숫자를 모니터링하기 위한 리포트도 필요했다. 내가 개발한 버그 추적 시스템은 이 기능을 모두 갖췄지만 충분하지는 않았다. 필요한 정보를 제공해 개발 팀에 도움은 됐지만 유연하지 못하고 느렸다. 결국 내가 마이크로소프트에 합류하기 위해 떠난 지 채 1년도 되지 않아 다른 시스템으로 대체됐다고 한다.

물론 마이크로소프트는 제대로 된 버그 추적 시스템을 사용하고 있었다. 시스템은 내부 개발팀이 개발했고, 유명한 스프레이 살충제 브랜드 이름과 같은 이름이었다. 마이크로소프트 SQL 서버 데이터베이스를 사용해 버그 정보를 저장했고, 내가 시스템을 개발할 때는 생각하지도 못한 필드들이 유저 인터페이스로 제공됐다. 마이크로소프트 입사 시부터 나는 꽤 오랫동안 이 시스템을 사용했다. 하지만 이 시스템도 부족한 점이 있었다. 내가 마이크로소프트에서 일한 지 5년째 되던 해 대부분의 팀이 다른 버그 추적 시스템을 사용했다. 해당 시스템도 내부 개발 팀에 의해 개발됐고, 프로덕트 스튜디오(Product Studio)라는 이름이 붙었다. 프로덕트 스튜디오는 이전 시스템보다 제약 사항이 훨씬 적었고, 수많은 항목을 커스터마이징할 수 있었다. 지금은 많은 팀이 마이크로소프트 비주얼 스튜디오 팀 시스템(MS Visual Studio Team System, 프로덕트 스튜디오를 기반으로 해 개발된)을 사용하기 시작했지만 지금 글을 쓰고 있는 시점에도 프로덕트 스튜디오는 마이크로소프트 사내 전반에서 여전히 사용되고 있다.

9장에서는 마이크로소프트에서 사용하는 버그 추적 툴과 테스트 케이스 관리 툴에 대한 정보와 논의 사항, 예제를 소개하고, 수천 개의 테스트 팀과 수천 명의 테스터들이 여러 해 동안 겪어온 경험과 그를 바탕으로 한 실용적인 팁도 함께 다룬다.

∷ 버그 워크플로우

버그와 테스트 케이스는 테스트 팀에서 생성하는 두 개의 커다란 산물이다. 간단히 말하면 테스트 케이스는 테스트 과정의 의도를 설명하고, 버그는 테스트 케이스의 결과를 설명한다. 물론 두 용어를 이렇게 간단하게 정의할 수는 없다. 9장에서는 좀 더 상세한 개념을 설명한다.

버그 워크플로우는 생성부터 종료에 이르는 동안 버그 리포트의 경로와 담당자, 프로세스를 설명한다. 그림 9-1은 버그의 생명주기를 포함해 여러 가지 경로와 결정 사항을 보여준다.

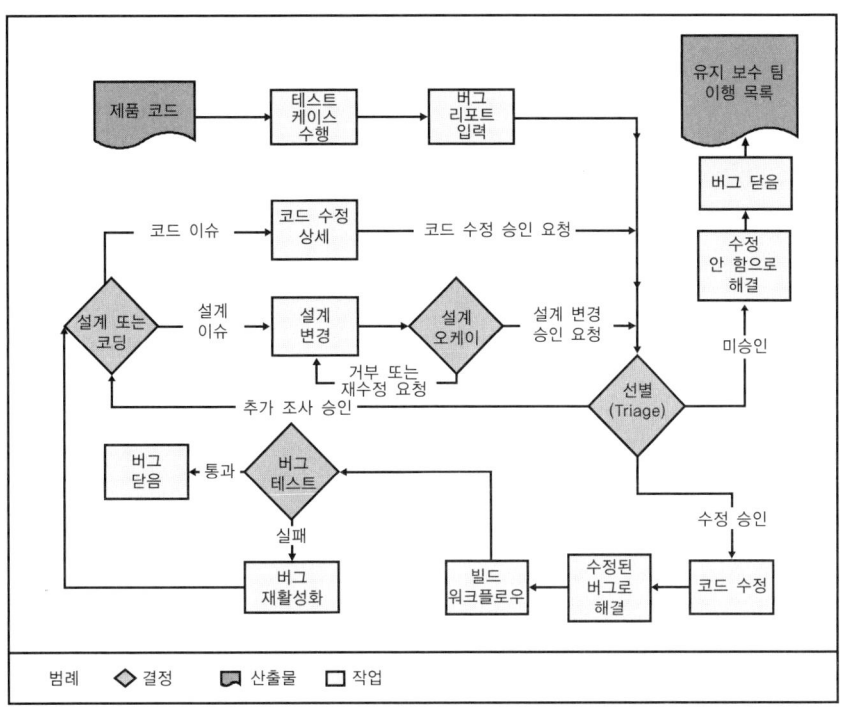

그림 9-1 버그 워크플로우

:: 버그 추적

버그는 테스터에 의해 생성되는 가장 많은 산출물 중의 하나다. 좀 더 정확하게 말하면 버그는 프로그래머가 만들지만 버그를 발생시키는 정확한 조합과 단계를 발견하기 위해 코드와 애플리케이션을 검사하는 이는 테스터다. 제품을 테스트하는 동안 테스트 팀은 수천 개의 버그를 발견한다. 서로 연관된 버그도 있고, 동일한 버그가 여러 사람에 의해 보고되는 경우도 있다. 버그는 다양한 수정 사항과 관련자들을 거쳐 처리된다. 테스트 팀은 버그 추적 시스템을 사용해야 하고, 시스템을 사용하기 위한 지침을 잘 알고 있어야 한다.

● 버그의 일생

소프트웨어 버그는 코드, 설계, 개발 프로세스의 산출물로부터 시작된다. "아무도 없는 숲에서 나무가 쓰러지면 소리가 날까?"라는 수수께끼 문제처럼 누군가(주로 고객이나 개발자, 테스터) 코드나 설계를 실행하기 전까지는 버그가 존재하는지 아무도 모른다.

버그는 여러 가지 방법으로 발견되거나 기록된다. 테스터가 테스트 케이스를 수행해 버그를 발견하면 바로 버그 리포트를 버그 추적 시스템에 등록한다. 선별 팀(Triage Team)은 모든 버그를 검토해 우선순위를 정하고, 해당 버그를 조사하거나 수정할 담당자를 지정한다. 버그가 수정되거나 설계가 변경되면 선별 팀은 수정 사항을 검토해 수정 사항을 승인하거나 추가 작업을 위해 되돌려 보낸다. 수정 사항의 위험도가 높다고 판단되면 다음 번 릴리스로 연기하기도 한다. 별것 아닌 것으로 여겨졌던 수정 사항이 전체 기능영역을 불안정하게 만드는 경우도 가끔 발생한다.

버그와 버그에 대한 수정 사항을 검토하는 팀은 버그가 적절한 우선순위에 따라 처리되게 한다. '수정 안 함'(알려진 버그지만 수정 계획이 없는)이나 '연기'(다음 릴리스 때 수정할 계획)되는 버그로 분류하기도 한다. 유지 보수 팀과 제품 지원 팀은 이런 사항을 고려해 버그를 검토한다. 수정 예정이 없거나 처리가 연기된 버그는 마이크로소프트 지식 베이스(knowledge base)에 등록한다. 제품 지원 팀은 이 시스템에서 제품의 버그에 대한 정보를 얻을 수 있다.

수정 사항이 승인되면, 개발자는 코드를 수정하고, 수정한 코드를 기존 애플리케이션에 통합한다. 이 시점에서 테스터는 버그 데이터베이스에 있던 기존의 버그는 처리됐고, 실제로 버그가 수정됐는지를 확인한다. 동일한 버그가 여전히 발생한다면(수정 사항이 처리되지 않았음을 의미한다), 버그는 재활성화 되고 다시 개발자에게 할당된다. 버그가 발생하지 않으면 테스터는 버그를 닫는다. 버그의 일생이 여기서 끝나는 것은 아니다. 근본 원인이나 다른 연관 관계를 찾아내기 위해, 수정된 버그를 주기적으로 분석한다. 버그 데이터는 버그가 발생한 이후로도 오랫동안 유용하게 활용된다.

어떻게 보면 버그라는 것은 그저 '무언가 잘못된 것'으로만 보이지만 버그 생명주기는 엔지니어링 프로세스의 맥박과도 같다. 프로젝트의 남아있는 작업과 리스크, 프로젝트의 전반적인 상태에 대한 정보를 버그 리포트로 알 수 있다. 사실 많은 회사(마이크로소프트에서도 마찬가지로)가 프로젝트 관리 시스템으로 버그 추적 시스템을 사용한다. 버그 추적 시스템을 이런 용도로 사용하면 특정 영역에 대한 모든 작업 목록(기능 개발과 버그 수정)과 특정 개발자나 개발 팀에 할당된 작업을 한눈에 알 수 있다. 표 9-1과 9-2는 버그를 다른 관점으로 볼 수 있는 예제를 보여준다. 많은 양의 데이터를 가지는 시스템에서 여러 관점으로 데이터를 조회할 수 있다면 제품과 워크플로우를 계획할 때 상당히 유용하다. 예를 들어 각 기능 영역의 버그 개수와 개발자별로 할당된 버그 개수를 알 수 있다면 개발 팀이 버그를 관리하는 데 도움이 된다.

> 마이크로소프트에서는 2007년에만 천오백만 개 이상의 버그와 프로젝트 관리를 위한 데이터가 생성됐다.

담당자	작업 중인 버그 수	해결된 버그 수
애덤 카터	7	2
마이클 파이퍼	5	0
킴 애커스	11	0
크리스 프레스톤	4	3
네이더 아이사	0	7
하오 첸	0	4
미네쉬 래드	0	2
벤 스미스	0	9

표 9-1 개발자별 버그 할당 개수

영역	작업 중인 버그 수	해결된 버그 수
핵심 엔진	10	7
유저 인터페이스	6	3
웹 컨트롤	16	16

표 9-2 영역별 버그 개수

● 버그 추적 시스템의 속성

새로운 테스트 팀에서 제일 먼저 구현하거나 사용하는 툴은 버그 추적 시스템이다. 아마 지금 이 책을 읽고 있는 당신도 버그 추적 시스템을 사용할 것이다. 성공적인 시스템은 몇 가지 중요한 속성을 갖는다. 엔지니어링 팀의 팀원들이 효율적으로 사용할 만한 성숙한 시스템이 단순한 포스트잇이나 스프레드시트와 구분되는 것은 바로 이런 속성 때문이다.

사용 편의성은 버그 추적 시스템에서 가장 중요한 요소 중 하나다. 개개인의 테스터가 버그를 입력할 때 이 시스템을 사용한다. 또한 테스트 관리를 위해 버그 데이터를 조회하는 다양한 쿼리를 수행하고, 프로젝트 관리를 위해서는 다른 종류의 쿼리를 사용한다. 따라서 이 시스템의 데이터 입력과 조회 기능은 단순하면서도 효율적이어야 한다.

설정의 용이성도 버그 추적 시스템에서 중요한 요소다. 버그를 추적할 때 필요한 필드와 기대치는 팀별로 다를 수 있다. 추가 정보를 위한 필드를 추가할 수 있고, 필수 입력 필드와 옵션 입력 필드를 설정할 수 있는 시스템이어야 한다. 예를 들어 마이크로소프트의 제품 팀에 따라 제목, 설명, 심각도, 리비전 번호만 필요한 팀이 있는 반면, 이 외의 추가적인 정보가 더 필요한 팀도 있을 수 있다.

신뢰성도 버그 추적 시스템의 중요한 요소다. 버그 추적 시스템은 엔지니어링 팀에서 가장 많이 사용하는 소프트웨어 중 하나이므로 항상 오류 없이 사용할 수 있어야 한다. 이를 위해 마이크로소프트에서는 소프트웨어의 버그 데이터베이스로 사용하는 모든 SQL 시스템과 하드웨어를 내부 IT 부서에서 관리한다. 백업 전원을 연결한 전용 하드웨어와 데이터 백업, 신속한 오류 복구 지원을 통해 버그 워크플로우가 영향을 받지 않도록 한다.

그 외 속성들은 다음과 같다.

- **버그 알림 기능** 버그 추적 시스템은 버그가 할당될 때나 버그가 수정될 때 개발자에게 해당 사항을 알려주는 기능이 있어야 한다. 마이크로소프트에서는 데이터베이스에서 데이터를 직접 수집하는 자동화된 이메일 시스템을 가장 많이 사용한다. 하지만 데이터베이스에 직접 접근해서 실시간으로 수정 사항을 알려주는 방식도 사용한다.

- **상호 운용성** 시스템에서 데이터를 쉽게 추출해 워크시트나 웹 애플리케이션, 개인화된 컨트롤 형태로 나타낼 수 있는 기능도 상당히 유용하다.

- **외부 사용자 접근성** 고객이나 협력사도 버그를 수정하거나 조회하는 경우가 있다. 이런 경우 프록시를 통해 버그를 공유할 수 있는 기능이 필요하다.

● 버그 리포트를 작성하는 이유

버그 리포트는 소프트웨어 장애와 해결 방법에 대한 정확한 기록으로 오랜 수명을 갖는다. 이메일이나 회사 복도에서의 대화로 버그를 처리하는 것이 더 쉬워 보일 수도 있지만 버그 추적 시스템에 모든 버그를 기록하는 것은 많은 장점이 있다. 마이크로소프트에서 버그의 근본 원인을 분석하는 것은 흔한 일이다. 다양한 개발 프로세스에서 얼마나 효과적으로 버그가 발견되는지 확인하려면 버그를 발생시킨 개발 프로세스와 버그가 발견된 개발 프로세스를 살펴보고 분석하면 된다. 이런 종류의 분석을 결함 제거 효율(DRE, Defect Removal Efficiency)이라고 한다. 근본 원인 분석과 DRE는 모든 버그가 기록될 때 더 효율적이다.

나중에 제품을 담당하게 될 개발자와 유지 보수 팀, 제품 지원 팀은 버그 리포트를 이력 참조용으로도 사용한다. 제품을 이해하고 올바른 결정을 내리고 고객을 지원하기 위해 버그 리포트가 담고 있는 정보에 의지한다.

흔한 일은 아니지만 버그 리포트는 법적인 대응책이 될 수도 있다. 예전에 위험도는 낮지만 심각한 버그가 제품 주기의 마지막 단계에서 발견된 적이 있었다. 여러 임원진과 변호사가 참여한 회의에서 결국 버그 수정을 연기하고 릴리스 후에 바로 패치를 내보내기로 결정했다. 우려했던 것처럼 한 고객이 해당 버그를 발견하고 회사를 고소했다. 다행히도, 악의적으로 버그를 남겨놓은 것이 아니라는 사실을 버그 리포트로 증명할 수 있었기 때문에 고소는 기각됐다.

● 버그 리포트의 구조

버그 추적 시스템의 데이터 양이나 필드 수에 상관없이 몇 가지 중요한 항목이 유용한 버그 리포트를 만든다. 표 9-3은 잘 작성된 버그 리포트가 갖춰야 할 주요 항목이다.

항목	설명
제목	마이크로소프트에서는 버그 리포트의 제목이 가장 중요한(그리고 가장 많이 사용되는) 정보일 것이다. 일반 사용자는 제품이나 특정 영역에 어떤 종류의 버그들이 있는지 한눈에 보기 위해 버그 리포트의 제목을 먼저 훑어본다. 또한 제목은 버그 데이터베이스에서 가장 많이 검색하는 필드이고, 비슷한 유형의 버그를 검색하거나 다른 필드로는 추적할 수 없는 특정 영역에 있는 버그를 검색할 수 있는 가장 빠른 방법이다. 제목은 기능이나 제품 선별 팀의 검토용으로도 중요하다. 따라서 제목 필드는 40자 정도가 적당하며, 버그 리포트의 모든 내용을 정확하게 요약해 작성해야 한다. 제목에는 어느 정도의 설명이 들어가야 하지만 너무 길어도 안 된다. 사용자가 한 번에 보고 내용을 알 수 있을 만큼의 정보를 포함해야 한다. 마이크로소프트의 테스터는 버그 리포트의 다른 필드는 쉽게 채우는 반면, 제목을 작성하는 데는 공을 들인다. 버그 제목의 예는 다음과 같다.

표 9-3 잘 작성된 버그 리포트의 특징(이어짐)

항목	설명
제목	□ **프로그램 크래시** 너무 짧다. □ **많은 프로그램 인스턴스를 동시에 실행하면 대화상자 중 하나에서 크래시가 발생한다** 장황하고 모호하다. □ **메모리가 부족한 상태에서 설정 대화상자를 수행하면 프로그램 크래시가 발생한다** 상세하고 정확하다. 리포트를 보고 버그를 이해할 만큼의 정보를 포함한다.
설명	설명은 제목만 보고 가질 수 있는 모든 의문점을 해결해준다. 설명은 버그에 대한 요약과 고객에 미치는 영향에 대한 정보, 예상 결과와 실제 결과 등을 다룬다. 실제 결과와 예상 결과가 함께 기록돼 있어야 시스템의 정상적인 동작을 분명하게 이해할 수 있다.
상태	버그의 상태는 '작업 중', '해결', '종료'로 나눌 수 있고, 각기 처리가 필요한 작업 단계를 나타낸다. 새로운 버그의 상태는 '작업 중'이다. 이 상태는 해결 방법을 발견할 때까지 지속한다. 해결 방법을 찾아 버그가 수정되면 버그의 상태는 '해결'로 변경된다. 버그가 해결된 후에 테스터는 수정 사항을 확인해 처리 상태를 '작업 중'(버그가 수정되지 않은 경우)이나 '종료'(버그가 수정된 경우)로 변경한다.
버전 번호	모든 버그 리포트는 버그가 발생한 소프트웨어의 버전을 담아야 한다. 마이크로소프트에서는 모든 제품을 매일 빌드 한다(더 자주 하는 경우도 있다). 따라서 버그가 발생한 정확한 버전을 알아야 버그를 재연하고 수정 사항을 확인하는 작업이 좀 더 쉬워진다.
기능 영역	마이크로소프트 팀 대부분은 버그가 발생한 제품의 기능 영역이나 하위 영역을 버그 리포트에 같이 기재해 달라고 요구한다. 예를 들어 마이크로소프트 윈도우 버그 데이터베이스는 파일 시스템에서 발생한 버그에 대해 그 하위 영역으로 NTFS나 FAT와 같은 파일 시스템 관련 항목 등을 같이 기록할 수 있는 필드를 갖는다. 기능 영역과 하위 영역에 대한 정확한 정보가 있으면 제품의 영역별 위험도를 고려할 수 있고, 관련된 버그를 조사해 함께 수정하게 일정을 조절할 수 있어서 유용하다.

표 9-3 잘 작성된 버그 리포트의 특징(이어짐)

항목	설명
재연 단계	재연 단계는 보통 설명 필드에 같이 기재한다. 하지만 추가 필드로 분리해 기재하는 시스템도 있다. 재연 단계는 버그 워크플로우에 관련된 사람이라면 누구든 버그를 재연할 수 있게 작성돼야 한다. 테스터에게 있어 가장 절망적이고 시간을 낭비하게 되는 경험이라면 바로 개발자가 버그에 대해 "내 컴퓨터에서는 재연이 안되는데요?"라고 말하는 순간일 것이다. 잘 작성된 재연 단계는 이런 상황을 미연에 방지한다. 또한 재연 단계는 가능한 한 간결해야 한다. 10개의 단계에서 버그가 발생했다면 필요 없는 단계가 포함돼 있는지, 더 적은 수의 단계로도 버그를 재연할 수 있는지 먼저 살펴봐야 한다. 재연 단계의 수를 줄임으로써 버그의 발생 원인을 신속하게 격리할 수 있고, 한 번의 수정 작업으로 버그를 해결할 가능성을 높일 수 있다.
담당자	담당자 필드는 마이크로소프트의 모든 버그 시스템에서 필요하다. 하지만 필드의 용도는 팀마다 다르다. 많은 팀은 버그가 발생한 영역을 담당하는 개발자에게 버그를 할당한다(버그가 발생한 영역이 확실하다면). 어떤 팀은 버그를 '작업 중'으로 설정하고(프로덕트 스튜디오에서 '작업 중'은 담당자 필드의 디폴트 값이다) 선별 팀에서 적당한 사람에게 버그를 할당한다. 각 버그는 한 번에 한 사람에게 할당한다. 버그를 할당받은 사람은 해당 이슈를 직접 수정하거나 필요할 경우 다른 사람에게 재할당해야 한다.
심각도	심각도는 고객과 개발 프로세스, 버그 워크플로우 전반에서 버그가 미치는 영향도를 나타낸다. 심각도의 요소는 버그의 영향도, 주기, 재연 가능성 등이다. 주로 1에서부터 4까지의 값을 가지며, 1이 제일 높은 심각도를 나타낸다. 마이크로소프트에서 사용하는 버그 데이터베이스는 심각도의 값을 다음과 같이 정의한다. 1. 버그가 시스템 크래시와 데이터 손실을 일으킨다. 2. 버그가 주요한 기능 문제나 그 밖의 심각한 문제를 일으킨다. 제품이 알 수 없는 원인으로 크래시된다. 3. 버그가 중요하지 않은 기능 문제를 발생시킨다. 4. 오타나 모호한 문장이 있거나 오류 메시지가 잘 안 보이는 곳에 나타난다.
고객에게 미치는 영향	고객에게 미치는 영향에 대한 설명을 버그 리포트에 담으면 유용하다. 고객에게 미치는 영향은 버그가 사용자에게 미치는 영향과 이슈가 고객 시나리오와 요구 사항에 미치게 될 영향에 대한 내용을 포함한다. 고객에게 미치는 영향을 기재할 때 고려해야 할 사항은 다음과 같다. ☐ 버그가 영향을 미치는 고객 시나리오와 요구 사항을 기재한다. ☐ 고객이 이슈에 직면하게 될 확률과 주기를 기재한다. ☐ 심각도 필드를 고객에게 미치는 영향에 따라 조절한다.

표 9-3 잘 작성된 버그 리포트의 특징(이어짐)

항목	설명
환경	테스트 환경을 명시하고 해당 환경을 설정하기 위해 필요한 단계를 정확하게 기재한다. 심지어 어떤 조건은 설정되지 않았다는 것도 기재해야 한다. 이 필드를 사용하면 버그 발견과 재연이 용이해진다. 환경 필드의 자세한 내용은 다음과 같다. □ 하드웨어 상세와 설정 □ 시스템과 컴포넌트, 애플리케이션 버전 □ 사용한 툴과 프로세스 □ 관련된 연결 설정과 데이터 설정 정보 □ 역할, 권한 등 애플리케이션 설정 정보 □ 고려 대상에서 제외한 환경 설정 요소에 대한 설명
해결	이 필드는 버그가 해결됐을 때 기재한다. 마이크로소프트의 모든 제품에서 해결 필드를 위해 다음 선택 항목 중 하나를 사용한다. □ **수정됨** 버그가 수정된 경우다. □ **재연 불가능** 버그가 재연되지 않는 경우다. 주로 테스터와 개발자의 환경이 다르거나 기재된 재연 단계가 잘못된 경우에 발생한다. □ **중복** 같은 이슈를 기재한 두 개의 버그가 존재하는 경우다. 그 중 하나의 버그(보통 나중에 작성된 버그)는 '중복'으로 설정한다. 중복 버그에 대한 더 자세한 내용은 9장의 '중복된 버그'에서 참조할 수 있다. □ **기획 의도** 가끔 버그로 보이지만 버그가 아닌 경우가 있다. 실제로 그렇게 동작하게 설계한 것이다. 예를 들어 윈도우 계산기를 실행해 2 / 0 을 입력한 후 Enter 키를 누르면 결과 창에 "0으로 나눌 수 없습니다."(이것이 기대되는 결과 값임)라는 메시지가 나온다. 그런 다음 아무리 숫자 키를 눌러도 입력되지 않는다. 계산기의 'C' 버튼을 클릭해야 결과 창의 메시지가 사라지고 초기화된다. 이것을 버그라고 생각할 수도 있지만 실제로는 이렇게 동작하게 설계한 것이다. 여기서 테스터 사이에서 유명한 문구가 나왔다. "이건 버그가 아니라 기능입니다." □ **연기** 다음 번 제품 릴리스에 수정될 예정인 버그인 경우다.

표 9-3 잘 작성된 버그 리포트의 특징

그 외 많이 사용하는 필드는 다음과 같다.

- **발견 경위** 어떤 테스트로 인해 버그가 발견됐는지를 기재한다.

- **이슈 유형** 버그가 코딩으로 인한 버그인지, 설계 문제인지, 문서 이슈인지 등을 기재한다.

- **버그 종류** 버그의 종류는 보안, 성능, 기능, 부하 등으로 기재할 수 있다.

- **발견자** 버그를 발견한 사람을 기재한다. 테스트 팀이나 개발 팀이 될 수도 있고, 내부 사용자나 베타 사용자, 그 밖의 다른 사람이 될 수도 있다.

그림 9-2는 비주얼 스튜디오 팀 시스템의 버그 추적 시스템 화면이다.

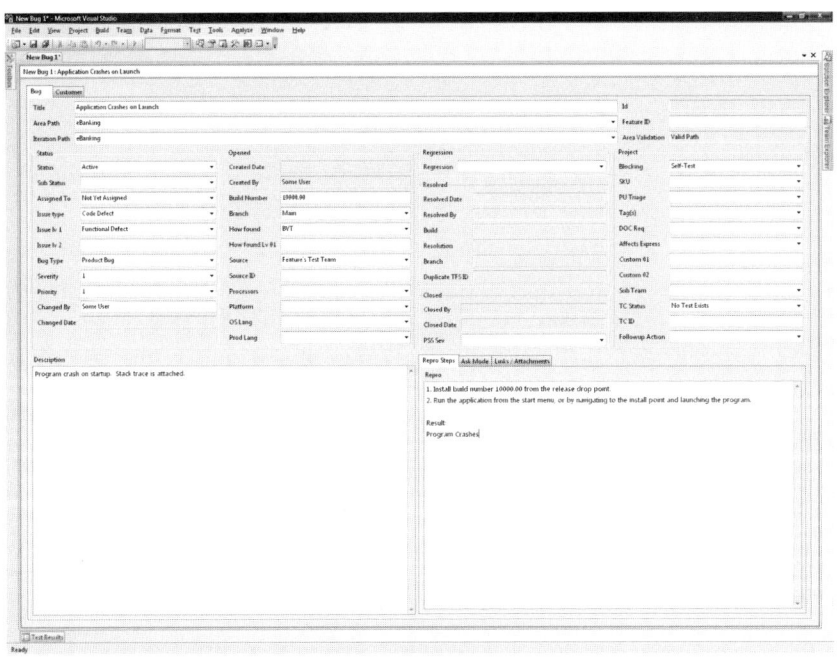

그림 9-2 비주얼 스튜디오 팀 시스템의 버그 추적 시스템

버그 데이터베이스에 너무 많은 필드를 넣어서도 안 된다. 추가적인 필드를 더 넣어서 최적의 측정 보고서를 만들고 싶은 마음이 굴뚝같겠지만 시스템을 단순하게 만들어야 해당 팀원뿐만 아니라 다른 팀의 팀원들도 지속적으로 시스템을 사용하기 쉬워진다. 시스템에서 제공하는 필드 추가 기능을 사용하는 것이 유용하긴 하지만 너무 많은 필드를 넣으면 사용자에게 혼란을 가져오고

버그 리포트를 작성할 때 실수를 유발하게 한다. 또한 복잡한 시스템 사용을 피하기 위해 개발자가 버그 시스템에 입력하지 않고 버그를 수정하려는 경향이 생길 수도 있다. 이렇게 되면 나중에는 분석할 버그 데이터가 아예 없어질 지도 모른다.

● 버그 선별

마이크로소프트에서 사용하는 '선별(Triage)'이라는 용어는 의학 용어를 따른 것이다. 응급실에서의 선별 프로세스는 의사진을 어느 환자에게 먼저 투입하느냐를 결정하는 것이다. 즉, 머리 부상 환자는 손가락 골절 환자보다 먼저 치료를 받아야 하고, 손가락 골절 환자는 피부에 발진이 난 사람보다는 먼저 치료를 받아야 한다는 식의 치료 우선순위를 결정할 때 사용하는 방법이다.

> **이건 버그가 아니라 기능입니다!**
>
> 소프트웨어 프로젝트를 경험해 본 사람이라면 "이건 버그가 아니라 기능이에요"라는 말을 한 번쯤은 들어봤을 것이다. 버그처럼 보이지만 실제로는 소프트웨어의 기능으로 동작하게 설계된 것을 말할 때 주로 언급한다. 테스터가 설계를 이해하지 못해 버그로 보고한 경우에도 이런 말을 듣는다. 때로는 설계가 잘못됐다고 테스터가 주장하는 경우에도 이 말이 오고 간다. 하지만 이 말은 처음 설계한 사람을 제외하고는 모든 사람에게 버그로 보이는 기능을 비꼬아 얘기하는 경우에 많이 사용한다.
>
> 어느 날 회사에서 설계에 의한 기능이지만 오류로 보이는 버그에 대해 개발자와 몇 시간 동안 논쟁을 벌인 적이 있었다. 내가 보기에는 심사숙고해 설계한 기능이 아니라 개발자의 게으름과 무관심으로 인한 결과였다. 우리는 결국 지쳐서 논쟁을 포기한 채 퇴근하기로 했다. 주차장으로 가서 차를 찾기 위해 한 바퀴나 돌았지만 차를 어디에 주차했는지 도무지 생각이 나지 않았다(회사에서 힘든 하루를 보내면 가끔 경험하는 일이다). 그러다가 어떤 차를 발견하고는 실소를 금치 못했다. 짙은 감색의 폭스바겐 비틀(버그라고도 불린다)이 한쪽 구석에 주차돼 있었는데, 엔진 쪽은 노란색 커버가 입혀져 있고 그 가운데에 '기능'(FEATURE)[1]이라고 써진 번호판이 붙어있는 것이었다.

---

1. 미국에서는 자동차 번호판에 알파벳을 사용한다 - 옮긴이

마이크로소프트에서는 '선별' 개념을 환자 대신 버그에 적용한다. 선별 작업은 제품의 모든 레벨에서 이뤄진다. 선별 팀의 가장 중요한 임무는 버그에 대한 다음 작업을 결정하고, 버그 워크플로우가 의도한 대로 진행되게 하는 것이다. 선별 팀은 해당 제품이나 기능을 담당하는 모든 팀(주로 개발 팀과 테스트 팀, 프로그램 관리 팀)의 대표자로 구성한다. 버그 워크플로우에서 처음으로 해야 하는 일은 버그를 개발자에게 할당하거나 더 많은 조사를 진행하거나 버그를 되돌려 보내는 것(중복이나 연기, 외부 요인, 설계 등으로 처리)이다. 또한 선별 팀은 버그가 중복됐는지, 관련된 또 다른 버그가 있는지 검토한다. 선별 팀이 하는 주된 일은 버그의 우선순위를 정하는 것이다. 바로 수정해야 할 버그와 나중에 수정하거나 릴리스 이후에 수정돼도 상관없는 버그를 분류한다. 어떤 종류의 버그는 수정할 필요가 없을 수도 있다. 이런 모든 결정은 선별 팀에서 한다.

선별 팀이 올바른 결정을 내리고 적절한 우선순위를 정해 다음 작업을 진행할 수 있게 하려면 반드시 양질의 버그 리포트를 작성해야 한다. 우선 순위는 처음 버그 리포트를 작성할 때부터 기재하고 나중에 선별 팀에서 우선순위를 재조정하게 하는 팀도 있고, 처음에는 빈칸으로 두고 선별 팀에서 결정하게 하는 팀도 있다. 버그의 우선순위는 일반적으로 다음 내용을 통해 결정한다.

1. **반드시 수정해야 한다** 최대한 빨리 해당 버그를 수정해야 한다. 해당 버그로 인해 다음 작업을 수행할 수 없다.

2. **수정해야 한다** 제품 릴리스 전이나 마일스톤 전, 다음 주기가 시작되기 전의 적절한 시기에 버그가 수정돼야 한다.

3. **시간이 있으면 수정한다** 사소한 버그를 나타낸다. 제품 개발 단계에 따라 다음으로 연기가 가능하다.

앞의 세 가지 기준으로 모든 버그의 우선순위를 매기는 것은 충분하지 않을 수도 있다. 우선순위 레벨을 더 추가하거나 별도의 필드를 추가해 우선순위를 상세하게 기재하는 팀도 있다. 버그의 우선순위가 지속적으로 매겨지고 그에 따라 적절히 처리되고 있다면 어떤 방식으로 우선순위를 결정하더라도 효과적일 것이다.

    제품 출시가 다가오면서 선별 작업은 프로젝트 관리의 정점에 위치한다. 그룹이나 부서 관리자는 발견된 버그를 검토하고 수정할 것인지를 결정한다. 릴리스 날짜가 다가올수록 수정이 필요한 버그를 판단하는 기준은 점점 엄격해진다. 코드를 수정하는 데는 항상 위험이 따르므로 릴리스 날짜가 다가올수록 선별 팀은 수정이 필요한 심각한 버그 목록을 결정하는 데 주저하기 때문이다.

    제품 주기의 마지막 단계에서 선별 팀의 목표는 버그가 없는 상태를 만드는 것이다. 물론 소프트웨어 제품에 관련된 일을 해본 사람이라면 모든 소프트웨어가 버그를 지니고 출시된다는 사실을 잘 알 것이다. 마이크로소프트 제품도 예외는 아니다. 모든 제품은 알려진 버그를 지니고 출시된다. 버그가 없는 상태라 함은 알려진 버그가 없고 제품을 출시하지 못할 만큼의 심각한 버그가 없다는 것을 의미한다. 새로 발견한 버그는 선별 과정을 거쳐 수정을 위해 개발자에게 할당되거나 연기되거나 '수정 예정 없음'(어쩌면 영원히)으로 처리된다. 결국 수정되는 버그의 수는 많아지고, 남아있는 버그의 수는 0이 된다. 이것을 제로 버그 바운스(Zero Bug Bounce)라 부르기도 한다. 처리해야 할 작업이 남아있거나 최근에 변경된 수정 사항이 또 다른 버그를 발생시키거나 새로운 버그가 발견되는 경우 버그의 수는 0에서 다시 증가한다. 하지만 결국에 버그의 수는 다시 0이 되고, 제품은 출시된다. 이 단계에서 제품은 여전히 버그를 지니고 있지만 제품 출시를 막을 만한 버그는 없는 상태다.

● 버그 리포트의 일반적인 실수

버그 추적 시스템을 부정확하고 부적절하게 사용한다면 그 가치가 반감된다. 물론 시스템을 가지는 것만으로도 충분히 도움이 되지만 팀원에게 올바른 시스템 사용법을 교육하거나 사용 지침을 만들 때 이런 위험을 명심해야 한다. 일반적인 실수는 표 9-3에서 언급한 잘 작성된 버그 리포트의 특징들을 따르지 않아서 발생한다. 버그 리포트가 이메일을 통한 논의로 대체되거나 버그의 내용이 변형되거나 하나의 리포트 내에서 여러 개의 버그가 다루어지는 경우 같은 흥미로운 실수도 버그 리포트에서 가끔 발생한다.

실수	예
이메일 토론	2007년 8월 28일 오후 5:38　　짐 핸스 작성 여러 개의 인스턴스를 수행하면 애플리케이션이 크래시됩니다. 다음 테스팅을 진행할 수는 있지만 수정돼야 합니다. 2007년 8월 28일 오후 5:53　　데이빗 펠톤이 짐 핸스에게 할당 곧 수정하겠습니다. 오류가 두 번째 인스턴스에서 발생하나요? 아니면 그 이후에 발생하나요? 혹시 새로 온 관리자와 관련이 있을까요? 2007년 8월 28일 오후 6:15　　짐 핸슨이 데이빗 펠톤에게 할당 하하. 버그는 두 번째 인스턴스에서 발생합니다. 관리자와는 관련이 없어요. 하지만 사무실 이전 때문일 수도 있겠네요. 2007년 8월 28일 오후 6:34　　데이빗 펠톤이 짐 핸스에게 할당 그런데 오늘 일찍 퇴근할 거면 차 좀 얻어 타도 될까요? 2007년 8월 28일 오후 6:41　　짐 핸슨이 데이빗 펠톤에게 할당 그래요. 15분 후에 출발합니다. 버그를 다시 저한테 할당해주세요.

마이크로소프트에서 이메일과 버그 시스템은 엔지니어가 가장 많이 사용하는 툴이고, 두 가지 툴이 가끔 혼합돼 사용되기도 한다. 테스터와 개발자 외에도 많은 사람이 버그 리포트를 사용한다. 따라서 버그에 직접 관련되지 않은 정보를 리포트에 기재하는 것은 금물이다.

실수	예
버그의 변형	2007년 9월 17일 오전 9:34　　돈 홀 작성 애플리케이션에서 인쇄가 안 됩니다. 환경 조건과 재연 단계는 다음과 같습니다. ... 2007년 9월 17일 오전 9:49　　앤 빕이 돈 홀에게 할당 환경 정보를 살펴보니, %PRINT_INFO% 변수가 없습니다. 이 변수를 추가하면 동작할 거예요. 그런데 재연을 하다가 또 다른 이슈를 발견했습니다. 인쇄 대화상자에서 레이아웃에 문제가 있습니다. 수정돼야 합니다. 2007년 9월 17일 오전 10:37　　돈 홀이 앤 빕에게 할당 변수를 설정할 때 사용하는 셋업 스크립트에 추가했습니다. 레이아웃 이슈로 변경하기 위해 버그 리포트 제목을 수정했습니다.

버그의 변형은 하나의 버그 리포트에서 기존에 제기됐던 이슈가 전혀 다른 이슈로 변경되는 현상이다. 변형은 갑작스럽게 일어나기도 하고, 며칠이나 몇 달에 걸쳐 서서히 발생하기도 한다. 어떤 상황이든 버그의 내용 변경은 피해야 한다. 변형된 버그는 근본 원인을 찾는 것이 어려워진다. 또한, 제품 지원 팀이나 유지 보수 팀이 제품 이슈를 검토하거나, 고객이 발견한 이슈가 알려진 결함인지를 검색할 때 혼란스럽게 만들 수 있다. 버그 리포트의 내용이 변경되기 시작하면, 거기서 멈추고 새로운 이슈에 대한 버그 리포트를 생성해야 한다.

표 9-4　버그 리포트를 작성할 때의 일반적인 실수(이어짐)

실수	예

다중 버그	2007년 8월 28일 오후 6:13 짐 레슬러 작성
	레이아웃 엔진에서 빌드 검증 테스트 수행 중 다음 버그를 발견했습니다.
	  1. 애플리케이션 창의 크기를 200x180 이하로 줄이면 컨트롤이 겹쳐집니다.
	  2. 창을 최대화하면 컨트롤 중 2개가 스크린 외부로 그려집니다.
	  3. 설정 대화상자에 오타가 있습니다. '설전'으로 돼 있습니다.

테스터가 바쁘거나 급하게 보고해야 하는 경우 관련된 버그를 모아 하나의 버그 리포트에 작성하는 경우가 가끔 생긴다. 하나의 리포트에 여러 개의 버그를 기재하는 것은 결코 바람직하지 않다. 앞서 언급한 문제와 마찬가지로, 이는 버그 리포트를 검토하게 될 다른 사용자에게 오해를 일으킬 수도 있다.

여러 개의 버그를 하나의 리포트에 기재한 경우 발생하는 문제는 다음과 같다.

- 각 버그에 대한 우선순위를 설정할 수 없다.
- 각 버그에 대한 해결 방법을 설정할 수 없다. 선별 팀에서 작성된 버그 중 하나를 다음 번 배포 때 처리하기로 연기했다고 하더라도 그 사항을 기재할 수 있는 방법이 없다.
- 유사한 영역에서 발생한 버그로 보이더라도 각 버그를 다른 개발자에게 할당해야 할 수도 있다.
- 버그의 근본 원인을 분석해보니 각 버그가 서로 다른 원인으로 발생했을 수도 있다.

표 9-4 버그 리포트를 작성할 때의 일반적인 실수

중복된 버그

버그 데이터에 대해(또는 버그 데이터의 사용법에 대해) 이야기할 때 항상 언급하는 것은 중복된 버그에 관한 것이다. 어떤 테스트 팀에서건 중복된 버그 보고는 '나쁜 짓'으로 여겨진다. 중복된 버그의 비율을 찾아내기 위해 발견된 버그와 수정된 버그, 해결 방법의 유형 간 비율을 계산하는 고도의 알고리즘을 작성해 활용하는 팀도 있다.

중복된 버그는 누군가의 시간을 낭비하게 하므로 좋지 않은 것으로 여겨지는 듯하다.

뻔뻔한 바비가 제인이 며칠 전에 입력한 버그를 또 입력했대. 누군가 또 중복으로 필드 설정하느라 시간을 낭비하게 생겼다고. 버그가 중복된 것을 모르고 누군가 테스트를 또 했으면 어쩔 뻔 했어. 정말 구제 불능이라니까!

> 하지만 나는 중복된 버그 입력이 나쁘다고는 생각하지 않는다. 사실 버그가 중복될까 봐 걱정하는 것이 더 안 좋다고 생각한다. 테스터가 중복된 버그 입력을 부정적으로 생각하는 인식이 있다면 발견한 버그의 중복을 우려해 버그를 입력하지 않게 될지도 모르기 때문이다. 이렇게 생각해보자. 영향도가 큰 버그가 테스트 중에 발견됐다. 알려진 버그인지를 조사했더니 그와 유사한 버그가 하나 존재했다. 중복된 버그를 입력하는 것을 부정적으로 생각한다면 발견한 버그를 입력하지 않으려고 할 것이다. 이상적으로는 발견한 버그를 어딘가에 적어두고 기존에 있던 유사한 버그가 수정되면 발견한 버그도 해결되는지를 확인하거나 담당자에게 이메일로 문의하는 것이 좋다. 하지만 대부분의 경우 "아마 같은 버그일 거야"라고 생각하고 넘어가 버린다. 어쩌면 정말로 중요한 이슈일지도 모르는 데 말이다.
>
> 중복된 버그 입력이 시간 낭비라는 생각은 근거가 없다. 테스터는 자신이 담당한 영역은 잘 알지만 시스템의 나머지 부분은 잘 모를 수도 있다. 내 경우 버그를 발견하면 혹시 유사하거나 같은 버그가 이미 입력됐는지 확인하느라 20분 정도를 보낸다. 그러나 내가 조사하지 않고 바로 버그를 입력하면 선별 팀에서 중복된 사실을 훨씬 더 빨리 알아낼 가능성이 크다. 결국 내 시간만 낭비하게 된 것이다.
>
> 버그가 중복되면 어떤가? 하나의 버그 리포트에 기재된 정보는 문제를 규명하기에 충분하지 않은 경우가 가끔 있다. 동일한 이슈에 대한 또 다른 버그 리포트가 오히려 버그의 근본 원인을 찾아내고 효율적으로 수정하는 데 도움을 줄 수도 있다. 대부분의 버그 데이터베이스 시스템은 연관된(혹은 중복된) 버그를 설정하는 필드가 있다. 버그 데이터는 많을수록 좋다. 그리고 중복된 버그는 그 부산물이다.

● 데이터 사용

관리자들이 버그로 가득한 데이터베이스를 좋아하는 이유는 아마 테스트 대상 시스템의 다양한 정보를 보여주는 보고서를 생성할 수 있기 때문일 것이다. 제품이 출시하기에 적합한 수준인지, 문제가 발생했는지 여부를 알려주는 마법의 공식이나 쿼리가 있는 것은 아니다. 데이터를 조사하기 위한 방법은 셀 수 없을 정도로 많다. 마이크로소프트는 수백 가지의 방법을 활용해 버그 데이터를 조사한다. 몇 가지 버그 메트릭의 예와 용도를 표 9-5에서 소개한다.

메트릭	용도
수정된 버그 수 / 처리된 버그 수	'해결' 필드가 '수정됨'인 버그와 그 외의 값을 가지는 버그의 비율이다. 제품 주기의 초창기에는 발견한 버그 수에 비해 처리한 버그 수는 훨씬 적다. 하지만 제품 출시에 가까워질수록 버그 처리 속도가 버그 발견 속도보다 빨라진다. 또한 이 메트릭을 이용하면 버그가 모두 해결되는 시기를 예측할 수 있다.
언어별 버그 수	다국어 버전을 테스트할 때 사용한다. 더욱 효과적인 현지화에 도움이 된다.
시간에 따른 버그 발견율	너무 높거나 낮으면 문제가 된다. 즉, 그래프의 경사가 급할 경우 주의할 필요가 있다.
시간에 따른 버그 수정률	발견된 버그 중에 수정되고 있는 버그에 대한 백분율이다. 선별되는 버그의 수가 늘어남에 따라 버그 수정률은 감소해야 한다.
코드 영역별 버그 수	버그가 많은 기능 영역의 목록을 조회해 추가적인 테스팅이 필요한 영역을 결정할 수 있다.
직무별 발견된 버그 수	테스트 팀별, 내부 사용자별, 개발 팀별, 제품 지원 팀별, 외부 베타 사용자별로 발견한 버그의 수를 조회해 테스트 전략에 반영할 수 있다.
심각도별 버그 수	프로젝트가 진행됨에 따라 심각도 1과 2의 버그 발생률은 줄어들고, 심각도 3이나 더 낮은 버그의 수는 늘어나야 한다. 즉, 심각한 버그일수록 제품 생명주기의 초기에 발견돼야 한다.
발견된 (제품의) 부분	테스트하는 제품의 종류에 따라 측정은 다양하게 이뤄질 수 있다. 제품의 어느 부분에서 버그가 발견되는지를 알아낸다면 제품에서 위험도가 높은 부분을 파악할 수 있다.
발견한 방법	발견한 방법을 알면 버그의 근본 원인을 분석하고 결함 예방 기법을 구현하는 데 도움이 된다.
발생된 시기	제품 개발의 어느 단계에서 문제가 발생했는지를 알면(예를 들어 명세, 설계, 코딩, 버그 수정 단계 등) 어느 단계에서 결함 예방 기법을 구현해야 할지 알 수 있다.

표 9-5 메트릭과 용도(이어짐)

메트릭	용도
버그 재발생 비율	개발자가 수정한 사항에 대한 품질을 말해주는 척도가 될 수 있다. 종종 버그 수정률이 최고조에 이르는 프로젝트의 마지막에 이 비율이 증가하기도 한다.
테스팅 활동별 버그 수	테스팅 종류에 따라 발견되는 버그를 알 수 있다. 테스팅 활동은 탐색적 테스팅, 구조적 테스팅, 프리 릴리스 테스팅, 테스트 케이스 개발, 설정 테스팅, 인쇄 테스팅, 자동화된 테스팅, 일반적인 제품 사용, 베타 테스트, 각 테스트 패스(test pass), 인수 테스팅 등이 될 수 있다.
평균 처리 시간	할당된 버그에 대한 개발 팀의 응답 수준을 알 수 있다.
평균 종료 시간	일반적으로 버그가 수정되기까지의 시간이나 버그 워크플로우를 따라갈 때 걸리는 시간을 알 수 있다. 개발 팀이 신속하게 버그를 수정하고 이를 확인하기 위해 테스트가 곧바로 수행되는 것이 가장 이상적이다.

표 9-5 메트릭과 용도

대부분의 메트릭이 그렇듯 버그 데이터도 그래프로 나타내는 것이 훨씬 이해하기 쉽다. 그림 9-3과 9-4에서, 간단한 그래프 형식으로 버그 추이 정보를 나타낸 예제를 소개한다. 마이크로소프트에서는 이런 종류의 차트를 주기적으로 제품 팀에 전달해 버그에 관련된 중요한 정보를 빠르게 공유하는 수단으로 사용한다.

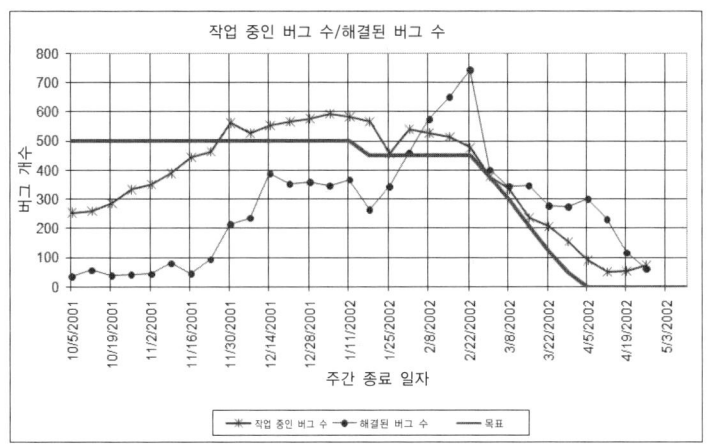

그림 9-3 작업 중인 버그와 해결된 버그 추이 곡선

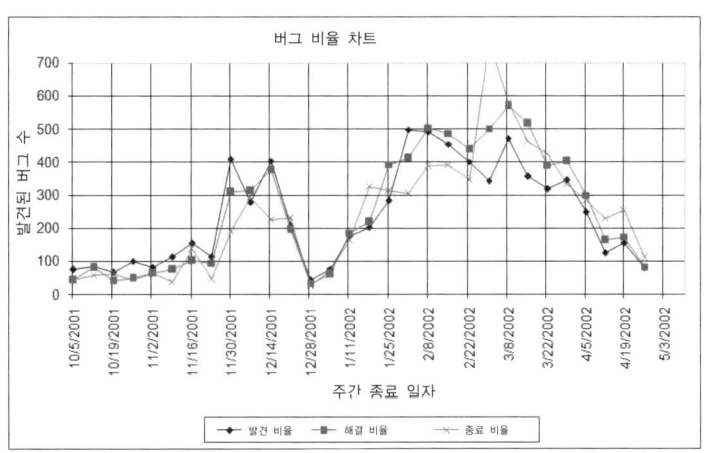

그림 9-4 상태에 따른 버그 비율(주별)

● 데이터 오용: 성과 측정으로서의 버그

버그 데이터로 테스터의 성과를 측정하고 싶은 것은 어쩌면 당연한 일이다. 테스터의 주요 임무는 버그 발견이므로 훌륭한 테스터는 더 많은 버그를 찾아낼 거라고 기대할 것이다. 수많은 관리자가 성과를 관리하기 위해 버그 데이터를 수집하고 추적한다. 하지만 버그 데이터의 양으로만 개개인의 성과를 측정하기에는 무리가 있다. 버그의 수를 셀 때, 특히 버그들을 비교하는 경우 너무 많은 변수가 있기 때문이다. 다음은 해당 변수의 예다.

- 기능 복잡도
- 개발자 능력
- 설계 명세서의 완성도
- 버그 예방과 버그 찾기
- 보고 시기

그럼에도 불구하고 특정 버그의 수로 성과를 측정하려면 측정 요소를 검토하고 다음과 같은 질문에 답변할 수 있어야 한다.

- 보고되는 버그가 특정 심각도와 우선순위를 가져야 하는가? 그렇다면 심각도와 우선순위를 정하는 기준은 무엇인가?

- 기능에 대한 버그 개수를 유저 인터페이스를 통해 드러나는 표면적인 버그 개수와 동일한 수준으로 취급할 것인가?

- 요구 사항에 맞지 않거나 성능에 문제가 있는 심각한 이슈(데이터 손실이나 메모리 누수)를 추적하기 위해 시간(하루나 그 이상)을 투자할 것인가? 그렇다면 이런 문제 해결을 위해 개발자를 지원하면서 협업하기 위한 팀 정책은 무엇인가?

- 버그의 품질이 하나의 요소인가? 그렇다면 버그의 품질을 위한 요소는 어떻게 결정하는가? 또한 팀의 평균은 무엇인가? 달성하려는 목표가 평균치인가? 어떤 품질 요소가 목표로 했던 기대치를 넘어서는가?

- 측정한 주기별로 최소의 버그 수는 몇 개인가? 기대치를 초과 달성하기 위해 테스터가 찾아내야 할 버그의 수는 몇 개인가?

테스터가 많은 수의 버그를 찾아낸다면 일을 잘 한다고 할 수도 있지만 개발자의 코딩 실수가 많다고 할 수도 있다. 반대로 테스터가 찾아낸 버그의 수가 적다면 그것은 테스터가 일을 잘 못함을 의미할 수도 있지만 오히려 복잡한 코드를 테스트하느라 찾아낸 버그의 수가 적을 수도 있다. 테스터별로 찾아낸 버그의 수를 측정하는 것은 단지 추가적인 검토가 필요한 부분을 파악하는 데만 사용하는 것이 좋다. 예를 들어 찾아낸 버그의 수가 적은 테스터가 있다면 담당하는 기능 영역을 살펴보고 그 원인을 찾아본다. 사용자가(고객, 개발자, 베타 사용자) 이미 테스트된 영역에서 버그를 찾아낸다면 테스트 기간 동안 적은 수의 버그 발견이 문제가 될 수도 있다. 그리고 수행한 (테스트 케이스나 코드 커버리지 정보에 의해 측정된) 테스트의 수가 적다면 역시 왜 버그의 수가 적은지 조사해 볼 가치가 있다. 그렇지만 해당 영역이 문제없이 테스트되고 있고, 실제로 버그가 별로 없다고 밝혀진다면 그 영역을 테스트했던 테스터를 탓할 수는 없다.

> **버그 메트릭 이야기**
>
> 내가 처음 마이크로소프트에 입사했을 당시에는 개인별 버그 할당량이 있었다. 모든 테스터는 매주 10개씩의 버그를 찾아내야 했다. 처음에는 그것이 이치에 맞는 것 같았고, 물론 나도 열심히 버그를 찾아냈다. 다른 마이크로소프트 직원들처럼 내게 주어진 것보다 좀 더 많은 일을 해내고 싶었고, 그래서 매주 적어도 12~13개의 버그를 보고했다.
>
> 다행히도 내가 테스트하는 영역은 많은 수정이 진행되고 있었고, 주어진 버그 할당량을 채우는 데는 별 문제가 없었다. 사실 어떤 주에는 20개가 넘는 버그를 찾아내기도 했다! 하지만 너무 많은 버그를 찾아낸 것도 걱정됐고, 다음 주에 내 할당량에 못 미치면 어쩌나 하는 걱정에 그 중 13개의 버그만 보고하고 나머지는 다음 주를 위해 남겨두곤 했다.
>
> 이것이 부여한 할당량만큼만 얻게 되는 전형적인 경우다. 내 상사는 매주 10개씩의 버그를 원했고, 나는 더 많은 버그를 찾아낸 경우에도 할당량만큼만 보고했다. 버그 수를 개인 성과로 사용하려는 시도는 많이 봐왔지만 이런 사례처럼 사실 거의 효과를 보지 못한다.

● 버그 바

마이크로소프트에서 인기를 얻고 있는 프로세스 중 하나는 버그 바(Bug Bar) 개념이다. 간단하게 말하자면 버그 바는 개발자에게 할당하는 버그의 수에 제한을 두는 것이다. 개발자에게 할당되는 버그의 수가 제한된 수를 넘어가면 개발자는 기능 개발 작업을 멈추고 버그 수정 작업에 몰두해야 한다. 그리고 규칙에 따라 개발자는 할당받은 버그의 수를 0으로 만들거나 정해진 숫자 이하로 떨어뜨려야 한다. 버그 바를 올바르게 사용하면 효과적인 개발 툴이 될 수 있다. 하지만 개개인의 성과를 측정하는 데 사용한다면 오용될 여지가 있다. 염치없는 개발자는 테스터에게 이제부터 버그는 시스템을 통하지 않고 이메일로 처리하라고 요청할 수도 있고, 좀 더 용감한 개발자는 자신에게 할당된 버그의 수를 줄이기 위해 자기 버그를 줄여달라고 요청할 수도 있다. 사람을 측정하기 시작하면 버그 바에 의한 변화가 목표에 맞는지는 상관하지 않고 단지 측정한 결과만 보게 된다.

> **두 개발자 버그 수정 이야기**
>
> 랍과 커크는 같은 제품을 개발하는 팀에서 근무하는 개발자다. 그들이 속한 팀은 버그 바(개발자에게 할당된 제품 버그가 10개가 넘으면 기능 개발 작업은 중단하고 할당된 버그를 모두 수정해야 하는 규칙)의 규칙이 있다.
>
> 랍은 버그 바로 인해 그의 개발 작업이 늦춰질 것을 걱정했다. 그는 기능 개발 작업을 먼저 끝내고 버그는 모두 한꺼번에 수정하는 것을 더 선호했기 때문이다. 하지만 버그 바가 전반적인 버그의 수를 줄이는 데 도움이 될 것이라는 데는 동의했다. 개발이 진행되자 랍은 그가 담당한 기능을 빠르게 작성했다. 그의 코드에서 몇 개의 버그가 발견됐지만 한창 몰두해서 개발을 진행 중이었고, 그에게 할당된 버그는 6개밖에 없었으므로, 개발 작업을 계속 진행했다. 일주일 후, 랍이 그의 마지막 기능을 끝내기 바로 직전 상사가 와서 그에게 할당된 버그가 12개임을 상기시켰다. 그리고 기능 개발 작업을 멈추고 버그를 수정하라고 요청했다. 랍은 개발 작업을 중단해야 한다는 사실에 좌절했고 대부분의 버그가 발견된 코드가 거의 한 달 전에 개발된 것임을 알았을 때는 더욱 좌절했다. 버그를 수정하기 이전에 자신이 개발했던 코드가 어떻게 동작하는지부터 다시 검토해야 했기 때문이다.

> 커크도 마찬가지로 버그 바가 그의 개발 작업을 방해할 것을 걱정했다. 하지만 한 번 시도는 해보기로 마음먹었다. 커크도 코딩을 시작했고 처음 코드를 체크인하고 얼마 지나지 않아 2개의 버그가 발견됐다. 그는 버그의 수가 10개가 되기까지 기다리지 않았다. 개발 작업을 잠시 멈추고 버그가 즉시 수정이 가능한지를 검토했다. 버그가 발생한 코드가 바로 며칠 전에 작성한 것이어서 버그를 수정하는 것은 생각보다 쉬웠다. 그는 개발을 하면서 할당받은 버그를 수정하는 작업을 병행했다. 그는 버그가 발생한 시점 가까이에서 이를 수정하는 것이 나중에 수정하는 것보다 더 쉽다는 사실을 깨달았다. 또한 버그를 일찍 수정할수록 시간이 가면서 더 나은 코드를 작성하는 데 도움이 된다는 사실도 깨달았다(한 번 한 실수는 다시 반복하는 경우가 거의 없었기 때문이다). 개발과 버그 수정을 병행하는 방법으로 인해 커크는 팀 내에서 가장 생산적이고 존경받는 개발자가 됐다.

어떤 팀에서는 특정 시기에 등록되는 버그의 총 숫자에 제한을 두는 프로세스로서 버그 바를 사용한다. 예를 들어 한 팀에 20명의 개발자가 있고 버그 바는 개발자당 10개씩이라고 한다면 이론적으로는 한 번에 200개 이상의 버그가 등록될 수 없다. 현실에서는 이 이론이 맞을 수도 있고 틀릴 수도 있다. 하지만 전체 버그의 수를 줄여나가는 것이 버그 바의 의도는 아니다. 개발자당 버그의 수를 제한하려는 의도는 버그가 발생된 가까운 시점에서 개발자가 버그를 수정하게 유도하기 위한 것이다. 앞서 든 예와 같이 커크는 그 개념을 이해했고, 랍은 그렇지 못했다. 이 문제를 해결하기 위한 하나의 방법은 버그 제한 수를 낮추는 것이다(별로 좋은 방법은 아니지만). 버그 제한 수가 5개였다면 랍은 버그를 더 빨리 수정해야만 한다. 하지만 더 좋은 방법은 버그의 수를 제한하는 의도와 목적을 전체 팀과 공유하는 것이다.

물론 버그를 제한하는 의도가 버그를 발생시킨 코드가 작성된 시점에서 가장 가까운 시기에 버그를 수정하기 위함이라면 버그도 역시 코드가 작성된 시점에서부터 최단 시기에 발견돼야 한다. 즉, 테스트 팀이 기능 개발의 시작 단계부터 투입돼야 한다. 일찍 버그를 발견하는 사람이 없다면 일찍 버그를 수정할 수 있는 사람도 없다.

마이크로소프트에서의 전형적인 버그

마이크로소프트에서는 해마다 수백만 개의 이슈를 버그 추적 시스템에 등록한다. 등록된 버그의 대부분이 제품에 관한 버그이긴 하지만 작업 항목이나 다른 데이터베이스에 등록된 중복된 버그, 테스트 툴 자체의 버그와 테스트 코드의 버그 등도 등록된 버그의 양을 늘리는 데 한 몫을 한다. 하지만 완전히 다른 카테고리에 속하는 이슈를 해마다 몇 개씩은 등록한다. 그 예는 다음과 같다.

버그 번호 65889: 새로 나온 2% 우유용기의 상태가 좋지 않습니다. 제대로 열리지 않습니다.
작성자: …

새로 나온 2% 우유용기의 상태가 좋지 않습니다. 제대로 열리지 않습니다. 예전 디자인에서 퇴보된 것처럼 보입니다. 35번 빌딩도 같은 이슈가 있습니다.

하루에 2-3번은 발생하기 때문에 이 이슈는 우선순위1, 심각도1 버그로 분류됩니다.

마이크로소프트 구내 식당의 답변

새로 나온 우유에 대해 알려주셔서 감사합니다. 우유용기를 열기 힘든 이유는 우유 공급자가 파인트[2] 사이즈의 우유를 생산하기 위해 새로운 장비를 들여놨기 때문입니다. 현재 우유용기가 너무 강하게 접착되지 않게 길들이는 작업 중에 있습니다. 질문 주셔서 감사합니다. 추가 정보가 필요하면 연락 주시기 바랍니다.

대안
1. 우유 대신 물을 마신다.
2. 젖소를 한 마리 산다.
3. 엘리베이터 문을 사용해 우유용기를 연다.
4. 우유를 얼려서 용기가 찢어지게 한 다음 다시 해동한다.
5. 상사에게 우유가 없어서 일을 못하겠다고 말하고 상사가 문제를 해결하게 한다.

같은 문제가 새매미쉬(Sammamish)[3] 캠퍼스에서도 보고됐습니다. 도움이 될 만한 대안으로는 여기서 대략 1.35마일 떨어진 곳에 있는 가게에서 아주 잘 열리는 뚜껑을 가진 쿼트[4] 사이즈의 2% 우유를 팔고 있다는 것입니다. 단점은 한 사람이 한 번에 소비하기에는 너무 많은 양이 담겨있다는 점입니다. 이를 위한 대안으로는 우유를 같이 소비하고자 하는 두세 명의 사람을 찾아보는 것입니다.

---

2. 액량·건량(乾量)의 단위. 0.5쿼트(미국 0.47l, 영국 0.57l) – 옮긴이
3. 미국 워싱턴 주에 위치한 도시 – 옮긴이
4. 액량(液量) 단위(1/4갤론, 2파인트) – 옮긴이

하지만 이 대안이 버그의 심각도를 낮출 수 있을지는 의문입니다. 다음과 같은 단점 때문입니다.

(1) 대안이 되는 곳의 지리적 위치가 직원 식당의 냉장고보다 훨씬 더 불편하다.
(2) 효과적인 소비를 위해서는 자원 공유가 필요하다.

우유 공급자가 전한 마지막 정보로는, 수정 사항을 빠른 시일 안에 릴리스하기는 어렵다고 합니다. 새로운 수정 사항을 위해서는 광범위한 테스팅이 필요하기 때문입니다. 테스터는 패치를 배포하는 것을 승인하지 않았는데, 아직 일부만 테스트했고 전체 리그레션 테스트는 수행하기 전이기 때문입니다. 현재 단지 3명의 테스터가 해당 컴포넌트 테스트에 투입됐고, 그들이 하루에 마실 수 있는 우유는 8개뿐이라고 합니다. 테스트 팀은 용기 열기 테스트를 더 진행해야 하지만 시음 테스팅과 우유 흐름 테스팅, 용기 압력 테스트가 여전히 남아있는 상태입니다. 게다가 용기가 덜 강하게 접착되므로 스트레스 테스트를 통해 용기 파손 상황을 관찰해야 합니다.

테스트는 3-4주가 더 걸릴 예정입니다.

버그 번호 68646: 사랑의 버그

앤,

1년 전에 당신은 윈도우 95의 문제 하나를 발견했고 내 상사와 일하게 됐습니다. 제품 부서는 나를 보내 그 문제가 윈도우 98과 관련이 있는지 확인하게 했었어요. 당신은 호출 데이터를 알려주고 여러 가지 제안을 하면서 문제를 파악할 수 있게 도움을 줬었죠. 그 때는 알지 못했지만 당신은 그보다 더 많은 것을 내게 주었어요. 당신은 내게 삶의 의미를 줬습니다. 나를 웃게 하고 나를 울게 하고 마당에 잡초도 뽑게 했죠. 내가 당신과 사랑에 빠진 걸 당신도 알고 있을 거예요. 당신의 모든 것을 사랑합니다. 당신 없이는 살수가 없어요.

이렇게 프로포즈하는 게 낭만적이지 않은 것은 알지만 당신이 내 아내가 돼 내 편생을 당신과 보낼 수 있다면 영원히 행복할 거예요.

나와 결혼해 줄래요?

재연 단계
1. 결혼한다.
2. 아이를 갖는다.

거절할 수가 없네요.
좋아요!
당신이 내게 이렇게 프로포즈를 하다니 실감이 나지가 않아요!

> 일반적으로 버그는 무언가 잘못 진행되고 있다는 괴로운 소식이다. 하지만 이렇게 가벼운 주제의 버그 리포트는 소프트웨어 개발이나 삶에는 일이나 실패 외에도 더욱 의미 있는 일이 있다는 사실을 알려주는 즐거운 소식이 되기도 한다.

:: 테스트 케이스 관리

버그는 제품 개발 과정에서 다양한 경우에 의해 발견된다. 하지만 문서화된 테스트 케이스를 기반으로 한 정해진 테스트 실행이 소프트웨어에 내재돼 있는 버그의 대다수를 찾아낸다. 마이크로소프트에서는 제일 규모가 작은 프로젝트라 하더라도 수천 개의 테스트 케이스를 가지고 있다. 규모가 더 큰 제품들은 일반적으로 수십만 개 이상의 테스트 케이스를 갖는다. 이런 광대한 수의 테스트 케이스를 저장하고 체계화하려면 테스트 케이스 관리 시스템이 필수다.

테스트 케이스 매니저(TCM, Test Case Manager)는 테스트 케이스를 정의하고, 버전을 매기고, 저장하고, 수행하는 시스템이다. TCM은 버그 관리 시스템과 상당히 유사하다. 테스트 케이스와 버그 사이의 이런 유사점으로 인해 두 가지 주제를 9장에서 함께 다뤘다. 그리고 마이크로소프트에서 버그 추적 시스템으로 사용하는 프로덕트 스튜디오와 비주얼 스튜디오 팀 시스템이 버그와 테스트 케이스를 같은 시스템에서 관리하고 있기도 하다. 이 시스템은 테스트 케이스와 버그, 기능 영역을 연동할 수 있는 장점이 있다. 모든 팀에서 수많은 사람이 끊임없이 TCM을 사용하므로 쉬운 사용법과 설정의 용이성, 신뢰성 등이 버그 추적 시스템에서만큼이나 중요하다.

● 테스트 케이스란?

테스트 케이스는 특정 소프트웨어 컴포넌트와 그 예상 결과를 검증하는 상세한 액션을 기술한다. 컴포넌트는 애플리케이션 프로그래밍 인터페이스(API)나 유저 인터페이스(UI)의 컨트롤이나 디바이스 드라이버의 포트 핸들러처럼 작을 수도 있고, 여러 개의 컴퓨터와 애플리케이션이 함께 동작하는 소프트웨어 시스템처럼 규모가 큰 경우도 있다.

테스트 케이스는 수동 테스트 케이스처럼 테스트 단계와 예상 결과의 모임일 수도 있고, 자동화된 테스트 케이스처럼 소프트웨어 명령어 모음일 수도 있다. 자동화된 테스트 케이스는 테스트 결과가 통과인지 실패인지를 스스로 판별할 수 있어야 한다. 그림 9-5는 테스트 케이스 관리 양식의 간단한 예를 보여준다.

테스트 케이스 번호: 0000			
영역: 간결한 테스트 케이스 제목			
영역		하위 영역	
우선순위	테스트 종류	주기	테스트 시간(분)
1	기능성	빌드 시마다	2
설명			
테스트 목적: 초기 조건과 배경: 단계: 1. 2. 3. 4. 예상 결과: 참고:			

그림 9-5 테스트 케이스 템플릿의 예

대부분의 TCM 시스템은 웹 기반 애플리케이션이거나 스탠드얼론 애플리케이션, 혹은 두 가지 모두 지원한다. 비주얼 스튜디오 팀 시스템 테스트 에디션(Visual Studio Team System Test Edition)은 테스트 케이스를 생성하고 리포트를 작성할 수 있는 TCM을 포함한다.

그림 9-6은 생성된 테스트 케이스를 보여준다.

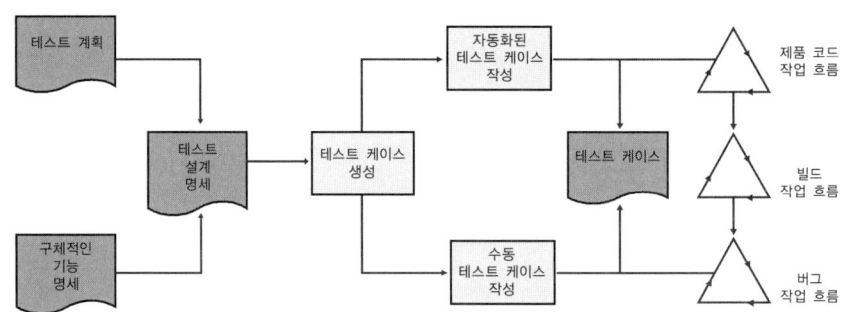

그림 9-6 비주얼 스튜디오 팀 시스템에서의 테스트 케이스 관리

● 테스트 케이스의 가치

테스트 케이스는 상세한 테스트 수행 방법을 기록한 공식적인 문서나 기록이다. 일부 테스트 관련 참조 문헌에서는 테스트 케이스의 목적이 버그를 찾아내기 위한 것이라고 정의하기도 하지만 테스트 케이스는 버그를 찾아내는 것 이상으로 유용하다. 테스트 케이스를 통해 프로그램의 기능이 맞게 동작하는지, 오류를 제대로 처리하는지 확인할 수 있다. 또한 코드 커버리지를 높이거나 잘 사용되지 않는 경로를 상세하게 테스트할 수 있다.

문서화된 테스트 케이스의 가치는 마이크로소프트 내에서도 그렇지만 소프트웨어 업계의 테스터들 사이에서 심심찮게 논쟁의 대상이 된다. 테스트 케이스를 문서화할 것인지 결정하려면 여러 가지 사항을 고려해야 한다. 테스트 케이스를 문서화할 때의 장점은 다음과 같다.

- **이력 참조** 테스트 케이스는 제품 릴리스 후에도 사용한다. 유지 보수 팀과 나중에 제품 버전을 담당하는 담당자는 무슨 내용이 어떻게 테스트

됐는지를 이해하기 위해 테스트 케이스를 자주 참조한다. 장기적인 지원이나 리비전이 제품의 전략에 포함된다면 문서화된 테스트 케이스와 테스트 케이스를 저장하는 체계적인 시스템은 반드시 필요하다.

- **테스트 진행 상황 추적** 테스트 케이스를 문서화하면 수행한 테스트 케이스의 개수, 통과하거나 실패한 테스트의 수, 특정 범위별 테스트 케이스의 개수 등의 추가적인 정보를 추적할 수 있다.

- **반복성** 잘 작성된 테스트 케이스는 누구나 수행할 수 있으며, 이는 자동화된 테스트 케이스와 수동 테스트 케이스 모두에 적용된다. 같은 테스트를 정확하게 반복할 수 있는 능력은 리그레션 테스트나 테스트 단계를 재연하기 위한 필수 요건이다.

테스트 케이스를 작성할 때의 단점은 다음과 같다.

- **작성 시간** 테스트 케이스 작성 시간이 테스트 수행 시간보다 오래 걸린다면 테스트 케이스 작성이 의미 없을 수도 있다. 하나의 환경에서 몇 번만 수행되고 말 테스트라면 테스트 케이스를 문서화할 필요가 없다.

- **기능 변경에 따른 테스트 케이스 변경** 기능을 자주 변경한다면 테스트 케이스를 작성하는 시간은 점점 늘어나서 나중에는 통제할 수 없게 된다. 변경이 잦은 기능에 대해 테스트 케이스를 작성하는 것은 의미가 없을 수도 있다. 이런 경우는 유저 인터페이스 컴포넌트에 대한 테스트 케이스를 작성할 때 자주 발생한다.

- **독자의 배경 지식 판단의 어려움** 테스트 케이스를 작성하는 사람은 테스트하는 기능을 잘 알고 있으므로 테스트 케이스에 전문 용어나 약어를 실수로 흔히 사용한다. 하지만 나중에 테스트를 수행하는 사람들은 이런 테스트 케이스를 이해하지 못할 수 있다. 이런 경우 테스트 케이스의 정확한 반복 수행이 어렵게 되고 결국 좋은 테스트 케이스가 되지 못한다.

일반적으로 테스트 케이스는 테스트 케이스 관리 툴(TCM)을 사용해 작성하고, 마이크로소프트의 대부분 팀은 거의 모든 테스트 케이스를 TCM에 기록한다. 하지만 테스트 케이스가 모든 테스팅 활동을 정의하지 않음에 유념해야 한다. 버그 배쉬(Bug Bashes) 같은 활동(테스트 케이스로 발견되지 않은 버그를 찾기 위해 하나의 팀에서 몇 시간이나 며칠씩 테스트하는 대신 모든 팀이 기능이나 애플리케이션을 사용해 결함을 찾는 데 주력하는 활동)은 마이크로소프트에서 흔한 일이다. 수많은 팀이 고객의 사용 시나리오에 전적으로 참여하고 테스트하는 시간은 제품 주기의 일부다. 예를 들어 비주얼 스튜디오 팀은 통상적인 업무 외에도 모든 팀이 비주얼 스튜디오 개발 환경 툴을 사용해 다양한 애플리케이션을 생성하고 빌드해보도록 지원하는 데 주력한다.

● 테스트 케이스 구조

좋은 테스트 케이스와 부실한 테스트 케이스의 차이는 여러 가지 요인에 의해 생긴다. 그 중 몇 가지는 다음과 같다.

- **목적** 해당 테스트 케이스가 중요한 이유가 무엇인지, 무엇을 해야 하는지를 결정한다. 테스트 케이스에 목적을 설정함으로써 구체적인 기능과 오류 핸들링, 구체적인 상황, 다른 구체적인 목적 등을 검증할 수 있다.

- **조건** 환경의 어떤 측면이 중요하고 중요하지 않은지를 확실하게 명시한다. 특정 하드웨어나 특정 운영체제에서 테스트가 필요한지, 테스트를 위해 다른 소프트웨어가 필요한지, 추가적인 조건들이 필요한지 등을 확인한다.

- **특정 입력 값과 단계** 테스트 케이스를 정확하고 반복적으로 수행하기 위해 필요한 모든 단계를 기술한다.

- **예상 결과** 누가 수행하더라도 테스트가 통과했는지, 실패인지를 알 수 있는 기대되는 결과 정보를 제공한다.

테스트 케이스는 언제 어디서 어떻게 수행되는지에 대한 속성 정보를 갖는다. 다음 항목은 그 중 일부다.

- **테스트 빈도** 테스트 유형으로도 불린다. 예를 들어 빌드 검증 테스트

(BVT, Build Verification Test), 일과 후 테스트(테스트 패스(실행 기간)[5] 동안 매일 밤새 수행되는 테스트), 내부 주기마다 적어도 한 번은 수행하게 돼 있는 마일스톤 테스트 등이 있다. 일부 테스트 케이스 관리 시스템은 이런 테스트 유형을 이름별로 목록을 만드는 반면, 테스트가 수행돼야 하는 빈도를 알리기 위해 우선순위를 부여하는 시스템도 있다.

- **설정** 테스트 케이스가 수행될 대상 소프트웨어의 설정을 가리킨다. 예를 들어 어떤 테스트 케이스의 속성은 PC 버전에서만 수행돼야 하는 반면 다른 테스트 케이스는 추가적으로 지원되는 다른 운영체제에서 모두 수행돼야 할 수도 있다.

- **자동화** 자동화 속성은 테스트의 자동화 수준에 따라 달라진다. 즉, 테스트가 모두 자동화됐는지, 부분적으로 자동화됐는지, 전부 수동 테스트인지에 따라서 달라진다. 자동화 설정은 일반적으로 다음과 같다.

  - **수동** 테스터가 테스트 케이스의 모든 단계를 수행하고 결과를 TCM에 기록한다.

  - **일부 자동** 테스트는 자동으로 수행되지만 테스터에 의해 일부 설정 등의 액션이 필요한 경우다. 예를 들어 네트워크 테스트의 경우에 테스터가 네트워크 토폴로지(Topology)를 수동으로 설정하고, 실제 테스트 케이스는 자동화해 수행할 수 있다.

  - **자동** 자동화된 테스트는 테스터가 관여할 필요가 없다. 테스트 설정과 수행, TCM에 결과를 기록하는 과정이 모두 자동화돼 있는 경우다.

● 테스트 케이스 작성 시의 실수

좋은 테스트 케이스 작성은 어려운 작업이다. 단 하나의 실수가 테스트 케이스의 의도를 망쳐버릴 수도 있다. 다음은 문제가 발생하는 경우 중 일부다.

---

5. 테스트 패스(test pass)는 테스트 런(test run)의 집합이고, 테스트 런은 테스트 스위트(test suite)의 집합이다.

- **단계의 누락** 급하게 작성된 테스트 케이스나 단계를 추정해 작성한 테스트 케이스는 정확하게 반복해 수행할 수 없다.

- **너무 장황한 설명** 물론 상세하고 충분한 정보를 제공하는 것은 중요하다. 하지만 불필요한 단어나 너무 긴 설명은 테스트 케이스를 따라가기 어렵게 만든다. 테스트 케이스를 정확하게 수행할 수 있는 만큼의 정보만 포함한다.

- **난무한 전문 용어** 테스트 케이스를 수행하는 모든 사람(제품 지원 팀과 유지보수 팀을 포함해)이 약어나 코드 이름, 줄임말 등을 알고 있다는 단정은 금물이다. 테스트 케이스가 제품의 생명주기 동안 값어치 있게 쓰일 수 있게 모든 용어를 풀어서 작성한다.

- **분명하지 않은 통과/실패 기준** 테스트 수행 후 테스트 결과가 통과인지, 실패인지를 알 수 없다면 그 테스트 케이스는 쓸모없다.

테스트 케이스 예제

부실한 테스트 케이스의 예

제목: 암호화된 메시지 확인
단계:
1. v3 인증서(v3 certificate)를 받는다.
2. 암호화된 메시지를 보낸다.
3. 0 RSA/DH 락박스(lockbox)[6]로 메시지를 생성해 보낸다.
4. 1 RSA/DH 락박스로 메시지를 생성해 보낸다.
5. 2 RSA/DH 락박스로 메시지를 생성해 보낸다.

확인:
- 모든 메시지가 정상적으로 동작한다.
- 인증 서버가 올바른 인증서를 생성한다.
- 암호화되지 않은 텍스트와 BLOB(Binary Large Object)가 정상적으로 전송된다.

---

6. RMS(Rights Management Service) 클라이언트 기술 중 하나로, 컴퓨터의 개인 키와 이와 일치하는 인증서가 들어 있으며, 이 인증서에는 컴퓨터의 공개 키가 들어있다 - 옮긴이

잘 작성된 테스트 케이스의 예

제목: v3 인증서를 설정한 일반 텍스트

목표:
　암호화되지 않은 텍스트 메시지를 v3 인증서로 암호화해 전송한 후, 받는 사람이 메시지를 열어서 읽을 수 있는지를 확인한다.

설정/전제 조건
　크립토 오버뷰(Crypto Overview)와 v3(Diffie-Hellman) 인증서 설정
　마이크로소프트 익스체인지 서버(Microsoft Exchange Server) 메일 계정에 사용자1과 사용자2 생성

단계:
1. 사용자1이 마이크로소프트 오피스 아웃룩(Microsoft Office Outlook)을 실행한다.
2. '도구' 메뉴에서 '옵션'을 클릭한 후 '보안' 탭을 클릭한다.
3. '서명한 메시지를 보낼 때는 일반 텍스트로 서명한 메시지 보내기'가 선택돼 있는지 확인한다.
4. v3 인증서를 설정한다.
5. '확인' 버튼을 클릭한다.
6. 새 메시지 창을 열어, 제목을 'foo'로, 내용을 'bar'로 입력한다.
7. 사용자2의 주소를 입력하고 메시지를 전송한다.
8. 다른 컴퓨터에서 사용자2의 계정으로 아웃룩을 실행한다.

확인:
　□ 암호화된 메시지가 받은 편지함에 도착하고, 사용자2가 메시지를 열 수 있다.
　□ 메시지 제목과 내용이 각각 'foo'와 'bar'임을 확인한다.

각 수행 단계를 순서대로 번호를 매겨 작성하는 것이 제일 좋은 방법이다.

테스트 케이스 관리하기

제품이 커지고 복잡해지면서 테스트 케이스의 수는 급속도로 늘어난다. 시간이 흐르면서 추가 기능들이 개발되고 제품이 지원하는 소프트웨어나 하드웨어 플랫폼이 늘어남에 따라 실행하고 추적해야 하는 테스트 케이스도 기하급수적으로 늘어난다. 결국은 통합된 테스트 케이스 관리 시스템을 통하지 않고는 광대한 수의 테스트 케이스를 추적할 수 없게 된다.

TCM 시스템은 버그 추적 시스템과 상당히 유사하다. 마이크로소프트의 버그 추적 시스템(프로덕트 스튜디오와 비주얼 스튜디오 팀 시스템)은 버그 추적 기능과 테스트 케이스 관리 기능을 모두 지원한다. 또한 두 시스템은 유저 인터페이스와 프로그램 구조의 많은 부분을 공유한다. 이렇게 통합된 시스템은 몇 가지 장점이 있다. 예를 들어 테스트 케이스와 이를 수행하다 발견한 버그를 연동할 수 있고, 리포트의 버그 재연 단계는 테스트 케이스의 실행 순서를 담은 '단계'와 바로 연동되거나 쉽게 다른 형태로 추출될 수 있다. 게다가 비주얼 스튜디오 팀 시스템에서는 테스트 케이스를 바로 기능 요구 사항과 연동할 수 있다. 이 같이 기능 요구 사항과 테스트 케이스, 버그를 연동함으로써 다른 사항들도 파악할 수 있다. 예를 들어 요구 사항별 테스트 케이스의 개수나 테스트 케이스가 없는 요구 사항, 버그와 요구 사항의 대응 관계 등을 파악할 수 있다.

● 케이스와 포인트: 테스트 케이스 수 세기

테스트 케이스는 기능을 검증하거나 오류가 올바르게 처리됐는지를 확인하거나 그 외 다른 속성(성능, 신뢰성 등)을 확인하는 특정한 액션의 목록이다. 음악 파일을 실행할 때의 간단한 테스트 케이스는 다음과 같을 것이다. tada.wav 파일을 연다. 재생 버튼을 누른다. 재생이 되는지 확인한다. 하지만 이것은 간단한 케이스에 불과하다. 32비트와 64비트 시스템에서 테스트가 수행돼야 할 수도 있다. 또한 여러 가지 오디오 칩셋군에서 테스트가 필요할 수도 있다. 개발 상황에 따라 다국어 환경에서 테스트가 수행돼야 할 수도 있다.

이 시점에서 많은 테스터는 이런 여러 가지 경우를 하나의 테스트 케이스로 간주해야 하는지, 여러 개의 독립적인 테스트 케이스로 간주해야 하는지 혼란스러울 것이다. 마이크로소프트 안팎의 테스터들도 마찬가지로 이런 상황에 직면한다. 마이크로소프트에서는 점차 테스트 포인트(Test Point)라는 용어가 많이 사용되고 있다. 테스트 케이스가 테스팅을 수행하기 위한 단계들로 구성된 하나의 독립적인 인스턴스라고 한다면 테스트 포인트는 특정 환경에서 사용되는 테스트 케이스가 모인 인스턴스의 집합이라 할 수 있다. 테스트 포인트 결과는 테스트 케이스의 어떤 변경 없이도 테스팅 매트릭스를 구성해 비교하거나 이전 테스트 성공 결과와 비교할 수 있다. 예를 들어 윈도우 CE 팀에서 다른 하드웨어 플랫폼과 운영체제의 설정을 여러 가지로 변경해 테스트를 수행하는 경우 테스트 케이스는 몇 십만 개이지만 테스트 포인트는 백만 개가 넘게 된다. 테스트를 위의 경우처럼 달리 구분함으로써 테스트 케이스가 모든 환경에서 실패하는지 특정 설정이나 플랫폼에서만 실패하는지를 빨리 판단할 수 있다. 다음은 알아두면 좋은 테스팅 용어들이다.

- **테스트 케이스**(test case) 테스트 수행을 위한 계획이다.

- **테스트 포인트**(test point) 테스트 케이스와 실행 환경의 조합이다.

- **테스트 스위트**(test suite) 관련된 테스트 케이스와 테스트 포인트의 집합이다. 테스트 스위트는 테스트된 기능성의 단위로, 주로 컴포넌트나 기능으로 제한한다.

- **테스트 런**(test run) 테스트 스위트의 집합이다. 주로 한 종류의 하드웨어나 소프트웨어를 위한 테스트의 집합이 된다.

- **테스트 패스**(test pass) 테스트 런의 집합. 여러 하드웨어와 소프트웨어 설정으로 범위가 넓어진다. 특정 체크 포인트나 릴리스 계획에 의해 범위가 정해진다.

> **마이크로소프트의 테스트 케이스 관리 해결 방안**
>
> 마이크로소프트에서 처음 사용한 TCM은 마이크로소프트 오피스 엑셀이었다. 마이크로소프트에 처음 입사한 날, 상사는 엑셀로 된 테스트 케이스 문서를 바로 출력해 내게 건넸다. 시간이 흐르면서 스프레드시트 기반의 시스템을 수정하고 확장했고, 이를 사용하는 데 큰 지장은 없었다. 지나고 나서 보니, 그때의 방법은 비효율적이고, 부적절한 것이었다. 누군가 다른 사람이 그 당시 우리가 만들었던 테스트 케이스를 수행할 수 있었는지(혹은 테스트 케이스를 찾아볼 수 있었는지) 의구심이 든다. 테스트 매트릭스에 변경된 설정 정보를 추가하게 되는 경우에는 관련된 테스트 케이스 문서를 새로운 엑셀 문서로 복사해 사용했다.
>
> 고맙게도 오늘날 마이크로소프트에서 사용 중인 TCM은 훨씬 훌륭하다. 하지만 현재 마이크로소프트에서 사용 중인 TCM 시스템은 또 다른 문제를 안고 있다. 그것은 TCM 시스템의 수가 너무 많다는 것이다. 사내의 웹 사이트에서 'TCM'으로 검색하면 22개의 결과가 나타난다. 내가 기억하기로는 윈도우를 위한 TCM 시스템만 하더라도 적어도 6개나 존재했다. 대부분의 테스트 팀은 비주얼 스튜디오 팀이 사용하는 TCM 툴로의 마이그레이션을 시작했지만 주요 제품군인 윈도우와 오피스, 디벨로퍼(Developer)는 각 TCM 시스템을 따로 가지고 있다. 8000명의 테스터가 있는 회사에서는 사용하는 툴이 급격히 늘어날 수밖에 없다. 하지만 여러 개의 테스트 관리 시스템은 다른 문제를 야기한다. 예를 들어 윈도우 팀이 새로운 운영체제 버전에 설치된 오피스에서 애플리케이션 호환성 테스트를 하려는 경우를 가정해보자. 이 경우 전사 표준의 TCM 시스템이 없다면 다른 TCM의 테스트 케이스를 현재 사용 중인 TCM으로 복사해 이를 수행해야 하는 어려움이 있다.
>
> 이런 상황은 급속도로 개선되고 있다. 윈도우 팀은 현재 하나의 TCM을 사용한다. 새로운 팀은 새로운 TCM 시스템을 만드는 대신, 기존에 있던 내부 시스템을 사용하거나 비주얼 스튜디오 팀 시스템을 사용한다.

● 테스트 결과 추적과 해석

TCM 시스템의 장점은 수행한 테스트 케이스 수, 테스트 통과나 실패율처럼 관련된 매트릭 등을 추적할 수 있다는 점이다. TCM에서는 테스트를 테스트 패스로 분류할 수 있다. 즉, 매일, 매주, 특정 버전이나 특정 빌드에 대해 수행돼야 하는 테스트를 각기 집합으로 만들어 수행할 수 있는 것이다. TCM이 버그 추적 시스템과 연동되면 각 테스트 패스에서 발견된 버그 수와 버그 추적 시스템에서 수정된 것으로 표기된 버그가 정말로 수정됐는지 알 수 있다.

많은 테스터와 테스트 관리자는 메트릭을 먼저 조사하고 그 후 해당 메트릭이 어떤 의미를 가지는지 알아내려고 하는 우를 범한다. 버그 메트릭을 조사할 때와 마찬가지로 테스트 케이스 메트릭을 조사할 때도 어떤 질문에 답하려고 하는 것인지를 먼저 고려해야 한다. 일반적으로 사용되는 메트릭의 사용법은 표 9-6과 같다.

메트릭	사용법
통과율	가장 많이 사용하는 테스트 케이스 메트릭이다. 통과한 테스트와 실패한 테스트 수의 비율을 나타낸다. 테스트 케이스 단위보다 테스트 포인트 단위에서 사용하는 것이 일반적이다.
통과/실패 수	테스트 케이스가 엄청나게 많은 시스템에서는 이 메트릭이 더 효과적일 수 있다. 예를 들어 99%의 테스트 통과율은 상당히 드물게 여겨진다. 하지만 백만 개의 테스트 포인트(테스트 케이스 * 설정 개수)가 있는 시스템에서 99%의 통과율은 10,000개의 실패가 발생했다는 의미다. 이렇게 많은 수의 테스트 포인트를 가지는 경우가 마이크로소프트에서는 흔한 일이다.
테스트 케이스 수/계획된 테스트 케이스 수	계획한 테스트 케이스가 제품 생명 주기에 걸쳐 구현된다면 이 메트릭으로 진행 상태를 파악할 수 있다.
자동화 비율	수동 테스트와 자동화된 테스트의 비율을 파악하는 것은 흥미로운 일이다. 특정 영역이나 전체 제품에 대해 자동화된 테스트를 늘려가는 것이 목적인 팀도 있다. 이 메트릭은 남용될 수도 있다. 모든 수동 테스트가 자동화될 수 있거나 자동화돼야만 하는 것은 아니다. 자동화의 장점을 취할 수 있는 테스트 종류에 대한 자세한 설명은 11장 '비기능 테스팅'을 참조하라.
종류별 테스트 수	테스트 관리자는 테스트 패스 유형별로 어떤 테스트가 얼마나 수행됐는지 알고 싶어 한다. 예를 들어 빌드 검증 테스트(BVT)는 빠르게 수행해야 하고 제품의 전반적인 부분을 광범위하게 커버해야 한다. 테스팅하는 영역에 대한 BVT의 수를 보면 해당 영역에 대한 현 상태의 간략한 정보를 알 수 있다.

표 9-6 일반적인 테스트 케이스 메트릭(이어짐)

메트릭	사용법
버그를 발견한 테스트의 %나 수	테스트 효율을 측정할 때 유용하다. 여러 종류의 테스트 케이스에서 버그가 발생했는지 아니면 특정 종류의 테스트 케이스에서만 발생했는지를 알 수 있다.

표 9-6 일반적인 테스트 케이스 메트릭

정리

버그와 테스트 케이스는 테스터의 업무 영역에서 핵심이 되는 용어다. 크고 복잡한 시스템을 테스트하든, 애완동물을 위한 여행용품을 판매하는 웹 사이트를 테스트 하든, 테스트 생성과 수행의 산물을 추적할 수 있는 시스템은 상당히 유용하다. 훌륭한 시스템은 사용자가 설정할 수 있는 옵션이 많은 반면, 전문 엔지니어도 사용할 수 있지만 실수를 많이 하는 마케터나 임원진들도 사용할 수 있을 만큼 쉬운 시스템이어야 한다. 무엇보다 중요한 것은 훌륭한 시스템은 테스팅 업무의 초석이 된다는 점이다.

10 테스트 자동화

앨런 페이지

나는 거의 20년 동안 자동화 작업을 해왔다. 물론 20년 동안 자동화 테스트만 작성했던 것은 아니다. 주로 대량의 작업을 효율적으로 처리하거나 컴퓨터 동작의 결함 발생률을 줄이기 위해 반복되는 작업을 스크립트나 코드로 작성해왔다. 컴퓨터를 사용하기 시작한 초창기에는 파일을 플로피 디스크에 백업하거나 특정 애플리케이션을 사용하기에 앞서 환경 설정 변경을 위해 배치 파일[1]을 사용했었다. 이후에도 서로 다른 빌드 시스템을 위한 커맨드라인 환경을 구성하기 위해 배치 파일을 계속 사용해왔고, 그 외 다른 방법으로도 자동화를 진행했다. 나는 자동화된 스크립트를 작성하고 이를 사용해 애플리케이션을 설치하고, 컴퓨터 간의 파일을 동기화하고 조정한다. 이런 활동을 자동화 테스트로 여기지는 않지만 여전히 자동화의 한 형태다. 여기에서 자동화란 반복 작업을 제거하고 작업의 동일한 실행을 가능케 하는 것을 말한다.

성공적인 자동화 테스트는 단순히 반복 작업을 정확하게 실행하는 것 이상을 필요로 한다. 10장에서는 고품질의 자동화 테스팅 구조와 속성, 구성 요소, 인프라스트럭처 등을 설명한다.

---

1. 명령어 해석기를 통해 컴퓨터로 전달되는 순서대로 나열된 명령어로 이뤄진 스크립트

10장을 (또한 이 책의 모든 장을) 읽기 전에 테스트 자동화의 전략과 툴, 기술은 마이크로소프트 내에서도 차이가 많다는 점에 유념해야 한다. 10장의 목적은 마이크로소프트 내의 테스트 자동화에 대한 접근 방법 중 널리 사용되는 방법을 다루는 것이다. 이 방법 중 대다수는 일반적이지만 이 분야에서는 끊임없는 기술 혁신은 물론 자동화 툴과 접근 방법의 지속적인 성장과 확장이 이뤄지고 있다.

자동화의 가치

테스트 자동화만큼 소프트웨어 테스터를 결합시키고 동시에 갈라놓기도 하는 토론 주제도 없는 듯하다. 자동화 테스트란 단지 인간 두뇌로 성취 가능한 테스팅을 대신하는 무지하고 감정이 없는 것에 불과하다고 생각하는 사람도 있다. 한편으론 자동화를 이용한 완전한 테스팅이 아니면 만족하지 못하는 사람도 있다. 그러나 실질적으로는 정황(Context)이 자동화의 가치를 결정한다. 때로는 모든 테스트 하나 하나의 자동화가 의미 있을 때도 있다. 혹은 자동화를 전혀 하지 않는 것이 나은 경우도 있다. 애플리케이션이 실행되는 동안 누군가 스크린을 지켜보고 있어야만 발견할 수 있는 버그도 있기 때문이다. '이상함 – 대화상자를 닫으면 화면 전체가 깜박거림'이나 '컨트롤 위로 지나갈 때 마우스 커서가 깜박거림'과 같은 문구로 시작하는 버그는 컴퓨터보다 인간이 더 잘 발견할 수 있는 종류의 버그다. 하지만 그 밖의 많은 종류의 버그에는 자동화 테스트가 더욱 효과적이고 효율적이다.

● 자동화냐 아니냐, 그것이 문제로다

자동화 테스트는 언제 사용돼야 하는가? 수동 테스팅이 자동화 테스팅보다 우선돼야 할 때는 언제이며, 왜 그래야 하는가? 자동화 테스트를 작성해야 할지와 어디까지 자동화를 해야 할지는 거의 모든 테스터가 언젠가는 대면하게 되는 사항이다. 테스트를 한 번만 실행할 것이라면 자동화는 의미가 없다.

물론 테스트를 단지 두 번만 실행하기 위해 자동화를 해야 한다는 것도 이유가 되지 못한다. 자동화가 합리화되려면 수많은 테스트가 제품 릴리스 전이나 프로그램의 유지 보수 주기 동안 수백, 수천, 수십만 번 실행돼야 한다. 모든 개개의 상황에서 자동화의 이점을 평가하려면 여러 요소를 고려해야 하는데, 생각해봐야 할 몇 가지 요소는 다음과 같다:

- **투입 노력** 테스트 자동화의 투자 대비 효과(ROI, Return On Investment)를 판단하기 위한 최우선 고려 사항은 테스트 자동화에 드는 노력과 비용이다. 자동화가 간단한 제품이나 기능도 있지만 자동화하기에는 본질적으로 문제가 있는 부분도 있다. 예를 들어 API(Application Programming Interface) 테스팅이나 사용자에게 프로그래밍 객체의 형태로 노출돼 있는 기능은 대체로 간단히 자동화가 가능하다. 반면에 유저 인터페이스 테스팅은 문제의 여지가 많고, 대체로 더 많은 작업을 필요로 한다.

- **테스트 생명주기** 자동화 테스트가 쓸모없어지기까지 몇 번이나 실행되는가? 특정 시나리오나 테스트 케이스의 자동화 여부를 결정하는 과정의 한 부분으로 테스트의 장기적인 가치를 평가해야 한다. 테스트하려는 제품의 수명과 제품 주기의 기간을 검토하라. 출시 주기가 짧고 새로운 버전 계획이 없는 제품과 2년의 출시 주기와 연속적인 릴리스가 여러 번 계획돼 있는 제품에 대해서는 서로 다른 자동화가 이뤄져야 한다.

- **가치(리그레션 테스트)** 자동화 테스트가 제품의 생명주기 동안 지니게 될 가치를 고려하라. 테스트 케이스의 가치는 버그 발견에 있다고 생각하는 테스터도 있다. 하지만 자동화 테스트로 발견되는 버그는 대부분 해당 테스트가 처음으로 실행됐을 때만 발견된다. 버그가 수정되면 이 테스트는 리그레션 테스트(Regression Test, 최근의 변경 사항이 원래 동작하던 기능에 영향을 주지 않음을 확인하기 위한 테스트)가 된다. 많은 자동화 기법은 테스트의 생명주기 동안 계속해서 버그를 찾아내기 위해 테스트에 사용되는 데이터를 변경하거나 각 테스트 실행 시마다 테스트하는 경로를 변경하기도 한다. 긴 수명을 갖는 제품의 경우 점차 늘어난 리그레션 테스트 스위트가 이점이 된다. 아주 복잡한 소프트웨어의 경우 이전에 동작했던 기능

이 문제없이 동작하는지를 확인하는 테스트가 많을수록 큰 도움이 된다.

- **참여 시점** 내 경험에 의하면 테스트 팀이 프로젝트의 초기 단계부터 참여했을 때 자동화 프로젝트가 성공적으로 이뤄졌다. 코딩이 완료됐거나 완료가 가까운 시점에 자동화 테스트를 프로젝트에 포함시키려는 시도는 실패하는 경우가 대부분이다.

- **정확성** 훌륭한 자동화는 실행될 때마다 정확한 결과를 보고한다. 관리 부서가 자동화 테스트에 대해 가지는 가장 큰 불만 중 하나는 자동화가 생성해내는 많은 거짓 양성(False positive)의 수다(다음의 '잘못된 것이 확실하다?' 참조). 거짓 양성은 제품 버그에서 비롯된 것이 아닌 테스트 자체의 버그로 인해 실패한 테스트다. 프로젝트의 영역 중 일부(끊임없이 변경되는 UI 컴포넌트 같은)는 자동화 테스팅으로 분석하기 어렵고, 이로 인해 거짓 양성의 결과가 발생할 확률이 더 높아진다.

잘못된 것이 확실하다?

기능이 정상적으로 동작함에도 불구하고 테스트가 실패한 경우를 일반적으로 거짓 양성(False Positive) 보고라고 부른다. 테스트는 오류를 보고하지만(양성) 사실은 오류가 존재하지 않는다는 것이다(하지만 잘못된). 거꾸로 동작하지 않는 기능 테스트가 통과되는 것을 거짓 음성(False Negative)이나 거짓 통과(False Pass)라 부른다. 소프트웨어 테스팅 외의 예를 들면 거짓 양성은 재판관이 무고한 사람을 유죄 판결하는 것과 같고, 반대로 거짓 음성은 죄를 지은 사람에게 무죄 판결을 내리는 것과 같다. 이 용어는 통계학에서 사용되는 것으로, 거짓 양성과 거짓 음성은 각기 제1종 오류(Type I)와 제2종 오류(Type II)로 알려져 있다.

자동화 시 추가 고려 요소

- **지원 플랫폼** 자동화는 대규모 프로젝트에서 급증하는 테스트 매트릭스를 해결하기 위한 하나의 방법이다. 테스트를 한 번 작성한 후 이를 다수의 플랫폼이나 시스템에서 실행할 수 있다면 상당한 시간을 절약할 수 있다. 작게는 하나의 자동화 테스트를 마이크로소프트 윈도우 서버와 윈도우 비스타에서 실행할 수 있음을 의미한다. 하나의 자동화 테스트로 8개의 서로 다른 임베디드 플랫폼이나 10개의 웹 브라우저에서 실행할 수 있다면 상당히 성공적인 경우라고 할 수 있다.

- **복잡성** 테스트 자동화가 수동으로 실행하거나 확인하는 것에 비해 얼마나 더 복잡한가? 현재의 프레임워크나 기술로는 자동화가 매우 어려운 테스트도 있다. 예를 들어 그래픽 프로그램은 픽셀 비교 알고리즘을 이용해 두 개의 이미지를 비교할 수 있다. 이미지 비교는 거짓 양성을 초래하는 것으로 유명하다. 퍼지 매칭(Fuzzy matching)[2]은 때때로 더 나은 결과를 보이지만 구현하기에 복잡한 경우가 많고, 원하는 결과를 얻기 위해선 자동화 테스트를 계속 수정해야 할 수도 있다.
- **기타 요소** 자동화에 걸리는 시간과 자동화를 작성하는 테스터의 실력도 검토해야 한다. 자동화는 투자다. 마지막 순간에 끼워 맞춰 넣을 수도 없고, 실력이 모자란 테스터가 단지 학교에서 프로그래밍 수업을 들었다고 해서 할 수 있는 것도 아니다. 정해진 시간과 자원을 가지고 최고의 테스팅 작업을 해내는 것이 당신의 목표라는 점을 기억하라. 제품 설계 초기에 테스트 용이성을 위한 요소와 자동화 지원이 고려되지 않는다면 해당 제품의 자동화 테스트를 작성하기 힘들다는 점을 유념해야 한다. 마지막으로 고려해야 할 사항은 관리자의 자동화에 대한 철학이다. 자동화가 특효약은 아니지만 완전히 무시될 수도 없다. 모든 것을 자동화해야 한다는 철학을 가진 팀도 있는 반면, 최소한의 자동화를 선택하는 팀도 있다. 어느 정도의 자동화가 적당한지에 대한 정답은 없다. 무엇을 얼마나 자동화할지 결정할 때는 관리자의 관점과 더불어 앞서 말한 요소들을 검토해 보는 것이 꼭 필요하다.

이걸 자동화할 시간은 없어요.

나는 마이크로소프트 테스트라 불리는 프로그램(이 프로그램은 나중에 마이크로소프트 비주얼 테스트(Visual Test)로 명칭이 변경됐고, 그 후 래쇼날 소프트웨어(Rational Software) 사에 팔렸다)을 사용해 UI 자동화를 작성하는 법을 배웠다. 마이크로소프트에서 일하기 1년 전부터 이 프로그램의 베타 버전을 사용했었고, 마이크로소프트에서 일을 시작할 때쯤엔 UI 자동화를 별 어려움 없이 작성할 수 있었다.

마이크로소프트에서 내가 했던 첫 번째 일은 일본어와 중국어, 한국어 버전 윈도우 95의 네트워킹 기능 테스트였다. 여러 네트워크 구성과 운영체제에서 다국어로 작성된 파일의 상호 운용성을 확인하고, 네트워킹 속성을 갖는 UI 구성 요소에서 이 언어들이 깨져 보이지 않는가 확인하는 일이 가장 큰 부분이었다. 그 당시 나는 영어 이외의 윈도우 버전을 테스트해본 경험이 거의 없었고, 더군다나 윈도우 95를 사용해본 경험은 더욱 없었다. 이 분야에서 자동화하는 것은 흥미로운 도전이 될 것이고, 이런 새로운 시도에 앞서 흥분됐다.

---

2. 퍼지 매칭(Fuzzy Matching)은 비교 시 100% 같지 않더라도 부분적으로 일치하는 곳을 찾아내는 방법이다 - 옮긴이

일을 시작한 처음 하루 이틀은 새로운 사무실에 적응하고, 테스트 연구소의 위치를 파악하고, 새로운 팀원을 만나고, 컴퓨터를 셋업하고, 내부 네트워크에서 필요한 툴을 찾는 데 보냈다. 관리자는 테스팅 업무에 대해 이야기하기 위해 나를 호출했고, 나는 새로운 일을 시작하기 위한 준비가 돼 있었다. 우리는 내가 테스트해야 할 영역에 대해 간단히 얘기를 나눴고, 그는 나에게 마이크로소프트 엑셀로 작성된 테스트 케이스를 인쇄해 건네줬다. 나는 잠시 그 목록을 살펴본 후 그 테스트 케이스를 짧은 시간 안에 자동화할 수 있다는 확신이 생겼다.

그리고 자동화를 완성해야 할 데드라인이 정해져 있는지 물었다. 나는 아직도 그때 관리자가 한 대답을 정확히 기억한다.

"이 테스트를 자동화 할 시간은 없어요, 매 빌드마다 이 테스트를 수행하기만 하면 됩니다."

그때 나는 "이 테스트는 내 생각보다 자동화하는 것이 훨씬 더 어려운가 보다"라고 생각했었다. 나는 사무실로 돌아가 테스트 케이스를 수행하기 시작했다. 나는 며칠 동안 이 일을 계속 했고 몇 개의 버그를 발견했으며, 이 영역에 대해 많이 배웠다. 테스트 케이스 몇 개는 커맨드 네트워크 옵션을 위한 것이었다. 얼마 지나지 않아 나는 테스트가 슬슬 지겨워지기 시작했고, 때때로 순서를 빼먹기도 했다. "간단한 배치 파일 하나면 테스트 순서를 빼먹지 않고 실행할 수 있을 텐데"라는 생각이 들었고, 15분 후 나는 그 생각이 맞았다는 걸 증명할 수 있었다. 또한 나는 일부 설정 동작을 자동으로 테스트 할 수 있는 방법을 찾아냈다.

며칠 후, 나는 UI 테스팅에서도 동일한 시행착오를 겪었고, 그래서 몇 분이라도 투자해서 이를 자동화하는 것이 실제로 얼마나 어려운지 알아보고 싶어졌다. 나는 주말을 이용해 윈도우 95에서 UI 자동화 테스트를 작성해볼 계획이었지만 내가 실행할 테스트에 비주얼 테스트(Visual Test)가 적합함을 발견했다. 그리고 몇 시간 후, 관리자로부터 받은 작업 목록의 거의 모든 테스트 시나리오를 자동화할 수 있었다.

나는 자동화 테스트를 몇 달 동안 날마다 실행했고, 그 결과 수일에서 수주의 시간을 절약할 수 있었다. 그 절약된 시간에 나는 테스팅 범위를 넓히고 다른 영역을 검토할 수 있었다. 이 자동화 테스트로 인해 적어도 100개 정도의 버그를 더 찾아냈다. 지금 돌이켜 보면 나는 여전히 초보 테스터였고, 내가 만든 테스트는 아마 그리 훌륭하진 않았을 것이다. 하지만 여전히 자동화는 그 당시의 상황에서 탁월한 선택이었다.

:: UI 자동화

윈도우 API처럼 프로그래밍 인터페이스를 통해 노출돼 공용으로 사용되는 기능은 테스트 자동화의 좋은 대상이다. 물론 프로그래밍 인터페이스를 자동화하지 않고 테스트할 수도 있다. 예를 들어 윈도우 API의 핵심이 되는 많은 부분은 마이크로소프트 오피스의 테스트 스위트를 실행하는 것만으로도 테스트가 가능하다. 하지만 개개의 API 기능을 대상으로 하는 자동화의 경우, 테스트 애플리케이션을 이용해 파라미터의 조합을 효율적으로 테스트할 수 있다.

성능 테스트, 부하 테스트, 스트레스 테스트, 누수 테스트와 같은 비기능 테스팅은 여러 가지 면에서 자동화에 적합하다(11장, '비기능 테스팅' 참조). 사실, 이런 종류의 테스팅과 관련된 많은 시나리오가 오직 자동화 테스팅을 통해서만 가능하다. 수천 명의 동시 접속을 재현하거나 어떤 동작의 시간 측정은 실질적으로 자동화만이 유일한 해결책이다.

테스트 자동화에 대해 생각할 때 많은 소프트웨어 테스터가 UI 테스팅을 첫 번째로 떠올린다. 소프트웨어 테스트 업계에는 자동화 테스트를 위한 UI 조작에 도움을 주는 툴이 많다. 이 툴은 저장과 재생 기능이 있어 테스트 작성자가 간단히 일련의 수동 작업을 저장한 후 자동화 테스트로 재생할 수도 있다. 이 저장과 재생이 가능한 툴은 UI의 미묘한 변화에 대한 대처 능력이 없으므로 가끔 비난을 받기도 한다. 일반적인 UI 테스팅도 같은 문제를 가지고 있으므로 수많은 UI 요소가 자동화하기 어려울 수도 있다.

마이크로소프트에서는 실제로 UI 자동화를 위해 외부로 보이는 UI 대신 내부의 객체 모델을 직접 사용하거나 UI의 핵심 로직을 조작하는 방법을 주로 사용한다. 어떤 경우는 UI 자동화 테스트가 마우스 클릭과 키보드의 키를 조작해 UI와 직접 상호작용하기도 한다.

```
// 마이크로소프트 오피스 워드를 시작하고, 텍스트를 입력하고,
// 텍스트를 선택하고, 폰트를 굵게 변경하는 C# 코드
// 간결한 코드를 위해 오류 확인 부분 삭제

Process wordApp = Process.Start("Winword.exe");
if (wordApp.WaitForInputIdle(1000))
```

```
{
    SendKeys.SendWait("This is input to WinWord");
    SendKeys.SendWait("^a"); // send ctrl+a (select all text)
    SendKeys.SendWait("^b"); // send ctrl + b (make text bold)
}
```

키보드의 키 입력이나 마우스 클릭을 사용하는 코드는 사용자와 소프트웨어 간의 상호작용을 재연하는 가장 가까운 형태의 자동화이면서 UI 자동화의 가장 섬세한 형태 중 하나이기도 하다. 컨트롤은 움직이고, 내부 식별자(ID)는 변경되고, 텍스트는 업데이트되고 다국어 버전으로 번역된다. 키보드 입력과 마우스 클릭의 시뮬레이션만으로 견고한 자동화 작성이 가능하기는 하지만 상당히 어려운 작업이고 실패 가능성도 높다.

또 다른 종류의 자동화는 사용자와 UI의 상호작용에서 일어나는 동작의 자동화다. 예를 들어 버튼 클릭을 시뮬레이션하는 대신 그 버튼 클릭이 발생시키는 동작의 내부 코드를 직접 호출한다.

그림 10-1은 객체지향 커뮤니티의 객체 모델 호출에 관련된 간단한 변형을 보여준다.

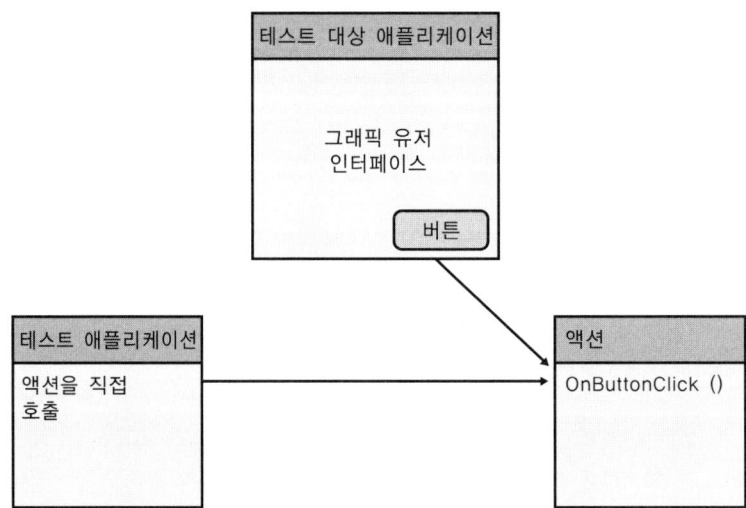

그림 10-1 UI를 통하지 않고 UI 함수 호출

객체 모델은 애플리케이션의 특정 부분을 조작할 수 있게 하는 객체(기능)의 집합체다. 예를 들어 HTML의 문서 객체 모델(DOM, Document Object Model)은 HTML 컨트롤(버튼, 체크박스 등)과 다른 페이지와의 링크, 웹 검색 이력 등을 사용할 수 있게 한다. 자바스크립트 같은 언어는 DOM을 통해 이런 컨트롤을 직접 사용할 수 있다.

수많은 윈도우 기반 애플리케이션이 객체 모델을 통해 애플리케이션의 기능에 접근할 수 있다. 객체 모델을 사용하면 프로그램 로직을 UI 로직으로부터 분리해 테스터가 UI 컨트롤을 통하지 않고도 모든 UI도 조작할 수 있게 되며, 이런 방법을 통해 테스트를 자동화할 수 있다.

다음 코드는 워드 객체 모델을 사용해 앞의 예와 같은 자동화를 수행한다.

```
Object template = Type.Missing;
Object newTemplate = Type.Missing;
Object docType = Type.Missing;
Object visible = Type.Missing;

Word.Application wordApp = new Word.Application();
Word.Document wordDoc = new Word.Document();
wordApp.Visible = true;
// 다음 부분은 파일을 선택해 생성하는 것과 동일하다.
// Normal.dot를 사용해 새로운 문서를 생성한다.
wordDoc = wordApp.Documents.Add(ref template, ref newTemplate,
                                ref docType, ref visible);

wordDoc.Selection.TypeText("This is input to WinWord");
wordDoc.Selection.WholeStory();
wordDoc.Selection.Font.Bold = 1
```

이 코드는 마우스 클릭 대신 객체 모델을 이용해 워드를 조작한다. 이 코드는 SendKeys() 함수를 이용한 C# 예제보다 조금 길기는 하지만 확장하거나 유지 보수하기는 더 쉽다.

UI를 자동화하는 또 다른 방법은 마이크로소프트 액티브 액세서빌리티(MSAA, Microsoft Active Accessibility)를 이용하는 것이다. MSAA는 스크린 리더 같은 접근성을 위한 툴이 윈도우와 연계해 동작하는 방식을 향상시켜 주지만 자동화를 작성하기 위한 간단한 방식도 제공한다. MSAA의 핵심은 `IAccessible` 인터페이스다. `IAccessible` 인터페이스는 상응하는 UI 요소에 대한 정보를 얻을 수 있는 속성을 지원한다. 버튼이나 텍스트박스, 리스트박스와 스크롤바 같은 윈도우 공용 컨트롤은 모두 `IAccessible` 인터페이스로 구현된다. 커스텀 컨트롤을 포함하는 수많은 윈도우 기반 애플리케이션도 이 인터페이스를 제공한다.

애플리케이션은 `AccessibleObjectFromWindow`, `AccessibleObjectFromPoint`, `AccessibleObjectFromEvent` 같은 함수를 사용해 `IAccessible` 인터페이스로의 포인터를 획득해 객체로 접근하는 함수를 사용할 수 있다. 테스트 애플리케이션은 인터페이스 포인터를 사용해 컨트롤에 대한 정보(텍스트나 버튼의 상태 같은)를 얻거나 컨트롤을 조작(버튼 클릭 시뮬레이션 같은)할 수 있다.

마이크로소프트 닷넷 프레임워크 버전 3.0의 릴리스와 함께 마이크로소프트 UI 오토메이션(UI Automation)은 윈도우용 새로운 접근성 프레임워크가 됐고, 윈도우 프레젠테이션 파운데이션(WPF, Windows Presentation Foundation)을 지원하는 운영체제라면 모두 사용 가능하다. MSAA처럼 UI 오토메이션은 접근성 기능이지만 매니지드 코드로 작성됐고, C#이나 VB.Net 애플리케이션에서 가장 쉽게 사용할 수 있다. UI 자동화는 모든 UI 컴포넌트를 `AutomationElement`로서 노출시킨다. 이 요소는 UI의 외관과 상태처럼 UI가 나타내는 요소의 공용 속성을 노출시킨다. 버튼 클릭 같은 컨트롤은 다음과 같은 코드로 실행할 수 있다.

```
// InvokePattern 객체를 확보해 버튼을 클릭하기 위해 사용한다.
// 간결한 코드를 위해 오류 확인 부분 삭제
private void InvokeControl(AutomationElement targetControl)
{
    InvokePattern invokePattern =
            targetControl.GetCurrentPattern(InvokePattern.Pattern)
                as InvokePattern
}
invokePattern.Invoke();
```

MS의 자동화 UI 테스트를 작성하는 대부분의 그룹은 앞서 설명한 방법이나 이 방법들을 혼용해 사용한다. UI 자동화를 위한 많은 프레임워크는 앞서 언급한 해결 방법을 하나 이상 활용한다. 예를 들어 애플리케이션이 미완성된 객체 모델을 가진 경우 대부분의 테스팅에서 객체 모델을 사용하고 나머지 UI 테스팅을 위해 MSAA를 사용할 수도 있다.

무자비한 UI 자동화

대부분의 경우 모델이나 그와 유사한 방법으로 컨트롤을 조작하는 UI 자동화는 버튼 클릭이나 키 입력으로 UI를 조작하는 자동화와 별반 다를 게 없다. 하지만 모델만을 사용한 자동화는 때때로 심각한 버그를 놓칠 수도 있다.

여러 해 전에 윈도우 CE 팀은 윈도우 기반 스마트 디스플레이(Window Powered Smart Display) 프로젝트에 참여하고 있었다. 해당 프로젝트의 디바이스는 터미널 서비스를 위한 씬 클라이언트(Thin Client) 기능을 하는 평면 스크린 모니터였다. 모니터는 워크스테이션에서 탈착하면 터미널 서버 클라이언트로 연결된다.

그 디바이스의 소프트웨어는 주로 윈도우 CE의 핵심 컴포넌트로 구성됐지만 간단한 UI도 포함하고 있어 서버와의 연결 이력이나 배터리 수명, 연결 속도, 다른 애플리케이션 정보 등을 보여줬다. CE 컴포넌트는 모두 완전하게 테스트됐고, 몇 가지 수동 기능 테스팅에 더해 여러 사용자 시나리오를 테스트하기 위해 소규모의 테스트 팀이 투입됐다. 제품 주기의 끝 무렵에 나는 그 팀과 함께 작업했고 추가적인 테스트 개발을 도왔다.

내가 처음으로 시도하려 했던 것은 밤새 실행시킬 간단한 테스트 몇 개를 만들어서 일반 사용자가 사용하는 것처럼 며칠이나 몇 주 동안 사용한 후에야 발견되는 이슈를 찾아내는 것이었다. 애플리케이션을 위한 객체 모델은 아직 없었고 테스트 용이성을 위한 기능도 없었다. 하지만 단순한 애플리케이션이었고 시간이 충분했으므로 나는 무자비한 UI 자동화라고 불렀던 사통수 작업에 몰두했다. 나는 스크린샷에서 애플리케이션을 구성하는 윈도우를 하나하나 찾아내는 코드를 빠르게 작성했다. 이 프로그램이 사용하는 특정 윈도우 메시지를 살펴볼 예정이었다. 하지만 소스코드에 접근하려면 기다려야만 했다. 기다리는 것이 싫었으므로 나는 마우스를 스크린의 특정 창 가운데에 놓고 마우스를 클릭하는 코드를 짜기로 했다. 몇 분 동안의 디버깅과 테스트 후에 연결 가능한 서버에 임의로 연결하고 연결이 성공했는지를 확인한 후 터미널 서버와의 세션을 종료하는 간단한 애플리케이션을 완성했다.

나는 애플리케이션을 무한 실행하게 설정한 후 실행을 시작했다 그리고 퇴근 전에 마쳐야 할 몇 가지 업무를 진행했다. 애플리케이션을 확인하려고 몇 번 디바이스를 확인했지만 애플리케이션은 몇 초에 한 번씩 연결과 연결 종료를 정상적으로 반복하고 있었고 나는 안심했다. 하지만 퇴근하려고 일어서면서 내가 만든 테스트 애플리케이션을

> 한 번 더 확인했을 때 애플리케이션이 크래시돼 있었다. 나는 디버거를 실행해 오류를 확인했고, 크래시 발생 원인은 메모리 누수였다. 애플리케이션이 윈도우의 자원을 모두 사용해 버린 것이었다. 처음에는 내가 만든 테스트 애플리케이션의 문제라고 생각했다. 그래서 소스코드를 살펴보며 크래시를 발생시킨 자원을 사용한 곳이 있는지, 윈도우 API를 잘못 사용한 곳이 있는지를 검토했다. 잘못된 곳은 찾을 수 없었지만 여전히 내 잘못이라고 생각했고, 디버깅이 잘못된 것일 수도 있다고 판단했다. 나는 디바이스를 다시 켜고 테스트가 실행되게 설정해 놓고 퇴근했다.
>
> 다음날 아침 출근했을 때 애플리케이션이 또다시 동일한 곳에서 크래시됐음을 발견했다. 이번에는 소스코드로 접근할 수 있었고 문제를 디버깅하기 위해 한 시간 정도를 소비했다. 문제는 연결 코드가 아니었다. 연결할 컴퓨터를 선택할 때마다 애플리케이션은 화면상에 UI를 그리는 코드를 매번 초기화하고 있었다. 오류는 작은 파란색 플래시로 나타났으므로 사용자는 애플리케이션이 마우스 클릭을 인식하는 것으로 오해할 수 있었고, 윈도우 기반 애플리케이션에서 흔히 볼 수 있는 클릭할 때 눌러지는 버튼 같이 보였다. 이 애플리케이션의 문제는 화면을 그리는 코드가 실행될 때마다 자원이 누수 되고 있는 것이었고, 몇 백 번의 연결 후에는 자원 누수가 커져 애플리케이션이 크래시되는 것이었다.
>
> UI를 직접 통하지 않고 함수를 호출해 실행하는 UI 자동화를 작성했다면 이 버그를 발견하지 못했을 것이다. 대부분의 경우 견고한 UI 자동화를 위한 최상의 방법은 UI와의 상호작용 없이 컨트롤을 직접 실행하는 방법이라고 생각한다. 하지만 이제는 UI로 보이는 기능 외의 다른 기능을 하는 코드가 있다면 항상 눈여겨본다.

:: 테스트 자동화 구성 요소

테스트 케이스를 자동화하려고 할 때는 테스트의 실행 단계는 물론 그 전후로도 고려할 요소가 많다. 테스트 단계를 수행하기 전에 애플리케이션은 테스트 실행이 가능한 상태여야 한다. 테스트를 수행한 후에 테스트의 통과 여부를 알 수 있는 것은 필수이고, 테스트 결과는 반드시 저장돼 나중에 결과를 검토하거나 분석할 때 사용할 수 있어야 한다. 테스트 수행 시에 생성된 산출물(파일, 레지스트리 설정 등)을 초기화하는 것도 필요할 수 있다. 마지막으로 테스트는 유지 보수가 용이하고 알기 쉽게 돼 있어야 나중에 필요할 때 누구라도 테스트를 수행하거나 수정할 수 있다.

자동화 테스트는 수동 테스트 케이스의 단계를 자동으로 수행하는 것 이상으로 많은 의미를 가진다. 훌륭한 자동화는 사람이 효과적으로 수행할 수 없는 테스트를 컴퓨터의 힘을 빌려 수행한다. 테스트 자동화는 테스트를 수행하는 사람을 대체하기 위함이 아니다. 여러 수동 테스트와 테스팅 활동은 기계에 의해 수행되는 것보다 사고할 수 있는 사람에 의해 수행될 때 훨씬 더 강력하다. 하지만 자동화 테스트가 효과적으로 사용되면 막대한 시간과 경비를 절감할 수 있다.

키스 스토비(Keith Stobie)와 마트 버그먼(Mark Bergman)은 1992년 논문 『테스팅을 자동화하는 방법: 큰 그림』(How to Automate Testing: The Big Picture)에서 축약어인 '서치(SEARCH)'[3]라는 용어를 사용해 테스트 자동화의 구성 요소를 설명한다. SEARCH란 설정(Setup), 실행(Execution), 분석(Analysis), 보고(Reporting), 초기화(Cleanup), 도움말(Help)의 앞 글자를 따서 만든 용어다.

- **설정** 설정은 실제 테스트를 위한 동작이 수행 가능한 상태로 소프트웨어를 준비하는 작업이다.

- **실행** 테스트의 중심이다. 기능과 충분한 오류 핸들링, 그 외 관련 작업을 확인하기 위해 필요한 상세한 단계다.

- **분석** 분석은 테스트가 통과했는지 실패했는지를 확인하는 프로세스다. 테스트의 가장 중요한 단계이고 가장 복잡한 단계가 되기도 한다.

- **보고** 보고는 예를 들어 로그 파일과 데이터베이스, 그 외의 테스트 중 생성된 파일 같은 분석 결과를 유포하고 게시하는 것이다.

- **초기화** 초기화 단계는 소프트웨어를 다음 테스트가 진행될 수 있는 상태로 되돌려놓는다.

- **도움말** 도움말 시스템은 전 주기에 걸쳐 테스트 케이스를 견고하게 하고 유지 보수를 가능하게 한다.

---

3. 키스 스토비와 마트 버그먼의 『테스팅 자동화 방법: 큰 그림』, 1992년 3월,
http://keithstobie.net/Documents/TestAuto_The_BigPict.PDF

다음은 간단한 테스트 케이스의 예다.

제목:
계산기 프로그램에 32비트보다 큰 값이 표시되는지 확인한다.

단계:

1. 십진수 모드에서 최대 32비트의 부호 없는 정수(4294967295)를 키보드나 계산기 프로그램을 이용해 입력한다.

2. 임의의 양수 값을 더한다.

확인:
정확한 덧셈 결과를 확인한다. 예를 들어 4294967295 + 10은 4294967305가 나와야 한다.

이 테스트 케이스는 계산기 프로그램이 2^{32}(32비트 정수의 최대값)보다 큰 값을 처리할 수 있는지를 확인하기 위한 간단한 단계를 설명한다.[4]

표면적으로 이 테스트는 상당히 간단해 보이지만 이 테스트를 자동화하려면 앞에서 기술한 2개의 단계보다 훨씬 더 많은 단계가 필요하다. 테스트 단계가 진행되기 전에 계산기 프로그램이 실행돼 입력 값을 받을 수 있는 상태가 돼 있어야 한다. 가장 빠른 컴퓨터에서조차도 시작할 때 몇 초가 걸리는 애플리케이션도 있으므로 테스트는 이런 점을 감안해야 한다. 어쩌면 테스트는 프로그램이 이미 수행되고 있다고 가정할 수도 있다. 가정이 무엇이던 간에 이 테스트 케이스의 첫 번째 단계를 실행하기 전에 특정 조건이 갖춰져야만 한다.

앞의 단계를 실행한 후에는 테스트의 통과 여부를 결정하기 위해 결과물을 확인하는 작업이 필요하다. 이 경우 자동화 테스트는 계산기 애플리케이션에서 결과 필드의 값을 읽을 수도 있고, 애플리케이션의 내부 변수를 조사해

---

4. 2^{32}보다 큰 값을 예상하지 못하는 프로그램은 데이터 유형의 제일 작은 값으로 '되돌아간다' (또는 오버플로우된다). 이 경우 4294967295의 다음 수는 0이라는 의미다. 2^{32}의 값은 4294967296이다. 컴퓨터는 0부터 숫자를 세므로 부호 없는 32비트 정수의 범위는 0부터 4294967295가 된다.

값을 확인할 수도 있다. 혹은 둘 다 하는 경우도 있다. 테스트의 통과 여부를 결정한 후에 테스트는 반드시 결과를 기록해 테스트 상태를 평가하고자 하는 사람은 누구든지 결과를 검토할 수 있게 해야 한다. 그 다음에 실행되는 테스트 케이스가 결과 항목이 빈칸이거나 0이라고 가정하거나 계산기 프로그램이 실행되지 않고 있다고 가정한다면 자동화 테스트를 끝내기 전에 결과 필드의 데이터를 삭제하거나 애플리케이션을 종료해야만 한다.

마지막으로 테스트에 대한 추가적인 정보를 테스트 케이스에 포함하거나 코드에 주석으로 기재함으로써 장기적으로 테스트의 유지 보수가 가능하고 앞으로 일하게 될 다른 팀원이 현재의 테스트를 수정하거나 손쉽게 테스트를 추가할 수 있게 해야 한다.

테스트 자동화를 개발할 때는 설정부터 유지 보수까지 테스트의 전체 범위를 고려하는 것이 중요하다. 넓은 범위의 자동화는 SEARCH의 모든 단계를 자동화하는 것일 수도 있다. 하지만 이 중 몇 가지 부분만의 자동화가 유용할 때가 많다. 예를 들어 중요한 수동 테스트나 탐색적 테스팅 단계를 수행하는 환경을 만들려면 애플리케이션을 설치하고 설정하는 단계의 자동화가 더 유용한 경우도 있다. 또는 테스트 케이스 매니저(TCM, Test Case Manager)에 테스트 결과를 기록하고, 그 결과를 자동으로 분석해 보고하는 시스템을 사용할 수도 있다. 하지만 대부분의 성공적인 방식은 테스팅 업무 단계의 대부분을 자동화하는 것이다.

수많은 자동화 시도가 단지 테스트 실행 단계만을 자동화하려고 하기 때문에 실패로 끝난다. 전체적인 자동화 방식은 실행만을 자동화하는 것보다 더 많은 작업을 요구한다. 테스트를 실행하기 위한 상태로 애플리케이션을 준비하는 계획과 보고와 분석의 어느 부분을 자동화할지에 대한 계획이 없는 자동화 전략은 유용하다고 볼 수 없다. 테스트 자동화를 고려할 때 많은 사람이 테스트 실행을 자동화하는 것을 위주로 생각하지만 자동화는 그 외의 테스팅 단계에도 유용하다. 컴퓨터 지원 테스팅(Computer-assisted testing)은 테스팅의 각 단계를 자동화하는 개념을 잘 설명하는 용어다. 완성도 높은 자동화는 테스트 실행보다 훨씬 더 많은 것을 포함한다. 컴퓨터 기반 툴과 소프트웨어는 테스트 실행을 지원하는 여러 가지 작업을 자동화하는 데 좋은 해결 방안이 된다.

테스트 툴과 유틸리티

여러 상황에서 자동화 테스트는 타당한 테스팅 방안이 아닐 수도 있다. 윈도우 98에서 내가 테스트하던 영역 중 하나는 폰트 렌더링이었다. 자동화 덕을 톡톡히 본 폰트 테스팅이 몇 가지 있었는데, 그 좋은 예가 폰트 관련 성능 테스팅이다. 핵심 그래픽 엔진이 비서구권 문자를 디스플레이하는 방법은 상당히 많이 변경됐고, 나는 다른 폰트가 여러 가지 길이의 임의의 스트링을 화면에 그리는 데 걸리는 시간을 테스트해야 했다. 테스트를 수동으로 하기에는 너무나 많은 조합이 있었지만 성능의 영향을 정확하게 추적하기 위한 테스트 스위트를 작성할 수 있었다.

그 밖의 폰트 테스팅 영역은 자동화되지 않았었다. 하지만 많은 폰트 설정의 효과를 확인하기 위한 빠르고 정확한 방법이 필요했다. 나는 이런 테스팅을 위해 폰트를 커다란 그리드에 디스플레이해 각 폰트의 픽셀을 살펴보고 폰트 디스플레이에 영향을 끼치는 여러 파라미터를 빠르게 조절할 수 있는 툴을 사용했다. 예를 들어 고객이 특정 문자가 특정 폰트에서 "이상하게 보인다"라고 보고하면 나는 재빨리 렌더링한 폰트를 검사해 이슈의 원인을 파악할 수 있었다.

또한 하나의 폰트에 대해 모든 문자가 문제없이 그려지는지를 확인해야 했다. 그 당시에는 일부 원인을 알 수 없는 경우에 애플리케이션이 특정 문자를 그리다가 크래시되거나 인쇄 시 문제가 생기는 문자들이 있었다. 모든 폰트의 모든 문자를 인쇄하는 테스트는 시간이 너무 많이 걸렸다. 하지만 새로운 폰트를 무작위로 검사하고 고객이 발견한 버그를 조사하는 것은 중요했다. 이 상황을 해결하기 위해 나는 문자의 크기와 굵기, 기울기 등의 속성을 선택해 폰트의 모든 문자를 인쇄하거나 디스플레이할 수 있는 툴을 만들었다. 그림 10-2는 그 툴의 화면이다.

툴을 만드는 데 몇 시간밖에 안 걸렸지만 처음으로 그 툴을 사용했을 때 나는 타사에서 만든 폰트의 문자를 '스크롤'하다가 크래시를 발견했다. 다른 팀의 팀원들과 나는 개발 주기 전반에서 빠른 확인 작업과 스모크 테스팅(Smoke Testing), 그 밖의 조사를 위해 이 툴을 자주 사용했다. 이 툴을 사용해 발견한 버그는 몇 개 안됐지만 다양한 폰트의 렌더링 이슈를 확인하는 데 상당히 유용했다. 이것이 자동화 테스트는 아니었지만 여러 엔지니어가 많은 시간을 절약할 수 있었다.

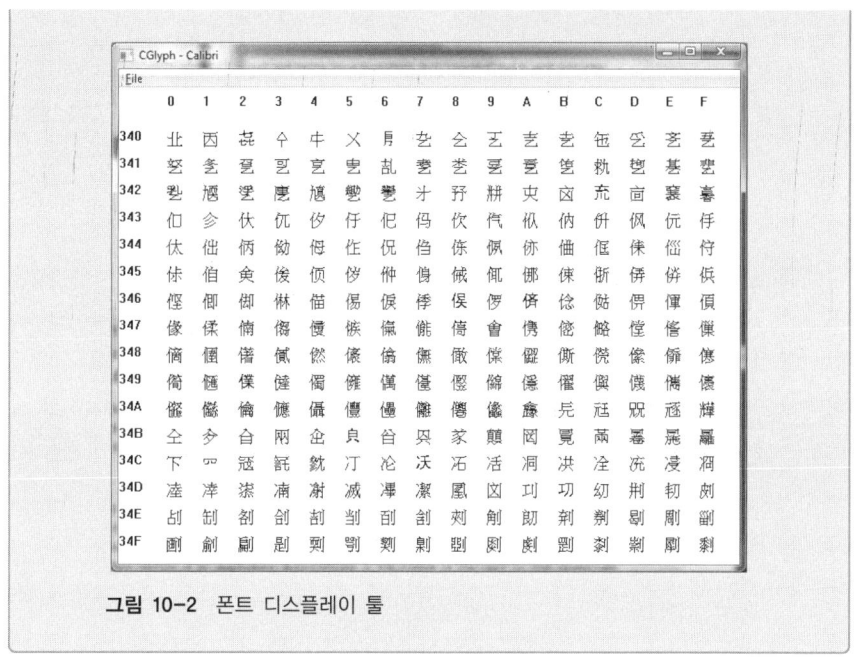

그림 10-2 폰트 디스플레이 툴

:: 마이크로소프트에서의 SEARCH

마이크로소프트에서는 테스트 자동화를 위해 다양한 방식과 솔루션을 사용한다. 모든 팀이 SEARCH에 입각해 자동화를 하거나 테스트 케이스를 생성하지는 않지만 테스팅 업무의 모든 단계에 걸쳐 자동화를 고려하는 방식이 대부분의 팀에 널리 퍼져있다.

● 설정

마이크로소프트에서 사용하는 테스트 매트릭스의 규모와 수행하는 테스팅의 범위를 고려해 본다면 테스팅을 준비하는 부분에 대한 자동화는 반드시 필요하다. 이 단계를 자동화하는 가장 간단한 형태는 애플리케이션의 설치를 자동으로 수행하는 스크립트나 커맨드라인 옵션을 사용하는 것이다. 테스트 컴퓨터는 애플리케이션의 최신 버전을 한밤중에 자동으로 설치해 다음

날 테스터가 출근했을 때 깨끗하게 설치된 애플리케이션에서 테스트를 시작할 수 있게 한다. 이 방법은 시간을 절약할 수 있지만 고객이 애플리케이션을 설치하는 방법대로 제품 설치가 테스트되지 않은 경우에는 위험할 수도 있다. 모든 설치가 자동으로 이뤄진다면 애플리케이션의 설정 시에 발생하는 중요한 버그를 놓칠 수 있다는 것은 의심할 여지가 없다. 마이크로소프트에서는 일반적으로 자동화된 애플리케이션 설정을 사용하지만 설정을 담당하는 테스터나 테스트 팀을 따로 지정해 전체 설정 테스트 매트릭스를 확인하게 한다.

운영체제 설치와 테스트를 위한 애플리케이션 설정을 포함하는 시스템의 준비 범위는 운영체제 버전과 애플리케이션 버전의 제약을 고려한다면 급격히 늘어난다. 표 10-1의 테스트 매트릭스를 참조하라.

기본 운영체제	필요한 테스트
윈도우 XP	전체 설치
윈도우 XP	버전 1에서 버전 2로 업그레이드
윈도우 비스타	전체 설치
윈도우 비스타	버전 1에서 버전 2로 업그레이드
윈도우 XP	애플리케이션 설치 후 윈도우 비스타로 업그레이드

표 10-1 설치 테스트 매트릭스

설치와 업그레이드 시나리오는 상당히 복잡하다. 기본 테스트 설정이 운영체제나 애플리케이션의 이전 버전 설치를 포함한다면 테스팅의 준비 단계에 상당한 시간이 소요된다. 이런 상황에서는 초기 설정을 빨리 완료하는 것이 중요하다. 운영체제와 필요한 애플리케이션을 수동으로 설치하려면 몇 시간이 걸리므로 마이크로소프트의 수많은 팀은 이미징 기술을 사용해 초기 설정을 신속하게 설치하는 시스템을 사용한다. 이미징 기술은 기본 시스템의 스냅샷을 사용해 컴퓨터의 하드 드라이브에 직접 복사해 저장한다. 테스터가 오피스 프로페셔널 에디션 2003이 설치된 윈도우 XP 환경이 필요하다면 간단히 해당 이미지를 선택해 설정하고자 하는 컴퓨터에서 스크립트나 애플리케이션을 실행하면 몇 분 후에 컴퓨터는 테스트할 준비가 완료된다. 이미징은 일반적으로 두 단계의 프로세스로 이뤄진다. 필요한 소프트웨어의 기본 설정을 생성하고, 대상 컴퓨터용 특정 드라이버를 설치하고 필요한 사용자 계정을 설정한다.

이 방식을 이용하는 팀은 수백 개의 이미지를 준비해 놓고 다양한 수동 테스트와 자동화 테스트에 사용한다. 이와 같이 이미지 라이브러리는 애플리케이션이나 운영체제의 패치가 중앙 서버에 있는 이미지에 적용되므로 애플리케이션을 설정하는 프로세스 중 시간이 소요되는 일정 부분을 건너뛸 수 있다는 장점을 갖는다.

윈도우 CE도 유사한 방식을 사용한다. 윈도우 CE는 애플리케이션이나 운영체제가 설치되게 설계되지 않았다. 대신 운영체제 이미지가 휴대폰이나 네트워크 라우터, 윈도우 CE를 지원하는 개발용 보드 같은 디바이스에 플래시된다. 윈도우 CE 자동화 시스템은 주어진 테스트와 하드웨어 설정에 적당한 운영체제 이미지를 골라서 디바이스에 운영체제를 플래시한 후 테스트를 실행하기 전에 특수한 하드웨어를 사용해 디바이스를 자동으로 재시작한다.

그런 것도 자동화할 수 있는지 몰랐어요

테스팅 업무의 일부를 자동화하기가 어렵거나 불가능해 보이는 경우도 있다. 자동화하기 불가능해보일 때마다 나는 조금 더 생각해 테스팅을 더 작은 부분으로 나눠서 더욱 효율적으로 만들 수 있는 방법이 있는지를 고민하는 것이 중요하다고 생각한다.

윈도우와 윈도우 CE 팀은 자동화 업무를 지원하기 위해 다양한 하드웨어를 사용한다. 예를 들어 PCMCIA 카드의 테스팅은 상당한 시간이 소요될 수도 있다. 운영체제는 아무 때나 카드를 장착하고 제거할 수 있게 지원해야 할 필요가 있다. 네트워크 테스트 같은 몇 가지 테스트의 유형은 여러 가지 다른 PCMCIA 네트워크 카드를 가지고 수행돼야 한다. 윈도우 CE 팀에서는 이 테스팅을 지원하기 위해 'PCMCIA 주크박스'를 사용했다. 그 디바이스는 여섯 개의 PCMCIA 슬롯과 직렬 연결 포트가 있었고 여섯 개의 위치에서 카드의 장착과 제거를 물리적으로 수행해 볼 수 있었다. 모든 컴퓨터 주변 기기를 위한 주크박스가 있지는 않았지만 주크박스가 없는 곳에는 여러 개의 '스위처'를 준비해 직렬 통신을 하는 USB나 1394/파이어와이어(Firewire) 디바이스 같은 이동형 디바이

> 스의 장착과 제거를 시뮬레이션할 수 있게 했다.
>
> 윈도우 팀은 하드웨어의 동작을 그대로 재연하는 데 디바이스 시뮬레이션 프레임워크를 많이 사용한다. 수백 개의 디바이스를 장착하거나 하나의 디바이스를 수천 번 탈착하는 것처럼 실제로 수행하기에는 비실용적인 테스트가 이 프레임워크를 통해 가능하다.

● 실행

테스트 케이스의 단계를 실행하는 것은 자동화 테스팅의 핵심이고, 다양한 실행 방법이 가능하다. 실행의 간단한 형태 중 한 가지는 스크립트나 애플리케이션을 작성하고 실행하는 것이다. 마이크로소프트 워드에서 특정 문서를 열고 인쇄하는 간단한 테스트 케이스는 다음과 같이 구현될 수 있다. 이 스크립트는 마이크로소프트 비주얼 베이직 스크립팅 에디션(VBScript, Visual Basic Scripting Edition)으로 작성됐다.

```
Set objWord = CreateObject("Word.Application")
Set objDoc = objWord.Documents.Open("c:\tests\printtest.doc")

objDoc.PrintOut()
objWord.Quit
```

또한 테스트 실행은 스탠드얼론 애플리케이션에서 일반적으로 수행한다. 한 번은 윈도우 98을 위한 대규모 네트워크 테스트 스위트를 포함하는 애플리케이션을 작성한 적이 있다. 애플리케이션을 시작해 몇 가지 옵션을 설정한 후, 버튼 클릭 하나로 네트워크 파일 공유와 복사 기능의 광범위한 테스트를 수행하는 것이었다. 이것이 최적의 해결책은 아니었다. 테스트가 자동으로 실행됐지만 테스트를 선택하고 실행하기 위한 사용자의 개입이 여전히 필요했다.

오늘날 마이크로소프트의 모든 팀에서 사용되는 훨씬 더 나은 해결책은 자동화 테스트를 실행하는 테스트 하네스(Test Harness)[5]를 사용하는 것이다. 테스

---

5. 테스트 하네스(Test Harness)란 테스트 자동화를 위한 프레임워크로, 다양한 환경에서 테스트를 실행하고 그 결과를 모니터링하기 위한 테스트 데이터와 소프트웨어의 집합이다 – 옮긴이

트 하네스는 테스트를 실행하기 위해 필요한 프레임워크다. 훌륭한 테스트 하네스는 설정이 용이하고 확장 가능하며, 자동화 테스팅을 수월하게 한다. 간단한 테스트 하네스 구조의 예는 그림 10-3과 같다.

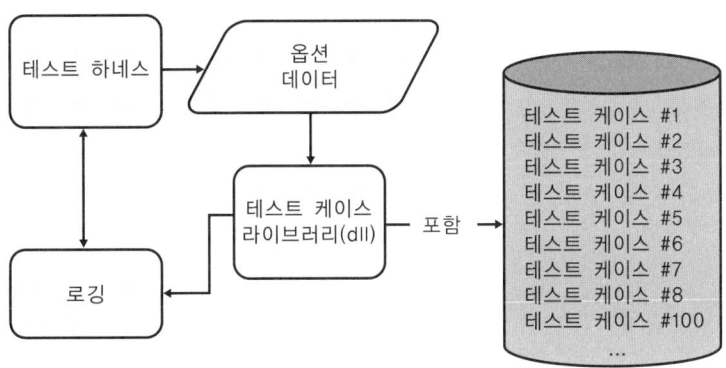

그림 10-3 테스트 하네스 설계

이 예에서 테스트 하네스는 다른 바이너리(예를 들어 윈도우 동적 링크 라이브러리(DDL, Dynamic-Link Library))에 포함된 테스트를 수행하는 애플리케이션이다. 하네스의 작업 흐름은 다음과 같다.

1. **테스트 하네스가 동작을 시작하고 넘어온 데이터를 검사한다** 이 데이터는 환경 변수이거나 실행할 특정 테스트, 파일의 위치, 네트워크 주소, 그 외 테스트에 필요한 모든 것이 될 수 있다. 이 정보는 테스트 케이스를 갖고 있는 파일의 이름을 항상 담고 있다. 'TestCase.dll' 파일에 포함된 테스트 케이스 1부터 100까지 실행하고, 이 100개의 테스트를 10번 반복하며, 그 로그 정보를 'test.log' 파일에 기록하는 커맨드의 예는 다음과 같다.

   harness.exe TestCase.dll -Tests 1-100 -Repeat 10 -output test.log

2. **하네스가 테스트 케이스를 실행한다** 하네스나 옵션 데이터에 따라 하나의 자동화 테스트 케이스나 모든 자동화 테스트 케이스가 연속해 실행되거나, 무작위로 실행되거나, 특정 순서에 따라 실행될 수 있다. 네이티브

C와 C++ 코드에서 테스트 하네스의 일반적인 구현 방법은 각 테스트에 대한 함수를 포함하는 동적 링크 라이브러리(DLL)를 생성하는 것이다. 일반적으로 DLL은 상세한 테스트 정보와 각 테스트를 구분하기 위해 테이블을 사용한다. 간단한 예는 다음과 같다.

```
struct functionTable[] =
{
    { "API 1 "기능 테스트", 1, FunctionalTest },
    { "API 1 "경계 값 테스트", 2, BoundaryTest },
    // ...
};
```

이 예제에서 테이블은 하네스가 사용할 세 개의 값('기능 테스트' 같은 테스트에 대한 설명, 구분자, 테스트를 실행하는 함수의 주소)을 가진다. 이런 식으로 하네스에게 2번 테스트를 수행하게 지시하는 것이 가능해지며, 2번 테스트가 특정 API에 대한 경계 값 테스트인지는 알 필요가(혹은 기억할 필요가) 없다.

이런 구조의 하네스는 DLL의 `LoadLibrary`를 호출함으로써 동작하고, 함수 테이블에 있는 함수의 주소를 `GetProcAddress`로 넘겨줘 DLL에 있는 루틴을 직접 호출한다.

이 하네스 구조에서 사용된 테스트 코드는 애플리케이션에서 흔하게 볼 수 있는 함수와 비슷하다.

```
int FunctionalTest(int parameters)
{
    int testResult = 0;
    // 테스트 코드 부분

    if(testWasSuccessful)
        testResult = 1;
    return testPass;
}
```

마이크로소프트의 자동화 테스팅 업무 영역에서 다양한 테스트 하네스를 사용하는 것은 일반적이고 효과적인 동시에 확장이 가능하다.

마이크로소프트의 많은 자동화가 C#으로 작성되고 있다. C#의 개발은 일반적으로 네이티브 C나 C++ 코드보다 작성이 빠르다. 매니지드 코드로 작성된 테스트(또는 애플리케이션)는 네이티브 코드로 작성된 것보다 코드를 덜 사용할 수 있고, 읽고 검토하기 쉽고, 코드를 관리하기도 쉽다. 매니지드 코드는 네이티브 코드에서 쉽게 발생하는 많은 버그의 원인을 줄일 수도 있다. 변수 초기화와 메모리 관리가 자동으로 이뤄지기 때문이다.

C#으로 테스트 케이스를 작성할 때 테스트에 대한 정보는 함수의 속성으로 존재한다. 속성은 헤더 파일에 함수의 테이블을 생성하는 것보다 유연하고, 별도의 파일이 아니라 테스트 소스코드 내에 테스트 정보를 모아 놓음으로써 테스트 정보를 항상 최신으로 유지할 수 있다.

```
[TestCaseAttribute( "빌드 검증 테스트: Math Tests",
Type = TestType.BVT, ID=42)]
public TestResult BuildVerificationTest_Math1()
{
    TestResult.AddComment("BuildVerificationTest_Math1을 실행");
    // 코드 제거됨...
    return TestResult.Pass;
}
```

이 예제는 테스트와 테스트 유형을 설명하고 테스트에 ID를 부여하는 데 커스텀 속성을 사용한다. 하네스는 속성의 상세 정보를 검사하고 매니지드 코드 내의 테스트 메소드를 실행하는 데 리플렉션(Reflection)[6]을 사용한다. 매니지드 테스트 하네스의 커맨드는 다음과 같은 형식을 가진다.

```
managed-harness.exe managed-test.dll TestType=BVT
```

---

6. 컴퓨터 프로그램이 자신의 구조와 동작을 관찰하고 수정할 수 있는 방법이다. 주로 고급의 가상 머신을 사용하는 프로그래밍 언어에서만 가능하다(스몰토크나 스크립팅 언어). 여기서는 해당 프로그램을 검사해 프로그램의 메타데이터(모듈, 매개변수, 기타 엔터티 등의 속성)를 불러오는 것을 말한다 - 옮긴이

이 커맨드를 사용하는 하네스는 managed-test.dll 파일을 리플렉션으로 검사하고 TestType.BVT 속성으로 모든 테스트 메소드를 실행한다.

마이크로소프트 비주얼 스튜디오 팀 시스템(Visual Studio Team System)에 포함돼 있는 단위 테스팅 프레임워크는 단위 테스팅에는 물론 기능 테스팅에도 적용이 가능한 내부 속성을 가지고 있다. 매니지드 코드 테스트 하네스는 추가적인 속성을 구현해 테스트 케이스를 더 완벽하게 설명하고 분류하기도 한다. 표 10-2는 일반적인 매니지드 코드 테스트 속성의 목록이다.

속성	설명
ClassSetup	이 속성을 가지는 메소드는 어떤 테스트도 실행되기 전에 일어나는 동작을 기술한다. 이 속성을 가진 메소드는 애플리케이션을 시작하고, 데이터베이스에 값을 설정하고, 테스트에 필요한 환경을 설정한다.
ClassTeardown	해체(teardown) 동작은 모든 테스트를 실행한 후에 일어나고, 테스트를 위해 설정했던 환경을 원래의 상태로 돌려놓는다. 이 속성을 가지는 메소드는 일반적으로 테스트의 모든 산물, 예를 들면 파일과 데이터베이스 입력 값, 레지스트리 값 등을 삭제한다.
TestInitialize	이 속성을 가지는 메소드는 각 테스트를 실행하기 전에 수행되고, 테스트에 필요한 파일을 생성하거나 복사하는 등의 테스트 환경을 준비하는 데 필요한 모든 작업을 수행한다. 이는 각 테스트 메소드의 시작부분에 공통적으로 들어가게 될 중복된 코드의 양을 줄여준다. 하지만 테스트 스위트 내의 모든 테스트가 같은 환경에서 시작한다는 가정이 있어야 한다.
TestCleanup	이 속성을 가지는 메소드는 각 테스트 실행 후에 수행된다. 테스트 실행 중에 생성된 파일을 지우거나 데이터베이스의 설정을 테스트 실행 전으로 되돌려 놓거나 그 밖의 시스템 설정 값을 테스트 전으로 되돌려 놓는다.
TestMethod	이 속성을 가지는 메소드는 파일에 포함된 테스트를 나타낸다.

표 10-2 일반적인 매니지드 코드 테스트 속성(이어짐)

속성	설명
Step	이 속성은 특정 순서에 의해 실행돼야 하는 메소드를 표시하기 위해 사용한다. 일반적인 매니지드 테스트 하네스는 테스트를 임의의 순서로 실행할 수 있다. 특정 테스트가 순서대로 실행돼야 한다면 이 속성을 사용해 테스트 순서를 표시한다.
SupportFile	이 속성은 특정 파일이 테스트가 실행될 필요가 있음을 나타낸다.

표 10-2 일반적인 매니지드 코드 테스트 속성

```
// 이 테스트 메소드는 항상 다음 순서로 실행한다.

[TestCaseAttribute("테스트 순서 예제", Step=1,
SupportFile="one.txt")]
public TestResult TestOne()
{
    // "one.txt" 파일로 작업
    ...
}

[TestCaseAttribute("테스트 순서 예제", Step=2, SupportFile="two.txt")]
public TestResult TestTwo()
{
    // "two.txt" 파일로 작업
    ...
}
```

이 예제에서 Step 속성은 하네스에게 TestOne이 TestTwo보다 항상 먼저 실행돼야 함을 알려준다. 게다가 TestOne과 TestTwo는 추가적인 지원 파일('one.txt'와 'two.txt')도 필요하다.

3. **테스트 케이스는 파일이나 디버그 스트림, 그 외의 다른 위치에 테스트 상태를 포함한 데이터를 기록할 수 있다** 테스트 하네스는 로그나 그 외의 정보를 검토해 테스트의 통과 여부를 결정한다. 로그는 간단한 텍스트 파일, XML 기반의 파일, HTML 파일, 아니면 앞의 세 가지 파일의 조합이거나, 윈도우 시스템 이벤트나 데이터베이스 입력 값 같은 전혀 다른

형태일 수도 있다. 로그 파일은 테스트 결과를 추적하거나 테스트 실패를 디버깅하는 데 반드시 필요하다. 표 10-3은 테스트 자동화에 의해 생성되는 모든 로그 파일이 가져야 하는 여러 가지 요소를 설명한다.

요소	설명
테스트 ID	시스템의 모든 테스트는 고유한 ID가 있어야 테스트의 결과가 다른 테스트의 ID와 중복되지 않고 보고될 수 있다. GUID(전역 고유 식별자, Globally Unique Identifier)가 테스트 ID로 주로 사용된다.
테스트 이름	쉽게 이해할 수 있는 이름을 사용한다.
환경 정보	운영체제의 버전과 SKU(예를 들어 윈도우 비스타 얼티밋(Windows Vista Ultimate)), 운영체제 언어, 구조(x86, 32비트, 64비트 등), 전체 RAM, 사용 가능한 디스크 용량, 컴퓨터 이름을 포함한다. 환경 정보는 모든 테스트 컴퓨터 중 특정 환경에서 발생하는 버그를 추적할 때 유용하다.
테스트 대상 애플리케이션 (AUT, Application Under Test) 정보	애플리케이션이나 컴포넌트의 버전, 빌드 리비전 등을 말한다. 가능하다면 애플리케이션이 지원하는 언어와 모든 애플리케이션의 의존성에 대한 버전 정보를 포함한다.
테스트 결과	테스트 결과는 전형적으로 통과이거나 실패다. 하지만 다른 값도 가능하다. 이런 경우는 10장의 뒷부분에서 설명할 것이다.

표 10-3 테스트 로그를 구성하는 권장 필수 요소

로그 형태나 매체에 상관없이 자동화 테스트에서 데이터를 기록할 때 필요한 다음과 같은 실용적인 방법을 고려하라.

- 통과한 테스트는 가능한 한 최소한의 로그 기록만을 생성한다.

- 실패한 테스트는 충분한 정보를 제공해 테스트를 재실행하거나 디버거와 연결하지 않고 장애를 디버그할 수 있게 해야 한다. 로그 파일에는

테스트 대상인 바이너리와 함수를 기록하고, 테스트 대상인 기능성과 예상 결과, 실제 결과 등을 기록해야 한다.

- 오류 코드는 분명하고 이해할 수 있는 문장으로 작성돼야 한다.

- 로그는 재컴파일 없이 수정이 가능해야 한다. 테스트는 '로그 없음', '일반 로그', '모든(Verbose) 로그' 등 다양한 로그 수준을 고려해 수행될 수 있어야 한다.

```
<TESTCASE ID=1024>
*** 테스트 시작
*** 테스트 이름: 읽기 전용 파일의 삭제 시도
*** vvvvvvvvvvvvvvvvvvvvvvvvvvvvvvvvvvvvvvvvvvvvvvvvvvvvvvvv
테스트 시작: "읽기 전용 파일의 삭제 시도"
읽기 전용 파일 c:\temp\test.tmp 생성
읽기 전용 속성 확인...
파일은 읽기 전용입니다.
DeleteFile 함수 호출
DeleteFile 함수가 ERROR_SUCCESS 값을 리턴. 예상 결과는 ERROR_ACCESS_DENIED
테스트 끝: "읽기 전용 파일의 삭제 시도" 실패, 소요시간=0.6444
*** ^^^^^^^^^^^^^^^^^^^^^^^^^^^^^^^^^^^^^^^^^^^^^^^^^^^^^^^^
*** 테스트 완료
***
*** 테스트 이름: 읽기 전용 파일의 삭제 시도
** 테스트 ID: 1024*
** 라이브러리 경로: \fsystst.dll
*** 커맨드: -p -Flash
*** 결과: 실패
*** Random Seed: 30221
*** 실행 소요 시간: 0:00:00.644
</TESTCASE RESULT="FAILED">
```

그 외 간단한 로그 파일로는 다음 XML 형태의 파일이 있다.

```
<harness harness_client="테스트클라이언트1">
<harness_client_machine>testclient1</harness_client_machine>
<harness_client_ip>157.59.28.234</harness_client_ip>
   <result_information>
       <parameter name="컴퓨터_이름" value="LAB-09563"/>
```

```xml
            <parameter name="결과_파일명" value="1234.LOG"/>
            <parameter name="결과_테스트ID" value="1234"/>
            <parameter name="결과_테스트결과" value="Passed"/>
        </result_information>
    </message>
</harness>
```

● 분석

테스트의 단계를 실행하는 것은 자동화 테스트의 시작에 불과하다. 실행 후에는 테스트의 결과를 판단하기 위해 어느 정도의 조사가 이뤄져야 한다. 경우에 따라 분석은 간단하지만 테스트의 통과 여부를 결정하는 기준은 복잡할 수 있다. 테스트 오라클(Test Oracle)은 테스트 케이스의 핵심 구성 요소인 예상 결과의 근거다. 윈도우 API의 **CreateFile** 함수는 새로운 파일을 생성하거나 존재하는 파일을 연다. 이것이 성공하면 함수는 핸들(특정 정수 값)을 파일로 넘기고 실패하면 오류 코드를 넘긴다. 반환되는 값을 확인함으로써 이 함수를 테스트할 수 있고 테스트 상태를 확인할 수 있다.

```c
TEST_RESULT TestCreateFile(void)
{
    HANDLE hFile = CreateFile(...)
    if (hFile == INVALID_HANDLE_VALUE)
    {
        return TEST_FAIL;
    }
    else
    {
        return TEST_PASS;
    }
}
```

이 테스트는 단지 **CreateFile** 함수가 리턴 값을 넘기는지만 확인한다. 정확한 테스트 결과를 결정하기 위해 이 함수가 실제로 동작하는지 확인하려면 상당한 추가 테스트가 필요하다. 이런 테스트 상태를 확인하기 위해 테스터는 오라클(또는 확인 함수)을 생성할 수 있다.

```
TEST_RESULT TestCreateFile(void)
{
    TEST_RESULT tr = TEST_FAIL;
    HANDLE hFile = CreateFile(...)
    if (IsValidFile(hFile, ...) == TRUE)
    {
        tr = TEST_PASS;
    }
    return tr;
}
BOOL IsValidFile(hFile, ...)
{
    /* 오라클:
        핸들 값이 INVALID_HANDLE_VALUE인지 확인한다.
        파일이 디스크에 존재하는지 확인하고,
        파일의 속성이 올바른지 확인한다.
        파일의 속성이 '쓰기' 가능이면 파일이 쓰기 가능한지 확인하고,
        그 외 속성도 확인한다.
        파일이 유효하다면 true 값을 리턴하고,
        그렇지 않다면 false 값을 리턴한다.
    */
}
```

오라클을 만들 때 어려운 점은 확인하는 동작의 결과를 정확하게 예측하는 것이다. 정확한 오라클을 생성하려면 테스트 대상이 되는 기능성에 대한 광범위한 지식과 기능의 의도를 알려주는 정확한 문서가 필요하다. 최소한 오라클은 성공 여부의 확인을 가능하게 해야 하고, 기능성을 테스트할 때 연속적으로 일어나거나 부수적으로 발생하는 환경과 프로그램의 다양한 변화도 확인할 수 있어야 한다.

> **오라클 관련 난제**
>
> 내가 윈도우 98 팀에서 일할 당시 내 업무 중 하나는 텍스트나 도형을 스크린에 그리는 윈도우 운영체제의 그래픽 함수 테스트였다. SetPixel 함수는 주어진 좌표의 픽셀을 특정 색으로 변경한다. GetPixel 함수는 주어진 좌표의 픽셀 색이 무엇인지 알아낸다.
>
> 나는 지난밤에 스크린의 픽셀을 조작하는 함수와 오라클에 관련된 흥미로운 대화를 나눴던 것을 기억했다. 그 논쟁은 SetPixel 함수를 테스트할 때 GetPixel 함수를 오라클로서 안전하게 사용할 수 있는가라는 것이었다. 즉, 특정 픽셀의 색을 SetPixel 함수를 사용해 설정한다면 SetPixel 함수를 호출할 때 사용한 값을 넘겨주는 것보다 GetPixel 함수로 가져온 정보를 더 믿을 수 있는가라는 것이었다.
>
> 나는 디스플레이 드라이버 데이터 구조를 조회하기 위해 설계와 코드 프로토타입을 시작했고, GetPixel 함수를 호출하지 않고 픽셀의 색을 확인하려고 했다. 하지만 나보다 더 똑똑한 누군가가 내가 하고 있는 작업이 GetPixel 함수가 동작하는 것과 동일한 원리라고 지적했다.
>
> 맞는 말이었다. SetPixel 함수를 테스트하는 데 GetPixel 함수를 사용하는 것은 안전했다. 하지만 이 질문은 지금도 가끔 듣게 되는 질문이고, 오라클의 철학을 늘 상기시켜 주는 계기가 된다.

수동으로 테스트를 실행할 때는 테스트의 통과와 실패 여부를 결정하거나 테스팅 환경에서의 다양한 상황으로 인해 실행할 수 없는 특정 테스트를 결정하는 것은 상당히 단순하다. 하지만 자동화 테스트는 이런 것을 사람의 개입 없이 결정해야 한다. 앞선 설명처럼 통과와 실패의 결정은 난제가 될 수도 있다. 통과와 실패 사이의 모호한 영역은 가끔 혼란을 가져오지만 통과와 실패로 단정 짓는 것뿐만 아니라 자동화 테스트의 상태를 정확히 보고하기 위해서 결과를 이해할 필요가 있다. 테스트 결과의 여러 가지 유형은 표 10-4와 같다.

결과	설명
통과	테스트를 통과했음
실패	테스트가 실패했음
생략	테스트가 특정 기능에 대해서만 가능할 때 테스트를 생략하는 경우가 생긴다. 예를 들어 비디오 카드에 대한 테스트 스위트에는 하드웨어의 특정 기능이 제공될 때만 수행이 가능한 테스트도 포함돼 있을 수 있다.
중단	중단된 결과의 가장 일반적인 예는 테스트의 지원 파일이 가능하지 않은 경우다. 예를 들어 테스트 부수 자원(테스트를 실행하기 위해 필요한 추가적인 파일들)이 네트워크 공유 장소에 위치하지만 그 공유 장소에 접근이 불가능한 경우에는 테스트를 중단한다.
실행 불가능	애플리케이션이나 시스템의 알려진 이슈에 의해 테스트 실행이 불가능한 경우에 해당한다. 테스트가 알려진 버그의 결과로 실행될 수 없을 때 테스트 상태를 실행 불가능(실패가 아니라)으로 처리하면 테스트의 실패율이 높아지는 것을 막는다. 실행 불가능한 테스트 케이스가 많은 영역은 품질과 기능성이 테스트되지 않은 영역임을 알려준다.
경고	테스트가 통과됐지만 더 상세하게 검토할 필요가 있다는 경고를 가리킨다.

표 10-4 테스트 결과의 유형

표 10-4의 테스트 결과 유형보다 더 많은 유형이 있을 수도 있다. 그리고 분석 시 결과의 유형으로 통과와 실패, 알려지지 않은 결과 유형만을 사용할 수도 있다. 테스트 자동화에서는 오라클이 테스트 상태를 정확하게 결정할 책임이 있고, 통과하지 않은 모든 테스트에 대해 취해야 할 다음 동작과 테스트의 상태를 알려줘야만 한다.

● 보고

소규모 프로젝트에서는 로그 파일이 보고서가 되는 경우가 많다. 로그 파일은 테스트와 테스트 스위트의 통과 여부 결과를 보고하고, 검토해야 할 로그 파일이 너무 많지 않은 한 이것으로 충분한 보고서가 될 수 있다. 예를 들어 마이크로소프트의 대다수 테스트 프로젝트는 수천 개의 테스트 스위트와 수

십만 개의 테스트를 갖고 있다. 이 정도 규모의 프로젝트에서 로그 파일을 하나하나 눈으로 검토한다는 것은 말도 안 되는 일이다. 테스트가 모든 로그 결과를 데이터베이스에 직접 기록하게 할 수도 있다. 하지만 데이터베이스 연결을 위한 부하를 생각하면 이는 현실적으로 실현 불가능하다. 네트워크 연결이 불가능한 경우도 있고, 데이터베이스로의 네트워크 연결은 컴퓨터 내부의 저장 공간이나 디버그 시스템에 바로 로그를 기록하는 것보다 훨씬 더 느리다.

이를 해결하는 일반적이면서 효과적인 방법은 로그 파일의 파싱을 자동화하는 것이다. 로그 파일 파서는 테스트 케이스가 실행되는 범위 밖에서 실행할 수 있고, 로그 파일의 배치로 하나의 로그 파일에 대해서도 동작한다. 파서는 단순히 테스트 케이스 이름과 테스트 결과를 기록하거나 테스트 유형이나 테스트 대상 컴포넌트, 장애를 디버그할 때 필요한 정보 같은 필수적인 메타데이터를 기록할 수도 있다. 데이터베이스는 전형적으로 파싱된 데이터를 적재하고 애플리케이션이나 웹 페이지가 그 결과를 디스플레이한다. 표 10-5는 테스트 케이스 결과의 부분적인 목록을 보여준다.

컴포넌트	통과	실패	생략	실행 불가능	미실행	총결과	통과율	실행율
컴포넌트1	1,262	148	194	415	0	2,019	69.15	100.00
컴포넌트2	1,145	78	18	28	0	1,269	91.53	100.00
컴포넌트3	872	18	32	4	0	920	97.53	100.00

표 10-5 테스트 케이스 결과

생략된 테스트는 통과율에 영향을 끼치지 않지만 실행 불가능한 테스트 케이스는 계산된다는 점에 주목한다. 이 예에서의 통과율은 통과/(총 결과 – 생략)으로 계산됐다. 표 10-4의 정의에 의하면 생략된 테스트는 의도적으로 표시된 것이고, 실행되지 않은 테스트를 나타낸다. 실행 불가능한 테스트 케이스는 확인되지 않은 영역을 나타낸다. 테스트가 실행되지 않았더라도 이 테스트를 통과할지 실패할지 모르므로 이것은 실패율에 반영된다. 통과율을 결정하기 위한 다양한 다른 계산 방법이 존재하지만 앞의 방법이 마이크로소프트에서 가장 일반적으로 사용된다.

● 초기화

테스트 실행 후에는 테스트가 실행되기 전의 환경으로 상태를 되돌려놓아야 한다. 그래야만 그 이후에 수행한 테스트에서 발생한 장애가 이전 테스트에서 남아있는 산물에 의한 것이 아니라 제품의 버그임을 확실히 보장할 수 있다. 이것은 특히 테스트 설정 부분에 시간이 오래 걸릴 경우 무척 중요하다.

테스트 대상인 소프트웨어의 초기화 단계가 정상적으로 동작하는 것이 이상적이지만 실제로는 실현 불가능한 경우도 있다. 테스트 실행 후에 초기화를 시도할 수 있지만 테스트 자체가 메모리 누수나 메모리 충돌을 일으키면 초기화 작업이 실행되기도 전에 충돌이 발생할 수도 있다. 반면에 초기화 작업이 이뤄지지 않으면 그 이후 테스트에서 발생한 오류의 근본 원인을 추적하기 어려울 수도 있다. 합리적인 절충안은 모든 자동화 테스트에서 초기화 단계를 수행하는 것과 함께 초기화 단계를 수행하지 않는 다른 테스트 집합을 동시에 반복적으로 수행하는 것이다. 예를 들어 초기화 단계를 수행하는 자동화 기능 테스트를 실행하는 동안 초기화 단계를 수행하지 않는 반복되는 시나리오 테스트 집합을 동시에 다른 컴퓨터에서 실행할 수 있다.

● 도움말

테스터는 경력이 쌓여갈수록 속한 그룹에서 더욱 중요한 컴포넌트를 담당하거나 사내의 다른 그룹으로 옮겨갈 수도 있다. 이렇게 되면 또 다른 테스터가 기존의 테스트를 관리하고 설정하고 수행하는 역할을 담당해야 하고, 테스트 결과 해석 방법을 이해해야 한다. SEARCH의 마지막 단계는 제품의 생명주기 동안 테스트의 실행과 관리가 가능하게 하는 부분이다. 제품 코드와 마찬가지로 테스트 코드는 유지 보수가 가능해야 한다. 잘 짜여진 구조를 갖고 주석이 충분한 코드를 작성해야 하는 것뿐만 아니라 도움말 단계에서는 관련된 문서를 작성해야 한다. 테스트의 목적과 제약 사항, 설정에 관련된 참조 내용, 결과 해석을 위한 지시 사항에 대한 정보는 이 문서에서 모두 다뤄야 한다.

이 단계는 SEARCH의 5단계와는 달리 많은 테스터가 즐겨하는 업무는 아니지만 테스트의 생명주기 동안 이 단계는 가장 중요할 수 있다.

수많은 마이크로소프트 제품을 위해 작성된 자동화 테스트는 테스트 대상 제품보다 더 많은 코드를 가진다.

좋은 툴이 너무 많아요?

마이크로소프트 내부적으로 공유하는 툴은 '테스트 하네스'에 관련된 툴만 해도 40개가 넘는다. 부서 전체가 몇 개의 하네스를 공용으로 사용하지만 제품의 다양성과 특수성으로 인해 마이크로소프트 테스트 팀이 일부 중복된 기능을 가진 서로 다른 하네스를 개발하는 것은 피할 수 없다. 해결책이 많음으로 인해 발생하는 가장 큰 문제는 팀 간에 테스트 케이스와 테스트 결과를 공유하는 것에 문제가 생긴다는 점이다. 이것은 또한 부서를 이동하는 테스터의 적응 시간을 오래 걸리게 한다. 마이크로소프트처럼 대규모 회사에서는 동일한 툴을 모든 부서가 사용하게 하는 것은 실용적이지도 않고 가능하지도 않지만 너무 많은 툴은 해결하기 어려운 문제들을 일으킬 수도 있다.

다행히도 더 적은 테스팅 툴로 업무를 수행하려는 사려 깊은 노력이 일고 있다. 오랫동안 사용돼 온 여러 가지 테스트 툴은 가까운 미래에도 계속 사용되겠지만 많은 팀이 비주얼 스튜디오 팀 시스템에 있는 툴을 사용하기 시작했다.

:: 실행, 자동화, 실행!

간단한 자동화는 애플리케이션이나 스크립트를 실행함으로써 수행된다. 일반적으로 대규모의 자동화는 모든 테스트 패스 간의 호환성과 일관된 보고체계를 가지는 복잡한 프레임워크에서 실행돼야 한다. 그림 10-4는 SEARCH의 모든 단계를 갖는 자동화 테스트의 인프라스트럭처를 보여준다. 잘 구성된 테스트 자동화 시스템은 상징적으로 얘기하는 한 번의 버튼 클릭으로 전체 자동화 테스트를 실행할 수 있다.

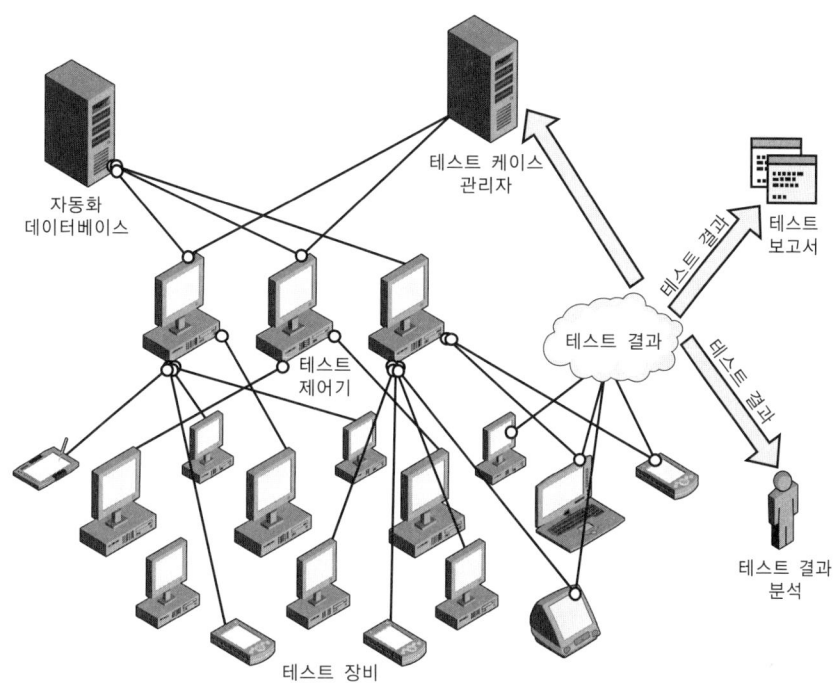

그림 10-4 자동화 인프라스트럭처

● **모두 연동하기**

자동화 시스템은 다양한 컴포넌트를 포함한다. 테스트 하네스(그림 10-3 참조)는 물론이고, TCM(Test Case Manager) 시스템으로부터 테스트를 가져오고 자동화를 실행하는 테스트 바이너리나 스크립트와 테스트를 매핑하기 위한 메커니즘이 필요하다. 테스트를 실행하기 위한 컴퓨터와 디바이스들도 필요하다. 그리고 결과는 TCM에 보고돼 기록돼야 한다.

 마이크로소프트에서는 자동화 테스팅을 위해 100,000대가 넘는 컴퓨터를 사용한다.

● 대규모의 테스트 자동화

마이크로소프트에서 사용하는 대부분의 자동화 시스템에서는 웹 페이지나 애플리케이션, 커맨드라인 등에서 하나의 커맨드로 테스트 패스(test pass, 9장의 '테스트 케이스 관리' 절 참조) 전체를 시작한다. 테스트를 위한 빌드가 준비되자마자 테스트가 자동으로 시작하는지를 자동화 파일 모니터가 확인하게 하는 팀도 있다. 자동화의 흐름은 TCM에서 시작한다. 테스트 패스의 설정을 기반으로 TCM은 실행해야 할 테스트의 목록을 구성한다.

그리고 나서 테스트를 실행하는 바이너리나 스크립트와 테스트 케이스를 상호 참조한다. TCM과 자동화 데이터베이스 간에 공유되는 고유 ID나 GUID(전역 고유 식별자, Globally Unique Identifier)가 이 참조 작업을 위해 가장 일반적으로 사용되는 방법이다. 자동화용 데이터베이스를 따로 두어 관리하는 것은 또 다른 장점이 있다. 즉, 커맨드 옵션이나 테스트의 위치, 관련 파일의 위치 같은 자동화 테스트에 대한 정보를 테스트 케이스에 대한 정보에서 완전히 분리할 수 있다.

데이터베이스 서버 중 한 대의 컴퓨터나 그 외의 컴퓨터에 공유 디렉토리를 만들어 테스트를 실행하는 데 추가적으로 필요한 테스트 부수 자원, 예를 들어 마이크로소프트 워드 테스트를 위한 doc 파일이나 윈도우 미디어 플레이어를 위한 미디어 파일 등을 공유할 수 있다.

다음으로 자동화 데이터베이스와 TCM은 테스트 제어 시스템에 신호를 보내 특정 테스트를 실행하기 위해 테스트 컴퓨터를 차례로 설정하게 한다. 일반적으로 각 제어 시스템은 8개에서 50개, 혹은 그 이상(규모는 하드웨어와 네트워크 제한 요소들을 포함해 다양한 요소에 의해 결정된다)의 컴퓨터에 테스트를 수행하게 한다. 즉, 테스트 컴퓨터의 설정이 완료되면 테스트 제어 시스템은 테스트를 수행한다. 테스트 제어 시스템은 테스트가 완료(혹은 크래시)되기를 기다렸다가 테스트 컴퓨터에서 로그 파일을 가져온다. 제어 시스템은 로그 파일에서 결과를 직접 파싱하기도 하지만 많은 경우 로그 파일을 TCM으로 보내거나 다른 컴퓨터로 보내 파싱하게 한다.

로그 파일이 검토되고 테스트 결과가 알려진 후에 파일은 저장되고 용이한 장애 분석을 위해 테스트 결과를 TCM에 기록한다. 또한 마이크로소프트에서 사용되는 많은 시스템은 모든 테스트 장애를 버그 추적 시스템에 직접 기록한다. 마지막으로 결과는 다양한 보고서를 통해 보고되고 테스트 팀은 장애를 검토한다.

● 일반적인 자동화 실수

자동화 테스트 작성은 상당한 장점이 있지만 작성할 때 실수를 하게 되는 경우도 많다. 마이크로소프트 테스트 개발자는 개발자와 동일한 수준의 코딩 기술을 가지고 있지만 테스트 코드와 제품 코드에는 커다란 차이점이 있다. 즉, 제품 코드는 테스트가 된다는 점이다. 공정하게 말하면 반복되는 테스트 실행과 테스트 결과라는 형태로 제공되는 끊임없는 피드백은 결국 제품이 '테스트'를 테스트했음을 의미한다고 할 수 있다. 어찌됐던 간에 거의 모든 마이크로소프트 팀의 목표는 테스트 코드가 제품 코드만큼의 품질을 확보하는 것이다.

테스트 코드를 작성할 때 볼 수 있는 일반적인 오류는 다음과 같다.

- **하드 코딩된 경로** 테스트는 가끔 테스트 실행을 위해 외부 파일이 필요하다. 테스트 시 네트워크상의 파일 공유 공간이나 그 밖의 위치를 알려주는 가장 빠르고 간단한 방법은 소스 파일 내에 경로를 명시하는 것이다. 불행하게도 경로는 변경될 수도 있고 서버의 설정이 바뀌거나 서비가 없어질 수도 있다. 관련 파일에 대한 정보를 TCM이나 자동화 데이터베이스에 저장해두는 것이 훨씬 더 실용적인 방법이다.

- **복잡도** 7장 '코드 복잡도에 따른 리스크 분석'에서 설명한 복잡도 이슈는 제품 코드에서만큼이나 테스트 코드에서도 일반적이다. 테스트 코드의 목표는 기능을 충분히 테스트하면서도 가능한 간단한 코드를 작성하는 것이다.

- **디버깅의 어려움** 장애가 발생하면 이를 디버깅하는 절차는 빠르고 쉬워야만 한다. 테스터가 오랜 시간을 들여야 하는 절차가 돼서는 안 된다.

충분하지 않은 로그 정보가 디버깅을 어렵게 만드는 주요한 원인이 된다. 테스트가 실패한 경우 테스트가 실패한 원인을 기록하는 것이 좋다. '스트리밍 테스트 실패: 버퍼 사이즈가 2048이어야 하나 실제로는 1024임'이 '스트리밍 테스트 실패: 불충분한 버퍼 사이즈'나 단순히 '스트리밍 테스트 실패'보다 훨씬 더 나은 기록이라고 할 수 있다. 로그 정보가 자세히 기록되면 디버거를 실행할 필요 없이 장애가 보고되고 수정될 수 있다.

- **거짓 양성**(False Positive) 테스터는 장애를 조사하고 제품 코드에 오류가 없음을 확인하지만 테스트 코드 내의 버그가 테스트가 실패한 것으로 보고한 경우다. 이와 반대의 경우인 거짓 음성(False Negative)의 경우는 훨씬 더 나쁜 상황이 된다. 테스트가 통과됐다고 결과를 잘못 보고할 수도 있다. 테스트 결과를 분석할 때 테스터는 통과한 테스트가 아니라 장애를 일으킨 테스트만을 검토한다. 거짓 음성인 테스트가 다른 테스트에서 발견되거나 내부 사용자가 제품을 사용하다가 발견하지 못한다면 거짓 음성인 버그는 결국 고객이 발견하게 될 잠재적인 버그가 된다.

자동화 테스트 작성은 상당히 어려운 작업이다. 게다가 품질이 좋은 자동화 작성은 훨씬 더 힘든 작업이다. 테스트 팀의 목표에도 불구하고 마이크로소프트에서 작성된 모든 테스트 코드가 제품 코드만큼의 품질을 가지지는 못한다(적어도 아직은 아니다). 앞서 언급했던 이유들과 기타 관련된 이슈들로 인해 거짓 양성은 대부분의 팀이 예상한 것보다 더 흔하게 발생한다. 12장에서는 '기타 툴' 관련 주제와 함께 고품질의 테스트를 작성하는 방법과 앞서 언급한 위험을 피하기 위해 테스터들이 사용하는 몇 가지 툴을 설명한다.

∷ 정리

마이크로소프트에서 자동화 테스팅은 중요한 가치를 지닌다. 윈도우와 오피스, 비주얼 스튜디오 등 대규모의 복잡한 제품의 충분한 테스트는 자동화에 대한 투자 없이는 불가능했을 것이다. 게다가 수많은 다국어 버전과 10년간의 지원 계획으로 자동화에 상당한 투자가 필요하다.

자동화 테스팅의 큰 목표는 테스팅 업무를 줄이는 것이다. 심지어 하나의 자동화 테스트 작성도 막대한 업무량이 들지만 작성한 테스트가 다른 애플리케이션 설정과 다른 언어에서 실행될 수 있고, 유지 보수 팀이 10년 넘게 사용할 수 있다면 테스트의 가치는 상당히 높아진다. 자동으로 테스트 베드를 설정하고, 테스트를 실행하고, 결과를 보고하고, 버그를 기록하는 자동화 인프라스트럭처에 테스트를 연동하는 것은 훌륭하고 이는 오랫동안 사용될 자동화의 토대가 된다.

11 비기능 테스팅

앨런 페이지

대부분의 사람들이 다음과 같은 얘기를 들어보거나 직접 겪어봤을 것이다. 제품 개발이 순탄하게 진행되고 있다. 개발 팀과 테스트 팀의 협업 아래 제품 개발은 빠르게 진행됐다. 마치 시계처럼 정확하게 개발 팀은 새로운 소프트웨어 업데이트를 매일 배포했고, 테스트 팀은 그것을 적용해 매일 새로운 테스트를 작성하고 실행했다. 기능과 관련된 버그가 몇 개 발견됐지만 개발 팀에서는 발 빠르게 버그를 수정했다. 출시 일자가 다가왔지만 중압감은 거의 없었다. 소프트웨어는 제대로 동작했고 테스트는 모두 통과했다. 베타 테스터도 소프트웨어가 아주 잘 동작한다고 말했다. 소프트웨어는 출시됐고 좋은 반응을 얻었다.

2주가 지나고 나서부터 전화가 걸려오기 시작했다. 개발된 프로그램은 백그라운드에서 계속 실행되게 설계되었는데, 이 프로그램을 몇 주 동안 지속적으로 사용했을 때 소프트웨어가 동작하기는 하지만 성능이 떨어져서 거의 사용할 수 없을 지경이라는 것이었다. 제품 개발 팀과 테스트 팀은 애플리케이션의 특성과 기능에 자만한 나머지 실제 사용자가 실행하는 방식으로 한 번도 제대로 실행해보지 않았다. 사용자가 며칠이나 몇 주, 몇 달 동안 실행할 것이라 생각하지 못했다(혹은 잊어버렸다). 일일 빌드(daily build)는 애플리케이션을 매일 재설치함을 의미한다. 개발기간과 테스트 기간 동안 애플리케이션이 지속적으로 실행됐던 가장 긴 기간은 금요일부터 월요일까지의 주말 동안이었고, 2주 정도 지속적인 사용 후에나 발생하는 메모리 누수가 발견되기에는 충분치 않은 시간이었다. 그 다음 주에 개발 팀은 거의 12개의 메모리 누수와 성능 이슈를 수정했고, 테스트 팀은 수정 사항이 기능에 영향을 끼치지 않는지 확인하기 위해 온 힘을 쏟았다. 제품 출시 25일 후에 그렇게 자랑스러워하던 소프트웨어에 대한 첫 번째 최우선순위의 업데이트를 릴리스했고, 그 이후로 몇 달 동안 업데이트 릴리스는 계속됐다.

:: 기능성을 넘어

비기능 테스팅(Non-functional testing)은 약간 혼란스러운 용어지만 테스팅 분야에서는 흔히 쓰인다. 어떤 면에서는 합리적인 표현이다. 기능 테스팅은 애플리케이션 기능의 동작 여부를 확인하는 테스팅이다. 비기능 테스팅은 그 외의 거의 모든 테스팅을 말한다. 비기능 테스트로 정의되는 영역은 성능, 부하, 보안, 신뢰성 등이다. 비기능 테스트는 행위적 테스트(Behavioral Test)나 품질 테스트로 불리기도 한다. 비기능 속성은 직접 측정이 거의 불가능하다는 특징을 갖는다. 대신 이런 속성들은 신뢰성을 측정하는 실패율이나 테스트 용이성을 평가하는 사이클로매틱 복잡도(Cyclomatic Complexity)와 설계 검토 메트릭(Design Review Metrics)을 사용해 간접 측정할 수 있다.

국제 표준화 기구(ISO)는 비기능 속성을 ISO/IEC 9126과 ISO/IEC 25000: 2005에 정의한다. 이 속성은 다음과 같다.[1]

- **신뢰성**(Reliability) 사용자는 소프트웨어가 장애 없이 동작하기를 기대한다. 신뢰성은 소프트웨어가 주요 사용 시나리오상에서나 예상치 못한 상황에서 기능을 유지하는 정도를 나타낸다. 때로는 애플리케이션이 장애에서 회복하는 능력도 신뢰성에 해당된다. 사용 중인 문서를 주기적으

---

1. 다음의 4개 속성 이외에도 효율성(efficiency)을 현재 표준에서 정의하고 있고, 보안성(security)이 기능성 속성에서 비기능성 속성으로 독립되고 있다. 참고로 ISO/IEC 9126을 전 세계에서 가장 광범위하게 활용하는 테스팅이 한국의 GS 인증에서의 테스팅이다 – 옮긴이

로 저장하는 애플리케이션의 기능은 신뢰성으로 분류될 수 있다. 마이크로소프트에서 신뢰성은 심각한 주제이며, '신뢰할 수 있는 컴퓨팅 전략'(Trustworthy Computing Initiative, http://www.microsoft.com/mscorp/twc)의 중심 주제 중 하나다.

- **사용성**(Usability) 결함이 없는 프로그램이라고 할지라도 사용자가 사용법을 알지 못한다면 아무 소용이 없다. 사용성은 사용자가 필요한 기능을 활용하기 위한 애플리케이션 습득과 제어가 얼마나 쉬운지를 측정한다. 사용성을 연구하고, 고객으로부터 피드백을 받고, 사용 중 발생하는 오류 메시지나 대화상자의 내용을 검토함으로써 제품의 사용성을 향상시킬 수 있다.

- **유지 보수성**(Maintainability) 유지 보수성은 오류를 발생시키지 않고 소프트웨어를 수정하거나 변경하는 능력을 의미한다. 제품 코드와 테스트 코드는 똑같이 유지 보수성이 좋아야 한다. 팀원이 가지고 있는 코드에 관한 기초 지식과 제품의 테스트 용이성, 복잡도는 모두 유지 보수성과 관련돼 있다(테스트 용이성은 4장의 '테스트 케이스 작성을 위한 실용적 접근'에서 설명했고, 복잡도는 7장의 '코드 복잡도에 따른 리스크 분석'에서 설명했다).

- **이식성**(Portability) 마이크로소프트 윈도우 NT 3.1은 네 개의 다른 프로세서 제품군에서 구동됐다. 그 당시에 코드의 이식성은 윈도우 개발 부서의 주요한 요구 사항이었다. 심지어 오늘날에도 윈도우 코드는 32비트와 64비트 프로세서상에서 모두 실행돼야 한다. 또한 마이크로소프트의 많은 제품은 윈도우와 매킨토시 플랫폼 모두에서 동작한다. 수많은 마이크로소프트 조직은 제품과 테스트 모두에서 이식성 높은 코드를 중요시한다.

∷ '~성' 테스트하기

'~성(ility)'으로 불리는 속성의 목록은 앞에서 다뤘던 목록 이외에도 의존성

(dependability), 재사용성(reusability), 테스트 용이성(testability), 확대성(extensibility), 적응성(adaptability) 같은 수많은 품질 속성을 포함한다. 이런 모든 속성은 기능적인 면을 넘어서 제품의 품질을 이해하고 평가하는 데 도움을 준다. 확장성(Scalability, 과도한 사용자 수에 유연하게 대처할 수 있는 프로그램의 능력)과 보안성(security, 권한 없이 제품을 수정하려는 시도에 대처하는 시스템의 능력)은 마이크로소프트에서 가장 중요하게 여기는 두 가지 속성이다.

마이크로소프트 테스트 팀은 이런 '~성'에 초점을 맞추기 위해 특수한 팀을 구성해왔다. 사용성의 경우 별도의 엔지니어링 규칙을 갖고 테스트를 실행하고 사용하는 툴과 방식을 혁신하기도 한다.

테스트 조직 구조 측면에서 비기능 영역의 테스트는 주로 두 가지 방식으로 접근할 수 있다. 규모가 큰 팀은 그림 11-1에서처럼 비기능 테스트 팀을 별도로 두고 테스트 리드나 테스트 관리자가 비기능 테스트 팀과 협력해 기능 팀 테스터를 관리할 수 있게 조직 구조를 만들 수 있다.

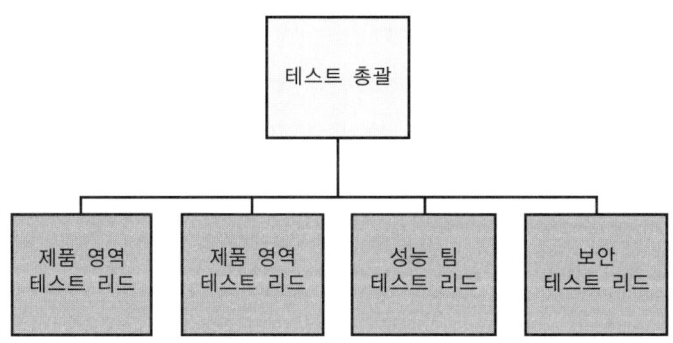

그림 11-1 비기능 영역 전담 팀

그림 11-2처럼 비기능 영역 테스트를 위한 가상 팀 구성이 좀 더 일반적인 방법이다. 가상 팀은 기존의 관리자에게 보고하지 않고, 맡고 있는 기능 테스트에 추가해 테스팅의 비기능적인 측면을 검토하고 테스팅하기 위해 협력한다. 모든 가상 팀의 전략, 목표, 성공에 대한 책임과 달성 여부 측정은 가상 팀 리드가 맡는다.

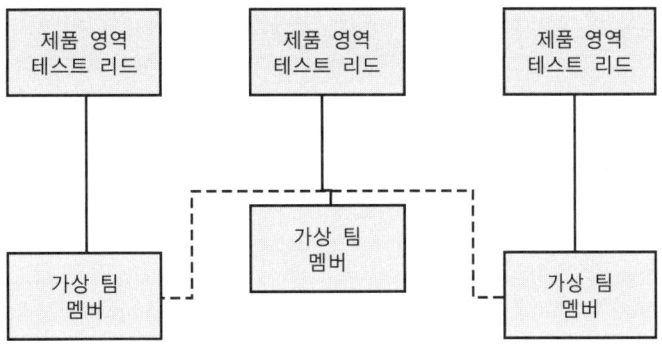

그림 11-2 비기능 테스팅 담당 가상 팀

앞의 두 가지 접근 방식을 조합한 방법도 많이 사용한다. 즉, 성능이나 보안 분야에 특화된 팀이 있으면서 동시에 사용성과 접근성 같은 영역을 테스팅하는 가상 팀이 존재할 수도 있다.

수많은 참고 문헌이 비기능 테스팅의 다양한 종류를 다룬다. 여기에서는 마이크로소프트에서 사용하는 모든 비기능 테스팅을 모두 설명하지는 않는다. 대신, 혁신 측면, 접근법 측면, 규모 측면 등에서 마이크로소프트가 흥미로운 해법을 제시할 수 있는 비기능 테스팅 영역을 다룰 것이다.

∷ 성능 테스팅

다양한 비기능 속성의 범위가 중복됨으로써 많은 속성의 이름이 혼용돼 사용된다. 예를 들어 '성능 테스팅'이라는 용어는 스트레스와 부하, 확장성 테스팅(scalability testing)이라는 단어와 혼용돼 사용된다. 마이크로소프트의 많은 테스트 조직에서 기능성 테스트를 담당하는 테스터나 테스트 팀이 이런 비기능 영역도 함께 담당한다. 이런 영역에 대한 접근 방식과 목표는 각기 다르지만 몇 가지는 유사하다. 예를 들어 서버 시스템에 연결된 수천 명의 사용자가 있을 때 시스템이 얼마나 잘 동작하느냐를 확인하는 테스트는 성능 테스트 중 하나다(부하 테스트나 확장성 테스트로 부르는 사람도 많다). 유사하게 몇 주 또는 몇 달 동안 재시작 없이 애플리케이션을 실행한 후에 애플리케이션이 잘 동작하는지 확인하는 테스트도 성능 테스팅의 일부로 여겨진다(신뢰성 테스트나 장기간 구동 테스트로 부르는 사람도 많다).

스톱워치 테스팅이라는 단어야말로 성능 테스팅의 가장 일반적인 특징을 잘 보여주는 용어다. 오래 전에는 다양한 기능의 성능을 측정하기 위해 실제로 모니터 앞에 앉아서 스톱워치로 시간을 재는 테스터도 있었다. 이 방법은 성능을 측정하는 테스팅의 가장 기초적인 방법이지만 오류가 나기 일쑤여서 애플리케이션의 성능을 측정하는 좋은 방법은 아니다.

성능 테스팅은 다양하고 중요한 액션의 동작 시간을 측정한다. 이런 종류의 성능 테스트는 테스트나 테스트 스위트로 설계해 다양한 사용자 액션에 대한 애플리케이션 응답 시간을 측정하거나 통제된 환경에서의 제품 기능성을 측정한다. 스톱워치 방식은 정확하게 측정할 수 없고 재현할 수 없으므로 대부분의 성능 테스팅은 테스트를 실행하고 시간 정보를 기록하는 자동화된 테스트로 이뤄진다.

성능 테스팅은 시스템에서 발생하는 중요하고 주목할 만한 병목 현상의 발견을 목표로 한다. 시스템을 병목의 연속으로 생각한다면 하나의 병목을 찾아내서 개선하는 작업은 다른 곳에 있는 새로운 병목을 드러낸다. 예를 들어 예전에 참여했던 마이크로소프트 윈도우 CE가 실행되는 장비 테스트에서 특정 하드웨어상에서의 메모리 관리 방법에 관련된 심각한 성능 문제를 처음으로 발견했다. 우리는 문제를 격리해 메모리 할당 속도를 개선했다. 그리고는 테스트를 다시 실행했고 또 다른 새로운 병목을 찾아냈다. 이번에는 네트워크의 데이터 처리율이 문제였다. 그 문제를 해결한 후 다시 다음 병목을 찾아서 개선했고, 전체 시스템이 목표한 성능을 달성할 때까지 계속해서 다음 병목을 찾아서 해결해 나갔다. 이때 성능 목표의 조속한 수립에 유념해야 한다. 그렇지 않으면 언제 성능 테스트를 멈춰야 할지 알 수 없기 때문이다.

● 성능 측정 방법

성능 테스팅의 가장 어려운 부분은 측정할 대상의 결정이다. 성능 테스터는 테스팅 목표를 선정하기 위해 몇 가지 다른 방식을 사용한다. 경험이 풍부한 성능 테스터는 모두 설계 프로세스의 초기에 성능 목적을 분석하고 검토하는 사전적 접근이 이뤄져야 한다고 강조한다. 사실, 비기능 테스팅의 필요성을 검토하는 가장 좋은 방법은 프로그램 설계 시에 이를 검토하는 것이다. 설계 단계에서 잠재적인 성능 이슈를 확인하기 위한 몇 가지 팁은 다음과 같다.

- **질문하라** 잠재적인 성능 문제를 가진 영역을 확인하라. 네트워크 트래픽과 메모리 관리, 데이터베이스 설계뿐만 아니라 그 외의 관련된 영역에 대해서도 질문하라. 성능을 개선할 수 있는 설계 방안을 가지고 있지 않더라도 팀의 다른 구성원들이 성능에 대해 한 번 더 생각하게 함으로써 큰 영향을 끼칠 수 있다.

- **큰 그림을 생각하라** 개개의 최적화보다는 전체 시나리오를 생각하라. 개발 단계에서 작은 단위의 성능 시나리오를 파고 들 시간이 생긴다. 하지만 설계 단계에서는 전체 시나리오를 생각하는 것이 더 좋다.

- **분명한 목표를 정하라** "응답 시간이 빨라야 한다" 같은 목표는 측정이 불가능하다. 설계 목표에 SMART(Specific-상세한, Measurable-측정 가능한, Achievable-도달 가능한, Relevant-관련된, Timebound-시간과 연관된) 기준을 적용하라. 예를 들어 "모든 사용자 액션에 대한 애플리케이션 컨트롤의 응답 시간은 100ms 이내이거나 이전 버전의 10% 이내이거나 둘 중 긴 쪽 범위 이내여야 한다"와 같은 기준을 정한다.

여기에 더해 성능 이슈가 어디서 발생할지를 예상하고 사용자에게 가장 중요한 액션과 측정이 필요한 액션을 예상하는 접근도 전술적으로 필요할 수 있다. 이런 시나리오의 정의는 설계 단계에서 검토될 때 가장 효과적이다. 시나리오를 기반으로 한 접근은 효과적인 대안이 되고, 레거시 코드의 성능 테스팅에도 적절하다. 다음은 상황에 관계없이 성능 테스팅에 도움이 될 만한 몇 가지 팁이다.

- **기준선을 설정하라** 개발 초기부터 성능을 정의하고 측정하기 위해 가장 중요한 것이 바로 기준의 설정이다. 성능 테스팅이 프로젝트 후반에 시작되면 발견된 성능상의 병목이 언제부터 생겼는지 확인하기가 어려워진다.

- **테스트를 자주 실행하라** 기준선을 가지고 있다면 측정은 가능한 한 자주 하라. 잦은 측정은 어떤 코드 변경이 성능 저하를 일으키는지 정확히 밝혀내는 데 큰 도움이 된다.

- **응답 시간을 측정하라** 사용자는 내부 기능이 실행되는 데 걸리는 시간은 신경 쓰지 않는다. 사용자가 중요시하는 것은 애플리케이션의 응답 시간이다. 성능 테스트는 실행 시간에 상관없이 사용자 관점에서 응답시간을 측정하는 데 초점을 맞춰야 한다.

- **성능을 측정하라** 성능 테스트 스위트에 기능 테스트(또는 다른 종류의 테스팅)를 포함하고 싶은 마음이 생길 수도 있다. 하지만 성능 테스트에서는 성능 측정에만 집중하라.

- **성능 테스트를 이용하라** 성능 테스트는 그 외의 다른 테스팅 상황에 가끔 도움이 된다. 자동화된 성능 테스트를 스트레스 테스트 스위트와 같은 다른 자동화 테스트 스위트에서 재사용하라.

- **병목을 예상하라** 지연 시간이 발생할 가능성이 있는 영역에 대한 성능 테스트를 목표로 하라. 예를 들어 파일과 프린트 입출력, 메모리 기능, 네트워크 오퍼레이션, 기타 응답이 없는 경우가 발생할 수 있는 모든 영역이 이에 해당한다.

- **툴을 사용하라** 앞서 언급한 내용과 관련해 네트워크나 입출력 지연을 시뮬레이션하는 툴을 사용해 최악의 상황에서 테스트함으로써 애플리케이션의 성능 특성을 확인한다.

- **자원 사용의 중요성을 기억하라** 응답 시간과 지연 시간은 성능의 가장 중요한 지표다. 하지만 성능 테스트 시에 CPU 부하나 디스크와 네트워크 입출력, 메모리를 모니터링하는 것을 잊어서는 안 된다. 예를 들어 미디어 플레이어를 테스트한다면 응답 시간은 물론이고 네트워크 입출력과 CPU 사용 내역을 모니터링해 애플리케이션의 자원 사용이 다른 애플리케이션에 영향을 끼치지는 않는지 확인해야 한다.

- **깨끗한 장비만 필요한 것은 아니다** 성능 테스팅은 포맷된 깨끗한 장비(운영체제와 테스트 대상 애플리케이션을 새로 설치한 장비)뿐만 아니라 고객 프로파일을 기반으로 설정한 장비상에서도 이뤄져야 한다. 깨끗한 장비는 일관된 결과를 내는 데 도움이 된다. 테스트 대상 제품의 성능이 다른 애플리케이션이나 애드인 프로그램, 또는 다른 확장 버전에 의해 역으로 영향을 받게 되면 그 결과가 잘못 받아들여질 수도 있기 때문이다. 깨끗한 장비에서 성능 테스트를 실행하면 최적의 상태에서의 결과를 얻을 수 있고, 소프트웨어로 가득한 장비에서 테스트를 실행한다면 고객의 환경에서 보게 될 결과를 얻을 수 있다.

- **수정을 피해라** 성능 테스트를 수정(혹은 정비)하고자 하는 충동을 억제하라. 테스트 수정이 적을수록 장기적으로 볼 때 좀 더 정확한 데이터가 나온다.

성능 측정기는 시스템의 성능 병목을 확인하는 데 유용하다. 성능 측정기는 애플리케이션이나 시스템의 성능 양상을 상세하게 측정하고, 성능 양상의 분석과 모니터링을 가능하게 한다. 윈도우 운영체제의 모든 버전은 이런 성능 측정기(Perfmon.exe)를 내장한다. 이 툴은 윈도우의 CPU, 디스크 입출력, 네트워크 입출력, 메모리 통계, 자원 사용 내역 같이 병목이 존재하는 많은 영역의 성능을 측정한다. `Perfmon.exe` 측정기의 예는 그림 11-3에서 볼 수 있다.

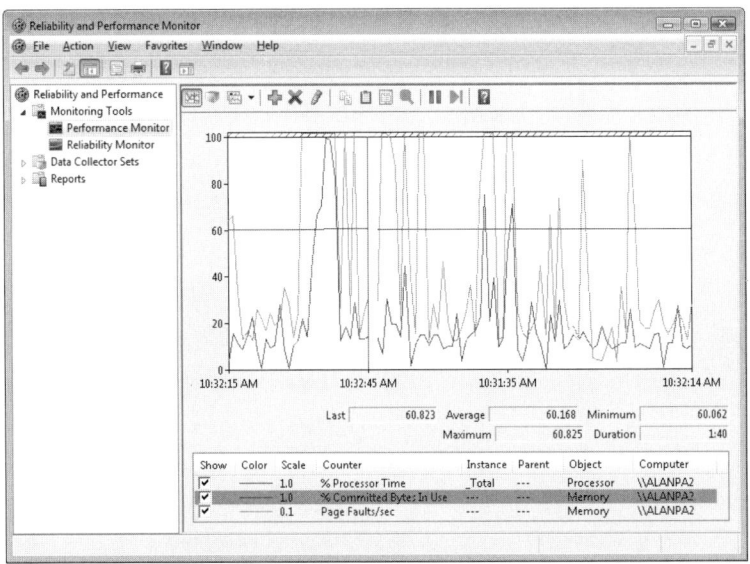

그림 11-3 윈도우 신뢰성과 성능 모니터

애플리케이션은 성능 측정기를 구현해 사용자의 객체 사용이나 실행 시기, 성능과 관계된 다양한 내용을 추적할 수 있다. 설계 단계 초기에 계획되고 구현된 성능 측정기는 제품의 전 생명주기 동안의 성능 테스팅과 분석에 항상 도움이 된다.

성능 테스팅에 대한 정보가 많은 책과 웹 참조 문서에 소개돼 있다. http://www.codeplex.com/PerfTesting/에 있는 패턴과 사례 중 성능 테스팅 가이드 프로젝트(The patterns & practices Performance Testing Guidance Project)와 http://msdn.microsoft.com/en-us/library/bb924375.aspx를 참조하면 성능 테스팅에 대해 더 많은 정보를 알 수 있다.

:: 스트레스 테스팅

많은 부하가 예상되는 조건에서 애플리케이션이 동작하는 능력은 증가하는 요구량을 처리하는 능력과 함께 성능 테스팅의 주요 지표다. 스트레스 테스팅은 부하 테스팅, 평균 무고장 시간(MTBF, Mean Time Between Failure) 테스팅, 저자원(Low-resource) 테스팅, 용량(Capacity) 테스팅, 반복(Repetition) 테스팅 등을 총칭하는 용어다. 이런 여러 종류의 테스팅 접근 방식과 목표의 주요 차이점은 다음과 같다.

- **스트레스 테스팅**(Stress testing) 일반적으로, 스트레스 테스팅의 목적은 평소보다 많은 부하를 발생시켜 부하가 최고치인 상황에서 발생하는 버그를 찾기 위한 것이다. 스트레스 테스팅은 애플리케이션의 취약점을 찾기 위한 시도이다. 메모리 누수, 레이스 컨디션(Race Condition),[2] 스레드나 데이터베이스의 충돌, 동기화 이슈 등이 스트레스 테스팅에서 흔하게 발견되는 버그다.

- **부하 테스팅**(Load testing) 부하 테스팅은 일반적인 경우보다 더 많은 부하가 발생할 때 시스템이나 애플리케이션에 발생하는 현상을 알아내기 위한 것이다. 예를 들어 웹 서비스에 대한 부하를 테스트하는 테스터는 동시에 서비스에 접속하는 사용자를 몇천 명 이상으로 시뮬레이션하는 테스트를 수행한다. 성능 테스팅은 일반적으로 예상된 부하에 대한 응답 시간을 측정한다.

- **장애 간 평균 시간**(MTBF) **테스팅** MTBF 테스팅은 시스템이나 애플리케이션이 장애나 크래시가 발생하기 전까지 실행된 평균 시간을 측정한다. 이런 테스트의 유형은 몇 가지가 더 있다. 장애 발생 평균 시간(MTTF, Mean Time To Failure)과 크래시 발생 평균 시간(MTTC, Mean Time To Crash)도 이런 유형에 포함된다. 용어는 기술적으로는 서로 다르지만 실제로는 호환돼 사용되기도 한다.

- **저자원 테스팅**(Low-resource testing) 저자원 테스팅은 시스템의 메모리나 하드 디스크 공간, 기타 다른 시스템 자원과 같은 중요한 자원이 고갈됐을 때 어떤 일이 발생하는지를 확인한다. 예를 들어 애플리케이션이 파일을 저장하려고 할 때 저장 공간이 없는 경우에 어떤 일이 발생하는지,

---

2. 레이스 컨디션(Race Condition)은 디바이스나 프로세스가 하나의 리소스를 두고 서로 차지하려고 하는 상태다 - 옮긴이

애플리케이션에 메모리를 할당하려고 했으나 시스템 메모리가 충분하지 않은 경우에는 어떤 일이 발생하는지를 알아내는 것이다.

- **용량 테스팅**(Capacity testing)　부하 테스팅과 비슷하게 용량 테스팅은 일반적으로 서버나 서비스 테스팅을 하는 데 사용한다. 용량 테스팅의 목적은 하나의 컴퓨터나 여러 컴퓨터의 수용 가능한 최대 사용자 수를 결정하는 것이다. 용량 모델은 용량 테스팅 데이터를 기반으로 결정돼 운영 부서가 RAM이나 CPU, 디스크, 컴퓨터 같은 시스템 용량 확장을 계획할 수 있게 한다.

- **반복 테스팅**(Repetition testing)　반복 테스팅은 기능이나 시나리오 반복의 결과를 확인하는 단순한 억지 기법(Brute Force Technique)[3]이다. 이 기법의 핵심은 특정 한계나 임계점에 도달할 때까지, 혹은 이상 동작이 발생할 때까지 테스트를 반복 실행하는 것이다. 예를 들어 20바이트의 메모리 누수를 일으키는 특정 액션이 있다. 이 액션 자체로는 애플리케이션에 아무 문제를 일으키지 않지만 이 액션을 연달아 2000번 실행한다면 메모리 누수는 40,000바이트가 된다. 자주 실행되는 핵심 기능이라면 오랜 기간 동안 사용한 후에 발생하는 애플리케이션의 메모리 누수 문제를 이 테스트를 통해 찾아낼 수 있다. 일반적으로는 메모리 누수를 찾아낼 때는 더 나은 방법을 사용한다. 하지만 경우에 따라 이런 억지 기법이 더 효과적일 수도 있다.

---

3. 컴퓨터의 힘을 빌려 문제를 억지로 푸는 기법 - 옮긴이

스테이플러 스트레스

마이크로소프트 오피스 초창기에 테스터는 사무용품을 매우 기발하게 사용하곤 했다. 프로그램의 입력 버퍼에 부하를 주기 위해 키보드 입력을 시뮬레이션해야 하는 상황이었다. 문제는 점심시간이었다. 자리를 비운 사이에 대신 키보드를 누를 만한 적당한 크기와 부피를 가진 사무용품을 찾아야 했다. 결국은 스테이플러로 낙찰됐다. 내가 점심을 먹고 돌아왔을 때는 항상 Hard Crash나 ASSERT 관련 오류 메시지가 모니터에 떠 있었다.

— 크레이그 플리취먼(Craig Fleischman), 테스트 관리자

죽음의 USB 카트

윈도우 2000 프로젝트 중에 우리는 플러그 앤 플레이(Plug and Play) 기능을 테스트하기 위해 '죽음의 USB 카트'라는 흥미로운 방법을 고안했다.

도서관에서 흔히 볼 수 있는 2단 카트를 사용해서 10개의 허브(8개의 포트를 가진)를 서로 연결하고, 서로 다른 종류의 USB를 모든 포트에 꽂았다. USB 운전대가 카트의 뒷부분을 장식했고, USB 라디오가 안테나 역할을 했다. 앞 쪽에는 카메라 두 개를 장착했다. 모든 전원은 USB UPS(Uninterruptible Power Supply)로 연결됐다. 카트는 이동이 가능했고, 두 개의 케이블(전원과 USB)만 있었다. 마지막 USB 케이블은 USB PCMCIA로 연결됐다.

우리는 PCMCIA 카드를 노트북에 설치하고, 연결된 50개 정도의 장비를 시스템이 인식하는지 살펴봤다. 그러고 나서 장비를 인식하기 전이나 인식한 후에 PCMCIA 카드를 갑자기 확 잡아당겨 뽑아버렸다. 블루스크린이 뜨거나 그 외 다른 오류가 발생하면 담당 개발자를 데려와 컴퓨터를 확인하게 요청했다. 그 동안 우리는 다른 오류를 찾아내기를 바라며 카트를 다음 노트북으로 옮겨서 계속 같은 작업을 진행했다.

— 애드리안 오니(Adrian Oney), 개발팀 리드

● 분산 스트레스 테스팅

마이크로소프트에서 스트레스 테스팅은 중요하다. 대부분의 제품군이 수백 대의 컴퓨터를 사용해 스트레스 테스트를 실행한다. 3일에서 5일 정도 계속되

거나 더 오랫동안 실행되는 스트레스 테스팅도 있다. 하지만 대부분의 팀에서는 팀원이 퇴근하고 다음날 출근할 때까지의 심야 시간 동안 스트레스 테스팅을 수행한다. 테스트 팀과 개발 팀, 프로그램 관리 팀과 심지어 제품 지원 팀도 매일 밤 스트레스 테스트를 실행한다.

스트레스 테스트 시 장애와 크래시는 피할 수 없다. 규모가 작은 팀이라면 스트레스로 인한 장애를 보고하고 결함이 있는 코드의 담당자를 찾아내는 작업을 전화나 이메일로 하거나 직접 찾아가서 해결할 수도 있다. 불행하게도 크래시가 아무도 보고 있지 않은 컴퓨터나 휴가 중인 사람의 컴퓨터에서 발생했다면 장애의 검토와 디버깅은 영원히 불가능할지도 모른다.

규모가 큰 팀은 어떤 컴퓨터에서 스트레스로 인한 장애가 발생했고 누가 그 장애를 검토해야 하는가를 확인하기 위해 더 효율적인 방법이 필요하다. 가장 많이 사용하는 방법은 평범한 클라이언트/서버 방법이다. 스트레스 테스트는 주로 밤에 실행되므로 스트레스 테스트의 클라이언트는 지정한 시간이 되기 전까지는 대기 상태로 남아있다. 일과 후의 스트레스 테스팅은 개발 생명주기에서 중요한 부분이므로 모든 팀원은 퇴근하기 전에 스트레스 테스트를 시작하는 것을 잊지 말아야 한다. 예를 들어 윈도우 95에서 클라이언트는 화면 보호기였다. 화면 보호기가 지정한 시간(디폴트는 오후 7시) 후에 실행되면 스트레스 테스트가 시작됐다. 윈도우 비스타 팀은 알림 영역의 아이콘을 통해 설정이 가능한 배경 화면 애플리케이션을 사용한다.

● 분산 스트레스 아키텍처

분산 스트레스 시스템의 구조는 10장에서 설명한 '테스트 자동화'보다 조금은 덜 복잡하다. 하지만 구현이 어려운 부분도 있다. 그림 11-4는 이런 시스템에 대한 기본적인 작업 흐름을 보여준다.

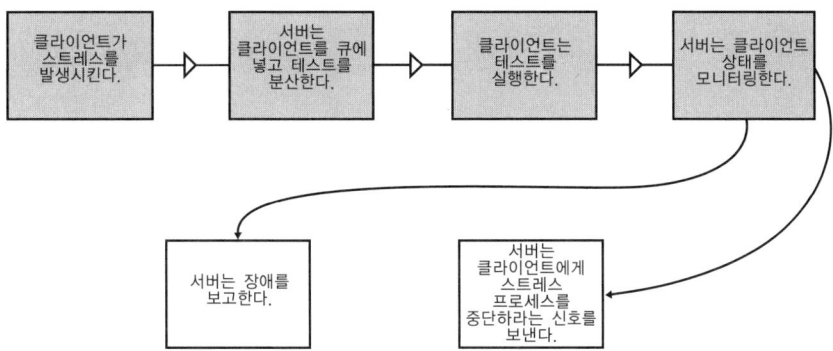

그림 11-4 분산 스트레스 시스템 구조

■ 스트레스 클라이언트

앞서 언급한 것처럼 스트레스 발생을 목적으로 하는 컴퓨터의 애플리케이션 (스트레스 클라이언트)이 스트레스 테스트를 시작한다. 수동 스트레스 테스트도 가능하지만 대부분 스트레스 테스트는 미리 지정된 시간에 자동으로 시작된다. 클라이언트가 스트레스를 발생시키는 단계는 호스트 컴퓨터가 스트레스 테스트를 실행할 준비가 됐음을 서버에게 알리는 신호다. 이 시점에서 서버는 다양한 스트레스 테스트를 호스트 컴퓨터에 분산해 실행한다. 여러 가지 테스트가 각기 정해진 다양한 기간 동안이나 수동으로 종료될 때까지 실행된다(팀원이 설정된 종료 시간 전에 출근하거나 다른 이유로 컴퓨터를 사용해야만 하는 경우에는 수동 종료가 편리하다). 그림 11-5는 스트레스 서버에 연결된 스트레스 클라이언트를 보여준다.

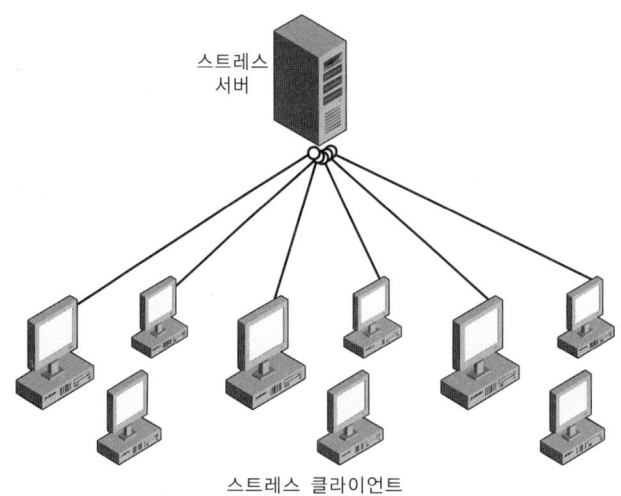

그림 11-5 분산 스트레스

윈도우나 윈도우 CE 같은 운영체제 스트레스의 경우에는 일반적으로 스트레스 클라이언트 컴퓨터를 디버거(Debugger)에 연결해 장애를 조사한다. 애플리케이션 기반 스트레스 스위트는 WinDbg나 마이크로소프트 비주얼 스튜디오 같은 디버거를 연동해 전체 스트레스 실행 동안 함께 실행하거나, JIT(Just In Time) 디버거 같은 디버거에 의존한다. 애플리케이션이나 서버 팀에서는 흔히 JIT 디버거를 사용한다. 반면에 '항상 연결돼 있는' 디버거는 주로 운영체제를 개발하는 팀에서 많이 사용한다.

■ 스트레스 서버

스트레스 서버는 일반적으로 스트레스 조합으로 불리는 스트레스 테스트의 세트를 모든 스트레스 클라이언트에 분산시키고 클라이언트의 상태를 추적한다. 클라이언트가 서버에 접속한 후에 서버는 클라이언트의 이름을 스트레스 클라이언트 목록에 추가하고, 수행할 테스트를 클라이언트에 보내기 시작한다. 클라이언트는 주기적으로 서버에 신호를 보낸다. 주기적인 신호는 컴퓨터가 크래시됐거나 장애가 발생했는지를 확인하기 위해서 중요하다. 클라이언트의 신호가 일정 시간 동안 감지되지 않으면 해당 클라이언트는 추가 조사나 디버깅이 필요한 컴퓨터 목록에 추가된다.

스트레스 실행의 마지막에는 서버가 모든 클라이언트에게 신호를 보내 스트레스 테스팅을 끝내게 한다. 발생한 장애는 검토돼 추가 디버깅을 위해 적절한 담당자에게 보내진다.

> **윈도우 스트레스 팀**
>
> 윈도우 스트레스 팀에 수백 대의 컴퓨터로 가득 찬 테스트 연구실은 없다. 대신에 내부의 윈도우 커뮤니티의 도움을 받아 사내 팀원들의 컴퓨터로 스트레스 테스팅을 실행한다. 매일 열 개 이상의 스트레스 장애가 스트레스를 실행하는 수천 대의 컴퓨터에서 보고된다. 스트레스 테스트를 실행하는 컴퓨터가 스트레스 팀의 소유가 아니므로 팀의 목표는 컴퓨터를 가능한 한 빨리 디버깅해서 문제가 발생한 컴퓨터의 소유자가 신속하게 자기 컴퓨터로 업무를 볼 수 있게 하는 것이다.
>
> 매일 아침 6시 30분경에 스트레스 팀원 중 몇 명은 회사에 출근해 전날 저녁(또는 주말)에 발생한 모든 장애를 검토한다. 그 후 2~3시간 동안은 디버깅을 하고 이슈를 적절한 담당자에게 할당하는 작업을 한다. 예비 디버깅은 시간이 문제이긴 하지만 모든 이슈를 올바른 담당자에게 정확히 할당하는 데 도움이 된다. 수백 명의 개발자로 이뤄진 팀에서 정확한 담당자를 찾아내 이슈를 한 번에 할당한다면 많은 시간을 절약할 수 있다. 이슈에 가장 적합한 담당자를 찾으면 컴퓨터의 소유자와 담당자에게 이메일을 발송해 발생한 문제에 대해 설명한다. 윈도우 팀에서 사용하는 커널 디버거(kd.exe)를 사용해 원격으로 연결이 가능하므로 담당자는 장애를 살펴보기 위해서 사무실을 나설 필요가 없다. 이로 인해 윈도우 스트레스 팀의 큰 규모와 팀원들이 지역적으로 분산돼 있음에도 불구하고 많은 이슈가 컴퓨터 소유자가 출근하기 전에 해결된다.

● 멀티 클라이언트 스트레스 테스트 속성

규모가 큰 분산 스트레스 시스템을 위해 작성되는 스트레스 테스트는 전형적인 자동화 테스트처럼 공통되는 품질 목표를 가진다. 하지만 다음과 같은 독특한 속성도 있다.

- **무한대로 실행하라** 스트레스 테스트는 일반적으로 영원히 실행하거나 멈추라는 신호가 있을 때까지 실행한다. 이를 위한 표준 구현 절차는 `WM_CLOSE` 메시지로 테스트가 효율적으로 종료되게 작성해 서버가 원하는 기간 동안 테스트를 실행할 수 있게 한다.

- **메모리 사용 내역** 스트레스 테스트 동안 발생하는 메모리 누수는 그 밖의 테스트에서 리소스 부족을 일으키며 장애로 나타난다. 이론적으로 스트레스 테스트는 메모리 누수를 일으키지 않는다. 스트레스 테스트가 그 외의 다른 여러 테스트와 함께 실행되므로 프로세스나 스레드, 또 다른 시스템 리소스의 과도한 사용은 피해야 한다.

- **알려진 장애는 없어야 한다** 모든 테스트는 스트레스 조합에 추가되기 전에 장애 발생 없이 24시간에서 일주일 동안 개인 컴퓨터에서 실행돼야 한다. 일과 후 스트레스 실행은 다양한 액션이 동시에 혹은 순서를 바꿔 실행될 때 애플리케이션이나 운영체제가 보이는 반응의 확인을 목표로 한다. 한 가지 테스트가 모든 스트레스 클라이언트 컴퓨터에서 동일한 장애를 일으킨다면 해당 장애로 인해 다른 스트레스 테스트 전체가 멈춰 새로운 이슈는 발견되지 않을 것이다.

:: 호환성 테스팅

애플리케이션 호환성 테스팅은 일반적으로 테스트 중인 애플리케이션이나 시스템과 다른 시스템 간의 상호작용에 초점을 맞춘다. 호환성 테스팅의 고려 대상은 내부 애플리케이션과 외부 애플리케이션 모두다. 마이크로소프트에서 애플리케이션의 호환성에 가장 많은 노력을 쏟아 붓는 팀은 의심할 여지없이 윈도우 팀이다. 새롭게 릴리스되는 모든 윈도우 버전은 항상 새로운 기능을 추가하지만 이전 버전의 윈도우를 위해 설계된 애플리케이션도 계속해서 지원해야 한다. 애플리케이션 호환성은 다른 마이크로소프트 제품에도 영향을 미친다. 마이크로소프트 인터넷 익스플로러는 관련된 플러그인과 다른 추가 기능들을 계속 지원해야 한다. 비주얼 스튜디오나 오피스처럼 풍부한 개발자 커뮤니티를 가진 애플리케이션은 타사에 의해 만들어진 다양한 기능도 지원해야 한다. 심지어 새로운 버전에서 이전 버전의 파일 포맷 지원 여부조차도 중요하다.

지금 11장을 쓰기 위해 사용하는 마이크로소프트 오피스 워드 2007은 이전 버전의 워드 문서 종류를 지원하고, 마찬가지로 이전 버전의 워드용으로 생성된 다른 애드인(Add-In) 프로그램과 템플릿도 지원한다. 내가 사용하는 거의 모든 애플리케이션은 이전 버전이나 다른 애플리케이션에서 생성된 파일을 열 수 있게 지원하고, 프로그램의 기능성을 높이는 다양한 추가 컴포넌트를 지원한다. 애플리케이션 호환성 테스팅은 애플리케이션과 이런 모든 파일 포맷과 컴포넌트 간의 상호 운용성을 검증한다.

● 애플리케이션 라이브러리

마이크로소프트의 많은 팀이 애플리케이션 호환성 테스팅을 위해 다양한 애플리케이션이나 컴포넌트로 구성된 라이브러리를 보유한다. 윈도우 애플리케이션 호환성 팀은 수백 개의 애플리케이션으로 구성된 라이브러리를 갖고 있다. 오피스나 윈도우 CE, 닷넷 프레임워크 팀 같은 곳에서도 이처럼 대규모 라이브러리를 보유한다.

애플리케이션 선택하기

윈도우 95는 일반 사용자들을 위한 마이크로소프트의 첫 번째 32비트 운영체제였다. 그 당시 윈도우 NT가 윈도우의 '상용' 버전이었지만 상대적으로 제공하는 애플리케이션은 얼마 없었다. 반면에 윈도우 95는 새로운 32비트 애플리케이션을 실행할 수도 있고, 수천 개나 되는 16비트 윈도우 3.1 애플리케이션의 오래된 코드도 실행할 수 있어야 했다. 그 당시 멀티미디어 타이틀[4]의 지원에 대한 수요가 많아지고 있었고, 윈도우 95에서 이런 종류의 애플리케이션을 실행하면 수많은 버그가 발견됐다. 이로 인해 일정은 이미 늦어지고 있었고, 우리는 무언가 방안을 마련해야 했다.

다음은 마이크로소프트 조직 내의 이야기를 다룬 데이빗 콜(David Cole)의 저서 『Inside Out: Microsoft-In Our Own Words(인사이드 아웃: 마이크로소프트 이야기)』(워너 비즈니스 북스, 2000)에서 소개된 에피소드다.

윈도우 3.1을 위한 한 트럭의 멀티미디어 타이틀이 1994년 연말 휴일 기간을 맞아

---

4. CD-ROM 등에 수록된 동영상과 음성 등 지금까지 게임 소프트웨어에서는 사용되지 않은 내용을 담은 PC 소프트웨어 - 옮긴이

쏟아져 나왔고, 우리는 그 중 많은 수가 출시 예정인 윈도우 95에서 동작하지 않는다는 사실을 발견했다. 이로 인해 윈도우 95 릴리스는 연기됐다. 멀티미디어 타이틀을 각 회사에 주문하면 배송될 때까지 오랫동안 기다려야 했으므로 우리는 엉뚱한 방법을 생각해냈다. 근처의 소프트웨어 판매점인 에그헤드[5]로 트럭을 몰고 가서 그곳에 있는 멀티미디어 타이틀을 종류별로 하나씩 구입하기로 했다.

테스팅이 급선무였으므로 우리는 직원들에게 멀티미디어 타이틀을 하나씩 나눠주고 집이나 회사에서 테스트할 예정이었다.

우리 팀원 몇 명이 에그헤드에 들어가서 그곳에 있는 멀티미디어 타이틀을 종류별로 하나씩 골라 계산대에 쌓기 시작했다. 그곳에 있던 세 명의 점원은 당황하는 듯 했고, 우리는 자초지종을 설명했다. 눈이 동그래진 점원은 계산을 시작했고, 몇 개쯤 계산한 후에 쌓아놓은 멀티미디어 타이틀이 모두 $10,000 가량 될 것이라고 예상했다. 결국 그는 $7,000 정도까지 계산한 후에 신용카드를 먼저 요구하고서는 계산을 계속했다. 모두 다 계산하는 데는 상당한 시간이 걸렸다. 결국 계산이 끝났을 때는 아마도 $20,000 정도 됐던 걸로 기억한다.

우리는 구입한 멀티미디어 타이틀을 트럭 뒤에 실었고, 트럭은 상자로 가득 찼다. 상자는 5번 건물의 정문에 모두 쌓아뒀다.

회사로 돌아온 후에 팀원 몇 명이 자원해서 산처럼 쌓아있는 소프트웨어를 직원 식당으로 옮겼다. 그리고는 전체 엔지니어링 팀에 메일을 보내 새로운 '애플리케이션 선택하기' 프로그램을 발표했다. 직원 식당은 순식간에 직원들로 넘쳤고, 그들은 수백 개의 멀티미디어 타이틀이 놓여있는 테이블을 둘러싸고 하나씩 고르기 시작했다. 그리고는 내부 직원용으로 빌드된 새로운 운영체제에서 애플리케이션을 사용해보고 버그와 성공 여부를 보고한다는 '계약서'에 서명했다. 모든 애플리케이션이 몇 시간 만에 '선택'됐다.

그 후 수십 개의 버그가 보고됐고 테스트에 성공했다는 보고는 이보다 더 많았다. 직원들은 자신의 컴퓨터를 일일 빌드나 주별 빌드로 업데이트하고 '선택한' 애플리케이션 사용을 계속 했다. 윈도우 95가 출시됐을 당시에 거의 대부분의 윈도우 3.1 애플리케이션은 단 하나의 문제도 없이 동작했다. 이것은 모두 베타 테스터와 '애플리케이션 선택하기' 프로그램의 성공 덕분이었다.

---

5. 에그헤드(Egghead): 1990년대 게임 소프트웨어를 판매하던 가게. 미국 전역과 캐나다 등지에 체인점이 있었다 – 옮긴이

● 애플리케이션 검증기

마이크로소프트에서 애플리케이션 호환성을 테스트하기 위해 가장 중요하게 생각하는 툴은 애플리케이션 검증기다. 애플리케이션 검증기는 테스트 대상인 애플리케이션이 일반적인 프로그래밍 실수로 인해 발생하는 잠재적인 호환성 오류들을 가지고 있는지 확인하기 위해 애플리케이션 실행 중에 네이티브 사용자 모드 애플리케이션을 검사한다. 애플리케이션 검증기는 윈도우 버전을 부정확하게 확인하거나 의도하지 않은 관리자 권한을 지니거나 기타 미묘한 프로그래밍 오류를 가지는 애플리케이션을 감지할 수 있다. 애플리케이션 검증기는 메모리 누수나 메모리 손상, 유효하지 않은 핸들의 사용 같은 기타 여러 가지 프로그래밍 오류를 감지한다. 애플리케이션 검증기는 확장이 가능하고 주로 결함 삽입(Fault Injection)[6] 시나리오를 테스트하는 데 사용한다.

 프린트 검증기(Print Verifier) 같은 애플리케이션 검증기 플러그인은 서브시스템과 프린터 드라이버, 프린터 애플리케이션을 테스트하고 검증하는 데 사용한다. 프린트 검증기는 유효하지 않은 프린터 핸들 사용이나 프린트 기능의 잘못된 사용, 프린터 드라이버 내의 잘못된 기능 구현 같은 오류를 감지한다. 그 밖에도 다른 드라이버 서브시스템을 위해 만들어진 유사한 플러그인들이 많이 사용되고 있다.

 애플리케이션 검증기는 윈도우의 실제 함수를 호출하기 전에 윈도우의 여러 가지 핵심 함수를 후킹(Hooking)하거나 추가적인 검사를 수행한다. 예를 들어 테스트용 애플리케이션이 로드되면 그림 11-6에서처럼 마이크로소프트 Win32 애플리케이션 프로그래밍 인터페이스(API, Application Programming Interface)의 `CreateFile` 메소드 주소가 애플리케이션 검증기 내부 메소드로 대체돼 테스트를 연속적으로 실행한다. 테스트가 실패하면 실패한 정보가 기록되거나, 설치된 디버거가 있다면 디버거의 브레이크포인트(breakpoint)를 실행한다. 애플리케이션 검증기에 대한 더 자세한 정보는 MSDN의 `http://msdn2.`

---

6. 소프트웨어 테스팅에서 결함 삽입(Fault Injection)은 테스트 커버리지를 높이기 위한 것으로, 코드 경로나 오류 핸들링 코드 경로를 테스트 하기 위해 결함을 유발할 수 있는 데이터를 고의로 주입하는 것을 말한다 - 옮긴이

microsoft.com/en-us/library/ms807121.aspx에서 참조할 수 있다.

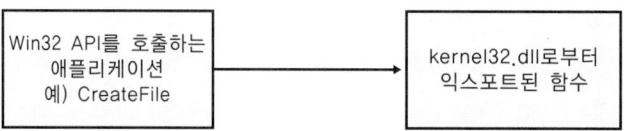

전형적인 애플리케이션의 Win32 API 사용 프로세스.
애플리케이션은 윈도우 라이브러리에서 익스포트된
함수를 호출한다.

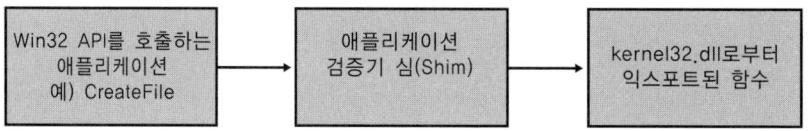

애플리케이션 검증기는 애플리케이션의 호출을 가로채는 '심(Shim)'을 생성한다.
원하는 만큼의 테스트와 변경을 일으킨 후에 심은 애플리케이션이 원래 호출하려던
함수를 호출한다. 그러고 나서 호출한 함수가 리턴하는 값을 검사한 후 그 값을 다시
애플리케이션에 넘겨준다.

그림 11-6 애플리케이션 검증기 아키텍처

:: 자기 개밥 먹기

> 마이크로소프트는 '자기 개밥 먹기'라고 부르는 개념이 있다. 다른 사람
> 에게 자신이 만든 개밥을 권하기 전에 먼저 스스로 먹어봐야 할 의무가
> 있다.
>
> – 스티븐 발머, 2003년 10월 21일, 오피스 시스템 발표회

사용자가 애플리케이션을 어떻게 사용할 것인지를 가장 잘 알아내는 방법은 바로 사용자가 되는 것이다. 마이크로소프트에서 '자기 개밥 먹기'[7](개발 과정 동안 직접 개발한 제품을 매일 사용해보는 것)는 사용성과 호환성을 보장하기 위해 사용되는 핵심적인 전략이다. 윈도우 팀의 모든 팀원들은 일일 빌드(daily build)나

---

7. '자기 개밥 먹기'는 회사에서 만든 제품을 회사 내에서 먼저 사용해 본다는 의미다 (http://en.wikipedia.org/wiki/Eat_one's_own_dog_food). 알포(Alpo)라는 개 사료 회사의 TV 광고에서 유래했으며, 이를 마이크로소프트에서 인용해 널리 퍼지게 됐다 – 옮긴이

주별 빌드(weekly build)를 반영해 그 위에서 운영체제를 개발한다. 비주얼 스튜디오 팀은 비주얼 스튜디오를 써서 제품을 개발한다. 오피스 팀은 가장 최근 빌드 버전의 오피스를 사용해 설계 명세서나 고객 프레젠테이션을 작성하고, 심지어는 이메일을 주고받는다. 내가 윈도우 CE 팀에서 일할 때 내 사무실 전화와 휴대폰, 집의 무선 공유기까지도 윈도우의 최신 빌드를 설치해 사용했었다.

'자기 개밥 먹기'의 단점은 애플리케이션을 사용할 것으로 예상되는 고객들이 회사 직원들이 제품을 사용하는 방식과 다르게 사용할 수 있다는 점이다. 예를 들어 워드의 초기 버전에서는 엔지니어가 유일한 사용자였고, 단지 설계 명세서와 설계 관련 문서를 작성할 때만 사용했다면, 그 외의 다른 직업을 가진 사용자들은 제품을 사용할 때 문제가 생길지도 모른다. 베타 테스터(제품의 프리릴리스(Prerelease) 버전을 테스트하는 외부 직원들)는 이런 문제에 대해 부분적인 해결책이 될 수 있으며, 마이크로소프트의 제품 개발에도 많은 도움이 된다. 마이크로소프트 오피스 애플리케이션은 다양한 일반 직원들(엔지니어가 아닌)의 역할이 대단하다. 수많은 MS 변호사와 회계사, 그리고 그 밖의 직원들이 오피스 릴리스 전의 몇 개월 동안 제품의 '개밥' 버전을 사용한다.

수많은 개밥

마이크로소프트 비주얼 스튜디오 팀 파운데이션 서버(TFS, Team Foundation Server)는 비주얼 스튜디오 팀 시스템의 통합된 서버이며, 버그 추적, 프로젝트 추적, 소스 관리(Source Control), 빌드 관리 등의 기능을 가진다. 여러 해 동안 마이크로소프트 직원들은 이런 업무를 수행하기 위해 다양한 툴을 사용해 왔지만 TFS를 개발 부서 외의 다른 부서에서 이를 사용하기까지는 오랜 시간이 걸렸다. TFS를 개발한 팀은 제품에 대한 회사 내부의 사용 내역에 관심이 많았고, 회사 전반에 걸친 TFS의 내부 적용 사례와 함께 월간 보고서를 발간했다.

2008년 3월경에는 11,000명이 넘는 사용자가 TFS 프로젝트에 참여했다. 이 사용자들은 거의 300,000가지 종류의 업무를 진행하고 있었고, 거의 2.4조 개의 파일을 체크인했다. 이런 툴셋을 적용해 마이크로소프트에 유용했던 것은 물론이고 개밥 먹기 프로

> 세스(TFS의 클라이언트와 서버 모두) 덕분에 최종 사용자들도 이 제품을 훨씬 더 효과적으로 사용할 수 있었다.

마이크로소프트에서 사용하는 개밥이라는 개념은 우리가 제공하는 서비스에도 확장해 적용할 수 있는 중요한 개념이다. 윈도우 라이브 메일(Live Mail) 팀은 다른 사용자가 사용하는 버전보다는 덜 안정적인 서비스 버전을 기꺼이 사용하고자 하는 고객들의 도움을 받아 개밥 먹기 프로세스를 진행한다. 하지만 고객은 불편함을 감수해가며 더 나은 서비스를 위해 피드백을 제공할 수 있는 기회에 반가워한다.

:: 접근성 테스팅

> 접근성은 모든 사람들에게 기술의 이로움을 제공하고, 장벽을 없애는 것이다.
>
> — 스티브 발머

접근성은 모든 사람들이 업무를 위해 항상 사용하는 정보와 툴에 대해 동일한 접근 권한을 가질 수 있는 능력이다. 이는 파일을 복사하는 것에서부터 새로운 문서를 작성하기 위해 웹을 살펴보는 것까지 모든 것을 포함한다. 사용자가 애플리케이션이나 웹사이트, 문서 컨텐츠에 대한 사고 모델(Mental Model)[8]을 생성하고 관리하는 능력은 이를 사용할 수 있는 능력과 함께 소프트웨어 접근성의 근간을 이룬다.

마이크로소프트의 가장 큰 고객 중 하나인 미국 정부는 그들의 정보 기술이 모든 사용자의 요구 사항을 고려할 것을 요구한다. 1998년, 재활법 508조 (http://www.section508.gov)는 장애인을 위한 기회를 제공하고, 이를 가로막는 장애물들을 제거하기 위해 제정됐다. 마이크로소프트는 508조를 충실하게 지

---

8. 사용자가 직접적인 경험에 의해서 툴이나 시스템을 동작하고 사용하는 방법에 대한 예상치 및 이와 관계된 기본적인 이해를 말한다 – 옮긴이

원했다. 마이크로소프트의 접근성 사업부서는 장애를 가진 사람들이 모든 소프트웨어 회사에서 개발된 소프트웨어를 사용할 수 있게 엔지니어링 팀과 보조 공학 회사,[9] 장애인 단체와 함께 일했다.

특수 기능(프로그램 접근도에 중요한 부분을 차지하는 모든 기능) 중 여러 가지 측면이 접근성을 정의한다. 이를 위해 필수적으로 테스트해야 하는 애플리케이션의 기능은 다음과 같다.

- **운영체제 설정** 운영체제 설정은 그림 11-7에서처럼 큰 글자 크기나 DPI,[10] 높은 명암대비 화면, 커서의 깜박임 정도, 스티키 키,[11] 필터 키, 마우스 키, 시리얼 키, 토글 키, 화면 해상도, 사용자의 마우스 설정, 스크린 키보드를 통한 입력 등이 있다.

- **'빌트인' 접근성 기능** 빌트인 기능에는 탭 순서나 단축 키(Hotkey), 바로가기 키 같은 기능 등이 있다.

- **프로그램적인 접근** 마이크로소프트 액티브 액세서빌리티(MSAA, Microsoft Active Accessibility)나 접근성 기능을 구현할 수 있게 하는 객체 모델의 구현을 말한다.

- **접근하기 쉬운 기술적인 툴** 스크린 리더[12]나 확대경, 음성 인식, 기타 입력 프로그램 같은 접근성 툴을 사용해 애플리케이션을 테스트하는 것은 접근성 테스팅에서 중요한 부분을 차지한다. 마이크로소프트의 접근성 연구실에는 스크린 리더와 점지 리더 같은 접근성 소프트웨어를 설치해 모든 직원이 테스트에 사용할 수 있게 했다.

---

9. 장애인들이 원활하게 활동할 수 있게 도와주는 기계와 시스템을 만드는 회사 - 옮긴이
10. 정보의 화면 표시와 인쇄 목적으로 1인치(2.54cm)의 길이에 출력하는 점의 개수. 컴퓨터 모니터나 인쇄기, 팩스, 플로터 등의 문자나 도형의 해상도를 나타내는 단위로 사용한다. 레이저 인쇄기의 해상도는 300~600dpi다 - 옮긴이
11. 스티키 키(StickyKeys)라는 옵션을 사용하면 Ctrl+P와 같은 두 개 이상의 키를 동시에 누를 수 없는 사용자도 한 번에 하나의 키를 입력해 동일한 결과를 얻을 수 있다 - 옮긴이
12. 시각 장애인에게 화면의 내용을 읽어주는 제품군을 통칭해 스크린 리더(Screen Reader)라고 한다 - 옮긴이

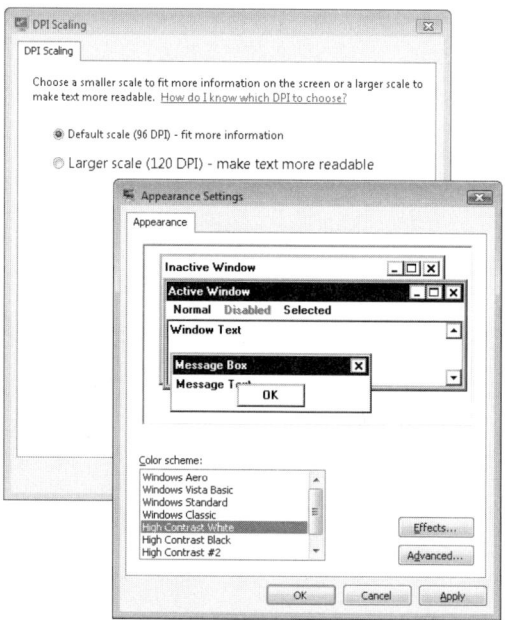

그림 11-7 윈도우 비스타에 채택된 접근성 기능

● 접근성 페르소나

페르소나(Personas)는 고객 집단과 그들의 제품 사용 방법을 대변하는 허구의 사람들이다. 페르소나를 사용하면 팀은 이런 사용자를 지원하기 위한 올바른 기능을 설계하고 구현하는 데 초점을 맞출 수 있다. 마이크로소프트에서는 대부분의 제품 팀이 제품 주기 초기에 사용자 페르소나를 구상해 제품 생명주기 전반에 걸쳐 이를 참조한다.

제품 팀은 3~5개나 더 많은 페르소나를 만들며, 수많은 페르소나가 마이크로소프트의 모든 제품에 걸쳐 존재한다. 특수한 종류의 장애를 가진 사람들이 어떻게 컴퓨터와 소프트웨어 사용 방식을 더 잘 이해하기 위해 10개 이상의 페르소나가 생성됐다. 예를 들어 앞을 볼 수 없는 사용자를 위한 페르소나는 스크린 리더(스크린 리더는 비트맵 내의 텍스트나 커스텀 컨트롤 내의 텍스트는 읽을 수 없다)에 대한 사용 내역과 예상되는 사용 경로의 특징을 대변한다. 이와 유사하게 잘 들을 수 없거나 아예 들을 수 없는 사용자를 위한 페르소나는 애플리케이션에서 발생하는 소리는 반드시 커스터마이징이 가능해야 하고, 볼륨 역시 조절 가능해야 하며, 발신자 번호 표시나 음성 사서함 기능을 대체하기 위한 옵션이 필요할 수도 있다는 것을 개발 팀에게 상기시켜 준다.

> **쥐덫?**
>
> 나는 모든 업무를 할 때 마우스보다 키보드를 사용하기를 좋아한다. 내게 있어 단축키는 접근성을 위한 것이 아니라 생산성을 위한 기능이다. 마우스를 사용하는 것보다 키보드를 사용하는 게 더 빠르기 때문이다.
>
> 　신입사원 시절에 나는 담당 애플리케이션 중 하나를 테스트하다가 마우스 없이는 도저히 사용할 수 없는 제품 영역을 발견했다. 탭 키와 화살표 키를 조심스럽게 계획해서 사용해야만 몇 개의 컨트롤을 띄울 수 있었다. 이것은 심각한 문제였고, 나는 버그를 등록한 후 퇴근했다. 다음날 출근해서 그 영역을 담당하는 프로젝트 관리자가 내가 등록한 버그를 '문제 아님' 상태로 전환해 놓은 사실을 알고는 깜짝 놀랐다. 나는 접근성 기능이 왜 필요한지에 대해 설명했지만 그는 "충분히 접근 가능하다"라는 말과 함께 이보다 더 중요한 이슈가 있다고 나를 설득했다. 나는 마지못해 고개를 끄덕였고 그에게 이슈를 마감하기 전에 적어도 한번은 마우스 없이 그 기능을 사용해볼 것을 요청했다. 그는 뭐라고 중얼거렸고 그의 사무실로 돌아갔다.
>
> 　며칠이 흘렀고 다른 테스터도 비슷한 이슈를 보고하기 시작했다. 하지만 프로젝트 관리자는 여전히 마우스 없이 기능을 사용해보지 않았다. 나는 무언가 다른 방법을 쓸 때라고 생각했다. 그래서 그날 퇴근 전에 용감하게도 그의 사무실로 갔다. 그리고는 그의 마우스를 가져왔다. 그리고는 프로젝트가 목표로 하는 접근성에 대해 우리가 합의할 수 있다면 마우스를 다시 돌려주겠다는 쪽지를 남겼다.
>
> 　다음날 나는 일찍 출근했다. 그가 농담을 받아들이지 못할까봐 걱정됐기 때문이었다. 나는 다른 몇 명의 팀원과 그의 사무실 뒤에 숨어서 지켜봤다. 그는 내가 남긴 쪽지를 보고 미소를 지었고 우리는 다시 사무실로 돌아와서 기다렸다. 한 시간도 지나기 전에 그는 나와 접근성에 대해 다시 논의하기 위해 회의를 가졌고, 함께 마우스 없이 애플리케이션을 사용해봤다. 이 논의로 인해 우리는 대부분의 키보드 접근성 이슈를 수정했고 더 나은 품질의 제품을 생산할 수 있었다.

● 접근성 테스트하기

페르소나의 사용은 중요한 방식으로 여러 가지 측면에서의 테스팅을 위해 마이크로소프트에서 이용하는 방법이다. 접근성 테스팅은 이미 대부분의 애플리케이션에서 이뤄지고 있으며, 향후 모든 애플리케이션에 대해 접근성 테스팅이 필요하다. 이런 공격적인 테스트 방식 중 일부는 다음과 같다.

- **시스템 전반에 걸쳐 접근성 설정을 준수하라** 전역 접근성 설정을 사용해 창의 색깔이나 텍스트의 크기 같은 요소를 변경하는 특유의 설정을 애플리케이션이 사용하지 않아야 한다.

- **높은 명암대비 모드를 지원하라** 애플리케이션이 높은 명암대비 모드에서도 사용이 가능하게 하라.

- **크기가 문제가 된다는 것을 인지하라** 정해진 폰트 크기나 작은 마우스 포인트는 접근성 이슈가 될 수 있다.

- **오디오 기능을 생각하라** 애플리케이션에서 새로운 이메일이 도착했을 때처럼 어떤 이벤트가 발생했다는 신호를 보내기 위해 소리를 사용한다면 동일한 이벤트가 발생했을 때 커서가 변한다던가 하는, 소리 없이도 이를 알려주는 기능을 지원해야 한다. 애플리케이션이 오디오 튜토리얼이나 비디오 프레젠테이션을 지원한다면 문서로 된 대본도 같이 제공해야 한다.

- **UI 구성 요소와 텍스트에 대한 프로그램적인 접근을 가능하게 하라** 테스트 용이성의 특색처럼(자동화 툴을 사용 가능하게 하는) 보이지만 액티브 액세서빌리티(Active Accessibility)나 닷넷의 UIAutomation 클래스를 사용해 프로그램적으로 접근하는 방법은 스크린 리더와 이와 유사한 접근성 기능이 동작하는 주요 방법이다.

● **MS 액티브 액세서빌리티를 위한 테스팅 툴**

액티브 액세서빌리티 소프트웨어 개발 킷(SDK, Software Development Kit)은 애플리케이션, 특히 MSAA(MicroSoft Active Accessibility)를 구현한 애플리케이션이나 컨트롤의 접근성을 테스트하기 위한 여러 가지 훌륭한 툴을 포함한다.

- 액세서블 익스플로러(Accessible Explorer) 프로그램을 사용하면 객체의 `IAccessible` 속성을 검사할 수 있고, 다른 컨트롤과의 관계를 살펴볼 수 있다.

- 액세서블 이벤트 와처(Accessible Event Watcher, AccEvent) 툴을 사용하면 애플리케이션의 UI 요소들이 UI가 변경될 때마다 적절한 액티브 액세서빌리티 이벤트를 발생시키는지를 확인할 수 있다. UI의 변경은 UI 요소가 호출되거나, 선택되거나, 상태가 변경되거나, 초점이 변경됐을 때 발생한다.

- 인스펙트 오브젝트(Inspect Object) 툴을 사용하면 애플리케이션 UI 항목의 `IAccessible` 속성 값을 검사할 수 있고, 기타 객체도 살펴볼 수 있다.

- MSaaVerify 툴은 컨트롤의 `IAccessible` 인터페이스의 속성과 메소드가 MSAA 명세서의 가이드라인대로 구현됐는지를 확인한다. MSaaVerify 툴은 코드플렉스(CodePlex, http://www.codeplex.com)에서 소스코드와 바이너리 형태로 다운받을 수 있다.

정부 정책을 준수하기 위해서나 더 많은 사용자가 사용할 수 있는 소프트웨어를 만들기 위해서라도 접근성 테스팅은 없어서는 안되는 테스팅이다.

:: 사용성 테스팅

사용성과 접근성은 상당히 유사하다. 하지만 두 용어 사이에는 중요한 차이가 있다. 접근성은 누구나 유저 인터페이스를 사용할 수 있게 하는 능력인 반면에 사용성은 사용자가 UI를 얼마나 쉽게 이해하고 사용하는지를 의미한다.

접근성 기능은 높은 수준의 사용성을 가능하게 한다. 하지만 사용성은 그보다 더 많은 것을 의미한다. 사용에 도움이 될 만한 문서나 툴팁, 사용하기 쉬운 검색 기능과 그 밖의 다양한 기준들은 소프트웨어의 사용성을 높여준다.

애플리케이션의 UI 테스트 시 사용성 테스팅은 기능이 찾기 쉬운지 또는 사용자가 예상한 대로 동작하는지를 확인한다. 이와 유사하게 API와 객체 모델을 테스트할 때 노출된 기능을 사용하는 프로그래밍 작업이 직관적이고 예상한 대로 기능이 동작하는지를 확인하는 것도 사용성 테스팅의 일부다. 또한 문서의 내용이 올바르고 관련된 내용인지 확인하는 활동도 사용성 테스팅에 속한다.

■ 사용성 연구실

마이크로소프트의 많은 팀은 사용성 연구실을 활용한다. 테스터가 사용성을 직접 연구하지는 않지만 연구 결과를 사용성 테스팅에 반영하기 위해 연구 자료를 사용한다. 예를 들어 연구를 통해 프로그램 관리 팀이나 개발 엔지니어들이 유입한 설계 이슈가 발견됐더라도 테스터는 주로 애플리케이션이 어떻게 사용되는지에 대한 정보를 이용해 사용 시나리오를 만들거나 사용 패턴을 기반으로 테스팅의 중요도를 매긴다. 물론 고객의 애플리케이션 사용법을 모델링을 하기 위해 다른 요소도 많이 사용한다(이런 기법과 툴은 13장, '고객 피드백 시스템'에서 소개한다).

마이크로소프트의 공식적인 사용성 연구는 그림 11-8과 유사한 구조를 가진 연구실에서 진행한다. 참석자는 보통 2시간 동안 애플리케이션을 사용해 연구자가 요구한 작업을 완료해야 한다.

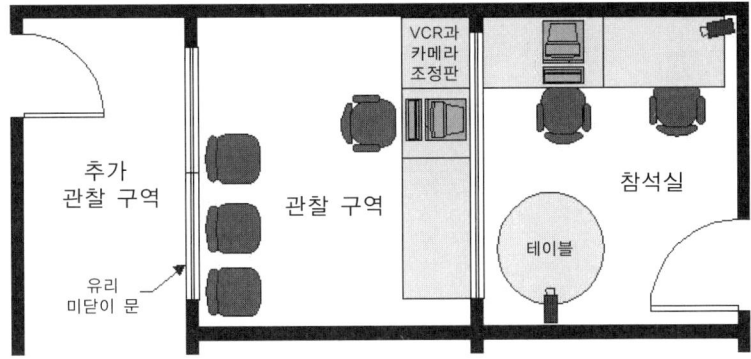

그림 11-8 사용성 연구실의 구조

이런 세션의 목표는 다양하지만 답을 얻고자 하는 일반적인 질문은 다음과 같다.

- 사용자가 무엇을 필요로 하는가?
- 사용자의 문제를 해결하기 위한 설계는 무엇인가?
- 사용자가 수행해야 할 작업은 무엇이고, 그 작업을 어떻게 적절하게 처리할 수 있을까?
- 사용자가 어떤 방식으로 소프트웨어 사용법을 익히고, 계속 기억하는가?
- 소프트웨어를 즐겁게 사용할 수 있는가?

사용성 테스팅에 대해 이야기할 때 다음과 같이 충고를 하곤 한다. 사용성 테스팅은 어떤 형태로든 결국은 수행된다. 테스팅의 일환으로 사용성 테스팅을 하든, 그렇지 않고 고객에게 떠넘기든 상관은 없다. 하지만 사용성 테스팅을 초기에 하면 사용자에게 더욱 성공적인 제품으로 비춰질 수 있고 아울러 제품 지원 요청량을 감소시키는 효과를 얻을 수 있다.

 마이크로소프트는 전 세계적으로 50개의 사용성 연구실을 보유하고, 해마다 8,000명의 사람들이 마이크로소프트의 사용성 연구에 참여한다.

마이크로소프트에서 사용성 테스팅은 점점 발전하고 있다. 직접 눈으로 추적하는 방법이나 인터넷을 통한 원격 사용성 테스팅, 게임 대상의 발전된 플레이테스트(playtest) 사용성 테스팅 등의 새로운 기법이 더욱 자주 사용되고 있다.

:: 보안성 테스팅

보안성 테스팅은 최근 몇 년 동안 마이크로소프트에서 필수적인 부분이 됐다. 악의적인 소프트웨어나 스파이웨어에 대한 대응은 마이크로소프트의 모든 엔지니어에게 보안성에 대한 경각심을 심어줬다. 보안성 테스팅은 책의 한 부분에서 다루기보다는 책 전체에서 다루어야 할 만큼의 중요한 주제다. 사실 온라인 서점에서 한 번 훑어만 봐도 보안성 테스팅에 관한 책은 6권이 넘는다. 갤래허(Gallagher)와 랜더(Landauer), 제프리스(Jeffries)가 쓴 『Hunting Security Bugs(보안 버그 잡기)』같은 마이크로소프트 직원이 쓴 책도 있고, 소프트웨어 보안 전문가인 제임스 휘태커(James Whittaker)가 쓴 『How to Break…』시리즈도 2권이 있다. 하워드와 르블랭크(Howard and LeBlanc)의 『Writing Secure Code(안전한 코드 작성하기)』는 마이크로소프트 테스터의 책장에서 많이 볼 수 있다. 앞서 언급한 책이나 관련된 주제에 관한 책은 이 영역을 자세하게 알고자 한다면 매우 유용할 것이다.

보안성 테스팅에서 테스터의 역할은 버그만 찾는 것이 아니라 버그가 어떻게 악용될 수 있는지, 어떻게 악용될 것인지의 여부를 확인하는 것이다. 보안성 테스팅에 대한 몇 가지 중요한 방식과 기법을 소개하면 다음과 같다.

● 보안 위협 모델링

보안 위협 모델링(Threat Modeling)은 잠재적인 보안 위협과 취약성을 확인하기 위해 애플리케이션의 아키텍처를 검토하는 구조화된 활동이다. 보안 위협 모델링은 마이크로소프트에서 널리 사용되고 있으며, 테스터는 보안 위협 모델 프로세스에 적극적으로 참여한다. 입력 값 검증과 데이터 핸들링, 세션 관리와 같이 테스터가 일반적으로 익숙한 부분은 애플리케이션의 잠재적인 보안 이슈를 검사할 때 중요한 역할을 한다. 보안 위협 모델링은 11장에서 다뤄진 다른 개념처럼 프로그램 설계 시 이뤄지는 것이 제일 좋은 방법이다. 보안 위협 모델은 기능 명세서나 설계 문서와 같은 명세서다. 다른 명세서와의 차이점은 보안 위협 모델의 경우 그 의도가 애플리케이션이 공격받을 수 있는 모든 가능한 방법을 확인하고, 그 개연성과 공격을 받았을 경우 발생할 수 있는 잠재적인 손상을 근거로 공격에 대한 우선순위를 정한다는 것이다. 우수한 보안 위협 모델링을 위해서는 분석과 조사 능력이 필요하다. 분석과 조사를 통해 프로세스에 적합한 테스트를 만들어 낼 수 있다. 보안 위협 모델링에 대한 더 많은 정보는 프랭크 스위더스키(Frank Swiderski)와 윈도우 스니더(Window Snyder)가 쓴 『Threat Modeling(보안 위협 모델링)』(마이크로소프트 프레스, 2004)을 참조하라.

● 퍼지 테스팅

퍼지 테스팅(Fuzz Testing)[13]은 유효하지 않은 입력 데이터를 프로그램이 어떻게 다루는지를 확인하는 기법이다. 헥사(Hex) 에디터를 사용해 프로그램이 사용하는 데이터 파일의 파일 포맷을 바꾸는 것이 가장 간단한 방법이다. 예를 들면 마이크로소프트 워드 파일인 a.doc 파일 내의 비트를 수정할 수 있다. 실제 프로세스는 더 체계적이다. 임의로 데이터를 변경하는 대신에 퍼지 테스트는 버퍼 오버런(overrun) 같은 잠재적인 보안 이슈를 가질 만한 데이터를 조작한다. 퍼지 테스팅은 데이터베이스 테스팅이나 프로토콜 테스팅처럼 시스템이나 애플리케이션이 데이터를 읽거나 해석해야 하는 기타 여러 가지 상황에도 적용할 수 있다.

---

13. 이진 데이터의 원본을 무작위로 만들어서 애플리케이션에서 원본을 열었을 때 어떤 반응을 보이는지 확인하는 방법으로 퍼징(Fuzzing)이라고도 한다. 데이터가 애플리케이션 자체를 손상시키는 경우 보안에 문제가 된다. 최근에는 파일과 네트워크의 두 가지 데이터 파서 유형의 유효성을 검사하는 데 가장 많이 사용한다 – 옮긴이

퍼징 구멍 찾기

윈도우 비스타 개발 중에 나는 유저 인터페이스의 일종인 마이크로소프트 윈도우 셸(Window Shell)에 대한 파일 퍼징 테스트를 살펴보고 있었다. 이 문제의 가장 어려운 부분은 퍼지 테스트의 생성과 실행이 아니라 셸이 파일을 파싱하는 모든 방법을 찾아내는 것이었다. 셸은 본래부터 확장이 가능하게 만들어졌고, 윈도우 탐색기로 파일을 다루는 사용자들을 위해 윈도우를 개발하는 수많은 팀에서 셸을 확장했다. 수많은 파일 파서와 조직 전반에 걸쳐 여러 개발자에 의해 수정되고 확장된 코드로 인해 테스트에 구멍이 생길 가능성은 더욱 컸다. 우리는 이 사실을 깨닫고, 파서의 종류를 속성 핸들러와 셸 폴더, 썸네일 추출기 등으로 분류하고, 이를 기반으로 하는 매우 상세한 테스트 계획을 작성했으며, 코드를 꼼꼼히 검사한 후에 테스트가 필요한 컴파일된 파일 목록을 작성했다.

우리가 만든 데이터를 전체 조직의 설계자와 테스트 리더가 검토했음에도 불구하고 우리는 무언가를 빠뜨렸다고 확신했다. 그래서 버그 데이터베이스에서 셸의 변형된 파일로 인해 발생한 모든 크래시나 장애, 메모리 사용률이 급격히 올라갔던 경우를 살펴보기 시작했다. 윈도우 비스타 개발 주기의 끝 무렵, 애드 혹 테스팅 도중 파일이 손상된 버그 하나를 발견했다. 우리는 즉시 그 이슈에 달려들어 어째서 수많은 퍼징 테스트에도 불구하고 이런 오류가 발생했는지를 검토했다. 그리고 나서 여러 팀에 걸쳐 수정된 속성 핸들러 중 하나에서 퍼징 테스트의 구멍을 발견했다!

근본 원인은 잘못된 가정이었다. 해당 기능을 담당한 팀은 그들이 수행한 API 기반의 퍼지 테스팅이 속성 핸들러에 대한 완전한 커버리지를 가진다고 가정했던 것이다. 하지만 기본적인 API 퍼지 테스트에 포함되지 않은 코드가 일부 있었다. 이런 코드에 더 심각한 보안 이슈가 잠복해 있을 가능성이 있기에 우리가 놓친 퍼징 커버리지를 보완하기 위해 다른 팀에게 도움을 요청했다. 이 특정 컴포넌트는 여러 개의 독특한 파일 유형을 파싱했다. 우리는 연구실 컴퓨터를 이용해 이 구멍을 완전히 메울 때까지 테스트를 수행하느라 일주일을 소비했다. 이 컴포넌트의 퍼징은 결국 여섯 개의 크래시 버그를 일으켰고, 모두 릴리스 전에 수정됐다.

— 에릭 더글라스(Eric Douglas), 선임 테스트 리드

:: 정리

기능 테스팅은 매우 중요하다. 그래서 기능 테스팅을 효과적으로 수행하기 위한 많은 기법과 방안들이 사용된다. 하지만 고객은 발견된 버그 개수나 실패한 테스트의 수, 코드 커버리지 비율 등과 같은 테스트 결과에 대해서는 관심이 없음을 명심해야 한다. 물론 이런 것들도 중요하고 가치 있는 테스팅의 요소이다. 하지만 결국 고객은 제품의 비기능적인 면을 더 신경 쓰게 된다. 고객은 쉽게 동작하며 안전하고 안정적인 소프트웨어를 원한다. 원하는 기능이 찾기 쉽고 빠르게 동작하는 소프트웨어를 원하는 것이다.

 비기능 테스팅은 기능 테스팅을 보완하는 필수적인 요소이고, 제품이 높은 품질을 지니고 출시 준비가 됐는지를 확인하는 데 없어서는 안 될 필수적인 요소다. 비기능 속성의 많은 측면이 개발 프로세스의 초기에 중요하게 고려돼야 하지만 고객이 소프트웨어를 사용하기 전에는 이런 대다수의 속성을 측정할 수 없다는 점이 비기능 테스팅이 직면한 딜레마다. 이런 딜레마를 해결하기 위해서는 모든 테스팅을 수행하기 전에 페르소나를 이용하거나 비슷한 방식을 사용해 지속적으로 고객의 소리에 귀를 기울여야 한다.

12 다양한 툴 활용

앨런 페이지

전문직에 종사하는 사람들은 모두 다양한 툴을 사용한다. 훌륭한 목수는 여러 가지 툴을 사용하고 각 툴을 어디에 사용해야 효과적인지 잘 알고 있다. TV에서 본 형사들은 수없이 많은 툴을 적재적소에 사용해 범죄를 해결한다(그것도 거의 1시간 내에 말이다). 테스팅도 마찬가지다. 모든 노력을 성공적으로 이끌기 위해서는 상당한 양의 지식과 복잡한 작업을 도울 수 있는 툴이 필요하다.

테스터용 툴은 테스터가 하는 일을 더 효율적이거나 효과적으로 할 수 있게 도와주는 애플리케이션이다. 마이크로소프트의 테스터는 테스팅 프로세스 전반에 걸쳐 셀 수없이 많은 테스트 툴을 사용한다. 툴은 테스트를 수행하기도 하고 시스템을 검사하고, 진행 상태를 추적하고 기타 여러 가지 상황에 도움을 준다. 11장에서 마이크로소프트의 테스터가 사용하는 몇 가지 툴을 언급했다. 하지만 그 외에도 많은 테스터가 필수적이라고 생각하는 여러 가지 다양한 툴이 있다. 12장에서는 마이크로소프트의 테스터가 효과적이고 유용하다고 생각하는 툴을 몇 가지 더 소개한다.

:: 코드 변경

코드 변경(Code Churn)은 일정 기간 동안 하나의 파일이나 모듈이 변경되는 양을 가리킨다. 코드 변경을 계산하기 위해 여러 가지 측정 방법을 사용할 수 있다. 가장 많이 사용하는 방법은 다음과 같다.

- **변경된 횟수** 파일이 변경된 횟수
- **추가 라인 수** 특정 시점 이후에 파일에 추가된 라인 수
- **삭제 라인 수** 특정 기간 동안 삭제된 라인 수
- **수정 라인 수** 특정 기간 동안 수정된 라인 수

마이크로소프트 비주얼 스튜디오 팀 시스템(Visual Studio Team System)은 표 12-1처럼 추가된 라인 수와 삭제된 라인 수, 수정된 라인 수를 합해 총 코드 변경 메트릭을 계산한다.

체크인 수	총 변경 수	수정 라인 수	삭제 라인 수	추가 라인 수	총 변경 수
857	161	0	0	161	161
899	359	3	178	178	161
932	72	2	35	35	161
946	16	0	0	16	177
총계	608	5	213	390	177

표 12-1 비주얼 스튜디오 팀 시스템의 코드 변경 메트릭 예제

7장, '코드 복잡도에 따른 리스크 분석'에서 설명한 복잡도 메트릭과 유사하게 코드 변경을 측정하면 어디서 더 많은 버그가 발생하는지를 대략적으로 알 수 있다. 어떻게 보면 이것은 직관적인 메트릭이다. 새로운 기능을 추가하기 위한 새로운 코드 작성을 제외하면 코드 변경의 이유는 주로 알려진 버그를 수정하기 위한 것이다. 수정된 버그의 상당수가 실제로는 발생한 문제를 해결하지 못했거나 다른 버그를 발생시킨다. 이런 상황은 모두 새로운(또는

남아있는) 문제를 해결하기 위한 추가적인 코드 변경을 필요로 한다. 가끔 이런 시나리오를 반복하고, 유난히 복잡한 코드라면 모든 버그가 수정되고 새로운 장애가 발견되지(확률적으로 보면 코드가 많이 변경될수록 더 많은 버그가 발생한다) 않을 때까지 여러 번 주기를 반복할 수도 있다. 코드 변경은 '연기 탐지기(Smoke-Alarm)' 카테고리로 분류될 수 있는 또 다른 메트릭이라는 점을 유념해야 한다. 과도한 변경이 항상 많은 버그를 발생시키지는 않지만 변경되고 있는 제품에서 유심히 살펴봐야 할 영역을 알려주는 지표가 된다.

코드 변경에 관한 연구

마이크로소프트 연구팀은 코드에서 변경된 라인 수와 삭제된 라인 수, 변경된 파일 수 같은 여러 가지 코드 변경 메트릭을 사용해 코드 변경과 버그 밀도와의 관계를 연구해왔다. 연구팀은 마이크로소프트 윈도우 서버 2003의 소스 코드와 버그 관리 시스템의 버그 데이터를 사용해 코드 변경 메트릭을 작성했고 그 둘에 대한 상관 관계를 발견했다.

연구팀은 이 메트릭을 사용해 모델을 생성했고, 예상 모델을 만들기 위해 2/3의 바이너리를 포함하는 임의로 선택된 집합을 사용했다. 해당 모델은 나머지 1/3에 대한 버그 밀도를 상당히 높은 확률로 예상하는 데 성공했다. 마침내 모델은 '결점 발생 경향이 높은' 집합과 '결점 발생 경향이 낮은' 집합으로 바이너리를 구분하기 위해 사용됐다. 또다시 예상 모델을 만들기 위해 바이너리의 2/3를 임의로 사용했고, 1/3은 테스팅 그룹으로 넘겼다. 테스팅 그룹의 바이너리는 거의 90% 정확도를 가지고 결점 발생 경향이 높은 집합과 결점 발생 경향이 낮은 집합으로 분류됐다.[1]

마이크로소프트의 많은 팀이 코드 변경을 주시하면서 컴포넌트의 재설계 시기를 결정하는 데 이 연구 결과를 활용하거나 제품 주기의 말기에 코드 변경의 필요성을 평가하는 경우 그 위험도를 산정하는 데 사용한다.

---

1. 나챠팬 나개팬(Nachiappan Nagappan)과 토마스 볼(Thomas Ball), 『Use of Relative Code Churn Measures to Predict System Defect Density(시스템 결함 밀도를 예상하기 위한 관련 코드 변경 측정의 사용)』, ACM 출판사, 2005, http://research.microsoft.com/~tball/papers/ICSE05Churn.pdf.

:: 통제하기

마이크로소프트에서 소스 관리(Source Control, 소스코드의 변경 내역을 추적하는 것)는 개발자만큼이나 테스터에게도 중요하다. 소프트웨어 업계의 거의 모든 개발 팀에서 소스코드 관리 시스템(SCM, Source Code Management)을 사용하며 이는 마이크로소프트의 개발팀도 예외는 아니다. 마이크로소프트의 모든 테스트 팀은 일반적인 사용 목적 외에도 특수한 테스팅 작업을 위해서도 소스 코드 관리 시스템을 사용한다.

● 변경 추적

일반적인 SCM 사용과 유사하게 테스트 팀에서 테스트 툴과 테스트 자동화를 위해 작성된 코드의 변경을 추적할 목적으로 소스를 관리한다. 팀 내에서 또는 어떤 경우에는 마이크로소프트 내의 팀 전체가 테스트 툴을 공유한다. 툴을 적용하는 팀이 늘어날수록 변경 사항에 의해 발생한 버그나 예상하지 못한 동작을 더 쉽게 확인하기 위해 변경 사항을 추적하는 작업은 더욱 중요해진다. 이런 사용은 툴의 '고객'이 회사의 다른 테스터나 테스트 팀이라는 기본적인 차이를 제외하고는 개발 환경에서의 SCM 사용과 같다.

테스트 자동화와 테스트 케이스에서 변경 사항을 추적하는 작업 역시 유용하다. 제품의 생명주기에 걸친 테스트 변경 사항의 추적뿐만 아니라 SCM 시스템을 사용함으로써 소스코드와 관련 문서 전체의 상태를 임의의 선택된 시점에서 생성하고 재생성할 수 있다. 이는 제품 생명주기의 주요 마일스톤에서 시스템의 스냅샷을 생성하기 위해 일반적으로 사용한다. 일반적으로 제품이 출시되는 시점에서 모든 제품 코드와 테스트 코드의 스냅샷을 생성한다.

제품 출시에 사용된 테스트의 사본을 남겨둠으로써 유지 보수 팀은 이전 코드로 돌아갈 수 있다는 확신을 가지고 제품 코드를 변경해 볼 수 있다. 이것은 개발자가 변경한 모듈이 다른 버그를 발생시키지 않는지 확인하기 위해 유닛 테스트 스위트를 사용하는 것과 같은 개념이다. 유지 보수 팀은 코드의 변경 사항이 시스템의 다른 부분에 보이지 않는 버그를 발생시키는 위험도를 산정하기 위해 테스트를 사용한다.

● 무엇이 변경됐나?

내가 어렸을 때 집에서 구독하는 신문에는 헨리 볼티노프의 만화 호커스-포커스가 연재됐다. 단순히 두 칸으로 된 만화였는데, 두 칸 모두 똑같아 보이지만 두 칸 사이에는 "두 그림 사이에 여섯 개의 다른 점을 찾아보세요"라는 문구가 있었다. 여섯 가지 다른 점을 찾아내는 데는 몇 분이 채 안 걸렸지만 찾는 방법은 항상 동일했다. 처음 그림에 있는 각 물체나 특징을 살펴보면서 그 모양과 크기, 다른 속성을 두 번째 그림의 같은 물체와 비교했다. 물체의 한 부분이 다를 때도 있었고, 어떤 경우는 다른 점을 찾기 위해 전체 그림을 한 번에 살펴봐야 했다. 시간이 갈수록 내 실력은 점점 늘었고(더 빠르고 더 정확하게) 나중에는 여섯 개를 단지 몇 초 만에 찾아내는 경지에 이르렀다.

이와 유사하게 소프트웨어 테스터로서 나는 코딩 에러를 분리하기 위해 SCM 시스템과 diff 툴(두 개의 파일을 비교해 서로 다른 부분을 보여주는 유틸리티)을 사용한다. 그림 12-1은 diff 툴을 사용해 두 개의 파일을 비교한 결과를 보여준다. SCM 시스템이 제품 코드의 모든 변경 사항을 기록하므로 테스터가 이전에 동작했던 시나리오를 테스트하던 중에 버그를 발견한 경우 SCM 시스템을 확인해 문제를 분리해내곤 한다. 소스 관리는 어떤 시점에서라도 파일이나 모듈, 기능, 전체 애플리케이션의 모든 변경 사항을 보여줄 수 있다. 테스터가 2주 전의 테스트 패스에서는 발생하지 않았던 버그를 발견했다면 테스터는 버그를 발생시킨 변경 사항을 조사하기 위해 모든 소스코드의 변경 사항을 확인해 차이점을 쉽게 검사할 수 있다. 개발자가 이 작업을 담당하는 팀도 있다(다음에 나오는 "누가 어떤 모자를 쓰는가?"에서 이 주제에 대한 더 자세한 정보를 얻을 수 있다).

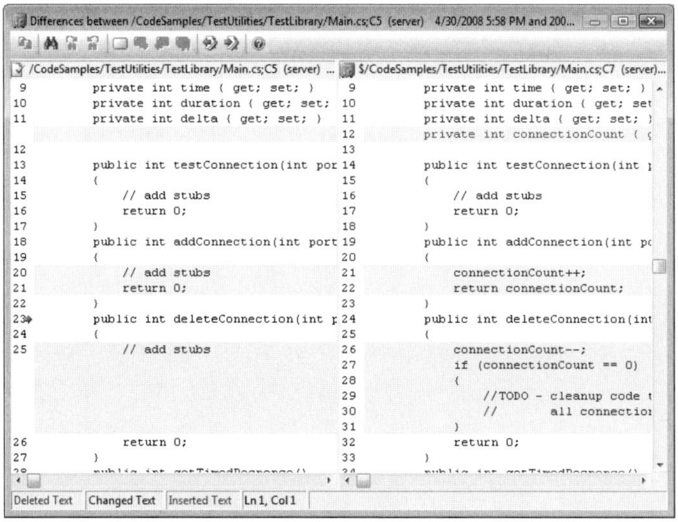

그림 12-1 비주얼 스튜디오에서의 파일 비교

변경 사항을 모니터링하는 것은 소스코드에만 국한되지는 않는다. 설계 명세서나 그 외 문서의 변경 사항 추적도 중요하다. 많은 애플리케이션은 문서의 변경 사항을 추적하는 기능을 지원한다. 예를 들어 이 책도 저자에서 검토자로, 편집자로 그리고 또다시 반대로 옮겨가며 수정한다. 각 단계에서 검토자는 여러 가지 내용을 수정할 수도 있다. 마이크로소프트 오피스 워드에서는 모든 변경 사항이 추적 가능하므로 저자는 진행 상태와 문서를 추적할 수 있고, 문맥과 내용 수정에 대한 논의 내용을 확인할 수 있다.

또한 워드는 검토자가 '변경 내용 추적' 옵션을 사용하지 않았더라도 그림 12-2처럼 두 개의 문서를 비교할 수 있다. 이 기능은 여러 검토자가 동시에 문서를 수정한 경우 문서의 여러 버전 사이의 차이점을 확인하거나 변경 사항을 검토할 때 편리하다.

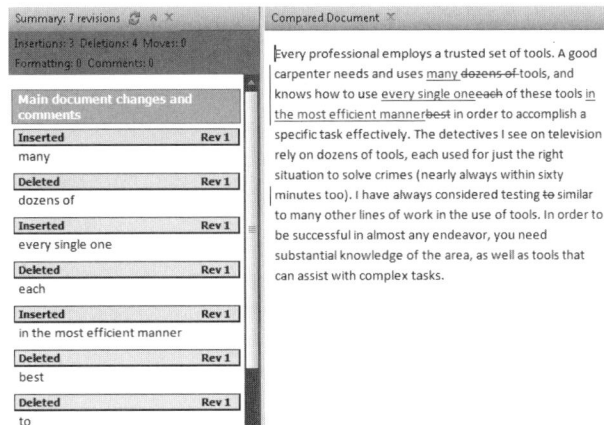

그림 12-2 윈도우 워드에서의 문서 비교

누가 어떤 모자를 쓰는가?

마이크로소프트에서 처음 입사한 테스터에게 테스팅과 디버깅 기본 교육을 할 때 자주 듣게 되는 질문은 "얼마나 자세히 디버그를 해야 하나요?"이다. 흥미롭게도 개발자의 경우는 "테스터가 얼마나 자세히 디버그를 하게 되나요?"이다. 이 두 질문에 대한 답은 물론 "경우에 따라 다릅니다"이다.

디버깅은 탐정이 하는 일과 유사하다. 디버깅 세션에서 변수의 상태를 검사하고, 로그 파일을 검사하고, 소스코드의 변경 내용을 검사하는 것 모두 디버깅, 즉 오류의 원인을 찾기 위해 시도하는 방법이다. 신입 테스터(그리고 개발자)에게 가장 어려운 점은 '버그 발견'과 '버그 수정' 사이의 어느 지점에서 작업을 중단해야 하는가를 아는 것이다. 많은 테스터가 버그의 원인을 조사하고 분리해내는 데 있어서 개발자만큼(때로는 개발자보다) 우수하다. 마이크로소프트에서는 테스터가 절차에 따라 디버그해 버그를 발생시킨 파일이나 라인 번호, 체크인 시점까지 알아내는 팀도 있고, 반면에 조사 작업을 거의 안하고 버그를 보고하는 데만 집중하는 팀도 있다. 마이크로소프트의 테스터 대부분은 심도 있게 디버깅을 할 수 있다. 따라서 결정은 시간 제한과 기대치에 따라 달라진다.

시간 투자는 테스트 팀의 인력이 모자라거나, 일정이 늦어졌거나, 그 외 심각한 자원의 한계가 있을 경우에 중요 요소가 된다. 다른 말로 하면 테스트 팀은 오류를 완벽하게 디버그 할 시간이 없을 뿐이다. 하지만 기대치는 이런 딜레마의 더욱 중요한 면이 된다. 테스터가 자신의 코드를 디버그하는 것을 꺼리는 개발자도 있다. 또한 남의 코드를

> 디버그하기를 싫어하는 테스터도 있다. 개인적으로는 이런 두 가지 경우는 모두 별로 좋아하지 않는다. "누가 무엇을 디버그해야 하는가?"라는 질문을 들을 때마다 나는 테스터와 개발자(혹은 테스트 팀과 개발팀)에게 상대방에 대한 두 가지 중요한 질문에 먼저 답을 하게 유도한다. "당신은 내게 무엇을 해줄 건가요?"와 "내가 무엇을 해주길 바라나요?"라는 질문이다. 이 대화 주제는 관계에 대한 논쟁을 풀어가는 데 유용하고, 테스터와 개발자의 경우에는 유닛 테스트에서부터 테스트 전략에 이르기까지의 많은 중요한 주제에 대해 각자의 입장을 정확히 전달하는 데 도움이 된다(버그 리포팅과 디버깅 세션에서 누가 무엇을 기대하는지에 관한 것도 마찬가지다).

● 왜 변경됐나?

소스코드 변경 내역을 비교할 때 변경 사항은 볼 수 있지만 왜 변경됐는지는 알 수가 없다.

```
===============================================================
--- math.cs;8 (server) 5/2/2008 5:24 PM
+++ math.cs;9 (server) 5/6/2008 7:25 PM
***************
*** 20,26 ****
                }
                else
                {
!                   return value;
                }
--- 20,26 ----
                }
                else
                {
!                   return value * 2;
                }
===============================================================
```

앞의 코드를 살펴보면 무엇이 변경됐는지는 분명하다. 리턴 값이 두 배로 변경됐다! 하지만 왜 변경됐을까? 테스터는 소스 관리 시스템에서 몇 가지 정보를 얻을 수 있다. 유용한 정보 중 하나는 변경한 코드에 대한 정확한 설명과 코드를 함께 기록한 개발자의 이름이다. 이해가 안가는 변경 사항을 누가 수정했는지 안다면 수정한 사람을 찾아가거나, 전화하거나, 이메일을 보내 문의할 수 있다.

최근에 변경된 사항과 제품의 현재 버전에서 변경된 사항에 대해 개발자에게 직접 묻는 것은 좋은 방법이다. 하지만 개발자가 이미 퇴근했거나, 다른 팀으로 발령을 받았거나, 회사를 그만 뒀다면 어떻게 해야 할까? 소스 관리 시스템은 개발자 주석의 입력은 물론 버그 관리 시스템에서 변경 사항으로 수정된 이슈와의 연계를 위해 버그 번호 같은 관련 데이터를 적는 입력 필드가 있다. 코드를 커밋(commit, 개발자가 작성한 사본을 통합 소스 관리 시스템에 병합하는 것)할 때 코드를 변경한 사람은 변경 사항에 의해 수정된 버그(새로운 코드인 경우에는 해당 기능과 관계된 ID) 같은 정보를 함께 입력해야 한다. 또한 그림 12-3처럼 코드를 검토한 사람의 이름과 변경 사항에 대한 간략한 설명도 입력해야 하는 경우도 있다. 이런 모든 필드는 테스터와 개발자가 버그를 조사할 때 도움이 되는 주요 항목이다.

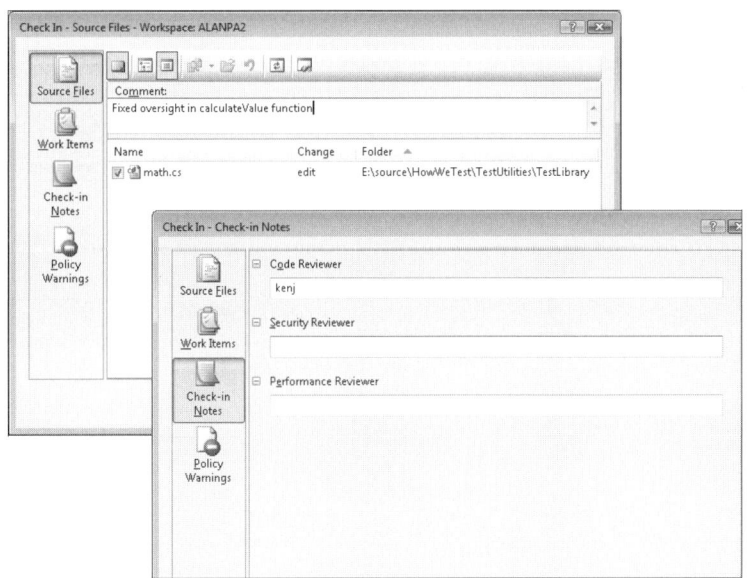

그림 12-3 비주얼 스튜디오 팀 시스템의 체크인 입력 양식

● 소스 관리를 위한 공간

마이크로소프트의 테스트 팀에서 소스 관리는 회사와 함께 성장하고 발전해왔다. 마이크로소프트 초창기에 내가 일했던 테스트 팀의 소스 관리는 거의 형식이 없고 비공식적이었다. 대부분의 테스트 팀이 팀 내의 테스트 코드나 데이터 파일을 위해 소스 관리 시스템을 사용했으나 팀별로 각기 다른 소스 관리 서버를 사용했다. 관리 서버의 소스 관리 시스템을 사용함으로써 테스트 소스코드를 백업할 수 있었고 리비전을 추적할 수 있었다.

다른 팀과 소스를 공유하거나 조회하기를 원치 않는다면 이 시스템에는 별 문제가 없다. 우리 팀에서는 테스트 소스코드를 컴파일하고 그 결과로 생성된 바이너리를 다른 테스터가 자동화 시스템이 필요할 때 사용할 수 있게 공유 가능한 곳에 복사해 놓는 것이 테스터의 의무였다. 이 시스템은 대부분의 경우 문제가 없었지만 복사가 실패하거나 누군가 실수로 파일을 지워버리는 경우에는 가끔 오류가 발생했다.

시간이 지나면서 팀 전체를 위해 테스트 소스를 하나의 서버와 시스템에 통합하기 시작했다. 시스템 구성과 구조가 더욱 형식을 갖췄고 소스가 여기저기 흩어져 있는 모습은 점점 사라졌다. 지금은 많은 팀이 테스트 소스코드를 제품 소스코드가 있는 시스템에 같이 저장한다(그림 12-4 참조). 그리고 나서 빌드 담당 팀(팀의 일일 빌드를 생성하는 업무를 담당하는 사람이나 팀)이 제품 코드와 테스트 코드를 매일 빌드하고 테스트 결과를 서버에 자동으로 전송한다.

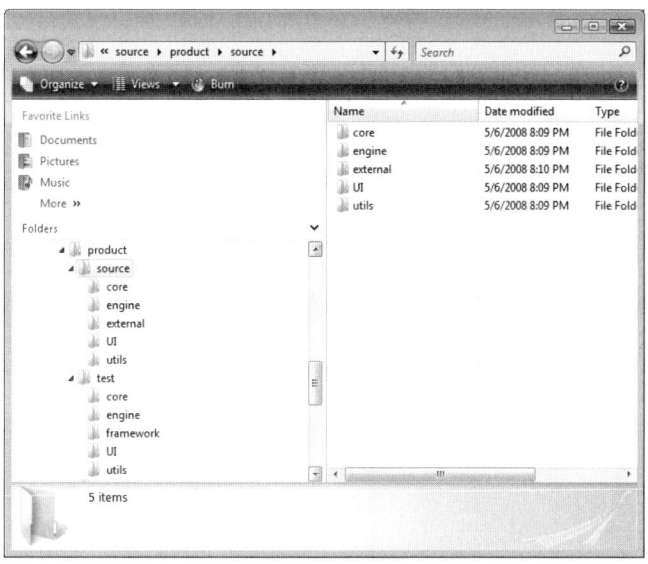

그림 12-4 소스 관리에서의 제품과 테스트 코드의 일반적인 구조

그림에서 보여주는 것과 같은 소스 관리 구조는 여러 가지 장점이 있다. 가장 중요한 특징 중 하나는 코드를 찾기 쉽다는 점이다. 개발자가 테스트 팀의 코드를 수행하고 싶다면 어디서 코드를 찾아야 하는지 알 수 있다. 이와 비슷하게 테스터가 테스트 대상이 되는 코드가 어떻게 구현됐는지를 알고 싶다면 제품 코드를 쉽게 찾을 수 있다. 또한 빌드 팀도 제품 코드와 테스트 코드 사이의 불일치로 발생하는 빌드 오류를 확인하는 작업이 훨씬 더 쉬워진다. 마지막으로 빌드 팀이 제품과 테스트 코드를 같은 프로세스의 한 부분으로 같이 빌드한다면 테스트 코드와 제품 코드에 일치하는 버전 정보를 추가하기도 더 간단해진다. 일치하는 버전을 매기는 것은 테스트 바이너리와 제품 바이너리의 관리를 더 수월하게 하고, 더 나은 리그레션 분석을 용이하게 한다.

:: 빌드

빌드 프로세스로부터 발생하는 다양한 활동과 함께 빌드는 마이크로소프트의 모든 팀에서 매일 수행되는 필수 업무다. 소스 관리와 버그 관리, 테스트 패스(test pass) 관리 모두 빌드 프로세스로부터 시작한다.

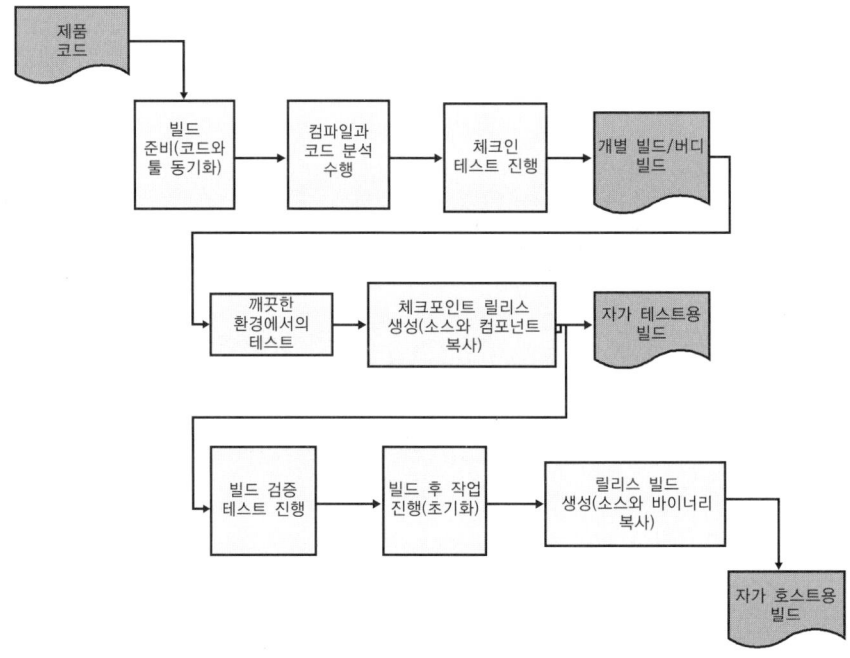

● **일일 빌드**

대부분의 팀에서는 전체 제품의 소스코드를 적어도 하루에 한 번은 컴파일한다. 마이크로소프트는 오랫동안 일일 빌드를 수행해 왔고, 애자일 커뮤니티가 지지하는 연속적인 통합(continuous integration, 빈번한 코드 체크인에 따른 연속적인 빌드)을 해왔다. 빌드 프로세스는 소스 컴파일(소스코드를 바이너리 형태로 변형하는 것)과 링킹(Linking, 바이너리를 결합하는 것), 셋업 프로그램을 빌드하거나 릴리스 서버에 빌드를 적용해 팀원들이 애플리케이션을 사용할 수 있게 만드는 데 필요한 모든 단계를 포함한다.

 원도우 라이브 빌드 담당 팀은 매주 6,000번 이상 빌드한다.

빌드 담당 팀의 하루

빌드 담당 팀의 전형적인 24시간

빌드 프로세스는 오후 3시쯤부터 시작된다. 자동화된 스크립트가 빌드 프로세스를 위한 각 컴퓨터를 준비한다. 예전 빌드의 잔여분을 모두 삭제하고 소스코드를 가장 최신의 '양호한' 변경 사항으로 동기화한다. 중간 정도 규모의 제품을 빌드할 경우 대략 1시간에서 4시간 정도의 시간이 소요된다(마이크로소프트 윈도우 같은 대규모 제품의 경우는 더 오래 걸리기도 한다).

빌드 프로세스의 초기에는 소스코드로 제품을 구성하는 바이너리를 만든다. 다음 몇 시간 동안 또 다른 자동화된 스크립트가 이 바이너리를 갖고 SKU(Stock Keeping Units)로 알려진 수십 개의 설치 가능한 제품을 만들게 된다. 즉 '프로페셔널(Professional)' 버전이나 '얼티밋(Ultimate)' 버전, 여러 가지 다국어 버전 같은 다양한 제품을 생성한다. 이렇게 자동화된 프로세스에도 불구하고 일과 후 남아서 빌드를 검사할 '빌드 감시자(Build Watcher)'가 있다. 빌드 감시자는 주기적으로 빌드의 상태를 확인해 빌드가 정상적으로 수행되고 있는지를 감시한다. 하지만 대부분의 경우 빌드 시스템은 자가 모니터링을 통해 오류가 발생하면 이메일이나 문자 메시지를 빌드 감시자에게 보낸다.

오류는 빌드 초기에 발생하는 경우도 있고 빌드 후반에서 발생하는 경우도 있다. 이따금 컴퓨터나 네트워크의 심각한 이슈로 예상하지 못하게 빌드가 실패하는 경우가 발생하기도 한다. 빌드 중 발생하는 모든 오류는 버그로 분류돼 제품 팀에 보내지거나 빌드 감시자에 의해 해결된다.

매일 아침 빌드 팀원들이 출근하기 시작하고 지난밤에 빌드 감시자에 의해 생성된 빌드 정보에서 눈에 띄는 이슈를 검토한다. 해결되지 않은 이슈가 남아있다면, 빌드 팀은 이슈를 발생 시킨 제품 담당자를 알아내어 문제를 즉시 해결하도록 요청한다. 빌드기 완료되면 빌드 검증 테스트(BVT, Build Verification Tests)가 시작된다. 버그가 발견되면 제품 담당자에게 즉시 연락하고 버그를 등록한다.

테스팅을 위해 팀원들에게 정오까지 빌드를 배포하는 것이 목표이다. 이때까지도 주요한 버그가 남아있다면 빌드를 늦게라도 배포할 것인지, 그날은 배포를 생략할 것인지 결정해야 한다. 마이크로소프트에서 일일 빌드는 매우 중요한 흐름이므로 빌드를 배포하지 않는 것은 심각한 문제다. 빌드 배포를 시도하기로 결정했다면 버그가 수정되고 테스트될 때까지 빌드를 연기하게 된다. 빌드가 완료되면 파일은 빌드 컴퓨터에서 배포 서버로 복사되고, 빌드 정보와 알려진 이슈 사항은 모든 팀에 이메일로 발송된다.

보통 일일 빌드 프로세스는 '스모크 테스트'(Smoke Test)를 포함한다. 스모크 테스트는 애플리케이션의 기본 기능이 동작하는지 확인하기 위해 하는 간단한 테스트다. 이것은 차를 빌렸을 때 먼 길을 떠나기 전에 차에 이상이 없는지를 확인하기 위해 집 근처 한 바퀴를 먼저 돌아보는 것과 비슷하다. 테스트 팀은 스모크 테스트의 스위트를 수행한다. 일반적으로 이는 빌드 인수 테스트(BAT, Build Acceptance Test)나 빌드 검증 테스트(BVT, Build Verification Test)로 알려져 있다. 빌드 인수 테스트가 빌드 검증 테스트의 일부분에 속한다고 명시하는 경우도 있지만 대부분의 경우 혼용해 사용한다. 잘 작성된 빌드 검증 테스트란 일일 빌드가 테스팅에 사용될 수 있는지를 확인하는 것이다. 표 12-2는 빌드 검증 테스트의 속성이다.

BVT 속성	설명
모든 것을 자동화하라.	빌드 검증 테스트는 모든 빌드마다 수행되고 매번 같은 테스트가 수행돼야 한다. 전 제품에서 자동화된 테스트 스위트가 하나밖에 없더라도 빌드 검증 테스트에 포함하라.
일부만 테스트하라.	빌드 검증 테스트는 모든 기능을 테스트하는 것이 아니다. 기본적인 기능을 확인하기 위한 간단한 테스트다. 빌드 검증 테스트의 목표는 빌드가 테스팅을 위해 사용이 가능한지를 확인하는 것이다.
신속하게 테스트하라.	전체 빌드 검증 테스트는 몇 시간이 아니라 몇 분 안에 수행돼야 한다. 수행 시간이 짧을수록 빌드가 문제가 있는지를 즉각적으로 알 수 있다.
실패를 정확하게 인지하라.	빌드 검증 테스트가 실패한다면 빌드가 테스팅에 적합하지 않고 실패의 원인이 즉시 수정돼야 한다는 것을 의미한다. 어떤 경우에는 빌드 검증 테스트의 실패에 대한 회피 방법이 있을 수 있다. 하지만 모든 빌드 검증 테스트의 실패는 최신 빌드에 심각한 문제가 있음을 알리는 것이어야 한다.
깊게가 아닌 넓게 테스트하라.	빌드 검증 테스트는 제품 전반을 테스트해야 한다. 세세한 부분까지 테스트해서는 안 되지만 기능의 모든 중요한 부분은 한 번씩 거쳐야 한다. 다양한 입력 값이나 설정 값은 제외하고, 주요 기능에 대한 주요 사용 시나리오를 가능한 한 많이 포함해야 한다.

표 12-2 빌드 검증 테스트의 속성(이어짐)

BVT 속성	설명
디버그와 유지 보수가 용이하게 하라.	완벽한 세상에서는 빌드 검증 테스트도 절대 실패하지 않을 것이다. 하지만 빌드 검증 테스트가 실패한다면 오류를 가능한 한 빨리 격리시켜야 한다. 테스트가 실패한 후에 그 원인을 해결하기 위한 수정이 최대한 빨리 이뤄져야 한다. 빌드 검증 테스트의 테스트 코드는 제품 전체를 가장 효과적으로 개발하고 개선하기 위해 디버깅과 유지 보수가 가장 용이해야 하는 코드 중 하나다. 훌륭한 빌드 검증 테스트는 자가 분석이 가능하고 정확한 오류 원인의 목록을 기록한다. 더욱 훌륭한 빌드 검증 테스트는 이와 더불어 오류를 발생시킬 가능성이 가장 높은 코드 변경을 소스 관리 시스템에서부터 검색해 확인한다.
신뢰할 수 있어야 한다.	빌드 검증 테스트를 신뢰할 수 있어야 한다. 빌드 검증 테스트가 통과하면 빌드는 테스팅에 적합한 것이어야 하고, 실패한다면 빌드의 심각한 문제를 알려주는 것이어야 한다. 빌드 검증 테스트의 통과와 실패의 의미에 대한 타협은 빌드 검증 테스트 담당 팀이 해당 테스트와 관련해 갖고 있는 신뢰와 타협하는 것이다.
심사숙고하라.	가장 일 잘하고, 가장 믿음직하고, 가장 신뢰할 수 있는 테스터와 개발자가 가장 안정적이고 가장 신뢰할 수 있는 빌드 검증 테스트를 생성한다. 훌륭한 빌드 검증 테스트를 작성하기는 쉽지 않다. 이 표에 있는 속성들을 충분히 만족시키기 위해 오랜 시간과 심사숙고가 필요하다.

표 12-2 빌드 검증 테스트의 속성

윈도우 메모장 같은 간단한 텍스트 에디터용 빌드 검증 테스트 스위트의 예는 다음과 같다.

1. 텍스트 파일을 생성한다.

2. 내용을 작성한다.

3. 잘라내기, 복사하기, 붙여넣기 같은 기본 기능을 확인한다.

4. 저장, 열기, 삭제 같은 파일 동작을 테스트한다.

일일 빌드(혹은 더 잦은 주기의 빌드)와 빌드 검증 테스트 프로세스를 통해 대규모의 통합이나 광범위한 변경에 의해 발생할 수 있는 오류를 줄일 수 있다. 제품을 매일 빌드해 실행할 수 있는 상태로 유지하는 것은 건강한 소프트웨어 조직에서는 필수적이다. 마이크로소프트의 테스트 팀은 제품 팀만큼 일일 빌드가 필요하다. 이런 이유로 자동화 테스트와 테스트 툴의 소스코드도 제품 코드를 빌드하는 프로세스의 한 부분으로 매일 빌드한다.

■ **실패한 빌드**

일일 빌드에서 가장 노력이 적게 드는 일은 체크인 후 24시간 이내에 컴파일 오류(빌드 오류라고도 한다)를 확인하는 것이다. 컴파일 오류는 거의 발생하지 않지만 테스트 팀이 테스트를 시작하기 위해 일일 빌드를 기다리고 있다면 엔지니어링 프로세스의 흐름을 중단시킬 수 있다. 컴파일 오류의 가장 흔한 원인은 개발자에 의한 문법 오류이므로 예방할 수 있는 가능성이 매우 높다. 코드를 컴파일해보거나 스크립트를 실행해본 사람이라면 누구나 문법 오류를 발생시킨 경험이 있을 것이다. 세미콜론을 빠뜨렸거나 키워드에 오타가 있거나 잘못된 문자를 입력하면 프로그램을 컴파일하거나 스크립트를 실행할 때 오류가 발생한다. 이런 종류의 오류는 언제나 일어나기 마련이고, 단지 소스 관리 시스템에 체크인된 경우에만 문제가 된다. 고의로 잘못된 코드를 체크인하는 개발자는 없겠지만 조심성 없는 개발자는 여전히 이런 실수를 하기도 한다. 이는 주로 개발자가 '미미하게 수정한' 소스코드를 다시 한 번 컴파일해 확인하는 것을 잊어버린 경우에 발생한다. 이를 막기 위한 간단한 방법은 개발자에게 소스코드를 체크인하기 전에 개발 컴퓨터에서 컴파일을 먼저 해볼 것을 요구하는 방법이다. 하지만 강요하기는 어렵고 개발자가 그를 따르더라도 실수를 할 가능성은 여전히 남아있다.

> **빌드를 중단시킨 사람!**
>
> 소프트웨어 업계 전반에 걸쳐서 빌드 실패의 원인이 된 사람에게 이상하게 생긴 모자를 씌우거나, 사무실 문에 표지판을 걸어 놓거나, 팀 전체를 위해 도넛을 사오게 하거나, 창피를 주는 등의 벌을 내리는 오래된 전통이 있어왔다. 한밤중에 개발자에게 집으로 전화를 걸어 빌드가 실패했으니 즉시 사무실로 와줄 것을 요구하는 팀도 본 적이 있다. 사람들이 코드를 체크인하기 전에 한 번 더 확인하고 조심하게 하는 데 이 프로세스가 효과가 있을지도 모르지만 사람은 의도치 않게 실수를 할 수도 있다.

> 다행히도 사람은 실수를 하고 빌드의 실패는 피할 수 없다는 것을 많은 사람이 깨닫기 시작했다. 그리고 벌을 주는 것에 주력하는 대신 팀에 악영향을 주는 빌드의 실패를 예방할 수 있는 방법을 찾는 일에 주력하기 시작했다.

빌드의 실패는 주로 문법 오류 이외의 원인에 의해 발생한다. "파일 하나를 깜빡하고 체크인하지 않았어요"는 빌드 실패를 일으키는 가장 흔한 원인 중 하나다. 대규모의 복잡한 시스템에서는 종속 관계가 있는 다른 시스템의 변경 사항으로 인해 발생하는 빌드 오류도 자주 일어난다. 윈도우 SDK 헤더 파일(윈도우 데이터 타입과 함수의 정의를 기록한 파일)을 생각해보자. 이 파일 중 일부분이 변경되더라도 전혀 다른 컴포넌트의 빌드 오류를 발생시킬 수 있다. 더 작게는 COM 라이브러리나 그 외 공유 컴포넌트의 인터페이스 이름을 변경하는 것도 의존 관계에 있는 컴포넌트의 컴파일 오류를 쉽게 발생시킬 수 있다.

> **컴파일 테스트하기**
>
> 윈도우나 윈도우 CE, 오피스 같은 대규모의 플랫폼에서는 애플리케이션보다 테스트 코드가 외부에서 접근 가능한 함수를 더 많이 사용한다. 내가 윈도우 CE 팀에 있을 때 일일 빌드 프로세스는 운영체제를 빌드한 후 모든 테스트 코드를 빌드하는 순서를 따랐다.
>
> 때때로 테스트 코드가 컴파일 오류를 발생시켰다. 이는 함수 프로토타입이나 정의가 변경돼 발생한 것이었다. 빌드기 실패해 업무에 지장이 생기기는 했지만 이런 버그를 고객이 발견하기 훨씬 전에 잡아냈다는 것은 매우 기분 좋은 일이었다. 제품 코드처럼 테스트 코드를 빌드했으므로 이런 버그를 찾아낼 수 있었던 것이다.

■ 빌드 실패 방지

일일 빌드를 하는 팀치고 빌드 실패를 겪어보지 않은 팀은 없을 것이다. 마이크로소프트에서는 빌드 오류와 그 영향을 줄이기 위해 여러 가지 기법을 사용한다. 가장 유용하고 효과적인 기법은 연속 빌드(Rolling builds)와 체크인 시스템이다.

가장 간단한 형태인 연속 빌드는 제품의 가장 최신 소스코드를 지속적으로 자동 빌드하는 것이다. 하루에 여러 번의 빌드를 하면 빌드 오류는 더욱 빨리 발견된다. 연속 빌드 시스템의 기본적인 단계는 다음과 같다.

- 깨끗한 빌드 환경
- 가장 최신 소스의 자동 동기화
- 전체 시스템 빌드
- 자동 오류(또는 성공) 알림 기능

연속 빌드를 구현하는 가장 쉬운 방법은 윈도우 커맨드(cmd) 스크립트 파일을 사용한 구현이다. Sed나 Awk, 펄 같은 스크립트 툴도 많이 사용한다. 연속 빌드 스크립트의 예는 리스트 12-1과 같다.

리스트 12-1 간단한 연속 빌드 윈도우 커맨드 스크립트

```
rem RollingBuild.cmd
rem 동기화, 빌드, 오류 보고

rem 다음 2개의 명령은 마지막 변경 번호를 기록하고,
rem 마지막 코드 변경을 기록한다.

:BEGINBUILD
rem 빌드 환경 초기화
call cleanbuild.cmd

changes -latest
sync -all

rem build.cmd는 제품 전체를 빌드하는 데 사용하는 스크립트다.
call build.cmd

rem 빌드 중 한 부분이라도 실패한다면 build.err 파일이 생성되고,
rem 팀 전체에 연속 빌드(Rolling Build) 상황을 공지한다.
IF EXIST "build.err" (
    call reporterror.cmd
```

```
) ELSE (
    call reportsuccess.cmd
)

goto BEGINBUILD
```

마이크로소프트에서는 모든 빌드 검증 테스트나 일부 빌드 검증 테스트를 연속 빌드에 포함하고 자동으로 결과를 보고하게 한다. 하루에 여러 번의 연속 빌드를 수행하는 팀은 빌드 하나를 골라(예를 들면 오후 1시 이전에 가장 마지막으로 성공한 빌드) 그 빌드를 팀에 배포하기 전에 추가적인 설정을 하고 테스팅을 수행한다.

빌드의 실패를 예방하고 코드의 품질을 높이기 위한 또 다른 방법은 체크인 시스템을 이용하는 것이다. 몇 해 전에는 개발자가 SCM에 변경 사항을 체크인할 때 코드를 주 소스 트리(main source tree)에 바로 체크인했다. 실수를 하면 바로 일일 빌드에 영향을 미친다. 규모가 작은 프로젝트의 경우에는 그냥 넘어갈 수도 있지만 대규모 소프트웨어 프로젝트에서는 단계를 거쳐 체크인하는 것이 상당히 유용할 수 있다.

그림 12-5는 체크인 시스템의 기본 구조를 보여준다. 코드를 주 SCM에 바로 체크인하는 대신 프로그래머가 변경 사항을 체크인할 준비가 되면 먼저 중간 시스템에 코드를 보낸다. 중간 컴퓨터는 적어도 하나의 플랫폼에서 코드가 정상적으로 빌드되는지 확인한 후 개발자 대신 코드를 주 소스 관리 시스템에 보낸다. 이런 대부분의 시스템은 여러 가지 설정과 대상을 고려해 빌드한다. 이런 작업은 개발자 혼자서만 하기에는 불가능하다.

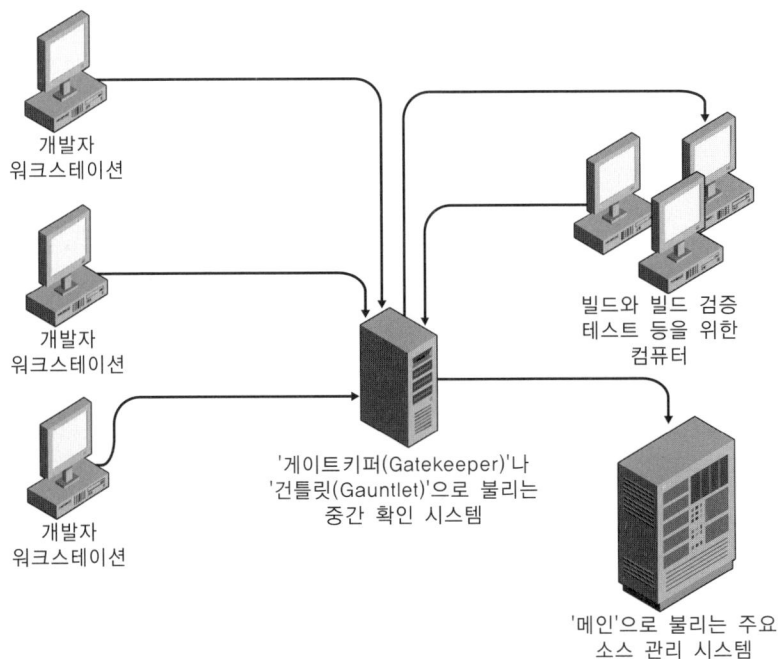

그림 12-5 체크인 시스템의 구조

중간 시스템은 일반적으로 변경 사항에 대한 리그레션 테스트를 위해 자동화 테스트의 일부를 선택해 실행한다. 시스템의 구현에 따라 테스트의 집합은 미리 정해진 것일 수도 있고, 코드를 보낼 당시 프로그래머가 선택한 테스트일 수도 있고, 아니면 변경된 코드에 따라 동적으로 생성된 테스트일 수도 있다.

빌드 이전이나 이후 테스트는 언제라도 시스템에 추가될 수 있다. 개발자에게 이것은 메인(주 소스 트리)에 바로 체크인하는 것과 똑같이 느껴질 수도 있지만 상당수의 버그가 전체 시스템에 문제를 일으키기 전에 중간에서 걸러진다.

:: 정적 분석

테스트 팀이 소프트웨어를 테스트하기 위한 소프트웨어를 작성할 때 재미있는 질문이 대두된다. "누가 테스트 소프트웨어를 테스트할 것인가?" 무시하기 쉬운 질문이지만 대답하기는 쉽지 않다. 엄청난 코딩 작업이 테스트 코드를 작성하기 위해 들어가고, 제품 코드에서 발생하는 것과 같은 종류의 실수들이 발생하기 쉽다. 테스트를 수행하고 실패를 검사하는 것은 테스트를 위한 테스트이지만 이런 접근 방식으로는 여전히 테스트 코드에서 발생하는 많은 버그를 놓치기 쉽다. 테스트 코드에서(혹은 다른 어떤 코드에서든) 버그를 찾아내는 효과적인 방법은 자동 정적 분석 툴을 사용하는 것이다. 정적 분석 툴은 소스코드나 바이너리를 검사해 실제 코드를 실행하지 않고도 많은 종류의 오류를 찾아낸다.

● 네이티브 코드 분석

네이티브 코드(Native Code, C와 C++로 작성된 코드)를 분석하는 여러 가지 다양한 툴이 존재한다. 일반적인 툴은 PC-Lint[2]와 KlockWork,[3] Coverity[4] 같은 상용 툴과 비주얼 스튜디오 팀 시스템에 포함돼 있는 정적 코드 분석기(Code Analyzer)도 있다. 마이크로소프트의 모든 팀은 코드 분석 툴을 사용한다. 2001년 이후로 네이티브 코드 분석을 위해 마이크로소프트에서 주로 사용하는 툴은 PREfast라는 툴이다. 비주얼 스튜디오 팀 시스템에 있는 네이티브 코드 분석 툴과 같은 툴이다. PREfast는 소스코드에서 한 번에 하나씩의 함수를 검사해 프로그래밍 오류를 발생시키는 잘못된 코드 사용과 코딩 패턴을 찾아낸다. PREfast가 오류를 발견하면 결함 경고를 표시하고 오류가 있는 소스코드의 라인 번호를 보여준다. 그림 12-6을 참조하라.

---

2. http://www.gimpel.com 참조
3. http://www.klocwork.com 참조
4. http://www.coverity.com 참조

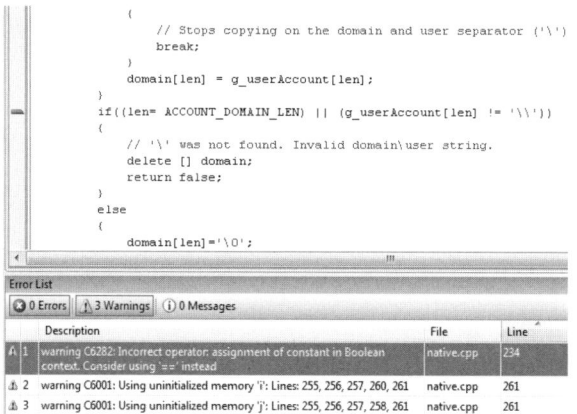

그림 12-6 PREfast를 사용한 비주얼 스튜디오의 정적 분석 경고

깨진 창문 조심하기

유명한 책 『실용주의 프로그래머(The Pragmatic Programmer)』에서 저자는 깨진 창문 이론[5]과 수정되지 않은 작은 오류가 또 다른 오류를 낳는다는 소프트웨어 엔트로피의 개념과의 연관을 언급했다.[6] 팀원들이 처음 코드 분석 툴을 실행하기 시작했을 때 검토가 필요한 수많은 잠재적인 이슈에 압도됐다. 팀이 당면한 큰 문제는 가장 좋은 툴이라도 그 결과에 거짓 양성(False Positive)이 포함된다는 것이었다. 10장의 '테스트 자동화'에서 언급했듯이 거짓 양성은 툴이나 테스트에 의해 오류로 보고 됐지만 실제 프로그램이나 코드상에는 문제가 없는 경우다. 코드 분석 툴이 수백, 수천 개의 오류를 보고할 때 이런 잘못된 결과는 단지 혼란을 일으킬 뿐이다.

몇 년 전에 나는 정적 분석 툴을 적용하고 결과를 보고하는 업무를 담당하고 있었다. 코드의 양이 엄청났으므로 나는 각 팀의 개발 팀장들에게 보고된 결함 중 조사가 필요한 곳을 결정하도록 요청했다. 결국 우리는 분석 툴이 보고한 오류를 모두 조사하고 수정하기를 원했지만 단기 전략은 관리 팀의 결정에 달려 있었다. 우리는 모든 심각한 오류를 수정했고(거짓 양성은 무시했다) 그 해 말에 새 버전의 제품을 릴리스했다.

---

5. 제임스 큐 윌슨(James Q. Willson)과 조지 엘 켈링(George L. Kelling)의 <Broken Windows: The Police and Neighborhood Safety(깨진 창문: 경찰과 이웃의 안전)>, 주간 아틀란틱, 1992년
6. 앤드류 헌트(Andrew Hung)와 데이빗 토마스(David Thomas)의 『The Programmatic Programmer(실용주의 프로그래머)』, 애디슨-웨슬리 프로페셔널, 1999년

몇 달 후에 개발자 중 한 명이 고객이 보고한 이슈를 조사하고 있었다. 그 이슈는 특수한 환경에서 발생했고 디버그하는 데 거의 하루가 소요됐다. 그날 저녁에 그 개발자가 내 사무실로 와서 말했다. "좋은 소식과 나쁜 소식이 있어요. 좋은 소식은 버그를 발견했고 수정 방법을 알아냈다는 것입니다. 나쁜 소식은 우리 정적 분석 툴이 석달 전에 이미 그 버그를 발견했었다는 거예요."

우리는 개발자 몇 명을 소집해 그 이슈를 논의했고 분석 툴이 해당 컴포넌트에서 수십 개의 오류를 발견했었다는 것을 알아냈다. 오류를 완전히 무시하지는 않았다. 개발자는 몇 개의 오류를 살펴보고는 거짓 양성으로 판단해 해당 컴포넌트의 나머지 오류를 무시해버렸었다.

우리는 이 경험에서 교훈을 얻었다. 우리는 개발자가 잘못된 경고를 안전하게 무시하는 법을 알고 있는지를 먼저 확인했고, 발견된 오류를 무시하기 전에 적어도 두 명의 개발자가 무시한 거짓 양성 결과를 모두 검토하게 했다. 우리는 보고된 이슈를 모두 수정했고 체크인 시스템에 보고된 이슈 사항을 방지하기 위한 검증 규칙을 추가로 적용해 코드 베이스가 오염되지 않게 했다. 우리가 얼마나 많은 잠재적인 고객 이슈를 예방했는지 정확히 알 수는 없지만 깨진 창문 수리는 훌륭한 투자였다고 확신한다.

● 매니지드 코드 분석

FxCop은 그림 12-7에서 보이는 것처럼 매니지드 코드[7]를 분석하고, 가능한 설계, 현지화, 성능, 보안 향상 같은 다양한 정보를 보고하는 애플리케이션이다. FxCop은 수많은 일반적인 코딩 오류를 검출하는 것뿐만 아니라 많은 프로그래밍과 클래스 라이브러리 개발자를 위한 마이크로소프트 설계 가이드라인에 설명된 설계 규칙상의 위반 사항을 찾아낸다. 매니지드 코드에서 애플리케이션을 생성하는 모든 사람은 이 툴이 유용하다는 사실을 안다.

---

7. 매니지드 코드(Managed Code)는 가상 머신에서 수행되는 컴퓨터 프로그램 코드로, CPU에 의해 직접 수행되는 언매니지드 코드(Unmanaged Code)와는 다르다. 주로 비주얼 스튜디오 같은 마이크로소프트의 개발 환경에서 많이 사용되는 용어로, 마이크로소프트 매니지드 코드의 대표 언어는 C#, Visual Basic.Net 등이 있다. 원칙적으로는 어떤 프로그래밍 언어로 작성된 프로그램이든 매니지드나 언매니지드 코드 모두로 컴파일 가능하다. 하지만 실제로는 하나의 프로그래밍 언어는 둘 중 하나의 유형으로만 주로 컴파일한다 - 옮긴이

FxCop은 스탠드얼론 툴로도 사용 가능하고 비주얼 스튜디오와 연동해 사용할 수도 있다. 테스터는 매니지드 바이너리에서 오류가 있는지 검사하기 위해 스탠드얼론 형태로 이 툴을 사용할 수도 있다. 하지만 대부분의 테스터와 개발자는 분석을 위해 비주얼 스튜디오와 연동해 사용한다.

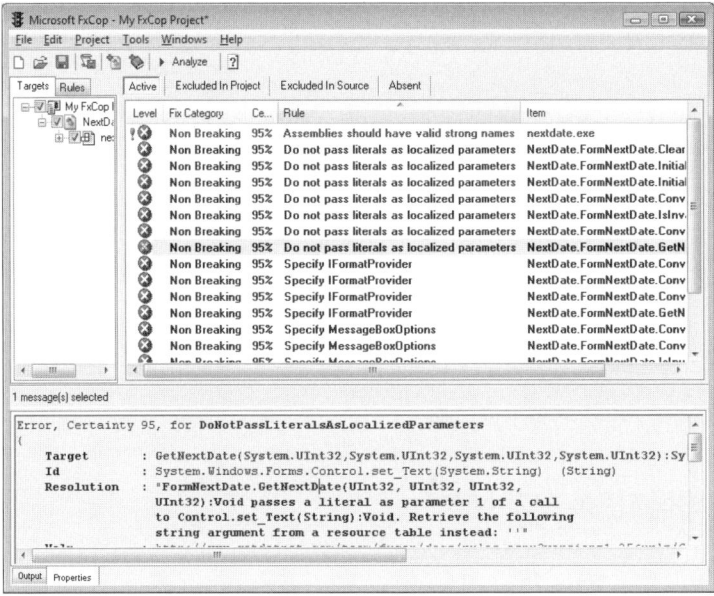

그림 12-7 FxCop 분석 툴

코드 분석 팀 블로그, http://blogs.msdn.com/fxcop 에는 비주얼 스튜디오 팀 시스템의 분석 툴에 대한 많은 정보가 있다.

코드 분석의 부하

코드 분석 툴을 사용할 때 가장 어려운 시점은 시작할 때다. 개발 초기에 코드 분석 툴이 사용되는 새로운 프로젝트의 경우에는 코드 오류를 검출하고 수정하는 작업을 위한 '추가' 작업이 거의 없다. 하지만 이미 출시된 제품에 분석 툴을 사용하면 너무 많은 잠재적인 오류가 나타나 팀원들이 겁을 먹고 툴을 닫아버릴 수도 있다.

> 몇 년 전에 나는 규모가 큰 코드 베이스 전반에 걸쳐 정적 분석 툴을 구현하고 유지 보수하고 지원하는 업무를 담당하고 있었다. 나는 처음 보고서에 다음 릴리스 전까지 조사해야 할 수천 개의 오류가 있다고 보고했었다. 모든 팀원이 오류가 발생할 것을 알고 있었음에도 불구하고, 100명쯤 되는 개발자들에게 각기 10개에서 20개의 버그를 조사하라고 건네준다면 비난을 받을 것이 뻔했다.
>
> 그래서 나는 우선 정적 분석 툴이 오래된 코드에서 발견한 오류를 버그로 기록하기 시작할 것이라고 모두에게 설명했다. 그리고 초기에는 가장 심각한 오류(잠재적인 크래시와 보안 이슈)만을 버그로 기록하고, 갈수록 규칙을 더 추가해나갈 것이라고 이야기했다. 초기에는 적은 수의 버그만을 기록했고 더 많은 정적 규칙을 추가해가면서 매주 버그의 수를 늘려갔다. 불평을 하는 경우도 있었지만 몇 달 만에 우리는 수천 개의 분석 오류를 수정했다. 내 첫 번째 보고서의 버그보다 더 많은 수의 버그였다. 이것은 삶은 개구리 우화[8]를 적용한 고전적인 방법이었다. 사람들은 점진적인 변화를 급격한 변화만큼 깨닫지 못한다. 시간이 지날수록 개발 팀은 쌓여있던 코드 분석 버그를 따라잡았을 뿐만 아니라 많은 팀원이 가끔 내게 와서 코드 분석 규칙을 더 추가할 것을 요구하곤 했다.

● 단지 또 다른 툴

FxCop과 PREfast는 둘 다 모든 소프트웨어 팀에서 사용해야만 하는 강력한 툴이다. 정적 분석 툴은 테스트 팀이 코드를 검토하기 전에 특정 유형의 오류를 찾기 위한 용도로는 훌륭하지만 이것이 테스팅을 대체할 수는 없다. 코드 분석으로는 검출되는 결함이 없지만 실제로는 버그가 많은 코드를 작성하는 것은 여전히 가능하다(그리고 있을 법하다). 하지만 이런 버그를 일찍 수정하는 것은, 테스트 팀이 전체 제품 주기에 걸쳐 더 심각한 버그를 더 많이 찾아낼 수 있는 시간과 기회를 준다.

● 테스트 코드 분석

다양한 형태의 오류가 테스트 자동화를 통해서 발견된다. 이런 형태 중 하나는 환경 민감성(Environmental sensitivity)이다. 이것은 유동적인 환경 요인에서의

---

8. http://en.wikipedia.org/wiki/Boiled_frog 참조 - 옮긴이

테스트에 대한 신뢰를 말한다. 이런 이슈는 여러 가지 유형에서 나타날 수 있고 예제를 통해 잘 나타난다. 파일 경로를 입력 값으로 받아 데이터를 특정 파일에 저장하는 `FileSaveWidget`이라는 사용자 컨트롤의 테스트를 생각해보자. 이 컴포넌트의 간단한 테스트는 `FileSaveWidget` 테스트를 위한 다음의 샘플 코드에서 볼 수 있다.

```
1  void TestFileSaveWidget()
2  {
3      // 이 파일은 파일 저장 위젯의 예상 결과를 담고 있다.
4      string baselineFilePath = @"\\test-server\TestData\baseline.txt";
5  
6      // 파일을 저장하는 경로
7      string outputFilePath = @"D:\datafile.txt";
8  
9      FileSaveWidget widget = new FileSaveWidget();
10     widget.SetDataFile(outputFilePath);
11     widget.Save();
12     try
13     {
14         VerifyDataFile(baselineFilePath, outputFilePath);
15         WriteTestResult("PASS");
16     }
17     catch (Exception e)
18     {
19         String errorMessage = e.Message;
20         if (errorMessage.Contains("File not found"))
21         {
22             WriteTestResult("FAIL");
23         }
24     }
25 }
```

코드는 이해하기 쉽게 작성됐지만 이 예제에는 적어도 세 가지 이슈가 존재한다. 4번째 줄에서 'test-server'라는 컴퓨터의 원격 파일을 사용함을 주시하라. 다른 테스터의 사용자 계정이나 네트워크상에서 테스트를 수행할 때 이 서버가 접근 가능할 것이라는 보장이 없다. 7번째 줄은 D 드라이브를 코드에 직접 명시한다. 이 코드를 작성한 테스터가 작업한 모든 컴퓨터는 아마도 파일을 쓸 수 있는 D 드라이브를 가지고 있었을 것이다. 하지만 이런 가정은 나중에 테스트 실패로 연결된다(D 드라이브가 CD-ROM 드라이브이거나 존재하지 않을 수도 있다).

19번째 줄은 지나치기 쉽지만 중요한 이슈를 감추고 있다. 테스트가 영어가 아닌 한국어 운영체제나 제품의 한국어 버전에서 수행됐다면 저장 동작이 실패했을 경우 예상되는 오류 메시지는 "파일을 찾을 수 없습니다."라고 출력돼야 할 것이다. 하지만 영어 버전이라면 "File not found"로 나타나야 한다. 이 테스트에서는 이와 같이 현지화된 언어에 맞춰 출력되는 오류 메시지는 확인할 수 없다. 마이크로소프트의 테스트 팀은 테스트 코드에서 문제를 발생시킬 수 있는 이슈를 찾아내기 위해 스캐닝 툴을 사용한다. 테스트 코드 스캐닝 툴의 샘플 결과는 표 12-3과 같다.

이슈	위치	담당자	상세 내용
하드 코딩된 공유 경로	Test.cs:4	크리스 프레스턴	테스트 소스 파일에 공유 경로가 명시돼 있습니다. 특정 공유 파일의 경로를 하드 코딩(Hard-coding)하면 테스트의 이식이 불가능합니다.
하드 코딩된 로컬 경로	Test.cs:7	마이클 피퍼	테스트 소스 파일에 로컬 경로가 명시돼 있습니다. 로컬 파일의 경로를 하드 코딩하면 테스트의 이식이 불가능합니다. 모든 하드 코딩 경로는 설정 파일에 명시하기 바랍니다.
하드 코딩된 스트링	Test.cs:19	마이클 피퍼	하드 코딩된 예외 문장 "파일을 찾을 수 없습니다." 다국어 테스팅을 위해서 리소스라이브러리(ResourceLibrary)를 사용하시기 바랍니다.
유효하지 않은 사용자명	테스트 케이스 번호 31337	없음	테스트 케이스가 유효하지 않은 사용자인 '없음'으로 설정됐습니다. 현재 팀원으로 설정하기 바랍니다.

표 12-3 테스트 코드 분석 결과

분석 툴은 가끔 코드를 분석하는 것뿐만 아니라 테스트 케이스나 테스터가 오류를 범하는 거의 모든 곳에서 오류를 찾아낸다. 분석의 결과로 테스트 코드가 크게 개선되는 예는 다음과 같다.

- 하드코딩된 영문 문장의 사용을 미리 검사해 보고함으로써 다국어 테스트 패스 수행의 성공률이 향상됐다.
- 잠재적인 레이스 컨디션(Thread.sleep의 사용)[9]과 유효하지 않은 설정 파일 등을 확인함으로써 테스트 신뢰성이 향상됐다.
- '고아가 된' 테스트(체크인된 코드지만 자동화 테스트 수행이 불가능하거나 TCM에 잘못 표시된 코드 등을 말함)를 확인함으로써 테스트 커버리지가 향상됐다.

이런 분석을 통해 얻게 되는 가장 큰 가치는 매일 이슈를 확인해 미리 예방할 수 있다는 것이다. 테스터는 날마다 테스트와 테스트 케이스의 품질에 대한 피드백을 받아 테스트의 품질을 향상시키는 데 사용한다. 테스트의 품질은 궁극적으로는 제품의 품질이 된다.

● 테스트 코드가 제품 코드다

이런 오류는 제품 코드에는 중요하지 않을지도 모른다. 하지만 테스트 코드의 신뢰성과 유지 보수성에는 매우 중요하다. 오류가 발생하기 쉬운 테스트 코드는 모든 업계에 있는 테스트 관리자의 가장 큰 관심사다. 마이크로소프트에 있는 수많은 테스트 분야 소프트웨어 개발 엔지니어(SDET, Software Development Engineer in Test)도 안정적으로 수행되고, 수천 번 이상, 수십 년 이상 수행해도 정확한 결과를 낼 수 있는 테스트를 생성하기 위해 이런 툴에 의존한다. 이제 마이크로소프트의 테스터가 많은 개발 툴을 사용한다는 것을 알았을 것이다. 마이크로소프트에서 이것이 의미하는 바는 소스코드는 그 출시 여부에 상관없이 제품 코드와 동일하게 취급된다는 것이다.

---

9. 레이스 컨디션(Race Condition)은 디바이스나 시스템이 두 개 이상의 동작을 동시에 수행하려고 시도했을 때 발생하는 바람직하지 않은 상태를 가리킨다 – 옮긴이

:: 더 많은 툴

테스터가 사용하는 툴의 수는 셀 수가 없다. 마이크로소프트 직원들은 소프트웨어의 도움을 통해 얻어지는 효율과 효과를 지속적으로 활용한다. 그리고 수동 프로세스 대신 툴을 사용하는 것이 최종 결과에 영향을 끼치지 않게 주의를 기울인다. 11장의 첫 부분에서 언급한 툴 박스(Tool box) 논리를 상기해보면 테스팅을 돕기 위한 소프트웨어의 사용은 손으로 사용하는 공구 대신 전기 공구를 사용하는 것과 같다. 많은 경우에 전기 공구는 훨씬 더 빠르고 더 나은 결과를 낸다. 하지만 손으로 하는 작업이 더 완성도가 나은 경우도 여전히 존재한다.

● 특수한 문제를 위한 툴

앞서 언급한 대부분의 툴은 거의 모든 테스터가 사용하는 툴이다. 이외에도 여러 가지 문제를 해결하기 위해 셀 수 없이 많은 툴이 사용된다. 스크린 리코더, 파일 파서, 자동화 툴을 위한 애드온, 10장에서 소개했던 폰트 디스플레이 툴 등은 모두 특정 테스팅 문제를 해결하기 위해 만들어진 소프트웨어 프로그램의 예다.

툴에 덧붙여 테스터는 관례상 팀 내에서 라이브러리(어느 애플리케이션에든 추가와 재활용이 가능한 기능성)를 공유해 팀의 모든 사람들이 일관적이고 성공적으로 검증된 해결 방법을 이용해 유사한 문제를 해결할 수 있게 한다. 예를 들어 오피스 팀은 라이브러리를 공유해 모든 오피스 애플리케이션에 공통으로 사용되는 윈도우 컨트롤을 사용해 자동화 테스트를 작성하고, 윈도우 모바일 팀은 라이브러리를 공유해 무선 데이터를 시뮬레이션한다. 이는 공통으로 사용할 수 있는 해결 방법을 공유함으로써 전체 팀이 일을 더욱 효과적으로 처리할 수 있게 한 경우다.

● 모든 사람을 위한 툴

마이크로소프트 직원은 툴을 만드는 것을 좋아한다. 테스트를 돕기 위한 아웃룩 애드인 라이브러리에서부터 생산성 향상을 위한 툴에 이르기까지 수천 개의 툴이 툴 저장소에 모여 있고, 모든 직원들이 쉽게 사용할 수 있다. 엔지니어는 일을 더 잘 해내기 위해 소프트웨어를 사용하는 것을 좋아하고, 많은 직원이 자신의 애플리케이션을 그들이 속한 팀이나 회사 전체와 공유한다.

> 마이크로소프트 내부 툴 저장소에는 마이크로소프트 직원들에 의해 만들어진 5,000개 정도의 툴이 존재한다.

그림 12-8에서처럼 직원들은 이 저장소(툴 박스)에서 툴을 검색할 수 있고, 새로운 툴에 대한 정보를 RSS 피드로 구독할 수 있다. 각 툴은 툴에 대한 정보와 더 상세한 정보가 필요할 경우를 위해 툴을 만든 사람의 정보가 입력돼 있다. 나중에 툴을 검색하는 사람들이 툴을 결정하는 데 도움을 주기 위해 툴을 사용했던 사람들이 점수를 매기거나 사용 후기를 추가할 수도 있다.

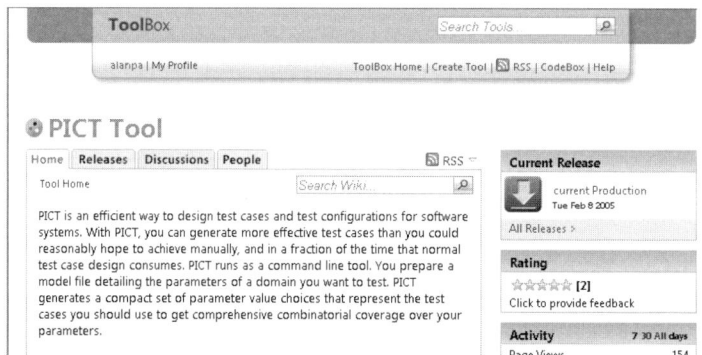

그림 12-8 마이크로소프트 툴 박스

:: 정리

우수한 테스터의 자질 중 하나는 테스팅을 극도로 효율적으로 수행한다는 것이다. 그들은 테스팅 활동을 서두르지 않고 현재 테스팅 문제를 해결하기 위해 소프트웨어 툴을 사용해야 하는 부분을 정확히 파악한다. 현재 상황에서 소프트웨어의 사용이 잠재적인 해결 방법일 때 그들은 필요한 툴을 찾아내거나 사용하려는 용도에 맞게 툴을 변경하고, 필요하다면 새로운 툴을 만들어내기도 한다.

테스터가 새로운 툴을 사용해야 한다면 현재의 툴 박스를 주기적으로 확인하고 사용하는 것이 가장 효과적이다. 또한 소스코드 관리의 경우처럼 테스터는 갖고 있는 툴을 검토하고 현재 있는 툴이 다른 용도로도 사용될 수 있는지를 확인해야 한다. 충분히 채워진 툴 박스는 툴을 사용하기 위한 기술이나 지식과 함께 테스터가 가질 수 있는 가장 큰 자산 중 하나다.

13 고객 피드백 시스템

앨런 페이지

품질이라는 숙제를 해결하는 데에는 고객이 많은 부분을 차지한다. 마이크로소프트와 같은 소프트웨어 회사는 사람들을 위해서 소프트웨어를 만든다. 소프트웨어는 사람들의 작업을 좀 더 효율적이고 생산적으로 할 수 있게 도와준다. 13장에서는 마이크로소프트에서 제품의 품질 향상과 테스팅에 도움을 주는 데이터를 어떤 툴과 기법으로 고객과 협력사로부터 얻는지 소개한다.

∷ 테스팅과 품질

놀라운 사실은 아니지만 고객은 테스팅에 전혀 관심이 없다. 고객이 제품을 구매하기 전에 제품을 테스팅하는 데 든 노력에 관심을 가져줄 것을 기대해보지만 실제로 고객은 테스터가 수행한 작업에는 거의 관심을 갖지 않는다.

오프라인 매장에서 구경하다가 어떤 소프트웨어 포장 박스의 기능 소개 부분에서 다음과 같은 설명을 읽게 됐다고 상상해보자.

- 9000개 이상의 테스트 케이스 수행과 98%의 성공률
- 85%의 코드 커버리지

- 계속된 스트레스 테스트 수행
- 5,000여 개의 버그 발견
- 3,000개 이상의 버그 수정
- 블랙박스와 화이트박스 기법을 활용한 테스트 수행
- 기타 등등…

소프트웨어를 개발한 엔지니어에게는 이런 정보가 관심을 끌 수 있지만 고객은 어떤 관심도 두지 않는다. 고객의 관심사는 제품이 고객의 문제를 해결해주고, 기대하는 대로 작동하는 것뿐이다. 소프트웨어 품질이 사용자에게 가치 있는 무엇을 주는 거라면 대부분의 테스트 활동은 직접적으로 소프트웨어 품질을 향상시키지 못한다. 그럼에도 테스팅은 여전히 가치 있는 활동이다. 그러면 테스트를 함으로써 무엇을 얻을 수 있을까?

● 정보를 제공하는 테스팅

조금 전에 언급됐던 소프트웨어 포장 박스의 안내문은 완료된 테스팅 활동과 제품 상태에 대한 정보를 제공한다. 이런 정보는 진행 사항을 평가하고 리스크를 식별하는 데 매우 중요하다. 예를 들어 테스팅 팀으로부터 전달받은 최종 리포트에 절반 정도의 테스트가 수행됐고 40개의 '심각도 1' 버그가 발견됐다는 보고와 모든 테스트를 수행했고 1개의 치명적인 버그가 발견됐다는 보고는 다른 위험 수준을 나타낸다. 물론 이 역시 충분한 정보는 아니다. 어떤 테스트를 수행했는지, 어떤 테스트 시나리오를 수행했는지, 제품의 어떤 영역을 테스트한 것인지, 심각도가 낮은 버그를 얼마나 발견했는지, 테스트 데이터는 어떤지 등의 정보가 더 필요할 수 있다. 개인적으로 테스팅이 소프트웨어 품질을 위한 유일한 관문이 되는 것은 바람직하지 않다고 생각한다. 그 대신에 테스팅은 제품에 대한 의사 결정을 할 수 있는 사람들이 일정과 리스크에 관련된 정확한 결정을 할 수 있게 도와주는 정보를 제공하는 것이 좋다고 생각한다.

● 품질에 대한 이해

이상적인 경우 테스트 팀이 수행한 작업은 품질을 향상시키고 리스크를 감소시킬 것이다. 그러나 현실은 항상 그렇지는 않다. 테스트 팀이 제공하는 정보가 실제로 제품을 사용하는 고객의 사용 방식을 반영하지 못하는 경우가 많다.

테스트 데이터와 고객이 느끼는 품질(경험적 품질)은 품질과 관련이 있기는 하지만 서로 다른 두 가지의 요소다. 이는 다음과 같이 분리된 원으로 표현할 수 있다.

테스트 데이터가 완벽하다면 고객이 가질 수 있는 경험적 품질을 예측할 수 있다. 경험적 품질은 실제로 제품이 릴리스된 6개월 후의 고객 설문을 통해서나 알게 되는 정보다. 이때 품질에 대한 두 개의 원은 거의 중첩된다.

대부분의 경우 두 개의 원은 어느 정도 교차하지만 좀처럼 우리가 기대하는 만큼 중첩되지 못한다.

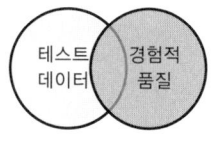

마이크로소프트에서는 고객이 경험하게 될 품질을 예측할 수 있는 측정 데이터를 수집함으로써 테스트 데이터와 경험적 품질을 맞추기 위한 노력을 기

울이고 있다. 수집된 데이터는 어떤 방식으로 고객이 제품을 사용하는지, 언제 오류를 발생하는지, 제품의 어떤 점을 좋아하고 싫어하는지를 보여준다. 수집된 이런 정보는 소프트웨어 품질 향상에 매우 중요하다.

마이크로소프트의 대규모 프로젝트에서 직면한 문제 중 하나는 다양한 고객의 요구 사항을 정확하게 반영한 고객 데이터의 수집이다. 제품에서 수집된 데이터와 이메일, 고객 설문, 사용성 연구 등은 모두 중요한 정보를 담고 있으나 어려운 점은 피드백에 대해 어떻게 우선순위를 주고, 수집된 데이터가 어떤 시나리오에서 나왔는지를 이해하는 것이다. 그 뿐 아니라 다양한 곳으로부터 다소 주관적인 데이터도 수집되는데, 이런 모든 데이터를 어떻게 처리해야 하는지, 어떻게 이해해야 할지를 파악하는 것은 쉽지 않다.

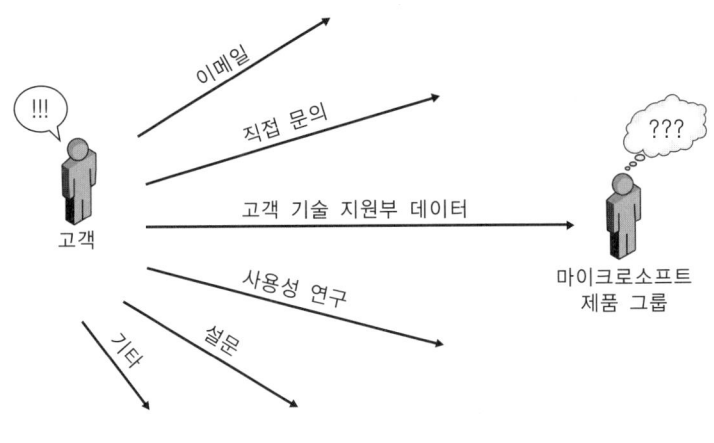

그림 13-1 고객 피드백

고객의 피드백을 수집하는 여러 가지 방법이 있다. 여기는 대부분의 제품 팀에서 사용하는 고객 경험 개선 프로그램(CEIP, Customer Experience Improvement Program), 윈도우 오류 보고(WER, Windows Error Reporting), 스마일 전송(Send a Smile), 커넥터(Connect) 사용의 4가지 방법을 살펴본다. 이런 툴들은 마이크로소프트의 파트너 기업과 모든 고객이 사용할 수 있다.

:: 해결책은 고객

고객이 소프트웨어를 어떻게 사용하는지 확인하는 가장 좋은 방법은 고객을 지켜보는 것이다. 고객의 수가 적을 경우 언제 고객이 소프트웨어를 사용할지 알려주고, 고객이 소프트웨어를 사용할 때 지켜볼 수 있게 허락해준다면 이 방법은 최고의 방법이다. 고객의 사용 방식을 직접 확인하는 것은 사용성 연구로 파악하는 것보다 많은 내용을 알려준다. 또한 이를 통해 고객이 프로그램 사용법을 어떻게 배우는지, 어떤 작업을 자주 수행하는지, 어떤 작업을 사용하지 않는지도 알 수 있다.

마이크로소프트 제품을 설치하면 그림 13-2처럼 제품 사용에 대한 피드백을 제공할지 선택하는 대화상자가 나타난다. 관심이 있다면 고객 경험 개선 프로그램(CEIP, Customer Experience Improvement Program)에 참여할 수 있다. 이 프로그램에 참여할 경우 컴퓨터가 작업을 하지 않을 때에 고객의 애플리케이션 사용 패턴과 관련 정보를 마이크로소프트로 전송한다. 마이크로소프트는 많은 제품을 만들고 있으며 제품이 어떻게 사용되고 있는지를 가능한 한 많이 알아야 한다. 수백만 고객이 마이크로소프트 제품을 사용하므로 제품을 사용하는 고객에게 직접 피드백을 받는 것은 거의 불가능하다. CEIP 데이터는 사용자가 어떻게 제품을 사용하는지에 관한 많은 정보를 제공한다. CEIP는 TV 시청률 순위에 사용되는 넬슨 순위 조사와 유사하다. 차이는 소프트웨어에 대한 것이라는 점이다.

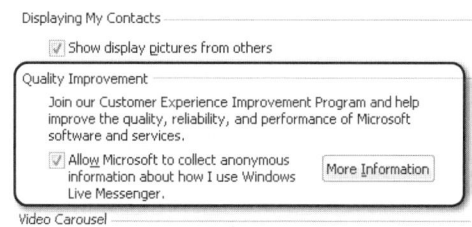

그림 13-2 윈도우 라이브 메신저의 고객 경험 개선 프로그램 옵션

고객이 CEIP에 동의하면 소프트웨어 사용 패턴, 소프트웨어가 설치된 하드웨어 정보와 고객의 사용 패턴을 이해하는 데 도움을 주는 상세한 데이터를 수집한다(고객 개인정보는 절대 수집하지 않는다). 디자이너와 사용자 경험 엔지니어(user experience engineer)가 수집된 데이터를 가장 먼저 사용한다. 수백만 고객으로부터 수집된 데이터는 제품이 어떻게 사용되는지에 대한 자세한 정보를 제공한다. 여기서 수집되는 데이터는 다음과 같다.

- **애플리케이션 사용 방식**
    - 얼마나 다양한 명령이 사용되는가?
    - 어떤 단축키가 가장 많이 사용되는가?
    - 얼마나 오랫동안 애플리케이션이 수행됐는가?
    - 얼마나 자주 특정 기능이 사용됐는가?

- **품질 메트릭**
    - 얼마나 오랫동안 애플리케이션이 다운 없이 수행됐는가?
    - 어떤 오류 창이 가장 많이 발생하는가?
    - 문서 하나를 오픈하는 데 오류가 어느 정도의 빈도로 발생하는가?
    - 작업을 완료하는 데 얼마나 걸리는가?
    - 사용자의 몇 %가 인터넷 서비스에 로그인할 수 없었는가?

- **환경**
    - 얼마나 많은 사람이 하이콘트라스트(high-contrast) 컬러 모드로 수행하는가?
    - 가장 많이 사용되는 CPU 속도는 얼마인가?
    - 평균적으로 하드디스크 여유 공간은 얼마나 되는가?
    - 애플리케이션이 수행되는 일반적인 운영체제 버전은 무엇인가?

수집된 데이터는 제품 개발의 여러 측면에 영향을 준다. 그림 13-3과 표 13-1은 고객이 애플리케이션을 수행하는 시간을 측정한 CEIP 데이터 샘플이다. 이 데이터를 통해 해당 제품 팀은 사용자가 프로그램을 백그라운드에서 수행 중인 상태로 두다가 가끔 애플리케이션을 띄워서 사용함을 알 수 있다. 이와 같은 데이터 분석에 따라 테스트 시나리오와 개발에서 중요하게 고려해야 할 부분을 파악할 수 있다. 고려돼야 하는 부분은 오랜 시간동안 애플리케이션이 수행되면서 발생시킬 수 있는 이슈와 리소스 사용률 측정에 대한 것이다. CEIP 데이터 분석을 통해 테스트 시나리오와 개발 단계에서 고려할 사항을 도출할 수 있었다. 사용자의 1/4이 제품을 8시간 이상 수행했으며, 절반 이상의 사용자가 프로그램 세션을 2시간 이내로 사용함을 알 수 있다.

24시간 중 애플리케이션이 수행된 시간	세션	전체 대비 비율	액티브 세션 시간(초)	세션 평균 시간(분)	액티브 세션 시간 비율
5분 이하	2,496,181	24%	17,811,873	–	–
6-30분	1,596,963	15%	8,572,986	18	31%
31-60분	691,377	7%	4,997,432	45	16%
1시간	757,504	7%	6,957,789	90	10%
2시간	487,616	5%	5,645,785	150	8%
3시간	395,007	4%	5,514,112	210	7%
4시간	347,705	3%	5,593,810	270	6%
5시간	331,561	3%	6,135,420	330	6%
6시간	355,017	3%	7,785,188	390	6%
7시간	457,104	4%	12,357,653	450	6%
8시간 이상	2,636,023	25%	68,692,969	960	3%

표 13-1 CEIP의 샘플 데이터

제품 팀이 예상하지 못했던 부분은 애플리케이션 사용자의 거의 1/4이 5분 이하로 사용하고, 15%는 30분 이하로 프로그램을 사용한다는 사실이다. 사용자는 애플리케이션을 종료하는 대신 빠른 실행을 위해 애플리케이션을 백그라운드로 수행한다. 또한 많은 사용자가 단지 업데이트 사항을 보기 위해 애플리케이션을 수행하고, 조금 후에 애플리케이션을 종료한다. 테스트 팀은 이런 사용 패턴을 갖는 고객의 경험이 개선될 수 있게 애플리케이션의 시작 부분과 종료 부분을 개선하는 성능 작업과 관련된 테스트 시나리오 부분에 우선순위를 재설정했다.

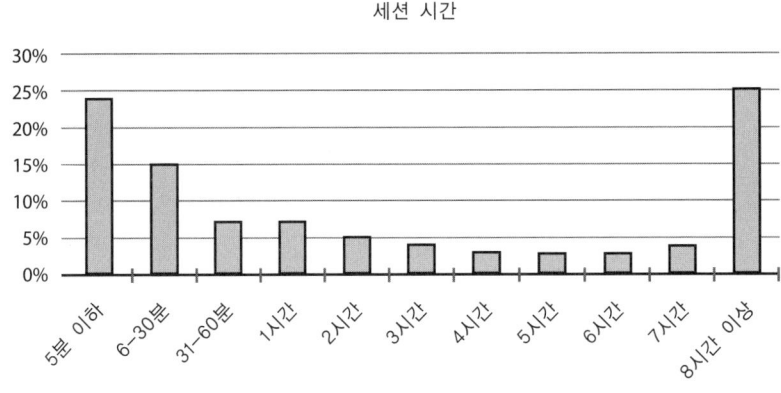

그림 13-3 애플리케이션 세션 시간에 대한 CEIP 데이터

CEIP 데이터는 설계 결정에도 영향을 주지만 앞서 언급한 바와 같이 테스트 팀에도 유용하다. 출시된 제품의 고객 피드백 정보는 출시 후 발생한 중요 이슈들에 대한 원인 분석(root cause analysis)에 도움을 줄 뿐만 아니라 차기 버전의 테스트 전략과 접근 방법에 영향을 줄 수 있다. 제품의 차기 버전이 릴리스되기까지 베타 사용자와 주요 파트너로부터 얻는 데이터를 자주 분석해 테스트 팀은 테스트 시나리오와 우선순위를 계속 갱신할 수 있다. 또한 테스트 팀은 고객의 제품 사용 패턴과 고객 불편 요소를 더욱 깊이 이해할 수 있다.

 마이크로소프트 오피스 워드 2003에서 가장 많이 사용되는 3가지 명령은 붙여넣기, 저장하기, 복사하기다. 이 데이터 역시 CEIP로부터 얻은 것이다.

마이크로소프트에 근무하면서 테스팅 작업의 개선을 위해 제품 출시 이후 고객이 발견한 많은 버그를 계속해서 분석해오고 있다. 다소 놀라운 점은 우리가 테스트를 진행하지 못했던 영역에서는 고객 발견 오류가 적다는 사실이다. 대부분의 오류는 정의된 테스트 시나리오와 높은 코드 커버리지를 갖는 영역에서 발견된다. 하지만 테스트 시나리오에서 다루지 못한 고객 시나리오에서 오류들이 발생한다. 요즘 들어 CEIP 데이터는 테스트 팀이 이런 차이를 극복하는 데 많은 도움을 준다.

http://www.microsoft.com/products/ceip에서 CEIP에 대한 더 많은 정보를 얻을 수 있다.

고객 정보 기반 테스팅

테스트 팀은 CEIP 데이터와 베타 사용자로부터 받은 윈도우 오류 리포팅(WER) 데이터를 사용해 업무를 진행한다. 고객이 어떤 버그를 보는지, 진행 중인 테스팅과 어떻게 연관 지을 수 있을지 이해하기 위해 고객 데이터를 주기적으로 모니터링하고 사용한다. 매주 수집된 이슈 중 중요한 10개를 찾아내어 고치는 작업에 최고의 우선순위를 두고 있다. 이슈 중 일부는 테스팅 과정에서 놓친 것들이고, 다른 일부는 테스트 중 발견했으나 재연되지 않았던 이슈다. 고객 데이터를 분석하는 것은 테스트 커버리지를 향상시키며, 다른 방법으로는 찾을 수 없고 고객 시나리오로만 발견되는 버그를 찾는 데 도움을 준다.

— 크리스 레스터(Chris Lester), 시니어 SDET

초기 MSN 등록 서비스 파일럿에서는 계정 생성 프로세스의 시간 제한을 20분으로 설정했다. CEIP 데이터 분석을 통해 많은 사용자가 계정 생성 프로세스에 20분 이상이 걸리며, 해당 사용자들은 계정 생성을 끝내기도 전에 연결이 끊어지고 있었다.

● 게임에서의 사례

CEIP에 고무돼 마이크로소프트 게임 시스템 팀은 나중에 Voodoo VINCE라 불린 VINCE(초기 고객 경험 검증, Verification of Initial Consumer Experience)라는 애플리케이션 측정 툴을 만들었다. 현재 CEIP가 모든 윈도우와 윈도우 CE 운영체제에서 수행되는 반면에 VINCE는 PC 플랫폼과 Xbox, Xbox 360에서 수행되며 게임에서의 특정 이슈들을 지원한다. 예를 들어 사용 방법을 간단하게 익힌 사용자가 게임을 하면서 특정 레벨까지 도달하기가 얼마나 어려운지 등에 대한 피드백을 제공할 수 있다

가장 성공적인 측정 툴은 헤일로 2(Halo 2)에 사용한 툴이다. 헤일로 2는 단일 사용자 모드에서 14레벨로 구성돼 있고, 각 단계는 수십 개의 대결로 구성된다(게임 내에 전체 211개의 대결이 있고, 시간으로는 2분에서 30분까지 하는 것도 있다). 측정 툴을 사용해 각 대결마다 적어도 3개의 고객 피드백을 얻을 수 있었다. 결과적으로 400명의 지원자로부터 2,300시간에 해당하는 게임 플레이 피드백을 얻었다. 이런 피드백은 이런 측정 툴이 없었다면 불가능할 것이다.

수집된 데이터의 사용 예로 피드백 데이터는 헤일로 2 게임의 2/3 정도에 해당되는 Gravemind 레벨에서 사용됐다. 대결은 무시무시한 야수와 같은 적들로 가득한 방에서 일어난다. 이 위험한 방이 사용자가 야수들과 처음으로 대결하는 곳이다.

수집된 데이터를 통해 헤일로 팀은 이 대결이 아주 어렵다는 사실을 쉽게 발견했다. 분석을 통해 이 대결에서는 프라즈마 폭탄, 니들러(헤일로 게임에서 사용되는 무기 이름), 야수들의 공격에 의해 플레이어가 죽는 경우가 너무 많음을 알 수 있다. VINCE의 중요한 기능 중 하나는 추가 분석을 위해 비디오 녹화를 할 수 있는 기능이다. 녹화된 비디오를 보면서 프라즈마 폭탄의 섬광이 크고(플레이어가 폭탄을 피할 시간이 충분하지 않음), 야수가 플레이어 뒤에서 나타나서 플레이어를 죽이고(플레이어는 영문도 모른 채 죽게 됨), 니들러 무기로 인해 많은 피해를 보고 있음(많은 적이 두 개의 니들러 무기를 가짐)이 밝혀졌다.

헤일로 팀은 피드백에 따라 몇 가지를 수정했다. 큰 수정 사항은 수류탄이

터질 때에 섬광을 제거했고, 게임 플레이어가 쉽게 죽지 않게 여러 곳에서 나타나던 적들을 한 곳에서만 나타나게 한 것이다. 작은 수정도 있었다. 반복적인 테스팅을 통해 이 대결에서의 흥미로운 요소 같은 피드백을 개선하면서 이 방에서 플레이어가 죽는 횟수를 획기적으로 줄이게 설계를 변경해 나갔다. 다시 말하면 플레이어가 대결을 지나치게 쉽다고 느끼지 못하게 하면서 죽는 횟수와 난이도를 줄일 수 있었다.

고객의 애플리케이션 사용 패턴에 대한 데이터는 애플리케이션의 제품 설계와 테스트 설계에 많은 영향을 미치는 중요한 요소다. 이런 데이터는 누락된 시나리오를 정의하고, 테스트 시나리오와 환경 설정을 수정하는 데 사용할 수 있다. 고객 데이터만이 설계에 영향을 주는 유일한 방법은 아니며, 또한 이 방법은 제품에 대한 고객 피드백을 수집할 수 없다면 사용할 수 없는 방법이다. 마이크로소프트 내의 팀에서는 수집된 고객 데이터를 통해 프로그램 설계, 개발, 테스트 진행에 도움을 받고 있으며, 이를 통해 중요한 사용자 시나리오를 식별하고 고객이 경험하는 문제점을 지원한다.

:: 윈도우 오류 보고

마이크로소프트에서 놀라운 점 중의 하나는 모니터링해 얻은 데이터가 소프트웨어 작업의 우선순위를 정하는 데에 많은 영향을 미치고 있다는 점입니다. 윈도우에서 애플리케이션이나 시스템이 비정상으로 동작하면 마이크로소프트에 리포트를 보낼 수 있는 화면이 나타나는 것을 누구든지 보았을 것입니다.

우리는 이미 수많은 리포트를 얻었고, 수집된 데이터를 관리하기 위해 만든 데이터 관리 시스템을 통해 어떤 드라이버가 신뢰할 수 없는지를 파악할 수 있습니다.

winqual.microsoft.com에 회원으로 가입하면 누구든지 애플리케이션에 대한 리포트를 얻을 수 있습니다.

드라이버 제조업체에서는 이미 많은 작업을 하고 있음을 알고 있습니다.

하지만 애플리케이션 레벨에서도 사용자에게 최고의 경험을 주지 못하는 부분에 대한 개선 작업이 진행되고 있다는 것 역시 보고 싶습니다.

– 빌 게이츠, 2003 전문 개발자 컨퍼런스

마이크로소프트 사용자라면 그림 13-4와 같은 윈도우 오류 보고 대화상자를 볼 수 있다.

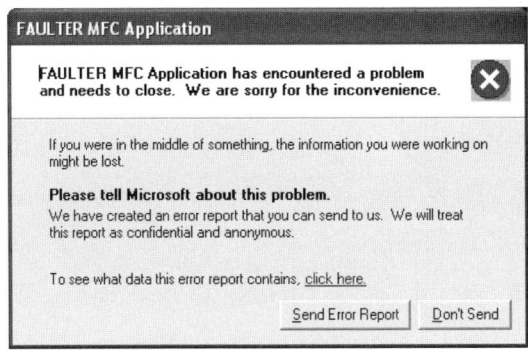

그림 13-4 윈도우 오류 보고 대화상자

윈도우를 사용하는 대부분의 사용자는 애플리케이션 충돌 때마다 비슷한 대화상자를 본다. 이런 대화상자를 자주 보고 싶지는 않겠지만 한 가지 흥미로운 점이 있다면 대화상자가 나타날 때에 시스템 내에서는 마이크로소프트 제품 품질 향상에 사용할 수 있는 여러 데이터가 수집된다는 사실이다. 그림에 나타난 대화상자는 전체 윈도우 오류 보고(WER, Windows Error Reporting) 시스템에 포함되는 부분 중 하나다. 윈도우 비스타에서는 사용자의 오류 보고 대화상자를 통한 작업을 하지 않아도 자동으로 마이크로소프트에 오류 정보를 전달한다.

● WER 사용 사례

WER은 윈도우에서 감지할 수 있는 하드웨어 문제나 운영체제, 애플리케이션의 문제에 대한 정보를 수집하고, 관련된 정보를 마이크로소프트로 전송하며, 사용자에게는 적절한 해결 방법을 제공하는 이벤트 기반 피드백 시스템이다.

WER은 사용자에게 애플리케이션이 갑자기 다운될 때의 정보를 제공하고, 마이크로소프트와 파트너 벤더에게는 문제의 분류와 우선순위에 대한 데이터베이스를 제공하는 안전하고 쉬운 방법이다. 또한 마이크로소프트와 파트너에게 상태 보고 응답, 추가 정보 요청, 특정 주제에 대한 정보 링크 등의 방법을 제시한다.

그림 13-5처럼 윈도우 비스타의 제어판에서 문제 보고서 및 해결 방법을 볼 수 있다. 이를 통해 시스템과 애플리케이션에서 문제가 발생했을 때 WER을 통해 전송된 모든 내용을 볼 수 있으며, 추가적인 정보와 해결 방법까지도 알 수 있다.

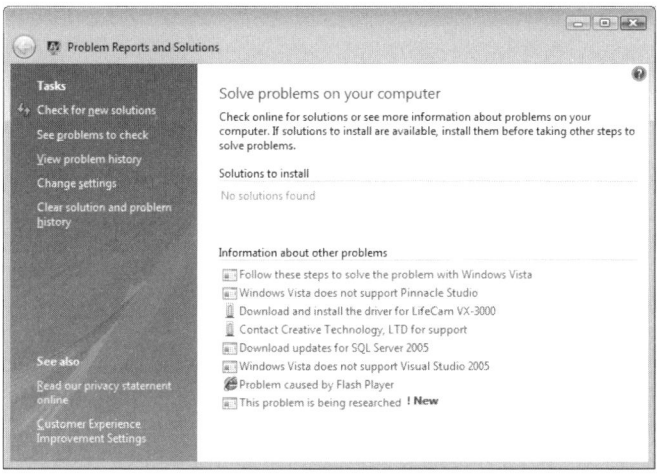

그림 13-5 윈도우 비스타 문제 보고서 및 해결 방법

WER은 JIT(just-in-time) 디버거와 같은 방식으로 실행한다. 애플리케이션에 발생된 오류가 애플리케이션 자체의 오류 핸들러로 처리되지 않을 경우 윈도우 오류 시스템이 이 오류를 감지한다. 오류 보고 대화상자를 표시하고, 그 당시의 프로세스 이름, 버전, 로드된 모듈명과 콜 스택 정보까지 수집한다. 전체 과정은 다음과 같다.

1. 오류 이벤트 발생

2. 윈도우에서 WER 서비스 활성화

3. WER에서 오류 정보 수집. 추가정인 정보가 필요할 경우 사용자에게 대화상자를 띄움

4. 마이크로소프트로 데이터 전송(인터넷에 연결돼 있지 않을 경우 연기됨)

5. 애플리케이션이 자동 시작되게 설정돼 있다면(윈도우 비스타의 경우 RegisterApplicationRestart 함수를 이용할 수 있음) WER이 애플리케이션 재시작

6. 추가 정보나 해결 방법이 있을 경우 사용자에게 알림

애플리케이션 다운과 커널 장애 시 WER에서 오류 보고가 자동으로 이뤄지지만 자체 오류 보고로 수집할 수 없는 애플리케이션 자체 문제의 추가 정보를 WER API로 얻을 수 있다. 윈도우 비스타는 앞서 언급한 애플리케이션 재시작 기능뿐만 아니라 WER을 확장해 성능 이슈 등 장애 이벤트 외의 다른 많은 유형의 정보 수집도 지원한다.

■ 기업 오류 보고

기업 오류 보고(CER, Corporate Error Reporting)는 회사의 WER 버전이라 할 수 있다. 애플리케이션이 다운되면 관련 정보를 애플리케이션에서 수집한 후 마이크로소프트로 전송한다.

CER을 사용하면 몇 가지 이점이 있다. 대부분의 회사는 중요한 정보가 마이크로소프트로 직접 전달될 수도 있으므로 애플리케이션 다운 시 관련 정보가 바로 마이크로소프트로 보내지는 것을 바라지 않는다.

회사가 얻을 수 있는 CER 서비스의 가장 큰 이점은 애플리케이션 다운을 추적할 수 있는 것이다. 기업 내 사용자들의 겪는 애플리케이션 다운에 대한 데이터를 기록함으로써 문제를 해결할 수 있는 가장 적합한 업데이트가 무엇인지를 적절히 결정할 수 있다. IT 부서는 이 정보를 통해 사용자 생산성을 개선할 수 있는 의미 있는 지표를 뽑을 수도 있다.

● 버킷 활용하기

WER로 수집된 수많은 오류 보고를 처리하는 담당은 어떤 불쌍한 영혼일까? 의아할 수 있다. 하지만 다행히도 WER의 수많은 오류 리포트는 백엔드에서 오류 보고 시스템이 처리한다.

다운 시 수집되는 프로세스명, 버전, 콜 스택, 프로세스 레지스터 등의 모든 정보는 자동으로 분석되고 정리돼 버킷(bucket)에 쌓인다. 버킷에는 오류와 연관된 드라이버, 애플리케이션, 윈도우 기능, 기타 다른 컴포넌트 특정 버전의 인스턴스에 대한 정보가 분류돼 있다. 버킷을 사용해서 WER 이슈 처리에 대한 우선순위를 적절히 정의할 수 있다. 다시 말해 제품 팀은 WER 이슈를 각 버킷에 쌓인 수로 정렬한다. 문제가 많은 이슈를 놓치지 않고 처리할 수 있게 팀에서 설정한 임계치를 넘은 이슈들은 제품 버그 추적 시스템에 버그로 자동 등록된다. 그에 따라 제품 팀은 고객에게 가장 문제시 되는 이슈에 집중할 수 있다.

● 버킷에 쌓인 문제 처리하기

수집되는 오류 보고 데이터가 많아지면 필연적으로 오류의 경향이 생긴다. 가장 많이 보고된 버그의 20%를 고치면 고객 이슈의 80%가 해결됨을 데이터 분석을 통해 알 수 있다. 1%의 버그를 고치는 것이 50%의 고객 이슈를 처리할 수도 있음을 그림 13-6을 통해 알 수 있다. 고객이 경험하는 전체 오류의 대부분은 실제로는 적은 오류로부터 발생된다. 먼저 제품 팀은 많은 문제를 발생시키는 결함을 찾는 작업에 집중해야 한다. 이런 결함에 집중하는 것이 적은 노력을 통해 큰 효과를 얻을 수 있는 방법이다.

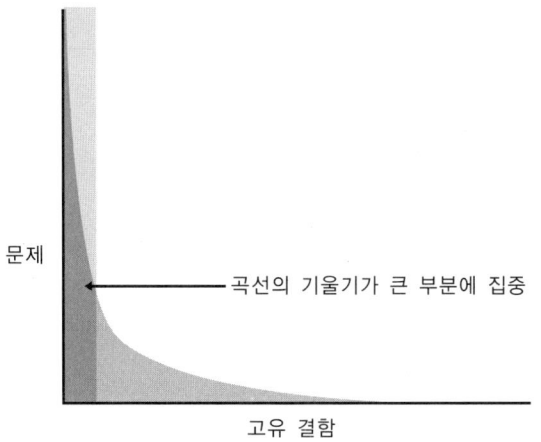

그림 13-6 WER 문제 버킷 보고서

베타 릴리스에서 수집되고 분석된 WER 정보는 특히 유용하다. 애플리케이션에서 많이 발생하는 10개 이슈에 대해 수집된 데이터는 표 13-2와 같다. 대부분의 제품 팀은 제품 개발 동안 수집된 WER 데이터와 연관된 몇 가지 목표를 설정한다. 공통적인 목표는 다음과 같다.

- **커버리지 방법** 커버리지 방법을 사용할 경우는 애플리케이션에 대해 수집된 데이터의 전체 중 N%(보통은 50%)는 확인한다는 목표를 설정한다.

- **임계치 방법** 그림 13-6에서 봤던 곡선의 기울기가 너무 수직에 가깝거나 너무 수평에 가까울 경우 임계치 방법을 사용한다. 기울기가 수직이나 수평에 가까울 경우 커버리지 방법을 사용하는 것은 적합하지 않다. 이유는 확인해야 할 버킷이 너무 많거나 너무 적어지기 때문이다. 임계치 방법을 사용할 경우에는 전체 중에서 1~0.5% 사이의 데이터를 확인하는 것이 적당하다.

- **숫자 고정 방법** 숫자 고정 방법은 %가 아니라 N개의 결함을 해결하는 것을 목표로 한다.

버킷 ID	애플리케이션명	버전	모듈명	모듈 버전	심볼	건수	유형
231387	app.exe	1.0.0.1	appsupp.dll	6.1.0.0	appsupp.dll!Erase	1,511,546	Crash
309986	app.exe	1.0.0.1	app.exe	1.0.0.1	app.exe!Release	405,982	Crash
195749	app.exe	1.0.0.1	appsup.dll	6.1.0.0	appsupp.dll!Draw	394,517	Hang
214031	app.exe	1.0.0.1	appsup2.dll	6.1.0.2	appsup2.dll!Reset	137,638	Crash
485404	app.exe	1.0.0.1	app.exe	1.0.0.1	app.exe!SetObject	100,630	Crash
390064	app.exe	1.0.0.1	appsup2.dll	6.1.0.2	appsup2.dll!Display	95,604	Hang
208980	app.exe	1.0.0.1	appsup3.dll	1.0.0.1	appsup3.dll!AppPrint	74,997	Crash
204973	app.exe	1.0.0.1	app.exe	1.0.0.1	app.exe!Release	55,434	Crash
407857	app.exe	1.0.0.1	app.exe	1.0.0.1	app.exe!MainLoop	54,886	Crash
229981	app.exe	1.0.0.1	appsupp.dll	6.1.0.0	appsupp.dll!function	51,982	Crash

표 13-2 WER 데이터의 예

● **테스트와 WER**

최소한 테스트 팀은 크래시 데이터를 수집하고 목표 대비 진척 사항을 측정하는 데 책임을 져야 한다. 애플리케이션 다운이 일어나는 다양한 형태를 알 수 있다면 추가적으로 많은 정보가 수집될 수 있다.

고객에게 많은 문제를 발생시키는 이슈들은 해결돼야 한다. 하지만 고객이 경험하게 되는 문제의 근본 원인 해결이 가장 큰 개선을 가져다준다. 버그가 어떻게 발생했는지, 어떤 코드 분석 툴을 사용했는지, 어떻게 테스트를 했는지를 이해했다고 해서 이전에 발생한 유사한 이슈들의 해결책을 제시하지는 못한다. 하나의 버그 수정도 고객에게 좋지만 같은 부류의 버그를 예방할 수 있으면 더 좋다.

근본 원인을 분석하면 크래시 패턴을 식별할 수 있다. 소프트웨어 분야에 있어 디자인 패턴은 반복적으로 발생하는 문제를 해결하는 주요 방법이다. 여기에 힌트를 얻어 프로그램에서 문제를 발생시키는 공통적인 방식을 크래시 패턴(crash pattern)이라 정의할 수 있다. 공통적인 크래시 문제를 분석해 다른 영역의 제품에서도 같은 방식으로 문제가 발생되는 것을 찾아낼 수 있다. 다른 많은 유형의 버그에도 패턴을 적용할 수 있다.

> WER에 대한 추가적인 정보는 마이크로소프트 MSDN의 윈도우 오류 보고에 대한 부분을 찾아보라(http://msdn.microsoft.com/en-us/library/bb513641.aspx).

:: 스마일 전송 프로그램

웃음으로 하루를 시작하고 웃음으로 마무리하라.

— W. C. 필즈

공들여 만들어 놓은 소프트웨어를 사용하는 사람들은 도대체 어떤 생각을 갖고 있는지 궁금할 수 있다. 어떤 부분을 좋아하는지, 어떤 부분은 혐오하는지, 어떻게 하면 고객의 이런 경험을 얻을 수 있을지 궁금할 것이다. CEIP와 WER은 고객이 어떤 기능을 주로 사용하는지, 애플리케이션이 반응하지 않거나 다운되지는 않았는지 확인할 수 있는 데이터를 제공한다. 마이크로소프트의 제품을 사용하는 사람들이 모두 기분 좋고 즐거운 경험을 하기 바란다. 마이크로소프트에서 설계와 개발 프로세스에 많은 노력을 기울임에도 사용자들은 여전히 제품을 사용하면서 당황하는 순간을 맞고 있음도 알고 있다. 그러면 특별히 제품의 어떤 부분을 사용자가 당황해 하고, 어떤 부분을 좋아하는 것일까?

사용자가 느끼는 감정적인 반응 측정은 어렵다. 사용성 연구소는 특정 작업에 대해 사용자가 달성한 성과를 측정하는 연구를 진행하지만 이런 연구가 사용자의 감정적인 반응을 수집하는 부분에 대해서는 신뢰할 만한 정보를 주지 않는다. 설문을 통해 사용 빈도와 만족도를 측정하지만 제품에 대한 사용자의 느낌이 어떤지에 대한 정보는 거의 수집되지 않는다. 사이트 방문 등의 지표는 과거의 사용자 경험을 수집하지만 사용자가 과거의 사용 경험에서 느겼던 감정을 회상하는 것은 어렵다.

사용자의 감정적인 반응 수집은 매우 어렵다. 그 이유는 사용자가 어떤 감정에 반응했을 때의 상황을 정확하게 재현하기 어렵기 때문이다. 이런 이유로 이 분야에 대해 수집된 정보는 매우 적다. 한 가지 방법은 제품이 출시될 때 소프트웨어를 사용하면서 느끼는 감정적인 반응을 측정하기 위해 전기적인 신호, 화학적인 변화, 펄스의 추이를 모니터링하는 하드웨어와 부가 장비를 같이 출하해 수집하는 것이다. 그렇게 한다 해도 우리가 기대하는 방식으로 사람의 감정을 측정하는 것은 매우 어렵다(언급하진 않았지만 대부분의 사용자는 측정 장비를 적절하게 설정하려고 하지도 않는다).

스마일 전송(Send a Smile) 프로그램은 고객 피드백을 얻는 또 다른 대안이다. 애플리케이션의 베타 고객은 스마일 전송 프로그램을 통해 마이크로소프트 제품에 피드백을 전송할 수 있다. 애플리케이션을 설치하면 그림 13-7처럼 작업 표시줄에 웃는 얼굴과 슬픈 얼굴의 두 가지 아이콘이 나타난다. 사용자가 애플리케이션을 사용하다가 부정적인 경험을 하게 될 때 마이크로소프트에 이 경험을 공유하고 싶을 경우 슬픈 얼굴 아이콘을 클릭한다. 클릭하면 전체 데스크탑 스크린 샷이 캡처되고, 사용자가 좋지 않게 느낀 점을 입력한다. 스크린 샷과 사용자의 의견은 제품 팀이 분석할 수 있는 데이터베이스로 전송된다.

그림 13-7 스마일 전송 프로그램의 웃는 얼굴과 슬픈 얼굴 아이콘

스마일 전송 프로그램에 참여한 외부의 고객은 이 툴을 좋아한다. 그 이유는 프로그램을 사용하는 재미가 있기 때문이다. 애플리케이션을 사용하다가 사용자를 괴롭히는 어떤 상황을 만났을 때 슬픈 얼굴 아이콘만 클릭하면 그림 13-8과 같은 의견을 입력할 수 있는 텍스트박스가 나타난다. 의견을 입력한 후 전송 버튼을 클릭하면 피드백이 마이크로소프트로 전달된다. 프로그램 참여자는 피드백 프로그램 관리자와 직접 연결돼 있으며, 새 제품이나 변경된 제품에 자신들이 보낸 피드백이 얼마나 영향을 줬는지 알 수 있다.

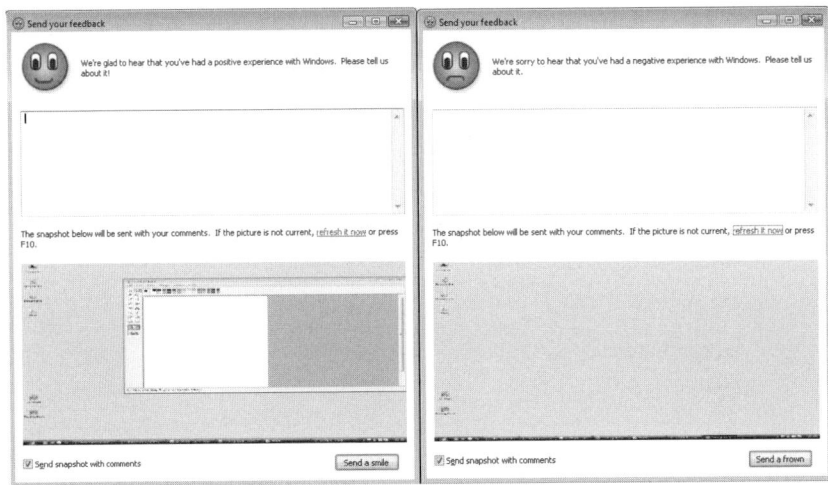

그림 13-8 스마일 전송 사용자 인터페이스

스마일 전송 프로그램은 다소 새로운 것이어서 모든 마이크로소프트의 애플리케이션에서 사용하진 않는다. 이 시스템은 고객의 정보를 수집하는 데에 많은 가능성을 보여준다. 고객이 언제든지 빠르게 피드백을 전달할 수 있게 해준다. 애플리케이션을 사용하다가 단지 얼굴을 찌푸릴 뿐 아무것도 할 수 없는 황당한 상황을 생각해보자. 스마일 전송 프로그램을 통해 사용자는 바로 피드백을 전송할 수 있다.

● 스마일 전송 프로그램 효과

스마일 전송 프로그램은 다소 새로운 것이긴 하지만 이점은 주목할 만하다. 주요 장점은 다음과 같다.

- **개별 버그 수집을 도와줌** 윈도우 팀과 오피스 팀은 테스터나 다른 피드백 프로그램으로는 발견되지 않는 실제 고객에게 영향을 주는 개별 버그를 찾아내는 데 스마일 전송을 활용한다. 예를 들어 윈도우 비스타 베타 1에서 제품의 13개 영역에서 176개의 버그가 얼리 어댑터 프로그램에 참여한 스마일 전송 피드백으로 발견됐다. 오피스 12 베타 1에서는 169개의 개별 버그가 얼리 어댑터 프로그램에 참여한 고객에 의해 발견됐다.

- **고객의 경험을 인지함** 스마일 전송 프로그램을 통해 관련 팀은 제품 사용 고객이 경험하는 어려움과 기쁨을 더 쉽게 알 수 있다.

- **고객의 실제 이슈에 기초해 버그 우선순위를 정의함** 스마일 전송에 의해 수집된 고객 피드백은 관련 팀이 버그 우선순위를 정하는 데 도움을 준다.

- **고객의 제품 사용 방식에 대해 통찰 제공** 관련 팀은 어떤 기능을 사용자가 주로 찾고 사용하는지, 어떤 기능은 좀처럼 사용하지 않는지 궁금해 한다. 스마일 전송을 통해 팀 멤버는 고객의 의견을 쉽게 얻을 수 있다.

- **다른 고객 피드백을 강화함** 스마일 전송에서 얻은 스크린 샷과 의견은 CEIP, 뉴스그룹, 사용성 연구, 설문을 통해 얻은 고객 이슈를 더 상세히 기술하는 데 사용할 수 있다.

:: 고객과의 연결(커넥트)

나는 소프트웨어 테스터로서 초기에는 MSDN의 마이크로소프트 테스트라는 제품을 사용했다(이 제품은 후에 마이크로소프트 비주얼 테스트가 됐다). 릴리스 이전 버전이었지만 기능을 사용하는 데는 문제가 없었다. 하지만 몇 가지 막히는 부분과 질문이 생겼다. 회사의 테스터로서 내가 피드백을 받을 수 있는 방법은 제한적이었다. 사용할 수 있는 방법 중 하나는 CEO였다. CEO의 컴퓨서브(CompuServe)[1] 아이디와 패스워드로 마이크로소프트 포럼에 로그인해 질문을 올렸다. 다음 날 확인하기 위해 포럼에 갔을 때 놀라지 않을 수 없었다. 질문에 답이 있을 뿐만 아니라 내가 올린 제안이 제품 팀에 의해 고려되고 있었다. 몇 달 동안 몇 건의 질문을 더 올렸고 그 때마다 제품 팀은 비슷하게 반응했다. 시간이 지나면서 테스터가 올린 질문과 그에 대한 답을 읽으면서 많은 것을 배우게 됐다.

---

1. 컴퓨서브는 최초의 상용 온라인 서비스다.

고객과 마이크로소프트 제품 팀 엔지니어가 소통할 수 있는 뉴스그룹과 포럼은 여전히 남아있다. microsoft.public.* 아래에는 마이크로소프트 엔지니어와 고객이 참여하는 수백 개의 뉴스그룹이 있다. 또한 forums.microsoft.com의 온라인 포럼에는 수백 개의 토론이 진행 중이다. 요즘은 수천 명의 마이크로소프트 임직원이 http://blogs.msnd.com에서 제품이나 그들의 일을 블로그에 남기고 있다. 이렇게 여러 방법을 통해 얻은 고객 피드백은 버그를 수정하고, 기능을 추가하고 변경하는 데 사용한다.

마이크로소프트 커넥트(Microsoft Connect, http://connect.microsoft.com)는 마이크로소프트 직원과 고객이 의견을 교환하는 또 다른 방법인데, 다른 방법들과 달리 커넥트에서만 얻을 수 있는 유용한 정보가 있다. 제품 피드백에 대한 커뮤니티를 만들고, 고객과 각 마이크로소프트 제품의 엔지니어링 팀과의 대화 채널 제공이 커넥트의 목적이다. 고객은 버그를 올리고 질문을 하거나 새로운 기능을 제안할 수 있다. 커넥트에만 있는 재미있는 기능은 커뮤니티의 멤버가 등록된 버그나 제안에 투표하는 기능이다. 어떤 사용자가 제안이나 버그를 올리면 올린 제안이 좋다고 생각하거나 등록된 동일한 버그를 경험한 다른 사용자는 이에 공감하는 피드백을 보낼 수 있다. 가장 투표를 많이 받은 인기 있는 제안은 제품 팀이 다음 작업을 선택할 때 빠르고 정확하게 결정하도록 도와준다. 모든 버그와 제안은 검색이 가능하며 커뮤니티 멤버나 마이크로소프트 직원은 누구든지 다른 대안이나 해결책을 제시할 수 있다. 그림 13-9는 마이크로소프트 비주얼 스튜디오와 닷넷 프레임워크에 대한 마이크로소프트 커넥트의 사용자 인터페이스다.

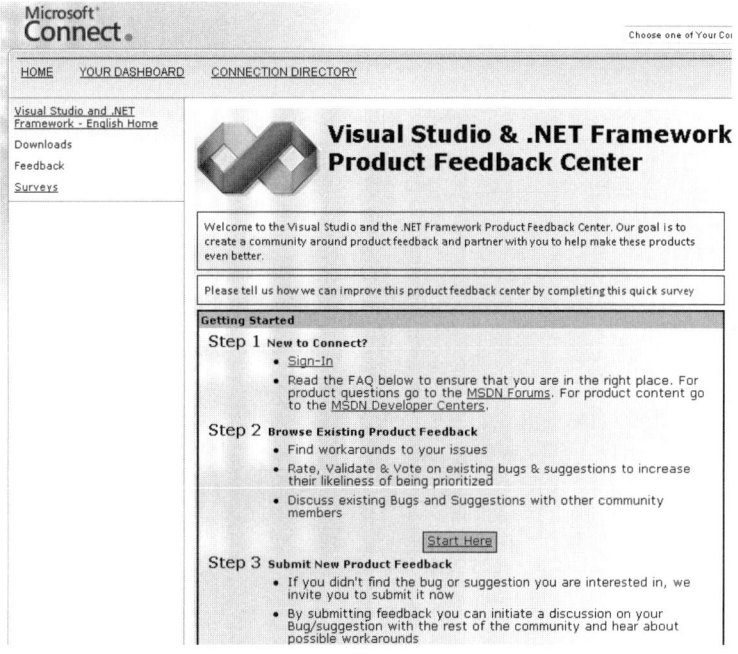

그림 13-9 마이크로소프트 커넥트

그 외에도 몇 가지 유용한 기능이 마이크로소프트 커넥트에 있다. 고객은 소프트웨어(얼리 어댑터를 위한 출시 직전 소프트웨어 포함), 백서, 기타 유용한 정보를 다운로드할 수 있다. 고객의 소리를 가장 정확히 들을 수 있는 설문도 가능하며, 마이크로소프트는 설문을 통해 소프트웨어를 개선하는 데 필요한 정보를 얻을 수도 있다.

마이크로소프트 커넥트에 대해 더 많은 정보는 http://connect.microsoft.com에서 확인할 수 있다.

어떤 방법이든 고객과의 연결은 그저 좋은 것 그 이상이다. 품질 좋은 소프트웨어의 가장 중요한 기본 원칙이 바로 고객과의 연결을 통해 피드백을 받는 것이다.

원노트 고객 연결 사례

오피스 2007 릴리스 사이클 동안 원노트(OneNote) 테스트 팀에서는 고객 피드백을 얻는 많은 활동을 찾아보고 참여했다. 테스트 팀은 제품 계획 엔지니어, 사용성 엔지니어와 밀접하게 작업을 수행해 7가지 사용자 유형을 갖는 고객에 대해 24번의 방문을 진행했다. 이를 통해 실제 고객의 의견과 피드백을 수집할 수 있었고, 실제 환경에서의 사용 유형을 이해할 수 있었다. 또한 제품을 사용하는 고객이 경험할 가능성이 높은 문제들을 미리 이해하고 공감할 수 있었다.

각 테스터는 두 세 차례의 고객 방문을 진행해 고객의 직업 파악, 노트북 사용 환경 조사, 피드백을 얻기 위한 질문 등을 진행했다. 파악된 데이터는 고객 유형을 파악하고 기능을 결정하는 데 사용됐고, 테스팅에도 많은 도움을 줬다. 고객 방문의 또 다른 이점은 테스트 팀의 직업 만족도를 올려 줬고, 팀원 대부분은 고객 방문이 릴리스에 매우 중요한 역할을 했다고 말했다.

테스트 팀은 얼리 어댑터 고객의 제품평을 확인하려고 블로그 검색을 활용한다. 어느 날 "원노트(OneNote)와 쉐어포인트(SharePoint)는 너무 안 좋다"라는 블로그 타이틀을 발견했다. 이 이슈를 확인하려고 블로그에 댓글을 달고, 이메일을 보내 접촉을 시도했다. 이를 통해 사용자의 복잡한 WEBDAV(Web-based Distributed Authoring and Versioning) 환경 설정과 원노트 싱크가 실패한 부분을 찾을 수 있었다. 테스트 팀에서도 이 버그를 랜덤하게 발견했지만 내부에서는 결코 재연할 수 없었다. 블로거와의 작업을 통해 이슈를 추적했고 윈도우 서버 QFE[2]를 설치함으로써 수정할 수 있음을 알 수 있었다. 테스트 팀은 좀 더 최적의 WSS/윈도우 서버 환경에서 테스트를 했고, 이슈를 더 많이 이해했으며 이 정보를 테스트 셋에 추가했다.

원노트의 경우에도 마이크로소프트 커넥트의 덕을 많이 봤다. 커넥트는 베타 기간 동안 집중적으로 사용됐다. 테스트 팀은 버그를 수집하고 환경 설정을 더 이해하고, 실제 환경의 많은 파일을 수집하기 위해 커뮤니티에 가입했다. 사용된 커넥트 사이트에 대한 정보는 다음과 같다.

18,000명의 멤버

475개 이상의 버그 등록과 146개의 수정

커뮤니티를 통해 발견된 버그 샘플은 다음과 같다. 원노트 2007 마지막 단계에서 커넥트 사이트를 통해 2개의 OneNote 오류 파일이 보고돼 수정됐다. 잉크 기능에 대한 버그도 수정됐고, 명백한 버그지만 놓치고 있었던 몇 가지 기본적인 테스트 케이스도 발견했다.

---

2. QFE는 Quick Fix Engineering의 약자로 다른 말로는 소프트웨어 업데이트를 의미한다.

> 2000건 이상 응답된 고객 설문
>
> 오피스 2007 마지막 단계의 중요한 시도는 여러 부서를 통해 제품을 사용해보는 대규모의 실제 프로젝트를 개설한 것이다. 여러 부서의 30여 개 팀에서 50명 이상의 테스터와 PM이 8개의 프로젝트를 생성했다. 각 프로젝트는 통합 오피스 2007 시스템 소프트웨어의 전반적인 사용에 초점을 맞췄다. 프로젝트는 성공적이었고 많은 재등록 버그와 보안 버그를 등록해 릴리스 전에 수정했다.
>
> 이와 같이 새로운 고객 연결 방법을 통해 테스트 팀은 고객이 사용하며 사랑하는 제품, 높은 품질과 높은 고객 만족을 주는 제품을 출시하는 데 도움을 받을 수 있었다.
>
> – 마이크 토프센(Mike Tholfsen), 오피스 테스트 관리자

마이크로소프트 엔지니어가 고객이 제품을 어떻게 사용하는지 이해하는 데 도움을 주는 많은 방법이 있다. 그 중 하나는 시나리오 투표(scenario voting)다. 시나리오 투표는 사용자에게 시나리오를 보여주고 시나리오에 대한 의견이나 점수를 받는 것이다. 사용자 만족을 선택할 경우 관련된 의견을 줄 수 있고, 시나리오의 중요도에 대해 제시할 수 있다. 엔지니어링 팀은 이 데이터로 시나리오의 우선순위를 파악할 수 있고, 사용자가 어려워하는 영역과 잘 사용하는 영역을 식별할 수 있다. 시나리오 투표에 대한 자세한 사항은 『The Practical Guide to Defect Prevention(결함 예방에 대한 실무 지침)』(Microsoft Press, 2007)에 설명돼 있다.

∷ 정리

테스터는 보통 자기 자신을 고객의 모자를 쓴 사람들로 지칭한다. 그럼에도 불구하고 테스터는 깊이 있게 고객과 접촉할 수 있는 기회를 많이 갖지는 못한다. 테스터 역할의 한 가지 중요한 면은 고객과 밀접하게 접촉해 고객이 제품에 대해 어떻게 느끼고 사용하는지 통찰하는 것이다. 테스터가 고객과 관련된 이런 활동에 있어 주도적인 역할을 한다는 사실은 매우 중요하다.

13장에서 제시한 여러 피드백 방법을 통해 마이크로소프트의 테스터는 누

락된 테스트 시나리오를 찾기도 하고, 테스트에 빠져 있는 부분을 발견하기도 한다. 또한 고객의 사용 패턴에 따라 테스트 시나리오를 생성하기도 한다. 고객 피드백 접근 방식과 기능 테스팅, 코드 커버리지 분석을 통한 기술적인 분석의 균형을 갖는 것은 좋은 품질의 소프트웨어를 만드는 데 매우 중요한 부분이다.

14 소프트웨어 플러스 서비스 테스팅

켄 존스톤

2007년 아버지의 날에 『The Dangerous Book for Boys(소년에겐 위험스러운 책)』[1]의 양장본 책을 선물로 받았다. 아들에게 책을 들고 있게 했더니 아이는 은은한 붉은 빛이 나는 양장 책 커버에 손을 가져갔다. 아이는 황금빛의 'dangerous'라는 글자에 손가락을 가져갔고, 눈을 크게 뜨고 얼굴에 큰 웃음을 짓고 있었다. 그 책은 마치 이렇게 말하는 것 같았다. "이 책을 읽으면 비밀이 밝혀질 것이다."

책의 첫 번째 장은 모험가의 배낭을 꾸리는 데에 매우 중요한 부분으로 위험에 처했을 때 어떻게 해야 하는지 알려준다. 매듭, 화석, 공룡에 관한 장은 싱상했다. 올가미에 관한 장은 내게는 별로였지만 아이에게는 가장 흥미로운 주제였다. 한 가지 확실한 것은 아이 녀석이 내 공구 창고나 집 어디에도 올가미를 설치하지 않았다는 것이다.

어린 소년과 위험이라는 것은 아주 잘 어울린다. 선물받은 책은 어린 소년에게 작은 위험과 큰 위험의 차이를 알려 주는 유용한 책이었다.

---

1. Conn Iggulden이 지은 책으로, 이 세상 모든 것이 궁금한 것 투성이인, 왕성한 호기심을 자랑하는 소년들을 위한 잡학 사전과 같은 책이다 - 옮긴이

소프트웨어 플러스 서비스(S+S, Software Plus Services)와 마이크로소프트는 아주 궁합이 잘 맞는 것처럼 보인다. 마이크로소프트는 수천만 라인으로 만들어진 애플리케이션과 서버 제품을 보유하고 있다. 이들 제품은 전 세계 수백만의 PC와 장비에서 잘 수행되고 있다. 통합 S+S 시스템에서 마이크로소프트의 제품과 각 디바이스의 컴퓨팅 기능을 사용하는 것은 꽤 괜찮아 보인다.

서비스 지향 아키텍처(SOA, Service-oriented architecture)와 SaaS(Software as a Service)에 대한 많은 책이 출간됐다. 이 분야에 관한 책은 적어도 한 권은 읽어보기를 바란다. 이들 책은 서비스와 관련된 작업을 하는 모든 사람에게 매우 중요한 정보를 준다.

하지만 출판된 책은 서비스에 대해서 실제적이면서 유용한 자료가 되는 것 같지는 않다. 어떤 책도 S+S 솔루션의 개발, 릴리스에 대한 위험을 설명해주진 않는다. 우리에게 필요한 것은 S+S를 테스트할 때에 어떤 위험이 있으며, 그 상황에서 생존할 수 있는 가이드 팁을 제공하는 황금빛 타이틀의 양장본 책이다.

● 두 가지 부문: 서비스와 테스트 기법

S+S 테스팅에 관한 장이지만 배경 설명 없이 바로 테스팅을 설명하는 것은 불가능하다. 좀 더 쉽게 이해할 수 있게 14장을 2개의 부분으로 구분했다.

1절에서는 마이크로소프트의 서비스 히스토리와 서비스 전략, 전통적인 패키지 제품에 대한 S+S와 SaaS의 차이점을 설명한다. 이 절에서는 마이크로소프트에서 데이터센터와 서비스를 수행하는 데 사용하는 서버에 얼마나 많은 투자를 하고 있는지 설명한다.

2절은 서비스 테스팅을 설명한다. 이 절에서 테스트 접근 방법에 영향을 주는 몇 가지 변수를 집중적으로 살펴보고, S+S 환경에서 서비스 테스팅에 사용되는 새로운 기법을 자세히 설명한다. 2절 마지막에는 릴리스 후 발생한 버그를 살펴보고, 서비스가 시작된 이후에 품질 향상을 어떻게 진행해야 하는지 설명한다.

:: 1절: 서비스

이 절에서는 마이크로소프트 인터넷과 서비스 전략의 변화를 몇 가지 살펴본다. 그 후에 서비스 아키텍처를 간략하게 소개한다. 이 절을 통해 서비스 개념을 잘 모르는 독자는 전통적인 패키지 소프트웨어와 S+S로 출시된 제품 간의 주요한 차이를 이해할 수 있다.

● 마이크로소프트 서비스 전략

소프트웨어 플러스 서비스(Software Plus Service)는 사용자, 지식 노동자, 게이머 등이 보유하고 있는 8억대 이상의 컴퓨터와 수십억 개의 스마트 장비가 갖는 프로세싱 능력과 오프라인 잠재력을 이용해 분산 소프트웨어와 온라인 서비스의 협동이 매우 가치 있다는 마이크로소프트의 신념을 표현하기 위해 새로 만든 용어다.

서비스라는 개념은 매우 짧은 기간에 소프트웨어 생태계의 중요 요소로 자리매김했고, 가까운 미래에 소프트웨어 사용 패턴의 주요 형태가 될 것이라 믿고 있다. 이런 가운데 서비스 테스팅에 대한 장이 책의 후반부에, 그것도 테스팅의 미래에 관한 절 바로 앞에 있다는 것이 이상하게 보일 수도 있다. 마이크로소프트에서 테스트 팀은 서비스 테스팅에 대한 접근 방법을 빠르게 발전시키고 있다. 서비스는 계속 변화하고 진보하고 있는 상황이기에 이 주제는 책의 앞부분에서 다루고 있는 증명된 사례라기보다는 미래의 트랜드에 더 적합해 보인다.

● 인터넷 서비스로의 관심 이동

1995년에 빌 게이츠는 마이크로소프트가 회사의 최우선순위로 인터넷을 포함한다는 메모를 보냈다. 마이크로소프트 내에서 이 사건은 '인터넷 메모'로 불린다. 명백한 진군 명령을 받은 마이크로소프트 엔지니어들은 이미 인터넷 진영에서 앞서가고 있는 넷스케이프(Netscape), 아메리카 온라인(America Online)

과 일부 회사를 경쟁 상대로 인식하고 관심을 두기 시작했다.

> **인터넷 해일**
>
> 나는 중요도의 관점에서 몇 단계를 걸쳐 살펴봤습니다. 이제 인터넷이 중요성에 있어 가장 높은 단계에 있음을 확신합니다. 이 메모를 통해 우리의 모든 비즈니스 영역에서 인터넷에 집중하는 것이 가장 중요하다는 점이 명확해지기를 바랍니다. 1981년에 IBM PC가 소개된 이래 인터넷은 가장 중요한 개발로 다가왔습니다.
>
> — 빌 게이츠(Bill Gates), 1995년 5월 26일

인터넷 메모가 전달된 후 몇 개월이 지나자 제품의 모든 부분에서 인터넷 관련 요소가 보이기 시작했다. 예를 들면 마이크로소프트 오피스 워드 HTML 애드인은 인터넷 개발 툴인 비주얼 인터데브에 HTML을 작성하고 저장하는 기능을 지원했다. 얼마 후 메모장(notepad)이 마이크로소프트에서 가장 인기 있는 인터넷 툴이 됐다. 메모장으로 HTML 소스코드를 빠르게 읽고 편집할 수 있었기 때문이다.

10년 후에 새로운 메모가 배포됐다. 일명 '서비스 메모'라 불리는 것으로 새 소프트웨어 아키텍트 최고 관리자인 레이 오지(Ray Ozzie)가 2005년 10월에 모든 임직원에게 보낸 것이다. 마이크로소프트는 10년 전에 MSN을 발표해 인터넷 비즈니스를 하고 있었다. 하지만 이 메모는 인터넷을 통한 서비스의 완벽한 통합(seamless integration)과 힘을 갖춘 세계를 얘기하고 있다. 이 메모로 S+S가 되기 위한 전략을 새롭게 했고, 마이크로소프트 윈도우 운영체제와 데스크탑 애플리케이션이 SaaS와 웹 2.0기술을 사용하는 온라인 서비스와 유기적으로 동작할 수 있는 전략이 나타나기 시작했다.

> **인터넷 서비스의 변화 주도 원칙**
>
> 서비스에 관련된 모든 부분에서 근본적인 변화를 이끌어내는 세 가지 원칙이 있습니다. 중요한 것은 이런 원칙이 우리의 제품과 서비스 배경에 반영돼야 한다는 것입니다.
>
> 1. 광고가 지원되는 수익 모델의 힘
> 2. 새로운 배포와 채택 모델의 효과성
> 3. '올바로 동작함'에 대한 강력하고 통합된 사용자 경험 관련 수요
>
> — 레이 오지(Ray Ozzie), 2005년 10월 28일

S+S 전략에서 인터넷은 모든 구현의 중심이지만 지원되는 클라이언트는 순수 온라인 기반 SaaS 접근 방법보다 더 많다. S+S에서는 사용자가 직접 사용 중인 PC, 모바일 디바이스의 컴퓨팅 파워를 사용한다.

이 책이 발간될 즈음에 마이크로소프트는 클라우드 서비스(cloud service)군을 내놓을 예정에 있다. 클라우드 서비스는 어떤 서비스 빌드도 올릴 수 있는 인터넷 서비스다. 최근 새로운 클라우드 인프라스트럭처 플랫폼인 애저 서비스 플랫폼(Azure Services Platform)을 발표했다(www.microsoft.com/Azure에 자세한 내용이 소개돼 있다). 블로거들에게 RedDog으로 알려져 있는 애저(Azure)는 가상 머신과 클라우드 스토리지 같은 기본적인 기능을 개발자가 사용할 수 있게 지원해주는 클라우드 서비스가 될 것이다. 라이브 메시(Live Mesh)는 애저 라이브 서비스의 하나로서 여러 컴퓨터와 스마트 폰 등의 장비 사이에서 데이터 동기화를 지원한다.

이와 같이 진화된 클라우드 서비스는 웹 개발자들이 서비스를 만들고 실행하는 방법을 변화시키고 있고, 나아가 서비스 테스트 방법도 변화시킬 것이다. 스머그머그(SmugMug), 트위터(Twitter) 같은 회사는 아마존 S3(Simple Storage Service)를 사용해 많은 비용을 절감했음을 발표했다. 이들 회사는 S3가 다운됐을 때 함께 서비스 다운을 겪기도 했다.[2]

---

2. 존 브로드킨(Jon Brodkin), 『More Outages Hit Amazon's S3 Storage Service(늘어나는 아마존 S3 스토리지 서비스의 정전 사태)』, Network World, 2008/07/21, http://www.networkworld.com/news/2008/072108-amazon-outages.html

● 라지 스케일에서 메가 스케일로의 성장

1994년, 마이크로소프트는 MSN(Microsoft Network)을 발표했다. MSN은 빠르게 성장해 미국에서 두 번째로 큰 다이얼 업 서비스[3]가 됐다. 대규모 광고 캠페인을 벌이기도 하며, MSN보다 규모가 큰 라이벌 서비스인 AOL에 도전장을 내밀었다.

다이얼 업 서비스에서는 2위였지만 MSN은 수천의 서버를 가질 정도로 규모가 컸다. 캐니언 파크(Canyon Park)라 불리던 첫 번째 데이터센터의 규모보다 더 성장했었고, Tuk1으로 불리던 두 번째 데이터센터도 빠르게 채워갔다. MSN 팀은 다이얼 업 클라이언트, 이메일과 인터넷 접속 같은 서비스를 개발하고 배포하는 데에는 최고의 경험이 쌓여 있었다. 하지만 여전히 외부 전문가로부터 배워야 할 많은 부분이 있었다. 1997년에 웹TV(WebTV)와 핫메일(hotmail)을 인수하면서 배워야 할 분야는 각 가정으로까지 넓어졌다. 개인적인 의견으로는 이 인수가 대규모의 다이얼 업 서비스에서 초 대규모의 인터넷 서비스 제공자로 이동을 가속화시켰다고 생각한다.

나는 매우 운이 좋아 실리콘밸리로 웹TV와 핫메일을 배우기 위해 갔었다. 웹TV와 핫메일에서 뛰어난 많은 엔지니어가 왔고, 대규모 서비스를 실행하기 위한 혁신적인 개념을 모두 소개했다. 이들로부터 두 가지의 중요한 개념을 얻었다.

첫 번째는 웹TV로부터 알게 된 서비스 그룹(service group)이라는 개념이다. 서비스 그룹은 서로 독립적인 프로덕션이다. 하나의 서비스 그룹은 제품 스케일의 단위이며 다음 업그레이드를 위한 배포의 단위가 된다. 서비스 그룹은 전체 사이트 다운 시 버퍼로 사용되기도 한다. 특정 서비스 그룹이 어떤 이유에 의해 다운됐다면 이론적으로는 다른 서비스 그룹은 영향을 받지 않는다.

두 번째는 핫메일로부터 알게 된 필드 교체 가능 유닛(FRU, field replaceable units) 개념이다. 핫메일 엔지니어는 실제 환경에 수많은 컴퓨터가 있으며, 그 컴퓨터들이 얼마나 저렴한지 자랑하면서 그 이유를 설명해줬다. 컴퓨터는 정확히 글자 그대로 하드 드라이브와 파워만 갖는 마더보드였다. 컴퓨터는 더

---

3. 유선 가입 전화를 경유해 PC에서 인터넷을 이용할 수 있게 하는 서비스 - 옮긴이

낮은 온도에서 그리고 더 낮은 전력으로 운영됐다. 그래서 추가적인 케이스나 송풍장치 없이 데이터센터의 공기 조절장치만으로도 충분히 적정 온도에서 운영될 수 있었다.

마이크로소프트에서 서비스 그룹 개념은 스케일 그룹(scale group) 개념으로 확장됐다. 스케일 그룹 개념은 서비스 분할이라는 개념을 계속 유지하지만 대규모로 한꺼번에 주문함으로써 용량을 증가시키는 것까지도 포함한다. FRU는 다량의 저렴한 서버 구매를 강조하기 위한 하드웨어를 일컬을 때 사용됐다.

이런 개념은 여전히 사용되고 있지만 이전에 봤던 것보다 훨씬 높은 성장률로 인해 이들 개념도 도전을 받고 있다. 마이크로소프트는 현재 서비스 사용자의 요구가 많아지면서 이를 충족시키기 위해 데이터센터에 매달 평균적으로 10,000대의 컴퓨터를 추가하고 있다. 스케일 단위를 구분하고 성능 좋은 하드웨어를 사용하는 것으로도 증가하는 서버 구매와 제품 설치에 드는 노력을 해결하기에는 충분하지 않다.

몇 년 전에 랙 유닛(rack unit)이나 랙 SKU라 불리는 서버를 구매하기 시작했다. 이는 모든 서버가 적재된 큰 랙으로, 배달 트럭에서 랙을 빼내어 데이터센터로 넣고 뒤쪽의 모든 케이블을 연결하고, 전원을 올리고, 자리를 뜨면 그만이다. 이런 혁신적인 방법은 구매와 설치 효율을 획기적으로 높였다. 믿기 어렵지만 랙 유닛도 더 이상 충분히 빠르지 않다.

마이크로소프트, 컨테이너 기반 데이터센터 최초 구축

환경 설정이 완료된 즉시 실행 가능한 서버들로 구성된 컨테이너가 데이터센터를 확장하는 더 빠르고 더 모듈화한 방법으로 관심을 끌고 있다.

마이크로소프트와 썬마이크로시스템즈는 '데이터센터 인 어 박스(datacenter in a box)' 개념의 선두 주자라고 서로 주장하고 있다. 하지만 마이크로소프트가 데이터센터 중 하나에 컨테이너 기반 시스템을 구축한 첫 번째 회사가 됐다.[4]

---

4. 에릭 레이(Eric Lai), 『Microsoft Builds First Major Container-Based Datacenter(마이크로소프트 최초로 컨테이너 기반 데이터 센터 구축)』, Computerworld, April 8, 2008, http://www.infoworld.com/article/08/04/08/Microsoft-builds-first-major-container-based-datacenter_1.html.

최근 컨테이너 개념을 기반으로 전체 데이터센터를 구축했다. 컨테이너SKU는 그림 14-1처럼 트럭이나 기차에 선적될 수 있으며, 바로 운영에 들어갈 수 있는 프로덕션 레디 화물 컨테이너(production-ready cargo container)다. 크레인으로 트레일러에서 바로 들어 올려 데이터센터에 놓으면 된다. 패널에서 나와 있는 많은 케이블을 플러그에 꽂으면 바로 수백 대의 서버가 운영에 사용할 수 있는 상태로 준비된다. 몇 년 후에 서버 시작에 실패가 많이 생기면 해당 컨테이너는 운영에서 제외되고 제조업자에게 다시 넘겨진다. 그리고는 새로운 장비로 업데이트된다.

래키블(Rackabel) 시스템에서 제공한 사진

그림 14-1 Rackabel.com에서 생산하는 컨테이너 SKU인 아이스큐브(ICE Cube)

S+S 전략을 지원하는 하드웨어를 그저 적절한 위치에 두기만 하면 되는 이 방법은 마이크로소프트가 전 세계를 대상으로 한 물류 계획을 개발할 수 있게 했다. 제품 엔지니어는 계속해서 적절한 시점에 적절한 장비를 해당 위치에 두기 위해 조달 전문가와 상호 작업을 한다. 주문을 관리하는 오버헤드는 점차 줄고 있고 결국에는 모두 없어지게 될 것이다.

표 14-1의 숫자는 최근 정보를 기반으로 한 것이고, 가까운 미래의 예측이다. 마이크로소프트는 계속적인 인수합병을 통해 성장하고 있다. 글을 쓰는 이 시점에 아직 야후를 인수하지는 못했지만 인수가 성공하면 표의 숫자는 매우 급격히 증가하게 될 것이다.

서버 대수	매달 평균 10,000대의 서버가 추가되고 있다.
데이터센터	500백만 달러(USD) 정도의 비용이 S+S 지원을 위한 새로운 데이터센터를 구축할 때 사용되며, 그 크기는 축구장 5개 정도다.

표 14-1 마이크로소프트 서비스 현황(이어짐)

윈도우 라이브 ID	매일 10억 번 이상의 WLID(이전의 마이크로소프트 패스포트) 인증이 처리된다.
성능	1조 행에 달하는 성능 데이터를 매일 시스템 센터(80,000건의 성능 카운터가 수집되고, 1백만의 이벤트가 수집됨)를 통해 받고 있다.
서비스 수	마이크로소프트에는 별도의 이름을 갖는 200개 이상의 서비스가 있고, 곧 300개가 될 것이다. 물론 이 숫자가 정확한 서비스 수는 아니다. 오피스 온라인(Office Online)과 같은 서비스는 클립아트(Clip Art), 템플릿(Templates), 유의어 사전(Thesaurus) 같은 별도의 서비스를 포함하고 있기 때문이다.

표 14-1 마이크로소프트 서비스 현황

● 성장의 발목을 잡는 전력

데이터센터 구축에 드는 비용은 평균 5억 달러 정도 든다. 다년간 경험을 통해 무어(Moore)의 법칙이 여전히 컴퓨터에 적용되고 있음을 알았다. 거의 매 18개월마다 처리 능력은 2배가 된다. 단일 서버를 실행하고 냉각하는 데 드는 노력도 계속 증가한다.

새로운 운영 서버에 필요한 전력으로 인해 전력의 불균형이 일어난다. 인프라스트럭처가 최대 용량에 도달하기 전에 주요한 전력 증설 프로젝트가 구축돼야 한다. 이런 상황에서 선택할 수 있는 유일한 방법은 인프라스트럭처를 새설계하고, 실세 선력을 뺄 시간을 계획하고, 전력 인프라스트럭처의 주요 부분을 재구축하는 것이다.

전력은 서비스 운영에 있어 매우 중요하다. 따라서 전력 소비와 성능 사이에서 최적화 설계를 하려고 인텔과 OEM 업체는 긴밀하게 작업한다. 예를 들어 낮은 비용의 서버로 최적화를 수행하는 OEM 업체는 실제 필요한 것보다 더 많은 전력을 사용하는 표준 전력 공급 장치를 선택할 수 있다. 낮은 비용으로 서버를 구축할 수는 있지만 장기간으로 볼 때 데이터센터의 운영 비용은 올라간다. 마이크로소프트에서는 더 낮은 전력을 사용하는 컴포넌트를 사용하고, 전략 낭비가 없는 시스템 튜닝에 최대한의 노력을 기울이고 있다.

> 효율이 더 좋은 백열전구를 생산하는 것은 전력 소비를 줄이는 좋은 방법이다. 하지만 어둠 속에서 보는 법을 배우는 것이 더 좋다.

데이터센터 전체 구축 비용과 일일 운영 비용은 센터 내 장비에 전력을 공급하기 위한 투자로 생각할 수 있다. 이 모델 기반으로 볼 때 각 층 바닥의 역할은 전력을 공급하는 것이고, HVAC 시스템(공조 냉난방과 환기 시스템)의 역할도 전력을 공급하는 것이며, 보안 요원의 역할도 전력을 공급하는 것이다. 설비의 모든 비용을 데이터센터 내에서 킬로와트에 의해 추적되고 전송되게 시각화해보라. 이것이 마이크로소프트에서 대규모 데이터센터 운영 비용에 대해 생각하는 방식이다. 또한 구축하는 데이터센터 비용 절감에 대한 혁신적인 방안을 고민하는 데 대부분의 시간을 보내고 있다.

데이터센터의 kWh를 사용하는 특정 기술로 작업이 완료되는 경우를 생각해보자. 마이크로소프트의 주요 비용 효율성 메트릭은 kWh당 작업량 비용이다. 우리는 스스로에게 질문한다. 전력이 온라인 시나리오(쿼리, 이메일 메시지, 페이지 뷰, 비디오 스트림)로 변환되는 데에 있어 점점 더 효율적으로 비용을 사용하고 있는가?

이와 비슷하게 개발자와 테스터에게 효율이 더 높은 백열전구를 만들게 요구한다. 이런 설비를 구축하는 것은 전력 공급에 대한 비용을 더 효율적이게 한다.

하지만 이런 요구가 얼마나 지켜지고 있는가?

사람들은 무엇인가를 할 때 다양한 동기를 부여한다. 우리는 개발자와 테스터가 설계에 비용 요소를 고려하게 지원하지만 많은 사람은 다른 것에 의해 동기를 부여받고 있다. 흥미로운 프로그램 중 하나는 마이크로소프트의 다양한 온라인 서비스에 의해 생성되는 탄소를 계산하고 할당한다. 온라인 서비스를 개발한 기술팀에 탄소 발자국[5]을 할당한다. 개발자와 테스터는 매달 개발된 기술에 의해 생산된 탄소량을 알 수 있다. 탄소 할당 모델(CarBAM, Carbon Allocation Model)은 마이크로소프트 인트라넷으로 모든 직원이 이용할 수 있고, 관련 메트릭은 비용 보고서에 덧붙여진다. 이 간단한 깨달음이 개발자와 테스트에게 데이터센터에 더 적은 장비를 배치함으로써 전력을 절약하는 데 굉장한 동기 부여를 한다면 최초 요구를 철회할 수 있을 것이다. 이 접근 방법은 효율이 높은 코드에 대한 일반적인 방법을 보완해준다.

더 높은 효율의 백열전구를 생산하는 것이 전력 소비를 줄이는 좋은 방법임을 발견했다. 하지만 엔지니어가 그런 것 없이도 보게 해주는 창조적인 동기 부여가 더 좋은 것이다.

— 에릭 하우타라(Eric Hautala), 제너럴 매니저

---

5. carbon footprint, 상품을 생산, 소비하는 데 직간접적으로 발생하는 이산화탄소의 총량을 의미한다.

서비스와 패키지 제품

패키지 제품이란 CD나 DVD로 구입할 수 있는 소프트웨어 제품이다. 마이크로소프트 내부에서는 이런 제품을 쉬링크 랩(shrink-wrap) 소프트웨어라 일컫는다. 마이크로소프트에서 쉬링크 랩은 미리 컴퓨터에 설치해볼 수 있는 제품 버전과 컴퓨터에서 실행할 수 있는 다운로드 버전을 동시에 일컫는다.

쉬링크 랩이나 쉬링크 필름은 보통 다양한 종류의 CD, DVD, 소프트웨어 패키징의 외부 포장용으로 하는 재료다. 이는 폴리머 플라스틱(polymer plastic)으로, 이 재료에 열이 가해지면 덮고 있는 것 위에서 오그라들며 밀착된다.

최근에는 모든 제품이 서비스이거나 그것이 아니면 쉬링크 랩이라는 양분된 개념이 희미해지고 있다. 어떤 Xbox 게임은 가게에서 구입하지만 사용자는 Xbox Live에서 상대방과 게임을 즐길 수 있고, 엑스트라 레벨을 다운로드받을 수도 있다. 마이크로소프트 오피스 아웃룩은 가장 잘 알려져 있는 윈도우 라이브 메일(WLM) 서비스의 이메일 클라이언트다. 마이크로소프트 익스프레션(Microsft Expression)은 판매점이나 인터넷을 통해 구매할 수 있는 제품이면서, 웹사이트 관리자가 빠르게 리치 컨텐츠(rich content) 기반의 웹사이트를 구축할 수 있게 도와주는 툴이다. 하지만 인터넷에 접속 중인 사용자가 추가 컨텐츠와 애드인을 다운로드할 수 있게 구축됐다. 이들 모든 제품이 서비스 컴포넌트를 갖고 있지만 일반적으로는 소매상이나 PC 제조업자를 통해 판매된다. 그러므로 이런 제품은 쉬링크 랩의 한 부분으로도 볼 수 있다.

2005년에 마이크로소프트의 주요 온라인 서비스인 핫메일(Hotmail)과 패스포트(Passport)는 이름을 윈도우 라이브라는 브랜드로 변경했다. 이제 핫메일은 윈도우 라이브 메일(WLM), 패스포트는 윈도우 라이브 ID(WLID)가 됐다. 이름이 변경됐지만 핫메일 계정을 갖고 있는 사용자는 @hotmail.com 이메일 주소를 그대로 유지할 수 있다.

웹서비스를 일컫는 다양한 이름이 있다. 주로 사용되는 용어는 웹서비스(Web service), 웹사이트(Web site), 웹 프로퍼티(Web property), 온라인 서비스(online service)다. 마이크로소프트에서는 일반적으로 엑스박스 라이브(Xbox Live), 서치(Search), 윈도우 라이브 ID(WLID), 스페이스(Space), 스카이 드라이브(Sky Drive), 오피스 라이브 스몰 비즈니스(OLSB, Office Live Small Business) 같이 팀 이름으로 서비스를 부른다. OLSB나 엑스박스 라이브 같은 경우는 하나의 서비스라기보다는 서비스의 묶음으로 부르는 게 더 낫다. OLSB는 공용 웹사이트, 개인 웹사이트, 웹사이트 관리 툴, 핸드폰 단문 메시지 브리지, 기업용 이메일 및 애드온으로 계약 관리자나 광고 관리자 같은 서비스를 제공한다. 각 하위서비스는 다른 서비스에도 사용된다. 예를 들어 OLSB는 다이나믹스 라이브(Dynamics Live)나 CRM 온라인과 함께 판매된다. 엑스박스 라이브는 토너먼트 서비스뿐만 아니라 주문형 비디오 다운로드 서비스를 자체적으로 제공하고 있다.

2004년 11월 11일, 웹서비스 아키텍처 요구 사항에 대한 W3워킹 그룹에서는 웹서비스를 다음과 같이 정의했다. "웹서비스는 URI[RFC 2396]에 의해 식별되는 소프트웨어 시스템이다. URI의 외부 인터페이스와 바인딩은 XML로 정의하고 기술한다. 이들 시스템은 웹서비스와 미리 정의된 방법으로 상호작용하는데, 인터넷 프로토콜에 의해 전달되는 XML 기반의 메시지를 사용한다."

위의 정의가 적절한 정의지만 웹서비스를 고려하고 있는 일부 웹사이트는 XML을 거의 갖고 있지 않기도 하다. 최근의 기록과 변경된 정의는 http://www.w3.org/TR/wsa-reqs/에서 볼 수 있다.

■ S+S의 예

윈도우 라이브 메일을 예로 들어보자. WLM은 전 세계 수억의 사용자가 사용 중인 가장 큰 이메일 서비스다. WLM이 강조하는 부분은 신뢰성과 다양한 클라이언트 경험을 지원하는 것이다. WLM은 수많은 다양한 웹 브라우저, 마이크로소프트 오피스 아웃룩 클라이언트, 윈도우 라이브 이메일 클라이언트, 모바일 스마트 폰에서 작동하고, 받은 편지함의 메일이 온 것을 알려주는 데스크톱 위젯에서도 동작한다.

다운레벨 브라우저(down-level browser)는 SaaS와 유사하다. 보통 SaaS는 인터넷이 접속된 상태에서 사용하는 서비스다. SaaS는 오프라인 기능을 제공하지 않는다. SaaS에서는 대부분의 처리가 서버에서 수행되고 클라이언트는 단지 렌더링을 수행한다.

> 다운레벨 브라우저는 웹 개발 사이트뿐만 아니라 마이크로소프트에서도 사용되는 용어다. 다운레벨 브라우저는 엄격하게 정의하면 단지 HTML 3.2만을 지원하는 브라우저라고 할 수 있다. 더 일반적으로는 CSS나 자바스크립트 같은 중요 기능을 지원하지 않고, 웹사이트에 대해 최고의 사용자 경험을 보여주지 못하는 구 버전 브라우저를 언급할 때 흔히 사용하는 용어다.

웹 2.0은 더 멋진 브라우저를 보여 주기 위해 최신의 브라우저, 플래시, 마이크로소프트 실버라이트 등에 의존하는 경향이 있다. 대부분 클라우드 서버에서 처리하던 것을 데스크톱 컴퓨터에서 처리한다. 또한 웹 2.0 클라이언트는 오프라인 기능을 제공한다.

S+S에서는 처리 기능이 사용자와 사용자의 경험이 극대화되게 하는 위치로 이동한다. 리치 클라이언트(rich client)인 아웃룩에서 주요 부분의 처리는 모두 사용자 컴퓨터에서 일어난다. 비슷하게 스마트 폰의 이메일 클라이언트 경우 스마트 폰이 주요 부분을 처리한다. S+S는 클라이언트가 아웃룩 커넥터(Outlook Connector) 같이 내부와 외부 서비스를 연결시키는 기능을 가져야 할 뿐만 아니라 오프라인에서 작업할 수 있는 기능도 강조한다. 머지않아 서버는 하이브리드 모드에서 수행될 것이며 자연스럽게 사내 서버들과 클라우드 서버나 외부망 서비스와 통합될 것이다.

WML를 예로 들면 다운레벨 브라우저는 SaaS의 예이고, 아웃룩, 아웃룩 모바일, WLM 리치 이메일 클라이언트는 S+S의 예다. 마지막 예에서는 서비스가 더 이상 독립적인 것이 아니라는 사실을 알 수 있다. 예를 들어 WLM에서 사용자 인증(사용자가 정상적인 사용자 이름과 패스워드를 입력 할 때)은 윈도우 라이브 ID 서비스가 제공한다. 이 개념은 이 절의 후반부에서 '독립형에서 계층형 서비스로 이동'이라는 제목으로 다룬다.

S+S에서 호환성은 단지 다양한 브라우저 버전을 뛰어넘어 그림 14-2 같이 다양한 다수의 클라이언트를 포함한다. 게다가 높은 가용성, 확장성, 강력한 보안, 개인 정보 보호를 위한 신뢰할 만한 정책과 절차가 전체적인 시나리오보다 더 중요하다. 테스트의 관점에서 보면 품질이 기능, 아키텍처, 독자적인 서비스, 서비스를 운영하고 유지 보수하는 절차에 이르기까지 연관돼 있음을 의미한다. 마이크로소프트에서 테스트는 이런 이슈들이 제품에 잘 적용되게 유도하고, 적절하게 구현될 수 있게 하는 데에 매우 중요한 역할을 한다. 테스트는 평가하는 것을 넘어서서 서비스를 수행하는 절차에 기반한 여러 가지 경우에 대한 테스트를 수행한다.

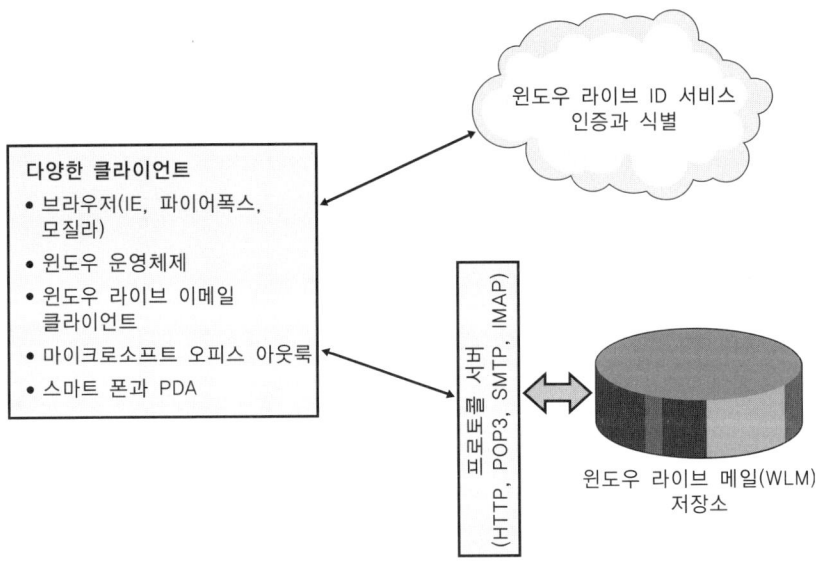

그림 14-2 윈도우 라이브 메일 S+S에 대한 간략한 다이어그램

● 독립형에서 계층형 서비스로 이동

초창기 인터넷에서 수많은 온라인 사이트는 필요한 모든 것을 스스로 포함하고 있었다. 하나의 예외 사항은 신용카드 처리 서비스였는데, 이는 처음부터

다수의 소매점과 온라인 지점을 갖고 있었다. 신용카드 처리 외의 서비스 대부분은 독립적인 서비스로 개발되고 수행됐다. 많은 부분에서 온라인 특성들은 마치 마루, 벽, 지붕, 전기선, 가스관을 갖고 있는 완전한 단독 가구와 비슷했다. 각 서비스는 회원 가입, 인증, 개인화, 저장소, 배포, 리포팅에 대한 메커니즘을 포함하는 각 컴포넌트로 구현됐다.

계층형 서비스에서 새로운 서비스를 구축하는 것은 완전히 새로운 것을 만드는 것보다는 쉬워졌지만 여전히 해결해야 할 문제를 안고 있다. 비교하자면 새로운 서비스를 출시하는 것은 욕실을 리모델링하는 것이라 할 수 있다. 마이크로소프트와 다른 경쟁사의 플랫폼 서비스는 새로운 서비스를 위해 더 좋은 인프라스트럭처를 제공하려 하고 계속 확대하고 있다. 서비스는 가장 최적의 솔루션을 위해서 여러 회사의 인프라스트럭처 서비스와 상호 연동되기도 한다. 플랫폼 서비스가 진화함에 따라 새로운 서비스의 개발과 출시는 빈 침실에 페인팅을 하는 것처럼 간단한 작업이 돼야 할 것이다.

대부분의 소비자는 Amazon.com과 eBay.com 같은 온라인 사이트를 독립형 서비스로 간주하지만 이들 사이트도 모듈과 계층을 포함하고 있다. 이베이(eBay)의 예를 보면 페이팔(PayPal) 서비스는 이베이 경매 서비스에 깊게 통합돼 있다. 그럼에도 페이팔 서비스는 다른 서비스에서도 사용되고 있다. 아미존(Amazon)의 예를 보면 고객 리뷰나 다른 고객이 구매한 것을 보여주는 게시판이 있고, 고객이 클릭한 제품은 구매 대상이다. 이런 현상은 각 기능이 분리된 서버의 분리된 모듈에서 수행되므로 발생한다. 적절한 시간 내에 응답하지 않는다 해도 어쨌든 페이지는 로드된다. 서비스는 레이어를 통해 수행되므로 서브 컴포넌트가 작동하지 않을지라도 주요 사용자 기능은 수행되게 보장할 수 있다. 또한 다른 팀이나 기능의 의존 없이도 레이어별로 별도의 일정을 수립해 개선 작업을 진행할 수 있다.

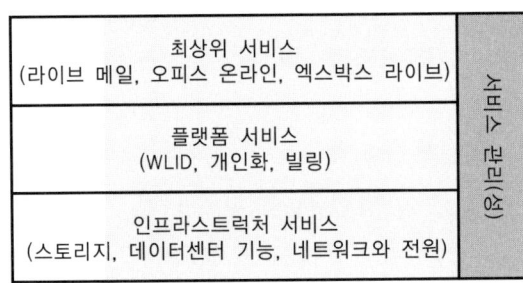

그림 14-3 간략한 계층형 서비스 모델

여러 가지 면에서 독립형 서비스에 대한 테스팅 전략은 쉽다. 서비스의 모든 부분과 각 부분의 서브컴포넌트를 테스트하고, 각 부분 사이의 모든 통합을 테스트하고, 시스템을 통해 일어날 수 있는 모든 시나리오를 테스트하면 된다. 좀 어리석게 들릴 수도 있지만 모든 것을 갖고 있을 때에는 무엇이 변경되는지, 언제 변경이 일어나는지를 통제할 수 있다. 따라서 변경에 의해 발생하는 리스크 관리는 좀 더 쉽게 통제될 수 있다.

몇 년에 걸쳐 윈도우 라이브 메일(이전의 핫메일)은 자체의 인증에서 전체 마이크로소프트 서비스에 걸쳐 공유되는 인증으로 이전됐다. WML을 포함한 거의 모든 서비스가 이제 인증은 WLID 서비스를 사용한다.

계층화와 통합은 서비스 구축과 수행에 있어 복잡도를 꽤 많이 증가시킨다. S+S로 가면 갈수록 클라이언트와 상호 연동하는 서비스의 수에 의해 호환성 테스트 매트릭스는 증가한다. 게다가 새로운 사용자 경험을 생성하기 위해 여러 서비스의 외부 API와 연동해 써드 파티에서 개발된 수 십 개의 매시업(meshup)과 통합하는 맵은 점점 거대해진다.

> 매시업은 하나 이상의 소스 데이터와 사용자 인터페이스를 단일 서비스나 애플리케이션에 결합할 수 있는 웹 애플리케이션이다. 예를 들면 Zillow.com은 부동산 거래에 대한 다중 리스팅 서비스(MLS, Multiple Listing Service)의 데이터와 사용자가 직접 생성한 데이터나 데이터의 위치 정보 매핑을 위한 마이크로소프트 라이브 어스(Microsoft Live Earth)를 결합한 서비스다.

계층화는 마이크로소프트에서 모든 서비스를 개발할 때 사용하는 접근 방법이다. 수많은 새로운 서비스가 마이크로소프트와 다른 회사의 인프라스트럭처 서비스를 사용하고 있다. 14장의 2절에서는 S+S 테스팅 기법을 설명할 것인데, 그 중에서 특히 계층적 다중 서비스 구조에서의 서비스 테스팅을 설명한다.

:: 2절: S+S 테스팅

1절에서는 마이크로소프트의 서비스를 포함하는 서비스에 관한 일반적인 정보, 마이크로소프트에서 서비스에 얼마나 많은 시도를 하고 있는지, S+S가 무엇인지, 다른 패러다임과의 차이는 무엇인지 살펴봤다.

2절에서는 서비스 테스트 기법의 개요를 설명하고, 서비스와 연동된 클라이언트를 테스트하는 매우 구체적이지만 색다른 접근 방법을 일부 소개한다.

13장의 예제와 같이 14장의 예제도 마이크로소프트에서 발췌한 것이고, 대규모 소프트웨어 프로젝트(대규모 서비스)에 관한 것이다. 마이크로소프트 예제이지만 기법은 어떤 규모의 프로젝트에서든 적용할 수 있다.

● 혁신의 물결

14장을 작성하며 PC 컴퓨팅 역사에서 혁신의 물결을 언급하는 몇 가지의 기사를 발견했다. 다음은 마이크로소프트가 경쟁해오며 살고 있는 혁신의 물결에 대한 리스트다.

1. 데스크톱 컴퓨팅과 네트워크로 연결된 자원
2. 클라이언트/서버
3. 엔터프라이즈 컴퓨팅
4. 서비스로서의 소프트웨어(SaaS)나 웹 1.0 개발
5. 소프트웨어 플러스 서비스(S+S)나 웹 2.0 개발

지금은 새로운 S+S라는 혁신의 물결의 시작부분에 있는 것이 분명하다. 소프트웨어 테스팅은 이들 각 물결에 따라 새로운 도전에 걸맞은 진화를 해왔다. 그림 14-4처럼 이런 도전은 수많은 다양한 클라이언트와 지원 환경의 증가를 가져왔고, 이에 따라 사용자의 수와 사용자 시나리오도 증가시켰다. 각 물결마다 복잡도는 증가해오고 있으며, 전체적인 테스트 매트릭스가 커지고 있다. 테스팅에 있어 해결 과제는 매트릭스가 결코 줄어들지는 않는다는 것이다. 각 물결을 따라 대부분의 과거 테스트 방식도 함께 따라오고, 많은 새로운 테스트 방식이 추가된다.

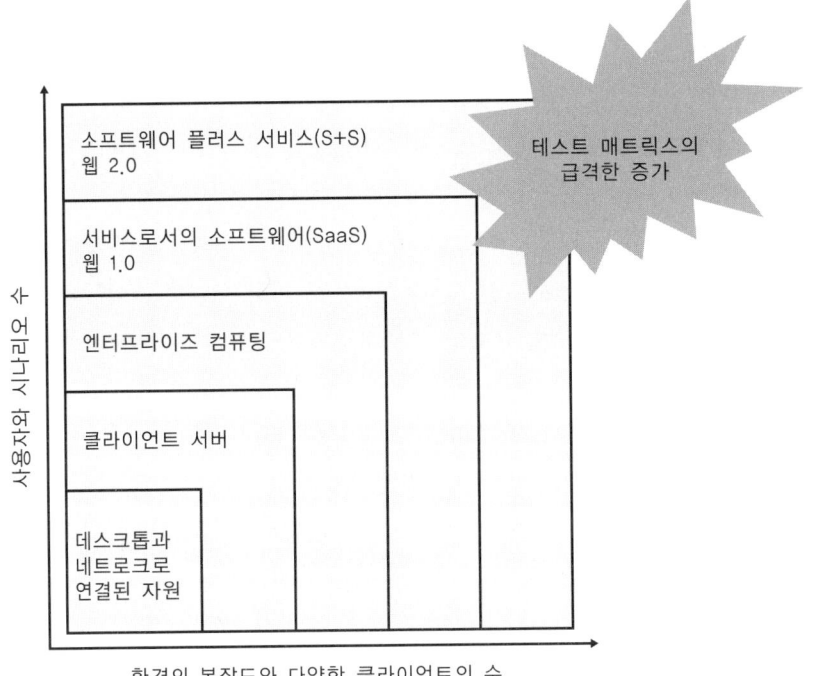

그림 14-4 혁신의 물결에 따른 소프트웨어 테스트 매트릭스의 급격한 증가

마이크로소프트는 MS-DOS와 베이직 프로그래밍 언어로 데스크톱 물결을 시작했다. DOS 위에 윈도우를 구축했고, 네트워크 PC 영역으로 이동했다. 각 물결에 따라 테스팅도 진화시켜 나갔다. 폭발적으로 증가하는 테스트 매트릭스를 SaaS와 S+S 테스팅으로 더 멋지게 처리할 수 있게 여러 가지 새로운

프로세스를 개발해오고 있다.

● S+S와 서비스에 대한 테스트 접근 방법 설계

『Dangerous Book for Software Plus Services(소프트웨어 플러스 서비스에 위험스러운 책)』를 쓰는 것은 흥미로웠다. 독자가 어떤 비밀이 있는지를 알기 원한다면 어떻게 자물쇠를 열어야 하는지 발견하게 될 것이다. 그 글을 쓴 이유는 서비스를 개발, 테스팅, 배포하면서 겪은 모든 실수를 공유하고자 했기 때문이다.

서비스 테스팅이 성공하기 위한 핵심 요소는 위험에 대한 자세한 조사와 그런 위험을 완화시킬 수 있는 테스트 접근 방법의 수립이다. 이 절에서는 좋은 서비스 테스트 접근 방법의 설계에 영향을 주는 몇 가지 요소를 살펴본다.

■ 클라이언트 지원

마이크로소프트의 테스터는 모든 릴리스의 테스트에 사용되는 브라우저 리스트를 업데이트해오고 있다. 보통 이 메트릭은 모든 주요 브라우저의 최신 버전과 시장에서 많은 부분을 차지하고 있는 브라우저의 이전 버전을 포함하고 있다.

S+S 환경에서는 단지 브라우저 매트릭스만 있어서는 안 되며 클라이언트 애플리케이션의 리스트까지도 포함돼야 한다. 윈도우 라이브 메일의 예를 들면 웹 인터페이스가 있으므로 테스트 매트릭스에는 모든 브라우저를 포함해야 하고, 그 뿐만 아니라 아웃룩, 아웃룩 익스프레스, 새로 나온 윈도우 라이브 메일 클라이언트의 버전과 다양한 모바일 디바이스도 포함한다. 추가적으로 쉬링크 랩에 대한 테스트 프로젝트에서처럼 운영체제 버전, 언어, 국가별 설정에 대한 복잡한 매트릭스를 갖고 있다.

클라이언트에 대한 테스트 조합과 순서를 유지하는 주요 방법은 간단하게 등가 클래스(equivalence class)를 사용하는 것처럼 되지는 않는다. 지원 브라우저와 클라이언트의 시장 점유율을 조사하고, 조사 내용과 비즈니스 목표가 되는 시장과 비교하고, 거기에 운영체제의 시장 점유율을 추가한다. 제품 팀은 지원 대상 리스트에서 공식적으로 지원하지 않을 조합을 선택한다. 그러고 나서 남은 리스트에서 우선순위를 설정한다. 최상위 우선순위 조합은 더 자세하게 더 많이 테스팅이 수행돼야 할 후보가 된다. 반면에 그 외의 것은 기본적인 호환성 테스트로 커버된다.

■ 서버 구축

마이크로소프트의 풍부한 데스크톱 클라이언트와 엔터프라이즈 서버를 서비스 세계에서 사용할 수 있는 점은 마이크로소프트에게는 큰 기회다. 어떤 경우에는 윈도우 서버 운영체제에서 모든 불필요한 요소를 제거한 버전을 사용해 서비스를 구축하고, 어떤 경우에는 간소화된 웹서버를 사용해 구축한다. 마이크로소프트 오피스 쉐어포인트 서버(Microsoft Office SharePoint Server)와 마이크로소프트 SQL 서버(Microsoft SQL Server) 같은 많은 엔터프라이즈 서버 제품은 서비스를 위한 핵심 기술을 제공한다.

서버 제품을 기반으로 서비스가 구축될 때에는 이미 제품에 대한 많은 테스팅이 수행됐으므로 핵심 기능을 재테스트할 필요는 없다. 하지만 두 가지 부분에는 집중할 필요가 있다.

첫 번째는 서버에 작성된 새로운 코드의 통합, 서버와 서비스 간의 상호작용에 대한 부분이다. 초기 주요 버그는 대부분 기본적인 기능과 서버 제품의 외부 API에 존재한다. 코드가 안정화돼 가면 새로운 웹서비스 컴포넌트와 기반이 되는 엔터프라이즈 서버 제품 간의 성능과 진단성(diagnosability)에 관한 이슈를 찾기 시작한다. 동시에 다중 읽기/쓰기 처리가 설계되지 않은 객체에 잠금이 발생했을 때를 예로 들 수 있다. 이와 같은 시나리오는 엔터프라이즈 서버 설계에 자주 고려된다. 그리고 이와 같은 현상이 발생했을 때 나타나는 파악하기 어려운 오류 메시지는 근본 원인을 진단하는 데 사용하기 어렵다.

두 번째는 대규모 데이터센터 환경에서의 서버 제품 자체의 관리성과 확장성을 테스팅하는 것이다. 대부분의 경우 인터넷 환경에서 제대로 작동하게 엔터프라이즈 서버 제품을 배포하고 환경을 구성한다. 원격 서버 관리를 완전 자동화하기 위한 추가 작업이 필요하며, 작업이 완료되면 사람이 데이터센터에 들어가 컴퓨터를 직접 조작할 필요가 없어진다. 이렇게 개선하면 운영 비용을 절감할 수 있고, 서비스가 더 이익을 낼 수 있다. 이와 같은 시나리오에서 테스트는 단지 버그를 발견하는 데에 집중하지 않고 서버 제품의 차기 릴리스에 적용할 수 있는 개선점을 찾는 데 초점이 맞춰져 있다.

■ 플랫폼 서비스와 상위 계층 서비스

그림 14-4에서 마이크로소프트의 서비스가 점점 계층화 되고 있음을 살펴봤다. 마이크로소프트의 주요 경쟁사도 마찬가지다. 서로 다른 서비스 위에 서비스를 구축하는 접근 방법은 운영체제나 네트워크의 OSI 모델(Open Systems Interconnection Basic Reference Model) 계층을 구축하는 데 사용되는 것과 다르지 않다. 계층의 하위 부분은 WLID 같은 중요 플랫폼 서비스다. 직접 수익을 얻는 오피스 라이브(Office Live) 같은 브랜드를 갖는 서비스는 계층에서 더 상위에 있다. 버추얼 어스(Virtual Earth) 서비스(www.bing.com/maps)의 이면에는 모든 인공위성 사진과 저공 비행 사진을 가져와서 타일로 변환하는 여러 개의 인프라스트럭처 서비스가 있다.

그림 14-5는 이베이(eBay)와 질로우[6]를 통합해 만든 매시업 서비스인 AuctionCloud.com에 대한 개념도다. 질로우 자체도 다른 몇 개 서비스의 매쉬업이다. 계층의 하위로 갈수록 해당 서비스는 다양한 조직과 회사에 걸쳐있게 되고, 서비스에 대한 디버깅 문제는 더욱 복잡해진다.

---

6. Zillow: 미국의 부동산 정보 사이트(www.zillow.com) - 옮긴이

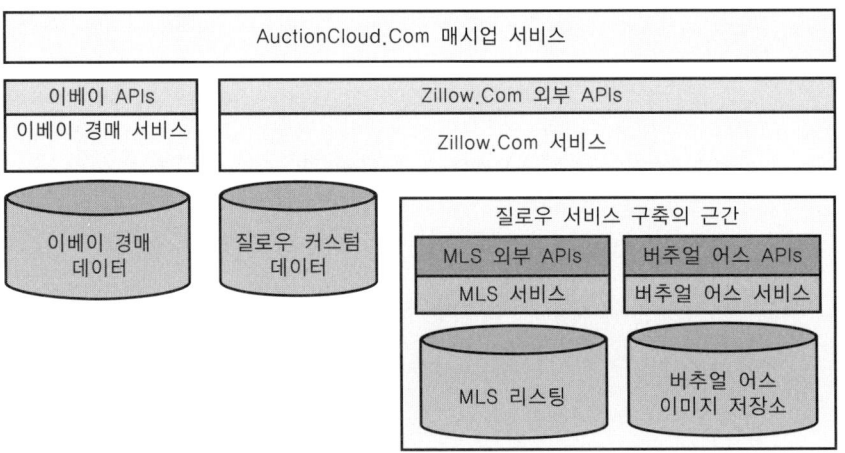

그림 14-5 질로우와 이베이로 구축된 AuctionCloud.com 매시업 서비스. 질로우 매시업 서비스는 MLS와 버추얼 어스를 기반으로 구축됐다

계층의 하위에는 플랫폼 서비스가 있다. 페이팔(PayPal)과 신용카드 처리는 전자상거래 사이트에서는 공통 플랫폼 서비스다. WLID 같은 인증 서비스도 플랫폼 서비스다. 플랫폼 서비스의 테스팅은 그 초점이 내부에 있다. 외부 API를 갖고 있는 것과 매우 유사하다. 개발자들이 많은 API를 작성하고 모든 기능마다 API를 사용한다는 사실을 알고 있을 것이다. 하지만 정확하게 개발자들이 API를 어떻게 사용할 것인지는 알지 못한다. 플랫폼 서비스 테스트는 서비스에 대한 진입 지점(entry point)에 집중한다. API 내부를 검증한 후에는, 몇 가지의 실제 통합 시나리오에서 테스트될 API를 다루는 것이 좋은 테스트 접근 방법이다. 전체 API를 포함하게 하는 것은 좋은 테스트 접근 방법이 아니다. 그것은 불가능하거나 가능하다 할지라도 비실용적이기 때문이다.

플랫폼 서비스의 경우는 통합 테스팅보다 내부 정합성 테스팅에 더 집중한다. 더 상위 계층 서비스로 가면서 통합 테스팅이 주요 대상이 된다.

상위 계층 서비스 경우에는 플랫폼 자체보다 모든 플랫폼 서비스를 관장하는 통합 시나리오에 집중해 테스팅하며, 이에 많은 시간과 노력을 투입한다. 상위 계층 서비스가 플랫폼 서비스를 얼마나 많이 테스트해야 하는지는 두 서비스 사이의 결합 정도에 달려있다.

■ 느슨한 결합 서비스와 견고한 결합 서비스

이 절은 구조적인 결합을 지원하는 좋은 객체지향 설계를 갖는 요소와 결합하는 서비스라는 부분을 제외하면 쉽게 '느슨한 의존이나 견고한 의존' 정도로 제목을 지을 수도 있었다. 더그 케이(Doug Kay)는 그의 책 『Loosely Coupled: The Missing Pieces of Web Services(느슨한 결합: 웹 서비스의 중요 요소)』(Rds Associates, 2003)에서 이 주제를 다뤘다. 이 책에서 서비스 간 결합의 프로젝트 관리 의존 요소를 많이 다뤘다.

프로젝트 관리와 서비스 설계 요소 둘 다에 결합이 연관되는 이유는 출시 속도와 직접 관련되기 때문이다. 계층적 서비스는 모든 릴리스마다 새로운 의존성을 갖게 되고, 현재 의존성을 변경한다.

> 컴퓨터 과학에서 결합(coupling)이나 의존(dependency)은 하나의 프로그램이 다른 프로그램에 의존하는 정도를 말한다. 느슨한 결합으로 구성된 시스템은 소스 프로그램이나 목적 프로그램에 잦은 변경이 일어날 경우 최고의 방법이다.

이상적으로 서비스는 느슨한 결합이어야 한다. 느슨한 결합은 소프트웨어 설계에서 사용되는 용어로 의존하는 시스템에 대해 최소한의 가정만을 갖고 생성된 인터페이스, 컴포넌트, 시스템 등을 말한다. 서비스 간의 의존이 적을 수록 더욱 독립적으로 개선할 수 있고 출시할 수 있다. 이런 관점에서 결합은 의존 관리에 대한 문제로 소프트웨어 프로젝트에 영향을 준다. 서비스가 더 강한 결합을 가질 경우 높은 품질을 가질 수 있게 해야 하므로 프로젝트 관리 오버헤드가 필요하다. 다음의 짧은 기사는 윈도우 라이브 ID에 대한 두 가지 경우를 나타낸 예다.

> **예제 1. 느슨한 결합: 윈도우 라이브 ID 인증 유저**
>
> 오피스 온라인의 경우는 사용자가 웹사이트(office.microsoft.com)에 접속해서 로그인하지 않고 많은 정보를 얻을 수 있다. 템플릿을 검색하고 다운로드받는 등의 작업은 인증 절차를 요구하지 않는다. 알림 서비스 같이 로그인해야 하는 기능도 있다.
> 오피스 온라인에 허가된 사용자는 WLID로 인증을 거치고 정상적인 쿠키를 갖는 사

용자다. 오피스 온라인은 암호화된 쿠키를 검사해 사용자가 정상적이고 사용자 정보가 신뢰할 만한지 확인한다. 기능 확장에 있어 WLID에 많은 의존을 하지 않고 단지 인증에만 WLID를 사용해 오피스 온라인과 WLID 간에는 매우 느슨한 결합 관계를 갖는다. WLID는 서비스를 변경할 수 있고, 그 때 오피스 온라인 팀은 암호화된 쿠키를 읽는 핵심 기능이 작동하는지만 검증하면 된다. 잘 설계된 쿠키 데이터 구조만 있으면 데이터 구조의 확장도 기본적인 데이터 요소만 변하지 않는 한 크게 고민할 부분은 아니다.

예제 2. 견고한 결합: 마이크로소프트 패스포트(WLID) 자녀 보호

MSN 9를 출시할 때 MSN 클라이언트에 자녀 보호 기능을 활성화했다. 이 기능을 설정하는 데 마이크로소프트 패스포트 계정 구조의 컨셉을 가져올 필요가 있었다. 추가적으로 이 기능은 개인화 플랫폼 서비스와 연결돼 있다.

MSN 클라이언트, 패스포트, 개인화 팀은 새로운 기능 구현을 위해 밀접하게 작업했다. 누가 어떤 작업을 해야 하는지, 각 서비스 호출을 어떻게 해야 하는지, 어떤 형식으로 응답을 받을지 결정했다. 어떤 팀이 각 컴포넌트를 만들지 결정한 후 각 팀의 스케줄과 각 팀에서 통합 테스팅을 종료하는 데 드는 일정에 대한 계획을 통합해야만 했다.

MSN 클라이언트 팀은 자녀 보호 UI로 작업할 수 있었지만 패스포트 팀의 주요 작업이 끝나기 전까지는 실제로 모든 코드를 통합하거나 테스트할 수 없었다. 테스팅의 관점에서 이는 중요한 도전 과제였다. 테스트 팀은 테스팅에 적합한 서비스 버전에 대한 올바른 클라이언트 빌드를 사용하고 있는지 확인해야 했기 때문이었다.

위의 2가지 시나리오에서 보듯이 느슨한 결합이 확실히 더 많은 유연성과 각 서비스에 자율성을 제공한다. 마이크로소프트조차도 견고한 결합일 때에는 상호 개발 시나리오를 관리하기 더 어렵다. 수많은 인터넷 관련 회사에서 이와 같은 프로젝트를 할 때에는 더 많은 도전 과제가 있을 것이다.

마이크로소프트의 많은 사이트는 외부 회사와 통합돼 있다. 하나의 예가 신용카드 처리에 대한 부분이다. 마이크로소프트에서는 인터넷 서비스를 통해 처리되는 신용카드가 사용되고, 지불 처리를 위해 페이팔(PayPal)을 사용하며, 수많은 소매상의 외부망 웹서비스에 통합돼 있다. 잘 정의된 인터페이스를 갖는 느슨한 결합의 프로젝트는 제 시간에 출시한다. 매우 견고한 결합의 프로젝트는 어려움에 빠지기도 하고, 결코 출시를 하지 못할 것처럼 보이기도 한다.

마이크로소프트를 비롯한 모든 회사에서는 마이크로소프트의 개발 노력과 병행해 서비스를 개선하는 노력을 지속하고 있다. 견고한 결합 서비스는 현재의 플랫폼 서비스 인스턴스가 없이는 테스팅하기 어렵다. 느슨한 결합 서비스는 다른 서비스에서 호출하거나 에뮬레이터가 사용할 수 있는 스텁을 제공한다(14장의 '통합 테스팅과 테스트 플래그와 에뮬레이션' 절을 참고하라). 이를 통해서 다른 서비스의 인스턴스가 없이도 테스팅을 계속 할 수 있다. 통합 테스팅이 여전히 수행돼도 서비스의 핵심 기능 테스팅을 멈추지 않아도 된다.

■ 상태 없는 서비스에서 상태 있는 서비스로

상태 없는(stateless) 서비스는 어떤 데이터 저장도 필요하지 않는 매우 단순하고 빠른 트랜잭션을 갖는 서비스다. 서비스에서 상태를 적게 유지할수록 좋은 사용자 경험을 계속적으로 제공하면서도 특정 컴포넌트에서는 계속 실패가 일어날 수도 있다. 아웃룩에서 이메일을 보내는 것을 예로 들 수 있다. 이메일 전송이 첫 번째 시도에 실패하면 아웃룩은 다시 시도한다. 하지만 사용자는 관련된 통보를 받지 않는다.

서비스가 긴 시간에 걸쳐 트랙잭션을 끝내고 사용자 고유의 데이터나 중요한 데이터를 저장할 필요가 있을 때 상태를 갖게 하고 실패가 반복되는 것을 좀 더 줄이기 위한 방법을 고려할 수 있다. 상태를 갖고 있다는 것을 1시간 동안 마이크로소프트 워드 문서 작업을 하다가 파일을 저장하는 순간 크래시를 경험한 것에 비유해보자. 단지 한 번의 크래시라 할지라도 사용자에게 주는 영향은 매우 크다.

상태 없는 서비스

인터넷 검색은 상태 없는 서비스의 좋은 예다. 각 검색 질의가 완성되고 보통 수 초 안에 결과가 전달된다. 대규모 검색 엔진에서 서비스의 핵심인 인덱스는 매일 매시간 업데이트되고, 여러 곳의 데이터센터에 복사된다. 인덱스가 상태를 갖는다고 할지라도 하나의 인덱스 인스턴스를 누락하는 것이 사용자에게는 치명적인 피해를 주지는 않는다. 고작해야 매우 적은 검색 질의에 잘 못된 인덱스가 추출됨으로써 적절한 결과를 전달하는 데 실패할 것이다.

상태 있는 서비스

CRM 온라인과 Salesforce.com은 상태 있는(Stateful) 서비스의 예다. 이들 서비스는 소규모에서 중간 규모의 비즈니스 영업 프로세스와 인터넷을 통한 고객 지원 자동화를 도와주고, 고객을 직접 응대할 수 있게 지원한다. 보통 회사의 계약 리스트, 최종 계약서 사본 등의 비즈니스 핵심 데이터를 저장한다. 서비스 사용자는 템플릿을 가져와서 저장하거나 고객에게 공유하기 전에 한 시간 정도를 내용 작성에 보낸다. 마케팅 캠페인은 보통 몇 달간 시행한다. 이런 유형의 서비스는 사용자의 활동과 트랜잭션이 매우 긴 시간 동안 이뤄지고 시스템의 데이터는 매우 긴 시간 동안 유지된다. 재해 복구뿐만 아니라 가장 작은 컴포넌트까지도 복원성을 갖게 하는 역할은 품질을 결정하는 데 있어 매우 중요하다.

■ 출하 시기와 기능 및 품질

소프트웨어 제품이나 IT 프로젝트에서 품질과 기능은 출하 시기와 균형을 이뤄야 한다. 상용 서비스에 있어 도전 과제는 시장의 첫 번째 진입자가 매우 짧은 기간 내에 업계 표준이 될 수 있다는 점이다. 전자상거래, 경매, 비디오 포스팅, 사회 네트워킹 같은 서비스는 초기에 성공한 업체가 시장을 지배했다. Amazon.com, 유튜브(YouTube), 이베이(eBay), 페이스북(Facebook), 마이스페이스(MySpace)는 빠른 출시와 민첩한 대응으로 모든 이익을 가져가고 있다. 선점한 서비스의 자리를 뺏는 것은 다음 기회에 개발, 출시를 하는 것보다 훨씬 더 어렵다.

프렌즈터(Friendster)는 2002년 3월에 출시됐고, 사회 네트워킹 사이트의 첫 번째로 볼 수 있다. 마이스페이스와 페이스북은 몇 년 후에 출시됐으나 이들 서비스가 출시되면서 프렌즈터의 버전이 변경됐다. 이때 사회 네트워킹에서 자신 스스로를 홍보하는 것(Self-promotion)이 유행했다. 이를 이용해 프렌즈터의 최초 시장 진입자라는 이점에 대한 장애물을 뛰어넘어 이들 서비스는 극적으로 선두로 나갔다.

테스트 전략에 이런 시장의 상황이 고려될 필요가 있고, 명확하게 출시에 대한 품질 기준을 정할 필요가 있다. 때때로 더 빠른 제품 출시가 올바른 요구일 수 있다. 하지만 경험에 비춰 이렇게 분명히 말할 수 있다. 출시 당시 낮은 품질의 서비스가 높은 품질의 운영성, 관리성을 얻는 데에는 몇 년이 더 필요할 것이다.

■ 릴리스 주기와 명칭

주요 릴리스를 시장 출시 일정에 맞춘다는 것은 릴리스 후에 어떤 일이 발생한다는 것을 의미하기도 한다. 많은 경우 서비스 이름에 베타를 붙여 출시한다. 유명한 예로 지메일(Gmail) 서비스로 베타로만 4년째이다. 이 방법은 고객 충성도를 잃지 않으면서 많은 주요 버그가 발견돼도 서비스를 운영할 수 있게 한다.

> 베타가 붙여진 서비스명을 통해 사용자는 서비스에 버그가 있지만 사용자 접근을 허용해도 좋을 만큼 충분한 기능이 있음을 명확히 인식할 수 있다.

다른 기술 팀은 주요 릴리스 후에 빠르게 차기 릴리스를 계획하는 방법을 사용한다. 월별이나 분기별 릴리스 프로세스는 현재 릴리스에서 수정되지 못한 버그는 오래지 않아 수정된다는 것을 의미한다. 테스터로서는 수정 기간이 임박했음을 알고 있는 한 예외 사항 버그가 있는 채로 출시되는 것을 허락할 수 있다. 알려진 버그가 웹을 통해 수시간 안에 릴리스돼 수정돼야 할 버그라면 해당 메인 소스가 수정될 때까지 릴리스를 연장할 것을 추천한다.

● S+S 테스팅 기법

지금까지 테스트 기법에 영향을 주는 설계, 명칭, 비즈니스 요소 등을 주의 깊게 살펴봤다면 이제는 테스팅 프로세스에 적용하기 적합한 기법을 이끌어 낼 때다. 이 절은 서비스 테스트에 필요한 다양한 기법을 자세히 알아보고,

『Dangerous Book for Software Plus Services(소프트웨어 플러스 서비스에 위험스러운 책)』라는 책에서 제시된 위험에 대한 해결책을 제시한다.

■ 완전 자동화된 배포

마이크로소프트에서 개발하는 모든 제품은 매일 빌드한다(11장 '비기능 테스팅' 참조). 빌드가 끝나면(컴파일이 끝나고 서버에 공유) 자동화 스크립트를 수행하고 테스트 컴퓨터로 소프트웨어를 인스톨하며, 그러고 나서 수 천 개의 테스트를 수행한다. 게임, 서버, 모바일 디바이스와 데스크톱 애플리케이션에서 이렇게 수행한다. 하지만 서비스의 경우 항상 그렇지는 않다.

마이크로소프트의 많은 서비스 테스트 팀은 빌드를 완성하는 순간부터 첫 번째 배포를 완료하기까지의 시간을 측정해오고 있다. 이 부분은 14장 후반에서 '서비스 성능 테스트 메트릭'이라는 제목으로 자세히 설명한다.

개발자로부터 개별 빌드와 함께 "이 파일을 여기에 복사하고, 이 환경 설정 파일을 추가한 후에 이 .dll 파일을 등록하세요"라는 릴리스 노트를 받아본 경험이 있다면 이 작업이 추가적인 시간이 들어갈 뿐만 아니라 오류가 생기기 쉬운 작업이라는 것을 알 것이다. 완벽한 설치 루틴(setup routine)은 제품 설치를 빠르게 해 테스트를 원활히 수행할 수 있게 하는 열쇠다. 서비스에 있어 배포도 마찬가지다. 원 박스에서 다중 서버 테스트 환경으로, 전체 운영 환경으로 완전 자동화된 배포를 해야 할 필요가 있다(14장에서 '원 박스' 절을 참고한다). 다양한 환경에 배포되는 코드는 반드시 같아야 하고 변화는 XML 입력에 의해 조정된다.

서비스 분야의 슬픈 현실은 많은 제품 엔지니어 팀에서 배포는 단지 한 번, 최종 빌드가 제품 서버로 배포될 때만 발생할 필요가 있는 것으로 본다. 해당 팀이 이런 실수를 하면 배포를 위한 코드 작성을 제품 사이클의 뒷부분으로 미룬다. 이 코드는 데이터 기반이 아니며 완전하지 않을 것이고 테스트도 되지 않았을 것이다. 배포는 가장 중요한 기능과 같이 다뤄지고 테스트돼야 한다.

운영 엔지니어는 다음의 세 가지 팁을 매우 좋아한다. 테스터로서 배포에 대한 버그를 먼저 기록하게 노력할 필요가 있다.

팁 | 아이콘을 더블 클릭하고 배포 완료를 말해주는 녹색 불이 들어오기까지 기다리는 것 외에 다른 어떤 것을 해야 한다면 배포 코드에 여전히 버그가 있다고 할 수 있다. 이는 아마 설계 버그이지만 그것 역시 버그다.

팁 | 배포 가이드가 "여기에서 이 파일을 더블 클릭하시오"라는 것 외에 다른 지침을 갖고 있다면, 이 배포 가이드도 버그가 있는 것이다.

팁 | 배포가 성공적이라는 것을 확인하기 위해 엔지니어가 2명 이상 필요하다면 배포 코드나 가이드에 설계적인 결함이 있는 것이다.

완전 자동화된 데이터 기반 배포는 기타 모든 테스팅이 잘 진행되게 하는 기초이면서 가장 우선순위가 높은 작업이다.

훌륭한 배포는 운영을 최적화하는 데 필수적이다

새로운 서비스에는 배포 코딩과 테스팅에 적어도 한 명의 개발자와 한 명의 테스터를 배정한다. 잘 수행된다면 다음 릴리스에서는 훨씬 적은 투입이 가능하다.

좋은 배포에서 핵심 기능은 제로 다운 타임(zero down time), 제로 데이터 손실(zero data loss), 운영 환경 부분 업그레이드(또는 복합 모드 실행), 롤링 업그레이드(rolling upgrade)와 빠른 롤백 기능이다.

- 최초에 웹서비스는 업그레이드 때에 다운 타임이 있었고, 심지어 어떤 것은 주마다 유지 보수를 하기도 했다. 현재 대부분의 서비스는 다운 타임 없이 완벽하게 업그레이드하는 것을 목표로 삼고 있다.

- 제로 데이터 손실은 많은 사용자 데이터를 처리하는 상태 있는 서비스에 필요하다. 이들 서비스에 대한 업그레이드는 서비스에 주요 스키마 변경이 있을 때에는 더욱 중요하다.

- 운영 환경 부분 업그레이드(Partial production upgrade)는 제품 서버의 일부 퍼센트(%)를 새로운 코드로 업그레이드하는 것을 의미한다. 50%에서 10%, 심지어 5%까지 될 수도 있다.

- 복합 모드(Mixed mode)는 운영 환경의 일부분을 새로운 버전으로 업그레이드하는 것을 의미한다. 하지만 사용자는 구 버전을 사용하든 신 버전을 사용하든 동일하게 높은 품질 경험을 가질 수 있다. 업그레이드가 배포되는 동안에 복합 모드처럼 보이는 것 같아도 이는 실제로 서비스에 대한 설계 관점이다. 대규모 사용자 인터페이스 변경의 경우에 복합 모드는 새로운 경험에 노출돼 있는 사용자가 지속적으로 서비스에 접근할 때에 그 경험을 유지하게 해준다.

- 롤링 업그레이드(Rolling upgrade)는 사용자 경험이 끊어지는 다운 타임 없이 자동적으로 업그레이드되는 실제 운영 환경 서버의 일부를 가지고 있음을 의미한다. 실제적으로 배포는 몇 시간이든 몇 일이든 간에 자동적으로 진행된다.

- 빠른 롤백은 무엇인가 잘못됐을 때 사용되는 안전 그물망과 같다. 서비스 업그레이드가 10% 완성됐던지 90% 완성됐던지 관계 없이 버그가 다시 발견되면 서비스는 빠르게 가장 최신의 잘 운영되던 버전으로 롤백해야 한다.

나는 대규모 서비스를 담당하는 내 운영 팀에게 배포는 적어도 3일을 확보할 것을 강하게 요청한다. 이렇게 하는 이유는 전체 운영 서비스의 위험을 관리하기 위함이다. 여러 번에 걸쳐 서비스에 '소규모의 낮은 리스크 업데이트(small low-risk update)' 배포를 시작했다. 컴퓨터에 10% 정도의 업그레이드도 있기 전에 버그를 발견했고 롤백을 해야만 했다.

서비스의 다음 버전이 현재 버전과 함께 수행되는 운영 환경 부분 업그레이드로 서비스 리스크를 관리할 수 있다. 롤링 업그레이드는 운영 환경 부분 업그레이드와 비슷하지만 배포에 대한 완전 자동화를 강조한다. 이전 버그가 배포 동안에 발견되면 빠른 롤백을 통해 서비스는 이전의 잘 운영되던 버전으로 빠르게 돌아갈 수 있다. 이런 프로세스를 갖고 있는 많은 서비스는 자동화가 잘 돼 있어서 하루에도 여러 번의 업그레이드를 할 수 있다. 실제 일부는 운영 적용 일자(go-live date: 실제 사용자가 새로운 버전을 보게 되는 날)로 표시된 모든 새로운 코드를 전달(모든 운영 서버에 관련 코드를 복사)할 수 있다. 이를 통해 서버에 현재 버전과 이전 버전 모두를 가질 수 있게 되고, 각 버전 사이의 교체 작업을 매우 빠르게 수행할 수 있다.

윈도우 서버 2008 운영체제 릴리스에는 가상화 성능이 눈에 띄게 향상됐다. 가상화나 가상 머신은 문자 그대로 컴퓨터가 켜질 때 로드되는 운영체제와 완벽하게 분리된 또 다른 윈도우 운영체제 인스턴스가 수행되는 것을 의미한다. 많은 마이크로소프트 서비스를 배포하고 수행하는 데에 가상 머신의 사용이 크게 증가하고 있다. 몇 년 후에는 빠르고 완전 자동화된 배포에 대한 가장 보편적인 방법이 될 것으로 보인다.

■ 테스트 환경

서비스를 테스트하든지, 클라이언트를 테스트하든지, 클라이언트와 서비스의 통합을 테스트하든지 간에 적합한 테스트 환경을 얻는 것은 매우 중요한 요소다. 환경 설정이 실제 운영 환경과는 다른 테스트 환경에서는 많은 버그를 놓치게 된다. 하지만 운영 환경과 거의 흡사한 테스트 환경은 구축하는 데 너무 많은 비용이 든다. 설사 구축한다 해도 단일 환경에서 모든 테스팅을 해야 하므로 병목이 생길 수 있다.

마이크로소프트의 서비스 테스트 팀 대부분은 다양한 유형의 테스트 환경에서 테스트를 수행하고, 각 테스트 환경은 다양한 종류의 결함을 효과적으로 테스팅하는 데 도움을 준다. 다양한 테스트 환경을 효과적으로 정의하고 사용하기 위한 중요한 열쇠는 서비스 아키텍처와 통합에 대한 의존성을 이해하는 것이다. 테스트 팀은 프로젝트 초기에 테스트 프로세스를 정의함으로써 테스트용 하드웨어의 활용을 극대화할 수 있고, 최적의 환경에서 테스트를 수행해 리스크를 완화시킬 수 있다.

■ 원 박스

원 박스(one-box) 테스트 플랫폼은 싱글 박스(single box), 싱글 운영체제(single OS), 원 운영체제(one OS) 테스트 환경이라 불리기도 하지만, 원 박스로 가장 잘 알려져 있다. 다른 팀의 서비스와 통합 작업을 할 때 플랫폼 팀이 테스트에 사용할 수 있는 원 박스를 갖고 있는지를 확인한다.

마이크로소프트에서 원 박스라는 용어는 2002년 MSN 빌링 2.0 팀에서 사용하기 시작했다. 그 팀은 빌링 2.0 시스템을 새로운 컴퓨터 셋에 배포했고, 1.0 시스템 버전의 데이터는 새로운 컴퓨터에 마이그레이션됐다. 이 프로젝트는 일정을 준수하지 못한다면 MSN은 휴가철 쇼핑 시즌의 수익 기회를 놓칠 수도 있는 중요한 프로젝트였다. 배포는 마지막으로 코딩된 기능 중 하나였다. 대부분의 배포 절차는 자동화되지 않았고, 팀에서는 단계별로 설명돼 있는 방대한 량의 배포 가이드를 만들었다. 이 문서를 '종이 배포 마법사(paper deployment wizard)'라 불렀다.

종이 배포 마법사는 매우 멋진 아이디어라 말하고 싶다. 하지만 대부분의 경우 종이와 마법사라는 단어의 동시 사용은 삼가야 한다.

여러 날이 흐르고 출력된 배포 가이드 문서에 수백 개의 갈겨 쓴 수기 메모들이 추가된 후에 배포는 끝났다. 이번 배포 프로젝트에서는 "아, 이렇게 하면 되겠구나"라고 하는 느낌뿐만 아니라 그 어떤 중요한 통찰도 줄 수 없었다. 이런 경우 프로젝트에 참여한 모든 사람에게 배포라는 것은 기타 모든 기능 테스트와 함께 매일 테스트돼야 하는 가장 중요한 기능이 돼야 한다.

빌링 2.0 팀은 개발자, 테스터, 운영 엔지니어가 다중 환경에 쉽고 빠르게 배포를 수행할 수 있는 XML 기반 툴 개발에 리소스를 배정했다. 이 데이터 기반 툴로 단일 컴퓨터에 올라갈 서비스 기능의 수를 설정하고 설치하는 배포를 정의할 수 있었다. 이런 구성이 빌링 원 박스로 알려졌고, 여기에서 이 용어가 퍼져 나가기 시작했다.

윈도우 기반 시스템에 가상 머신 사용이 확산됨에 따라 원 박스 테스트 환경은 단일 운영체제 테스트 환경을 갖는 단일 컴퓨터에 대한 것이 계속해 얘기해 왔다. 개발자는 10개의 가상 머신이 수행되는 원 박스를 갖고 있다고 말하곤 한다. 그것은 원 박스가 아니라 단일 컴퓨터상에 테스트 클러스터가 있는 것이다.

마이크로소프트 테스터에게 원 박스는 수행할 테스트 대상 서비스 기능을 갖고 있는 단일 운영체제 시스템 인스턴스다. 우리는 WLID 원 박스 인스턴스와 내부 등록 빌링 시스템 원 박스를 갖고 있다. 각 서비스는 운영 중인 수 백 대의 서버에서 수행되지만 단일 컴퓨터나 노트북에서도 모든 것을 수행할 수 있게 구성할 수 있다.

원 박스는 개발자가 단위 테스트나 사전 테스트 검토(pre-check-in test)를 수행하기 위해 매우 중요하다. BVT를 수행하고 방대한 양의 자동화 테스트 스위트를 병렬로 수행하기 위해서도 절대적으로 필요하다. 원 박스는 빠르고 쉽게 빌드하고 리셋하고 다시 빌드할 수 있게 해주므로 개발 유연성을 높여준다. 이런 환경은 간단한 문자열 변경 버그에 대한 리그레션 테스트와 같은 빠르게 대응해야 하는 시나리오를 위해서는 필수적이다.

어떤 서비스든 완전 자동화된 배포 다음으로 원 박스는 가장 중요한 테스트 요구 사항이다.

■ 테스트 클러스터

데이터 기반의 완전 자동화된 배포는 테스팅의 첫 번째 요구 사항이다. 데이터 기반이라는 점을 이용해 운영 배포를 원 박스로 규모를 줄여 구성할 수 있다. 다음 단계로 테스트 클러스터(test cluster)라는 스케일 다운된 버전을 자동으로 적용한다. 테스트 클러스터는 그림 14-6처럼 각 서버 역할을 하는 인스턴스를 갖고 있는 운영 환경의 스케일 다운된 버전이다.

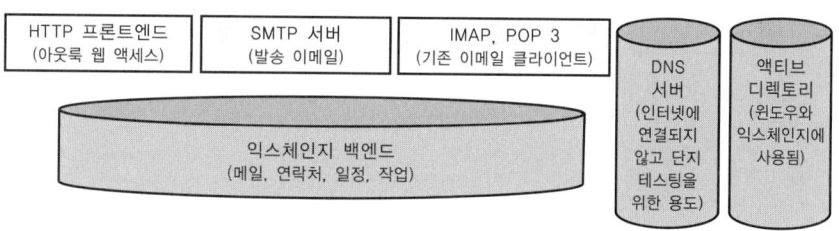

그림 14-6 마이크로소프트 익스체인지 서버에 구축된 서비스 관련 테스트 클러스터 예

머신 롤(machine role)이라는 용어는 서비스에서 컴퓨터가 달성해내는 목적을 나타낸다. 검색과 같은 간단한 서비스에는 인터넷상의 컨텐츠 인덱스를 수집하는 크롤러, 컨텐츠에서 인덱스에 해당하는 키워드를 만드는 인덱서, 사용자의 검색 요청을 받아 인덱스 시스템에서 결과를 가져오는 질의 서버 같은 머신 롤 등을 가질 수 있다.

테스트 클러스터에서는 서비스의 핵심 로직에서 버그를 찾는 데 몰두하지 않고, 대신 서버 간 트랜잭션에 있을 수 있는 버그를 찾는 데 집중한다. 마이크로소프트 인터넷 정보 서버(IIS)에서 로컬에 있는 마이크로소프트 SQL 서버로 질의를 보내는 경우가 꽤 자주 있는데, 둘 사이에 관리자 수준 권한을 갖는 동일한 계정을 사용하기 때문이다. 이들 서비스가 각기 컴퓨터로 분리될 때 다른 환경에서는 찾아낼 수 없었던 성능, 권한, 다른 환경 설정에 관련된 버그를 찾을 수 있다. 중요한 점은 원 박스를 사용해 할 수 있는 모든 테스트를 수행하고, 원 박스로 수행할 수 없는 그런 특정한 테스트에 대해서 테스트 클러스터를 사용한다는 것이다.

> **거대한 공유 테스트 클러스터가 좋은 것인가?**
>
> SDET 지원자를 인터뷰할 때 개발자와는 달리 그들을 테스터로 만들게 하는 무엇인가를 발견한다. 모든 위대한 테스터는 DNA 깊이 개발자가 코드에 남겨놓은 버그를 발견하고자 하는 열망, 소프트웨어를 깨뜨리고자 하는 열망, 깨뜨려서 좋게 만들고자 하는 열망이 있다. 나도 역시 소프트웨어를 깨뜨리는 것을 좋아하며, 이것이 바로 테스팅이 최고의 직업이 될 수 있는 이유라고 생각한다.
>
> 내가 이해하지 못하는 것은 왜 팀에서 커다란 공유 테스트 클러스터를 만들고, 그 환경에서 테스팅 노력의 60~70%를 쏟아 붓고 있는 것인가이다. 모두 소프트웨어를 깨뜨리기 원하는 테스터들로 구성된 위대한 팀을 만들어 놓고 공유된 환경만 알려준다. 그 누구도 클러스터가 다운되는 것을 원하지 않으므로 테스터는 테스터가 할 수 있는 것과 할 수 없는 것이 명시된 규칙에 제한을 받는다. 클러스터가 다운되면 모든 사람이 아무것도 못하게 되고 팀은 막대한 테스트 시간을 잃는다.
>
> 공유된 테스트 클러스터에 너무 많은 테스트 노력을 기울이고 있지 않은지 알아볼 수 있는 방법은, 하루 동안 테스트 클러스터의 전원을 뽑아버리고 프로젝트 일정이 하루 연기되는지를 보면 된다. 하루 동안 연기된다면 이 테스트 접근 방법은 더 다양한 테스트 환경이 필요한 것이다.
>
> 팀에서 다양한 접근 방법을 갖고 있더라도 테스터는 공유된 환경에서 테스트를 하지 않을 필요가 있다. 모든 테스터는 테스터의 본능을 개발해 거칠고 난폭하게 테스트를 수행하기 위해 코드를 풀어헤칠 필요가 있다. 테스터를 공유된 클러스터에 밀어 넣는 것보다는 테스터가 스스로 조작할 수 있는 환경에서 테스트를 수행하는 방법을 찾는 것이 훨씬 낫다. 통합에 대한 버그를 찾기 위해 공유된 클러스터를 사용하게 하고, 모든 다른 테스팅은 독립적인 테스트 환경에서 수행하게 독려하라. 야성적인 테스터가 근본적인 테스터 DNA 변질로 인해 온순한 버그 기록자로 변하지 않게 주의해야 한다.

■ 성능/스케일 클러스터

원 박스 같은 간단한 환경도 성능 프로파일링 테스트와 페이지 로드 타임 테스트를 수행하는 데 사용할 수 있다. 성능/스케일 클러스터는 시스템 레벨 테스트를 수행하는 데 사용한다. 서비스 세계에서 컴포넌트가 여러 컴퓨터에 퍼져있을 때는 다른 컴포넌트가 무엇인가 하기 전에는 대부분의 컴포넌트가 아무것도 할 수 없다. 서비스에 대한 성능 테스트는 효율적이고 성능 좋은 시스템을 생산하는 데 적절한 하드웨어 조화를 찾는 것이다.

서비스에서 또 다른 도전 과제는 스케일 업(scale up)이나 스케일 아웃(scale out)하려고 할 때에 서비스가 발목을 잡게 될 수 있기 때문이다. 스케일 업이라는 용어는 시스템의 데이터 양이 증가할 때 주로 사용한다. 10개의 메시지가 있는 받은 편지함과 수천 개의 메시지가 있는 받은 편지함은 분명히 매우 다르게 작동할 것이다. 대부분은 서비스가 처리할 수 있거나 테스트가 됐던 데이터 양을 초과했으므로 느리게 수행되거나 멈춰버릴 것이다.

스케일 아웃이라는 용어는 컴퓨터를 추가함으로써 용량을 증가시킬 수 있는 서비스를 나타낸다. 14장 앞에서 언급된 스케일 단위 접근 방법은 계속해 스케일 아웃할 수 있게 서비스에 대한 운영 단위를 지역적으로 구매할 수 있게 도와준다. 스케일 아웃의 목적은 가장 최소의 비용으로 전체 시스템의 출력을 극대화할 수 있게 하려면 서버의 수를 어떻게 조절해야 하고, 하드웨어 설정을 어떻게 해야 하며, 운영체제의 환경 설정을 어떻게 해야 하는지에 대한 최고의 방법을 식별하는 것이다. 이 테스팅은 조기에 용량 모델을 만드는 데 유용하다.

성능 테스팅과 스케일 테스팅 모두 하드웨어 집중적인 활동이다. MTBF를 분석하는 로드 테스트 같은 다른 테스트는 운영 환경 수준의 하드웨어 환경 설정하에서 수행되는 게 좋다(MTBF 테스팅은 11장에 자세한 내용이 있다). 이와 같은 테스트 유형은 많은 유사점을 갖고 있으며, 대규모의 운영 환경과 비슷한 테스트 환경에서 수행해야 좋으므로 대부분의 팀은 이들 테스트를 단일 셋의 공유 하드웨어에서 수행한다.

■ 통합 서비스 테스트 환경

계층적 서비스에서는 통합 테스팅 동안에 버그가 항상 발견된다. 이 테스팅의 시기와 접근 방법은 두 서비스 간의 결합 정도에 달려있다. 두 서비스가 느슨한 결합일수록 운영 환경에서와 같은 통합 테스팅의 필요는 덜하다.

INT를 구축하자

MSN이 AOL과 경쟁할 때 AOL과 같이 잘 통합된 환경을 MSN은 주지 못해 평판을 잃어가고 있었다. 다음 릴리스 주요 목표는 자잘한 여러 서비스를 모아서 매우 세련된 높은 품질의 클라이언트를 내놓는 것이었다.

MSN 테스트 관리자 미팅은 서비스 운영 센터(SOC, Service Operations Center) 뒤 쪽의 컨퍼런스 룸에서 항상 열렸다. 회의실의 유리창을 통해 네트워크 트래픽, 경고, 티켓에 대한 이미지를 볼 수 있었다. SOC 룸은 대학 강의실과 매우 흡사하게 층층이 워크스테이션으로 구성됐다. 모든 워크스테이션은 네트워크 트래픽, 경고, 티켓에 대한 세 가지 상태를 보여주고 있었다.

컨퍼런스 룸 안에서 어떻게 하면 MSN 서비스 통합을 더 좋게 할 것인지를 토론했다. 모든 서비스와 클라이언트에서 상호 수행될 수 있는 자녀 보호나 연락처 공유와 관련된 새로운 기능을 갖고 있었다. 회의에서 프레드버트(Friedbert)와 몬테(Monte)는 최고 시니어 테스트 관리자였고, 그들 모두 통합 테스트 환경(INT, integrated test environment)에 대한 아이디어를 제시했다. INT는 모든 테스트 클러스터를 공용의 공유 네트워크에 넣어서 모든 다른 서비스의 최종 빌드로 테스트를 할 수 있게 했다.

매우 고통스런 작업이었지만 결국 INT를 만들었고, MSN은 그 해 대부분의 제품 리뷰에서 AOL을 앞서게 됐다.

2006년에 마이크로소프트에 합병된 텔미(TellMe)도 파트너 사가 텔미 서비스와 연동해 개발과 테스트를 할 수 있게 통합 테스트 환경을 제공하고 있다. 이것은 그린 존(green zone)이라 불리었고, 빠르게 변화하고 많은 기능이 공동 개발되던 서비스 초기에는 매우 성공적이었다. INT는 프로젝트 초기의 복합 서비스 통합 테스팅에 매우 훌륭한 툴이지만 여기에는 두 가지 위험이 있다.

INT 테스팅의 첫 번째 문제는 운영 환경과 정확하게 똑같지는 않고, 그렇게 될 수도 없다는 점이다. 많은 테스터는 코드를 INT에 넣을 필요가 있다고 말하면서 이렇게 함으로써 운영과 비슷한 환경에서 테스트할 수 있다고 한다. 여기서 주목할 것은 비슷한 운영 환경이지 같은 운영 환경은 아니라는 점이다. 그래서 버그를 놓칠 수도 있다.

INT 테스팅이 갖는 두 번째 문제는 공유 테스트 클러스터가 INT 환경에 들어감으로 인한 것이다. 이 경우에 공유 테스트 클러스터는 INT를 가리키게 되고, 모든 테스터는 거기에서 테스트를 수행한다. INT가 다운될 때 문제가 발생한다. 정의에 의하면 INT는 어느 서비스의 최종 빌드가 아니어서 실제 운영보다 더 불안정하고 더 많은 다운 타임을 가질 수도 있다. 테스트 팀이 INT에서 테스팅하는 것에만 너무 집중한다면 빈번히 테스트를 수행할 수 없는 상태에 처하게 돼 이로 인해 일정이 지연될 수도 있다.

프로젝트가 견고하게 결합된 통합 다중 서비스이거나 클라이언트 애플리케이션과 깊게 통합되는 프로젝트라면 INT 환경은 필요하다. INT 환경을 잘 구성하고, 적절한 품질 수준을 가져가고, 모든 테스트 팀이 INT를 사용할 수 없을 때 테스트를 수행할 수 있는 대안을 갖고 있다면 프로젝트는 성공할 수 있다.

INT에서 테스팅하는 것은 훌륭한 테스팅 방법이다. INT에서의 테스팅이 성공할 수 있는 열쇠는 INT 환경 없이도 많은 부분에 대한 서비스 테스팅을 완벽히 수행할 수 있게 만들어 놓는 것이다.

■ 배포 테스트 클러스터

테스팅이 막힘없이 진행되기 위한 핵심 기능으로 완전 자동화된 배포의 중요성을 앞서 얘기했다. 원 박스는 개발자와 테스터가 독립적으로 일할 수 있게 도와주며, 보통 사전 테스트 검토 부분에 사용한다. 하지만 이런 테스트가 다중 테스트 환경에 배포된 코드가 잘 작동할 것임을 보장하지는 않는다. 여기에 배포 테스트 클러스터(deployment test cluster)가 들어간다.

배포 테스트 클러스터는 몇 대의 컴퓨터 규모 단위로 구성된 운영 환경과 유사하다. 배포 테스팅은 하드웨어 튜닝에 관여하지 않으므로 비싸지 않은 컴퓨터(상용 컴퓨터)나 가상 머신 셋에서 수행할 수 있다. 최대의 유연성을 얻기 위해 가상 머신에서 수행하는 것을 추천한다.

배포 테스팅은 다음 두 가지 영역에 집중한다.

- 배포 코드와 새로운 기능이 운영 환경 배포에서도 동작하는지를 검증한다. 이 경우에 소프트웨어는 INT 테스트 환경에 접속돼 있거나 실제 서비스 운영 사이트에 접속돼 있을 수 있다. 어떤 경우에는 에뮬레이션이나 14장 후반에서 설명될 테스트 플래그가 사용되지만 많이 선호되지는

않는다. 이런 테스트는 서비스 코드의 배포가 자동화됐는지 뿐만 아니라 플랫폼 서비스와의 연결도 자동화됐는지 검증한다.

- 배포 테스트 환경은 서비스 강화 환경에 이상적이다. 윈도우 서버를 설치하면 기본적으로 운영에는 필요하지 않은 수많은 서비스가 설치된다. 배포 환경은 시스템적으로 필요하지 않는 컴포넌트를 삭제하고 해제하는 데 사용될 수 있다. 이는 보안 테스팅(security testing) 유형으로 일컬어지지만 배포 테스트 클러스터에서 가장 잘 수행된다.

배포 테스트 클러스터가 상용 하드웨어나 가상 머신에서 구축된다면 테스트 환경에 비용을 많이 들일 필요가 없다. 어떤 서비스의 테스팅이든지 여러 가지의 환경 설정을 포함하는 배포를 계속해서 수행할 수 있는 환경을 갖는 가치는 매우 크다.

- **테스트 환경 요약**

최적의 환경에서 다양한 유형의 테스트를 수행하는 것이 좋다. 표 14-2처럼 테스트와 테스트 환경을 분리하는 목적은 가능한 한 빠르게 테스트 환경에서 정확한 셋의 버그를 찾기 위함이다. 대부분의 테스트는 원 박스나 테스트 클러스터에서 수행될 것이다. 하지만 각 환경과 해당 환경의 목적은 현재의 서비스에 주요 업그레이드를 하거나 새로운 서비스를 테스팅하고 릴리스하는 데에 중요하다.

테스트 환경	중점 테스트 대상
원 박스	사전 테스트 검토 기본 기능 테스트 테스트 자동화 작성 대규모 테스트 자동화 스위트 병렬 수행 긴급 배포 검토, 페이지 로드 시간

표 14-2 테스트 환경 표(이어짐)

테스트 환경	중점 테스트 대상
테스트 클러스터	전체 기능 테스트 수행 전체 테스트 스위트 자동화 네트워크 간 상호 작용하는 서비스 컴포넌트 검증 이중화(failover) 테스팅
성능/스케일 클러스터	네트워크 간 핵심 성능 테스트 스케일 아웃과 스케일 업 제안 조기 용량 계획 검토
INT 환경	다중 서비스 엔드-투-엔드 통합 테스팅
배포 테스트 클러스터	전용 대규모 컴퓨터 클러스터나 가상 머신하에서 배포 코드 테스트나 검증 테스트 수행과 향상

표 14-2 테스트 환경 표

● 통합 테스팅, 테스트 플래그, 에뮬레이션

앞서 얘기했듯이 서비스는 더 이상 단독으로 실행되지 않는다. 서비스는 플랫폼 서비스 기반으로 구축되고, 플랫폼 서비스의 전체적인 기능을 사용한다. 이런 의존성을 갖으므로 서비스 간의 통합에 대한 부분은 반드시 각 레이어의 서비스가 독립적으로 자체 개선을 할 수 있게 유지된 상태에서 테스트돼야 한다. 통합 테스팅과 테스트 플래그, 에뮬레이션은 이런 과제를 풀 수 있게 도와준다. 그림 14-7과 같이 적합한 기법의 선택은 서비스 간에 어느 정도의 결합을 갖는가에 따라 결정한다.

	에뮬레이션/ 테스트 플래그	통합 테스팅
느슨한 결합	1차 기능 개발과 집중 테스트	2차 제품 개발 주기 마지막에서 통합 테스팅
견고한 결합	2차 대부분 간단한 리그레이션 테스트에 사용됨	1차 기능 개발과 집중 테스트

그림 14-7 통합 테스팅과 테스트플래그 또는 에뮬레이션 선택을 위한 2X2 매트릭스

유연함을 주는 테스트 플래그와 에뮬레이션

테스트 플래그와 에뮬레이션을 사용해 플랫폼 서비스 없이 서비스를 테스트할 수 있다. 내부 버그의 리그레이션 테스팅과 긴급한 테스팅을 할 수 있는 원 박스와 테스트 클러스터를 만들려면 서비스가 플랫폼 서비스에 대한 의존성이 없어야 한다. 테스트 플래그와 에뮬레이션은 각기 다른 방식으로 작동한다.

테스트 플래그

테스트 플래그는 내부적으로 플랫폼 서비스를 호출하는 스텁을 외부로 노출한다. 전역 환경 파일 설정이나 윈도우 레지스트리로 테스트 플래그를 켜거나 끈다. 테스트 플래그를 true로 설정하면 플랫폼 서비스에 대한 어떤 호출이든지 테스트 완료를 지원하게 설계된 새로운 코드 경로를 따라간다. 테스트 플래그 코드 경로는 보통 잘 정의된 간단한 정적 데이터를 갖는 정상적인 결과를 리턴한다. 어떤 테스트 코드는 오류와 다양한 데이터를 리턴하지만 흔하지 않은 경우다.

테스트 플래그는 테스터가 오류 메시지 문자 변경이나 UI 네비게이션 변경 같은 간단한 버그에 대한 리그레이션 테스팅과 빌드를 빠르게 할 수 있게 하는 강력한 방법이다. 테스트 플래그는 스트레스 테스트에도 사용할 수 있다.

스트레스 테스트 뉴스그룹

오피스 온라인(오피스 라이브로 브랜드가 바뀌었던) 웹사이트는 인터넷에서 유명한 사이트 중 하나다. 마이크로소프트 오피스 사용자는 이 사이트에서 도움말을 보거나 클립아트, 템플릿, 교육, 사용자 포럼 등을 이용하기 위해 방문한다.

오피스 온라인 웹사이트는 오피스 온라인 사용자 인터페이스를 유지하면서 뉴스그룹의 컨텐츠를 통합할 필요가 생겼다. 이 기능은 MSCOM 스레드 토론 서비스라 불렸고, 사용자의 오피스 온라인 사용 경험을 잃지 않게 하면서 오피스 온라인 서비스에서 뉴스그룹의 포스트를 올리거나 읽을 수 있게 해주는 API 집합이다. 가짜 뉴스그룹을 생성해 기능 테스팅을 수행했다. 이를 통해 대부분의 테스트 시나리오를 수행했다.

이 기능은 성능과 로드 테스팅이 필요했는데, 실제 뉴스그룹이나 가짜 뉴스그룹을 수없이 만드는 것은 불가능했다. 팀에서는 수동 테스트뿐만 아니라 로컬의 .xml 파일에 대한 성능 테스트도 가능한 테스트 플래그를 생성했다.

테스트 플래그의 추가는 성능 테스팅의 장애물을 제거했고 핵심 기능에 대한 간단한 수동 테스트를 수행하는 데 막강한 유연성을 주었다. 다음 코드 예제는 간단한 텍스트 파일로 테스트를 켜거나 끄는 데 사용되는 메소드다. 많은 환경에서는 전역적으로 테스트 플래그를 켜거나 끄기 위해 주크박스(Jukebox)라는 공유 서비스를 사용한다.

```
///<summary>
///파일이 있으면, 주어진 대상에 대해 스레드 메시지를 리턴한다.
이는 파일을 사용하는 테스트이며, 파일이 없으면 서비스를 사용한다.
///</summary>

Private string GetThreadMessages(string strAssetId)
{
    string strPath = Path.Combine(Path.Combine(m_strDataPath,
strAssetId), "ThreadMessage.txt";
    if (!File.Exists(strPath))
        return null;
    return ProcessFile(strPath);
}


/// <summary>
/// 주어진 대상으로부터 메시지 바디를 얻는다.
/// </summary>
```

```
private string GetMessageBodies(string strAssetId)
{
    string strPath = Path.Combine(Path.Combine(m_strDataPath, strAssetId), "MessageBody.txt");
    if (!File.Exists(strPath))
        return null;
    return processFile (strPath);
}
```

– 마티 릴리(Marty Riley), 오피스 온라인 시니어 테스트 리드

■ **에뮬레이션**

에뮬레이션은 통합으로 인한 버그를 발견함과 동시에 유연함을 계속 제공하므로 서비스 테스팅에서 더 선호되는 방법이다. 플랫폼 서비스가 에뮬레이션되면서 변형된 xml을 갖는 버그는 전체 통합 테스트로 가기 전에 이 환경에서 먼저 발견됐다.

전형적인 에뮬레이션 솔루션은 테스트 대상 서비스보다는 머신에서 수행되는 에뮬레이션 서비스를 갖는다. 테스트 플래그를 갖지 않는 서비스에 대한 원 박스 테스트 시나리오를 위해서 에뮬레이션 서비스를 로컬에서 수행할 수 있다. 에뮬레이션 서비스는 필요에 따라 다른 서비스가 붙을 수 있게 플러그인이 가능한 구조여야 한다. 각 플러그인은 구조화돼 있는 요청을 받고 응답을 생성할 수 있게 코딩된다. 응답은 정적인 데이터가 될 수도 있고, 테스트 데이터에 의해 생길 수도 있다. 테스트 데이터를 사용하는 접근 방법은 응답에 있어 굉장히 많은 변화를 줄 수 있게 해주고, 더 많은 경계 값 테스팅을 할 수 있게 해준다.

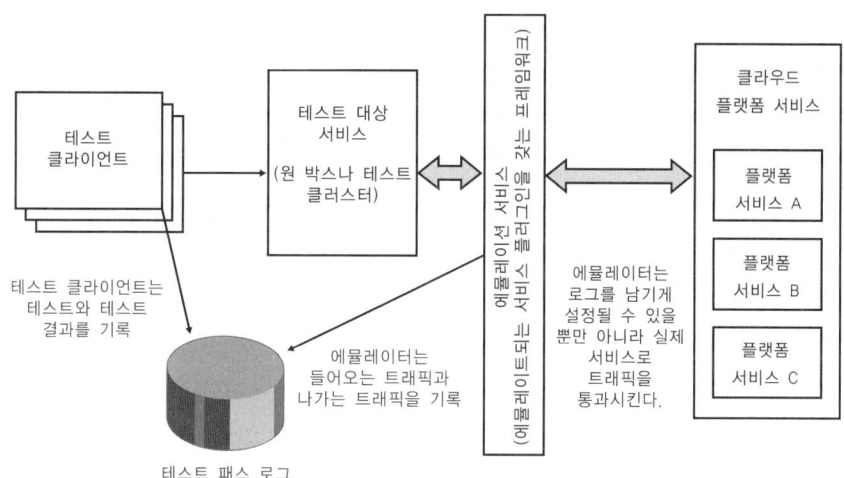

그림 14-8 로깅과 다중 서비스 플러그인이 가능한 에뮬레이터를 갖는 에뮬레이션 프레임워크의 예

테스트 케이스와 테스트 결과 기록은 테스트 자동화 프레임워크의 공통 기능이다. 좋은 에뮬레이션 서비스는 들어오고 나가는 트래픽도 기록한다. 이 접근 방법을 통해서 패스되는 테스트는 서비스로부터 올바른 데이터를 주고받는지 검사할 수 있다. 원격 서비스 호출을 두 번 하지만 데이터베이스에 하나의 행만 기록되는 SQL 저장 프로시저에 있는 버그를 발견한 적이 있다. 에뮬레이터의 로깅 기능이 없었다면 이와 같은 버그는 잡을 수 없었을 것이다.

더 좋은 에뮬레이션 서비스는 테스트 환경에서 에뮬레이터 호출을 설정하게 해주고 해당 요청의 통과 여부는 플래그로 처리한다. 이 접근 방법에서 에뮬레이터는 모든 트래픽에 대한 로그를 계속 기록하지만 요청은 실제 서비스 인스턴스로 갈 수 있다.

에뮬레이션은 로드 테스팅에 이상적이다. 에뮬레이터의 단순화된 로직과 로그의 사용을 통해 플랫폼 서비스의 테스트 인스턴스를 테스트할 때보다 더 높은 스케일을 사용할 수 있다. 에뮬레이터는 실제 부하가 어떤지 상관없이 다양하게 대기 시간을 시뮬레이션할 수 있다.

■ 운영 환경에서의 테스팅

실제 운영 사이트에 새로운 코드를 테스트하기 위한 또 다른 서비스를 허용하는 것이 운영 엔지니어와 많은 제품 팀에게는 이상하게 보일지도 모른다. 테스터가 코드에 대고 이상한 짓을 하고 서비스를 깨려는 시도를 하는 것을 그 누가 원하겠는가? 테스터가 운영 환경에 그런 짓을 한다고 생각하면 대부분의 운영 관리자의 등골이 오싹할 것이다.

몇 년에 걸쳐서 운영 환경을 테스팅하는 것이 좋은 것이고, 그것은 싫든 좋든지 간에 일어나야 한다는 점을 모든 사람이 알 수 있게 몇 가지의 주장을 펼쳤다.

내가 운영환경에서의 테스팅을 주장하면서 사용하는 첫 번째 예는 다음과 같다. 누군가에게 '테스트'나 '테스트 계정'으로 시작하는 WLID 계정을 생성할 것을 요청한다. 가용한 계정을 생성하기 위해 '테스트'나 '테스트 계정'이라는 단어 뒤에 많은 문자와 숫자의 조합을 붙여봐야 할 것이다. 해당 계정을 생성한 개인은 어떤 형태든 테스팅을 하고 있는 것이고, WLID가 이를 멈추지는 못한다. 즉, 운영 환경에서의 테스팅은 어쩔 수 없는 것이다.

모든 서비스는 뭔가 잘못됐을 때에 SOC에게 알릴 수 있게 어느 정도 수준의 모니터링 트랜잭션을 실행한다. 모든 업그레이드 후에 운영 엔지니어는 모든 주요 기능이 계속 작동하는지 보기 위해 스모크 테스트라 불리는 테스트를 수행한다. 이런 테스트도 원 박스와 다른 테스트 환경에서 수행하는 것과 같은 것이다. 이는 운영 환경에서의 테스팅은 이미 수행되고 있다는 사실을 알려준다.

해커는 운영 환경의 서비스 취약점을 항상 찾아다닌다. 해커의 이런 시도를 견딜 만큼 충분히 서비스가 견고하다면 어느 정도의 자동화 테스트에도 충분히 살아남을 것이다.

매시업은 내가 사용하는 마지막 예다. 많은 매시업이 외부 API를 사용해 개발되고 있다. 어떤 경우는 애플리케이션 구축을 위해 스크린 스크랩핑(screen scraping)을 하기까지 한다.

요점은 매시업 개발자들이 인터넷상의 운영 환경을 대상으로 그들 자신의 매시업을 개발해야만 한다는 점이다. 이 경우에 운영 환경을 대상으로 그들의 솔루션을 테스팅할 뿐만 아니라 운영 환경을 대상으로 개발도 한다.

> 스크린 스크랩핑(Screen scraping)은 매시업을 위해 전체 렌더링된 UI를 제거하는 기법으로 그림과 같은 바이너리 정보를 무시하고 데이터를 파싱해 추출한다. 이것이 최적의 방법이 아닌 이유는 전체 렌더링된 UI가 파싱하기 쉽게 구분자를 포함한 데이터를 갖고 있지는 않기 때문이다.

운영을 대상으로 테스트를 해야 할 경우 몇 가지 가이드라인을 세울 필요가 있다. '운영 환경 대상으로 로드 테스트 금지'와 '백엔드 서비스에 직접 접근 금지' 같은 간단한 규칙의 수립은 매우 중요하다. 구조적으로 또 다른 도전 과제가 있는데, 이는 테스트 트래픽을 실제 사용자의 트래픽에서 분리하는 것이다. 많은 서비스가 광고에 의해 운영되고 있는 상황에서 광고주는 테스트 자동화에 의해 발생된 노출과 클릭에 대해서는 비용을 지불하려고 하지 않을 것이다.

도그푸드 클러스터 사용

11장에서 처음 소개된 도그푸드(Dogfood, 11장의 '자기 개밥 먹기' 참조)는 S+S 테스트를 하는 방법에 있어서도 중요한 구성 요소다. 서비스 도그푸드는 제대로 갖춰진 운영 환경 서비스 인스턴스를 나머지 운영 환경의 하드웨어 사양으로 구축히는 방법에 대한 것이나. 베타 클러스터로 불리는 도그푸드 클러스터의 사용자는 흔히 임직원, 임직원 가족, 파트너이고, 가끔은 기술 리뷰어도 포함한다. 서비스를 사용하는 환경이 가끔씩 이상 현상이나 다운이 일어날 수 있는 환경에 있음을 도그푸드 사용자는 알고 있다. 도그푸드 사용자가 갖는 이점은 전체적으로 공개되기 전에 새로운 코드에 접근하는 것이다.

도그푸드 클러스터는 운영 환경보다 업그레이드가 자주 발생한다. 도그푸드 클러스터의 사용자는 다른 누구보다도 먼저 새로운 코드를 사용하는 이점을 갖는다. 또한 이들 사용자는 특정 절차를 통해 개발 팀에게 품질 피드백을 제공한다.

도그푸드 클러스터는 리그레이션과 사용성 테스트에 도움을 주는 전체 자동화 테스트 셋을 수행하는 데 사용한다. 나중에 있을 큰 개편 릴리스에 대한 공개 데모는 보통 도그푸드 클러스터에서 수행한다.

너무 매혹적이지만 너무 위험스런 운영 데이터

마이크로소프트는 오피스 테스트에 사용할 수 있는 고객이 전달해 준 수백만의 문서 라이브러리를 갖고 있다. 여기에는 모든 종류의 매크로와 VBA(Microsoft Visual Basic for Application) 코드, 괴상한 커스텀 스타일을 갖는 실제 문서 등이 있다. 우리 팀은 이 라이브러리를 하위 호환성 테스트와 클라이언트에서 서비스로 수많은 호출을 하는 부분을 테스트하는 데 사용한다.

상태 있는 서비스에는 언제나 많은 실제 운영 데이터 셋이 있다. 서비스에서는 데이터가 운영 환경 이외에서 사용되는지 아닌지에 대한 개인 정보 관련 문구를 명확하게 기술할 필요가 있다. 개인 식별 정보(PII, personally identifiable information)를 포함하고 있는 데이터에 대해서는 더욱 그렇다.

운영 데이터를 사용하는 것은 테스팅에 있어 매우 중요한 자산이다. 시간이 흐름에 따라 특정 데이터 요소가 확장되고 다른 요소는 빠지면서 운영 데이터의 모습은 변화한다.

운영 데이터가 개인 식별 정보(PII)를 포함하던지 아니던지 간에 테스팅되기 전에 한 번 주요 정보는 삭제돼야 한다. 운영 데이터에서 실제 사이트 엔드 포인트를 삭제하는 것을 잊어서 뜻하지 않게 운영 사이트로 다수의 테스트 트래픽이 나갔던 것도 봤다. 그러므로 운영 데이터 사용에 있어 첫 번째 규칙은 중요 정보를 삭제하는 것이다.

노트

> 마이크로소프트에서 데이터 소독(Data sanitization)이라 불리는 데이터 마스킹(Data masking)은 중요한 운영 데이터가 뜻하지 않게 누출되지 않게 데이터베이스 테이블의 특정 데이터를 알아보기 어렵게 변경하는 프로세스이다. 임의로 대체하지만 온전히 동작하는 데이터를 원래 데이터 대신 생성하기 위해 제거 알고리즘을 사용한다.

운영 데이터를 사용하는 두 번째로 중요한 이유는 분석된 정보의 가치와

이의 활용성 때문이다. 많은 팀에서 데이터를 가져다가 중요한 정보를 제거하고 테스팅에 사용한다. 우리 팀에서는 이런 데이터를 분석함으로써 경계 값 조건을 찾는다. 개인 정보 데이터 덤프에서 가장 긴 도시명을 알고 싶으면 그 정보를 분석해서 끄집어낸다. 이렇게 분석된 정보는 운영 데이터 없이 수행할 수 있는 테스트를 만드는 데 귀한 정보가 된다.

■ 서비스 성능 테스트 메트릭

이 책을 통해 마이크로소프트 제품의 품질 향상에 사용되는 다양한 메트릭을 소개했다. 모든 메트릭은 S+S에도 적용된다. 다행히 여기서는 표 14-3에서 제시된 S+S의 성능을 측정하는 새로운 메트릭을 소개한다.

제시된 메트릭의 대부분은 성공 사례에서 나온 것이다. 성공 사례의 가장 좋은 점은 해당 사례가 잘 적용됐는지 검증하기 위해 테스트를 자주 수행한다는 점이다.

메트릭명	정의
페이지 로드 시간 1(PLT1)	새로운 페이지가 처음 요청으로부터 데이터의 마지막 비트에 이르기까지 웹 브라우저에 로딩되는 시간을 측정한다. 새로운 페이지는 웹 브라우저가 한 번도 방문한 적이 없는 페이지로서 컨텐츠가 캐시되지 않은 페이지다.
페이지 로드 시간 2(PLT2)	처음 방문 이후 모든 접근에 대해 페이지가 로드되는 시간을 측정한다. 브라우저가 일부 캐시된 컨텐츠를 갖고 있으므로 PLT1보다는 항상 빨라야 한다.
페이지 크기	웹페이지의 바이트 사이즈. 더 많은 데이터를 포함하고 있는 페이지는 적은 데이터를 갖는 페이지보다 느리게 로딩될 것이다.
압축률	파일과 이미지에 대한 압축 정도를 측정한다.
데이터 셋 만료	오늘 이후에 만료되는 정적 컨텐츠에 관련된 검증을 하기 위해 테스팅을 수행한다.
라운드 트립 분석	요청에 대한 라운드 트립 수를 평가하고, 이를 감소시킬 방안을 식별한다.

표 14-3 브라우저 기반 서비스에 대한 테스트 메트릭

분명 특정 서비스에 특화된 다른 많은 메트릭이 있고, 어떤 것은 서비스의 유형에 특화된 메트릭도 있다. 예를 들면 검색과 같은 경우 가장 중요한 측정치는 연관도에 대한 것이다. 이는 검색 영역을 기반으로 웹페이지 컨텐츠가 얼마나 사용자의 필요에 맞는지 측정한 값이다.

이 절에서는 성능에 초점을 맞춰 활용 가능한 메트릭 리스트에서 몇 개를 생성해 설명한다. 이들 메트릭은 모든 온라인 서비스에서 공통으로 사용될 수 있다. 또한 테스트 수행에 사용할 수 있는 매우 좋은 레퍼런스를 갖는 다음과 같은 프리웨어 테스트 툴로 메트릭을 추출했다.

- Visual Round Trip Analyzer(VRTA)는 마이크로소프트 개발자 네트워크 (http://msdn.microsoft.com)에서 다운받을 수 있다.

- 피들러(Fiddler)는 http://www.fiddler2.com에서 다운받을 수 있고, MSDN에 많은 기사가 있다.

페이지 로드 시간 1과 페이지 로드 시간 2

페이지 로드 시간 1(PLT1)과 페이지 로드 시간 2(PLT2)는 사용자 만족도에 있어 중요한 측정 요소다. 리서치에 의하면 로딩에 수 초 이상 걸리는 웹페이지는 더 빨리 로딩되는 비슷한 페이지보다 사용자 만족도가 더 낮았다. 심지어 어떤 검색 엔진에서는 PLT 측정치를 검색 결과에 가중치를 주는 데 사용한다. 느린 페이지는 다른 빠른 페이지와 컨텐츠가 비슷하게 좋다 하더라도 결과 페이지 리스트의 더 하단에 위치한다.

마이크로소프트에서는 마이크로소프트 자체 서비스의 PLT뿐만 아니라 경쟁사의 PLT도 중점을 두고 측정한다. PLT1과 PLT2에 대한 국가별 분석을 수행했으나 나라에 따라 그림 14-9와 같은 결과가 나타났다. 해당 국가의 PLT는 그 나라의 대역폭과 데이터가 사용자에게 도달하기까지의 전송 거리에 따라 영향을 받는다. 네트워크 엔지니어는 광속(speed of light)에 제한을 받는다고 말하길 좋아한다.

다른 관점에서 보면 이는 지구 반대편에 주재원 리포터가 있고 앵커가 질문을 하는 장면을 케이블 뉴스 채널로 보는 것과 같다. 질문이 주어지면 주재원 리포터는 고개를 끄덕이며 서 있다. 앵커의 질문이 끝났을 때 답변이 시작되기까지 몇 초 동안 더 리포터는 계속해 고개를 끄덕이고 있는 것을 보게 된다. 이와 비슷하게 서버에서 브라우저로 보낸 데이터도 광속에 제한을 받는다.

그림 14-9는 마이크로소프트와 경쟁사에 대해서 로그인과 파일 보기의 두 가지 트랜잭션을 분석한 것이다. 중국을 제외하고 대부분의 경우 마이크로소프트가 더 느리다.

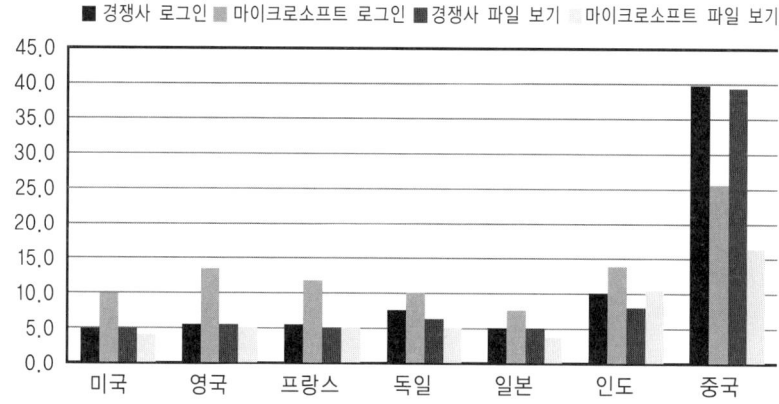

그림 14-9 2007년 국가별 마이크로소프트와 경쟁사 서비스의 PLT1 측정치

네트워크는 PLT에 영향을 주는 한 가지 요소다. PLT의 큰 개선은 다양한 최적화 기법을 통해 이뤄진다. 다음에 다뤄질 메트릭은 최적의 페이지 로드 시간을 위한 컨텐츠와 코드 품질 향상을 위해 사용하는 것이다.

페이지 크기

페이지 크기는 간단히 말해 단일 웹페이지를 구성하는 바이트 수다. 웹페이지는 보통 동적으로 생성되며, 스크립트 파일, 이미지, 액티브X 컨트롤 같은 많은 요소로 구성된다. 대부분의 페이지 크기 테스트는 페이지를 구성하는 다양한 요소를 고정시켜둔 상태에서 수행한다.

페이지 크기가 큰 페이지에 버그가 많으므로 개발자는 전체 바이트 수를 줄이는 작업을 한다. 최적 페이지 크기는 제품 종류가 어떤 것인지, 접근이 얼마나 자주 일어나는지에 따라 달라진다.

압축률

압축률은 XML, HTML, 이미지, CSS, 자바스크립트 등 어떤 파일이든지 압축될 수 있는 정도를 분석한다. 많은 자바스크립트는 공백과 주석을 포함하고 있다. 이것은 스크립트를 수행하는 데에는 영향을 주지 않지만 파일 크기와 페이지 로드 타임에 영향을 준다. VRTA3는 압축률을 분석하는 데 사용할 수 있는 이상적인 툴이다.

자바 스크립트나 CSS 같은 웹페이지 구성 요소들은 원래 크기보다 1/4 크기 이하까지도 압축할 수 있다. 이를 통해 웹 서버와 브라우저 간에 전달되는 데이터 양을 줄인다. 클라이언트 컴퓨터에서 압축을 해제하는 것은 대수롭지 않은 일이다. 스페이스와 같은 공백과 주석의 제거는 웹페이지 크기를 20%까지 줄일 수 있다. VRTA3는 모든 구성 요소를 분석해 최상위 압축 대상 후보와 이를 통해 얼마나 절약될 수 있는지를 식별한다.

표 14-4는 VRTA3의 압축 보고서에서 보여주는 정보다. 압축률이 1.0인 것은 이미 파일이 최적으로 압축된 상태임을 보여준다. 4.1로 측정된 것은 해당 파일이 현재보다 4.1배 작게 압축될 수 있음을 보여준다.

URI	크기	압축률	압축 후	시간
http://www.abcxyz123.com/	52,771	4.1	12,871	2.766
http://abcxyz123.move.com/fah/hp.js	16,981	3.2	5,307	1.35
http://abcxyz123.move.com/fah/common.js	163,201	3.1	52,645	5.447
http://abcxyz123.move.com/fah/Tracking.js	15,851	3.0	5,284	1.292
http://abcxyz123.move.com/cbrdc/org.js	13,657	2.7	5,058	1.207
http://abcxyz123.move.com//cbrdc/org.css	2,297	2.4	957	1.176
http://static.move.com/abcxyz123/js/nc/s.js	24,407	2.2	11,094	1.145
	289,165	3.1	93,216	

표 14-4 마이크로소프트 웹사이트의 일부 자바스크립트에 대한 압축률 분석

만료 일자

웹페이지 설계에서 가장 흔한 실수는 정적 컨텐츠에 대해서 마지막 만료 일자를 설정해두지 않는 것이다. 이는 PLT2를 줄이는 데에 매우 중요하다. 파일이 캐시 설정이 돼 있지 않다면 브라우저는 서버로부터 업데이트된 버전의 파일을 요청할 것이다. 파일이 변경되지 않았고 브라우저로 다시 다운로드되지 않는다 하더라도 서버로 요청을 수행하는 시간이 낭비된 것이다.

피들러(Fiddler)는 마이크로소프트의 에릭 로렌스가 개발한 툴로 http://www.fiddler2.com에서 다운받아 사용할 수 있다. 이 툴은 마이크로소프트에서 보안 테스터에 의해 주로 사용될 뿐만 아니라 그림 14-10과 같이 다양한 기능을 갖고 있다.

성능 테스트의 세부 결과 탭에는 웹페이지와 함께 로딩된 모든 파일을 보여주고 해당 파일의 캐시 설정도 보여준다. 캐시될 수 있는 파일을 찾는 쉬운 방법이다. 이 툴로 페이지에서 다양한 양의 컨텐츠를 로딩하는 데 몇 %의 시간이 소요됐는지 볼 수 있다.

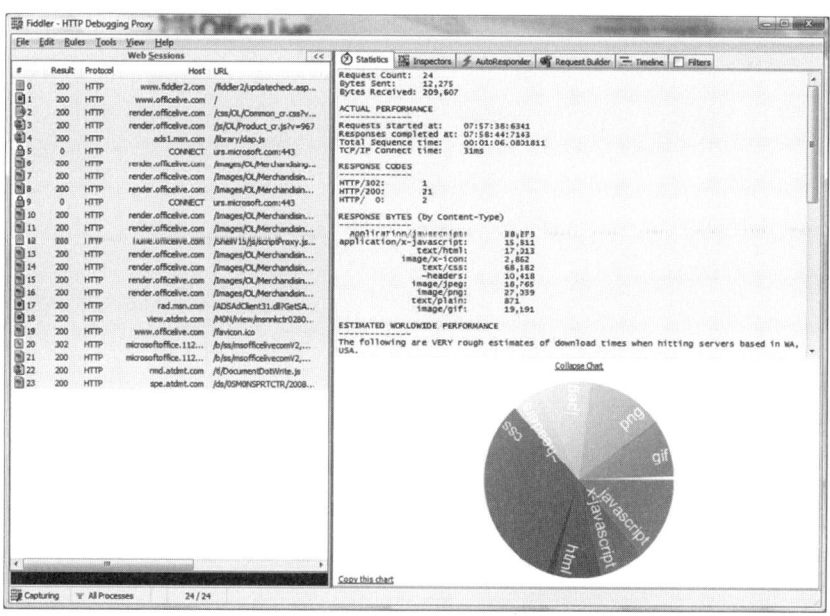

그림 14-10 www.officelive.com에서 피들러(Fiddler)를 로딩한 화면

라운드 트립 분석

페이지 로드 시간에 가장 큰 영향을 주는 것은 네트워크다. 소스로부터 클라이언트까지의 거리가 멀어짐에 따라 네트워크는 페이지 로드 시간에 영향을 주는 중요 요소가 된다. 페이지 크기를 줄이는 것은 데이터의 크기를 줄이지만 PLT에 가장 많은 영향을 주는 것은 실제로 라운드 트립의 수다.

VRTA3와 피들러를 라운드 트립 분석에 사용할 수 있고, VRTA3는 좀 더 멋진 그래픽 표현을 보여준다.

인터넷 익스플로러의 버그를 찾는 데 사용된 VRTA

VRTA는 웹페이지 다운로드를 시각화해 엔지니어에게 도움을 주려고 설계됐다. 지난 4년 동안 마이크로소프트에서 이 기법을 사용해왔다. 이렇게 비주얼한 방법으로 표현해 엔지니어는 각기 어떤 요소들이 순차적으로 로딩되는지 볼 수 있었고, 이는 많은 서비스의 페이지 로드 시간 향상에 도움을 주고 있다.

이 툴은 브라우저에서 발생하는 식별하기 다소 어려운 진단 이슈에도 도움을 준다. 마이크로소프트 인터넷 익스플로러 7에서 발견한 문제 중 하나는 동시에 파일이 로딩되는 것을 제한하는 자바스크립트의 블록킹 동작이었다. 이에 대한 영향은 병렬 TCP 포트가 2개로 제한되는 것이었다. VRTA는 새로운 인터넷 익스플로러 8 테스팅에도 역시 사용하고 있으나 이 책을 쓰는 이 순간에는 아직 제품이 출시되진 않아 아직까지는 7에서와 같은 버그는 공유할 수 없다.

— 짐 피어슨(Jim Pierson), MSN과 윈도우 라이브의 성능 아키텍트

마이크로소프트 오피스 라이브 팀은 각 웹페이지가 캐시되지 않은 상태에서 가질 수 있는 최대 라운드 트립 수에 대한 임계치를 설정했다. 개발자가 소스를 체크인할 때 성능에 대한 테스트 스위트가 수행되고, 라운드 트립 임계치를 초과한 페이지에 대해서는 표시를 해준다.

:: S+S에 대한 몇 가지 중요한 생각

이 절에서는 S+S 테스팅에 대해 몇 가지를 더 설명하고자 한다. 이런 관점이 테스트 기법에 잘 맞지 않는다 해도 서비스 테스터는 누구든지 알아야 하는 정보를 담고 있다.

● 지속적인 품질 개선 프로그램

3장, '엔지니어링 생명주기'에서 마일스톤 Q(MQ나 M0와 같은)에 대한 컨셉을 알아봤다. 대규모 프로젝트의 경우 이런 마일스톤은 작업을 정리하고 다음 메이저 릴리스를 준비하는 것이다. 각 팀은 더 원활하고 빠른 개발과 릴리스 프로세스를 지원하는 인프라스트럭처 개선에 노력을 다한다. 개발자들은 새로운 기술을 조사하고 새로운 프로토타입을 개발한다. 개발 및 릴리스 프로세스 개선을 팀이 몇 년에 걸쳐 월간이나 분기별 릴리스 계획으로 달성해 나가야 하지만, 서비스 세계에서는 MQ에 해당하는 시간이 걸리지 않는다. 서비스의 세계에서는 지속적인 개선에 초점을 둔다.

모든 운영 서비스는 데이터 기반이며, 6 시그마와 매우 유사한 QoS(Quality of Service)라 불리는 프로세스에 의해 지속적인 개선이 이뤄진다. QoS를 네트워크 접근 우선순위를 애플리케이션에 부여하는 컴퓨터 네트워킹 컨셉과 혼동해서는 안 된다. 우리가 사용하는 QoS는 고객 만족 개선에 도움을 주는 통찰을 제공한다.

성공적인 QoS 프로그램은 세 가지 주요 카테고리에서 데이터를 갖고 있어야 한다. 다른 데이터를 포함할 수 있지만 많은 경우에 있어 그런 다른 데이터는 고객 만족 개선이라는 명확한 목적에 대한 집중을 방해할 수 있다. 데이터의 세 가지 주요 카테고리는 그림 14-11과 같이 고객의 소리, 제품 품질, 운영 품질이다.

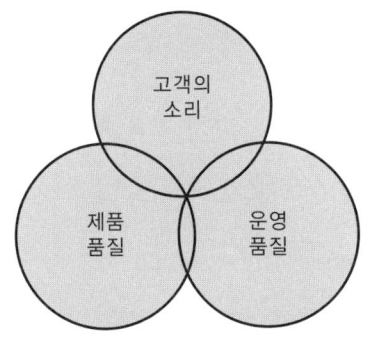

그림14-11 QoS의 세 가지 주요 데이터 소스

고객의 소리는 다양한 소스로부터 수집될 수 있다. 직접적인 고객 만족도 설문 조사가 가장 일반적이다. 많은 서비스 팀은 고객 만족에 대한 직접적인 설문 조사에서 순수 추천 고객 지수(net promoter score) 사용으로 이동하고 있다. 블로그와 트위터(twitter)로부터 수집하는 것은 고객이 제품과 서비스에 대해 어떻게 말하는지를 확인하는 또 다른 방법이다.

순수 추천 고객 지수는 회사의 고객 충성도를 측정하는 데 사용하는 관리 툴이다. 이는 전통적인 고객 만족 설문 조사를 보완해준다.

직접 지원하는 서비스에서 콜센터 데이터는 고객의 소리를 얻는 데 가장 중요한 부분이다. 실제 전화 통화, 온라인 채팅 도움 요청 등으로 사용자 요청을 분류한다. 이런 데이터를 수집해 서비스 팀은 고객 만족 개선을 위해 가장 높은 고객의 요구 사항과 우선순위를 식별할 수 있을 뿐만 아니라 지원 비용을 억제한다.

제품 품질은 버그와 성능에 집중한다. 대부분의 경우 버그가 이미 알려져 있지만 다른 버그에 비해 이 버그를 수정하는 것이 얼마나 중요한지 결정하기는 어렵다. 그럼에도 불구하고 현재의 좋은 성능이 반드시 미래의 고객 만족으로 이어지지는 않는다. 제품 품질의 중요 영역 중 하나는 경쟁사 대비 페이지 로드 타임에 대한 지속적인 측정과 개선이다.

운영 품질은 내부 효율성을 파악하는 데 사용할 수 있는 데이터 운영 셋과 동일하지만 QoS 접근 방법에서는 잠재적인 불만족(DSat) 요인을 식별하는 데 사용한다. 고객 만족을 끌어 올리는 데에 운영 엔지니어가 할 수 있는 것은 많지 않지만 끌어 내리는 데에는 매우 많은 일을 할 수 있다고 말하면서 운영 엔지니어와 농담을 자주 하곤 한다. 이 사실은 운영 작업이 매우 재미있다는 점을 말해주진 않지만 왜 도전적인 역할이 될 수 있는지는 말해준다. 다음은 몇 가지의 핵심 운영 메트릭과 이를 QoS 개선에 어떻게 사용하는지를 보여준다.

- 운영 장애에 대한 근본 원인 분석(RCA, root cause analysis)으로 프로세스 문제나 잠재적인 버그, 아키텍처 결점 등을 파악할 수 있다.
- 운영 이슈에 대한 긴 감지 시간(time to detection)은 모니터링에 결점이 있음을 보여 줄 수 있다.
- 긴 해결 시간(time to resolution)은 적절하지 않은 로깅과 진단 툴이 있음을 나타낼 수 있다.
- 계층 1이나 자가 회복 시스템으로 해결된 티켓의 %는 운영 이슈 처리의 효율성을 보여줄 수 있다. 계층 1이나 자동 자가 회복 시스템을 통한 해결은 해결 시간을 줄여준다.
- 거짓 경보의 %는 모니터링이나 경고 임계 기점의 오류를 보여 줄 수 있다.
- 제품의 개선 포인트를 가장 많이 발견할 수 있는 영역은 버킷에 의한 티켓(tickets by bucket)에서다. 이는 콜센터 쿠딩과 비슷하지만 고객 관점이 아니라 운영 관점이라는 것이 다르다. 티켓 수가 많은 영역은 제품 개선이나 자가 회복 자동화(self-healing automation)가 더 많이 필요한 부분이다.

위의 세 가지 데이터 소스에서 데이터가 모아질 때 고객 만족에 대한 개선을 최대화하기 위해 어떤 부분을 수정해야 하는지 우선순위를 더 잘 정의할 수 있다. 다음은 어떻게 이런 부분이 계층형 서비스에 적용됐는지를 보여준다. 6월 23일 저녁에 콜센터 팀에는 페이팔(PayPal) 지불 처리가 되지 않는다는 사용자의 불만 건수가 매우 많이 생겼다. 콜센터로 동일한 문제에 대한 전화가 계속 들어오자 관련된 경고가 라이브 사이트 운영 팀으로 보내졌다. 그들이 조사한 바에 의하면 페이팔에서 인증서 갱신을 했었고, 이는 페이팔에 접속을 시도하는 다른 모든 서비스 역시 새로운 버전으로 업데이트를 요구했다. 인증서는 신뢰할 수 있는 파트너임을 식별하기 위해 사용하는 비밀 키 서비스다. 콜센터, 운영 팀, 제품 엔지니어링 팀은 리뷰를 통해 서비스 모니터링의 격차를 식별하고, 페이팔 모니터링 솔루션과 인증서 업데이트가 필요할 때 경고를 해주는 경고 시스템을 구현하기로 협의했다. 경고 알림이 추가된 솔루션은 인증서가 만료되려고 할 때 운영 팀에 경고할 것이고, 이를 통해 장애를 예방하게 될 것이다. 이런 일이 다시 발생하면 강화된 모니터링을 통해 감지 시간과 해결 시간을 단축할 수 있을 것이다.

이 접근 방법에서 성공의 열쇠는 모든 데이터와 모든 이해 관계자가 근본 원인과 최선의 개선안을 식별하기 위해 함께 모이는 것이다.

한 번 실행에 일주일, 이를 참을 수 있는 고객이 있을까!

QoS에 대한 나의 열정이 시작된 것은 빌링 플랫폼의 새로운 버전을 릴리스한 후인 몇 년 전으로 거슬러 올라간다. 매우 민망한 이야기이지만 매우 오래 전 일이고, 그 일에 관여했던 아무 죄 없는 사람들의 이름을 일부 변경했다.

새로운 빌링 플랫폼은 주요 내부 플랫폼으로 사용자의 서비스 신청 내역을 기록하고, 정확하게 사용자에게 청구하고, 신용카드 회사를 통해 지불받을 수 있게 해준다. 시스템의 한 요소는 밤에 수행되는 빌링 일괄 처리 작업이다. 이전부터 그랬으므로 밤에 수행했고 다른 이유는 없었다.

릴리스 후 2주가 지나서 우리는 버그를 선별하는 워 룸(war room)에 모였다. 운영 팀에서 조금 늦게 합류했고, 새로운 시스템에서 발견한 이슈를 공유했다. 자크(Zach)는 밤에 수행되는 빌링 일괄 처리 작업이 완료되는 데에 거의 5일이 걸리고 있음을 알려줬다. 이제까지 단지 2번만 성공한 것이었다.

우리는 모두 충격을 받았다. 신용카드 번호 암호화에 어느 정도 작업 부담이 있다는 것은 알았지만 이 정도까지라고는 생각지 못했다. 이 버그의 수정은 일괄 처리 작업의 완전한 신규 작성을 의미했고, 몇 주 후의 다음 메이저 릴리스에 슬쩍 밀어 넣어야 할 것이 확실했다.

이름을 기억할 수 없는 어떤 사람이 이런 말을 했다. "고객에게 1주일에 한 번만 요금을 청구하면 안 되나요? 고객이 6월 1일에 지불했다고 가정하면 6월 6일까지 기다리는 거지요. 그렇게 하면 아마 마이크로소프트는 인터넷 분야에서 좋은 평판을 잃게 될 겁니다. 하지만 적어도 고객은 행복하게 될 걸요."

이것은 현명한 아이디어처럼 보였다. 다음 릴리스까지는 9개월만 있으면 됐으므로 작업은 그 때까지 기다릴 수 있었다. QoS 점수에 빌링 일괄처리 작업 완료 목표 시간이 적어도 168시간 내에 돼야 한다는 메트릭을 추가하기로 결정했다. 이유는 7일 이상 걸린다면 이것은 수용할 수 없었기 때문이다.

2달 후에 월간 QoS 리뷰를 위해 같이 모였다. 개발, 테스트, PM, 운영 팀이 한 룸에 모였다. 콜센터 팀은 스피커 폰으로 합류했다. 콜센터 팀은 언제나 실제 방에서 미팅하는 것보다 전화상으로 하는 것이 더 편안하게 보였다. 각 팀이 QoS 점수에 대해 돌아가면서 얘기하기 시작했다.

개발 팀은 15개의 버그를 수정했고, 회원 가입 페이지의 페이지 로드 시간을 200%나 개선했다고 발표했다. 우리 모두는 확실히 고객 만족에 긍정적인 효과를 줄 것으로 생각했다.

다음은 운영 팀이었다. 자크는 가용성과 티켓 볼륨에 대한 수치를 가지고 나왔다. 마지막에 발표한 메트릭은 빌링 일괄처리 작업 완료 시간에 대한 것이었다. "일괄처리 작업이 느려지기 시작했지만 아직 130시간 이내로 작동합니다. 시스템에 추가되는 고객 추이로 볼 때 년 내로 최대치인 한 주를 초과할 것 같습니다."

버퍼 시간을 다 쓰기 전인 다음 메이저 릴리스에 이 이슈를 처리할 것이었으므로 모든 사람이 이 소식을 듣고 기뻐했다.

콜센터 팀이 콜 볼륨과 해결 시간에 대해서 발표하기 시작했다. 카테고리별로 진행할 때 "내 수표를 부도냈어요"라는 이름의 새로운 카테고리가 임시로 생겼음을 알 수 있었다. 고객이 자신들의 은행 계좌에서 과도하게 인출되고 있다며 전화로 비난하고 있었으므로 콜센터 팀은 정확히 무엇을 해야 할지를 모르고 있었다.

"이해가 되지 않네요." 크리스가 말했다. "우린 단지 신용카드를 받을 뿐이에요. 우리는 부도 수표로 만들 일을 할 수 없어요."

바라트기 전화기로 자신의 목소리가 들릴 수 있게 앞쪽으로 기대어 크게 얘기했다. "저는 은행 계좌에 영향을 주는 것을 봤어요. 당신에게 말하지는 않았지만 테스트 계좌를 등록할 때 내 은행 ATM 카드의 신용카드 번호를 사용했어요."

바라트가 맞았다. 사람들은 신용카드 대신 ATM 카드를 사용하기 시작하고 있었다. 하지만 여전히 왜 고객이 과도 인출에 대해 우리를 비난하는지는 설명하지 못했다.

"우리가 고객에게 과도하게 청구하고 있다고 말씀하시는 거에요?" 브렛이 물었다.

"아니오." 전화기에서 음성이 흘러 나왔다. "고객은 자신의 계좌에서 우리가 더 많은 돈을 가져가고 있어서 이로 인해 부도 수표가 생기고 있다고 말하고 있어요. 아니면 우리가 돈을 가져가려고 할 때 고객의 계좌에 돈이 없었겠죠."

워 룸에 있던 우리의 대부분은 어떤 일이 벌어지고 있는지 깨닫기 시작했다. 처음 말을 꺼낸 것은 벤이었다. "일괄처리 작업 때문이에요." 그렇다. 많은 고객이 월의 특정

> 일에 지불 기능을 사용하고 그 후에 남은 돈을 그들이 원하는 대로 써버렸다. 일괄처리 작업에 대한 수정을 더 이상 미룰 수 없음을 깨달았다.
>
> QoS 프로세스가 아니었다면 잘못된 설계와 잘못된 결정이 얼마나 고객을 불만족으로 이끄는지 깨달을 수 없었을 것이다.
>
> 몇 주 안에 새로운 일괄처리 작업이 운영 환경에 적용됐고 몇 시간 안에 일괄처리 작업 수행이 완료됐다. 병렬 처리를 하게 재작성했고, 복호화 프로세스를 위한 별도의 장비를 구축했다. 또한 QoS 점수 메트릭을 "하루에 쌓인 양에 대해 빌링 작업은 5시간 내에 완료한다."라고 변경했다.

● 내가 본 일반적인 버그

마이크로소프트에서 '전쟁 같은 이야기 - 운영에서 발생한 버그들'이라고 불리는 비디오 블로그 시리즈를 연재하고 있다. 이 시리즈는 모든 사람이 운영 환경 버그로 인해 힘들었던 부분에 대한 것만을 적는다. 쉽게 고쳐질 수 있는 단순한 버그에 대한 얘기만은 아니다. 생각하기도 싫은 끔찍한 버그는 심각한 장애를 일으키기도 했다.

어떤 테스터는 이와 같은 이야기를 공유하기 꺼려하기도 한다. 마치 이런 버그에 책임을 느끼고 있는 것 같기도 하다. 테스터가 이와 같은 버그를 만든 게 아니라는 점을 정확히 말해주고 싶다. 개발자가 버그를 작성했거나 PM이 버그를 설계했다. 테스터로서 그들은 수 백, 수 천의 버그를 발견했으나 결국 미처 발견하지 못한 버그가 모든 사람에게 나타나게 된 것이다. 테스터에게 가장 좋은 학습 툴은 다른 사람이 놓친 버그에 대해 들으면서 배우는 것이라 믿는다.

레가시 클라이언트가 서비스를 무릎 꿇게 할 수 있다. 서비스가 세상에 출시되고 시간이 흐른 후에도 꽤 많은 이전 버전의 클라이언트가 여전히 사용된다. 1990년대 중반에 출시된 MSN 클라이언트 버전이 지금도 사용되고 있다. 서비스가 업그레이드되면서 레가시 클라이언트에 새로운 반응을 유발해 몇 차례 버그를 경험했다. 새로운 반응은 보통 그 전에는 결코 실행된 적이 없던 로직을 지속적으로 시도하는 것과 연관된다. 질의에 대해 응답된 새로운 데이터 구조를 클라이언트가 잘못 처리할 수 있고, 서버가 새로운 요청을 한 것에 대해 느리게 응답할 수도 있다. 문제는 클라이언트가 재시도 로직(retry logic)을 갖고 있지 않아서 DoS(Denial of Service) 공격에 의한 것과 같이 운영 사이트가 다운될 때까지 요청이 계속적으로 증가하게 될 때에 발생한다.

'서버 케스케이딩 금지(disallow server cascading)' 장애에 대해서도 말하고 싶다. 이 시나리오에서 플랫폼 서비스 최상위에 구축된 서비스는 플랫폼을 구성하는 컴포넌트의 신뢰성에 의해 영향을 받을 수 있다. 어떤 상위 계층 서비스(higher level service)는 특정 서버 리스트의 접근을 막거나 허락받지 않은 기능을 갖고 있다. 플랫폼 컴포넌트 내의 서버가 제 시간 내로 응답하지 않으면 해당 서버를 금지 리스트(disallow list)에 넣는다. 이렇게 함으로써 상위 계층 서비스는 다른 서버가 있는 플랫폼 클라우드에 다시 질의를 보낼 수 있다. 문제는 플랫폼 서비스가 과부하 상태에 있어서 예상된 시간 내에 응답을 줄 수 없을 때 해당 질의가 다른 서버로 보내질 경우에 발생한다. 과부하는 금지 리스트에 추가된 서버로부터 다른 서버로 퍼지게 되고 부하가 점점 증가한다. 금지 리스트에 있지 않은 몇 개의 서버가 과부하로 다운될 때 다른 상위 계층의 모든 서비스가 정지하고 실패한다.

마지막 예제는 쓰나미나 해일이라 불리는 것이다. MSN 인증 서비스가 장애를 겪은 후인 1995년부터 쓰나미 효과를 얘기하기 시작했다. 다이얼 업 접속에 사용되는 인증 서비스가 몇 시간 동안 다운됐다. 다운된 시간은 그리 길지 않았지만 동부 해안 지역의 하루 일이 마무리되는 시간에 발생했다. 사용자는 로그인할 수 없었지만 오프라인 모드에서 여전히 메일을 쓰고 있었다. 백그라운드로 클라이언트는 계속해 접속을 시도했다. 서비스가 온라인이 되자 모든 사용자가 접속했고, 이 메일이 홍수처럼 인터넷을 통해 보내졌다. 매우 많은 메일이 AOL로 갔다. 몇 시간이 안 돼 AOL로부터 되돌아온 이메일 홍수로 인해 우리의 이메일 서버가 다운됐다.

쓰나미 효과는 여전히 인터넷상에 존재한다. 최근에도 이런 현상을 겪었는데, 북미와 일본 간의 네트워크 연결이 몇 시간에 걸쳐 다운됐을 때였다. 네트워크가 정상이 되자 WLID 서비스로부터 라우트된 인증 요청에 의해 MSN 메신저는 한계에 접근했다. 갑자기 급증한 인증 요청에 의해 WLID가 몇 시간에 걸쳐 느려졌다.

운영 환경 버그에서 연구하고 배울 것이 매우 많다. 실제로 대부분의 심각한 버그는 단순한 코딩 실수라기보다는 잘못된 설계에 기인한다. 어떻든 간에 운영 버그로 인해 몸부림치는 것은 팀원이 교훈을 얻기에 가장 좋은 방법이다.

:: 정리

서비스는 마이크로소프트에겐 큰 모험이다. 마이크로소프트는 1990년대 초반부터 인터넷용 제품과 서비스를 구축하고 있다. 빌 게이츠의 '인터넷 해일' 메모와 레이 오즈의 '인터넷 서비스를 방해하는 요소' 메모 모두가 장기적인 성공을 위해 인터넷과 서비스가 얼마나 중요한지를 강조했다. 마이크로소프트는 서비스 성장을 지원하기 위해 수십억 달러를 투자하고 있고, 지금 이 순간에도 전력 소비와 자원 극대화를 개선하기 위한 방법을 업계와 함께 찾고 있다.

데스크톱과 서버의 전통적인 소프트웨어 제품은 서비스와 많은 공통점이 있다. 이런 공통점 때문에 패키지 제품을 릴리스하기 위해 사용한 모든 테스트 기법을 동일하게 서비스 테스팅에도 사용할 수 있다.

하지만 패키지와 서비스 간에는 많은 차이가 있다. 마이크로소프트 SDET에서는 이런 차이점 때문에 많은 새로운 테스트 기법을 개발했다. 완전 자동화된 배포와 원 박스는 원활한 테스팅 수행의 중요한 열쇠다. 테스트 플래그, 에뮬레이션을 사용한 테스트 클러스터나 서비스 통합은 서비스-서비스 간 트랜잭션에 존재하는 버그를 찾는 데 유용하다. 운영 환경에서의 테스트 수행을 통해 플랫폼 서비스의 실제 운영 인스턴스에서 새로운 서비스를 테스트할 수 있고, 심지어 보안적 이슈를 갖는 정보를 제거한 운영 데이터를 테스트 환경으로 가져와 활용할 수도 있다.

일반 소프트웨어를 측정하는 데 사용되는 모든 메트릭은 서비스와 S+S에도 적용되지만 서비스는 페이지 로드 시간에 더욱 신경을 쓸 필요가 있다.

고객은 웹페이지가 로딩될 때까지 기다리려고 하지 않는다. 페이지 크기를 줄인다든지, 파일에 대해 캐시 설정을 한다든지, 라운드 트립 수를 줄이는 등 간단한 방법으로 개선을 할 수 있는 부분이 많으며, 테스팅 수행 동안에 지속적으로 측정해 PLT가 개선되게 해야 한다.

서비스의 핵심은 서비스 개시를 릴리스 완료로 생각하지 않는 것이다. 많은 부분에 있어 최종 테스트가 성공됐을 때에야 비로소 시작된다고 볼 수 있다. 테스트 환경은 결코 운영 환경과 완전히 같게 만들 수 없으므로 어떤 버그는 놓치게 된다. 운영 환경에 집중하는 것은 고객의 소리, 제품 품질, 운영 품질로부터 데이터를 통합하는 견고하고 지속적인 개선 프로세스 구축을 의미한다. 높은 품질의 제품이라는 것은 실수로부터 배우는 것을 의미하고, 우리를 통과해 운영 환경으로 나가버린 버그에 대한 성찰과 개선 노력을 의미하기도 한다.

4부

앞으로의 전망

CONTENTS

- **15장**_ 문제의 조기 해결 503
- **16장**_ 테스팅의 미래 535

15 문제의 조기 해결

앨런 페이지

소프트웨어 테스팅은 앞으로 수년에 걸쳐 성숙하게 될 성장성 있는 분야다. 그러나 지금까지 테스팅 분야에서의 혁신과 새로운 접근 방법은 주로 테스트 팀이 당면하는 문제에 대한 반응에 불과했다. 프로그래머가 자신의 오류를 모두 발견할 수 없다는 사실이 밝혀지고 나서 소프트웨어 테스팅 분야가 생겨났다. 그리고 테스트 업무에는 많은 테스터와 효율적인 방법론이 필요하다는 점을 경영진이 인식하고 나서 테스트 자동화 솔루션이 개발되기 시작했다.

소프트웨어 테스팅 분야에는 항상 극복해야 할 장애물이 있어 보인다. 대부분의 경우 나양한 여건상의 이유로 테스터는 어떤 문제가 점점 커져서 당장 해결하지 않으면 안 될 때까지 기다리곤 한다. 테스팅 분야가 과학적, 기술적으로 발전하고 확장되려면 이런 문제가 더 커지기 전에 예측할 수 있어야 한다. 15장에서는 마이크로소프트가 현재 직면한 테스트와 관련된 다양한 문제와 이를 해결하기 위한 다양한 시도를 다룬다.

:: 결함 분석 자동화

어떤 테스터가 100개의 테스트 케이스를 실행해 98%가 통과됐다고 하자. 테스터는 실패한 두 개의 테스트 케이스를 조사하는 데 그리 많은 시간을 들이지 않아도 되고 바로 버그 추적 시스템에 등록할 수도 있다. 이제 1,000개의 테스트 케이스를 10개의 다른 환경과 5가지 언어의 버전에서 수행한다고 가정하자. 똑같이 98%의 통과율을 가진다 하더라도 폭발적으로 증가한 50,000개의 테스트 포인트[1]에서는 1,000개의 결함이 발견된다. 소규모 테스트 팀 입장에서 볼 때 제품의 설정 환경이 다양해질수록 일반적으로 수행해야 할 테스트 포인트는 기하급수적으로 증가한다. 이 경우 실패율이 매우 적더라도 테스트를 진행함에 따라 상당한 시간을 버그 분석에 소모하면서 정작 문제 해결에 필요한 작업은 못하는 '분석 마비(analysis paralysis)' 상태에 빠질 수 있다.

● 분석 마비 상황의 극복

테스트 자동화가 많은 제품 설정 환경을 테스트하기 위한 방법이듯이 결함 분석 자동화도 수많은 결함에 효과적으로 대응할 수 있는 방법이다. 분석 마비 상황을 회피하는 가장 좋은 방법은 이런 상황의 사전 예측이다. 즉, 발견한 결함의 수가 많아질 때까지 기다리지 말아야 한다. 테스트 팀은 자동화 생성과 결함 분석 간의 무한 루프에 갇혀버리기 쉽다(또는 혹자가 말하듯이 결함 생성과 자동화 로직 수정의 무한 반복이 될 수도 있다). 이런 악순환에서 벗어나지 못하면 잘 테스트된 소프트웨어도 있을 수 없다.

좋은 상황에서는 수백, 수천 개의 결함 분석에 많은 시간이 소요될 뿐 큰 문제는 없다. 그러나 일반적인 상황에서는 안 좋은 일이 발생할 수 있다. 한 관리자와 직원 존 사이에 오간 다음 대화 내용을 살펴보자.

---

1. 9장에서 언급되었듯이 테스트 포인트란 어떤 테스트 케이스와 특정 테스트 환경의 조합을 의미한다.

관리자: 존, 결함을 분석하는 작업이 얼마나 진척됐지요?

존: 네, 일부 결과를 분석해서 4개의 버그를 발견했습니다. 나머지 부분을 모두 테스트할 시간은 없었지만 실패한 테스트가 이미 알려진 이슈 때문에 발생하는 것으로 확인했고, 다음 릴리스 때까지는 이 이슈들이 수정되지 않을 예정입니다.

관리자: 좋아요, 자리로 돌아가서 다음에 개발될 새 기능에 대해서 테스트 자동화를 수행하세요.

… 2개월 후 …

관리자: 존, 이번 릴리스에서 심각한 문제가 있어요. 고객들이 심각한 이슈를 보고하고 있어요.

존: 네, 제가 분석하지 않았던 결함이 다른 방법으로 문제를 일으키고 있는데, 정말 심각한 이슈입니다. 불행하게도 제가 모든 결함을 들여다볼 시간이 없었고 당시에는 잘 이해하고 있던 결함이라 더 들여다볼 필요가 없었습니다.

이 예에서 존은 몇 가지 이유로 인해 결함 분석을 완전히 마치지 못했다. 존은 결함이 이미 이해되고 공유됐다고 생각해서 몇 개의 조사 항목을 그냥 지나쳤다. 더욱이 그의 관리자조차도 존이 수행할 가장 중요한 일은 새로운 테스트의 자동화라고 생각했다.

테스트를 두 번 수행했는데 두 번 모두 실패했을 때 결함 원인이 같다고 생각하면 안 된다. 마찬가지로 테스트 중인 소프트웨어의 5가지 환경에서 동일한 테스트를 수행하고 5번 모두 실패했을 때 5가지 모든 케이스를 분석하기 전에는 같은 원인으로 그 결함이 발생했다고 생각하면 안 된다. 모든 케이스의 수동 분석은 지겹고, 이 과정 자체가 오류를 유발할 가능성이 크다. 또한 테스터 본연의 업무인 소프트웨어 테스팅을 방해하는 원인이 되기도 한다.

성공적인 결함 분석 자동화에는 몇 가지 중요한 요소가 있다. 그림 15-1은 결함 분석 자동화 구현의 기본적인 구조다.

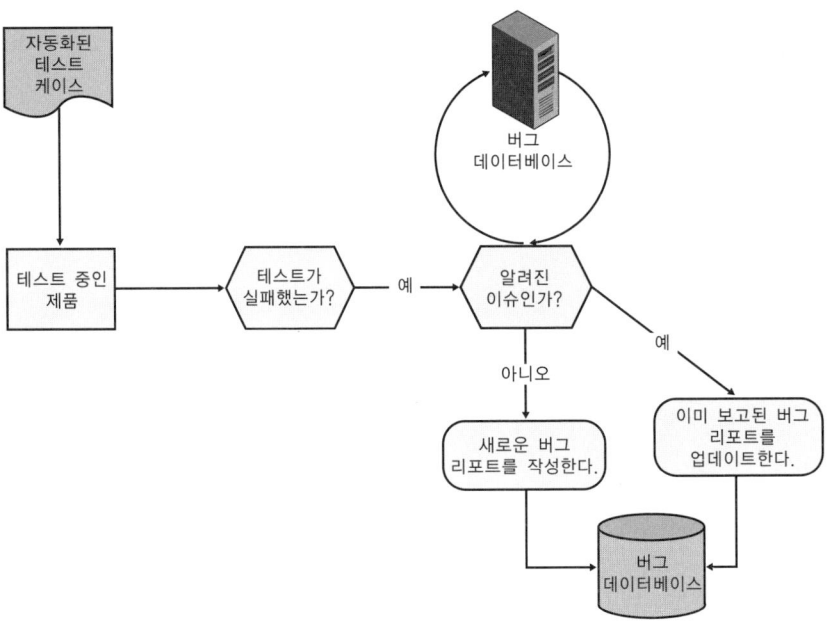

그림 15-1 결함 분석 구조

● 결함 비교

결함 분석 자동화 시스템의 가장 중요한 부분은 결함 비교이다. 수동으로 테스트를 수행해 실패했다면 우리는 실행 환경에 대한 상세 정보와 버그의 재현 절차를 기록으로 남길 수 있다. 그러나 빈약하게 설계된 자동화 테스트의 경우 단지 '1234번 테스트 케이스가 실패함'이라고 보고하고 1235번 테스트 케이스를 진행한다. 결함 분석 자동화가 제대로 작동하게 하려면 자동화 테스트 시 수행 환경, 진행 시나리오, 버그 재현을 위한 상세 절차가 함께 보고돼야 한다. (다음 절에서 이야기할) 좋은 로깅은 안정적인 결함 분석의 핵심이라고 할 수 있다.

시스템의 백엔드에 존재하는 결함 데이터베이스에는 알려진 모든 결함 정보가 기록된다. 어떤 테스트가 실패했을 때 시스템은 이 데이터베이스에 등록된 알려진 결함과 비교한 후 신규 버그 리포트를 생성하거나 이미 등록된 리포트를 업데이트한다. 분석 엔진의 구현은 경우에 따라 복잡하지만 최소한 분석 엔진은 로그 파일이나 스택 추적(stack trace) 내용을 비교할 수 있어야 한다. 좀 더 확장 가능하고 신뢰할 만한 분석 엔진에는 유연하고 쉽게 개선할 수 있는 정교한 비교 알고리즘이 포함돼야 한다. 예를 들어 리스트 15-1의 두 가지 로그는 다른 부분이 일부 있지만 같은 결함으로 인식돼야 하고 각기 별도의 결함으로 보여서는 안 된다.

리스트 15-1 로그 파일 비교의 예제

Log file 1
Test Case 1234:
SysInfo(MyDevBox)
DateTime.Now
Test Input Boundaries [int foobits(int)]
Testing lower boundary [0]
Testing lower boundary passed.
Testing upper boundary [32768]
Expected result -1
Actual result 0
Result: Test Failed.

Log file 2
Test Case 1234:
SysInfo(MyTestBox)
DateTime.Then
Test Input Boundaries [INT FOOBITS(INT)]
Testing lower boundary [0]
Testing lower boundary passed.
Testing Upper Boundary [32768]
Expected -1
Actual 0
Result: Test Upper Boundary Failed.

똑똑하고 유연한 결함 비교 알고리즘은 로그 정보의 작은 변화뿐만 아니라 다양한 테스트 데이터에 따른 테스트 결과의 변동성을 허용할 수 있어야 한다.

● 좋은 로깅 사례

좋은 로깅은 결함을 분석하고 비교하기 위한 필수 요소이다. 테스트 자동화를 구현할 때 로깅은 가끔 무시되거나 번거로운 작업으로 인식되곤 하는데, 제대로 된 지속적인 로깅은 자동화된 테스트가 10년 이상 잘 사용될 수 있게 하는 작은 시작이 될 수 있다. 표 15-1은 로그 파일을 작성할 때 고려돼야 할 몇 가지 요소를 보여주고 있다.

로깅 사례	설명
통과 로그는 간결하고, 실패 로그는 복잡해야 한다.	실제로 '군더더기가 많은' 테스트는 보통 불충분한 테스트 케이스다. 로그에 기록되는 정보의 각 항목은 테스트 결함을 분석하는 데 도움을 주어야 한다. 결함이 발견됐을 때 결함의 원인을 분석하고 추적하는 데 충분한 정보를 제공해야 한다.
결함 발견 시 결함 발생에 앞서 성공적으로 수행된 오퍼레이션을 먼저 추적한다.	마지막으로 수행된 오퍼레이션의 상태 파악은 결함이 어디서부터 시작됐는지 분석하는 데 많은 도움이 된다.
로그는 제품 정보를 추적할 수 있어야 한다.	로그는 테스트 자체에 대한 정보가 아닌 제품에 대한 정보를 추적할 수 있어야 한다. 그러나 자동화된 테스트에 디버그를 위한 추적 코드 삽입은 좋은 생각이다. 이때 삽입한 코드는 테스트 결과 로그에 포함되지 않아야 한다.
충분하고 도움이 되는 결함 관련 정황을 추적한다.	테스트 실패 원인에 대한 자세한 이해는 이면에 존재하는 결함을 분석하는 데 도움이 된다. '테스트 실패'처럼 로깅하기보다는 다음과 같이 로깅하는 것이 좋다. 테스트 실패-파라미터 Arg1, Arg2, Arg3으로 Win32BoolAPI를 호출했을 때 1이 리턴돼야 하지만 0이 리턴됐음 -또는- 테스트 실패-파라미터 Arg1, Arg2, Arg3으로 Win32BoolAPI를 호출했을 때 1이 리턴되고 오류 코드가 0x0이 돼야 하지만 0이 리턴되고 0x57 오류가 발생했음

표 15-1 좋은 로깅 사례(이어짐)

로깅 사례	설명
불필요한 정보는 로깅하지 않는다.	로그 파일에 테스트 시 수행한 모든 액션을 기록할 필요는 없다. 위의 첫 번째 법칙을 기억하고 실패한 시나리오에 대해서만 상세한 기록을 로그에 남겨야 한다. 주의: 디버그를 위한 목적으로 최소 추적 로깅이나 최대 추적 로깅을 지원하는 사용자 정의 로깅 레벨을 갖는 것이 좋다.
각 테스트 포인트 수행 결과가 베리피케이션(verification)이나 밸리데이션(validation)될 때마다 그 결과를 기록해야 한다.	테스트 수행에서 실패한 내용을 큰 단위로 묶어서 보여주는 것은 결함 발견을 저해할 수 있다. 어떤 테스트 케이스를 수행하는 중 결함이 발견됐을 때 그 다음 발생하는 결함이 방금 발견된 결함에 독립적인지 종속적인지 분석할 수 있어야 한다. 이를 위해서 발견된 결함이 정확히 어디에서 발생했는지 알 필요가 있다.
팀의 표준과 네이밍 규칙을 따른다.	각종 표준을 준수하는 것은 로그 파일을 읽을 때 일관성을 보장해 준다. 모든 객체, 테스트, 프로시저 등의 이름은 이해할 수 있어야 하고 동일한 이름이 다시 사용돼서는 안된다.

표 15-1 좋은 로깅 사례

● 로그 파일의 구조

로그 파일에는 어떤 정보가 기록되는 것이 좋을까? 표 15-2에는 리스트 15-1의 로그 파일에 대한 상세한 분석 내용이 정리돼 있다.

로그 항목	목적
Test Case 1234	유일한 이름
SysInfo(MyDevBox)	환경 데이터에 대한 저장소
DateTime.Now	문맥적 데이터(이 항목으로 인해 다른 테스트 결과와는 매치되지 않는다)
Test Input Boundaries [int foobits(int)]	무엇이 테스트되고 있는지 알 수 있다.
Testing lower boundary [0]	테스트 값은 무엇인가? 오류가 발생했을 때 나중에 추적할 수 없다.

표 15-2 로그 파일 분석(이어짐)

로그 항목	목적
Testing lower boundary passed	(마지막에) 성공적으로 수행된 항목
Testing upper boundary [32768]	현재의 입력 값 기록
Expected result −1	무엇을 관찰해야 하는가?
Actual result 0	무엇이 관찰됐는가?(테스트 실패 상태에 대한 관찰)
Result: Test Failed	테스트 케이스 상태에 대한 공식적인 요약

표 15-2 로그 파일 분석

결함 분석 자동화 시작하기

기술적 부담이 결함 분석 자동화를 시작하는 계기가 됐다.

우리가 만든 자동화는 유지 보수성이 떨어지고 빈약하게 설계된 자동화였다. 매주 3일을 전주에 진행한 단일 플랫폼 테스트 과정을 분석하는 데 사용하고 있었다. 근시안적인 목표들과 업무 지시(테스트 자동화의 적합성에 대한 고려는 배제한 채 100% 자동화 달성과 같은)를 따르다 보니 거의 분석 마비 상태에 빠질 지경이었다.

결함 분석 자동화는 우리가 어떻게 테스트를 하는지, 어떻게 결과를 보고하고 분석하는지에 대한 기본적인 내용에서부터 시작한다. 관리자의 의견이 없다면 각 팀은 각자의 언어대로 말할 것이고 다른 팀에서는 전혀 이해할 수 없을 것이다.

결함 분석 자동화를 통해 빈약하게 작성한 테스트 자동화에서 발생한 기술적인 부담을 축소시킬 수 있다. 고품질의 결함 분석 자동화를 위해서는 전체 프로세스를 재정비해야 하며, 이는 대부분의 팀에서 원하는 빠른 솔루션은 아니다. 이 기술적인 부담을 완전히 해소하기 위해 3개월 정도의 짧지 않은 시간 동안 묵묵하게 솔루션을 구현했던 것은 쉽지 않은 경험이었다. 기존 테스트 과정의 완성도에 따라 결함 분석 자동화는 시작하기도 전에 감당해야 할 많은 기술적인 부담이 발생할 수 있다.

— 지오프 스타네프(Geoff Staneff), SDET

● 결함 분석 자동화 통합

테스트 자동화에 대해 훌륭한 투자 대비 수익(return on investment)의 성과를 내려면 자동화, 체크인, 버그 추적 시스템의 모든 단계를 통합할 필요가 있다. 성공적인 솔루션은 테스트 결과와 결함을 분석하는 데 사람의 수동적인 개입을 상당 부분 제거한다. 테스트 실패 케이스의 트렌드 분석은 결함 분석 자동화를 다른 방법으로 사용한 예다. 예를 들어 자동 분석의 결과로서 지난 6개월간 파라미터 값 검증과 관련된 오류가 전체 결함의 12%를 차지했고 UI 타이밍 이슈가 38%를 차지했다는 분석 결과가 나올 수 있다. 이 데이터는 제품의 리스크 영역을 이해하고 에너지를 집중하기 위해 효과적으로 사용될 수 있다.

결함 분석 자동화를 적용한 세 가지 예

결함 분석 자동화는 다음에 언급된 사항 이외에도 많은 장점이 있다. 다음 시나리오들은 시스템에서 결함 분석 자동화를 적용하고 효과를 본 사례다.

개발자인 밥은 방금 4321번 버그에 대한 수정을 체크인했다. 코드를 소스코드 관리 시스템(SCMS)에 체크인할 때 4321번 버그는 버그 데이터베이스에 해결된 것으로 자동 변경됐다. 결함 분석 시스템은 이 버그가 고쳐진 것으로 인식하고, 이 버그로 인해 실패한 다른 테스트 케이스를 자동 실행 큐의 전 단계로 이동해서 수정 사항 검증을 테스트 초반에 수행할 수 있게 한다.

몇 개의 테스트 케이스들이 지난 몇 주간 7734번 버그로 인해 실패 상태로 있었다. 오늘 수행한 자동 테스트에서도 역시 실패가 지속됐다. 그러나 결함 분석 시스템은 그 중 두 개외 버그기 이전 것과는 다른 양상으로 발생한다는 것을 인식했다. 새로운 버그가 자동으로 등록된다. 이 버그는 실패 현상에 대한 상세 정보와 함께 7734번 버그에 대한 링크가 포함돼 있다. 최종적으로 최근 변경된 코드에 대한 검색이 자동 실행되고, 새로운 버그를 야기했을 가능성이 높은 개발자에게 버그를 할당한다.

테스트 매니저인 제인은 오늘 아침 최종 수행된 테스트에서 48개의 새로운 결함이 포함돼 있음을 확인했다. 결함 분석 자동화 시스템은 48개의 새로운 결함이 같은 이유로 발생함을 확인하고 리포트에 결함 발생의 패턴도 기록했다.

결함 분석 자동화를 통해 테스트 팀은 새로 발생하는 이슈에 에너지를 집중할 수 있다. 결함을 분석할 때 "이 테스트 포인트는 지난주에 실패했지. 이번

주에 실패한 원인도 지난 주의 원인과 동일할거야"와 같은 평가를 내리는 것은 어찌 보면 자연스러운 현상이다.

결함 분석 자동화 시스템을 통해 이와 같이 반복적인 테스트 결과 분석을 수행할 때 겪게 되는 지겨움과 그에 따르는 사람의 실수를 제거할 수 있다. 또한 어떤 결함이 과거에 발견된 결함인지를 판단할 때 분석 법칙들을 적용함으로써 사람이 범할 수 있는 분석 실수를 피할 수 있다. 이런 분석 법칙은 사람과는 달리 수행하는 테스트에 아무리 익숙해지거나 유사한 결함을 경험해도 이를 대충 처리하지 않는다.

:: 머신 가상화

마이크로소프트의 테스트 팀들은 데스크톱 컴퓨터와 랙마운트 시스템으로 가득 찬 연구실을 사용한다. 이 컴퓨터들은 유한 자원이며, 주야간 빌드와 자동화 테스트 진행을 위한 빌드 머신으로 사용한다. 마이크로소프트 Hyper-V(과거의 윈도우 서버 가상화)는 가상 머신을 사용하고자 하는 테스트 팀들 사이에 인기를 모으고 있다(가상 머신 (VM)에 대한 가장 심플한 정의는 호스트 시스템에서 작동하는 프로그램처럼 구현된 컴퓨터라고 할 수 있다). Hyper-V 같은 하이퍼바이저(Hypervisor) 기반의 가상화는 호스트 운영체제 안에서 가상 머신이 프로그램처럼 실행되는 호스티드 가상화(hosted virtualization)보다 훨씬 좋은 성능과 보안성을 갖는다.

● 가상화의 장점

테스트용 가상 머신의 사용은 급속하게 늘어나는 추세이다. 테스터 개인에게 있어서 얻을 수 있는 주요 장점 중의 하나는 편리함이다. 몇 대의 물리적인 컴퓨터를 관리하는 것보다 한 대의 물리적인 컴퓨터와 가상 머신 라이브러리를 관리하는 것이 훨씬 간단한 작업이다. 한 명의 테스터가 한 대의 컴퓨터에서 많은 가상 머신을 쉽게 작동시킬 수 있는 것도 가상화의 큰 장점 중 하나다. 과거에는 테스터들이 사무실에서 다수의 컴퓨터를 사용해야 했거나 대규모 연구실을 이용해야 했다. 이로 인해 자연스럽게 달성되는 경비 절감 효과는 가상 머신이 가져다주는 또 다른 유익이다. 더 적은 수의 컴퓨터를 사용하는 한편 가상 머신의 병렬화를 통해 소유한 하드웨어를 최대한 효율적으로 사용함으로써 비용을 절감한다. 이런 절감 효과가 결국 테스터나 개발자의 사무실뿐만 아니라 테스트용 연구실에 있어서 다음과 같은 부가적인 장점을 가져다준다.

■ 사무실에서

테스터와 개발자는 사무실에서 업무를 수행할 때 가끔 여러 대의 컴퓨터가 필요하다. 예를 들어 다른 하드웨어 구성에서 테스트를 해야 하거나 동시에 여러 대의 컴퓨터에서 업무를 수행해야 할 때가 있다. 사무실을 여러 대의 컴퓨터로 채우는 대신 각 사무실에 다양한 가상 머신에서 작동하는 한 대의 Hyper-V 서버를 둘 수 있다(나의 경우 테스터로 일할 때 10대의 테스트 컴퓨터를 사무실에 두고 일한 적도 있다). 가상화를 사용함으로써 테스터와 개발자는 다양한 사양의 VM을 동시에 생성할 수 있으며, 환경 설정도 비교적 빠르고 간단하다. 이런 가상화의 유연성이 결국 테스터와 개발자들이 사무실에 더 많은 하드웨어를 설치하지 않고도 더 높은 테스트 커버리지를 달성할 수 있게 도와준다.

■ 테스트 랩과 관련된 절약

테스트 랩의 관리자는 현재 소유한 하드웨어를 더 효율적으로 사용하는 한편 하드웨어 투자 비용 회수를 위해 Hyper-V의 서버 통합 애플리케이션을 사용할 수 있다. 마이크로소프트의 대부분 테스트 조직은 컴퓨터로 가득찬 대규모 랩을 갖고 있고, 이들 컴퓨터는 자동화 테스트, 스트레스 테스트, 성능 테스트, 빌드 작업 등에 사용된다. 이런 랩이 서버 통합의 0 순위 후보다. 어떤 테스트 랩이든 모든 하드웨어가 갖는 처리 용량을 최대한 활용하는 경우는 거의 없으므로 가상 머신을 사용함으로써 랩 관리자는 같은 작업을 처리하는 데 훨씬 적은 수의 컴퓨터만을 필요로 한다. 결국 랩의 공간 절약은 물론 전기 사용 절감 효과도 얻을 수 있다.

서버 머신의 수를 감소시켜 랩 관리자들의 시간도 절약할 수 있다. 랩의 모든 컴퓨터는 다양한 설치 작업, 랙 작업, 환경 설정 작업 등으로 인해 시간과 비용을 들여 관리해야 한다. 또한 하드웨어의 업그레이드, 고장 수리 등의 작업으로 인한 경영상의 간접비용도 발생한다. 이런 오버헤드 중 일부는 항상 발생할 수밖에 없지만 가상화를 사용해 간접비용을 감소시킬 수 있다. 가상화를 통해 항상 일정한 시간을 잡아먹게 마련인 물리적인 컴퓨터의 수를 감소시킬 수 있다. 가상 머신에서도 앞서 언급한 다양한 작업은 반드시 필요한 것이지만 자동화의 가능성으로 인해 훨씬 간단하게 작업할 수 있다. 컴퓨터의 물리적인 셋업을 자동화하는 것은 불가능하지만 WMI(Windows Management Instrumentation)를 사용해 가상 머신에서 동일한 작업을 수행할 수 있다. 예를 들어 수작업으로 많은 케이블을 꼽았다 뺐다 할 필요 없이 가상 네트워크를 사용해 프로그램적으로 네트워크 토폴로지를 변경할 수 있다.

Hyper-V가 하나의 물리적인 컴퓨터상에서 다양한 종류의 가상 머신을 지원하므로 많은 수의 서버를 랩에 설치하지 않아도 된다. 물론 복잡하고 희귀한 하드웨어 환경을 맞추기 위해 많은 수의 컴퓨터 설치는 필요한 일이다. 따라서 물리적인 모든 테스트를 가상 머신 테스트로 교체하지 않을 것을 권장한다. 그러나 32비트와 64비트 프로세서의 차이나 메모리 구성의 차이 같이 비교적 간단한 차이는 가상 머신을 통해 커버할 수 있다.

■ 테스트 머신 설정과 관련된 절약

가상화의 적용은 비용, 전기, 공간 절약 이상의 의미를 갖는다. 개발 시간은 절대적으로 중요한 리소스인데, 가상화는 시간을 많이 잡아먹는 테스트 머신 셋업과 테스트 후 환경 복구 시간을 줄임으로써 개발자와 테스터가 더 효율적으로 일할 수 있게 한다.

테스터와 개발자 모두 테스트와 코드 검증을 위해 상당한 시간을 소비한다. 가상화 솔루션을 사용하면 테스트 머신의 이미지를 한 번 생성한 후에 여러 번에 걸쳐서 이미지를 머신에 설치할 수 있다. 예를 들어 테스터가 가상 머신을 생성해 파일 서버에 저장한 후 그 머신에서 테스트해야 할 때가 되면 가상 머신을 호스트 서버로 복사한 후 테스트를 실행시키기만 하면 된다. 일일이 운영체제와 소프트웨어를 설치하느라 시간을 낭비하지 않아도 된다. 테스터와 서버 관리자들은 다양한 설정으로 가상 머신 라이브러리를 구축하기도 하는데, 나중에 특정 환경에서의 테스트를 수행해야 할 때에 해당 시스템을 처음부터 수동으로 설치할 필요 없이 라이브러리에서 가져다 쓰면 된다. 마이크로소프트 오피스 XP가 설치된 독일어 윈도우 비스타에서 테스트를 해야 하는 상황에서 하나의 파일 복사만으로 이 환경 설정이 완료될 수 있다.

테스트 컴퓨터는 테스트 도중 가끔 회복 불가능한 상태에 빠지곤 한다. 테스트의 목적은 버그를 찾는 것이지만 복잡한 애플리케이션과 시스템 소프트웨어에서 발견되는 버그는 컴퓨터를 다운시키거나 손상을 주기도 한다. 가상 머신은 이 문제에 대해 두 가지 솔루션을 제공한다. 가장 단순한 첫 번째 솔루션은 가상 머신이 물리적인 컴퓨터가 아니라는 사실 자체다. 가상 머신이 다운돼도 물리적인 하드웨어에 손상이 가지 않으며, 가상 머신이 설치된 파티션의 데이터도 손실되지 않는다. 또한 다른 가상 머신이 영향을 받지도 않는다. 치명적인 오류의 영향성이 크게 감소된다.

시간 절감의 장점이 있는 가상화의 두 번째 솔루션은 시스템의 스냅샷을 저장할 수 있는 기능이다(스냅샷은 마이크로소프트 Hyper-V에서 사용하는 용어다. 다른 가상화 방법에서는 다른 용어를 사용할 수 있다). 스냅샷은 가상 머신의 어느 특정 순간의 정적인 이미지로서, 마치 사진을 찍듯이 머신의 상태를 어느 시간이든 저장할 수 있다. 가상 머신은 스냅샷을 저장한 후 계속 실행한다. 개발자와 테스터는 스냅샷을 사용해 오류 상황을 빠르게 복구할 수 있다. 테스트를 시작하기 전에 스냅샷을 저장함으로써 가상 머신의 상태를 오류 이전의 상태로 손쉽게 되돌릴 수 있다. 가상 머신을 다시 설치하지 않고도 다시 동일한 테스트를 실행하거나 다른 테스트를 수행할 수 있다.

스냅샷을 여기 저기 자주 사용하기 전에 숙지해야 할 몇 가지 주의 사항이 있다. 버그의 재현을 위해 방대한 양의 스냅샷을 저장하는 것이 논리적으로는 완벽해 보이지만 상상 가능한 모든 버그에 대해 스냅샷을 저장하는 것은 Hyper-V의 성능을 저하시킬 수 있다. 각 스냅샷은 가상 머신의 디스크 공간에 간접 접근 레벨을 추가하므로 스냅샷을 많이 저장한 후 몇 시간이 지나면 속도가 매우 느려질 수 있다. 또한 스냅샷은 일반적인 파일처럼 외부로 복사할 수 있는 형태가 아니라는 점도 숙지해야 한다. 스냅샷은 원래의 가상 머신 상태와 스냅샷을 저장하는 순간의 상태를 비교해 변동이 있는 부분만을 저장하는 형태이므로 해당 가상 머신 외부에서는 사용할 수 없다.

● 가상 머신 테스트 시나리오

다양한 테스트 시나리오에서 가상 머신을 사용하는 것은 유익한 일이다. 몇 가지 공통적인 시나리오는 다음 절에서 설명하겠지만 구체적인 활용 시나리오는 무한하고, API 테스트, 보안 테스트, 설치, 제거 같은 더 많은 테스트 시나리오가 가상 머신을 사용함으로써 손쉽게 진행될 수 있다.

■ 일일 빌드 테스팅

많은 테스터들이 다양한 종류의 서비스팩, 업데이트, 제품의 새로운 버전에서 테스트를 해야 한다. 예를 들어 다양한 버전의 윈도우 운영체제에서 실행되는 애플리케이션을 생각해보자. 첫 번째 버전의 제품은 이미 출시됐고 테스트 팀은 두 번째 버전의 테스트를 시작하려고 한다. 표 15-3은 이런 제품의 일반적인 하드웨어, 운영체제 구성 매트릭스를 보여준다.

	32비트		64비트	
	단일 프로세서	듀얼 프로세서	단일 프로세서	듀얼 프로세서
윈도우 XP SP2	테스트 대상			
윈도우 서버 2003 SP2	테스트 대상	테스트 대상	테스트 대상	테스트 대상
윈도우 비스타SP1	테스트 대상			
윈도우 서버 2008	테스트 대상		테스트 대상	

표 15-3 호스트 운영체제 테스트 매트릭스[2]

---

2. 윈도우 2008 서버 운영체제는 단일/다중 프로세서 간의 차이를 스스로 인식하고 작동하므로 운영체제를 다시 설치할 필요가 없다. 윈도우 비스타와 그 이전의 운영체제인 경우에는 운영체제 재설치 작업이 필요하다.

일반적으로 테스터는 이 매트릭스를 모두 테스트하기 위해 테스트 케이스의 수에 따라 세 대 이상의 컴퓨터를 갖고 있어야 한다. 이 경우 하나의 컴퓨터로 운영체제 하나씩 테스트를 진행하는 것이 가능하다. 그러나 이 경우 작업이 매우 비효율적이고, 테스트 환경을 설치하고 셋팅하고, 그에 따라 시스템을 재부팅하는 데 상당한 시간을 소요한다. 세 대 이상의 가상 머신이 한 대의 물리적인 컴퓨터에서 작동하므로 가상화를 사용해 9대 이상의 테스트 머신이 3대의 컴퓨터에서 작동하는 효과를 얻을 수 있는 한편 테스트 머신의 셋업 시간을 절반으로 줄일 수 있다. 스냅샷이나 Hyper-V에 의해 노출된 스크립팅 인터페이스를 사용해 이런 효과를 얻을 수 있다.

조금 전 설명한 매트릭스에서 테스터는 테스트를 수행하는 동안 8가지 버전의 윈도우 운영체제를 물리적인 컴퓨터에 설치해야 한다. 그러나 가상화 솔루션을 사용하면 8개의 모든 버전을 3대 이하의 물리적인 컴퓨터를 사용해 가상 머신에 설치할 수 있다. 자동화된 테스트 수행을 위한 셋업 과정은 매우 짧은 시간에 완료되고 테스터는 환경을 셋업하느라 시간을 낭비할 필요 없이 자연스럽게 제품의 테스트 업무에 집중할 수 있다. 이런 접근법을 사용해 호환성 테스트와 업그레이드 테스트에서도 많은 장점을 얻을 수 있다.

■ 네트워크 토폴로지 테스트

네트워크 토폴로지를 테스트할 때 Hyper-V를 사용하면 수많은 케이블과 스위치를 설정하느라 혼란스러워할 필요가 없다. 그림 15-2와 그림 15-3은 가상 머신이 어떻게 복잡한 네트워크 환경을 생성하는지 보여준다. 그림의 전체 네트워크 토폴로지는 하나의 물리적 서버에서 생성될 수 있다.

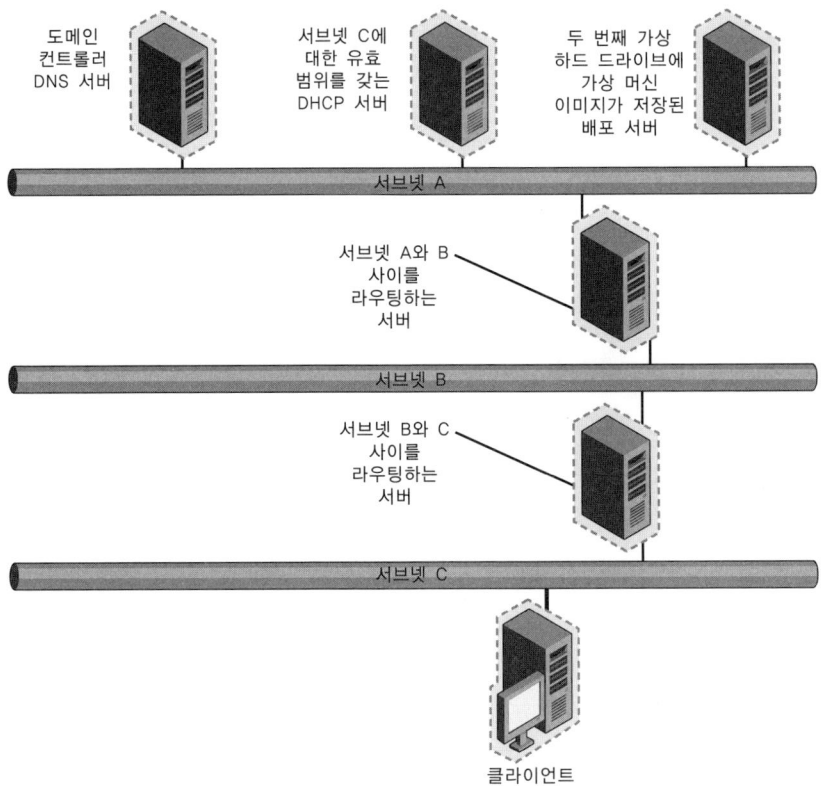

그림 15-2 가상 네트워크 토폴로지

    이 시나리오에서 3개의 서브넷이 생성되고, 라우터의 기능을 수행하게 작동하는 두 대의 서버에 의해 서로 연결됐다. 서브넷 A는 네트워크에 접속하기 위해 일반적으로 필요한 모든 전형적인 인프라스트럭처를 포함한다. 서브넷 A는 다양한 윈도우 설치를 위한 이미지를 배포하는 배포 서버도 포함한다. 서브넷 C의 클라이언트는 네트워크로부터 시작해 윈도우 비스타의 최종 릴리스를 설치할 컴퓨터를 의미한다.

    그림 15-3을 살펴보면 세 대의 가상 서버가 방화벽의 역할을 하는 네 번째 서버 뒤에 있다. 방화벽 역할을 하는 가상 머신은 가상 스위치를 통해 호스트의 물리 네트워크 인터페이스에 연결돼 있는 반면 다른 세 대의 서버는 그렇지 않다. 이 세 대의 서버는 외부 네트워크에 직접 연결돼 있지 않은 두 번째 가상 스위치를 통해 방화벽 서버에 연결돼 있다.

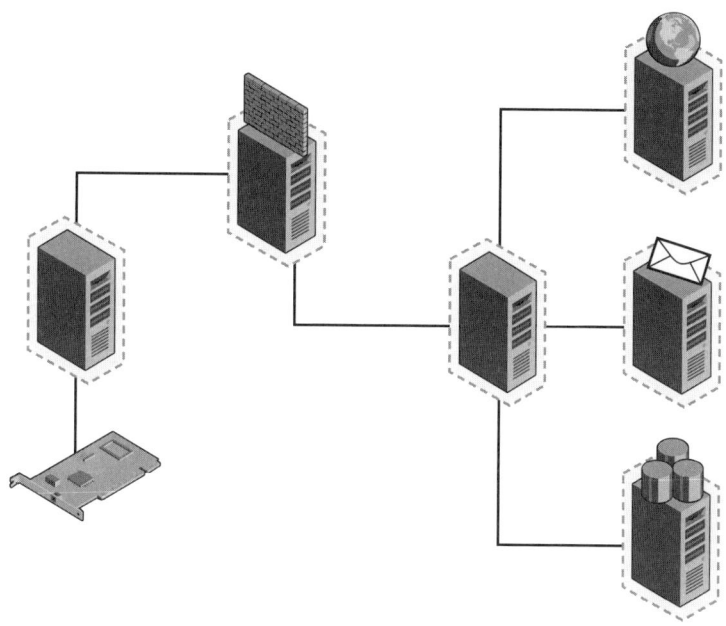

그림 15-3 방화벽 토폴로지

이 시나리오에서 흥미로운 점은 서버, 스위치, 서브넷 등이 한 대의 물리적 컴퓨터에서 자동화를 통해 생성될 수 있다는 점이다. 가상화 이전에는 이런 네트워크 토폴로지를 갖는 테스트 환경을 만들려면 몇 대의 물리적 컴퓨터와 모든 연결 케이블, 라우터 등이 필요했다. 환경 구성을 사람의 수작업으로 했음은 말할 필요도 없다.

● 테스트 도중 발생하는 오류

테스트 도중 발생하는 테스트 자체의 오류는 테스터에게 있어서 상당한 장애물이다. 발생한 이슈에 대한 디버그나 질문에 대한 답변을 받기 위해 개발자를 기다리면서 시간이 낭비되곤 한다. 답변을 받기까지 몇 시간이나 며칠 동안 컴퓨터 작동을 멈춰야 하는 경우도 있으므로 그만큼 테스트 업무가 지연되기도 한다.

어떤 오류는 재현하기 위해 여러 시간 심지어 며칠을 낭비해야 할 경우도 있다. 개발자가 오류 발생 전의 컴퓨터 상태를 면밀히 조사해야 할 경우 테스터는 물론 개발자의 시간까지 낭비하기도 한다.

다음의 두 가지 예는 테스트 조직에서 일반적으로 발생하는 경우다. 가상화의 내보내기, 가져오기, 스냅샷 기능을 활용하면 좀 더 효과적으로 여러 가지 상황에 대처할 수 있다.

■ 내보내기와 가져오기

가상 머신을 사용할 때 테스터는 디버그를 위해 담당 개발자를 기다릴 필요가 없다. 대신 가상 머신의 상태를 저장한 후 공유 네트워크를 통해 내보내기를 할 수 있다. 저장하기를 수행하면 가상 머신 전체의 상태를 디스크에 저장한다. 가상 머신의 모든 환경 설정을 특정 위치에 저장한다. 개발자는 이렇게 내보내기된 가상 머신의 상태를 가져올 수 있다. 가상 머신은 내보내기를 하기 직전에 잠시 멈춰진 상태이므로 일시 정지 상태로 오픈된다. 개발자가 해야 할 일은 가상 머신을 다시 시작시키고 마치 물리적인 컴퓨터 앞에 앉아있는 것처럼 디버그를 수행한다. 이렇게 함으로써 테스터는 테스트 컴퓨터를 다른 테스트를 수행하는 데 사용할 수 있다. 또한 개발자로서는 조사해야 할 이슈에 대해 우선순위를 부여할 수 있고, 테스터는 추가적인 디버깅을 위해 재연하기 힘든 오류에 대해 여러 개의 스냅샷을 저장할 수 있다.

■ 스냅샷

스냅샷을 사용하면 여러 시간이나 여러 날에 걸쳐서 재연해야 하는 복잡한 버그를 재연하는 데 걸리는 시간을 크게 단축시킬 수 있다. 예를 들어 매 시간마다 스냅샷을 저장하는 스크립트를 작성할 수 있다. 가상 머신에서 테스트가 진행되는 동안 이 스크립트를 실행시킨다. 결함이 발견되면 결함이 발생하기 바로 이전의 스냅샷을 찾아서 그 시점 이후로 다시 테스트를 진행하는 방법으로 60분 이내에 원인이 되는 버그를 찾아낼 수 있다. 이 방법을 사용할 때 가끔씩 발생하는 일부 버그는 바로 재연하지 못하지만 일정한 테스트 수행 시점에서 항상 발생하는 버그는 쉽게 찾아낼 수 있다.

> **스냅샷을 사용한 복구**
>
> Hyper-V를 사용한 테스트에서 스냅샷은 마이크로소프트 테스트 팀에게 있어 매우 중요한 기능이 됐다. 스냅샷을 사용하면 테스트해야 할 새로운 빌드가 만들어질 때마다 테스트용 운영체제를 매번 설치하지 않아도 된다. 대신 각 가상 머신에 운영체제를 설치한 후 빌드가 바뀌어도 변하지 않는 테스트에 필요한 툴을 설치한다. 가상 머신이 준비 완료되면 가상 머신의 스냅샷을 저장한다. 이제 스냅샷을 사용해 가상 머신을 복구하고 새로운 빌드를 설치하고 테스트를 시작한다. 이처럼 하는 이유는 가상 머신의 상태를 깨끗한 상태로 빠르게 되돌릴 수 있기 때문이다. 하나의 빌드에 대해 테스트가 끝나면 이렇게 저장한 스냅샷을 다시 적용한 후 다음 빌드를 바로 설치하면 된다. 이런 방법으로 매일 동일한 작업을 수행해야 하는 업무에서 사람이 해야 할 일은 하루에 한 번씩 새로운 빌드를 설치하는 것뿐이다. 이전에는 셋업을 위해 몇 시간이 걸렸지만 이제 단 5분이면 테스트를 위한 준비가 완료된다.
>
> 과거 서비스팩을 테스트했을 때를 생각하면 스냅샷의 중요성을 알게 된다. 서비스팩의 매 빌드를 테스트할 때마다 RTM(Release to Manufacturing) 버전의 윈도우 운영체제를 설치하고, 서비스팩을 설치한 후 테스트를 했던 기억이 난다. 이 작업을 매일같이 수행해야 했다. 스냅샷 기능이 있었더라면 RTM 버전의 운영체제를 한 번만 설치하고 스냅샷을 저장한 후 서비스팩을 설치했을 것이다. 서비스팩에 대한 테스트를 완료하면 저장한 스냅샷을 다시 불러와서 깨끗한 상태의 RTM 운영체제를 만든 후 다음 빌드의 서비스팩을 테스트하면 됐다. 분명 많은 시간을 절약할 수 있었을 것이다.
>
> – 스완 맥팔랜드, 시니어 SDET

● 추천하지 않는 테스트 시나리오

가상화에는 많은 장점이 있지만 권하지 못할 만한 케이스도 있다. 호스트 컴퓨터가 하나의 가상 머신이나 두 개의 가상 머신만을 호스트할 경우 오히려 하드웨어 사용에 있어서 효율성이 떨어지므로 비용적인 장점이 훨씬 감소되고 오버헤드가 발생한다. 그러나 이런 경우에도 빠른 배포와 스냅샷 기능은 충분한 장점이 될 수 있다.

Hyper-V는 게스트 운영체제에 대한 디바이스 드라이버를 제공하므로 가상 머신에서 디바이스 드라이버를 테스트하는 것은 불가능하다. 마찬가지로 특정 하드웨어나 칩셋을 필요로 하는 테스트의 경우 호스트에 설치된 하드웨어에 접근하는 것이 불가능하다. Hyper-V 비디오 드라이버는 호환성을 위해 설계됐고, 원격 데스크톱으로 사용되기 위해 최적화됐다. 따라서 고성능 비디오와 3-D 렌더링은 가상 머신에서 작동하지 않는다. Hyper-V는 프로세서의 리소스를 가상 머신에 동적으로 할당한다. 따라서 로우레벨의 전원 관리 소프트웨어 역시 가상 머신 내에서는 전혀 작동하지 않는다.

> 마이크로소프트 웹사이트의 가상화 페이지(http://www.microsoft.com/virtualization)에 가상화와 마이크로소프트 Hyper-V 기술의 상세한 정보가 있다.

:: 코드 리뷰와 인스펙션

코드 리뷰는 엔지니어링 프로세스에서 없어서는 안 될 부분이다. 지금 여러분이 읽고 있는 15장의 초고를 완성하고, 편집자에게 보내어 심도 있는 리뷰를 받기 전에 일부 동료나 책 내용과 관련된 담당자들에게 지금까지 쓴 내용에 대해 리뷰를 부탁할 예정이다. 이런 방법이 완전하지 못한 본문을 고치고, 책 안의 데이터나 샘플에 숨어있는 '버그'를 찾아낼 수 있는 최선의 방법 중 하나다. 코드 리뷰는 이와 동일한 내용을 소스코드에 대해 수행하는 것이며, 버그를 초기에 찾아내는 데 매우 효과적인 방법이다.

코드 리뷰는 마이크로소프트의 모든 팀에게 있어서 개발 프로세스 중의 한 부분이지만 효율성을 더욱 향상시키기 위한 작업은 여전히 진행 중이다.

● 코드 리뷰의 유형

코드 리뷰는 "제 코드 좀 한 번 봐주시겠어요?"와 같은 가벼운 리뷰에서부터 역할과 목적이 분명히 할당된 팀 회의와 같이 공식적인 리뷰까지 다양한 형태로 존재한다. 두 개발자가 하나의 워크스테이션을 공유하는 애자일 접근 방법인 페어 프로그래밍은 코드 리뷰의 다른 형태다. 코드 리뷰에는 효율성이나 참여하는 사람들의 편의에 따라 다양한 접근 방법이 존재한다. 마이크로소프트의 수많은 테스터가 제품 코드의 리뷰에 활발하게 참여하며, 대부분의 팀에서는 제품 코드에 대한 코드 리뷰 요구 사항과 동일한 수준의 코드 리뷰를 테스트 코드에 대해서도 요구한다.

■ 공식 리뷰

가장 공식적인 형식의 코드 검토 방법은 페이건(Fagan) 인스펙션이다(프로세스의 개발자인 마이클 페이건(Michael Fagan)의 이름을 땄다). 페이건 인스펙션은 엄격한 역할과 프로세스를 갖는 그룹 리뷰다. 리뷰어들은 독자(Reader)나 중재자(Moderator)와 같은 역할을 할당 받는다(코드 작성자는 리뷰 세션에 참여는 하지만 다른 역할을 할당받지는 않는다). 중재자는 리뷰 세션에 참여하는 모든 사람의 준비 여부 확인이나 회의 일정 계획과 진행을 담당한다. 리뷰어는 회의에 앞서 코드를 미리 리뷰하는 데 상당한 시간을 보내야 하며, 리뷰 업무에 집중하기 위해 체크 리스트나 가이드라인을 사용한다.

페이건 인스펙션은 많은 시간 투자를 요구하지만 코드에서 버그를 찾아내는 데는 매우 효과적인 방법이다. 마이크로소프트에서 페이건 인스펙션을 사용하는 한 팀은 테스트 팀이나 고객에 의해 발견되는 버그의 수를 1,000라인당 10개에서 1개 이하로 줄일 수 있었다. 이와 같이 버그를 찾을 수 있는 가능성은 높지만 페이건 인스펙션을 사용하는 팀에 있어서 장애물이 되는 것은 검토에 소요되는 시간의 문제다(보통 시간당 200라인을 검토할 수 있음). 반면 대부분의 개발자는 업무 시간의 25~30% 이상을 공식 검토 회의에 쓰는 것을 싫어한다. 이런 이유로 인해 페이건 스타일의 검토법이 효과는 있지만 마이크로소프트에서 일반적으로 사용되는 방법은 아니다.

■ 비공식 리뷰

효과적인 코드 리뷰 방법을 연구할 때 직면하는 과제는 코딩 시점에서 중요한 이슈를 발견하는 데 시간적으로 효율적이면서도 성과에 있어서도 효과적인 정형화된 수준을 찾는 것이다. '어깨 너머' 방식의 리뷰는 빠르게 진행할 수 있지만 보통 중요도가 낮은 오류만 발견할 수 있다. 이메일을 통해 주고받으면서 진행하는 리뷰는 다수의 리뷰어가 참여할 수 있다는 장점이 있지만 누가 이메일을 읽느냐에 따라 결과가 달라진다. 또한 리뷰어가 리뷰에 얼마나 많은 시간을 쓰는지 코드를 얼마나 자세히 살펴보는지에 따라 결과가 달라질 수 있다.

협업하기 좋고 효율적인 프로세스를 찾는 것이 가장 최선의 해결책인 것으로 보인다. 프로그래머에게 있어서 특정 역할이 할당된 다중 동료 검토의 장점은 필요하지만 공식 회의와 같은 업무상의 부담은 없어야 한다. 스마트 베어 소프트웨어(Smart Bear Software) 같은 회사는 이와 같은 전제를 갖고 작업해 공식 검토와 같이 매우 효과적인 경량 리뷰 프로세스를 개발하고 그 연구 결과를 사례로 발표했다.[3] 마이크로소프트 내부에서 수행된 연구에서도 비슷한 성과를 내었고, 많은 팀이 코드 리뷰를 수행할 때 공식성과 효율성 사이의 완벽한 균형을 찾기 위해 많은 노력을 기울이고 있다.

● 체크 리스트

대부분의 사람들은 자신이 무엇을 해야 할지 정확하게 알 때에 더 좋은 결과를 낼 수 있다. 직원이 사무실에 출근했을 때 상관으로부터 단지 "가서 일하세요."라고 듣는 것보다는 해야 할 작업들의 목록이 있을 때 더 많은 일을 할 수 있고 좋은 결과를 낼 수 있다. 그러나 많은 사람들은 코드 리뷰를 할 때 "제 코드 좀 봐 주세요"라는 말로 시작한다. 일부 리뷰어는 아무 가이드라인 없이도 훌륭한 코드 리뷰를 할 수 있겠지만 대부분의 경우 체크 리스트나 가이드라인이 있을 때 많은 도움이 된다.

체크 리스트를 작성하면 리뷰어가 코드 리뷰를 수행하는 동안 쉽게 찾을 수 있는 버그를 알 수 있게 하는 한편 발견하기 가장 어려운 유형의 버그를 알 수 있다. 체크 리스트에는 다음과 같은 내용이 포함될 수 있다.

- 기능성 체크(구현 정확성)

- 테스트 용이성

---

3. 잭슨 코헨, 『Best Kept Secrets of Peer Code Review(피어 코드 리뷰의 최고 비밀)』, http://www.smartbearsoftware.com.

- 오류 확인과 오류 처리의 정확성
- 리소스 관리
- 스레드 안정성(동기화, 재진입, 타이밍)
- 단순성, 유지 보수성
- 보안성(정수형 오버플로우, 버퍼 오버런 현상, 타입 불일치)
- 실시간 성능
- 입력 값 검증

성능이나 보안성과 같이 단일 분야에 집중한 체크 리스트가 있다면 여러 리뷰어는 코드의 다른 면에 집중할 수 있다.

● 리뷰 시 고려 사항

코드 리뷰에 있어서 재미있는 부분은 그렇게 많지 않은 팀이 리뷰의 성과를 직접 모니터링한다는 점이다. 이것은 어리석게 보일 수 있다. 어떤 일을 함으로써 얼마만큼의 성과를 얻을 수 있는지 잘 알지도 못하면서 그 일을 하기 위해 노력을 기울이는 꼴이다. 리뷰의 성과를 손쉽게 측정할 수 있는 간접적인 방법이 있다. 추적했던 버그를 모니터링하는 것인데, 새로운 코드 리뷰 정책을 도입한 후에 테스트 팀이나 고객으로부터 보고된 버그의 수가 얼마나 줄어들었는지 확인함으로써 코드 리뷰의 성과를 간접적으로 측정할 수 있으며, 이는 그렇게 어려운 작업은 아니다. 그러나 코드 리뷰가 '어떻게' 효과적으로 성과를 내었는지 측정할 수 있을까? 코드 리뷰의 성과를 더 정확하게 측정해야 한다면 업무량과 그로 인한 효과를 정량적으로 측정해야 한다. 코드 리뷰의 정확한 ROI 측정은 코드 리뷰에 소요한 시간과 리뷰 기간에 발견한 버그를 추적함으로써 할 수 있다.

■ 작업별 발견된 버그의 수 활용

표 15-4는 유사한 크기와 범위를 갖는 두 개의 유사한 제품을 나타낸다. 제품 A에서는 테스트 팀에 의해 발견된 버그나 릴리스 후에 (고객에 의해) 발견된 버그만 추적한다. 제품 B에서는 개발자 테스팅과 코드 리뷰를 통해서 발견한 버그까지 추적한다.

제품 A		제품 B	
개발자 테스팅을 통해 발견된 버그	?	개발자 테스팅을 통해 발견된 버그나 재작업	150
코드 리뷰를 통해 발견된 버그	?	코드 리뷰를 통해 발견된 버그나 재작업	100
테스트 팀에 의해 발견된 버그	175	테스트 팀에 의해 발견된 버그	90
고객에 의해 발견된 버그	25	고객에 의해 발견된 버그	10
발견된 모든 버그	**200**	**발견된 모든 버그**	**350**

표 15-4 작업별 발견된 버그

제품 A와 B는 각각 200개와 350개의 알려진 버그를 갖고 있다. 제품 B는 제품 A에 비해 고객이 발견한 버그의 숫자가 적다. 그러나 이 데이터만으로는 어떤 제품이 더 버그를 많이 갖고 있는지 단정 지을 수 없다. 그러나 제품 B에서는 어떤 작업에서 얼마만큼의 버그를 찾았는지는 알 수 있다. 이 정보를 각 작업을 수행하는 데 소요된 시간에 대한 추적 정보 등과 함께 생각하면 어떤 방법이 가장 효과적인지, 어떤 개선 사항이 필요한지 도출할 수 있다.

■ 코드 리뷰 이슈와 재작업

각 작업을 수행해 발견할 수 있는 이슈 외에도 코드 리뷰를 통해 어떤 종류의 이슈가 발견되는지 알 수 있다. 예를 들어 고객이나 테스트 팀이 발견한 버그의 원인을 찾기 위한 가벼운 분석 활동을 수행해 상당수의 버그를 코드 리뷰로 발견할 수 있다는 것을 알 수 있다. 또한 이에 기반해 체크 리스트 항목을 업데이트하거나 정책을 더 엄격하게 강화할 수 있다.

이 외에도 발견한 이슈들의 수정을 위해 필요한 재작업의 종류를 분류함으로써 어떤 종류의 조기 발견 기술이 어느 단계에서 수행돼야 할지 알 수 있다. 표 15-5는 코드 리뷰 중 발견된 공통적인 재작업 항목의 일부다.

이슈 유형	발견/예방 테크닉
코드 중복(예를 들어 공통 라이브러리에서 사용 가능한 코드를 다시 구현하는 상황)	사용 가능한 라이브러리에 대해 개발팀에 교육 수행. 주간 토론회나 프레젠테이션을 수행해 라이브러리의 기능을 소개
설계 이슈(예를 들어 구현된 코드의 설계 방법이 차선책이거나 코딩과 관련된 문제를 효율적으로 해결하지 못한 상황)	그룹 코드 리뷰를 수행하면서 리뷰 참여자들에게 좋은 설계 원리를 교육하면 이런 유형의 오류를 발견하고 예방할 수 있음
기능 이슈(예를 들어 구현된 코드에 버그가 있거나 요구된 기능의 일부가 누락된 경우)	개발자 테스팅의 강화를 위한 새로운 가이드라인이나 테스팅 기법을 개발
철자 오류	통합 개발 환경(IDE)에 철자 체크 기능을 구현

표 15-5 코드 리뷰 이슈와 관련된 예방 테크닉

■ 시간은 나의 편

코드 리뷰 성과를 정확히 측정하려면 리뷰에 소요된 시간을 정확하게 알고 있어야 한다. 팀원들에게 코드 리뷰를 하는 데 시간이 얼마나 소요됐는지 물어볼 수도 있지만 그 질문에 대한 대답은 아마 매우 부정확할 것이다. 이런 이유로 인해 코드 리뷰의 가치를 측정하기 원하는 팀이 그들이 수행하는 모든 코드 리뷰에 코드 리뷰 툴을 사용하기도 한다. 코드 리뷰가 코드 리뷰 툴을 기반으로 수행되면 리뷰 업무에 소요된 시간을 추적하는 것은 훨씬 쉬워진다. 물론 툴 자체를 사용하기 위해 소요된 시간까지 측정하는 것은 어렵다. 이 문제에 대한 거의 확실한 해결 방법은 툴과의 모든 상호 작용(키보드 입력, 마우스 이동, 포커스 이동 등)을 모니터링하는 것이다. 이를 통해 리뷰어가 적극적으로 코드를 리뷰하는지 아니면 단지 코드 리뷰 창을 띄워놓고만 있는지 정확히 알 수 있다.

코드 리뷰에 소요된 시간은 흥미로운 매트릭이며, 다음과 같은 질문에 대한 답으로 측정할 수 있다.

- 코드 구현에 소요된 시간 대비 코드 리뷰에 소요된 시간은 몇 %인가?
- 1,000라인(1KLOC)의 코드를 리뷰할 때 소요되는 시간은 어느 정도인가?
- 이번 릴리스와 지난 릴리스에서 코드 리뷰에 소요된 시간 비율은 각기 몇 %인가?
- 발견한 오류와 코드 리뷰에 소요된 시간 비율은 얼마인가?(리뷰 1시간당 발견된 이슈)
- 테스터나 고객에 의해 발견된 버그의 수 대비 리뷰 수행 한 시간당 발견한 이슈의 비율은 얼마인가?
- 기타 등등...

위의 질문들은 예일 뿐이다. 특정 상황에 대한 올바른 답을 얻으려면 수행하는 코드 리뷰의 목적이 무엇인지 스스로에게 물어봐야 한다. 그 목적이 코드를 체크인하기 전에 코드의 특정 부분에 대한 단순한 검사일 경우 소요된 시간에 대한 측정은 그다지 유용한 정보가 아닐 것이다. 그러나 효율성과 성과를 개선하기 위한 목적이라면 이런 질문들을 통해 올바른 길을 가고 있는지 판단할 수 있다.

■ 그 외의 해결해야 할 문제

코드 리뷰를 수행하면 재작업 요소를 찾는 것 외에도 많은 일이 발생한다. 코드의 일부분에 대해 담당자와 대화하거나 코멘트를 남기는 것은 리뷰 프로세스 중 중요한 부분이지만 시간이 낭비되는 요소다. 예를 들어 리뷰를 위해 코드가 준비됐을 때 "여기 제가 작성한 코드가 있는데 한 번 봐주세요"라고 말하지 않는다. 대신 일반적으로 코드에 대한 짧은 소개 글이나 그 코드가 어떤 작업을 수행하는지(예를 들어 버그에 대한 수정본인지 새로운 기능 추가인지) 정확한 정보를 기술해 이메일을 발송한다. 또한 세부 구현에 대한 결정 사항들을 소개할 수도 있다. 이런 정보를 함께 제공하면 리뷰어가 더 훌륭한 리뷰를 수행할 수 있지만 리뷰 업무가 끝나면 애써 정리한 좋은 정보는 그대로 소실된다. 단순한 문제일 수 있지만 코드 리뷰의 사후 검토 과정에서 오고 간 정보까지 손실된다는 것을 생각하면 문제가 심각해진다. 시간이 지날수록 정보 손실이 누적되고 이는 지식 공유의 어려움을 야기하거나 유지 보수에 문제를 일으킬 수 있다.

리뷰 툴을 사용해 얻을 수 있는 또 다른 장점은 중요 데이터를 추적할 수 있다는 점이다. 코드 리뷰 툴은 코드의 특정 부분에 대한 질문, 코멘트, 대화와 같은 메타데이터를 저장할 수 있다. 팀의 누구든지 소스 파일을 조회하고 코드 수정 내역과 그 수정에 관련된 모든 정보를 확인할 수 있다. 팀의 누군가가 특정 소스 파일이나 컴포넌트와 관련된 업무를 빠르게 파악해야 한다면(예를 들어 팀에 새로운 개발자가 할당됐을 경우) 툴을 사용해 지금까지 진행된 모든 수정 내역을 추출해 관련된 코멘트 등의 정보를 동영상이나 슬라이드쇼를 통해 확인할 수 있다. 이 동영상은 오스카상을 수상할만한 것은 아니지만 팀에 새로운 멤버가 들어오거나 팀의 멤버가 새로운 업무를 수행해야 할 경우 매우 중요한 자료가 될 수 있다.

● 리뷰의 두 얼굴

대부분의 사람에게 있어서 리뷰의 주된 장점은 버그를 일찍 찾아낼 수 있다는 점이다. 사실 리뷰는 버그의 조기 발견에도 좋은 방법이지만 코드 리뷰를 진지하게 수행하는 모든 팀에게 다른 혜택도 가져다준다. 리뷰는 팀의 모든 구성원에게 있어서 훌륭한 교육 툴이다. 개발자와 테스터 모두에게 있어서 코드 품질 향상, 훌륭한 설계 기법, 유지 보수성이 좋은 코드 작성 기술을 배우기 위해 리뷰 프로세스를 사용할 수 있다. 주기적인 코드 리뷰 수행은 리뷰와 관련된 모든 사람이 다양한 코딩 방법과 더불어서 궁극적으로 최적의 코딩 방법을 배울 수 있는 좋은 기회를 제공한다.

:: 툴이 너무 많아도 문제

프로그래머가 아주 많은 회사에서 일할 때의 큰 장점은 업무를 수행하면서 맞닥뜨릴 수 있는 문제 해결을 위해 직원들이 개발한 소프트웨어 툴이 아주 많다는 것이다.

역설적이지만 프로그래머가 아주 많은 회사에서 일하는 것의 큰 단점은 직원들이 개발한 수많은 소프트웨어 툴을 정리하고 잘 파악해야 한다는 것이다.

마이크로소프트에는 엔지니어링과 생산성 향상 툴을 위한 내부 포털이 있는데, 지난 수년간 엄청난 양의 소프트웨어 툴이 이 포털에 등록됐다. 문제는 똑같은 문제를 해결하면서 조금씩 다른 방법으로 동작하는 툴이 매우 많아졌다는 것이다. 이 포털에 검색어로 'test harness'와 'test framework'를 입력하면 각기 25건과 51건의 검색 결과가 출력된다. 이런 툴에는 각기 개별적인 기능이나 목적이 있지만 큰 단위에서의 기능성은 상당히 중복되는 편이다.

● 간소화, 재사용, 재활용

코드 재사용(코드의 일부분이나 컴포넌트의 재사용)은 소프트웨어 공학 분야에서 항상 화제나 논쟁거리가 됐던 영역이다. 윈도우와 함께 배포되는 공통 대화상자 라이브러리와 같은 소프트웨어 라이브러리는 코드 재사용의 좋은 예다. 이 라이브러리(comdlg32.dll)는 모든 종류의 대화상자와 파일 열기, 저장하기, 인쇄, 색상 선택 등 대화상자와 관련된 공통적인 사용자 상호 작용 기능이 포함돼 있다. 파일을 열거나 저장하기 위해 일일이 코딩을 하지 않아도 된다. 즉, 공통 대화상자 라이브러리에서 필요한 기능을 가져다 쓴다.

몇 년 전, 마이크로소프트 오피스에는 큰 변화가 있었다. 스프레드시트나 워드프로세서 기능이 필요한 사람들에게 다양한 애플리케이션을 묶어서 제품을 내놓던 것에서 벗어나 비즈니스 사용자를 위한 통합된 애플리케이션 스위트로 탈바꿈했다. 이때 이 업무를 담당하던 팀은 서로 다른 애플리케이션에서 많은 기능이 중복 구현됐다는 것을 발견했고 오피스 공유 라이브러리인 mso.dll을 탄생시켰다. 오피스 팀에서는 이 라이브러리를 통해 공통된 기능을 사용할 수 있고, 전체 애플리케이션에 걸쳐서 일관된 기능과 사용자 인터페이스를 유지할 수 있다. 또한 테스트 팀에서는 기능 테스트를 단 한 곳에서만 수행하면 된다.

윈도우와 오피스는 개발 플랫폼이라고 할 수 있으므로 공유 라이브러리가 이 환경에서는 잘 작동한다. 이는 프로그래머가 공유 라이브러리를 통해 노출된 기능을 사용해 새 기능을 추가하거나 플랫폼 아키텍처를 개선할 것을 의도해 제작했기 때문이다. 코드 재사용은 오피스에서 역시 잘 작동한다. 오피스는 하나의 동일 제품 라인이기 때문이다. 그러나 일반적인 경우에 코드 재사용의 장점을 더 많이 활용하는 데 있어서 직면하는 과제는 대부분의 제품 라인이 다른 솔루션에 대한 지식 없이 자신의 솔루션을 개발했다는 것이다. 이런 이유로 인해 코드 공유에 대한 동기 유발이나 코드 공유를 통한 이득을 얻기가 힘들다.

● 무엇이 문제인가?

어떤 회사가 라이브러리 안에 지나치게 많은 XML 파서를 갖고 있는 것도 문제지만 이보다 훨씬 심각한 문제들이 있다. 회사가 소유한 툴도 회사의 모든 사람이 접근해 필요한 유틸리티를 검색하고 다운로드받을 수 있는 중앙 저장소에 공유한다. 툴이 어떤 목적을 갖고 있든지 사람들은 자유롭게 접근해 툴을 사용할 수 있다. 다양한 선택의 기회는 더 좋은 선택으로 귀결돼야 하지만 일반적으로 그 반대의 경우가 많다. 베리 슈와츠(Barry Schwartz)는 그의 책 『Paradox of Choice(선택의 패러독스)』에서 지나치게 많은 선택 옵션을 갖는 것이 어떻게 결정을 더 어렵게 만드는지 보여준다.[4] 이것이 조금 전 언급했던 문제의 일부다.

마이크로소프트에서는 모든 제품 그룹이 자체 목표와 비전을 세우고 매일 직면하는 공학적 문제를 그 목표와 비전에 따라 독특한 방법으로 해결한다. 이것은 마이크로소프트의 훌륭한 점 중 하나다. 코드 재사용에 대한 다양한

---

4. 베리 슈와츠(Barry Schwartz), 『Paradox of Choice(선택의 패러독스)』(New York: Harper Perennial, 2005).

동기 부여가 있을 수 있지만 가장 큰 동기 부여는 시간 절약이다.

그러나 여전히 코드 재사용이 필요한 만큼 널리 사용되지 않을 것임을 우려한다. 중복되는 업무와 NIH 증후군(Not-Invented-Here Syndrome, 신제품을 개발한 부서로부터 일종의 위기감을 느끼는 증상)[5]이 개선돼야 할 주요 표적이다. 마이크로소프트 같은 대규모의 회사에서 툴 적용이 효과적인 방안이 될 수 있게 하려면 툴만을 공유하는 것으로는 부족하다. 코드도 함께 공유돼야 한다.

● 공개 개발

팀 간의 코드와 툴의 공유 효과는 각 팀이 갖고 있는 고유한 요구 사항을 채워줄 수 있는지에 달려있다. 한 개인이나 팀이 자신의 요구 사항에 따라 공유한 코드나 툴을 커스터마이징을 할 수 없거나 코드의 소유자가 필요한 수정을 가할 수 없다면 결국 자신만의 카피를 새로 만들거나 아예 처음부터 시작해야만 한다. 결국 모두가 참여하고 개선해나갈 수 있게 코드가 함께 공유돼야 한다.

2007년에 마이크로소프트는 코드박스(CodeBox)라는 이름의 사내 포털을 오픈했다. 마이크로소프트의 엔지니어는 코드박스에 협업이 필요한 프로젝트를 생성하거나 프로젝트 호스팅과 관리를 담당할 수 있다. 엔지니어링 엑설런스 팀(Engineering Excellence Team)에 의해 개발된 코드박스는 회사 내부적으로 공유하는 애플리케이션으로, 코드플렉스(CodePlex, http://www.codeplex.com)와 유사한 화면 구성을 갖는다. 코드박스는 누구나 추가 개발과 개선을 할 수 있는 소스 코드 제어 기능을 포함한다. 코드박스에 호스팅되는 프로젝트는 특정 기능을 추가하기 위해 브랜치(또는 포크)상에서 변경을 가할 수 있다. 또한 프로젝트의 소유자는 모든 변경 사항에 대한 완벽한 제어 권한을 갖는다(브랜치나 포크는 원본 소스와 완벽히 구별되지만 동일한 히스토리를 유지하는 별개의 복사본이다).

코드박스의 사용률은 빠르게 증가한다. 코드박스가 만들어지기 이전에 사용하던 툴 포털에서 인기 있었던 많은 툴은 이미 코드박스로 이관됐다. 2007

---

5. NIH 증후군은 자기가 최고라고 생각하고 외부의 것을 수용하지 못하는 성향을 의미한다 - 옮긴이

년 2월부터 2008년 3월까지 코드박스 내의 프로젝트 참여 횟수는 50건에서 400건으로 늘어났다. 툴과 유틸리티의 공유와 더불어서 많은 팀이 언젠가는 마이크로소프트의 제품이 될 애플리케이션 개발을 위한 작업 공간으로 활용할 것이다.

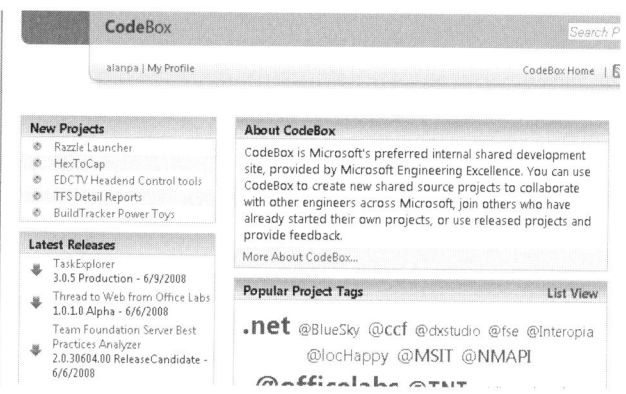

그림 15-4 마이크로소프트 코드박스

코드박스의 장기적인 장점을 언급하기에는 조금 이른 감이 있지만 코드박스는 코드 재사용률을 증가시켜줄 것이고, 현재까지 좋은 시작을 보이고 있다. 코드박스의 채택과 사용률이 증가할수록 공유된 코드와 툴은 개발 비용 감소, 품질 고도화, 이미 전사적으로 존재하는 지식과 경험의 지속적 혁신 등을 통해 전체 회사에 이익을 가져다 줄 것이다.

:: 정리

소프트웨어 엔지니어링은 복잡도가 증가하는 만큼 그 자체도 진보한다. 이와 같이 공학적 진보와 복잡도가 증가함에 따라 새롭고 더 큰 문제가 지속적으로 나타나고 있다. 많은 소프트웨어 엔지니어에게 하고 싶은 말은, 이런 문제들이 소프트웨어 분야를 더욱 흥미 있고 매력적인 분야로 만든다. 이런 오늘의 문제에 지속적인 관심을 기울이는 한편 미래에 새로 발견될 문제를 예측하고 행동하는 것은 마이크로소프트뿐만 아니라 전체 소프트웨어 산업계에서 필요로 하는 훌륭한 기술 리더로서 가져야 할 중요한 자세다. 마이크로소프트의 엔지니어가 직면하는 문제는 수도 없이 많다. 15장에서 언급한 결함 분석, 코드 리뷰, 가상 머신의 사용, 코드 재사용 등은 수없이 많은 문제 중 네 가지일 뿐이다. 소프트웨어 엔지니어링의 발전을 위해 꾸준한 노력을 기울이는 것은 마이크로소프트 기업 문화의 흥미 있는 한 단편이다.

16 테스팅의 미래

앨런 페이지

소프트웨어 테스팅은 소프트웨어 개발과 비교해볼 때 여전히 새로운 분야다. CUC(Computer Usage Corporation)와 ADR(Applied Data Research) 같은 회사들은 1950년대에 사업을 시작해 컴퓨터 제조업체와 비즈니스 사용자들을 위해 시스템 소프트웨어와 애플리케이션을 제공했다. 그 당시 테스팅과 디버깅은 같은 의미로 사용됐고, 모두 전적으로 프로그래머의 역할이었다. 이후에 테스팅은 따로 분리된 활동이 됐다. 단순히 버그를 찾는 활동과 소프트웨어가 요구 사항을 만족하는지 검증하는 역할에서 결함을 찾고 품질을 측정하는 활동으로 그 역할이 변경됐다.

소프트웨어 테스팅은 여전히 소프트웨어 기능을 검증하는 일이다. 고객이 제품을 사용하기 전에 매우 심각한 영향을 줄 수 있는 결함을 찾는 활동이다. 최근 소프트웨어는 거대해지고 복잡해졌으며 수많은 사용자가 매우 다양한 시나리오로 사용한다. 소프트웨어 회사나 IT 부서에서 소프트웨어 개발 생명 주기의 초기 단계에서 테스팅을 수행하고 있음에도 불구하고 소프트웨어가 더 복잡해지는 것을 보면 이런 투자와 노력이 효과가 있는지는 명확하지 않다.

기술의 향상과 소프트웨어 품질의 개선에도 복잡도는 증가했다. 이런 상황에서 우리가 되새겨볼 질문이 있다. "여기서 테스팅은 어디로 가야 할까?"

:: 전향적 사고의 필요성

『The Art of Software Testing(소프트웨어 테스팅 기술)』에서 글렌포드 J. 마이어스는 디버깅으로부터 베리피케이션(verification)으로의 테스팅 진보에 대해 처음 언급했다.[1] 1988년, 겔페린(Gelperin)과 헤젤(Hetzel)은 소프트웨어 테스팅의 발전과 성장[2]을 연구했고, 테스팅 활동이 예방 활동(prevention activity)으로 변화한다고 말했다. 20년이 지난 지금도 여전히 테스팅은 예방 활동의 방향으로 진행되고 있다. 물론 이에 대한 검증과 분석에 대한 요구는 항상 있겠지만 예방 기술이 소프트웨어 품질 향상에 기여할 것은 자명하다.

● 한걸음 물러서서 앞을 내다보기

한 일화가 있다. 어느 날 마을 사람 하나가 강을 따라 걷고 있는데, 강에 빠져 허우적대는 남자를 봤다. 그는 강으로 뛰어들어 그 남자를 안전하게 구해냈다. 그가 숨을 채 돌리기 전에 또 다른 남자가 물에 빠진 것을 봤다. 그래서 그는 도움을 청하고 구조하기 위해 다시 강에 뛰어들었다. 한 사람, 한 사람 물에 빠진 사람이 더 많이 발견될 때마다 더 많은 마을 사람들이 도움을 요청했다. 이런 대혼란의 가운데 한 사람이 강을 따라 걷기 시작했다. 마을 사람 중 한 사람이 그 사람을 불렀다. "어디 가세요? 당신의 도움이 필요합니다." 그가 대답했다. "누가 이 모든 사람을 강으로 집어 던지고 있는지 찾으러 가는 중입니다."

'품질 근원으로 이동(moving quality upstream)'은 소프트웨어 테스팅 주기에서 자주 듣게 되는 용어지만 아직 대부분의 분야에서 충분히 이뤄지지 못했다. 오늘날 사용되는 대부분의 소프트웨어는 테스트만으로 품질을 향상시키기에는 매우 복잡하고, 너무 크고, 비용이 많이 든다. 거의 모든 컴퓨터 과학 책에

---

1. 글랜포드 J. 마이어스(Glenford J. Myers), 『The Art of Software Testing(소프트웨어 테스팅 기술)』(New York: John Wiley, 1979).
2. D. 겔페린(D. Gelperin), B. 헤젤(B. Hetzel), <The Growth of Software Testing(소프트웨어 테스팅의 성장)>, Communications of the ACM 31, no. 6(June 1988).

서 버그로 인한 비용을 설명하는 그래프를 볼 수 있지만 여전히 소프트웨어 업계에서는 제품의 품질을 위한 테스팅을 소프트웨어 공학의 마지막 단계에서만 한다. 표 16-1은 『Code Complete(프로그래밍 완전 정복)』[3]에서 발췌한 내용으로 버그가 어느 단계에서 발견되는지에 따른 비용 증가의 추이를 보여준다.

발생된 시점 \ 감지된 시점	요구 사항	구현	통합	시스템 테스트	릴리스 후
요구 사항	1	3	5-10	10	10-100
설계	-	1	10	15	25-100
개발	-	-	1	1	10-25

표 16-1 버그 발생/감지 단계에 따른 평균 결함 수정 비용

이 표에서 맥코넬(McConnell)은 요구 사항에서 발견된 버그가 즉시 수정될 경우 100달러의 비용이 들지만 시스템 테스트 단계에서 발견되고 수정되면 10배의 비용이 더 들고, 릴리스한 후에 수정한다면 100배의 비용이 더 든다고 한다. 버그는 발생 시점에 가까울수록 더 쉽게 고칠 수 있다. 버그가 시스템에 존재하는 기간만큼 비용은 증가할 수 있다. 개발자는 버그를 수정하기 위해 코드를 다시 이해하고 들여다봐야 하고, 그 버그를 둘러싼 코드의 종속성 때문에 수정하는 데 복잡성과 위험성은 더욱 추가될 것이기 때문이다.

● 품질 문화를 위한 노력

품질 관점의 사고로 널리 알려진 조셉 주란(Joseph Juran)은 인간 차원을 품질 이슈에 추가해 유명해졌다. 주란은 문화적 저항이 품질 이슈의 근본 원인이라고 생각했다.

문화는 공유된 신뢰, 가치, 태도, 제도, 행동 유형이며, 사회나 조직 구성원의 특성을 나타낸다. 품질 문화에서 사회 구성원은 품질과 관련되는 가치,

---

3. 스티브 맥코넬(Steve McConnell), 『Code Complete: A Practical Handbook of Software Construction(프로그래밍 완전 정복)』(Redmond, WA: Microsoft Press, 2004).

태도, 신뢰를 공유하며, 일상적인 작업을 할 때 이런 요소들을 생각한다. 이렇게 품질이 문화로 뿌리 깊이 내리지 않으면 품질 활동은 '나중에' 할 수 있는 엔지니어링 퍼즐의 한 조각으로 보일 것이다.

불행히도 '상황에 딱 맞는' 그런 품질은 없으며, 생산 주기의 맨 마지막 단계에서 품질을 기대하는 것은 어리석은 일이다. 품질이 엔지니어링 프로세스에서 맨 앞에 위치하지 않는다면 마지막에 만족스러운 수준의 품질을 얻는 것은 불가능하다. 최근 컨퍼런스에서 와츠 험프리(Watts Humphrey)는 이런 오랜 문제를 다음과 같이 표현했다. "테스트 없이 높은 품질의 제품을 얻으려면 높은 품질의 제품을 테스트에 투입해야 한다." 우리가 자주 부딪히지만 해결하기 어려운 문제는 어떻게 높은 품질의 제품을 테스트에 투입할 수 있는지이다.

● 테스팅과 품질 보증

마키아벨리(Machiavelli)는 다음과 같이 말했다. "결함은 초기에 고치기는 쉽지만 발견하기는 어렵다. 그러나 초기에 발견하거나 처리하지 않는다면 시간이 지남에 따라 결함은 발견하기는 쉬우나 수정하기는 어렵다."[4] 소프트웨어에서도 마찬가지다. 조기 발견과 예방이 나중에 '고치기' 어려운 문제를 피하는 열쇠다.

다른 소프트웨어 회사처럼 마이크로소프트에서도 품질을 향상하기 위한 가장 일반적인 방법은 테스팅이다. 테스팅은 소프트웨어의 결함을 고객이 찾기 전에 먼저 찾는 수단이다. 사실, 개발 주기의 초기에 회사 내 최고의 소프트웨어 테스터 중 일부를 투입해 테스트를 수행했을 때 마이크로소프트는 효과적으로 버그를 찾을 수 있었다. 이와 같은 테스트 접근 방법이 여전히 제품의 품질을 높인다.

테스팅이란 단어는 가끔 품질 보증과 동의어로 사용된다. 그러나 이 둘은 각기 다른 엔지니어링 행위다. 테스팅은 다양한 탐지와 조사 기술을 사용해서 제품에 숨어 있는 결함을 찾는 반응적인(reactive) 접근 방법이다. 반면에 품질

---

4. 니콜로 마키아벨리(Nicolo Machiavelli), 『군주론(The Prince)』(1513)

보증은 개발 생명 주기에서 버그 예방과 품질 문화가 정착되게 환경을 만드는 주도적(proactive) 접근 방법이다. 품질 보증에 대한 관점은 모든 분야에 현존하지만 테스트 분야에 가장 많이 보급돼 있다.

마이크로소프트의 엔지니어링 엑설런스(Engineering Excellence) 그룹은 마이크로소프트의 선임 테스터들을 위한 코스를 개발해 정기적으로 수강하게 했다. 이 강좌에서는 테스팅 기술보다 방대한 품질 보증 기술을 교육한다. 많은 경우에 마이크로소프트에서 선임 테스터의 역할은 단순히 테스트 역할보다는 품질 보증과 같은 역할의 성격이 훨씬 강하다. 이들의 주요 역할은 그룹이나 부서 내 모든 엔지니어링 분야에서 영향을 미칠 수 있는 품질 활동을 향상시키는 것이다.

● 누가 품질의 주인인가?

아주 오래 전에는 "누가 품질의 주인인가?"라는 질문을 했을 때 "테스트 팀이 품질의 주인입니다."라는 답변을 들었다. 요즘 이런 질문을 받는다면 습관적으로 "모든 사람이 품질의 주인입니다."라고 대답을 한다. 이 대답이 좀 나은 답변이지만 SEI의 마크 맨듀크(Mark Manduke)는 이렇게 기술했다. "품질이 모든 사람의 책임이라고 선언될 때 아무도 실제로 그것을 책임지지 않게 되고, 품질 이슈는 무질서 속으로 사라진다." 그는 다음과 같은 결론을 내렸다. "경영진이 실제로 품질 문화를 승인할 때 비로소 모든 사람은 품질에 책임질 것이다."[5]

모든 사람이 올바르게 품질에 대해 주인 의식을 갖으려면 품질 문화를 필요로 한다. 이런 문화가 없는 모든 팀은 우선적으로 품질을 먼저 희생할 것이다. 개발 팀들은 시간을 벌기 위해 코드 리뷰를 생략하고, 프로젝트 관리자는 기능의 일부를 축소하거나 '완료'의 정의를 은근슬쩍 변경하고, 테스트 팀들은 테스트 통과율이나 커버리지 비율을 변경할 것이다. 품질 보증 프로세스를 정착시키려는 많은 노력에도 불구하고 대부분의 엔지니어링 팀에서는 마감일

---

5. W. 마크 맨듀크(W. Mark Manduke), 『Let SQA Be Your Guide(SQA 가이드 따르기)』, STQE Magazine 5, no. 6(November/December 2003)

이나 다른 목적을 만족시키기 위해 품질 관련 작업 활동을 생략한다. 제품 출고일이나 다른 마감일을 유연하게 맞추는 것이 확실히 중요하지만 참된 품질 주인의식이 없으면 품질에 문제가 생긴다.

테스트 팀은 품질 보증의 여러 부분을 책임지게 되지만 품질 문화 채택에 탁월하거나 영향을 줄 수 있는 최고의 위치에 있는 경우는 거의 드물다. 선임 관리자가 품질 전문가일 수도 있지만 그들의 주된 관심사는 단지 팀 관리, 제품 출하, 성공적인 사업 운영이다. 선임 관리자가 품질 목표를 생각할지라도 품질 문화에 대한 전문가는 아니다. 대개의 경우 관리 리더십 팀들(일반적인 개발, 테스트, 프로그램 관리의 조직장들)이 품질에 대한 주인의식을 책임진다. 이들은 팀의 엔지니어링 프로세스를 맡아서 이끌고, 조직 내 최고의 위치에서 품질 기반 엔지니어링 작업을 적용하고 평가한다. 하지만 유감스럽게도, 특정 개발 엔지니어링 사이클에서의 소프트웨어 품질이나 이를 위한 엔지니어링 작업은 그들의 주요 관심 대상이 아닐 수 있다.

선임 관리 부서가 품질 문화를 지원하는 것만으로는 부족하다. 품질 문화에서는 모든 직원들이 품질에 대한 영향력을 가질 수 있어야 한다. 직원들의 제안이 생산 과정의 품질 향상에 영향을 미치는 경우가 많다. 예를 들어 자동차 산업을 예로 들면 일본 자동차 근로자들은 평균적으로 1년에 28개의 제안을 하고, 이 제안 중에 80%가 적용된다.[6]

일반적으로 마이크로소프트의 전 부문 엔지니어들은 개선을 위한 제안을 한다. 품질 문화를 가지지 못한 팀은 제안을 적게 할 것이고, 그 제안 중 극히 일부분만 적용될 것이다. 품질에 대한 문화적 무관심은 결국 팀 구성원의 열정을 저해하고 책임 문제로 이어진다.

● 품질 비용

'품질 비용'이란 용어는 널리 사용되고 있지만 잘못 이해되고 있다. 품질 비용이란 품질이 좋은 상품이나 서비스를 만드는 데 소요되는 가격이 아니다. 좋

---

6. R. 웰(R. Wall), R. 솔럼(R. Solum), M. 소볼(M. Sobol), 『The Visionary Leader(비져너리 리더)』(Roseville, CA: Prima Lifestyles, 1992)

은 품질의 상품이나 서비스를 만들지 못해 드는 비용이다.

매번 작업을 다시 해야 될 때 항상 품질 비용은 증가한다. 이에 대한 확실한 예제는 다음과 같다.

- 컴포넌트나 기능의 재작성이나 재설계
- 테스트 실패나 코드 리그레션의 결과로 재테스트
- 엔지니어링 프로세스의 일부로 사용하기 위해 툴을 재빌드
- 체크인 시스템, 빌드 시스템, 리뷰 정책 등과 같은 서비스나 프로세스에 대한 재작업

다시 말해서 품질을 완벽하게 만족한다면 어떤 추가 비용도 발생하지 않을 것이다. 이것을 낮은 품질에 대한 비용(COPQ, Cost Of Poor Quality)이라고도 한다.

『Quality Is Free(품질은 무료다)』에서 필립 크로스비(Phillip Crosby)는 품질 비용을 감정(appraisal), 예방(preventative), 실패(failure)의 세 가지 카테고리로 나눴다. 감정 비용은 급여(테스터에게 지급하는 비용 포함)와 릴리스 비용을 포함한다. 예방 비용은 예방 기술을 적용하고 유지 보수하는 데 드는 비용이다. 실패 비용은 재작업 하는 데 드는 비용이다(앞에서 언급한 COPQ). 우리는 주로 예방 비용은 예산으로 잡지 않고 심지어는 이에 대한 비용을 지불하지도 않는다. 대신에 우리는 영웅적인 것들을 더 좋아한다. 즉, 마지막 버그를 수정하기 위해 밤새 일하고, 마지막에 발견된 심각한 이슈의 회피 방법을 조사한다.

연구 보고서 『The Persistence of Firefighting in Product Development(제품 개발에서의 지속적 투쟁)』[7]에서 발췌한 다음 글을 생각해볼 필요가 있다.

> 가끔 엔지니어나 매니저에겐 슈퍼스타가 있다. 그들은 마지막 변경 업무 중 하나를 맡아 모든 수단과 방법을 동원해 고생 끝에 업무를 성공시킨다. 그런 후에 우리는 그 사람을 영웅으로 만든다. 우리 모두는 말한다. "저것

---

7. 넬슨 P. 리페닝(Nelson P. Repenning), 파울로 곤칼베스(Paulo Gonçalves), 로자 J. 블랙(Laura J. Black), <Past the Tipping Point: The Persistence of Firefighting in Product Development(제품 개발에서의 지속적 투쟁)>(Cambridge, MA: 슬론 경영 대학원, Massachusetts Institute of Technology, n.d.), http://web.mit.edu/nelsonr/www/TippingV2_0-sub_doc.pdf

이야 말로 여기서 가치 있는 것이다." 한 달 먼저 어떤 문제가 발생하기 전에 그 모든 문제를 제거하고 테스팅하는 일상적인 일은 가치가 없다. 마지막 몇 분 내에 변경하고 이를 강하게 추진해 문제를 해결하는 것이 가치 있는 것이고, 그것이 당연하다고 믿어 왔다.

이 문구는 많은 독자에게 이미 친숙해져 있을 것 같다. 우리는 이런 영웅담은 필요 없다. 우리는 이런 구태를 예방할 필요가 있다.

● 테스트의 새로운 역할

어떤 사람은 이렇게 질문할지도 모르겠다. 품질이 설계 시에 깊이 통합되면 개발자는 버그를 거의 발생시키지 않을 것이고, 그러면 테스트 팀은 무엇을 할 것인가? 사실은 오늘날 버그를 찾는 것은 무척 쉽다. 조직 내에서 품질이 모든 사람의 습관이 되면 테스트의 역할은 많은 양의 결함을 찾는 것보다 고객 시나리오, 상호 검토, 정확성에 더 초점을 맞추게 된다. 찾아야 할 버그는 여전히 있겠지만 그것을 찾기 위해 더 많은 노력이 필요할 것이다. 테스터들은 시간을 더 확보할 수 있어 기본 기능 이슈에서 해방돼 복잡한 통합 시나리오를 조사할 수 있고, 릴리스된 후에 고객들이 발견할 많은 양의 버그들을 찾을 수 있고, 핫픽스, 업데이트, 서비스팩으로 인한 엄청난 비용을 제거할 수 있다.

테스트의 다른 역할(다른 부문과 마찬가지로)로 품질 보증 역할을 시작할 수 있다. 품질 보증 역할의 사람들은 프로세스 향상, 결함 예방 기술과 인프라를 분석하고 적용하며, 조직 내에서 품질 사고와 품질 문화의 대표자가 될 수도 있다. 품질 보증 역할의 성장과 발전은 회사 전체에서 품질 문화를 쌓아 올리고 전하는 핵심 부분이 될 수 있다.

버그 예방, 근본 원인 분석, 품질 문화의 필요성에 대해 더 많은 정보를 원한다면 마이크로소프트의 동료 테스터가 쓴 『The Practical Guide to Defect Prevention(결함 예방에 대한 실무 지침)』(Microsoft Press, 2007)을 참고하자.

:: 테스트 리더십

이 책을 집필하는 지금 마이크로소프트에는 9,000명 이상의 정규직 테스터가 있는데, 각 부문의 기술을 연결하고 공유하며 발전시킬 방법을 찾고 있다. 이런 작업은 수백 명의 테스터가 있는 조직에서는 큰 도전이겠지만 전 세계에 퍼져있는 엄청난 수의 테스터가 있는 마이크로소프트에서는 도전임과 동시에 반드시 거쳐야 하는 관문이었다. 활발한 테스트 엔지니어링 부문을 만드는 것은 리더십이 핵심 열쇠이고, 이런 리더십이 마이크로소프트의 이슈를 해결한 방법이다.

● 마이크로소프트 테스트 리더십 팀

마이크로소프트에서는 모든 엔지니어링 부문에 리더십 팀이 있다. 마이크로소프트 테스트 리더십 팀(MSTLT, Microsoft Test Leadership Team)은 이런 리더십 팀 중에 가장 활발하고 성공적인 팀 중 하나다. 이 팀의 주요 목표는 테스팅 지식과 실례를 전사적으로 공유하는 것이다. 이 목표는 MSTLT의 미션과 업적에 반영돼 있다.

> **마이크로소프트 테스트 리더십 팀 비전**
>
> 마이크로소프트 테스트 리더십 팀(MSTLT)의 미션은 사업 그룹 교류 포럼을 만들어서 테스트 부문의 일반적인 문제들과 이슈들을 공론화하고 이의 해결을 지원하는 것이다. MSTLT는 교육과 성공 사례를 각 사업 그룹의 테스트 팀에 적용해 일반적인 문제를 해결할 수 있게 한다. MSTLT는 사업 부문에서 요구되는 성공 사례를 최적화하거나 변형해 사업 그룹의 차별화를 지원한다.

MSTLT는 약 25명의 최고 선임 테스트 관리자, 감독, 일반 관리자, 마이크로소프트 제품 담당 부사장으로 구성돼 있다. 리더십 팀의 참여자를 선출하는 과정은 이 팀의 성패를 좌우하는 매우 중요한 일이다. 참여자는 TLT 의장과 제품 담당 부사장의 추천이나 승인, 근속연수에 따라 선출한다(2장, '마이크로소프트의 소프트웨어 테스트 엔지니어' 참조). 리더십 팀이 적절하게 구성되지 않으면 대규모 커뮤니티를 균형 있게 대표할 수 없다. 또한 자신들의 부서를 적절하고 정당하게 대변하기 위한 부서 리더십으로부터의 지원이 필요하다.

● 테스트 리더십 의장

그랜트 조지(Grant George)는 테스트 리더십 팀의 첫 번째 의장이었다. 그는 2003년 8월에 MSTLT의 의장이 돼 팀을 성장시켰다. 2004년에 엔지니어링 엑설런스(Engineering Excellence) 조직이 이 가상 팀을 지원하기 시작했고, MSTLT 의장은 엔지니어링 엑설런스 조직과 가까운 파트너가 됐다. 이와 같은 가상 합병으로 인해 MSTLT는 테스트 훈련, 엔지니어링 엑설런스 상(awards), 테스터를 위한 커리어 발전 로드맵(MSTLT와 HR이 협조해서 개발)을 검토하고 피드백을 제시하는 매우 활발한 역할을 했다.

마이크로소프트 테스트 리더십 팀 킥오프

발신: 그랜트 조지
발신일시: 2003년 10월 17일 금요일 13:11
제목: 마이크로소프트 테스트 리더십 팀
일시: 2003년 12월 17일 수요일 12:00-14:00(태평양 표준시)
장소: 17/3002

아시다시피, 우리 사업부의 각 부문이 직면한 문제를 해결하기 위해 마이크로소프트 내 제품 그룹에 대한 전문적인 리더십 팀을 만들려고 노력 중입니다. 이와 같은 커뮤니티를 결성해 비즈니스에서 직면하는 아주 큰 난관들을 공동으로 해결하기 위해 노력할 것입니다. 우리 앞의 'Wave 12'(앞으로 2~3년)라는 타임 프레임에는 수많은 복잡하고 어려운 제품 사이클이 있습니다. 우리는 이런 문제에 대한 해결 방법을 일반화하고, 높은 품질의 제품 생산을 위해 마이크로소프트 테스트 팀에게 전달할 접근 방법과 리더십을 조율하고 향상시킬 필요가 있습니다. 마이크로소프트의 테스트 팀이 지속적으로 성장하는지, 향상된 효과는 어떤지, 더 높은 효율성을 갖게 됐는지를 어떻게 측정할 것인지는 아직 모두가 동의하지 않았음에도 말입니다.

이렇게 새롭게 구성된 리더십 팀의 첫 번째 회의는 11월12일 수요일 12시에서 2시 사이에 17/3002에서 진행될 예정입니다.

> 첫 번째 미팅에서는 미팅 주기는 어떻게 할 것인지와 리더십 팀으로 어떻게 작업할 것인지, 대표하게 될 각 사업 그룹의 테스트 팀 일원으로서 어떤 책임을 지고 채널과 대표 역할을 해야 하는지, 다가오는 재품 사이클 전반에 걸쳐 테스트 분야가 직면한 문제의 우선순위는 어떤지를 논의할 것입니다. 테스트 엔지니어링에 관련된 많은 이슈와 함께 첫 번째 미팅에서는 테스트 리더십을 위한 몇 가지의 제안을 검토할 것입니다. 우리가 조율하고, 개선하고 이끌어 나가야 할 많은 것이 있습니다. 테스트 툴, 테스트 자동화 환경 접근 방식과 전략, 그룹 간 테스팅과 기술 전수, 테스트 인력에 대한 성장과 역량 관리 사례 등 너무 많은 주제가 있습니다.
>
> 새로운 포럼에 대한 여러분의 도움과 참여에 감사드립니다.
>
> — 그랜트(Grant)

● 테스트 리더십 활동

엔지니어링 엑설런스 팀과 연합한 마이크로소프트 테스트 리더십 팀(MSTLT)은 매년 마이크로소프트의 테스팅 성장과 향상에 관련된 연구와 조사가 필요한 3개에서 6개 분야를 선택한다. 예를 들면 선임 테스터의 커리어 패스, 자동화 공유, 연구실 관리, 테스터의 커리어 단계 등이 그것이다.

MSTLT는 매달 회의를 한다. 회의 주제는 매달 바뀌지만 다음과 같은 몇 개의 주요 영역에 초점을 맞추고 있다.

- **매년 선도적인 움직임에 대한 업데이트 보고** 최소한 한 명의 MSTLT 구성원은 각 MSTLT 모임을 책임지고, 적어도 매년 4번에 걸쳐 업데이트된 중점 영역을 그룹에 설명한다.

- **인적 자원에 대한 보고** MSTLT는 회사 인사 부서와 유기적인 관계를 갖는다. HR은 이 미팅을 통해 테스트 리더십에게 인적 자원에 대한 정보를 제공하고, 또한 MSTLT 멤버십으로부터 피드백을 받는다.

- **리더십을 위한 다양한 주제 검토** 엔지니어링 권한이나 엔지니어링에 영향을 주는 다른 회사의 정책 변화가 전체에게 영향을 주기 전에 리더십 팀에 설명한다. 이런 백그라운드 정보가 공유되므로 MSTLT 멤버들은

그들의 각 부서에 정확한 사실과 정황이나 맥락에 기초한 정보를 제공할 수 있다.

● 테스트 아키텍트 그룹

테스트 아키텍트 그룹(TAG, Test Architect Group)은 테스트 분야에서 관리자가 아닌 선임 리더로 구성한다. 윈도우 부서의 테스트 디렉터인 소마 소마세가(Soma Somasegar)는 테스트 아키텍트라는 직함을 만들고, 초창기 테스트 아키텍트들과 정기적으로 만나서 그들 각 팀이 가지고 있는 문제점과 성공 사례를 토론했다. 그룹은 처음에 6명의 테스트 아키텍트만으로 시작했고 대부분은 윈도우 부서 사람들이었다. 그러나 곧 마이크로소프트의 모든 주요 부서에 근무하는 40명의 테스트 아키텍트로 늘어났다. 원래는 테스트 아키텍트 직함을 갖고 있는 테스터만 그룹 멤버였으나 마이크로소프트가 표준 직함을 사용하게 되면서(예를 들어 선임 SDET, 수석 SDET, 파트너 SDET – 2장에서 설명함) 이제는 직함과 관계없이 테스트 아키텍트의 역할을 하는 선임 테스터도 이 그룹에 참여하고 있다.

> **TAG – 바로 당신입니다!**
>
> 발신: 소마 소마세가
> 발신일시: 2001년 1월 11일 화요일 10: 46
> 제목: 테스트 아키텍트
>
> 우리는 테스트 아키텍트라는 직함을 만들고 있습니다. 개발 프로세스에서 지속적으로 높은 품질을 얻을 수 있게 무엇을 어떻게 테스트해야 하는지, 테스팅의 효율을 높일 수 있게 테스트 자동화는 얼마나 영리해져야 하는지, 제품 빌드에 대한 테스트 용이성(testability)은 어떻게 해야 하는지 등에 대해 기술적 리더십이 필요한 영역이 많습니다. 테스트 아키텍트 직함을 도입해 테스트 조직의 선임과 실무자(IC)가 이런 핵심 이슈에 전념할 수 있게 하고자 합니다.
>
> 테스트 아키텍트 직함을 만든 주요 목적은 다음과 같습니다.
>
> - 윈도우 개발 팀이 직면한 테스트하기 어려운 부분이나 전 세계적인 테스팅 문제점에 선임이나 실무자를 투입

> - 테스트 팀 내 실무자를 위한 기술적인 커리어 패스를 만듦
>
> 테스트 아키텍트가 집중하는 핵심 부분은 다음과 같습니다.
>
> - 품질 향상을 통한 개발 프로세스의 지속적인 개선
> - 자동화, 성공 사례, 통합과 리더십을 통해 테스팅 프로세스 처리량 증가
>
> 테스트 아키텍트의 특징은 다음과 같습니다.
>
> - 테스팅 팀이 직면한 많은 어려운 문제를 해결하고자 하는 동기가 있는 사람
> - 선임 레벨 실무자
> - 마이크로소프트 테스팅 방법과 개발 프로세스를 확실히 이해하고 있는 사람
> - 독립적이며 통합적으로 테스팅 솔루션을 개발하고 배치할 수 있는 능력을 가진 사람
>
> 테스트 아키텍트는 VP로부터 임명되고, 자신의 팀에 근무합니다. 테스트 아키텍트는 테스트 팀이 직면한 핵심 문제들과 이슈들을 해결하는 데 집중하게 됩니다. 테스트 아키텍트는 가상 팀을 구성하며, 정기적으로 모여 연구 부문을 포함한 다른 마이크로소프트 그룹과 협력합니다. 테스트 아키텍트는 그룹 간 이슈에 응대하고 처리하며, 소속 팀이 직면한 문제를 기술하고, 해결책을 개발하며, 조직 내 주요 구상을 추진할 책임이 있습니다.

그룹이 만들어진 후 최근 10년간 TAG 구성원은 계속해서 매주 만나고 있다. 테스트 아키텍트는 주로 자신의 팀에서 발생하는 기술적인 이슈를 해결하지만 이 그룹을 통한 정기적으로 모여서 아이디어와 성공 사례를 공유하면서 매우 큰 효과를 보고 있다. 사실 대부분 회의 주제는 현재 문제점과 성공 스토리를 공유하는 내용으로 돼 있다.

마이크로소프트의 대부분 선임 테스터가 복잡한 테스트 문제들을 정기적으로 검토하고 브레인스토밍하며 솔루션을 분석하는 시간은 이루 말할 수 없는 가치가 있다. 최근 몇 년 동안 TAG는 테스팅 분야의 새로운 생각, 새로운 방법론, 새로운 툴을 자유롭게 말하는 게시판처럼 되고 있다. 모든 마이크로소프트 부서의 테스트 그룹으로부터 아이디어와 적용에 대한 많은 발표와 시

연이 회의 주제가 되고 있다. TAG가 제공하는 피드백의 가치와 깊이는 매우 인기가 있다. 1년 중에 일부 회의는 TAG 비즈니스에 대해 열리는데, TAG가 주도하는 전사 차원의 일과 TAG가 중요한 역할을 하는 다른 프로젝트(MSDN 테스트 센터(MSDN Test Center) 같은)에 대해 토론한다.

정기적인 회의의 가장 큰 이점은 아마도 네트워킹의 가치일 것이다. 사내에서 이뤄지는 다양한 작업을 심도 있게 토론하고 살펴보면서 TAG 멤버는 많은 양의 지식과 정보를 얻는다. 이를 통해 전체 회사에 영향을 줄 수 있는 전략적인 결정을 할 수 있다.

테스트 아키텍트 그룹이 마이크로소프트에 제공하는 또 다른 가치는 공개돼 있다는 것과 임의의 주제에 대해 누구와도 자유로운 토론이 가능하다는 점이다. 이메일 토론과 임시회의 요청으로부터 시작되지만 무엇보다 가장 성공적인 프로그램은 '테스트 아키텍트와 함께하는 점심식사'이다. 매달 전사의 테스트 아키텍트는 다양한 레벨의 제품 그룹 테스터와 점심식사를 하며 대화를 한다.

테스트 아키텍트와 함께하는 점심식사

내부 테스트 아키텍트 웹사이트에 다음과 같이 공지됐다.

테스트 아키텍트 그룹의 가장 큰 강점 중 하나는 네트워킹의 파워입니다. 이 그룹의 멤버 구성원은 마이크로소프트 전체를 대상으로 구성됐으므로 테스트 관련 관점과 기술의 공유가 아주 뛰어납니다. 그래서 그룹 내에서 다루기 힘들었던 '단계 분리 이론(Six Degrees of Separation)[8]'을 줄이는 데 도움이 됐습니다. 우리는 이런 장점을 모든 테스터에게 확산하고, 우리 그룹에 쉽게 접근해 최고의 테스트를 공유하며 모든 사람의 역량을 높일 수 있게 좀 더 많은 관계를 형성할 방법을 찾고자 합니다. 그래서 우리는 여러분과 대화를 하고 싶습니다. 여러분은 현재 직면한 테스트와 관련된 기술적인 문제점을 다른 그룹의 테스터와 얘기해보고 싶지 않습니까? 당신이 생각하는 솔루션을 브레인스토밍하고 싶지 않습니까? 테스트 아키텍트가 무엇을 하는지

---

8. 1967년 미국 하버드대 스탠리 밀그램 교수가 주장한 이론으로 6명만 거치면 서로 서로 모두 연결된다는 내용이다 – 옮긴이

> 더 알고 싶지 않습니까? 자신의 커리어에 대해 편안하게 대화하고 싶지 않습니까? 우리도 마찬가지입니다! 우리는 함께 점심식사를 하며 어려운 문제에 관련된 정보를 공유하고, 여러분의 그룹이 직면한 문제들을 도와줄 수 있는지(또는 해결해줄 수 있는 사람을 알고 있는지) 여부를 파악하고, 마이크로소프트의 테스트 커뮤니티를 활성하기 위해 연락처를 주고받고 싶습니다. 누구든지 우리와 함께 하길 원하는 분은 부담 갖지 마시고 아래 리스트에 있는 사람에게 연락을 주십시오.
>
> 우리의 일정은 매일매일 업데이트됩니다. 우리의 관심사와 경험들은 아래 레퍼런스에서 이용할 수 있습니다. 그냥 한 사람에게 점심 미팅 요청을 보내기만 하면 됩니다. 그리고 우리는 건물 내 카페테리아가 아닌 다른 곳에서 만날 수도 있습니다! 여러분의 많은 연락 부탁드립니다.

노트 마이크로소프트 리서치는 소프트웨어 테스팅과 베리피케이션(프로그램 분석과 다른 소프트웨어 측정을 통한)을 연구하는 그룹을 갖고 있다. 이런 프로젝트의 기술서는 http://research.microsoft.com/srr에서 찾아볼 수 있다.

:: 테스트 엑설런스 팀

2003년, 마이크로소프트는 엔지니어링 엑설런스(EE, Engineering Excellence) 팀을 만들었다. 그룹의 목표는 기술적인 훈련(그룹의 핵심은 기술 교육 그룹이었다)과 더불어 사내 엔지니어링 부문의 성공 사례를 찾아내고 공유하는 것이다. 모든 엔지니어링 부문을 포함하고 있으며, 테스트와 관련된 그룹은 테스트 엑설런스 팀이다. 테스트 엑설런스 팀은 마이크로소프트의 모든 테스터를 고객으로 생각한다. 신입사원부터 부사장에 이르기까지 전체 테스트 커뮤니티의 성공이 이 그룹의 원동력이다. 테스트 엑설런스 팀의 주요 업무는 공유, 도움, 소통으로 요약할 수 있다.

● 공유

공유는 성공 사례를 공유하는 EE의 목표와 같다. 테스트 엑설런스의 경우에는 사례, 툴, 경험을 공유한다.

- **사례**(Practices) 테스트 엑설런스 팀은 마이크로소프트 내 다른 팀이나 부서들에서 사용 가능한 사례나 접근 방법을 찾는다. 모든 사람이 같은 방법으로 일하게 하는 것이 목적이 아니라 좋은 사례를 채택할 수 있게 하기 위함이다.

- **툴**(Tools) 툴과 관련된 접근법은 사례의 경우와 비슷하다. 테스트 엑설런스 팀에서 제공하는 핵심 교육은 대부분 툴을 사용한다. 다시 말해 툴을 사용하는 기술과 방법에 초점이 맞추어져 있을 뿐 특정 툴을 장려하지는 않는다. 특정 문제를 해결하거나 어떤 기술을 적용하기 위해 특정 툴이 식별되면 핵심 기술 교육 클래스를 통해 확산된다. 예를 들어 5장, '기능 테스팅 기술'에서 설명한 PICT가 있다. 이 툴은 페어와이즈 분석에 완벽한 툴이고, 특정 기술을 교육할 때 널리 사용한다.

- **경험**(Experiences) 마이크로소프트 팀들은 아주 다양한 방법으로 일을 한다. 때로는 배울 수 있는 경험들로부터 고립돼 일하기도 한다. 테스트 엑설런스 팀은 사례 연구, 프레젠테이션(테스트 톡, Test Talk), 인터뷰를 통해 경험을 수집해 다른 팀과 공유한다.

> 매년 20회 이상 테스트 톡(Test Talk)이 열린다. 테스트 톡은 마이크로소프트 내의 모든 테스터에게 오픈돼 있다(실시간으로 웹에 캐스트되고, 외부 테스터들을 위해 녹화된다).

- **엔지니어링 엑설런스 포럼**

  테스트 엑설런스 팀과 다른 모든 엔지니어링 엑설런스 그룹이 마이크로소프트 내의 모든 엔지니어에게 사례를 공유하는 가장 좋은 방법 중 하나는 엔지니어링 엑설런스 포럼을 통하는 것이다. 이 포럼은 연간 행사로 매년 6월에 5일 이상 열린다. 발표, 패널 토의, 시연들로 진행되며, 물론 점심과 간식이 제공된다. EE 포럼은 매년 열리는 가장 큰 소프트웨어 개발이나 테스팅 관련 컨퍼런스 중 하나다. 그렇지만 참석자는 마이크로소프트 직원으로 국한된다. 매년 수백 명이 넘는 직원이 계획, 준비, 발표를 하며, 수천 명이 넘는 직원들이 참석한다. 이 기간 동안 마이크로소프트 직원은 다른 팀의 사례와 툴에 대해서 배울 수 있는 소중한 기회를 얻는다.

● 도움

테스트 엑설런스 팀은 전체 테스트 커뮤니티에서 중재자와 전문가의 기능을 한다. 이런 역할을 통해 테스터와의 연결을 설정하고 유지한다. 사실 테스트 엑설런스 팀의 슬로건이 "우리는 품질에 점들을 연결한다."(We connect the dots... to quality)이므로 더욱 적극적으로 이 일을 수행한다. 이 팀이 테스터들에게 도움을 주는 방법으로 편의, 해답, 연계가 있다.

- **편의**(Facilitation) 테스트 엑설런스 팀 구성원은 임원 요약 보고, 생산 라인 전략 회의, 팀 사후 검토 회의를 편리하게 하는 데 도움을 준다. 제품 그룹 외부에서 보는 테스트 엑설런스 팀의 전략적 통찰과 관점은 가치가 있다.

- **해답**(Answers) 마이크로소프트의 엔지니어는 테스트 엑설런스 팀이 테스팅에 대해서 알 것이라 기대하고 어렵지 않게 질문을 한다. 많은 경우에 있어서 팀 구성원은 그 해답을 알지만 설령 모를지라도 인맥을 통해 해답을 빠르게 찾을 수 있다. 때때로 팀 구성원은 테스트 테라피스트(치료자)로서 테스터를 개별적으로 만나서 커리어 발전 방향이나 관리 문제, 업무 균형과 관련된 주제로 토론하는 시간을 갖는다.

- **연계**(Connections) 텍스트 엑설런스 팀의 가장 큰 가치는 아마도 연계일 것이다. TLT, TAG, 마이크로소프트 연구 그룹, 생산 라인 리더십과 협업하면서 마이크로소프트 내의 모든 엔지니어의 격차를 줄이고, 문제를 빠르고 효율적으로 풀게 도움을 준다.

● 소통

테스트 엑설런스 팀의 또 하나의 핵심적인 가치는 그들이 아는 것과 연구한 것을 소통하는 것이다. 거대한 커뮤니티에서 적절한 정보를 공유하는 것은 대단한 가치가 있다. 테스트 엑설런스 팀에서 정보를 전달하고 소통하는 방법은 다음과 같다.

- 마이크로소프트 내의 모든 테스터를 위한 월간 테스트 뉴스레터는 이벤트, MSTLT의 상태, 테스트 분야와 관련된 공지 등의 정보를 담고 있다.
- 품질과 테스팅을 강의하는 교수들과 부서장 간의 정보 교환과 같은 맥락에서 산학연 협력 테스트 및 엔지니어링 과정의 검토와 토론을 한다.
- 마이크로소프트 테스터 센터(http://www.msdn.com/testercenter)는 마이크로소프트 테스터에게 테스팅 사례와 접근 방법에 대한 내부적 관점을 제공한다. 2007년에 개설된 이 사이트는 빠르게 성장하고 있다. 마이크로소프트 직원이 대부분의 컨텐트를 만들지만 산업계 테스터들이 전체 사이트 컨텐트의 많은 부분을 제공하며, 이들은 미래에 큰 기여자가 될 것이다.

협업

엔지니어링 엑설런스 그룹은 최근에 그들의 사무실 공간을 리모델링해 각 분야마다 '엑설런스' 그룹에 초점을 맞춘 팀 룸을 만들었다. 마이크로소프트의 엔지니어에게 공급하는 개인 사무실 정책은 잘 알려져 있다. 드마르코와 리스터의 피플웨어는[9] 개인 사무실이 생산성을 높이는 방법과 이유를 설명했다.

마이크로소프트는 왜 그들의 방식을 변경하고 '큐브 팜'을 만들었을까? 엔지니어링 엑설런스 팀의 경우에 이런 결정은 거의 실험적인 것이었다. 애자일(agile) 소프트웨어 개발자들은 협업을 위한 팀 룸의 필요성을 얘기한다. 물론 나는 공유 사무실에서 일하느니 나무 위의 집에서 일하겠다는 사람들을 많이 만났다. 우리 팀이 수행하는 일은 일부

---

9. 티모시 리스터(Timothy Lister), 톰 디마르코(Tom DeMarco), 『Peopleware: Productive Projects and Teams』(New York: Dorset House, 1987

협업 가능한 부분이 있지만 확실히 소프트웨어 제품 개발에서만큼 협업하는 것은 고려하기 힘들다. 그럼에도 불구하고 2006년 5월 리모델링이 시작되기 며칠 전에 우리는 짐을 싸서 임시 사무실로 이사했다. 그러고 나서 몇 달 후에 다시 우리의 새로운 팀 룸으로 이전했다.

우리 중 누구도 어떤 결과를 낳을지 알 수 없었으나 지나고 나서 우리는 모두 놀랐다. 가장 큰 장점은 우리 6명이 약 92평방미터 정사각형 공간을 사용한다는 것이다. 우리가 하는 일의 특성상 더 넓게 보였다. 왜냐하면 우리 모두가 사무실에서 같은 시간에 있는 것이 극히 드문 일이기 때문이다. 우리는 또한 유연성을 갖고 있다. 우리 팀에 한 사람이 추가되면 구조를 약간 변경해 그 사람을 위한 공간을 만들었다. 우리는 소파, 의자, 천정에 설치된 프로젝터, Xbox, 에스프레소 머신을 가지고 있었다. 대부분 모든 벽은 화이트보드로 사용할 수 있어서 화이트보드가 필요 없었다. 대부분의 작업 공간 자리는 창가 쪽으로 돼 있었다. 그림 16-1은 현재 우리 사무실의 구조다.

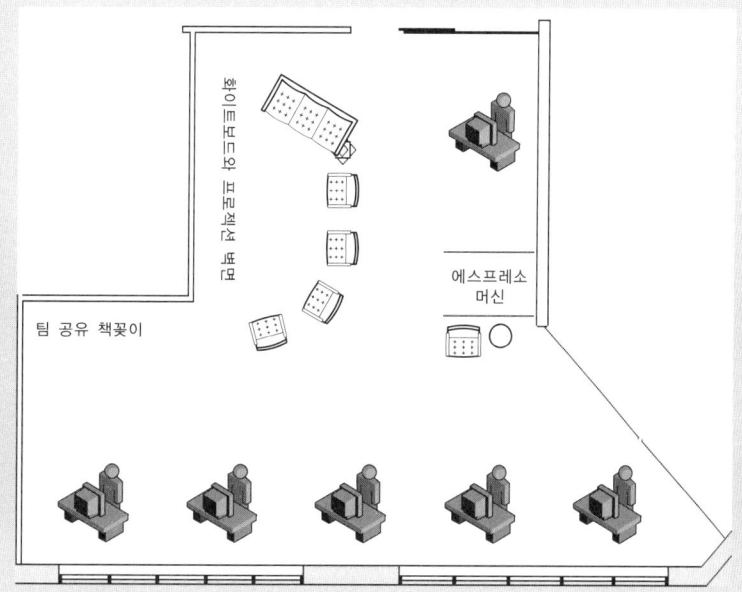

그림 16-1 테스트 엑설런스 팀 룸

일이 바빠지면 우리 모두는 집중하기 위해 헤드폰을 사용해야 했지만 대부분의 시간에는 우리 모두 사무실에 만족했다. 우리는 자신의 공간도 갖고 있고, 원할 때 얼굴을 맞대고 이야기할 수 있다. 우리의 이런 배치는 어느 정도 '큐브 팜'과 개인 사무실의 절충안이다.

> 현재 6명이 이 사무실에 있으며 몇 명이 더 들어올 수도 있지만 근무자가 10명 이상이 되면 이런 팀 룸의 개념은 실패할 것이다. 공유 공간의 가장 큰 장점은 우리 모두가 동료가 하는 일에 대해 더 잘 알게 된다는 점이다. 그리고 즐겁게 현대식 공간에서 일한다는 것이다.
>
> 새로운 사무실이 가장 성공적이었던 때는 아마도 내가 테스트 엑설런스 팀의 팀장이었을 때였던 것 같다. 나는 내 책상을 팀 룸 안에 두었다. 우리 모두가 1:1 미팅, 인터뷰, 다른 개인 미팅을 할 수 있는 사무실로 만들었다. 나는 '테스트 라운지'라 부르는 곳에서 대부분의 시간을 보내며 즐거운 시간을 보냈다.

● 미래 주목하기

테스트 엑설런스 팀의 가장 핵심적인 역할은 마이크로소프트 테스터의 미래 요구를 예측하고, 소프트웨어 테스팅의 미래 비전을 주도적으로 정의하는 것이다. 이 비전은 연간 계획과 테스트 엑설런스 팀 시작의 기초다. 비전의 목적은 각 교육의 방향을 제시하고 일이 성공하도록 가이드하는 것이다.

● 마이크로소프트 테스트 엑설런스 팀의 감독

테스트 엑설런스 감독은 마이크로소프트에서 가장 독특한 역할 중 하나다. 어떤 면에서는 단순히 테스트 엑설런스 팀의 관리지만 넓은 분야에서 전체 사내 테스터에게 영향을 줄 수 있는 기회를 갖고 있다.

이 책의 저자 세 명이 바로 이 역할을 하고 있다. 현재 테스트 감독 역할은 테스트 엑설런스 감독의 역할로 바뀌었는데, 원래는 마이크로소프트 내 테스팅 직군의 발전을 책임지는 선임 테스터 위치였다.

다음에 소개되는 사람들이 모두 테스트 엑설런스 감독 위치에 있었던 사람들이다.

- 데이브 무어(Dave Moore 개발과 테스트 감독), 1991~1994
- 로저 쉬만(Roger Sherman 테스트 감독), 1994~1997

- 제임스 티어니(James Tierney 테스트 감독), 1997~2000
- 베리 프레퍼나우(Barry Preppernau 테스트 감독), 2000~2002
- 윌리암 롤리슨(William Rollison 테스트 감독), 2002~2004
- 켄 존스톤(Ken Johnston 테스트 엑설런스 감독), 2004~2006
- 제임스 로드리게스(James Rodrigues 테스트 엑설런스 감독), 2006~2007
- 앨런 페이지(Alan Page 테스트 엑설런스 감독), 2007~현재

이 직위는 작은 전략 팀을 전담 관리하므로 기능상 TLT와 TAG 사이를 연결하는 역할을 해 이 두 조직의 부서장들과 아주 가깝게 일하는 역할이다.

● 리더십 3원소

그림 16-2에서 보듯이 마이크로소프트 테스트 리더십 팀, 테스트 아키텍트 그룹, 테스트 엑설런스 조직은 마이크로소프트의 테스트 문화를 개발하고 유지 보수하는 중추적인 역할을 한다. 이들 조직에는 각 부문과 팀 간의 작업을 위한 리더십 지위가 있다. TLT 팀장과 TAG 그룹장의 경우에 이들은 가상 팀들이고, 개인적으로는 부수적인 의무만 가진다. 테스트 엑설런스 감독만 전담 직위다.

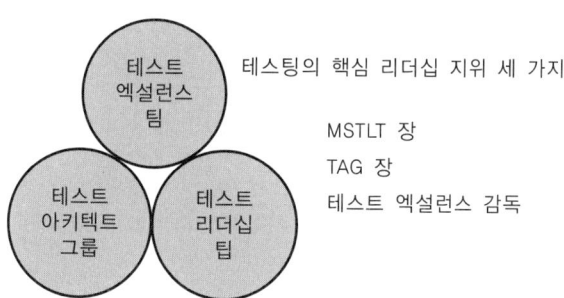

그림 16-2 세 가지 테스트 지원 조직에서 세 가지 핵심 리더십 직위

:: 미래를 위한 혁신

모든 마이크로소프트 신입사원들은 신입사원 오리엔테이션(NEO, New Employee Orientation)에 참석한다. 첫 이틀 동안은 정책, 조직, 신입사원이 알아야 할 주제 등을 배우는 데 대부분의 시간을 보낸다. 나는 때때로 혁신을 주제로 강의한다. 마이크로소프트는 준(Zune)과 테이블 탑 컴퓨팅과 같은 새로운 제품을 개발해야 한다. 그러나 내가 전달하기 원하는 가장 중요한 메시지는 우리가 제품을 만드는 방법에 있어서의 혁신과 우리의 기술을 고객이 어떻게 받아들일 수 있게 할 것인지에 대한 혁신이 훨씬 더 중요하다는 메시지다.

미래의 소프트웨어에 대해서 생각하거나 공상 과학 영화에서 묘사되는 소프트웨어를 볼 때 두 가지가 항상 나를 사로잡는다. 첫 번째는, 소프트웨어는 어느 곳에나 있다는 것이다. 오늘날 소프트웨어가 일반적이듯이 미래에는 소프트웨어가 우리 삶에서 거의 모든 부분에 영향을 줄 것이다. 두 번째는, 소프트웨어는 계속 동작한다는 점이다. 미래의 형사나 과학자가 어떤 문제를 해결하기 위해 소프트웨어를 사용할 때 그 시스템은 완벽하게 작동하고, 확실히 그들이 사용하는 소프트웨어가 고장나는 장면은 한 번도 본적이 없다. 이것이 나의 소프트웨어 비전이다. 소프트웨어는 모든 곳에서 동작할 뿐이다.

이 책을 읽으면서 이미 알았겠지만 거기까지 도달하는 것은 어려운 프로세스다. 그리고 누구보다도 테스터가 할 수 있다. 앞으로 이 비전을 성취하려면 소프트웨어 엔지니어링 분야에서 지속적인 도전이 필요하고, 프로세스와 소프트웨어를 개발할 때 사용하는 툴의 혁신이 필요하다. 이것이 내가 바라고 기대하는 도전이고, 이 책을 읽는 모든 독자가 우리와 함께 하길 바라는 바이다.

이 책에 대한 궁금한 사항이나 의견이 있거나(또는 버그를 발견하면) 이 책의 어떤 주제에 대해 계속해서 생각하는 시간을 가지길 원하면 http://www.hwtsam.com을 방문하라. 우리는 어떤 이야기라도 듣기를 좋아한다.

— 앨런, 켄, 비제이

찾아보기

[숫자/기호]

1 와이즈 커버리지 159
13일의 금요일 버그 139
1-wise coverage 159
2 man-weeks 110
3(BC) 공식 149
3자 관계 53
6시그마 97
6시그마 DMAIC 모델 96
80:20 법칙 212

[ㄱ]

가상 객체 176
가상 머신 470
가상 사설망 114
가상 팀 348
가상화 페이지 522
가상화의 상섬 512
가시성(Observable) 114
가져오기 520
가중치 순회 206
가지고 놀기 90
가치 307
각 선택법 158
간편 베이스라인 경로 기법 198
감지 시간 493
강점, 약점, 위험 87
개발 52
개발 생명주기 88
개발용 애플리케이션 68
개발자 능력 286

개밥 먹기 366
개인 식별 정보 484
객체 클래스 간의 결합 222
객체지향 메트릭 222
거짓 양성 226, 308, 342
거짓 음성 166, 342
거짓 통과 308
검증 테스트 116
검증기 플러그인 365
검토 리스트 49
게리 트루더 42
견고한 결합 462
견고한 결합 서비스 461
결점 삽입 68
결정 블록 181
결정 커버리지 206
결정 테스팅 188
결정 테스팅 요약 191
결정 테스팅을 위한 진리표 206
결정 테이블 174
결정(decision) 172
결함 발생률 305
결함 분석 구조 506
결함 분석 자동화 504, 511
결함 분석 자동화 시스템 506
결함 비교 506
결함 삽입 365
결함 예방에 대한 실무 지침 542
결함 제거 효율 271
결함 222
경계 값 분석 108, 130, 141, 144, 156

찾아보기 | 557

경계 값 분석 테스트 패턴 108
경계 조건 112
경계 테스트 수 148
경계 테스팅 142
경계를 넘는 협력 70
경량 리뷰 프로세스 524
경쟁력의 핵심 51
경험(Experiences) 550
경험의 법칙 64
경험적 품질 415
계층형 서비스 453
계획 87
고객 경험 개선 프로그램 416
고객 관계 관리 솔루션 64
고객 시나리오 64
고객 정보 기반 테스팅 421
고객 중심 혁신 69
고객의 소리 492
고정 변수 경계 값 145
고정 선형 변수 145
공개 개발 532
공식 리뷰 523
공유 550
공유 팀 모델 44
공유 팀 접근 방법 44
공유된 제안 45
공조 냉난방과 환기 시스템 448
과거 데이터 110
관계 연산자 191
관련 패턴 108
관리 커리어 패스 79
구문 커버리지 179
구문 테스팅 179
구조적인 테스팅 107
규모 42
그란트 조지 66
그래프 이론 206
그레고리력 135
그레이 박스 119
그룹 134

그린 존 474
그림판 224
근본 원인 분석 493
글래스 박스 119
글렌포드 마이어스 134
금지 리스트 497
기능 277
기능 명세 93
기능 복잡도 286
기능 설계 224
기능 요원 45, 92
기능 테스팅 346
기능 협업 92
기능군 94
기능성 검증 106
기능성 체크 524
기능적 기법 124
기대 실행 101
기본 경로 셋 207
기본 경로 테스팅 196
기본 경로 테스팅 요약 209
기술자(technician) 53
기술적 우수함 69
기업 오류 보고 426
기준선 352
기초 선택 158
기초 선택법 158
깨끗한 컴퓨터 117
깨진 창문 이론 402

[ㄴ]

나선형 모델 86
나챠팬 나개팬 383
난이도 메트릭 220
낮은 품질에 대한 비용 541
내보내기 520
내부 등록 빌링 시스템 원 박스 470
내부 사전 릴리스 버전 100
내부 웹 포털 102
네거티브 테스팅 167

네이티브 코드　401
네이티브 C　327
네트워크 토폴로지　514
네트워크 토폴로지 테스트　517
넥스트 데이트 프로그램　135
넷스케이프　441
노드　217
논리 연산자　192
누수 테스트　311
느슨한 결합　461
느슨한 결합 서비스　461
능력　69
니들러 무기　422

[ㄷ]

다국어 버전　312
다국적 개발 센터　55
다양성　42
다운레벨 브라우저　451
다이나믹스 라이브　450
다중 버그　281
단순 메일 전송 프로토콜　135
단순성(Simple)　114
단순한 억지 기법　356
단위 테스팅　183
단일 결함 가정　143, 156
단일 모델　84
대규모 사업　47
대량 비용제어 제조　64
대인 관계 의식　70
데몰리션 더비 슬롯 카　123
데이비드 캐틀렛　114
데이비드 화이트　67
데이터 마스킹　484
데이터 모델　210
데이터 분할 이론　132
데이터 사용　282
데이터 셋 만료　485
데이터 소독　484
데이터 오용　285

데이터 종류의 래핑　144
데이터 주도 자동화 테스트　170
데이터 타입　144
데이터베이스 테스팅　377
데이터센터 인 어 박스　445
데자뷰　155
데자뷰 발견법　155
데카르트의 곱　157
도그푸드 클러스터　483
도움말(Help)　317, 337
도전　39
독립적인 연산자　220
독립적인 피연산자　220
독립형 서비스　454
동등 서브셋　139
동등 클래스 분할　130
동등 클래스 서브셋　163
동료 코드 리뷰　96
두 개발자 버그 수정 이야기　288
둔스베리　41
등가 클래스　457
디버거　360
디버그/확인 빌드　101
디버깅 세션　388
디버깅의 어려움　341
디벨로퍼　302
디자인 뷰　219

[ㄹ]

라운드 트립 분석　485, 490
라이브 메시　443
라이선스　101
라지 스케일　444
래쇼날 소프트웨어　309
래시더　114
랙 유닛　445
랙 SKU　445
랜덤 모델　208
램블러　199
레가시 클라이언트　496

레거시 코드 351
레드먼드 55
레시피 83, 213
레이 오지 41
레이스 컨디션 355, 408
레이어 453
로그 파일 파서 336
로그 파일의 구조 509
로그인 서버 48
로버트 바인더 71, 107
로이드 프린크 62
론허드 오일러 205
롤링 업그레이드 468
룬 공식 206
리그레션 테스트 65, 224, 295, 307, 470
리더십 3원소 555
리뷰 시 고려 사항 525
리비전 390
리셋 스토퍼 버튼 217
리소스 관리 525
리스크 211, 212
리스크 기반 테스팅 212
리스팅 서비스 454
리조또 83
리치 컨텐츠 449
리치 클라이언트 451
리팩토링 193, 214
리플렉션 327
린(Lean) 97
릴리스 주기 465
릴리스/자유 빌드 101
링킹 392

[ㅁ]

마이그레이션 302, 469
마이크로소프트 내부 툴 저장소 410
마이크로소프트 라이브 어스 454
마이크로소프트 비지오 196
마이크로소프트 액티브 액세서빌리티 313, 369
마이크로소프트 오피스 43

마이크로소프트 제품 현황 43
마이크로소프트 커넥트 434
마이크로소프트 테스터 센터 552
마이크로소프트 테스트 리더십 팀 543
마이크로소프트 패스포트 462
마이크로소프트 DNA 80
마이크로소프트 SQL 서버 458
마이크로스피크 100
마일스톤 88
마일스톤 일정 89
마일스톤 종료 기준 90
마일스톤 종료 조건 93
마일스톤 테스트 297
마일스톤 Q 491
마키아벨리 538
만료 일자 489
매니지드 코드 219, 327
매니지드 코드 분석 403
매시업 454, 482
매크로 484
매킨토시용 엑셀 54
매튜 허셔 91
맥케이브 복잡도 측정 216
머신 가상화 512
멀티 클라이언트 361
멀티미디어 타이틀 363
메가 스케일 444
메모리 누수 355
메모리 사용 내역 362
메일 병합 61
메일 서비스 48
명령어 해석기 305
모니터링 트랜잭션 482
모델 195
모델 기반 테스트 211
모델 기반 테스팅 196, 198
모델 설계 198
모델 수행 223
모델 자동화 204
모델 테스팅 198

모델링 기초　196
모델링 툴　196
모델링 팁　225
모델링의 효과　214
모듈러 10　206
모든 상태 방문　206
모든 전이 경로　206
모든 전이 방문　207
모호한 오류 메시지　133
목표 설정　86
몽키 테스트　205
무결성　177
무어(Moore)의 법칙　447
무작위 순회　205
무작위적인 전이　203
무작위적인 테스트 수행　226
문법 모델　209
문서 객체 모델　313
문서 계획　93
문자열 인수　187
미국 국립표준기술연구소　200

[ㅂ]
바이너리　216
바이러스 탐색　101
바이오스 클록　138
반복(looping) 구조　191
반복(Repetition) 테스팅　355
반복성　295
반응적인 접근 방법　538
발견 경위　275
발견자　276
방법론적　125
배리 보엠　86
배열　154
배치 파일　305
배포 테스트 클러스터　475
버그 리포트　271
버그 리포트의 구조　272
버그 리포트의 특징　275

버그 리포팅　388
버그 메트릭　282, 287
버그 목표 달성　89
버그 바　288
버그 발견율　283
버그 배쉬　65, 119, 296
버그 비율　285
버그 선별　277
버그 수정　63
버그 수정률　283
버그 알림 기능　271
버그 예방과 버그 찾기　286
버그 워크플로우　266
버그 재발생 비율　284
버그 제한 수　289
버그 종류　276
버그 추이 곡선　285
버그 추이 정보　284
버그 추적　267
버그 추적 시스템　341
버그 추적 시스템　266, 269, 300
버그 추적 시스템의 속성　270
버그의 변형　280
버그의 우선순위　278
버추얼 어스　43
버킷(bucket)　427
버킷에 의한 티켓　493
버퍼 오버런　377
범위　134
범위 초과 예외　154
법무지원 팀　51
베리피케이션　536
베이스라인 경로　199
베이시안 도해 모델　212
베이식(Basic) 컴파일러　63
베타 릴리스　101
베타 버전　101
베타 테스터　364
변경 사항 추적　386
변경 추적　384

변경된 횟수 382
변수 데이터 분할 132
변형 모델 46, 88
변환 모드 버튼 217
병목 현상 350
보고 317, 335
보고 시기 286
보고 채널 40
보드 게임 213
보리스 바이저 126
보안 93
보안 리뷰 101
보안 수정 105
보안 위협 모델링 376
보안 이슈 378
보안성 80, 346
보안성 테스트 68, 376
보육 프로젝트 47
복잡도 측정 기능 227
복잡도 341
복잡성 68, 110, 309
복합 모드 468
부하 테스트 354
북서 태평양 소프트웨어 품질 컨퍼런스 78
분산 스트레스 시스템 구조 359
분산 스트레스 아키텍처 358
분산 스트레스 테스팅 357
분석 108, 317
분석 기술 63
분석 마비 504
분석적 문제 해결 69
불린 표현식 188
불린 하위식 193
브라이언 매릭 107
브레이크포인트 112, 365
블랙박스 테스팅 118
블로그 78
블록(block) 172
블록 커버리지 179
블록 테스팅 179

블록 테스팅 요약 188
블록버스터 47
비결정성 215
비공식 리뷰 523
비기능 목표 달성 89
비기능 테스팅 311, 346
비전 38
비정규 릴리스 93
비주얼 베이직 스크립팅 에디션 324
비주얼 스튜디오 227
비주얼 스튜디오 테스트 툴 216
비주얼 스튜디오 팀 시스템 266, 294, 328, 382
비주얼 스튜디오 팀 파운데이션 서버 367
비주얼 인터데브 442
비주얼 테스트 309
비주얼 프리즈 100
비주얼/UI 100
비즈니스 사업부 40
비지니스 리스크 212
빌 게이츠 40
빌 게이츠 ThinkWeek 49
빌드 감시자 393
빌드 검증 테스트 스위트 395
빌드 검증 테스트 296, 393
빌드 검증 테스트의 속성 395
빌드 관리 367
빌드 담당 팀 390, 393
빌드 인수 테스트 394
빌드 프로세스 392
빌드 확인 테스트 296
빌드의 실패 397
빌링 원 박스 470
빌링 일괄 처리 작업 494
빌트인 기능 369
빌프레도 파레토 212
빠른 롤백 468

[ㅅ]

사고 모델 368
사례(Practices) 550

사명 38
사업 목적 110
사용성 52, 125, 347
사용성 분야 61
사용성 엔지니어 61
사용성 연구실 374
사용성 테스팅 373
사용성과 설계 51, 52
사용자 경험 엔지니어 418
사용자 지원과 교육 52
사이클로매틱 복잡도 197, 216
사이클로매틱 복잡도 공식 197
사이트 서버 48
사전 릴리스 101
사전 점검 테스트용 빅 버튼 45
사전 테스트 검토 470
삭제 라인 수 382
산출물 94
살충제 패러독스 128, 208
삶은 개구리 우화 405
상속 깊이 222
상태 기반 모델 203
상태 없는 서비스 463
상태 있는 서비스 463, 464
상태 전이 테스팅 130, 174
상호 운용성 271
상호작용 테스팅 158
새매미쉬 290
샤샤 한가누 225
서버 케스케이딩 금지 497
서브셋 131
서비스 그룹 444
서비스 성능 테스트 메트릭 485
서비스 운영 센터 474
서비스 이름 관리 224
서비스 지향 아키텍처 440
서비스 테스팅 440
서비스팩 516
서비스팩 개발 105
서치(SEARCH) 317

선 공유기 367
선(edge) 217
선별 277
선별 프로세스 277
선임 테스터 76
선임 SDET 78
선임 SDET 리드 80
선택의 패러독스 531
선형 경계 143
선형 측정 145
선형적으로 독립된 경로 203
설계 105
설계 검토 메트릭 346
설계 리뷰 참가 65
설계 명세서의 완성도 286
설계 오류 85
설계 패턴 107
설정(Setup) 317
설치 루틴 466
성공 경로 117
성공 경로 158
성공 사례 43
성공과 실패 114
성능 모니터 354
성능 측정 방법 351
성능 측정기 353
성능 테스팅 350
성능/스케일 클러스터 472
세 글자 약어 40
세기 윤년 137
셀프 테스트 100
셀프 토스트 100
셀프 호스드 100
셸 폴더 378
소규모 기능 협업 그룹 92
소규모 비즈니스 47
소스 관리 367
소스코드 관리 시스템 384
소통 552
소프트웨어 개발 생명주기 197

소프트웨어 개발 엔지니어 51, 52, 63
소프트웨어 개발직 62
소프트웨어 모델링 200
소프트웨어 생명주기 작업 흐름 95
소프트웨어 아키텍트 41
소프트웨어 엔지니어 관리 51
소프트웨어 엔트로피 402
소프트웨어 테스터직 62
소프트웨어 테스트 기법 67
소프트웨어 테스팅 51, 54
소프트웨어 테스팅 분석 리뷰 54
소프트웨어 테스팅 툴 43
소프트웨어 테스팅 패턴 107
소프트웨어 플러스 서비스 440, 441
소프트웨어의 경계 값 144
속성 핸들러 378
숏서키팅 193
수동 탐색적 테스팅 68
수동 테스트 65
수동 테스팅 306
수동적 접근 방법 119
수많은 개밥 367
수정 라인 수 382
숙련된 엔지니어 72
순서도 216
순서도 표기 183
순차적인 테스트 케이스 200
숨겨진 경계 값 153
숫자 고정 방법 428
쉐어포인트 436
쉬링크 랩 소프트웨어 449
쉬링크 필름 449
슈도 코드 208
슈로더 158
슈퍼셋 198
슈하트 사이클 95
스냅샷 384, 515, 520
스냅샷을 사용한 복구 521
스마일 전송 416
스마일 전송 프로그램 430

스마트 베어 소프트웨어 524
스모크 테스트 394
스모크 테스팅 320
스위처 323
스위치/케이스문 184
스카이 드라이브 450
스캐닝 툴 407
스케일 그룹 445
스케일 아웃 473
스케일 업 473
스크린 리더 369
스크린 샷 431
스크린 스크랩핑 482
스크립트 테스트 177
스크립트 툴 398
스택 추적 507
스탠드얼론 애플리케이션 324
스탠드얼론 툴 404
스텝 176
스테이플러 스트레스 357
스토퍼 표시 모드 217
스톱워치 217
스톱워치 모델 218
스톱워치 테스트 전략 220
스톱워치 테스팅 350
스트라타 83
스트레스 서버 360
스트레스 클라이언트 359
스트레스 테스트 뉴스그룹 479
스트레스 테스팅 354
스트리밍 테스트 342
스티브 발머 회사 행사 38
스티브 발머 37
스티븐 드로터 74
스티븐 엘롭 39
스티키 키 369
스페이스 450
스펙 익스플로러 215
슬픈 얼굴 아이콘 431
시나리오 투표 437

시리즈 영화　47
시뮬레이션　71
시스템적 테스팅 기법　178
신뢰성　90, 346
신뢰성 컴퓨팅 팀　78
신입사원 오리엔테이션　73, 556
실무자　74, 546
실용 베이스라인 경로 기법　199
실패 경로　106
실패 모델　174
실패 식별자　132
실패한 빌드　396
실행(Execution)　317
심(Shim)　366
심각도 1　414
심각도별 버그 수　283
싱글 박스　469
싱글 운영체제　469
써로게이트 페어 문자　154
써로게이트 페어 인코딩　154
썬마이크로시스템즈　51
썸네일 추출기　378
쓰나미 효과　497
씬 클라이언트　315

[ㅇ]

아마존 S3　443
아메리카 온라인　441
아웃룩 커넥터　451
아크　213
아크(arc) 커버리지　172
아틀라스 프로젝트　41
알파 릴리스　101
알파 버전　101
압축률　485, 488
애드인(Add-In) 프로그램　363
애자일 방법론　87, 91
애자일 커뮤니티　392
애저 서비스 플랫폼　443
애플　50

애플리케이션 라이브러리　363
애플리케이션 사용 방식　418
애플리케이션 선택하기　363
애플리케이션 수프　102
액세서블 이벤트 와처　373
액세서블 익스플로러　373
액션　205
액티브 디렉토리 서비스　48
액티브 액세서빌리티　372
앨리어싱　169
야책　171
약점　51
양력　195
언매니지드 코드　403
언어학 테스트 엔지니어　64
얼티밋　393
업계 경력직 채용　72
에그헤드　364
에드워드 데밍　95
에드혹 테스트　117
에릭 브레히너　93
에뮬레이션　480
엑셀런스 엔지니어링 효과　46
엑스박스 라이브　450
엔지니어 학습　46
엔지니어링　87
엔지니어링 관리　53
엔지니어링 분야　51, 61
엔지니어링 사이클　540
엔지니어링 엑셀런스 상　544
엔지니어링 엑셀런스 팀　532
엔지니어링 엑셀런스 포럼　550
엔지니어링 엑셀런스 그룹　73
엔지니어링 직무 정보　70
엔지니어링 프로세스　51, 396, 540
엔터테인먼트 및 디바이스 사업부　40
여러 번의 짧은 반복　87
연계(Connections)　551
연구　52
연기 탐지기　383

연속 빌드 397
연속적인 통합 392
영향도가 큰 버그 282
영향력 70
영화 산업 전략 47
예방 활동 536
예비 디버깅 361
예상 결과 296
예외 처리 핸들러 186
오동작 테스트 116
오라클 108, 153
오라클 관련 난제 334
오류 검증 테스트 116
오리지널 삼각형 문제 127
오버플로우 예외 187
오프 바이 원(Off-by-one) 오류 144
오픈소스 커뮤니티 51
오피스 공유 라이브러리 530
오피스 공유 서비스 45
오피스 라이브 스몰 비즈니스 450
오피스 테스트 484
온라인 서비스 450
올바로 동작함 443
와인버그의 삼각형 127
완벽한 통합 442
완전 자동화된 배포 466
외부 사용자 접근성 271
요구사항 기반 테스팅 177
요구사항 변경 적응력 88
요구사항 분석 85
요르겐센 공식 146
용량(Capacity) 테스팅 355
우유용기 290
운영 성능 125
운영 엔지니어 482
운영 품질 492
운영체제 설정 369
운영체제 인스턴스 468
원 박스 469
원 운영체제 469

원노트 436
원노트 고객 연결 사례 436
원인 결과 그래핑 174
원인 분석 420
웹 프로퍼티 450
웹기사 52
웹사이트 450
웹서비스 450
웹TV 444
위험 평가 87
윈도우 7 224
윈도우 기반 스마트 디스플레이 315
윈도우 라이브 449
윈도우 라이브 메일 43
윈도우 라이브 빌드 담당 팀 392
윈도우 라이브 핫메일 210
윈도우 모바일 43
윈도우 서버 QFE 436
윈도우 셸 378
윈도우 스트레스 팀 361
윈도우 애플리케이션
     프로그래밍 인터페이스 223
윈도우 오류 리포팅 421
윈도우 오류 보고 416, 423
윈도우 운영체제 43
윈도우 유지 보수 팀 224
윈도우 커맨드 스크립트 파일 398
윈도우 프레젠테이션 파운데이션 314
윈스톤 로이스 85
유니코드 153
유니코드 인코딩 패턴 154
유닛 테스트 113
유의어 사전 447
유지 보수성 222
유지보수 단계 105
유튜브 464
유한 상태 머신 197
유한 상태 모델 만들기 204
유효성 검증 테스트 116
윤년 137

율리우스력 135
음성 인식 369
응답 시간 351
의무 실행 101
의무적인 엔지니어링 정책 101
이력 참조 294
이메일 토론 280
이메일 필드의 문법 모델 210
이미징 322
이벤트 기반의 테스팅 215
이슈 유형 276
이식성 347
이해관계 99
이해도(Knowledge) 114
익스체인지 서버 48
인덱싱 108
인력 재배치 39
인수 153
인스팩션 226, 522
인스펙트 오브젝트 373
인터 그레비시머스 135
인터넷 서비스 비즈니스 부문 48
인터넷 정보 서버 471
인터넷 해일 49, 442
인터뷰 일정 70
인풋 매스킹 167
일과 후 테스트 297
일대일 면담과 협력을 중시 87
일반 소비자용 제품 68
일일 빌드 345, 392
일일 빌드 테스팅 516
임계점 356
임계치 방법 428
입력 필드 값 109

[ㅈ]

자 변수의 값 180
자가 회복 시스템 493
자가 회복 자동화 493
자동 정적 분석 툴 401

자동화 모듈 63
자동화 비율 303
자동화 시스템 340
자동화 인프라스트럭처 339
자동화 테스트 305
자동화 테스트용 OASYS 45
자신감 69
작성 시간 295
잠재적인 불만족 요인 492
장기적 전략 94
장애 발생 평균 시간 355
재료 102
재사용성 348
재설계 시기 383
재시도 로직 497
저자원 테스팅 354
적응성 348
적합성 110
적합성/준수성 110
전략적 통찰력 69
전무급 개발팀장 46
전시상황 팀 98
전시상황실 98
전역 고유 식별자 340
전이 203, 213
접근성 테스팅 368, 372
정규 표현식 209
정규직 제안 70
정보 매핑 454
정상 동작 테스트 116
정원 가꾸기 129
정적 분석 401
정적 코드 분석 툴 102
정적 코드 분석기 401
정적 테스트 데이터 131
정확성 308
정황(Context) 306
제1종 오류 308
제2종 오류 308
제너럴 일렉트릭 74

제로 다운 타임 467
제로 데이터 손실 467
제로 버그 바운스 279
제어 가능성(Control) 114
제어 흐름 모델링 183
제어 흐름도 183
제임스 휘태커 78
제조 테스트 엔지니어 64
제품 단위 관리자 44, 48
제품 릴리스 단계 105
제품 버그 80
제품 사이클 84
제품 사이클에서 품질 책임감 88
제품 엔지니어 53
제품 전략 47
제품 지원 정책 68
제품 팀 45
제품 패치 105
제품 품질 492
제품군 94
제프 라익스 39
조건 테스팅 192
조건 테스팅 요약 196
조건문 181
조건부 제약 168
조건식 191
조앤 K 롤링 47
조합 분석 130, 156, 173
조합 테스트 매트릭스 159
종료 85
종류별 테스트 수 303
종이 배포 마법사 469
좋은 로깅 506
좋은 로깅 사례 508
주 소스 트리 399
주도적 접근 방법 539
주별 빌드 367
주석 222
주요 기능의 코드 완전성 89
주차 & 정지 198

주크박스 323
주행 중 198
죽는 현상 116
죽음의 USB 카트 357
준수성 110
중복된 버그 281
중점 추진 사항 113
쥐덫 371
지식 베이스 268
지역화 93
지원자 70
지원자 모집 팀 71
지원플랫폼 308
지정학적 리뷰 101
직교 배열 158, 159
직렬 연결 포트 323
직무 전문가 64
진리표 194
질문하기 111
짐 리우 211

[ㅊ]

참여 시점 308
창의성 52
철저한 테스팅 158
체계적 125
체크 리스트 524
체크섬 206
체크인 시스템 397
체크인 시스템의 구조 400
체크인 입력 양식 389
초기 고객 경험 검증 422
초기화 317, 337
최고 면담자 70
최단 경로 206
최종 릴리스 89
최종 사용자 시나리오 118
추가 라인 수 382
추천 리스트 49
출력 조합 166

출시/자유 빌드 101
출시실 98
출하 시기 464
치댐버 222

[ㅋ]

캐니언 파크 444
커널 디버거 361
커넥터 416
커넥트 433
커리어 가능성 76
커리어 발전 로드맵 544
커리어 패스 61
커머스 서버 48
커밋 389
커버리지 171
커버리지 방법 428
컨테이너 개념 446
컨텐츠 관리 서버 48
컨텐츠 52
컴캐스트 48
컴포넌트 레벨 176
컴포넌트 입력 값 109
컴포넌트 테스트 117
컴포넌트 테스트 케이스 112
컴퓨서브 48, 433
컴퓨터 소프트웨어 테스팅 71
컴퓨터 지원 테스팅 319
케머러 222
케빈 터너 41
케이스문 184
케이스와 포인트 300
코니그스버그의 7개 다리 205
코드 검증 514
코드 라인 수 214
코드 라인 수 측정 215
코드 리뷰 93, 522
코드 리뷰 참가 65
코드 베이스 405
코드 변경 382

코드 변경 메트릭 383
코드 복잡도 213
코드 분석의 부하 404
코드 악취 213
코드 영역별 버그 수 283
코드 재사용 530
코드 재사용률 533
코드 커버리지 93
코드 커버리지 목표 89
코드 프로토타입 334
코드박스 532
코드플렉스 373, 532
코딩 기술 68
코딩 에러 385
쾌속정 46
쿠쉬 래자람 224
쿼리 270
퀘스트(Quest) 프로세스 50
크래시 발생 평균 시간 355
크래시 패턴 429
크래시 현상 116
크리스 레스터 421
크립토 오버뷰 299
클라우드 서비스 443
클라이언트/서버 방법 358
클래스 183
클래스 라이브러리 403
클래스당 가중치가 부여된 메소드 222
클러치 195
클립아트 447
키로프(Kirov) 발레단 46
키스 스토비 71, 78

[ㅌ]

타임 프레임 544
탄소 할당 모델 448
탐색적 테스팅 111, 125
태양의 서커스 46
탭 구분자 씨드 파일 165
테스터 DNA 64

테스트 51
테스트 결과 추적과 해석 302
테스트 결과 334
테스트 계획 93
테스트 관리자 348
테스트 단계 개발자 64
테스트 대상 애플리케이션 330
테스트 런 301
테스트 리더십 543
테스트 리더십 의장 544
테스트 리드 348
테스트 메트릭 79
테스트 바이너리 339
테스트 베리피케이션과 메트릭 팀 78
테스트 분야
　　　소프트웨어 개발 엔지니어 51, 63, 408
테스트 산출물 113
테스트 생명주기 307
테스트 설계 106
테스트 설계 명세서 115
테스트 셋 162
테스트 소스 390
테스트 시간 추정 109
테스트 시간 추정 시 고려사항 110
테스트 시작 110
테스트 아키텍트 76
테스트 아키텍트 그룹 546
테스트 아키텍트와 함께하는 점심식사 548
테스트 엑설런스 감독 554
테스트 엑설런스 팀 549
테스트 엔지니어 77
테스트 오라클 332
테스트 완전 목표 89
테스트 용이성 113, 348, 524, 546
테스트 자동화 105
테스트 전략 112
테스트 전략 수립 시 고려 사항 112
테스트 제어 시스템 340
테스트 직무 73
테스트 진행 상황 추적 295

테스트 케이스 105
테스트 케이스 관리 시스템 300
테스트 케이스 관리 툴 295
테스트 케이스 기반 테스팅 177
테스트 케이스 매니저 292, 319
테스트 케이스 메트릭 303
테스트 클러스터 471
테스트 투입 111
테스트 패스 297, 338
테스트 패턴 107
테스트 패턴 사용 107
테스트 포인트 301, 504
테스트 플래그 478
테스트 하네스 324
테스트 환경 469
테스트 훅 113
테스팅 63, 72
테스팅 업무 321, 343
테스팅 작업 84
테스팅 전략 68
테스팅 활동별 버그 수 284
텍스트 박스 200
템플릿 107, 447
토마스 맥케이브 197, 216
통과 로그 508
통과율 303
통합 서비스 테스트 환경 473
통합성 68
투자 대비 수익 511
투자 대비 효과 307
툴(Tools) 550
툴 박스 409
툴 저장소 410
튜플 159
트위터 492
특이 값 134
특정 값 134
특정 심각도 286
특정 이슈 126
티셔츠 41

틱 카운트 138

[ㅍ]

파라미터 137
파레토 법칙 212
파이어와이어 323
파트너 레벨 78
파트너 SDET 78
패스포트 449
패턴 기반 테스트 설계 109
패턴 타입 107
패트릭 패터슨 72
팬아웃 메트릭 223
팬아웃(fan-out) 메트릭 223
팬인 메트릭 223
팬인(fan-in) 메트릭 223
퍼지 매칭 309
퍼지 테스팅 68, 377
퍼징(Fuzzing) 377
퍼징 구멍 찾기 378
페르소나 370
페어 와이즈 158
페어 와이즈 분석 159
페어 테스팅 120
페이건(Fagan) 인스펙션 523
페이스북 464
페이지 로드 시간 485
페이지 크기 485, 487
페이팔 493
페이팔(PayPal) 서비스 453
페이펄 불 135
페이퍼 불 인터 그레비시머스 138
페트리 넷 213
편의(Facilitation) 551
평균 무고장 시간 354
평균 종료 시간 284
평균 처리 시간 284
포지티브 테스팅 167
포트폴리오 42
폭포수 모델 85

폰트 디스플레이 툴 409
폰트 스타일 161
폰트 타입 163
폴 요르겐센 146
폴리머 플라스틱 449
품질 413
품질 게이트 93
품질 근원으로 이동 536
품질 마일스톤 91
품질 메트릭 418
품질 비용 540
품질과 프로세스 개선 연구 95
품질에 대한 열정 69
프렌즈터 464
프로그래매틱 184
프로그래밍 완전 정복 537
프로그램 관리 61
프로그램 크래시 273
프로덕션 레디 화물 컨테이너 446
프로덕트 스튜디오 266, 300
프로세스 개선 프로그램 97
프로젝트 관리 69
프로토 알고리즘 142
프로토콜 215
프로토콜 테스팅 377
프로토타입 87
프로토타입 제작 50
프리릴리스 버전 367
프린트 검증기 365
플랫폼 제품 및 서비스 사업부 40
플랫폼 프로파일링 184
플러그 앤 플레이 357
플레이스 213
플레이테스트 376
피드백 루프 86, 213
피들러 489
피터 잭슨 감독 47
피플웨어 552
필드 교체 가능 유닛 444

[ㅎ]

하네스 구조　326
하드 코딩된 경로　341
하드웨어　53
하드웨어 틱　136
하위식　191
하이콘트라스트　418
하이퍼바이저　512
하이퍼바이저 팀　215
학교 방문 채용　70
할스테드 메트릭　220
함수　183
함정과 제약　108
핫메일　444
핫픽스　224
해결 시간　493
해답(Answers)　551
핸들　332
행위/기능 테스팅 기법　176
행위적 테스트　346
행위적 테스팅　125, 177
헤일로 2　422
헤일로 3　43
헥사(Hex) 에디터　377
헨리 볼티노프　385
혁신의 물결　455
현지화 엔지니어　61
현지화　53
협업　552
형식 예외 오류　187
호스티드 가상화　512
호커스-포커스　385
호환성 테스트　362
화이트박스 테스팅　118
확대성　348
확장성　80
확장성 테스트　349
환경　418
환경 민감성　405
회사 내의 3개 개발 사업부　40

회사 로고　38
효과　70
효과와 영향력　70
효율성　346
후킹(Hooking)　365
휴리스틱(heuristic)　174
휴리스틱 테스팅　107

[A]

Accessible Event Watcher　373
Accessible Explorer　373
AccEvent　373
action　205
Active Accessibility　372
adaptability　348
ADDIE 지침 설계 모델　96
Add-In　363
ad-hoc test　117
ADR　535
aliasing　169
all transition path　206
Amazon.com　453
America Online　441
analysis paralysis　504
Analysis　317
AND　192
annotation　222
ANSI 874 캐릭터 셋　146
AOL　48, 474
API　223
API 테스팅　307
API 테스팅 모델　207
Application Programming Interface　223
Application Under Test　330
Applied Data Research　535
arc　213
Argument　153
array　154
AUT　330
AutomationElement　314

Azure Services Platform 443

[B]

B2B 분야 서비스 42
base choice 158
BAT 394
Bayesian Graphical Modeling 212
Base Choice 159
BC 148, 159
behavioral testing 125, 177
BGM 212
Big Button 45
Black Box Testing 118
block testing 179
Boolean expression 188
Boundary-Value Analysis 108, 144
breakpoint 112
Brute Force Technique 356
bucket 427
buffer 109
Bug Bar 288
bug bashes 119, 296
Build Acceptance Test 394
Build Verification Test 297, 393
Build Watcher 393
BUM 48
Business Division 40
Business Unit Manager 48
BVA 108
BVT 296, 393

[C]

C# 속성 모델링 222
C#용 정적 분석 툴 102
Canyon Park 444
Capability Maturity Model Integrated 97
Capacity 355
Capacity testing 356
CarBAM 448
Carbon Allocation Model 448
career path 61

cartesian product 157
case문 225
cause-effect graphing 174
CBO 222
CCCC 219
CD-ROM 363
CEIP 416
CEIP 데이터 417
CEIP의 샘플 데이터 419
Century Leap Year 137
CER 426
CFD 183
character variable 180
checksum 206
choice once 158
CK 메트릭 222
ClassSetup 328
ClassTeardown 328
clean PC 117
Cleanup 317
Clip Art 447
CloseAccount 함수 226
cloud service 443
CLR 221
CMMI 97
Code Analyzer 219, 401
Code Churn 382
Code Complete 537
Code Complexity 213
Code Smell 213
CodeBox 532
CodePlex 373, 532
Combinatorial Analysis 130, 156
comdlg32.dll 530
commit 389
Common Language Runtime 221
component test 117
CompuServe 433
Computer Usage Corporation 535
Computer-assisted testing 319

condition testing 192
conditional constraint 168
conditional expression 191
Connect 416
Context 306
continuous integration 392
Contract 클래스 219
Contract.Require 메소드 219
Control Flow Diagram 183
Convert.ToIn32 메소드 139
ConvertToPositiveIntValue 함수 186
COPQ 541
Corporate Error Reporting 426
Cost Of Poor Quality 541
CountC 제어 흐름 다이어그램 201
CountC 함수 200
CountC 함수의 기본 경로 테이블 202
CountC 함수의 진리표 203
Coupling 222
Coverity 401
crash 116
CreateFile 332, 365
CreateNewFile 함수 188
CRM 64
CRM 온라인 450
cross-functional 92
Crypto Overview 299
CUC 535
Customer Experience Improvement Program 416
Cyclomatic Complexity 197, 216

[D]

daily build 345
dangerous 439
Data masking 484
Data sanitization 484
datacenter in a box 445
data-driven automated test 170
DDE 171
DDL 325

Debugger 360
decision bock 181
Decision Testing 188
DEFCON 54
Defect Detection Effectiveness 171
Defect Removal Efficiency 271
Demolition Derby Slot Car 123
Denial of Service 497
deployment test cluster 475
Design Review Metrics 346
Developer 302
diff 툴 385
difficulty metric 220
disallow list 497
disallow server cascading 497
DIT 222
Document Object Model 313
Dogfood 483
DOM 313
DoS 497
down-level browser 451
DRE 271
Dynamic-Link Library 325
Dynamics Live 450

[E]

E&D 40
Each Choice 158
eBay.com 453
EC, Each Choice 158
ECP 130
ECP 서브셋 148
ECP 테스트 130, 139
edge 217
efficiency 346
Egghead 364
Engineering Excellence Group 73
Engineering Excellence Team 532
Entertainment and devices Division 40
Environmental sensitivity 405

Equivalence Class Partitioning   130
ET   125
Execution   317
exhaustive testing   158
exploratory testing   111, 125

[F]

Facebook   464
failure indicator   132
failure path   106
False Negative   166, 342
False Pass   308
false positive   226, 342
Falsification Test   116
fan-in   223
fan-out   223
Fault Injection   365
fault model   174
Feature Crews   45, 92
FEATURE   277
Fiddler   489
field replaceable units   444
finite state machine   197, 215
for문   190
format exception   187
Friendster   464
FRU   444
FSM, finite state machine   197, 215
functional techniques   124
Fuzz Testing   377
Fuzzing   377
Fuzzy Matching   309
FxCop   219, 403

[G]

General Manager   48
GetCharacterCount.cs   190
GetFont API   167
GetPixel 함수   334
GetProcAddress   326
glass box   119

Globally Unique Identifier   340
GM   47
grammar model   209
graph theory   206
Gravemind 레벨   422
gray box   119
green zone   474
Gregorian Calendar   135
GUID   340

[H]

halstead metrics   220
Happy Path   117, 158
Help   317
heuristic   107
high-contrast   418
higher level service   497
Highest-Paid Person's Opinion   100
high-volume cost-controlled manufacturing   64
HiPPO   100
Hook   113
Hooking   365
hosted virtualization   512
hotfix   224
hotmail   444
HTML 컨트롤   313
HVAC 시스템   448
Hyper-V   512

[I]

IAccessible 인터페이스   314, 373
IBM   51
IC   74
IC 커리어 패스   78
IC 테스터   78
if-then 문법   168
IIS   471
Individual Contributor   74
input masking   167
Inspect Object   373
inspection   177

INT　474
int.Parse() 함수　187
Int32.Part 메소드　139
International Project Engineering　53
Internet Service Provider　48
IPE(International Project Engineering)　53
ISBU, Internet Services Business Unit　48
IsInvalidGregorianCalendarDate 함수　193
IsNumberBetweenMinAndMax 함수　192
ISO 9000　97
ISP　48
IsValidMod10Number 함수　197, 204
IsValidMod10Number.cs　205
IT 인력　51

[J]

JIT 디버거　360
Just In Time 디버거　360

[K]

kick the tires　90
KlockWork　401
knowledge base　268
Königsberg　205

[L]

Lines of Code　214
Linking　392
Live Mail　368
Live Mesh　443
LKG　100
Load testing　355
LoadLibrary　326
LOC, Lines of Code　214
Low-resource　354
Low-resource testing　355
Luhn formula　206

[M]

M6　88
M8　88

main source tree　399
maintainability　222
Managed Code　219, 403
managed-test.dll 파일　328
MBD, Business Division　40
MBT　196, 225
McCabe IQ3　219
MCIS　48
Mean Time To Crash　355
Mean Time To Failure　355
Mental Model　368
meshup　454
methodic　125
Microsft Expression　449
Microsoft Active Accessibility　313
Microsoft Commercial Internet Server　48
Microsoft Connect　434
Microsoft Live Earth　454
Microsoft Network　444
Microsoft SQL Serve　458
Microsoft Test Leadership Team　543
Microsoft Visual Basic for Application　484
microspeak　100
Milestone Quality　91
mission-critical　125
Mixed mode　468
MLS　454
mock object　176
mod 10　206
model　195
Model-based testing　196
Moderator　523
monkey test　208
moving quality upstream　536
MQ　91
MSAA　313
MSaaVerify 툴　373
MSDN Test Center　548
MSN　444
MSN 메신저　47

mso.dll 530
MSTLT 543
MTBF 354
MTTC 355
MTTF 355
Multiple Listing Service 454
myCharacter 180

[N]

n 와이즈 테스팅 159
National Institute of
　　　Standards and Technology 200
Native Code 401
NDepend 219
NEO 73, 556
Net Promoter score 492
Netscape 441
New Employee Orientation 73, 556
NIH 증후군 532
NIST 200
node 217
non-determinism 215
Non-functional testing 346
Not-Invented-Here Syndrome 532

[O]

OA, orthogonal arrays 159
OASYS 45
object-oriented metrics 222
Off-by-one 144
Off-by-one indexing errors 108
Office Automation System 45
Office Live Small Business 450
Office Shared Service 45
Office SharePoint Server 458
OLSB 450
one OS 469
one-box 469
OneNote 오류 파일 436
Op 52
OpenAccount 함수 226

Open Systems Interconnection
　　　Basic Reference Model 459
operational capabilities 125
Operations 52
OR 192
orthogonal array 158
OSI 모델 459
OSS 45
Outlook Connector 451
out-of-range exception 154
overrun 377

[P]

Pacific Northwest Software
　　　Quality Conference 78
pair testing 120
pair-wise 158
Pair-wise Independent
　　　Combinatorial Testing 161
paper deployment wizard 469
PARK & OFF 198
Passport 449
PayPal 493
PayPal 서비스 453
PC-Lint 401
PCMCIA 슬롯 323
PDCA 사이클 95
PDS, Platform Products and Service Division 40
Perfmon.exe 353
personally identifiable information 484
Personas 370
Pesticide Paradox 128, 208
Petri Net 213
PICT 161
PII 484
place 213
Platform Products and Service Division 40
playtest 376
PLT 499
Plug and Play 357

PM 52
PNSQC 78
Portability 347
practical baseline path technique 199
pre-check-in test 470
PREfast 401
Prerelease 버전 367
prevention activity 536
Print Verifier 365
Product Studio 266
Product Unit Manager 44, 48
production-ready cargo container 446
Program Management 52
programmatic 184
Proto-algorithm 142
PSD 40
psedo code 208
PUM 48
PUM 모델 44

[Q]

QA 표준 51
QFE 105, 436
QoS 491
Quality of Service 491
Quality-Assurance 51
Quick Fix Engineering 105, 436

[R]

Race Condition 355, 408
rack unit 445
random walk 205
RASETHER 114
RCA 493
reactive 538
RedDog 443
refactoring 214
Reflection 327
Reflector 219
RegisterApplicationRestart 함수 426
Regression Test 307

relational operator 191
Reliability 346
Repetition testing 356
Repetition 355
Reporting 317
retry logic 497
Return On Investment 307, 511
retVal 변수 181
reusability 348
rich client 451
rich content 449
ROI 307
ROI 측정 525
Rolling builds 397
Rolling upgrade 468
root cause analysis 420, 493
RSS 피드 410
RUNNING 198

[S]

S+S 440
S+S 테스팅 기법 465
SaaS 440
Salesforce.com 464
scalability testing 349
scale group 445
scale out 473
scale up 473
scenario voting 437
SCM 384
Screen Reader 369
screen scraping 482
SDE, Software Development Engineers 52, 63
SDE/T 65
SDE/T와 STE 직무 65
SDET 리드 80
SDET 훈련 추진 계획 74
SDET, Software Development Engineers in Test 51, 63
SDET1 78

SDK 373
seamless integration 442
SEARCH 317
security 346
self-healing automation 493
self-hosed 100
Self-host 100
Self-promotion 464
Self-test 100
Self-toast 100
Send a Smile 416
SendKeys() 함수 313
service group 444
Service Operations Center 474
Service Principal Name 224
Service-oriented architecture 440
SetPixel 함수 334
setup routine 466
Setup 317
Shared Team Approach 44
SharePoint 436
Shim 366
short-circuiting 193
shortest path 206
Shred Team Approach 44
shrink-wrap 소프트웨어 449
Simple Mail Transfer Protocol 135
Simple Storage Service 443
SimpleGetNT5ClientVersion 함수 184, 185
SimpleSearch 함수 180, 181, 191
simplified baseline path technique 198
single box 469
single OS 469
single-fault assumption 156
SKU 393
Sky Drive 450
SMART 기준 351
Smart Bear Software 524
Smart Monkey Test 205
SME 64

Smoke Testing 320
Smoke-Alarm 383
SMTP 135
SOA 440
SOC 474
SOCK 114
Software as a Service 440
Software Development Engineer 52, 63
Software Development Engineer in Test 51, 63, 65
Software Development Kit 373
Software Plus Services 440
Software Test Engineer 65
Software Testing Analysis and Review 54
Source Code Management 384
Source Control 367
Sourcemonitor 219
Spec Explorer 215
SPN 224
SQE 66
SQL 서버 47
stack trace 507
STAR 54
State Transition Testing 130
statement 215
statement testing 179
STE 65
Step 329
StickyKeys 369
Stock Keeping Units 393
Stress testing 355
stub 176
subexpression 191
Subject Matter Experts 64
SupportFile 329
surrogate pair character 154
sustained 125
Sustained Engineering 224
switch/case 184
systematic 125

[T]

tab-delimited seed file 165
TAG 546
TAG 그룹장 555
TCM 292, 319
TDS 115
Team Foundation Server 367
technician 53
Templates 447
Test Architect Group 546
Test Case Manager 292, 319
test cluster 471
Test Design Specification 115
test framework 530
Test Harness 324, 530
Test Oracle 332
test pass 297
Test Point 301
test run 297, 301
test suite 297
Test Talk 550
test.log 325
testability 348, 546
TestCase.dll 325
TestCleanup 328
TestInitialize 328
TestMethod 328
TestMuse 78
TestOne 329
TestTwo 329
TestType.BVT 속성 328
TFS 367
Thesaurus 447
Thin Client 315
ThinkWeek 49
Thread.sleep 408
Threat Modeling 376
Three-letter Acronym 40
tick count' 138
tickets by bucket 493

time to detection 493
time to resolution 493
TLA 40
TLT 팀장 555
Tool box 409
triad 53
Triage 277
Tuk1 444
tuple 159
twitter 492

[U]

UI 문서 52
UI 오토메이션 314
UI 자동화 311
UI 테스트 시 사용성 테스팅 374
UI 테스팅 211
UI Automation 314
UIAutomation 클래스 372
Ultimate 393
Unicode 153
Uninterruptible Power Supply 357
unique 134
unit testing 183
Unmanaged Code 403
UpdatePassword 함수 226
URI[RFC 2396] 450
usability 125, 347
usability engineer 61
USB UPS 357
user experience engineer 418

[V]

v3(Diffie-Hellman) 299
VB.Net 애플리케이션 314
VBA 484
VBScript 324
Verbose 331
Verification of Initial Consumer Experience 422
verification 536
Verification Test 116

VINCE 422
Virtual Private Network 114
Visual Basic Scripting Edition 324
Visual freeze 100
Visual Round Trip Analyzer 486
Visual Studio 227
Visual Studio Team System 266, 328, 382
Visual Studio Team System Test Edition 294
Visual Studio Test Tools 216
Visual Test 309
VPN 114
VRTA 486

[W]

W3워킹 그룹 450
war team 98
Web-based Distributed
　　　 Authoring and Versioning 436
WEBDAV 436
WebTV 444
weekly build 367
weighted traversal 206
WER 416, 421
WER 사용 사례 424
while문 180
White Box Testing 118
Win2K 문자열 186
Window Powered Smart Display 315
Window Shell 378
Windows Error Reporting 416
Windows Management Instrumentation 514
Windows Presentation Foundation 314
Windows Vista Ultimate 330
WinXP 문자열 186
WLID 447, 449
WLID 원 박스 인스턴스 470
WLM 450
WM_CLOSE 메시지 361
WMC 222
WMI 514

WPF 314

[X/Y/Z]

Xbox 38
Xbox 360 43
YouTube 464
Zero Bug Bounce 279
zero down time 467

에이콘출판의 기틀을 마련하신 故 정완재 선생님 (1935-2004)

소프트웨어 테스팅
마이크로소프트에선 이렇게 한다

MS 최고의 현직 테스터들이 밝히는 베스트 프랙티스

초판 인쇄 │ 2009년 11월 24일
2쇄 발행 │ 2013년 1월 30일

지은이 │ 앨런 페이지 • 켄 존스톤 • 비제이 롤리슨
옮긴이 │ 권 원 일 • 이 공 선 • 김 민 영 • 김 윤 명 • 여 용 구

펴낸이 │ 권 성 준
엮은이 │ 김 희 정
　　　　박 창 기
디자인 │ 황 지 영

인　쇄 │ 한일미디어
용　지 │ 진영지업(주)

에이콘출판주식회사
경기도 의왕시 내손동 757-3 (437-836)
전화 02-2653-7600, 팩스 02-2653-0433
www.acornpub.co.kr / editor@acornpub.co.kr

한국어판 ⓒ 에이콘출판주식회사, 2009
ISBN 978-89-6077-110-9
http://www.acornpub.co.kr/book/microsoft-test

이 도서의 국립중앙도서관 출판시도서목록(CIP)은 e-CIP 홈페이지(http://www.nl.go.kr/cip.php)에서
이용하실 수 있습니다. (CIP제어번호: 2009003700)

책값은 뒤표지에 있습니다.